LES DIVERSITEZ DE MESSIRE IEAN PIERRE CAMVS, EVESQVE ET SEIGNEVR DE BELLEY, PRINCE DE L'EMPIRE.

Contenant six Liures, diuisez en deux Tomes, auec vn Discours Panegyric à sa Saincteté.

TOME TROISIESME.

A DOVAY,
De l'Imprimerie de MARC WYON, à l'Enseigne du Phenix.

M. D. C. XX.

A NOSTRE TRES-SAINCT PERE LE PAPE PAVL V.

RES SAINCT PERE,

Si l'Eglise militante est vn ciel aussi bien que la Triomphante, selon sainct [a] Gregoire le Grand; comme [b] Dieu est le soleil de celle cy, Vostre Sainteté l'est de celle là.

Qu'elle soit vn ciel, les [c] Peres le tirent de l'Escriture, notément de ces paraboles, qui comparent le Royaume des cieux, c'est à dire l'Eglise, [d] or à dix vierges, or à vn Roy, or à vn pere de famille, or à vn thresor caché, & semblables. Pour moy i'y remarque vne infinité de conuenances.

Les Cabalistes [e] Hebrieux, & mesme Platon distinguent le ciel en sensible & archetype, l'vn visible, l'autre inuisible; l'vn corporel, l'autre immateriel; l'vn l'habitation des mortels, l'autre le tabernacle des bienheureux: & en ceste distinction qui ne voit la difference des deux Eglises? l'vne Militāte ça bas, l'autre Triomphante la haut; l'vne laborieuse, l'autre glorieuse; l'vne en peine, l'autre en repos; l'vne en hazard, l'autre couronnee: l'vne en la lice, l'autre au but: l'vne courante, l'autre possedante: l'vne esperante, l'autre satisfaicte: l'vne terrestre, l'autre celeste: l'vne visible, l'autre inuisible: mais n'estant pas mon dessein de discourir icy de la iouyssante, ie dresse mes paralelles particuliere-

* 2 ment

a Lib. 12. Moral. c. 32.
b Apoc. 21.
c S. Hilar. cap. 13 in Mat. Greg. Hom. 12. in Euangel. Aug. l. qu. Euang. in Matth. c. 11. Hier. l. 2. comm. in Matth.
d Mat. 13. 20. 22. 25. Luc. 1.
e R. Abraham. l. Zepher. Iezirah. & ibi R. Iacob Cohen. R. Moyses, R. Tedacus, Leu. Picus, in Thesibus Cabalist. & in Apolog. Paul Ricius de calest. agricultur. Georg. Venet. in Harm. mundi & in probl. Cabal. Galat. de arcan. Cath. verit. Vigener de Ziffr. Plato in Timæo. Reuslin. l. 1.

A NOSTRE TRES-SAINCT PERE LE PAPE PAVL V.

TRES SAINCT PERE,

Si l'Eglise militante est vn ciel aussi bien que la Triomphante, selon sainct [a] Gregoire le Grand, comme [b] Dieu est le soleil de celle cy, Vostre Sainteté l'est de celle là.

Qu'elle soit vn ciel, les [c] Peres le tirent de l'Escriture, notément de ces paraboles, qui comparent le Royaume des cieux, c'est à dire l'Eglise, [d] or à dix vierges, or à vn Roy, or à vn pere de famille, or à vn thresor caché, & semblables. Pour moy i'y remarque vne infinité de conuenances.

Les Cabalistes [e] Hebrieux, & mesme Platon distinguent le ciel en sensible & archetype, l'vn visible, l'autre inuisible; l'vn corporel, l'autre immateriel; l'vn l'habitation des mortels, l'autre le tabernacle des bien heureux: & en ceste distinction qui ne voit le difference des deux Eglises? l'vne Militāte ça bas, l'autre Triomphante la haut; l'vne laborieuse, l'autre glorieuse; l'vne en peine, l'autre en repos; l'vne en hazard, l'autre couronnee: l'vne en la lice, l'autre au but: l'vne courante, l'autre possedante: l'vne esperante, l'autre satisfaicte: l'vne terrestre, l'autre celeste: l'vne visible, l'autre inuisible: mais n'estant pas mon dessein de discourir icy de la iouyssante, ie dresse mes paralelles particulierement

* 2

a Lib. 12. Moral. c. 12. b Apoc. 21. c S. Hilar. cap. 13 in Mat. Greg. Hom. 12. in Euangel. Aug. l. qu. Euang. in Matth. c. 11. Hier. l. 2, comm. in Matth. d Mat. 13. 20. 22. 25. Luc. 1. e R. Abraham. l. Zopher. Iezirah. & ibi R. Iacob Cohen R. Moyses, R. Tedacur. Leu. Picus, in Thesibus Cabalist & in Apolog. Paul Ricius de calest. agricultur. Georg. Venet. in Harm. mundi & in probl. Cabal. Galat. de arcan. cath. verit. Vigenir de Ziffr. Plato in Timæo. Reuclin. l. 1.

ment sur l'aspirante.

C'est vne belle question, & non encores bien vuidee par les a Philosophes, si le ciel est vnique, ou diuisé en plusieurs orbes, tous les deux partis semblent esgalement forts: mais soit que l'on tienne n'y auoir qu'vn ciel auec quelques Petts, & que dedans, les astres y aillent nouants & tournoyans comme les poissons dans l'eau: soit que l'on se range du costé des Astronomes, qui establissent pluralité de globes: ie tireray de là vn beau rapport, sçauoir que l'Eglise est vnique de toute vnité en conformité de creance, côme le ciel de substâce, distincte toutefois selon les nations diuerses, comme de France, d'Allemagne, d'Espagne, lesquelles toutes conspirent à l'obeissance de la Romaine, comme le firmament, qui va enserrant toutes les autres spheres sous la vastitude de son estêdue: ainsi le ciel ne laisse pas d'estre vn, pour estre separé en parcelles: ainsi est vn le corps, quoy que distinct de membres: ainsi la maison est vne, quoy que composee de diuerses pierres, & diuisee en plusieurs appartenements: ainsi le luth pour auoir diuersité de parties ne laisse d'estre vn: ainsi est vne l'ame, quoy que diuerse en facultez: ainsi l'arbre qui a beaucoup de branches, ne perd pour cela son vnité: ainsi la diuersité des pieces qui composent vne nauire, ne laissent de la rendre vne: ainsi plusieurs ruisseaux deriuent d'vne fontaine: ainsi la pluralité des rayz ne diuise point le Soleil, ainsi la terre pour estre separee en regions & nations, n'en est pas moins vne: ainsi diuerses fleurs sont changees par l'abeille en vn miel, & tissuës en vne guirlande par vne fille: ainsi de plusieurs pierreries l'orfévre fait vne bague: ainsi les diuerses lignes de la circonference se rapportent à l'vnité du centre. Ainsi toutes les Eglises Chrestiennes esparses çà & là parmy les diuerses cantons du monde, se rengent à la Catholique Romaine, comme les lignes à leur centre, les pierreries à leur chaton, les fleurs à la guirlande & au miel, les regions à la terre, les rayons au soleil, les ruisseaux à la fôtaine, les pieces à la nauire, les branches au trouc, les facultez à l'ame, les chordes au luth, les châbres à la maison, les mêbres au chef, les spheres au firmament,

a D. Chrysostomus Homil 4. in Genesim. Theodor. quæst. 11. in Genesim. Damasce. lib. 2. fidei orthodox. c. 6. Ambro. lib. 1. Hexame. cap 6. & l. 2 c. 2. Plinius l. 2. nat. hist. c. 8. Proclus in post. astron. Plato 10. de Republic. Aristoteles 12. Metaphysi. cap. 8. Ptolemeus Iunctinus, Leonicus, Sacrobio sc. Clauius Purbachius Monteregius Chrysostom. in Psal. 148. Augustin. l 2 contra Pelag c. 23. Basil. Homil. 4. in Genes.

mament. a Vnité marque infaillible de la vraye Eglise.

Le ciel est appellé b Saint en diuers lieux des sacrees pages : belle qualité & essentielle de l'Eglise ! tiltree du nom de Sainte par son Espoux, par le Sainct Esprit, par les Peres.

Si le ciel contient tout dans sa vaste rondeur, estendue sur la surface de l'vniuers comme vne peau, ainsi que parle le c Prophete Roy : n'est ce pas vn beau symbole de d l'vniuersalité de l'Eglise, laquelle porte pour vn de ses plus glorieux & veritables epithetes celuy de e Catholique, comme n'ayant point d'autres bornes que ceux qu'il a pleu à l'Autheur de la nature donner à ceste machine, que nous appellons monde.

Par les cieux en quelques endroits des f Pseaumes sont entendus les Apostres, d'vn commun consentement & accord vniuersel des interpretes. D'où ie tire vn lineament qui parfera vn des traits plus naifs qui representent l'Eglise, sçauoir l'epithete g d'Apostolique, l'vne de ses plus precises & precieuses qualitez.

Hors l'enceinte du ciel il n'y a plus de vie, au moins pour les choses sensibles, desquelles il est remply : & nous croyons & tenons asseurement auec les h Peres, que hors le parc de l'Eglise on ne peut viure à la grace de Dieu, grace plus l'ame de nostre ame, que nostre ame n'est la viuante entelechie qui anime nostre corps : nul salut hors des bras de ceste bonne mere, hors ceste arche de Noe, tout petit dãs le deluge d'erreur, aucũ sacrifice agreable ne se peut faire à Dieu hors les murailles de ceste saincte cité. Celuy n'a point Dieu pour pere qui n'a point l'Eglise pour mere : la branche se seiche retranchee de son tronc, & ne sert plus de rien qu'à ietter au feu : le membre pourrit diuisé de son corps, & tarit le ruisseau separé de sa source. le Payen, le Iuif, l'heretique, seiche, pourrit, tarit, escarté du tronc, du

a Cantic. 6. Ephes. 4. Ioan. 10. Rom 12. 1. Cor. 1. & 2. D. August. de vnit. Eccles. Cyp. de simplic. Clericorum seu de vnit. Eccl. Iren l. 1. c. 3. Hier. ep. ad Gerontian. Chrys. Hom. 1 in 1. ad Corint. Iren. l. 3. c. 3. Cypr. l. 1. epist 3. & l. 4. epist. 8. Ambr. in orat. de obit. Saty. Hier. ep ad Damas. Optat. l. 2. contra Parm. Aug ep. 161. Leo ep. 87.

b Psal. 19. 101. 107. 133. Psal 2. 3. 4. 5. 10. 14. 17. Ephes. 5. 1. Petr. 2. Aug. in Ps. 85. Cant. 4. August. Retractat. l. 2. cap 18. & de Doctrin. Chri. l. 3. c. 32

c Ps. 103. d Gen 22. Act. 1. Mar. 16 Luc. 24. Mat. 16. & 28. e S. Cyril. cathe. 18. Parian ep ad Sympr. Aug. ep. 166. & 170. item in ep fundament. item libr. de ver. rel. c. 7. Vincent. Lyrin. aduersus prophan. hæres. Nouit. Hier. aduersus Luciferian. Beda in Cant. 6. Cypr 1. epist. 3. & 7 Et 4 epist. 10. f Psalm 18. 21. 49. 96. g Tertul. de præs. Aug. l. 2. cont. Petilian c. 16 & de vnit Eccl. c. 10. Optat. l 6. Iren. 3. c. 3. & 4. c 61. h Hier. ad Damas. Aug. ep. fundament. Cypr. de vnit. Eccles. & ep. 40. Tertul. de præscr. Hier. ep. de hypo. nom. Aug. ep. 161. Opt. Meleuit. contra Parm. Aug. l. 1. de vnit. Eccl. & l. 1. cont. Parmen. Fulg. l de fid. ad Pet. c 38. & 39.

du corps, de la fontaine de la vraye Eglise.

Les globes celestes, selon la plus saine partie des Philosophes, sont incorruptibles: & l'Eglise est la pure, la [a] belle, l'immaculee, & entiere espouse de Dieu, assistee continuellement de luy, auec promesse de n'en estre iamais abandonnee iusques à la consommation du siecle: iamais tachee ny infectee d'erreur: c'est vn roc inesbranlable, qui esleue sa pointe iusques au ciel dans la mer orageuse du monde: Roc qui se mocque dédaigneusement des vagues qui le choquent, qui brise & fend les flotz qui le hurtent, qui n'est iamais croullé ny esbranlé des diuers vents qui l'agitent, au contraire qui se va lissant & polissant par ces assauts, & affermissant par ces secousses & violentes atteintes. C'est ceste belle arche d'alliance faicte du bois de Setim, incombustible & nullement sujet à corruption & pourriture: iamais deprauée par la vermoulеure de l'heresie, iamais suffoquée de la zizanie du vice, elle passe les ordures du siecle sans s'infecter, & trauerse les ameres eaux du mõde sans contracter aucune amertume, pour s'aller ioindre à son chaste espoux, fontaine douce, claire, & d'eau viue, rejaillissante à l'eternel seiour.

[a] Cant. 4. Mat 16. & vlt. 1. Tim. 3 Ephes. 1. Leo. 1. ep. ad Pulcher. & Leo II. ep. ad Constant. Psal. 47. Isa. 61. Ps. 87. Dan 2. Luc. 1. August. in Ps. 101 & 147 & de vnit. Eccl. c. 18 & 20 Bernar. serm. 49. in Cant.

Ceux qui s'essayent de reduire à leur cognoissance la matiere des cieux, chose si esloignée de l'apprehension de nos sens, ie trouue qu'ils perdent le temps, l'huile & le labeur: & ceux qui veulent par vne trop temeraire curiosité sonder les principes reuelez de la foy, qui sont les pilotis & bases fondamentales de l'Eglise, ils s'escarmoucent en vain, nostre creance ne dépend pas de nos sens, elle est des choses inuisibles, & qui ne paroissent pas: c'est sonder les abysmes, mesurer l'infiny, & nombrer les estoilles. Qui a iamais veu des enfans s'empresser à reduire sous certain agencement vne masse d'argent vif, plus ils s'efforcent de contraindre & resserrer ce metal genereux, plus il se dérobe de leurs petites mains, se glissant entre leurs doigtz, & se separant en vn million de parcelles, il a veu les heretiques s'essayans de rappeller soubs la iurisdiction de leurs sens, & ranger soubs le moulle de leurs foibles ceruelles, les articles de la Foy: mais ceste verité diuinement reuelee, trop grande pour estre recluse dans la bassesse de leurs imaginations, s'espand & s'estend à mesure

mesure qu'ils s'estudient de l'amonceler, fuyt les reigles de leurs fantasies, esquiue les entraues & les cadénes où ils la veulent garroter: s'enflant & boursoufflant cóme vn torrent impetueux contre leurs digues & obstacles, s'espatpillant de tant plus qu'ils la mettét à l'estroit, cóme les vents qui s'eschappét quand on les saisit, comme les couleuures qui se glisent quand on les serre & empoigne, trop libre pour estre liée, trop genereuse pour souffrir des entraues, trop grande pour estre comprise, trop puissante pour estre asseruie, trop subtile, pour estre retenue, trop forte pour estre forcee, trop hautaine pour estre raualee, trop diuine pour se captiuer & assujettir soubs les termes de l'humaine raison. Et puis comme nouueaux Promethez pour vouloir arracher ce feu du ciel, ils restét tousiours attachez sur le Caucase de leurs imaginations, rongez du Vautour de leur capricieuse opiniastrise: Icares incensez, qui pour guinder leurs aylerettes artistes trop prés du soleil, se trouuent fondus & confondus en vn Ocean d'absurditez. Outrecuidez Phaetons! qui pour entreprendre de conduire ce grand flambeau, se trouuent descheuz par mille foudroyans anathemes, d'vn si superbe dessein. Aueuglez Ixions! qui embrassent en fin vne creuse nuee, c'est à dire, vne foy & Eglise chimeremene fantastique, pour la celeste Iunon sœur & espouse du grand Dieu eternel, l'Eglise veritable & saincte.

Ils disent toutesfois, mais seulement par coniecture, que la matiere des cieux est vne quintessence des elemens, claire, diaphane & transparente comme du cristal: delà ce traict des Cabalistes, que la goutte du milieu a esté congelée: aussi nous pouuons dire que l'Eglise en l'vsage des Sacremens se sert des choses materielles & exterieures: mais la grace & la verite cachee soubs ces elemens, est vne composition diuine, que nous ne pouuons cóprédre que par l'humilité de la foy. Quant au cristal, sainct Iean en ses a reuelations dit, que ceste saincte cité, c'est à dire l'Eglise, est toute d'or pur & de cristal, & encores, que d'icelle sort vn fleuue de vie resplendissant comme du cristal.
a *Apoc. 4. 11. 21. & 22.*

Mais ceste opinion du ciel n'est point si certaine, qu'on ne la puisse renuerser, le plus seur est de se seruir des commodités du ciel, sans se perdre dás les destours d'vne recherche trop curieuse des choses qui surpassent nostre intelligence, selon l'aduis de Socrates: nous voyons bien qu'il est vn ciel, mais dequoy il est, nous en sommes là: de mesme en matiere de creance & de religion, a il a tousiours semblé aux sages estre vne chose plus saincte & respectueuse de croire que de sçauoir: là où est la science, c'est à dire la cognoissance par la cause, là n'est plus la foy: & ceux qui captiuent, comme parle b l'Apostre, leur entendement soubs l'obeissance de la foy, à l'abry de l'authorité de l'Eglise, c ils marchent de tant plus seurement, que plus simplement. Il faut brider nostre raison de ce frein salutaire, & luy faire mordre la terre soubs ceste authorité superieure: Comme le desir de sçauoir a perdu nos premiers parens; aussi la curiosité de cognoistre le pourquoy & le comment des mysteres, infecte en ce temps l'Eglise d'heresies & libertinages. L'enquerir & le sçauoir, selon le Philosophe, engendre encores plus d'occasion de douter: il faut croire, & puis on entendra; qui va au contraire, apprendra tousiours sans paruenir à la science de la verité.

a Tacit. de morib. Ge.
b 2. Cor. 10.
c Prou. 10.

L'Aristote voulant rendre quelque raison de l'incorruptibilité des celestes voûtes, dit que c'est parce qu'elles n'ont point de contraire en nature, qui les aille destruisant par son opposition: on pourroit dire de l'Eglise que Dieu estant pour elle, rien ne luy peut resister; que dans les flammes elle peut viure sans en estre atteinte, qu'auec le bouclier de ceste diuine protection, elle ne peut estre ferue d'aucuns traitz, qu'aucune armée ennemie ne la peut terrasser fondée sur cest oracle indubitable, que mesmes les portes d'enfer ne preuaudront iamais contre elle: mais ie trouue plus à propos de dire que l'Eglise est en cela plus excellente que le ciel, de ce qu'elle ne peut estre destruitte, quoy qu'enuironnée de mille contradictions, qu'elle se renforce contre ce qui la force, qu'elle s'amorce de ce qui semble la deuoir amortir, qu'elle redouble son courage, & r'enfle ses veines contre les persecutions & les heresies: qu'elle s'espure dans la fournaise, comme l'or & l'argent: qu'elle se roidit par le contraste, comme elle s'allanguit, dit Seneque de la vertu, sans aduersaire, estant lasche & destenduë, si elle n'a quelque antagoni-

ste

ste pour s'exercer : qu'elle s'esguise & s'affine par la contrepointe : qu'ainsi qu'vne athlete puissante, elle s'affermit par la lutte, qu'à guise de la palme elle se relance contre le faix, qu'elle s'enfonce comme les paux par l'esbranlement : qu'elle iette ainsi que les grands arbres ses racines plus profondement, estant battue & combattue des orages & des vents : qu'elle s'endurcit ainsi qu'vne enclume par le battement des marteaux: qu'elle dure plus elle endure; qu'elle trouue la vie en la mort, les roses dans les espines, les lys dans les brossailles, le repos dans la fatigue, le plaisir dans le mesaise : le calme en la tourmente, la paix en la guerre, la grandeur quand on la pense retressir, la liberté dans les prisons, les ioyes dans les pleurs, les douceurs dans les amertumes, le miel dans les pointures des abeilles, la fermeté dans l'agitation & le branle, l'impassibilité du Cæneus de Pindare dans les passions & tourmens plus douloureux & sensibles. Que le souffle des peines allume son feu, & l'eau des angoisses, comme celle des forgerons rengrege ses flammes; qu'à guise de la Camomile plus elle est foulee, raualee, opprimee, mieux elle vient, mieux elle sent, que mise dans le feu elle espand son odeur suaue comme l'encens, que son industrie paroist dans les plus rudes bourrasques, comme celle d'vn bon pilote, & sa vaillance dans les plus furieux destours, cõme celle d'vn bõ soldat; que de son terrassemẽt à guise d'Antee, elle se releue plus vigoureuse & roide: qu'elle s'estend à mesure que le sang de ses champions s'espand : que ce sang de ses Martyrs, est sa semence; que c'est ceste graisse que le Prophete Roy dit s'estre, comme le desbord du Nil, desgorgee sur la terre, que ses muscles, tendons & cartillages se rendent inflexibles par les assauts & plus chaudes allarmes: que la nuict des afflictions preste à l'esclat de son lustre comme les couleurs sombres aux claires & voyantes, comme les tenebres de la nuit à la splendeur d'vn beau iour, comme les picquons ornent les roses, & la noirceur des haliers releue la blancheur du lys. Philosophie estrange & admirable! que ceste chere espouse de Dieu aye peu durer inuiolable, tousiours victorieuse, ayant esté sans cesse dés sa naissance battue & combattue de toutes les malignes inuentions que l'enfer puisse exhaler & produire.

L'on

L'ombre suit le corps par vne infaillible, naturelle & necessaire concatenation, & le mensonge la verité: le soleil source de lumiere, causse aussi les obscuritez de la nuit par l'interposition de la terre; & la vertu n'est iamais sans auoir l'enuie & la malignité en crouppe: de
a 1. Cor. 11. là disoit saint a Paul par vn esprit prophetique, non seulement que l'Eglise seroit tousiours assaillie d'heresies, mais qu'il estoit comme necessaire qu'elle le fust.

Les Peintres ont cet ingenieux artifice pour releuer d'auantage l'esclat d'vne beauté, à laquelle ils ont donné toute l'excellence qu'ils ont peu emprunter de leurs pinceaux delicats, qui vont quasi viuifians auec la mignardise de leurs traits des toiles inanimees; de joindre auprés quelque visage contrefait & hideux au delà de toute humaine laideur & difformité, parce qu'ils sçauent que nos yeux, aussi bien que nostre ame, se piquent par la contrarieté & disproportion, plus que par la ressemblance & conformité: & saint Paul ne nous descouure-il point vne semblable industrie, quand pour releuer d'auantage l'esclat & le lustre de la beauté de l'Eglise, il accarre auprés l'heresie ce monstre horrible, informe & desnaturé, afin, dit-il, que les gens de bien
b Philip. 2. soient dauantage manifestez? Ainsi dit-il aux b Philippiens, qu'au milieu des nations plus meschantes & deprauees, ils reluiront comme les astres pendant la nuit. Ainsi la bonté de Iob est de tant plus exaltee, qu'il estoit seul juste en la terre de Hus; & celle de Noé & de Loth, de ce qu'ils estoient seuls gens de bien, l'vn sur la terre au temps du deluge, l'autre en la ville de Sodome. L'Eglise n'est jamais tant belle, tant sainte, tant docte, que quand elle est assaillie d'heretiques, comme vne ville n'est jamais si bien munie ny deffendue, que pendant vn siege: elle reuerdit, comme les Pins parmy les neiges, les frimats & intemperies d'vn rigoureux hyuer: aussi elle dans les afflictions plus pressantes & perçantes, elle s'y nourrit & conserue comme dans du sel; plus ces deluges croissent, plus ceste belle Arche s'esleue au ciel; plus elle est retranchee, ainsi que la vigne son symbole, plus elle porte de fruit: elle se plaist dauantage, comme le poisson dans l'eau, dans la mer des trauaux, que dans les douces eaux de la tranquillité: son amertume tres-amere, dit le Psalmiste-Roy, est en la paix.

C'est

C'est dans ce buisson ardant qu'elle visite son espoux, & qu'elle le va joindre dans cet oratoire de Salomon tout jonché de pourpre : elle fait profit de son dommage, & se répare de ses breches; ses cicatrices la decorent, & rendent remarquablemēt glorieuse ; elle esleue son chef quand elle a beu dans ce torrent, cet Absynthe l'enyure : elle cherit ses fers, benit ses trauaux & ses peines, sçachant que la victoire s'acquiert en combatant, que l'aspreté des medecines redonne la santé; que la couronne a la sueur au deuant, comme le feu la fumee, que c'est l'exercice des mignons de Dieu de porter sa croix, & boire son calice apres luy : que le miel se fait des herbes ameres; que les vents contraires sur la mer du monde, font cingler à bon port, que la lime esclaircit le fer de tant mieux qu'elle est plus mordante; que les vents conseruent la mer en l'agitant; que la douceur est plus agreable apres l'aigreur, comme le vin apres les amandes ameres: que pour venir à la terre promise, il faut souffrir bien des fatigues.

Si le ciel est en branle continuel, l'Eglise aussi est en agitation perpetuelle, tousiours on louë Dieu dans son sein en quelque part du monde. Il est certain que le soleil se leue & se couche sans cesse en quelque part, & quand & cet astre mille belles ames se leuent & resueillent successiuement pour chanter les louanges de leur Seigneur & de leur maistre. C'est ce que dit le Prophete Roy en plusieurs endroits, que depuis le leuant jusques au couchant le nom de Dieu est sans cesse loüé; que toutes nations louënt Dieu par vne continuelle vicissitude En vne armee à l'vne sentinelle l'autre succede pour faire tousjours le guet : l'Eglise militante est aussi tousjours en action, en armes, veillante & preste de combattre & d'œuurer: d'auantage tantost elle est en prosperité, tantost en aduersité, ores se releuant de ses miseres, puis exaltee sur son midy, aprés replongee dans les angoisses; pour cela est-elle comparee à vne femme, qui est sans cesse en trauail d'enfant, par saint a Iean. a Apoc. 12.

Nous ne voyons jamais vne mesme face au ciel à cause de la vitesse de sa course, non plus qu'on ne peut voir deux fois vne mesme courante d'eau : ores les vns signes se leuent, or les autres se couchent, c'est vne rouë qui

qui est en perpetuel mouuement; il change de lieu, de posture & de visage, non de nature: L'Eglise quant aux personnes particulieres, qui sont les astres brillans dans son ciel, est en vn change sans intermission, les vns meurēt, les autres naissent; les vns y sont sains, les autres malades; aucūs à leur ayse, & d'autres miserables: tousjours quelque Sacremēt s'y frequente selō la diuerse necessité de ses enfans: les aucuns tōbez par le peché sont releuez par la penitēce, autres regenerez par le baptesme, autres rēforcez par la confirmation; qui repeu du sacré viatique de l'Eucharistie, qui conjoint par vn sacré mariage; qui enrollé dans les ordres Ecclesiastiques, qui oinct de l'onction sainte pour estre renforcé au pas dangereux des agonies de la mort: Les Docteurs sont tousjours apres à enseigner les ignorans, à corriger les vices, à redresser les errans: les Pasteurs rodent continuellement autour de leurs bergeries pour sauuer leurs oüailles des gueules beātes des loups rauissans, des lyōs rugissans. Ce n'est qu'agitation, remuëment, tracassement, variation; ouy quant à la face des particuliers, mais c'est tousjours la mesme substance, la mesme creance, la mesme vnité, le mesme esprit quant au corps, & au general, qui ne peut souffrir aucune nouueauté, rupture, meslange ny diuision. Nulle rouïlle s'attache aux rouës d'vn horologe qui va sans cesse; nulle ordure se peut glisser en ceste Eglise, de qui les contrepoids sont tousjours en balance, & les ressorts en mouuement: ce sont les eaux croupies qui engendrent des crapaux & couleuures, c'est l'air resserré qui se corrompt, c'est la terre en friche qui produit des chardons & brossailles. Les Lacedemoniens representoient les statues de leurs faux dieux tousjours armees: & l'Eglise ditte Militāte ne délasse jamais ses armes, elle y est tellement duitte, que selon la rodomontade de ce Lacedemonien, elles les tient pour des aîles; & de vray ce sont les aîles qui la guindent au ciel, que la vigilance, le trauail & la croix. La vie du Chrestien est vne milice sur la terre, & ceste milice n'est point lache, molle & effeminee, mais toute masle & virile, qui n'a point d'autres felicitez ny beatitudes que la pauureté: l'abjectiō, la disette, les pleurs, les larmes, les sanglots, les souspirs, les jeusnes, les abstinences, les macerations, les austeritez,

tez, les persecutions, les douleurs ce sont ses delices & ses plaisirs; c'est là où l'on seme en pleurs pour recueillir en allegresse. La beauté de l'Eglise n'est point fardee, mince & delicate, posee en la surface d'vne peau blanche, deliee & tendre, où il ne faut pas mesme que les veines paroissent; elle est toute masle & puissante, & cõsiste en la roideur de ses bras & de ses muscles, aux veines enflees, au tein noirastre & bazané; aussi se dit-elle brune aux Cantiques, decoloree par les rays du soleil, c'est à dire l'ardeur de l'amour qu'elle porte à sõ Espoux: c'est vne athlete poudreuse, qui a terrassé mille monstres comme vn autre Hercules, elle a estoufé des serpens en son bereeau, estant encores en son enfance, & les ans au lieu de luy diminuer sa vigueur, luy ont redoublee, c'est l'antiquité qui luy donne plus de poids & de fermeté, les ans n'ont aucune jurisdiction sur elle, elle ne peut estre rongee de leurs dents, au rebours ils redoublent son authorité, les rides la rendent venerable & espouuantable a ses ennemis, & comme aux pieces antiques, le verny & la moisissure luy apportent de l'agencement & de la valeur: plus elle va auãt, plus elle deuient sage & accorte par l'experience & l'vsage, outils qui forment la sagesse, dont elle est la [a] maison. Parmy toutes les mutations du monde elle reste immuable, & les mesmes enfans qu'elle a engendrez, elle les reçoit à la mort dans ses mesmes entrailles: ces changemens ne touchent que ses habits, non son corps: si la machine de l'vniuers alloit en ruine, les esclats la pourroient toucher sans l'esbranler en aucune maniere.

Aussi de vray [b] l'antiquité est vn des beaux ornemens de l'Eglise, comme l'excellence de la noblesse consiste de tirer son extraction des siecles plus reculez, pour cela elle se dit en c l Ecclesiastique, creée tout au commancement, voire quasi deuant les siecles, & ne se promet point d'autre duree que l'eternité.

Le monde n'a jamais esté sans Eglise, c'est à dire, sans vne congregation des fidelles: elle est nee quand & nostre protoplaste au paradis terrestre, continuee par les Patriarches en la loy de nature, embrassee par les Israelites en la loy escrite: enfin ramenee à sa perfection par le fils de Dieu en la loy de grace: de sorte qu'é celle la je voy vne ressemblance naïue de l'Eglise auec le

a *Prou. 9.*

b *Vincent. Lyrin. aduers. Haer. Tertull. de praescript. Cypria. de vnit. Eccl. August. de symb. ad Catech. l. 1. c. 5. & epi. 42. Optat. Mileuit. l. 1. 1. Tim. 3. Galat. 1. Nazianz. epist. 2. Hylar. lib. de Synod Iren. 3. c. 4. c. 24.*

le ciel, lequel est le premier des corps creez; estant tout notoire qu'il faut que le contenant soit fait deuant le contenu; & celle-cy est la premiere née de toute creature.

Et comme c'est le mesme ciel qui tourne sur nos testes, lequel faisoit le pareil contour il y a seize cens ans, sans aucune alteration ny deterioration de sa substance: aussi l'Eglise n'a rien innoué és principes de sa foy, toute semblable à la primitiue: & ce rapport vniforme, qu'ils appellent conformité, est vne de ses [a] notes plus insignes & brillantes.

a V. Card. Bellarm. de not. Eccles. c. 9.

L'Eglise, comme le ciel de rupture, ne peut aussi souffrir d'interruption, elle est d'vne tissure esgale, sans cousture quelconque, comme la robbe de nostre Seigneur: sa duree est continuellement successiue, nulle ouuerture se peut faire en la pureté de ce grand corps, si bien enduit, encrousté & cimenté: & ce qui se lit en [b] l'Escriture de la vision de saint Estienne, pendant que les torrens de pierres l'accabloient en son martyre, qu'il a veu les cieux ouuerts, outre diuerses interpretations des maistres, reçoit aussi celle-cy, que ce fut vne vision non pas reelle, mais apparente seulement. Ceux qui penseroient que le ciel de l'Eglise se seroit entre-ouuert, & que quelque bailleure eust paru pendant les schismes & diuisions qui l'ont quelquefois agitee, pendant les persecutions & les heresies qui ont escarté ses membres, ils se trompent, car son corps vniuersel & general ne se desment ny creuasse jamais. [c] Iob dit que les cieux sont bastis d'vn ærain tres solide & impenetrable. Beau symbole de l'inesbranlable fermeté de l'Eglise! toute construite de l'inflexible constance des Martyrs, cimentee de leur sang, affermie de leurs tourmens & de leurs gesnes: au reste Dieu va [d] corroborant les gonds de ses portes, renforçant ses bouleuards inaccessibles, & imprenables à toutes les puissances du mõde & de l'enfer: & tout à propos ceste force me fait souuenir de ce nom, Romaine, son plus glorieux titre, à cause de son chef qui reside dans Rome: Rome le chef du monde & qui va autant esleuant sa teste par dessus toutes les citez de l'vniuers, qu'vn Cyprés sacré va surpassant en hauteur les lambruches: Rome qui va paroissant comme la Lune entre les moindres astres: Rome

b Act. 7 & ibi. Liran. Greg. Nyssen. orat. de sancto Steph. Augustin serm. 99 de sanctis.

c 37.

d Ps. 147.

me le siege de saint Pierre, chante vn [a] Poëte ancien, laquelle pour auoir en soy le sainct siege du Pasteur des Pasteurs, est bien plus grande de tenir les resnes de l'empire de la religion, que d'auoir autrefois subiugué le monde par ses armes. Rome, dit [b] Tertullian, honoree du sang du bien heureux Prince des Apostres: Rome, fait saint [c] Hierosme, ville puissante, ville maistresse du monde, ville loüée de la voix de saint Paul: interprete son nom, & tu trouueras qu'il signifie force chez les Grecz, hauteur chez les Hebrieux. Ceste signifiance Hebraique me fait couler à vn autre rencontre: le ciel surpasse en hauteur toutes les choses creées: & l'Eglise n'excelle-elle pas sur toutes les choses humaines, Empires, Monarchies, principautez.

a Prosper de Ingrat.

b Lib. de praescript.

c l. 2. cont. Iouinia. V. Theodoret. in epist. ad Roman. D. Hier. in tad. ep.

C'est ce firmament de hauteur en [d] l'Ecclesiastique ses fondemens sont dits par le [e] Prophete Roy estre posez sur des hautes montagnes. L'Arche apres le deluge s'arresta sur les monts [f] d'Armenie: & les cataractes desbondees des plus furieuses persecutions ne seruent que pour esleuer de tant plus la splendeur de l'Eglise; comme le calme n'est iamais si agreable qu'apres vne tourmente desesperee, le iour si plaisant, que quand la nuict a esté plus obscure, & le soleil si clair & brillãt, qu'apres la dissipation des broüillards & nuages qui enuioient sa splendeur à nos yeux.

d 43.

e Psal. 86.

f Genes. 8.

Les Poëtes feignoient qu'Atlas vne des plus hautes montagnes du monde, soustenoit le faix du ciel: tirons ceste verité de ceste fable, que Iesus-Christ auec sa croix est cet Atlas qui a porté nos langueurs, nos pechez & nos peines, & que c'est luy qui va tousiours soustenant sur ses espaules le ciel de son Eglise.

Et les Philosophes & les Astronomes d'vn commun adueu donnent & attribuent au ciel la figure ronde ou spherique, comme la plus parfaite & la plus capable: & l'Eglise qui n'a point d'autres barrieres que l'enceinte de ce manteau, sera elle pas de mesme forme? Ouy l'Eglise est la colombe, la parfaite, l'vnique & cherie de sa mere aux Cantiques: ouy son ventre où elle reçoit ses enfans, & son nombril est rond comme vne tasse ou vn vase fait au tour, comme chante Salomon en ce mesme [g] Epithalame.

g 7.

Si nos sens ne nous peuuent faire cognoistre quelle est

est la matiere des cieux, si est-ce que nos yeux l'apperçoiuent comme tres-pure, tres nette & exempte de tout meslange : telle est l'Eglise toute belle, toute blanche, sans aucun defaut ny tache ; comme la mer elle vomit & rejette loing de ses entrailles les charongnes des heresies: on pourroit dire que les comettes paroissent au ciel, qui sont des signes malencontreux ; mais ce sont des exhalaisons grasses, chaudes & huilleuses, comme tiennent les naturalistes, lesquelles attirées en haut, s'ẽbrasent par l'auoisinement de la sphere : mais ce meteore, comme ces autres estoilles que leur cheute fait cognoistre fausses, ne sont pas au ciel, mais seulement en l'air, element suiet à plusieurs changemens & meslanges: si des schismes & troubles arriuent quelquefois, cela se fait parmy la basse region des hommes, pleine de tempestes & bourasques des passions violentes, mais cela ne touche en riẽ le beau ciel de l'Eglise exempt de toute alteration & corruption : il n'y a que le vulgaire & les ignorans qui croyent que les comettes soient aux cieux.

Vne autre qualité toute apparente du ciel, est qu'il est clair & diaphane : ainsi les preceptes & dogmes necessaires à salut sont enseignez par l'Eglise auec vne grandissime perspicacité & facilité : les plus petits & simples sont plus susceptibles & capables de les conceuoir, que les grandes & doctes ceruelles, souuent aussi enflées de presomption, que de science: ce pain simple de la parole de Dieu, rassasie ceux qui sont affamez de sçauoir, & laisse sans goust ceux qui sont remplis d'ailleurs de doctrine mondaine. Benit soit nostre Seigneur, dit l'Apostre, qui a caché ses mysteres aux sages du mõde, & les a reuelez aux esprits plus bas & humbles. Tãdis (dit saint Augustin sur le rencontre de deux voleurs miraculeusement conuertis & saintement morts) que les ignorans rauissent les cieux, nous nous precipitons aux enfers auec toutes nos sciences. Le païsan iouit d'autãt plus aysemẽt du ciel, que moins il le cognoist: & ce Philosophe qui s'esceruelle à en recognoistre la disposition & les mouuemens, passe vne vie inquiete & laborieuse : salutaire ignorance, si esloignée des precipices ! heureux aueuglement, qui te laisse conduire si droit!

Le premier mobile entre les cieux, selon l'adueu de toute l'Eschole, entraine tous les autres cieux ses inferieurs, par vn mouuement qu'ils appellent rapide: & ie dis que l'Eglise Romaine, fontaine, origine, mere & chef de toutes les autres Eglises Catholiques, est ce mobile premier, qui enmeine tout le monde quant & sa veritable creance: il faut necessairement & sans contradiction, que tous ceux qui se disent enfans de lumiere, se laissent aller à ses loix, prestent obeyssance à ses statutz, & gardent inuiolablement ses ordonnances: autrement, selon l'Apologue, si les membres ne veulent obeyr à ce chef, tout ira en confusion: il faut que tous les Prelats prestent ioug à la puissance supreme de celuy qui est assis en ce premier siege, cōme estās des orbes inferieurs & moindres.

Plus vn corps est voisin du ciel, plus il est mouuant: & plus il est mobile plus il est parfaict: plus vn homme se sousmet par l'obeyssance, voire aueugle, à l'authorité de l'Eglise, plus il approche de la perfection, plus il est agreable à Dieu, cheminant en sa vie auec d'autant plus de confiance, que de simplesse. Celuy qui n'entend point les commandemens de ceste Mere, il est ethnique & publicain. Qui entend ses administrateurs, il m'entend, dit nostre Seigneur. Et sainct Paul pour ce subiet conseille aux [a] Corinthiens de desraciner de leurs cœurs toute rebellion, & de les rendre soupples au ioug de l'obeyssance qui doit estre rendue à l'Eglise: il luy faut dire comme ce Scribe en sainct [b] Matthieu: Maistre, ie vous suiuray en tout & par tout, & ne m'esloigneray iamais du sentier de vos commandemens.

[a] 2. Cor. 10.

[b] 8.

Suiuons ces mouuemens. Les Astronomes plus experts en remarquēt trois diuers aux cieux, le journalier, qui se fait d'Orient en Occident: le retrograde, qui se fait au rebours selon la diuersité des orbes, par la lune en vn mois, par le soleil en vn an, & ainsi des autres, selō la supputation des maistres; & celuy de trepidation.

Les mesmes branles se peuuent remarquer en l'Eglise: son mouuement ordinaire est d'aller depuis l'Orient de sa naissance iusques à l'occident de sa mort, qui ne sera qu'à la fin du monde, à quoy l'entraine la disposition des temps: son naturel est de rebrousser con-

tremont

tremont, & de s'affermir en despit des annees & des siecles ; & celuy de trepignement est celuy qui la conserue par accez & remises, sçauoir la crainte de Dieu, & la vigilance continuelle de ses chefs, qui la maintiét en bonne temperature. Encores ceste autre consideration: ores nous la voyons se mouuoir de l'orient de la prosperité à l'occident de l'aduersité : or aller au contraire, & reprendre de nouuelles forces dans ses debilitez, contrecarrant ses langueurs par son courage: ores elle balance entre ces deux extremitez, tousiours soustenue de la grace de son espoux. Et c'est toutesfois le mesme ciel qui voit tous ces remuëmens : & l'Eglise parmy tous ces remue-mesnages, est tousiours elle-mesme, immuable, inflexible, gracieuse dans ses disgraces, fortunee dans ses infortunes, heureuse dans ses malheurs. Les mesmes contours se voyent encores bien mieux és personnes particulieres, qui viuent dans son sein comme ses petits enfans : ores vous les voyez, mais malheur ! d'vn bransle plus que iournalier rouler de l'orient de la grace à l'occident de la disgrace, & puis par vne saincte penitence retrograder de cest occident du peché à l'orient de la satisfaction: mais las! ce retour est bien plus long & tardif : ores on les voit suspendus entre les deux airs de l'espoir & de la crainte, tantost tomber, tantost se releuer : tantost dans le mal, tantost dans le bien : ores chauds, ores froids : ores pendillans entre les affections de la terre & du ciel, ores esleuez au ciel de la vertu, ores raualez aux abysmes du vice: mais le sage & celuy qui est resolu & determiné totalement à la vertu, dit Seneque, il va tousiours retrogradant : il n'y a que les fragiles & imbecilles qui se laissent entrainer à la rapidité du monde, ce mobile violant qui enleue les ames de l'orient du bien à l'occident de tout malheur & perdition.

De ces mouuemens diuers recogneuz aux spheres celestes,[a] Ciceron apres quelques philosophes anciens a esté imaginer vne grãde & douce harmonie és cieux, qui se fait, selon son aduis, par le leichement & frottement de ces orbes, & va diuersifiant leurs tons selon la grauité & promptitude de leurs cadences : que ceste opinion soit vraye, & ensemble les preuues qu'il en apporte, i'en laisse à decider, si est-ce que i'ay remarqué

[a] In somn. Scipionis

que quelque chose de sēblable és lettres sainctes: en la a Sagesse il est dit en termes tres-clairs, que quand ces a 15.
orbes tournoyent, selon le mouuement de leurs tours, les qualitez des tons se varient comme en des orgues, & que chacun a son particulier, ce sont les propres mots, b En Iob, Qui est-ce qui peut empescher l'harmonie du ciel? Encores plus manifestement & amplement le c Psalmiste Roy: Les cieux, dit il, narrent la gloire de Dieu, & le firmament annonce l'ouurage de ses mains: le iour parle, & la nuict enseigne, mais des paroles & des discours intelligibles à vn chacun: le son des cieux se fait entendre par toute la terre, & leurs voix & tons s'estendent, & s'entendent depuis vn bout iusques à l'autre de l'vniuers: Peut on dire en mots plus ouuerts qu'il y a vne harmonie aux cieux? Mais quant au beau concert de la Hierarchie de l'Eglise, il est veu, sceu & cognu de tout le monde, ceux qui ne l'entendēt & ne le voyent pas, comme les impies heretiques, ils sont assourdis des catadoupes du Nil du monde, & aueuglez de leurs propres passions, & il n'y a point de pires aueugles & sourds, que ceux qui se creuent les yeux, & comme des aspics, qui se bouchent les oreilles pour ne rien voir ny entendre.

b 38.

c Psal. 18.

Nonobstant l'vniformité du ciel, il ne laisse pas d'auoir pluralité de globes, & ces spheres diuersité des mouuemens, selon que remarquent ceux qui professent la cognoissance des astres: à cela ie rapporte les diuerses coustumes & vsages des Eglises particulieres, selon les meurs des pays: a cela ie fais conuenir les ordres sacrez des Religieux, ce beau bras regulier de l'Eglise, distinct de tant de sortes de professions, & de vies differentes en austerité, en reigles, en obseruations: mais comme de touts costez, dit-on, l'on va à Rome, aussi par plusieurs voyes l'on peut aller au ciel: toutes les lignes tirees de ceste variable circonference, se terminent au but d'vne mesme foy, au culte d'vn mesme Dieu, à l'obseruance d'vne mesme religion.

Si le ciel est orné d'vne grandissime varieté, comme nos yeux nous monstrent: l'Eglise l'est encores d'auantage: c'est ceste espouse qui paroist aux yeux de son bien aymé auec ses d agrafes d'or, enuironnee de mille varietez & paremens diuers, afin de luy complaire d'a- d Ps. 44.

uantage; ses beautez sont conferees aux Cantiques à vn monde de choses.

Mais ce qui y paroist le plus, est l'admirable branle des astres, qui vont roulant si fierement sur nos testes, d'vn pas si mesuré, qu'il semble que ce soit vn bal compassé à certaine cadence : naiue peinture des assemblees des Prelats & du concours des Eglises aux conciles, où tout va d'vn pied si maiestueux & graue, d'vn poids si ferme, & d'vne disposition si bien arrangee, qu'en cest estat elle est, non sans cause, appellee par son espoux, a terrible comme vn exercite bien ordonné, vne armee bien rangee en bataille : car c'est en ces sacre-saincts Consistoires où elle renuerse les heresies, foudroye & anathematise les rebelles & refractaires, & qu'elle a en main le glaiue de son authorité souueraine : c'est lors que redoutable en sa pompe & magnificence, elle donne autant de terreur à ses ennemys, que d'asseurance à ses enfans : c'est là, où selon sainct b Paul, tout se fait par ordre, & celuy qui va au contraire, c resiste à l'ordination de Dieu.

Le Ciel n'erre iamais en son cours, il va d'vn pas infatigable & nullement destourné, sans se desuoyer ny détraquer aucunement : Telle est d l'eglise, que nous tenons fermement & déterminement ne pouuoir errer en façon quelconque : il arriue bien souuent des déreiglemens des saisons, mais cela vient de l'air & non du ciel, qui va tousiours son grand train ; & les débordemens des meurs, & les bourasques qui arriuent parmy les hommes, ne touchent en rien le branle reiglé & continuel de l'eglise. Le ciel peut estre offusqué de nuages, atteint en soy nullement ; l'eglise peut estre oppressee pour vn temps, opprimee iamais : l'equité, dit vn e Ancien, peut estre embrouillee, esteinte pas.

C'est vne f gentille question en Philosophie, si les cieux sont animez, ou si en leurs mouuemens ils sont conduits par des intelligences motrices ; la plus saine & com-

a Cant. 3.

b 1. Co. 14.
c Rom. 13.
d 1. Tim. 1. Tertul. de præscrip. August. l. 1. cont. Cresc. c. 33.
e T. Liu. li. 22.
f Plato Craty. & Epim. Laert. in Anax. Sen. l. 7. qu. nat. q. 5. Cic. l. 2. de nat. D. Plin. l. 2. c. 8. nat. hist. R. Moses, Auicenna, Agazel, Apharabius, Albumazar, Ptolé. Aug. 18. de ciuit. D. l. c. 41. item 2. in Gen. ad lit. c. 18. & in Enchi. c. 18. Lactan. 2. ca. 6. Damas. l. de hæresib. Boet. 3. metr. 9. Alber. Mag. in 11. Metap. tract. 2. Damasc. l. 2. de fid. orth. c. 6. Cyril. l. 2. contra Iulian. Ambr. 2. Hexame. 4. Basil. hom. 3. Hexame. & in Ps. 48. Lactan. 2. c. 5. Aug. 1. Retract. 5. & 2. c. 7.

commune opinion est ceste derniere: mais sans l'enfoncer d'auantage, ie dis que l'eglise est animee du sainct Esprit, qui vit & regne en elle, & qui ne laisse iamais, selon la solennelle protestation de Iesus montant à la dextre de son Pere: c'est cet esprit comme chante vn [a] Poete ancien, qui est diffus par toutes les parties de son corps, qui l'anime, la regit, & conduit en toutes ses operations, & outre cela elle est gouuernee par l'assistance perpetuelle des esprits bien heureux, car Dieu a commandé à ses Anges, dit [b] Dauid, de la contregarder en toutes ses voyes: de sorte que si bien dirigee, il est impossible qu'elle se fouruoye.

a Virg. Æneid. 6.

b Ps. 90. Item Ps. 135.

Quoy que le ciel en soy ne soit suiet ny à generation, ny à corruption, si est-ce que sans changer il change tout icy bas par ses reuolutions; Le temps qui ronge tout, dit vn Poete, va deuorant & consommant toutes choses: c'est vn beau subiet & curieux, sçauoir si c'est par le moyen des ses influences, ce que tiennent la plus part des Philosophes, & mesme des Peres. Disons cela de l'Eglise, que sans changer en soy, elle voit tous ses enfans remuer en ses flancs; elle est esleuée sur la cime d'vne montagne si haute, que iouyssant d'vn ciel net & serain, de l'aspect perpetuel du soleil radieux, & de la douceur d'vn continuel printemps, elle voit sous ses pieds les orages, les tempestes & les brouillards, se moquant dédaigneusement des inepties de ses aduersaires: les reuolutions des siecles ne luy donnent aucune atteinte, & par le moyen de ses influences sacrees, qui sont les graces diuines qu'elle fait decouler en ses esleus par les canaux des Sacremens, elle change & renouuelle tout: quand le souffle de l'Esprit sainct [c] s'espand sur son iardin, ses aromates espandent leur odeur suaue: elle recrée les pecheurs, & renouuelle leurs faces desfigurees par le vice & l'iniquité, auec [d] la penitence elle les change, comme parle le [e] Psalmiste, mais elle demeure tousiours vne & pure, car les fautes de ses enfans ne preiudicient en rié à sa netteté & cádeur: per ses Sacremens elle fait [f] despouiller le vieil hõme charnel auec ses actes, pour en reuestir vn nouueau tout celeste & diuin: par le baing auec de [g] l'hyssope des larmes, elle rend les ames souillees, blanches comme de la neige, & [h] raffraichit leur ieunsse, comme l'Aigle

c Cant. 4.

d Thren. 4.

e Ps. 101.

f Colos. 3.

g Psa. 50.

h Ps. 102.

a Iob 39. qui fait tomber ses anciennes plumes, comme a l'Autour qui espand ses ailes au vent, comme le cerf en escrasant les serpens des pechez, comme le serpent, qui déueste sa vieille peau par le trou estroit & resserré d'vne pierre, comme le Phœnix qui renaist de ses cendres s'estant bruslé au soleil; aussi faisant brusler ses enfans aux flammes d'vn amour diuin, elle les fait renaistre des cendres de leur mortification & componction, à la grace de Dieu; grace vraye vie de l'esprit: & comme ce qui cause les generations, cause aussi les corruptions, l'vn & l'autre découlant de mesme source, & ces extremitez s'entretenans par vne concatenation ie ne sçay comment reciproquante: aussi ceste mesme Eglise qui viuifie les morts, tuë aussi les déprauez & mal viuans par les rasoirs de ses censures, & les glaiues de ses excommunications, retranchant les membres pourris, de peur, qu'ilz ne corrompent les autres, les branches seiches de peur qu'elles ne gastent le tronc, l'oüaille gastée pour conseruer le reste du troupeau, le raisin tourné pour empescher que toute la grappe ne se perde: ainsi les causes de la vie & de la mort sont en quelque sens semblables: ainsi le mesme glaiue qui sert pour la deffensiue, peut estre employé a l'offensiue: ainsi la mesme lumiere qui plaist aux bons déplaist aux peruers: & souuent les extremitez se rencontrent à mesme point, le froid gele & brusle, la hardiesse fait trembler cõme la timidité, & le mesme soleil qui esclaire, creue les yeux

b 41. opiniastres à le regarder fixement, dit [b] l'Ecclesiastique: C'est vne bonne, douce & fauorable mere que l'Eglise, à ceux qui luy obeyssent comme ses chers enfans, elle les couure soubs l'ombre de ses aisles, & les met à l'abry des choleres du Toutpuissant, les repaist de ses mets delicieux, les comble de graces: mais elle est vne rude & imperieuse maistresse à ceux qui s'escartans de leur deuoir s'emancipent aux desbauches, & se perdent en déprauations: ainsi la mesme saliue, qui nettoye les vlceres, tue le serpent; & l'Eglise aussi bien que Iesus, sert de pierre d'edification aux vns, & de pierre de scandale & d'achoppement aux autres: c'est vn roc salutaire à ceux qui sont fondez dessus, & qui brise les nauires de ceux qui choquent à l'encontre.

Il

Il est recognu d'vn chacun que le ciel est le plus noble & excellent de toutes les choses corporelles : aussi l'Eglise sans controuerse a la preeminence sur tous les corps politiques, & son gouuernement excelle & excede en puissance, dignité, & valleur tous les autres estats mondains.

Les choses, comme l'œil nous peut faire cognoistre, se perfectionnent de tant plus qu'elles s'auoisinent du ciel, & ces gouuernemens ciuils sont les plus parfaits, qui ont en plus grand honneur l'Eglise & la religion: Ouy, politiques athees pires que les heretiques, la Religion est le principal bras de l'Estat, sans pieté c'est vn corps sans ame, vne vraye confusion, vn pur desordre: c'est le ressort principal qui luy donne le branle: c'est la base fondamentale, qui soubs son tenement l'empesche d'aller en ruine. L'empire de l'Orient s'est perdu pour auoir abandonné ce salutaire timon: l'Eglise & la Religion c'est la maistresse & l'emperiere de l'vniuers, celle qui donne la loy au monde telle qui luy plaist, elle soustiẽt les Princes, & les Princes en recõpense doiuẽt estre ses arcs boutãs: Les Roys sont ses nourriciers, & les Roynes ses nourrices; ils la doiuẽt adorer les genoux & les yeux en terre: c'est le commandement du grand Dieu des armees fait par [a] Isaie. Ceux, qui n'ayans point de [b] Dieu deuant les yeux, font marcher l'Estat deuant la Religion, ils peruertissent toute raison, faisant aller la seruante premiere que la maistresse, il faut que les Royaumes seruent à l'eglise, non pas au rebours: iamais homme de ceruelle & vertueux ne quittera Dieu pour la police: Viue l'eglise, & perisse le mõde, auec ses tiercelets sans Dieu, sans foy, sans loy. Mais du moins, disent-ils, que l'estat & la Religion aillent ensemble du pair. Quelle raison d'esgaler la vassalle à la princesse? non non, c'est vne ruse: si tost, disoit Caton en vn autre subiect, qu'ils auront esgalé la police à la pieté, celle là enjambera la superiorité: l'Ambition estrenée n'a point de loy, ny de terme. L'eglise en ses canons par la bouche de ses Pontifes souuerains, oracles infaillibles, prononce tout haut anatheme à ceste maniere de gens, qui veulent preiudicier à ses authoritez iniustement & tyranniquement.

Outre la preeminence, l'œil remarque encores au

a 49.

b Ps. 9. & 53.

ciel vne merueilleuse beauté, & telle qu'elle a rauy en admiration extatique la plus part des Philosophes anciens, iusques là qu'Anaxagoras vn des plus celebres, protestoit qu'il n'estoit né que pour contempler le ciel & le soleil source de tout lueur : & qui est celuy si despourueu de iugement, qui n'admire l'indicible beauté de l'Eglise tant de fois qualifiée du titre de a toute belle par son Espoux : c'est ceste Princesse b ornee de pierreries, & attournee de perfections, que le Seigneur a conuoitee pour se la ioindre en chaste mariage : c'est celle que les filles de c Sion ont exaltee, prisee & reputee pour la plus heureuse d'entre les belles. Et nous principalement, qui auons l'honneur d'estre appellez de Dieu au seruice de ceste Royne, puis qu'elle est vn ciel, que n'esleuons nous nos yeux en haut puis qu'au rebours des autres animaux, il a pleu à l'Autheur de la nature y esleuer nos paupieres! nostre conuersation doit tousiours estre dans la pureté de ce ciel, où cõme Mamuques, nous ne viuions que de la rosee des graces diuines, sans ramper contre la terre : pour moy, ainsi qu'Anaxagoras, tout foible & petit que ie suis, si est-ce que ie consacre toutes mes debiles forces au seruice du grand Dieu, de son Eglise, & du Sainct Siege, & proteste n'estre né, & ne viure que pour cet employ.

a Cant. 1.
b Isa 61.
c Cant. 6.

Mais ce qui est cause que ceste tant releuee beauté du ciel n'est pas selon son merite admirée des mortels, c'est l'accoustumance ordinaire & iournaliere de sa veuë: la rareté, la nouueauté, l'estrãgeté, sont trois faux charlatans, qui pipent & eniolent totalemẽt les esprits de l'ignorãt vulgaire: il laisse de considerer la splendeur du soleil, & le bel azur qui peint les lambris celestes, cõme si la frequence diminuoit leur valeur : à la moindre eclipse, au plus simple comete ou meteore, tous ont le nez en haut auec mille estonnemens, où il n'en est aucun besoin : de ceste populaire impertinence se mocque amplement & excellemment Seneque en ses d questions naturelles. Disons le semblable de l'Eglise, que ce qui rend son auguste maiesté moins reueree, & sa splendeur moins honoree, est sa bonté, sa facilité, sa douceur, & aussi le libertinage de quelques deprauez, qui abusent de sa benignité, ignorans sa grandeur & sa puissance: s'il arriue quelque interdit,

d L. 1. c. 1.

dit, quelque remmuëment nouueau, aussi tost les voila aux allarmes. Hé! pauures insensez, ce sont les moindres essays de l'authorité de ceste Princesse souueraine & Emperiere du monde. D'autres curieux veulent des miracles, & a la moindre action extraordinaire en accourt en foule : & vous ne prenez pas garde au miracle des miracles, ce grand Sacrement & sacrifice de l'Eucharistie, aux resurrections des pecheurs par celuy de la penitence, qui sont des merueilles plus surnaturelles, que de transporter les monts.

Vne des qualitez plus essentielles du ciel, est vne clarté perpetuelle, & qui ne l'abandonne jamais : I'ay fait, dit Dieu a en l'Ecclesiastique, que les cieux fussent illustrez d'vne splendeur non deffaillante : de sorte que tousiours il est visible & apperceu de nos yeux. Et vne des plus riches & inseparables marques de la vraye Eglise, est sa visibilité. b Elle est ceste féme reuestuë du soleil, elle est la lumiere du mõde, lumiere qui n'est point cachée soubs le boisseau, mais mise sur le chãdelier: elle est ceste cité bastie sur vne haute mõtagne, qui ne peut estre celee, elle est le mont du Seigneur esleué sur la sõmité des autres montagnes: c'est le tabernacle de Dieu auec les hommes; tabernacle posé dans le soleil : ceux qui en ce temps offusquez & aueuglez d'vne taye d'heresie, nient si effrontément la clarté du jour en son midy, ils deuroient comme hyboux s'aller tapir dans les cachots de leur inuisibilité, abysmez dans la confusion, la honte & la vergoigne.

a 24.

b *Apoc. 21. Matt. 5. Isa. 60. Ps. 18. Isa. 2. Dan. 2. Mich. 4. Aug. de vnit. Eccl. Orig. hom. 30 in Mat. Cyp. lib. de vnit. Eccl. Chrys. hom. 4 in c. 6. Isa. Aug. l. 3 cont. ep. Parm. c. 5. & tract. 1. & 2. in ep. Ioa.*

Et ceste clarté du ciel luy est tellement propre, que jamais il n'est enueloppé des tenebres : lors que le soleil est allé esclairer l'autre hemisphere antarctonique, nous sommes bien enseuelis dans les obscuritez de la sombre nuict, & cet ombre se forme par l'espaisseur du corps opaque de la terre que noũs habitons : mais le soleil estans beaucoup de fois plus grand qu'icelle, son ombre par consequent se termine en vn cone ou point, & remarquent les contemplateurs des astres, que ce point aboutit au ciel de Mercure, voisin de celuy de la Lune : & pour preuue de cecy, il se remarque que jamais toutes les autres planettes, ny estoiles, la lune exceptee, n'éclipsent en perdant la splendeur du soleil qui les illumine: les hommes particu-

particuliers attachez a leurs terrestres affections, peuuent bien estre offusquez des ombrages de l'erreur, & les a insensez, qui changent comme la lune, peuuent bien éclipser, mais l'Eglise en son vniuersalité, ne peut jamais estre enueloppee de tenebres. Les heresies, comme les cometes, les lances, les cheures, & autres meteores ignees, vinottent pour vn peu de temps : mais parce que tout cela est hors du ciel, il s'esuanoüit & se pert tout soudainement ; b la memoire des errans perit auec vn peu de broit & de tintamarre : c'est vne fumee, qui se dissipe a mesure qu'elle semble s'esleuer ; le soleil de la verité dissoult en fin les exhalaisons qui l'offusquent pour peu d'heure.

a Eccl. 27.

b Psal. 9.

Le ciel estant d'vne figure ronde, il est par consequēt interminable & sans fin ; en cela fort conuenable auec c la duree de l'Eglise, laquelle n'aboutira que par la cōsommation des siecles. Que si ceste figure est close & jointe d'vne continuité vniforme & sans aucune interruption ; en cela encores je trouue que l'Eglise est fort bien representee, en laquelle est souuerainement remarquable la belle & non interrompuë succession des Euesques d & supremes Pontifes Romains, & notable encores l'vnion des membres de ce grand corps auec ce sien chef son pasteur vniuersel : succession & vnion que le grand Cardinal Bellarmin met non sans cause entre les marques plus insignes de l'Eglise.

c Dan. 9. Act. 5. Au. in Psal. 57. & l. de vtil. cred. c. 17.

d Tertull. de praescri. Optat. Milen. l. 2. Iren. l. c. 1. Aug. cont. Petilian.

Ceste closture si serree du ciel, me fait encores souuenir de ces amoureux epithetes que l'amant passionné donne à son espouse, quand il l'appelle en son e Epithalame, vne fonteine seellee : beau symbole des Sacremens, qui sont autant de canaux seellez & cachetez par où découlent en nos ames, les salutaires eaux des diuines graces ; & vn jardin clos : ouy, l'Eglise est vn jardin, où les parterres sont ajoliuez de mille diuerses fleurettes, où les allees sont nettes & polies, où les arbres fruittiers sont fort abondans & fertiles, plantez outre cela dans les vergers auec vn bel ordre, où les pallissades sont agencees auec des alignemens fort justes, les grottes fraiches, les cabinets ombreux, où est la douceur d'vn perpetuel printemps, où les halenees des zephires faisant frisotter les feüilles, semblent combattre à l'enuy par ce doux remuëment,

e Cant. 4.

muëment, le ramage & gazoüillement des oyseaux: où les sources boüillonnantes & viues, vont arrosant les plantes: où les fleurs des bons desirs sont suiuies des fruicts des bonnes œuures; où l'harmonie melodieuse des belles ames, resonne d'vn concert perpetuel, où les ruisselets qui vont coulant dans les pierrettes auec vn murmure enroué font leur effort d'exciter à la loüange du Createur; somme c'est vn paradis de delices, d'ayses & de plaisirs: mais ce jardin, outre ces beautez, est clos; là n'entrent point les serpens venimeux, les loups rauissans, les onces tauelees: il est garny tout autour de bonnes & fortes murailles, muny de boulevards & gabions, deffendu de vaillans champions, & de signalez combattans contre l'inuasion des troupes ennemies, du sang, du siecle, de l'enfer: c'est la tour de a David, de laquelle pendent toutes les armes des plus forts, tant amis en signe de recognoissance, qu'ennemis pour marques de trophez & de triomphes. a *Cant. 5.*

Il y aura vn firmament en terre, dit le b Psalmiste: & quel est ce ciel sinon l'Eglise, ferme, solide, inesbranlable? & ce firmament sera sur les sommitez des montagnes: n'est-ce pas à dire que le chef & principal gouuerneur de ceste Eglise, sera assis à Rome, ceste ville à sept montagnes? & son fruict, c'est à dire son pouuoir, sera esleué sur le Liban: cela ne reuient-il pas à cet autre trait du mesme c David, que Dieu a constitué son vicaire grand maistre de sa maison, & prince sur toutes ses possessions? L'Eglise mesme en d l'Ecclesiastique ne se tiltre-elle pas de ceste qualité, d'estre l'Emperiere du monde? Voicy ses paroles: Ie seray exaltee au milieu du peuple, admiree de la plenitude des Saints, loüee & benie de la multitude des esleuz: parce que ie suis sortie de la bouche du Tres haut, premiere nee de toute creature; j'ay faict que le ciel seroit accompagné d'vne lumiere perpetuelle, j'ay couuert d'vne nuee toute la terre, j'habite en des lieux tres exaltez, & mon throsne est en vne colomne de nuee: j'ay fait seule tout le cõtour de la terre, j'ay profondé & penetré les abysmes, cheminé sur les eaux de la mer, & regenté tout le monde: ma principauté s'est estenduë sur toutes les personnes & les nations qui viuent soubs la voute du ciel; i'ay de ma propre vertu foulé aux pieds les testes

b *Psal. 71.*
c *Ps. 104.*
d *24.*

des

des plus hautains, i'ay trouué du repos par tout, & ay fait ma demeure en l'heritage du Seigneur: le Createur de l'vniuers, celuy mesme qui m'a formee à daigné reposer en mon tabernacle, & m'a dit que je jettasse mes racines en Israel, & en ses esleuz. Apres elle poursuit la gloire de ses honneurs & trophees: Ie suis exaltee comme vn Cedre sur le Liban, comme vn Cyprés sur le mont de Sion, comme vne Palme en Cadés, vne Rose en Iericho, comme vne Oliue des champs, comme vn Platane prés des eaux: j'espands mon odeur comme le cynname & la baume, ma suauité comme vne myrrhe choisie: j'estends mes branches comme vn Therebinthe, & mes rameaux sont honorables & gracieux: je fructifie comme vne vigne, & mes fleurs sont des fruicts pleins d'honnesteté & d'honneur: Ie suis vne mere de dilection, de crainte, de recognoissance, & de saincte esperance: en moy est la grace de la vie & de la verité: vous qui desirez la verité & la vie, venez à moy, mon esprit est doux & suaue cõme le miel: celuy qui m'entendra, ne sera point confondu, & ceux qui œuureront selon moy, ne pecheront jamais: & ceux qui m'honoreront, iouyront sans doute de l'immortelle felicité.

I'ay expressement suiuy toute ceste pointe, n'ayant iamais leu des loüanges plus essentielles de l'Eglise, ny plus conuenable à sa majestueuse grandeur.

a Exod.25. a Moise receut commandement de Dieu de construire le tabernacle selon l'exemplaire qu'il luy auoit mõstré à la montaigne: les Peres tirent de là, notamment sainct Denys l'Apostre de nostre France, grand honneur de l'Areopage, que l'Eglise militante ça bas en terre est toute formee à l'instar de la triomphante: mais ie luy laisse, & encores aux Cabalistes, les rapports & conuenances de l'vne à l'autre, qu'ils en tirent d'vne merueilleuse dexterité, content de dire, que si par quelques Rabbins, & des Cabalistes modernes, le tabernacle Mosaïque a esté cõparé au ciel, l'Eglise presente, dont il estoit la figure, le peut bien estre à plus iuste raison & tiltre veritable.

Ceux qui se meslent de conjecturer & iuger sur les astres, ils se perdent en foliant, leurs songes imaginaires sont autant de mensonges; si est-ce que destournant ftonnans leurs resueries à d'autres sens, nous en pourrions tirer tout plein de belles considerations : Ils content qu'il y a certains planettes & d'autres signes & cõstellations, les vns bons, les autres malins, autres indifferens; par exemple, que le Soleil & Iuppiter sont des astres fauorables; Mars & Saturne mauuais, Venus, Mercure & la Lune bons auec les bons, malins auec les malins, & se persuadent ineptement, que selon leurs aspects, rencontres & regards és maisons imaginees de leurs horoscopes, arriuent diuers accidens: tout cela sont friuoles plus dignes de mespris que de refutatiõ : mais de ce que le ciel contient des astres benins, & malicieux, ie tire l'esclaircissement de ceste verité infaillible, qui toutesfois nous est impertinemment controuersee, que dans l'enclos du sein de l'Eglise les a mauuais sont aussi bien que les bons: pour cela elle est comparee à b l'aire ou grange du Pere de famille, où la paille est auec le bon grain : à la c saîne ou reth, où se prennent les grands & petits, bons & mauuais poissons; à d l'Arche de Noë, où sont les bestes mondes & immondes : au champ où l'yuroye vient auec le bled; à la e grande maison, où il y a des vases vils & precieux : au f banquet nuptial, où entrent aussi bien les mal vestus, que les mieux parez : à la g porte, où attendent les cinq vierges folles, & les cinq sages; & pour les fautes d'aucuns de ses enfans elle est dite h belle, mais noire; elle est appellee vn i lys entre les espines. Dauantage elle est prisee pour estre k belle comme la Lune : or il est certain que la Lune a des taches: mais, comme remarque l Plutarque en vn traitté exprés qu'il a fait là dessus, ces marques ne sont pas dans le corps de la Lune, mais seulement ce sont certains nuages qui sont entre nos yeux & ce bel astre. De là ie tire cest gentille conception, que les fautes des pecheurs qui sont en l'Eglise ne touchent en rien le corps de l'Eglise, mais que toutesfois par le scandale des simples, cela semble ternir en quelque sens sa splendeur, & le lustre de sa claire beauté, mais elle ne laisse de rester belle comme la Lune : En ceci neantmoins est elle plus excellente, que la Lune eclipse, comme dient les Astronomes, quand elle est en la queuë ou en la teste

du

a *V. Cardi. Bella. de eccl. l. 3. c. 7. 8. 9. 10. & Staple. in princ. fid.*

b *Mat. 3. Aug. tract. 6. in Ioan. l. 2. retract. c. 18. l. post col. lat. c. 7. & 20 l. de vnit. Eccl. c. 13. l. 18. de ciuit. Dei. c. 49.*

c *Mat. 13.*

d *Hier. dialog. cõt. Luciferian.*

e *2. Tim. 2.*

f *Mat. 22.*

g *Mat. 25.*

h *Cant. 1.*

i *August. de vnit. Eccl. c. 13. enarrat. in Psa. 47. & de doctr. Christ. l. 3. c. 31.*

k *Cant. 5.*

l *Plutarq. des taches qui paroissent en la face de la Lune.*

du dragon : mais l'Eglise n'a jamais eclipsé, ny esté en la puissance du dragon infernal : quant aux cometes & autres meteores ignees, il n'y a celuy qui ne sçache que ce sont des feux volages hors du ciel : tels sont les infidelles, heretiques & excommuniez, hors du ciel de l'Eglise de Dieu.

Le ciel est tout parsemé d'estoilles, & ceux qui se meslent de tirer l'origine des mots, dient qu'il est ainsi appellé d'vn nom qui signifie grauceure, comme estans ces lambris ornez des astres, comme de pierreries esclatantes & brillantes : & l'Eglise tire son nom du Grec, qui signifie congregation & assemblee, aussi est ce vne conuocation des fidelles : là est priuatiuement la communion des Saincts de l'vne & l'autre Eglise, celeste & terrestre : car comme le ciel est tout marqué d'estoilles, mais à cause de l'horison, il n'y en a que la moitié qui paroisse a nos yeux : aussi nous ne voyons pas des yeux corporels les Saincts qui jouyssent de l'immortel repos dans le celeste sejour, deliurez de la prison de ce corps terrestre, & qui reluisent en ce lieu de l'eternité comme des estoiles : seulement auons nous bien de la peine à cognoistre & discerner les saincts qui sōt parmy nous en ceste Eglise militante; lesquels ne laissent pourtant, bien que distinguez d'horizon, d'auoir communion auec ceux de là haut,

Les estoiles, quoy que separees & particulieres en soy, sont toutes neantmoins jointes & collees comme les nœuds en vn aix selon la comparaison de l'Aristote, dans le champ spatieux d'vne mesme sphere : ainsi les enfans de l'Eglise distincts en indiuidus, sont toutesfois vns en mesme foy, & en la creance d'vne mesme Eglise : ils ont vn mesme Dieu, mesme Baptesme, mesmes Sacremens : Les fidelles, dit sainct Paul, n'ont qu'vn cœur & vne ame : ce sont des oüailles rencloses dans vne bergerie, & qui n'ont qu'vn pasteur : ce sont plusieurs grains de froment qui composent vn mesme pain, plusieurs raisins qui sont vne grappe, plusieurs membres qui constituent vn corps.

Or

Gregor. Nazianz. orat. in sancto lauac. Chrysost. hom. 24. in Ioan. Tert. de praescri. Cyril. l. 12. in Ioan. c. 50. Augu. tract. 4. in Ioan. Tit. 3. 1. Ioan. 2. Iren. 3. c. 3. Hieron. dial. cont. Luciferia. Augu. l. 4. cont. Donatistas de vnit. Eccl. l. 4. cano. Pudenda & can. schis. ma 24. q. 1. Iren. 4. c. 62. Cypr. 4. ep. 9. Chris. hom. 3. in epist. 1. ad Corint. & hom. 11. in epist. ad Ephes. Hier. in cap. 1. Amos. Aug. de fid. & simb. c. 10. Optat. Mileu. lib. 1. Fulg. de fide ad Petr. c. 38. & 39. 11 q. 3 can. Canonica Euseb. 5 hist. c. 24. Epiph. haeres. 42. Hilar. in c. 11 Mat. item & Chrysost. & Theophilact. August. de vnit. Eccl. c. vlt. & lib. de correpť. & grat. c. 15. 21. q. 3. c. Omnis.

Or entre les estoiles il y a grande difference pour les grandeurs, autres sont les planettes, autres les estoiles fixes : ie laisse les mesures de ces diuerses grosseurs, aux maistres de l'art, pour dire en mon suject, qu'il y a bien de la disparité entre les enfans de l'Eglise; & ceste diuersité la réd de tãt plus agreable. Il n'y a rien, dit vn ancié, plus inesgal que l'esgalité: toutes les faces sont semblables & dissemblables; pareilles pour distinguer l'hôme de la beste, diuerses pour discerner l'homme de l'hôme, autrement ce ne seroit que confusion & desordre : la parfaite musique se fait, non seulement de tons differés, mais contraires : nos corps sont composez de qualitez antipathiques : & disoit Empedocles, que l'accord & le discord estoient les principes de l'vniuers : la main se rend plus propre a ouurer par la disparité de ses doigts: la pluralité des tuyaux est ce qui parfait les orgues ; la dissemblance des speres celestes redouble la beauté du bal des astres ; la bigarreure de ceste machine du monde, est ce qui la rend plaisante; l'azur du ciel, le brillement des astres, la splendeur du soleil, la viuacité du feu, la douceur de l'air, la transparence de l'eau, l'émail qui tapisse la terre ; les metaux, mineraux, plantes, animaux, tout cela n'est beau que par la diuersité : Rien n'est doux, dit vn Ancien, qu'auec ceste sauce du changement; le temps serain attiedieroit, s'il n'estoit trauersé des orages & impressions de l'air : celuy là a le goust fade aux douceurs, qui n'a essayé l'amertume, & ne peuuent juger les Cimmeriens de la commodité de la lumiere: les contraires s'entraydent & prestent l'vn à l'autre du lustre; la prosperité continuee, en est moins sauoureuse, dit Cicero chez Marcellinus : si l'on ne bigarroit les saisons, la vie en seroit ennuyeuse : les rigueurs de l'hyuer & les ardeurs de l'esté sont fascheuses, mais douces & agreables les pentes de l'automne & du printemps, qui nous conduisent à ces extremitez petit à petit & insensiblement. Mais quelle varieté que l'on aille considerant en la nature des choses sensibles, elle ne peut esgaler celle des esprits : les visages gardent pour quelque temps leur forme plus constamment, & auec plus de fermeté : mais l'esprit change à tous momens, principalement celuy d'vn homme déreiglé, son cœur est cõme vne mer bouïllante, il ne fait que roder

&

& tournoyet sans cesse dans vn labyrinthe de passions extrauagantes, il ayme aujourd'huy ce que demain il detestera, il veut souuent, & ne veut pas en mesme instant. Il se peut trouuer des visages si pareils, qu'a peine y puisse on remarquer aucun traict de dissemblance: mais des esprits en tout & par tout symbolisans, de mœurs, de volontez, de pensees, c'est vne impossibilité. L'Eglise donc ayant en soy toutes sortes d'esprits, elle range les pecheurs en trois bandes, ceux qui faillent par malice, autres par infirmité, autres par ignorance: & les bons aussi en trois classes, de commençans, de profitans, & de perfectionnez, comme sçauent fort bien les spirituels: ce sont là les proportions & grandeurs de ces estoiles.

Le plus bel ornement du ciel consiste en l'arrangement de ses estoiles: La gloire du ciel, dit le [a] Sage, c'est la beauté de ses astres: & les justes & gens de bien ne decorent ils pas grandement l'Eglise de Dieu? Les estoiles esclairent pendant la nuict: & les docteurs de l'Eglise esclairent-ils pas les tenebres des ignorans & des errans? Pour cela est il escrit en [b] Daniel, que ceux qui enseignent à bien faire aux autres, reluiront a perpetuité. comme des flamboyans astres

a *Eccl.* 43.
b 12. *V. Sap.* 10.

Les estoiles sont tres simples & non composees de contrarientes qualitez: les fidelles sont d'accort ensemble & sans contradiction, marchans en leurs voyes auec [c] vne simplicité colombine. Les estoiles sont incorruptibles: & les gens de bien sont exempts de la corruption du peché: elles sont radieuses, & les justes exemplaires: Ainsi luise vostre lumiere deuant les hommes, dit nostre Seigneur à [d] ses Apostres. Elles sont rondes en leur figure, & les fidelles en leur vie: vne sphere, disent les Mathematiciens, ne touche le plain qu'en vn point: & le vray Chrestien s'attache fort peu à la terre, ayant, selon l'enseignement de sainct [e] Paul, le viure & le vestir, il est satisfaict & content: leur substance est solide; le fidelle est ferme & resolu en la creance de l'Eglise: leur surface est douce & lissee; le fidelle est mansuet, doux & poly en ses mœurs, selon la reigle de son Sauueur: quoy que grandes, toutefois à nos yeux elles paroissent fort petites: & le vray homme de bien paroist d'autant plus petit enuers les hommes par son abie-

c *Prou.* 10.
d *Mat.* 2. *V. Isa.* 11.
e 1. *Tim.* 6.

ction,

ctis, qu'il est grand deuant Dieu; comme la Lune, qui n'est jamais moindre, que quand elle est voisine du Soleil : elles dirigent les nautonniers ; & les iustes redressent ceux qui errent en la mer du mõde : elles sont tres-vistes en leurs mouuemens ; & les gens de bien tres-prompts à courir en la voye des cõmandemens de Dieu
& de l'Eglise : I'ay couru, dit a Dauid, en la lice de a Psal. 118.
vos ordonnances. Leur nombre nous est incognu; & celuy des Saincts en l'Eglise nous est caché : elles changent les temps ; si font bien les iustes ; b Iosué fait b Iosu. 10.
retrograder le Soleil, Helie fait plouuoir en vne 3. Reg. 18.
extreme seicheresse, Moyse fait cesser les playes en Iacob. 5.
Egypte : selon qu'elles se leuent ou couchent, or l'air se baloye, or il s'espaissit en nuees, or il se fond en pluyes, or il s'esclatte en tonnerres, or il se broüille de vapeurs, or il se remplit d'exhalaisons, ores se remuë par les agitations des vents, or il rasserene sa face, Telle est la vie des oüailles, que celle des Prelats & pasteurs; selon qu'ils s'esleuent à la vertu, ou qu'ils se plongent au vice, ils entrainent à leur suitte le vulgaire, chacun se forme à leur moule; ils sont comme des statues dans des niches en prospectiue au peuple, en spectacle, comme dit sainct Paul, à Dieu, & aux Anges, & aux hommes : ils doiuent s'estudier d'estre exemplaires, puis qu'ils seruent à l'autruy de patron : ils sont des miroirs, & si les miroirs ont des taches, ils les impriment en ceux qui s'y voyent & considerent : ils font ondoyer tout vn peuple au vent de leur vie & de leur parole : ils doiuent tascher, comme les estoilles, auec les rays de leurs actions & de leurs preceptes, d'espurer & subtilizer l'air corrompu de mauuaises & deprauees consciences, & y ramener le calme de la paix, & la serenité du repos : comme les estoiles sont en leur assiete fort esleuees; leurs esprits doiuent tousiours viser au ciel, où doit estre leur ordinaire conuersation : Les dieux de la terre, dit le Psalmiste, se sont grandement esleuez. Le mouuement des estoilles est fort reglé & compassé ; & les actions d'vn Prelat doiuent estre bien posees & retenuës, sans desordre quelconque, ny desreiglement. Le brillement des astres est tout au dedans du ciel : bel enseignement aux Prelats, qu'ils ayent à esclairer au

*** dedans

dedans de l'Eglise, par les fonctions de leurs charges, sans s'espandre tât en l'exterieur, sans s'amuser tant aux Cours des Princes: celuy qui est dedié à Dieu, ne doit point s'immiscer aux negoces seculiers: ils doiuent sans cesse, comme les astres, faire la ronde autour de leurs dioceses, comme les gardes autour des murailles de Ierusalem, & estre des Argus veillans sur leurs oüailles.

D'auantage les estoilles ne luisent pas de soy, mais de la lumiere empruntee du Soleil; ce sont des corps polys & vnis, capables de la reception des rays de cest astre: les ames des fidelles sont de mesme nature, tenebreuses de soy, car nous naissons enfans d'ire & de courroux, mais la grace de Dieu, quand elles se rendent capables de la receuoir, les rend lumineuses, claires & resplendissantes.

Mais ce qui embellit & decore encores plus les estoiles, est leur ramas & leur conionction, parce qu'elles ramassent & reünissent ensemble toutes leurs clartez, &
a Ps.132. le defaut de l'vne est caché par l'esclat de l'autre. a O qu'il fait bon voir en l'Eglise les freres recueillis ensemble! c'est peu de chose que la force d'vn homme particulier, mais l'effort d'vne armee bien iointe, est tres-puissant: chaque fleche est aysee à rompre à part, impossible en vn faisseau; où est la diuision, là est la foi-
b Luc.11. blesse, la desolation, la misere. b Tout Royaume en contrast, menace sa ruine: Leur cœur est diuisé, dit vn
c Os.10. c Prophete, ils mourront bien tost: l'entremangerie des desuoyez est le signe manifeste & infaillible de leur décadence.

Et me fait souuenir ce ramas d'estoiles, de diuerses constellations que les Astronomes se vont figurant dans les cieux, les vnes aqueuses, autres seiches, les aucunes froides, autres venteuses, d'autres ardantes, & ainsi de differentes qualitez & temperamens, comme l'Orion, les Hyades, les Pleiades, le Chariot, la Canicule, le Dragon, & plusieurs semblables: belle peinture des Eglises diuerses, esparses çà & là par les cartiers de la terre! Eglises ramassees soubs les Metropolitaines, les Metropolitaines soubs les Patriarchales: or en l'vn costé les Chrestiens sont froids, en vne autre plage deuots & feruens, en quelqu'autre pays tiedes en la religion,

gion, selon les humeurs & temperatures des nations: il seroit trop long de s'espandre, & estendre en ces particularitez.

Outre ces constellations, les speculateurs des astres imaginent encores au ciel vn cercle blanc, qu'ils appellent Galaxie, ou voye de laict; c'est la simplicité, la deuotion, la charité, ces douces voyes du ciel, que l'eglise monstre à ses petits enfans, qu'elle repaist du laict de ses secondes mammelles, d'vne pieté maternellement tendre.

Ils se representent encores vn certain exieu, qu'ils disent trauerser toute la terre, & autour duquel tourne toute la machine celeste: ie comparerois volontiers ceste ligne trauersante à la clef de Sainct Pierre, sur le pouuoir de laquelle meut tout le corps de l'eglise: mais ie voy la Croix de Iesus qui me remplit l'ame de bien plus riches imaginations: Ouy c'est ceste Croix, sur laquelle, comme sur vn pilotis inescroulable, & baze fondamentale, il a affermy son eglise; c'est auec ceste clef qu'il a ouuert les cieux, c'est auec ceste massuë qu'il a fracassé les portes d'airain, & les gonds ferrez de l'enfer; c'est auec ce glaiue qu'il a tué la mort, & terrassé tous ses ennemis, côme vn autre Samson auec sa machoire: c'est auec ceste houlette qu'il a, comme vn autre Dauid, terrassé le Geant infernal: c'est ceste verge, auec laquelle, comme vn autre Moyse, il a œuuré mille merueilles en l'Egypte du monde; c'est par ceste eschelle de Iacob, que cet Ange de grand conseil s'est guindé de la terre aux cieux; & cet exieu imaginaire de nos Astrologues, n'a-il pas vn bout à la terre, & l'autre au ciel? C'est auec ceste mesure Geometrique, que Iesus nostre Sauueur a mesuré la a largeur, la longueur, la hauteur & a *Ephes.3.*
la profondeur de l'abysme de la plenitude de sa charité infinie. Ceste rodomontade d'Archimede, le plus grand Geometre que les siecles passez ayent veu, est assez conue, qu'en luy baillant vn poinct hors de la terre, il l'enleueroit: Platon dit en quelque lieu, que Dieu exerce continuellement la Geometrie: & ne seroit-ce point ce que vouloit dire nostre grand Maistre, quand proche de sa fin il promettoit à ses b Apostres, que si le poinct b *Ioan. 12.*
de son humanité pouuoit estre exalté en la Croix, & esleué de la terre, il attireroit à soy tous les cœurs de

l'vniuers?

Ouy la Croix est cet exieu, auquel regardent tous les enfans de l'Eglise parmy les trauerses de ceste vie, comme les nautonniers la Tramontane estoile populaire, durant les plus rudes tempestes: ouy elle est cet exieu, auquel l'Eglise est sans cesse collee, autour duquel elle tourne, elle branle, elle meut.

Les deux poincts aboutissans de cet exieu sont appellez Poles: les Cardinaux ornez du sacré pourpre, tirent de là leur nom, comme estans les gonds, sur lesquels tournent tous les affaires de l'Eglise, laquelle paroist en ce tressaint Consistoire en sa pompe & grandeur, y estant esclairee de la splendeur de son grand & supreme Pasteur: Mais on peut encores dire que ces deux gonds du ciel de l'Eglise sont les deux natures de nostre Seigneur, les deux testamens de l'ancienne & nouuelle alliance, ou bien les deux preceptes de charité, esquels consiste l'accomplissemēt de la Loy, des Prophetes, de l'Euangile: à cela conuiennent merueilleusement bien les Poles, Artique & Antartique.

De plus ils diuisent le ciel en cinq zones, l'vne brulee de l'ardeur du Soleil, deux glaciales pour son esloignement, & deux temperees: symbole naïf de la temperature & disposition des enfans de l'Eglise: les aucuns desquels, mais par malheur tres-rares, sont brulans d'vne ardante charité; d'autres en grand nombre froids & glacez d'impieté, & d'autres tiedes, qui vont viuottans entre l'vne & l'autre extremité.

La plus riche imagination à mon gré, des Astronomes, est ceste escharpe du firmament, qu'ils appellent zodiaque, auquel ils forment douze signes: cela ouure le pas & preste iour à vn monde de concepts, mais ie les trancheray court, de peur d'vne longueur languissante & ennuyeuse, disant que ces douze degrez me representent fort au naïf les douze Apostres, qui ont porté la lumiere de l'Euangile par toute la terre, comme ceste ceinture enceint l'vniuers: elle peut aussi figurer les douze tributs d'Israel; mais fort bien les douze articles du Symbole, ces douze pilotis inuiolables & fondements principaux de la foy de l'Eglise Chrestienne.

a l. 8. de a Platon à chacū de ces signes attribue des dieux, qu'il donne

donne pour tuteurs & protecteurs à sa Republique : ce sont les douze pierres du pectoral du grand Pontife de l'ancienne loy; les douze a lyonceaux qui soustenoient le throsne de Salomon figure de l'Eglise : & encores les douze b Beufs d'airain, qui supportoiēt la grāde cuue de fōte, les douze fruicts de l'Arbre c de vie, & les douze du S. Esprit rapportez par S. Paul: ce sont les douze d fōdemēs de la grāde cité és reuelatiōs de S. Iean, & encores plus propremēt selō moy, ces douze signes dénottēt les douze moyens principaux, qui ont dōné le progrés & l'aduācemēt à l'Eglise, tel qu'elle a rēply toute la terre: le moutō est l'innocēce, la candeur, la simplicité, la benignité, la mansuetude : le Taureau la fermeté, la patience, la constāce inflexible aux bourrelleries du martyre : les Gemeaux le zele des ames, l'affectiō au seruice de Dieu & du prochain : l'Escreuisse qui retrograde, les miracles qui se font contre le cours ordinaire de nature : le Lyon la generosité & magnanimité inesbranlable: la Vierge la continence, pureté, chasteté: la Balance l'equité, la loyauté, l'indifference, l'esgalité, la reigle, la moderation : le Scorpion l'austerité, la fuitte du mōde ; l'Archer la parole de Dieu viue & efficace, plus penetrante qu'vn glaiue tranchant des deux parts : le Capricorne la Croix, ceste corne de Licorne exaltee & precieuse: le Verseau les larmes de la penitence: les Poissons la grace de Dieu, hors de laquelle l'ame est sur le sec, hors de son element, voisine de la mort : qui ne voit la vn champ tres-fertile en digressions?

a 1. Paral. lip. 9.
b 3. Reg. 7.
c Apoc. 2.
Galat. 2.
d Apoc. 2.

En fin les principales pieces du ciel & les astres principaux sont les sept planettes ; ce seroit vn champ spacieux pour pousser vne ample carriere, de parler de leurs qualitez : mais ie ne m'arresteray qu'à leur nōbre; voicy leur ordre en montant, la Lune, Mercure, Venus, le Soleil, Mars, Juppiter, Saturne.

Ces sept orbes & astres me representent les sept degrez du Sacrement de l'Ordre, les sept Colomnes de la maison de la Sagesse, qui sont les sept Sacremens de l'Eglise; le Chandelier à sept branches, qui estoit dans le Tabernacle ancien : les sept Beatitudes Euangeliques, & principalement les sept presens du sainct Esprit, appropriant la Crainte à la Lune, qui or est cachee, or paroist : la Science à Mercure, que les

payens

payens en estimoient remply : la Pieté à Venus charitable : le Conseil au Soleil, qui voit & penetre par tout dans les lieux plus obscurs & cachez : la Force à Mars : l'Entendement à Iuppiter, la Sagesse à Saturne : mais encores plus naïuement les sept vertus principales maistresses des autres, & d'où elles tirent leurs originelles sources : la Lune est le vray symbole de la foy, car comme le cours & la nature de cest Astre est incognu : aussi sont inuisibles les principes de la foy : Mercure auec ses aisles, de l'Esperance messagere de nos pensees & de nos desirs : Venus l'Amour & la charité : le Soleil, la Prudence ce flambeau vniuersel qui doit reluire sur toutes les actions d'vn homme bien sensé. Mars à la force & vaillance : Iuppiter la iustice, & les anciens luy donnoient pour cela Themis à ses costez pour inseparable compagne : Saturne froid & vieil, la Temperance, car le temps & les ans en sont vne essentielle leçon : par tout là que de riches matieres ! mais quelle fin ?

VOILA (TRES-SAINCT PERE) iusques où m'a conduit la conference de l'Eglise auec le ciel, c'est mon premier point : il est temps que ie panche vers l'autre chef, auquel i'espere monstrer, auec la fauorable patience de vostre Sainteté, comme elle est le grand Soleil de ce beau Ciel : & ce sont les deux Poles, sur lesquels tourne tout le globe de Discours Panegyric & Dedicatoire, ainsi appelle ie ceste preface, puis qu'elle passe les termes & limites d'vne Lettre d'entree.

Ce grand signe que a l'Aigle Euangelique en ses diuines reuelations, dit, luy estre apparu au ciel, d'vne femme reuestue du Soleil, foulant la Lune aux pieds, & attournee d'vne couronne d'Estoiles, est pris par la plus grande partie des interpretes, pour l'Eglise, veuë iustement au ciel, puis qu'elle mesme est vn ciel, puis que toutes ses intentions visent au ciel, puis que la conuersations de ses Saincts, est au ciel : & la Lune qu'elle a soubs ses pieds, c'est le mespris du monde, de qui cet Astre est le vray symbole, comme il se pourroit monstrer par d'amples rapports ; c'est l'empire qu'elle a sur toutes les choses terrestres, cõme la Lune domine & regente sur les humiditez : la couronne d'estoiles, ce sont les graces diuines, & les perfections qui l'accompagnent & decorent. Mais ce qu'elle est ditte

a Apoc. 12.

reue-

reuestuë du Soleil, vient principalement à mon propos, pour dire que l'Eglise est tousiours douee d'vn chef aussi visible que le Soleil, sans lequel elle resteroit tenebreuse & sombre : c'est le dernier point de ceste allegorie, qui preste soit à la transition que ie vay faire aux rapports du souuerain Pontificat au Soleil.

Cest Astre est l'ame du ciel & du monde, le Prince de la nature, le Roy des planettes, le plus grand, noble, lumineux & radieux de tous les flambeaux celestes, il est entre les estoiles, ce qu'vn Monarque en son empire, le chef entre les membres exterieurs, le cœur entre les parties nobles & interieures; le Lyon entre les quadrupedes; l'Aigle entre les oyseaux, l'or entre les metaux, le diamant entre les pierres appellees precieuses, le Dauphin entre les poissons, l'œil entre les seus, la rose entre les fleurs.

Et le Pasteur vniuersel de l'Eglise de Dieu, n'a il pas toutes ces qualitez ? n'est ce pas le premier du monde & le plus grand des hommes ? Oyons [a] sainct Bernard parlant au Pape Eugene, & laissons luy faire ce retour: „ Vous estes, luy dit il, le grand Prestre, le souuerain „ Pontife, le Prince des Euesques, heritier des Apostres, „ en primauté Abel, en gouuernement Noë, en Pa„ triarchat Abraham, en Ordre Melchisedech, en di„ gnite Aaron, en iugement Samuel, en puissance Pier„ re, en onction Iesus Christ. Et encores ailleurs: Le Pa„ pe est le chef des Chrestiens, le pasteur des peuples, „ la verge des puissants, le marteau des tyrans, le Pere „ des Roys, la lumiere du monde, le vicaire de Christ. C'est encores à V. S. que s'addressent ces tirades du [b] Psalmiste Roy : le Seigneur vous a constitué maistre de sa maison, c'est à dire de l'Eglise, & Prince de toutes ses possessions; & qui doute que la [c] terre & toute sa plenitude ne soit à Dieu ? & celle cy encores plus expresse; [d] Ie vous donneray lss hommes pour vostre heritage, & pour possession les mesmes bornes de la terre; vous les regirez auec vne verge de fer, & s'ils sont rebelles, vous les briserez & casserez comme vaisseaux de terre. Il est vray que là Dieu parle à son fils; & qui ne sçait que Iesus Christ a laissé sa puissance à son Vicaire? Luy a-il pas laissé les *clefs* des cieux, le gouuernement de ses oüailles, le pouuoir de lier & deslier, la faculté d'en-

a *De consi. l. 2. c. 8. l. 2. c. 6. & ep. 236 & 256*

b *Ps. 104.*

c *Ps. 23.*

d *Ps. 2.*

d'enuoyer, bref toutes les fonctions de sa dignité de grand Prestre?

Les Ethymologistes tiennent que le Soleil est ainsi appellé par ce qu'il luit seul, aussi de vray est il seul priuatiuement a tout autre corps, la source & fontaine de toute lumiere : les autres flambeaux celestes ne sont lumineux que par participation de ce premier. Que l'estat Hierarchique de l'Eglise ne soit a Monarchique, personne des fidelles ne le reuoque en doute : or comme en vne monarchie tous les subjets dépendét du Prince, aussi en celle de l'Eglise tous les Chrestiens dépendent d'vn seul; & comme la noblesse tire sa principale prerogatiue du souuerain, aussi en b l'Eglise les Prelats tirent leur dignité du Pontife Romain, comme les ruisseaux de leur source, les branches de leur tronc, les rayons de leur soleil, les mêbres de leur chef.

a V Bella. de Roman. Pont lib. 1. c 9.

b Aug. ep 91 Leo ser. 3 cap. I de vnit. Eccles.

Tous les Astres regardent le Soleil, comme n'ayans lumiere que par participation de celle qu'il plaist à ce grand flambeau de leur distribuer : & tous les c Prelats en l'Eglise, tirent leur auctorité de la delegation du sainct Siege, & ne peuuét auoir aucune entree en la bergerie de l'Eglise, que par l'entremise, & soubs l'adueu de ce grand & vniuersel Pasteur.

c Bernard. ep. 131.

Mais puis qu'il a pleu à la diuine prouidence par l'entremise de son Esprit sainct, joindre inseparablement la plus éminente qualité de l'vniuers, à la personne de V.S d'vne vniõ si estroitte, que l'ame n'est pas plus collee à son corps, nous laissant suspendus en ce conteste, si la charge releue son possesseur, ou si le possesseur honore la charge, doute qui se termine en l'equilibre, si nous disons que le grand PAVL V. le premier des hommes tient iustemét la premiere dignité qui soit entre les viuans : i'aurois tort de separer vne harmonie si vniforme : c'est pourquoy ie veux pointer tous mes rapports droittement à V. S. sans m'esloigner vn seul pas de ceste lice.

Alexandre & Roy n'estoit qu'vn, & toutefois ce Prince auoit deux amis, desquels l'vn Ephestion cherissoit Alexandre, l'autre Parmeniõ aymoit le Roy. Pour moy, sçachât que PAVL V. & le souuerain Pontificat sont vne mesme chose, i'y porte vn hõneur, vn respect, vn amour, vne adoration, vne reuerence toute vne,

La

La premiere & principale fonction du soleil, est d'espâdre les rays de sa belle lumiere sur toute la face de l'vniuers; le Soleil, dit a l'Ecclesiastique, illustrant le monde, a regardé par tout : & le pouuoir de V. Sainteté s'estend-il pas par tous les cantons du monde, où l'Eglise Catholique a lieu ? Ceux qui s'en soustrayent, comme les heretiques & les infidelles, ce sont des Cimmeriens aueuglez des tenebres de l'ignorance & de l'erreur; malheureux d'estre priuez de la clarté d'vn si lumineux astre. a 42.

Le Soleil est d'vne composition incorruptible, & l'Aristote en rend ceste raison, parce qu'il est tres-simple: ceste simplicité & debonnaireté compagnes inseparables de vostre Sainteté, tant deuant qu'apres la promotion d'icelle, c'est ceste belle & blanche vertu, qui luy a conserué son innocence, vertu rare & presque nulle en ce siecle! c'est ceste perfection qui l'a preseruee de la contagion du monde, pure, candide, sans tache.

Le soleil par l'emission de ses rays, va temperant, disent les naturalistes, le contraste & discord des elemens: & n'est ce pas par les salutaires conseils, & paternels commandemens de vostre Sainteté, que les Princes Chrestiens déposent leurs rancunes, appaisent leurs riottes & castilles, appointent leurs differens, accordans par vne saincte liaison & cousture leurs discordantes volontez.

C'est le propre du soleil d'attirer les vapeurs, & esleuees en l'air, les consommer & resoudre : estant Cardinal & grand penitencier, combien de fois auez vous, comme vn beau soleil, esclairé les consciences plus tenebreuses pour en descouurir les pechez plus occultes & cachez : combien de fois à guise de Psylles auez vous succé le venin des ames atteintes des morsures serpentines du peché, pour les restituer à vne santé pleniere : combien de fois auez vous attiré les fautes deuant les yeux des pecheurs pour les transmuer en vne rosee de penitentes & ameres larmes, pour lauer leurs ames dans ce baing d'*hyssope*, & les presenter à Dieu blanches comme la *neige* ! combien de fois, ainsi qu'vn soleil, auez vous viuifié ceux qui estoient morts à la grace! mais maintenant que V. Sainteté a en sa disposition & dispensation ce thresor inestimable de

l'Eglil'Eglise, combien de fois a elle par ses indulgences sacrees, espanses par tout le monde, attiré au ciel d'ames embourbees dans la terre! combien de fautes a elle tirees des plus creux cachots & sombres recoins d'vn silence, pour les resoudre, absoudre, & abolir pleinement! mais combien a elle dissipé d'exhalaisons & d'orages qui alloient menassant le repos de la Chrestienté!

Repos plein & profond, & tranquillité fort calme, qui se trouue heureusement espandue par tout du temps de vostre Pontificat, qui est vne marque autant insigne de la benediction du ciel, attiree par vos merites & vostre sage conduitte sur la terre, qui se puisse gueres remarquer au temps de vos deuanciers: c'est ainsi que le soleil apres auoir consommé les nuages, remplit les cieux & la terre d'vne belle serenité; c'est ainsi que cet astre chassant les sombres ombres de la nuict, remontant sur l'hemisphere, nous ramene vne nouuelle clarté: grande esperance que nous auons de voir dissiper du temps de V. Sainteté, tous ces petits brouillards fantastiques des heresies, espars çà & la en parcelles: toutes ces vapeurs sans soustien que de leurs vagabondes fantaisies, tomberont en fin, & s'en iront en fumee; nous
a Psal. 90. les verrons choir à milliers, selon les termes de a Dauid, à vostre dextre & à vostre senestre, implorans vostre misericorde, & vos fauorables benedictions, prosternez à vos pieds sacreez, auec vn grand regret & componction d'auoir agité l'Eglise dans le calme d'vne si heureuse paix. Ce sera lors que vous ouurirez les bras paternels pour receuoir auec vne grande allegresse de cœur ces prodigues enfans, qui s'estoient perdus & esgarez ès regions loingtaines de leurs erreurs & propres opinions, qui comme des Ardans les auoient conduits dans des precipices, dans des deserts tenebreux & sombres, où ils ne viuoient que d'ordures, ne se repaissoient que de voluptez brutes. Ce sera lors que nous verrons Rome plus glorieusement triomphante que iamais sainct Augustin la desira voir; ce sera lors que l'Eglise ceste poudreuse guerriere, vous couronnera comme son chef visible, de ses palmes, & ornera de ses trophees, ce sera lors que nous vos enfans, irons suiuans auec des acclamations triomphantes, le char de vostre gloire: ce sera lors que vos ennemis heureux de leur deffaite

faite, beniorne ceste douce victoire, qui reüssira au profit des vaincus : ce sera lors que vous & nous tous sendrons l'air du capitole auec vn retentissement pareil à nostre ressentiment. Ce sont là nos douces esperances, & esperances autant bien fondees, qu'il est vray semblable que bien tost elles esclorront : l'Eglise a bien d'autres aduersaires, & les a terrassez ; ja desia ceste racaille derniere, la boue, la lie & les restes honteux de ceste hydre malencontreuse, panche vers son déclin, ceste paix assassine, ces mutins, qui ne viuoient que dans le trouble, leur mort est infaillible & tout asseuree.

Deux choses principales entre les autres me semblent admirables au soleil, sa grandeur prodigieuse, & la vistesse incroyable & indicible de son mouuement : quant à la premiere les Astrologues le tiennent soixante & douze fois plus grand que toute la terre, & toutesfois à nos yeux il paroist fort petit : quelque Philosophe ancien, ignorant la science des Astres, l'appelloit vne boule d'airain luisante : Si nous considerons la personne de vostre Sainteté comme particuliere, ie m'asseure qu'elle mesme ne recognoist en son corps, cõme dit vn Comique, riẽ de surhumain : Quelque grãdeur que l'on aille admirant en vn homme, dit Tite-Liue, il est tousiours homme quant à soy : pour estre monté sur des eschasses, nostre stature n'en est pas plus augmentee, & n'est on point assis autrement sur les throsnes plus esleuez, que dedans les plus basses chaires : Mais si nous considerons l'homme reuestu d'vne grande & supereminente qualité, sans doute il est plus qu'homme. Saint a Paul : Le Pontife est tiré des hommes, mais il est pardessus tous les hommes. En cet estat V. S. excelle sur tous les Prelats & Potentats de la terre, comme le soleil surpasse les astres, comme il excede la terre : ouy elle est plus grande & plus puissante que tout l'vniuers, puis que tout releue d'icelle : c'est pourquoy i'ose dire ce qu'vn ancien orateur parlant deuant Cesar : O grand Prince, ceux qui osent parler deuant vous, ils ignorent vostre grandeur : ceux qui n'osent, vostre humanité : grandeur qui vous esleue pardessus tous les humains, grandeur qui vous rend le Monarque des Monarques, comme le soleil, pour ne m'esloigner de ma comparaison, est l'astre des astres : grandeur qui n'a point d'autres

a *Heb.* 5.

tres bornes que l'vn & l'autre Pole : ceste maiesté me remplit de terreur & d'effroy me voyant si humble, si petit, si vil deuant vn tel Monarque; & ie me voy en mesme temps en l'agonie de deux extremitez qui me rendent perplex, suspendu entre les deux airs diametralement opposez & contraires, de la temerité, & de la timidité : la recognoissance de mes foibles forces & de mon insuffisance me tire à celle-cy; & la hardiesse que ie prends de vous aborder me represente l'autre : si vostre bonté ne me sauue, ie ne voy pas que ie puisse euiter l'vn ou l'autre de ce blasmes : mais ceste douceur, qui vous a autrefois fait appeller par la voix du peuple, qui est celle de Dieu, le Cardinal benin, & maintenant tres-benin Pape, ceste humanité compagne inseparable de vostre grandeur, cõme l'ombre du soleil, releue mes esperances me fait croire, que vous excuserez plustost mon zele, que vous n'accuserez ma presomption: I'offre auec toute humilité qu'il est possible, tout moy, & tous mes ouurages aux pieds de vostre Sainteté; ouurages proportionnez à ma bassesse, disproportionnez à vostre excellence : mais la bonne volonté est la moëlle des holocaustes, la graisse des victimes elle fait, chante vn Poete, que le pauure vient aussi bien à l'autel auec vn agneau, que le Roy auec vn Hecatombe.

Il estoit deffendu d'abborder les Roys de Perse sans present : Simette se trouua au chemin de son Prince, il court prendre de l'eau voisine en ses mains, pour luy offrir: ie me suis imposé ceste loy de n'abborder point vostre Sainteté, sans quelque tesmoignage de ma deuotieuse seruitude: ces simples DIVERSITEZ, que ie luy apporte, c'est le peu d'eau que i'ay peu trouuer en ma voye: c'est tout ce que i'ay riere moy : il est en elle de prendre, comme le Roy Persan, plustost garde au cœur que non pas à l'offrande: le vouloir, quand le pouuoir manque, est la monnoye du meilleur & plus franc alloy parmy les grandes ames : Dieu mesme ne veut que nostre cœur, ie dis le cœur que nous auons, tel qu'il est, grand ou petit il ne luy importe; les deniers de la vefue luy sont autant & plus agreables, que les talents des grands riches : ma bassesse seruira de marchepied à vostre grandeur, mon indignité à vostre

stre merite, & le peu de valeur du present à redoubler la charité de vostre reception : quoy qu'il en soit, i'ayme tousiours mieux estre censé temeraire, qu'ingrat : le zele de la Magdelaine tourna en honneur ses actions qui sembloient indiscrettes : l'Amour & la dilection n'a ny mediocrité ny ordre ; plus extrauagantes sont les actions, plus elles sont dignes de luy : Iesus a enduré la mort ignominieuse de la Croix, chose indigne de sa maiesté diuine, chose tres-conuenable à la grande charité qu'il nous a portee iusques à la fin : le fer est froid, & par la fournaise rendu plus chaud que le feu qui l'a rougy ; l'eau coule à bas & pousse en haut ses bouillons mise sur cet element : si ma temerité m'esleue & enfle tant le courage, d'oser me presenter tout moy & tout le mien deuant la face de vostre Sainteté, l'ardeur de mon zele trouue son pardon dans sa plus grande extremité, & son excuse dans son accusation : trop heureux de me consommer comme vn Phœnix aux rays du soleil ; & si ie vole trop haut, pour le moins i'auray ceste consolation, comme vn Icare nouueau, de me rendre remarquable & signalé par ma cheute : mais ie ne suis pas si ignorant des fauorables graces de vostre Sainteté, que ie n'espere mieux d'elle, qu'vn honteux rebut : Ouy grand & debonnaire Pontife, ce mien petit sacrifice vous sera agreable, ie me flatte de ceste presomption par le simple merite de vostre bonté, puis que l'autheur & ses ouurages en sont pleinement despourueuz : Vostre nom insigne & venerable reluira en teste comme vn beau Phare, & leur communiquera sa lumiere, qui les signalera à la posterité.

Mais si l'admiration de vostre grandeur m'a porté si loing, où m'emporteroit celle du mouuement du soleil & de l'actiuité de vostre S. si ie ne me resserrois ? Ils disent que le soleil fait en vingt & quatre heures, neuf millions six vingts mille cent soixante & cinq lieuës, qui est vne vistesse presque incomprehensible : Il sort, dit le Prophete Roy, comme vn espoux bien paré de son lict, & va parcourant à grand pas le ciel comme vn geant qui galloppe les vastes espaces du ciel, & fait son cours en sorte, que peu sont priuez ou de sa chaleur, ou de sa lumiere. Ceste promptitude me represente naifuement la vigilante preuoyance de vostre S.

laquel-

laquelle a vn soin perpetuel du troupeau vniuersel qui luy est donné en garde; il n'est iour que par elle, ou par ses deputez, elle ne parcoure tout l'vniuers: mais si nous pensons aux prieres continuelles qu'elle lance sans cesse vers le ciel pour le bien general de tous les enfans de l'Eglise, nous trouuerons qu'en cela elle surpasse le soleil, lequel n'esclaire pas tout à la fois, mais successiuement aux cantons de la terre : que si nous parlons de sa puissance, les effects s'en ressentent en tous les coings du monde, lequel est tout illustré des rays de son sainct & deuotieux exemple : de sorte qu'on peut dire à bon droit de vous, que vous disposez tout suauement & d'vn bel ordre, & attaignez depuis l'vn iusques à l'autre bout.

Ce qui me fait souuenir de ce grand & general concours du soleil auec toutes choses : auec l'homme, disent les Philosophes, il engendre l'homme, & la plante auec la plante: aussi le pouuoir de vostre Saincteté estendu par tout, concourt auec toutes les actions vniuerselles: nul Sacrement s'administre en l'Eglise, que soubs l'adueu d'icelle: elle participe aux couronnemens des souuerains, aux consecrations des Prelats, aux pacifications des guerres, aux changemens des crosses & des sceptres: rien ne profite sur la terre, qui est tousiours enseuely dans l'ombre & priué du soleil; nulle action est autheutique en l'Eglise, qui n'est esclairee du flambeau de vostre authorité, & comme ce mesme soleil qui engendre, est celuy là aussi qui putrefie & corrompt: aussi le pouuoir de chastier les delinquans vous est aussi bien donné, que celuy de recompenser les bons.

Mais comme le soleil va biaizant en sa course nous apportant par son esloignement ou auoisinement la bigarreure diuersifiee des saisons, & maintenant ainsi l'vniuers en vne esgale & douce temperature, lequel autrement se perdroit par l'vniformité d'vn roulement continuel par vn mesme lieu, bruslant l'vn par l'ardeur de son chaud, & glaçant l'autre par sa continuelle absence: aussi vostre Saincteté va si bien meslant sa douceur & son attemperance en toutes ses importantes actions, que ceste moderation tient tout l'vniuers en bonne disposition & temperee ordonnance.

Et quoy que cet astre soit tousiours vn quant à son essen-

essence & à ses effects, si est-ce que passant par les signes du Zodiacque, il semble à chaque degré changer de nature & de qualité. De mesme, quoy que vostre Saincteté, ainsi que l'homme quarré de Platon, ne varie jamais en soy, ny en l'infaillible voye de la vertu & de la verité, si est-ce qu'elle sçait avec tant de dexterité & soupplesse accommoder & ployer sa judicieuse prudence selon les circonstances des temps, des personnes, des lieux, des occasions & occurrences, que ceste diversité d'assiettes, de formes, & de visages, merite trop mieux d'estre admiree, qu'abandonnee à la foible recommandation d'vne louange inesgale & disproportionnee à sa dignité.

Suivons ce cours : Jamais le soleil en iceluy n'esloigne son eclyptique : si je dis que pendant la course de vos jours, vostre pieté vous a tousjours droittement conduit, sans forligner en la voye des commandemens diuins, je ne diray que ce que tout le monde d'vne commune voix prononce d'vne mesme bouche : mais maintenant que vos dignes merites vous ont esleué au supreme degré qui soit entre les hommes, si je dis qu'entant que Pape, vous ne pouuez decliner en la foy ny à droit, ny à gauche, je ne feray qu'affermer ce qui est infailliblement arresté & tenu pour inuiolable par les fidelles & legitimes enfans de la vraye Eglise espouse du grand Dieu.

Le soleil à cause de son cours juste & esgal, est appellé par sainct Ambroise la mesure des temps : quand il fallut du temps de vos predecesseurs corriger les deffauts du Calendrier pour les dix jours qui s'estoient accreuz par succession d'annees, l'on alla au souuerain Pontife comme à l'oracle, pour faire approuuer ceste correction & retranchement à son auctorité : retranchement manifestement necessaire, & autant impertinemment repris par l'Escale, que veritablement deffendu par vn grand Mathematicien de ce siecle.

Et n'est pas sans raison, que l'on s'arreste plus au Soleil pour compasser les heures, qu'à aucun autre planette, parce que son cours est constant, vniforme & infaillible : il n'est pas vagabond & errant comme les autres, si variables en leurs contours, que les Astrologues auec leurs mouuemens concentriques, excentriques, & leurs

epicy-

Epicycles diuers; ont beaucoup de peine à les ranger soubs leur cognoissance: beau symbole du siege Apostolique, lequel n'a iamais esté, quoy que les autres chaires & Patriarchales & Episcopales ayēt failly & deffailly en beaucoup d'autres lieux; & ceste stabilité de ceux qui ont remply ce throsne, prouient de ceste promesse, ou plutost oracle infaillible, sorty de la propre bouche de nostre Seigneur en la personne de sainct Pierre, que iamais sa foy, ny celle de ses successeurs, ne deffaudroit: C'est pourquoy toutes les Eglises se sont tousiours moulees à cet infaillible patron, se sont dressées à cette reigle imployable & inflexible, comme à la mesure de la verité, à l'aulne de l'integrité. Sainct Paul mesme loue de son temps les Romains, en ce que leur foy est recognuë de tout les monde.

Que si l'on allegue le reniement de sainct Pierre: l'on respond que lors il n'estoit pas encore souuerain Pontife, ny confirmé en la grace & en la foy: & puis le soleil materiel a il pas bien retrogradé du temps de Iosue, chef des Israëlites, pour prolonger la victoire glorieuse du peuple de Dieu?

Si l'on insiste sur d'autres particuliers deffauts, que les heretiques, ces mousches importunes, qui s'arrestent plutost sur les parois raboteuses, que sur la glace des miroirs, & sur les vlceres, que sur les corps bien sains & polis, & qui cōme des Harpies sales, infectent les plus saines & entieres viandes, vont remarquant en quelques Pontifes, outre qu'ils sont tres faux & supposez, quant bien ils seroient, on pourroit repartir, que le soleil peut bien estre voilé de quelques nuages, mais cela n'est qu'en sa circonference, iamais en son corps, où les brouillards, le meslange, ny l'obscurité se peut glisser: la nef de sainct Pierre peut estre agitee, iamais submergée: combatuë, non pas battuë, moins abbatuë, inquietée, non terrassée.

Si on persiste par l'obiect des schismes, il n'est rien de si aysé à rembarrer, les histoires anciennes font fort frequente mention, comme de prodiges, que l'on a veu deux soleils en mesme temps: les naturalistes, qui ne s'estonnent de rien, ayant recherché la cause de ceste nouueauté, disent que le Soleil rencontrant vne nuee pleine d'eau, disposee à receuoir ses rays, y imprime tellement sa figu-

sa figure, qu'il paroist vn autre soleil: mais ce meteore se dissipe bien tost, & son peu de durée fait recognoistre sa fausseté. Il se lit dans les histoires s'estre leué quelques troubles en l'Eglise pour la creation des souuerains Pontifes, & quelques Antipapes auoir esté par menees creez en Auignon; mais ceux là l'ont tousiours emporté, qui ont esté legitimement assis en la chaire de S. Pierre, & la subite disparitiõ de ces opposans a fait recognoistre leur apparence fausse & feintement simulee. Saint Hierosme pendant vn schisme parle ainsi au Pape
„ Damasus: Tandis que Meletius, Vital & Paulin
„ taschent de me rauir, ie crie tout haut; si quelqu'vn
„ se ioint à la chaire de sainct Pierre, il est de mes fre-
„ res; pour moy ie cours a vostre Saincteté: c'est à dire
„ a la communion des fidelles assemblez sous l'aucto-
„ rité du Prince des Apostres: ie sçay que sur ceste pier-
„ re l'Eglise est fondee, que celuy la est profane qui
„ mange l'Agneau hors ceste maison, que celuy perit
„ dans le deluge, qui s'esloigne de ceste arche: ie ne
„ recognois en rien ny ce Paulin, ny ce Vital, ny ce
„ Meletius, quiconque ne moissonne auec vostre
„ Saincteté, il ne fait rien; celuy qui n'est pour Christ
„ & pour vous, il est de l'Antechrist.

a Isaye fait mention de cinq citez principales d'Egypte, qui parloiẽt le langage & idiome de Chanaan, mais celle qui empruntoit son nõ du Soleil, fut la plus ferme en l'obseruance de ceste diction, & de plus longue duree: les Allegoriques entendent par ces cinq villes, les cinq Eglises principales, fondees par les Apostres, sçauoir de Ierusalem, d'Alexandrie, d'Antioche, de Constantinople, & de Rome. Mais toutes ces Eglises ont erré, & se sont relaschees de leur ancien culte, exceptée celle qui a tousiours conserué entiere l'integrité de sa creance, illuminee & esclairee continuellement du grand soleil de la Papauté.

a 19.

Le soleil en tournoyant sans cesse par le ciel, sert de sa lumiere tous les autres astres, qui en participent par vne dépendance necessaire; & vne des plus insignes & precieuses qualités que vos predecesseurs vous ont laissee, est ce beau tiltre de Seruiteur des seruiteurs de Dieu, qualité tiree de ce sage precepte, de s'humilier d'autant plus que l'on est grand: ainsi le reculement agrandit

**** le salut

le salut; ainsi le balon bondit de tant plus haut, que fort il est poussé contre terre: ainsi les plus creux puits ont les meilleures eaux; ainsi la Vierge se disant seruante, est rendu mere de Dieu: ainsi le Centurion merite l'entherinement de sa requeste s'en estimant indigne: ainsi sainct Iean est dit plus que Prophete, se disant indigne de deslier la courroye des souliers du Messie, & sainct Pierre n'osant donner ses pieds à lauer a son maistre, & le priant de se retirer de luy comme d'vn pecheur, est constitué Prince des Apostres: & sainct Paul est appellé par excellence Apostre, parce qu'il s'estimoit le moindre de ce sacré college: ô que le rauallement releue les grands! combien excellente est leur abiection!

Qu'il fait bon voir au retour de la belle Aurore, laquelle auec ses doigts rosins, va desbouclant les barrieres des tenebres de la nuict, auant courriere du beau & esclattant flambeau du monde, qu'elle fait à sa suitte remonter sur nostre hemisphere; qu'il fait dis-je bon voir dissiper par la venuë de ce bel astre ceste fraicheur ombrageuse & maligne, desuoiler les obscuritez, rappetisser les ombrages, dissoudre les fumées & vapeurs humides, redorer les croupes des montagnes, puis des collines, puis par des rays obliques leicher les campagnes, par les perpendiculaires penetrer dans les vallons plus creux & enfoncez: l'air se baloye & purifié, les petites estoiles disparoissent au ciel, ceste grande clarté offusquant la moindre: ja desia les oyseaux commencēt à desgoiser mille chansonnettes en diuers ramages, & les hommes à se desgourdir du sommeil, frere germain de la mort, qui les tenoit assoupis pendant l'obscurité nocturne: l'vniuers communique sa belle & variable face à nos yeux, cachée par ce sombre manteau: bref sans ce bel astre, le monde seroit qu'vne grotte & cauerne sombre, tenebreuse, mal-plaisante & horrible: Quand l'Eglise, par la mort de son chef, est plongée dans l'obscurité d'vn interregne, tandis que l'on procede à l'élection d'vn autre, elle est tout enseuelie dans la tristesse & le deuil: mais lors qu'elle a veu paroistre sur son ciel le bel astre de vostre Sainteté, tous les hommes se sont espandus en des ioyes extremes: les choses mesmes insensibles semblent auoir participé à ceste heureuse promotion, motif, sãs laquelle l'eglise eut esté priuée de la plus grãde lumiere qui esclaira iamais son Põtificat souuerain: aussi les belles ames, lesquelles cõme des colombes volent par leurs diuines contemplations dans les cieux, ont poussé mille actions de graces pour ceste faueur celeste; & tous les enfans deuots à l'Eglise leur mere, vous tiennent pour le Pere des peres: &, ce qu'vn orateur ancien disoit de Trajan l'Empereur, pour les delices & l'allegresse du genre humain: car cõme sans la lumiere rien n'est agreable : aussi l'Eglise ne peut se passer d'vn Pape: & ceux qui ostent ceste dignité du monde (ce que Ciceron disoit de l'Amitié) tous les plus sensez & pieux Chrestiens tiennent qu'ils ostent le soleil du monde.

Ie sçay que ceste mesme splendeur tant agreable aux yeux bien sains est desplaisante aux chassieux, & à ces oyseaux nocturnes, animaux malencontreux & infortunés: aussi ceste mesme souueraineté tãt aymée & cherie des legitimes enfans de l'Eglise, qui ont les yeux de la foy bien nets & clairs, est contraire & insupportable aux hyboux & chatshuans ces heretiques desastreux, pleins d'imperfection & de malignité: mais s'en faut il prendre au soleil de la peruersité de ces animaux? n'est-il pas plustost à louer de ce qu'il satisfait les veuës entieres & fortes? C'est signe, ô heretiques, que vous ne vallez rien, & ce que vous fuyez la lumiere: c'est signe que vos actions sont des œuures de tenebres: c'est signe que vous n'auez aucune participation auec Iesus & la lumiere, puis que vous ne recherchez que les confusions, les desordres & les tenebres: pour y adorer l'idole Baal de vos malheureuses pretentions: ce soleil vous déplaist, comme aux larrons, parce qu'il va descouurant vos menees & irreligieux monopoles, vos honteuses cauillations, vos faussetez & vos erreurs: mais vous auez beau faire, le soleil ne laisse de luire & de parcourir l'vniuers pour l'aboy des chiens, & l'hurlement des loups, ny pour le grondement du tonnerre qui esclatte & tempeste, mais dessous luy.

Les anciens aueuglez des erreurs de la gentilité estimoient leur Apollo dompteur des monstres, Pythons, Cyclopes, Geants, ce sont ses deffaittes: mais pour faire seruir ces choses profanes à vn subiect plus sain selon le

 con-

confeil de faint Auguftin, qui dit que c'eft faire feruir les vaiffeaux des Egyptiens au Tabernacle de Dieu. Nous pouuons dire auec les Naturaliftes, que c'eftoit à caufe que le Soleil par fes rays, comme auec des tretz, va diffipant les vapeurs peftilentes, & corrompuës, qui infectẽt l'air, & terraffent les hommes: ou auec les moraux, que c'eft parce que les lumieres de la fcience diffipent les brouillards de l'ignorance, mere de plufieurs vices monftrueux & difformes: mais ie dis que voftre Sainteté eft ce foleil, qui auec les rays & les tretz de fon auctorité terraffera toutes ces exhalaifons erronees & monftres des herefies: vos flefches font aiguës, pour vfer des termes du Pfalmifte, de forte qu'elles trauerferont les cœurs des ennemis de Dieu & de fon Eglife; & de rebelles les feront tomber fous voftre iurifdiction. Le foleil par fa fplendeur, fait difcerner la laideur de la beauté: & voftre Sainteté par fa cognoiffance leur donnera la recognoiffance de la verité, pour la feparer de l'erreur: & d'opiniaftres les rendra flexibles; bel effect du foleil, qui liquifie les chofes dures. Vous leur feruirez de colomne de feu pour les tirer des tenebres palpables de leurs groffieres & lourdes opinions, les conduire dans les deferts de la penitence, & de là les introduire en la terre de promiffion. Que fi, comme des farouches Arcades, quand le foleil les efchauffe vn peu trop, ils lancent les iauelots de leur mefdifances, autant malicieufes que menfongeres, contre voftre Siege: ne fçauent-ils pas que ces trets retombent fur eux mefmes à leur ruine, & que les crachats qu'ils vomiffent contre le ciel, reuiennent fur leurs vifages à leur ignominie & confufion, & que les trets calomnieux qu'ils pouffent de rage contre ce Roc impenetrable, rebrouffent contre leurs propres corps à leur lefion & dommage.

Que fi comme Geants furieux enfans de la terre, ils penfent efcheler le ciel, entaffans Pinde fur Helicon & Pelion fur Offe, c'eft à dire, furprendre l'Eglife amoncellans erreur fur erreur, ils fe trouueront toft defcheuz par vn million de foudroyants anathemes, d'vne entreprife fi temeraire & outre cuidee.

Ce qui eft caufe que quelquefois, le foleil eclypfe, c'eft l'interpofition de la lune, laquelle eftant vn corps opaque

opaque de soy s'opposant, apres diuers branles & contours des spheres celestes, à ce bel astre, en rauit la splendeur aux hommes: l'heresie est merueilleusement bien symbolisée par la Lune, astre qui ne va luisant que d'vne splendeur fausse parmy les tenebres de la nuict de l'erreur: astre variable, heresie iamais vne & sans arrest; astre malin, heresie tres peruerse; astre fantastique, heresie chimerique & bizarre! or quand ces opinions erronees sont emparées des debiles cerueaux des desuoyez aduersaires de l'Eglise, soudain disparoist en leurs ames le clair flambeau de la verité, & le soleil du Pontificat souuerain s'eclipse de leurs yeux, les laissant plongez dans la sombre obscurité de la confusion & du desordre; ainsi n'y a il que les heretiques lunatiques & furieux priuez de ceste resplendissante clarté.

Il est bien vray que cest astre esclaire aussi bien la face d'vn aueugle, que celle d'vn clair voyant, mais il ne sert pas aussi esgalement à l'vn qu'à l'autre: aussi V. S. brille aussi bien aux yeux des desuoyez, que de vos enfans; mais ceux cy en sont consolez, ceux-là confondus. Ceste folle, chés Seneque, a elle pas bonne grace estant aueugle d'accuser le iour d'obscurité? & les heretiques sont ils pas plus esceruelés & insensés d'accuser le sainct Siege d'estre contraire à nostre Seigneur? follie & rage si impertinente & friuolle, qu'au lieu de refutation, à peine est elle digne de mespris: c'est ainsi que ces miserables prennent à gauche ce qui leur est donné à droit, & que ces heretiques tournent contre eux leurs propres armes. A vray dire est miserable le iour pour la taye qui offusque les yeux de l'aueugle?

V. Cardin. Bellar. l. 3. de sum Pót. & Florim. Raymond. in Antich.

Entre les playes, desquels il pleut à Dieu de se seruir pour tascher de ramener l'Egypte obstinee à la recognoissance de sa grandeur, la plus fascheuse, & celle qui sortit le plus grand & signalé effect, fut celle des tenebres, par lesquelles ils furent pleinement confondus: de toutes les miseres & inquietudes qui accompagnent sans cesse les consciences cauterisees & criminelles des heretiques, celle des tenebres de l'erreur & de l'opiniastreté est fascheuse, & de tãt plus griefue, que par icelle ils sõt priuez du soleil Pere de tout ordre: en ce defaut oy ils se trouuent plongez en la confu-

 sion.

ſion. Si tous les membres du corps vouloient commander, chacun tirant de ſon coſté, qu'elle peine ſeroit ce? Il faut qu'vn ſeul chef aye l'empire ſur les autres, & qu'en luy on ſe fie de la conduitte. L'apologue du serpent gracieux; la queue voulut aller deuant à ſon tour mais eſtant aueugle, elle porta tout le corps dans des precipices & dans des ronces, qui reſta tout briſé & laceré, pour auoir peruerty l'ordre: Celuy qui habite par tout, dit vn Epigrammatiſte, il n'eſt en aucun lieu: & là où chacun eſt maiſtre, il n'y a point de maiſtre; il faut qu'il y aye inferiorité & ſuperiorité afin que tout aille d'vn branle bien compaſſé, la diuerſité des roues d'vn horologe, c'eſt ce qui compoſe les meſures.

Ie dis tout cela contre l'anarchie des aduerſaires de l'Egliſe, leſquels ont trouué leur confuſion dans l'égalité qu'ils ont penſé eſtablir: & pour ne vouloir ſuiure vn chef ſe precipitent dans des gouffres & abyſmes d'erreurs, & ſe plongent dans des opinions fantaſtiques: de maiſtres qu'ils penſoient deuenir, ils ſe ſont rendus eſclaues, chacun tire de ſon coſté, à ſon ſens particulier, ce n'eſt qu'vne pure lycantropophagie.

Ainſi que l'vniuers, l'Egliſe eſt vnique; & comme celuy là deux ſoleils, ſelon la reſponſe d'Alexandre à Darius, auſſi celle-cy ne peut auoir deux maiſtres, ny deux ſouuerains Pontifes: l'ambition de ces chaires Patriarchales, qui ont autrefois voulu s'égaller temerairement au ſupreme Pontife Romain ſe ſont trouuees deſcheues de leur malfondees pretenſions. Vn corps ſeroit monſtrueux, qui auroit deux teſtes: & combien donc doit eſtre hydeuſe l'hereſie, ceſte hydre foiſonnante en tant de teſtes, puis que chacun eſt le maiſtre en ſa ſynagogue? Les vrays enfans de l'Egliſe ſcauent qu'ils ne peuuent auoir deux peres, ſelon le precepte de noſtre Seigneur: Perſonne ne peut ſeruir à deux maiſtres: Dagon & l'Arche ne peuuent durer enſemble ſur l'autel d'vn meſme cœur: deux grandes affections à diuers ſuiets ſont incompatibles en vne meſme ame, vn cloud chaſſe l'autre, dit le mot commun: il eſt impoſſible, quoy que nous ayons deux yeux, de voir en meſme inſtant le ciel & la terre: l'archer qui viſe à deux blancs, n'en atteint pas vn: la diuiſion du cœur, dit vn Prophete, eſt la mort.

En

En l'ancienne Loy il estoit deffendu de semer la terre de deux graines, de labourer auec le bœuf & l'asne, & de tistre les vestemens de deux estoffes: enseignement que la diuision ne doit en quelconque maniere entrer en l'Eglise: elle est vne nauire, et qui le diuise, le pert, dit vn Ancien: la pluralité des chefs est incompatible auec l'estat Monarchiqu que Dieu y a estably: Puis qu'elle n'est qu'vne bergerie selon la voix du Maistre, il n'y doit auoir qu'vn grand, vniuersel & principal Pasteur, duquel tous les autres tiennent & tirent leur pouuoir par vne necessaire dépendance: tous les pampres se doiuent rapporter au tronc de la vigne.

Il n'y a point de veue humaine si puissante & forte, qui puisse penetrer dans le soleil & le voir en soy: on recognoist seulement sa vertu & puissance aux effects diuers qu'il va causant au monde: certes ie ne croy pas qu'il y aye aucun entendement humain, qui puisse comprendre la grandeur de vostre Sainteté, car si la charge d'vn Euésque simple est ditte par le Concile, formidable aux espaules d'vn Ange: de quelle qualité sera celle qui soustient sur ses espaules le faix de l'Eglise vniuerselle?

Certes ces grandeurs ne se peuuent conceuoir que par le moyen & ayde de la foy, laquelle nous representant, en tant que peut nostre foible apprehension, la maiesté de Dieu, duquel en terre vous estes le Vicaire, tire plustost de l'admiration de nos cœurs, que des loüanges de nos bouches: que si ie n'ose l'abandonner à la maigre description de ma plume, ie diray que c'est vn soleil imperceptible à mes yeux, inimaginable à mon entendement, indicible à ma langue: & comme celuy seroit aueuglé (ce qui se lit d'vn Philosophe opiniastre) qui voudroit fixement contempler le soleil, pour tascher d'en cognoistre la nature, en iuste punition de sa temerité: aussi qui seroit si curieux de vouloir sonder la profondeur de vostre puissance, ie croy qu'vne telle maiesté l'opprimeroit, elle est plus seurement, saintement, & religieusement creue, & reuerée que peniblement recherchée; c'est vn Euripe où se perdroient les Aristotes.

Quand il pleût à Dieu pour sa seule bonté, tirer l'vniuers des cachots inuisibles du rien, il commança la creation par la lumiere, comme celle qui estoit la plus necessaire, pour oster toute confusion : & lors que nostre Seigneur voulut establir vn ordre en son Eglise, il commença son ouurage par l'establissement d'vn chef, qui fut sainct Pierre, auquel par plusieurs fois il recõmanda la garde de ses oüailles, auquel il donna les clefs, sur lequel, comme sur la pierre fondamentale, il edifia & bastit son Eglise.

Iesus, pendant qu'il portoit par l'vniuers le flambeau de la verité Euangelique, il s'appelloit la lumiere du monde; qualité qu'il a bien voulu laisser à ses Apostres, notamment à sainct Piere, qui deuoit particulierement apres sa mort representer sa personne: la lumiere de vray est le plus beau & excellent de tous les corps, & disoit vn Philosophe ancien, que si Dieu pouuoit estre composé, il auroit la lumiere pour corps, & la verité pour ame, comme la plus excellente chose entre les spirituelles: & ie dis moy, que si nostre Seigneur reuenoit en terre, estant vn veritable Soleil de justice: il ne prendroit point d'autre qualité, que celle qu'il auoit, sçauoir de chef de l'Eglise: Eglise laquelle seule professe la verité, & luy est la voye, la verité, & la vie. Le Soleil, selon la disposition en laquelle les Astronomes le constituent au ciel, a trois spheres dessus soy, & trois dessoubs, ainsi comme le cœur tient le milieu entre les parties nobles, & le prince est au milieu de ses sujets, cet astre est au milieu de ses inferieurs. Ha! ie trouue que vostre Sainteté est en assiete presque semblable, elle voit dessus soy vn Dieu en trois personnes, & dessoubs, les hommes communément diuisez en trois bandes: de l'Eglise, car tous les Prelats releuent d'elle; de la Noblesse, car tous les Potentats luy prestent obeissance; & de tout le reste du peuple: de sorte qu'elle se trouue au milieu du Createur & des creatures, comme mediatrice entre l'vn & les autres, comme m'apprend saint [a] Paul.

Il est tout commun que les Payens adoroient le Soleil, mais que des Chrestiens se soient laissé emporter à ceste erreur, il n'est pas si commun: les Seleuciens heretiques, selon sainct [b] Augustin, pensoient que nostre Seigneur en son Ascension auoit laissé son corps en la sphere du soleil, mal fondez sur ces passages de [c] l'Escriture, Qu'il auoit posé son tabernacle au soleil, &

a Heb. 5.
b D. Aug. l. de heresi. ad Quod vult Theodoret l. 1. heret. fabul. Aug. l. 20. cont. Faust. Man. c. 6. & l. de Gen. cont. Mani. c. 3.
c Psal. 18. Iean 8.

qu'il estoit la lumiere du monde, mais ils erroient grã-dement : bien est vray, que le soleil par S. Denys [a] Areopagite, est appellé la vraye image de Dieu, côme la plus belle de toutes les creatures, & celle qui chante plus hautement l'excellence du Createur.

[a] lib. de di. uin. nom.

Nous sçauons que les desuoyez de l'Eglise se formalisent ineptement de l'adoration, de laquelle nous vsons enuers vostre Sainteté : mais il y a si long temps qu'on leur crie ces distinctions populaires de latrie dulie, & hyperdulie, que s'ils vouloient entendre, ja de long temps ces croassantes grenoüilles se fussent teuës mais selon le Psalmiste, ils ne veulent pas ouyr pour bien faire. Nous vous adorons doncques, non comme Dieu, mais comme son Vicaire & sa viue image en terre, de tout l'honneur qui se peut rendre à celuy qui est par dessus tous les hommes.

La splendeur du soleil espanduë sur toutes les choses terrestres, semble grossiere conjointe ainsi à la matiere des diuers corps, sur lesquels elle s'estend ; elle est bien plus subtile & claire en l'air, qui est vn corps plus pur, subtil & raré, & n'est encore rien ceste clarté aërienne à l'esgard de la lumiere du soleil dans luy mesme ; ainsi aux pays reculez, & principalement mixtionnez de la zizanie heretique, l'esclat de vostre Sainteté n'est pas si grand, que dans ceste cour Romaine, où se voit le chef de l'Eglise en sa pompeuse majesté, & n'est encore rien ceste grandeur apparente aux yeux, comparee à la veritable, qui nous est imperceptible, sçauoir ceste grande puissance inuisible que Dieu vous a donnee sur les ames ; pouuoir d'autant plus grand que celuy des autres Monarques, lesquels n'ont iurisdiction que sur les corps, que l'esprit est en tout & par tout preferable à son estuy & prison.

Ils dient, & ce sont des Chimistes, que le soleil par vne inuisible operation va formant l'or dans les entrailles de la terre ; Vostre Sainteté espandant les thresors sacrez de l'Eglise, qu'elle a en sa dispensation, par les indulgences, va par des voyes d'autant plus admirables, qu'elles sont inuisibles, transformant les consciẽces aggrauees de terrestres affections, en l'or pur de la vertu & de la pieté.

La principale qualité du Soleil est d'esclairer, & en

con-

conséquence de ceste premiere, il eschauffe: la splendeur de l'exemple de vostre Saincteté porte quant & soy cet effect, non seulement d'esclairer les entendemens, mais aussi d'eschauffer & embraser les volontez & les pousser à embrasser le bien : tant c'est vne chose rauissante que la vie pure, saincte & exemplaire: les Princes, dit Tacitus, quoy que tres grands en pouuoir, le sont encores d'auantage en exemple : le voir faire touche les esprits d'vne atteinte bien plus pressante & perçante, que les longs ambages des discours: les monarques principalement sont les patrons, ausquels se forment tous les subjets qui les regardent : ce sont les conducteurs du peuple, qui va bien ou mal selon qu'on les meine: de la teste vient, ou toute la santé, ou toute la maladie du corps. Or, dit sainct Bernard, c'est peu de chose de luire seulement, il est vain aussi de ne faire simplement que bruler de charité en soy-mesme; mais de luire & enflammer pour soy & pour l'autruy, c'est le fait des grandes & parfaites ames: perfection, au comble de laquelle on ne peut pas, sans impugner notoirement la verité, nier vostre Saincteté estre paruenuë : en elle se voit l'harmonie complete de ces deux pieces, lesquelles produisent de merueilleux effects à la gloire de Dieu, & vtilité de l'Eglise.

De ceste eschauffaison & chaleur du soleil naissent les formes de toutes choses, selon les diuerses dispositions de la matiere ployable & contournable à tous subiects : ainsi voyons nous qu'en l'auoisinement du soleil à la prime vere, par la douce chaleur de ses rays, il va petit à petit esmouuant la terre, laquelle grosse par les humiditez de l'hyuer, vient en fin à esclore & produire mille riches fleurs, qu'elle receloit en son sein : de là tirent les naturalistes, que l'humeur preste la matiere disposee, & le soleil par sa chaleur la forme, lesquels deux principes constituent tout ce qui a estre. Combien de plus riches effects va produisant és ames tant soit peu disposees au bien la charitable ferueur de vostre Saincteté, si elles sont susceptibles d'imitation, ou pour le moins d'admiration !

Le soleil est tenu pour pere d'abondance, car quand son cours n'est point interrompu du desreiglement des saisons, il fait feconder la terre, & apporte vne grande

fertilité

fertilité : de luy vient toute la beauté des feuilles, toute la bigarreure des fleurs, toute la bonté & maturité des fruicts : & ie ne croy pas que cet astre face encores tant de bien a la terre, que vostre Sainteté produit de pieté en l'Eglise : celuy la remplit la terre, & elle les cieux : c'est par le moyen de la distribution de sa puissance conferee aux Prelats & aux Prestres par vne legitime mission, que les belles ames abondent en l'Eglise en fleurs de bons desirs, en fruicts de bônes œuures, conduites en fin à maturité par les Sacremens, afin d'estre apres la moisson de la mort, resserrees dans le grenier du grand Pere de famille, comme vn froment legitime & esleu.

[a] Pline admirant les effects de ce grand flambeau du iour, l'appelle l'ame du monde, le recteur & chef de tous les astres, le temperament de la nature : & moy admirant le pouuoir ioint aux merites de vostre Sainteté, ie vous appelle, & sans tache d'vne importune blandice, l'Ame de l'Eglise, le Chef des Prelats, le recteur de l'vniuers, & le Pere de toutes les ames qui professent la pureté de la religion Chrestienne. a l.2. c.6. Hist. nat.

Ce mesme Autheur remarque les pestilences estre souuent causees par les disparitions de cet astre, lequel offusqué de brouillards, ne pouuant purifier l'air, il se corrompt, putrefie & enuenime, de sorte que par vne experience ancienne, ces annees sont estimees malencontreuses & subiettes à la peste, esquelles arriuent les eclypses, ou bien quand l'air enuie trop long temps à nos yeux, par l'espaisseur de ses nuees, l'aspect de ce Planete : Et ce qui cause tant de contagions & desolations parmy diuers cantons de l'Europe, n'est-ce pas l'heresie, ceste puante & noire exhalaison, qui semble vouloir obscurcir le soleil de l'Eglise ?

Vn des plus communs effects des vapeurs, c'est de cacher le soleil ; & sainct [b] Cyprian remarque fort bien, que les schismes, sectes & heresies, n'ont eu autre source & origine, que la reuolte & desobeissance contre le Pontife souuerain, & que tous leurs desseins ne visent qu'à ternir l'esclat de ceste grandeur, qui se rit desdaigneusement de leurs foibles oppositions ; la chaire Apostolique ne s'esbranle pas pour de si fresles secousses. b l. 1. ep. 3.

Si le Soleil est la plenitude de toute lumiere qui est en luy par essence, és autres corps par accident, comme sçauent les maistres; si en grandeur, en dignité, en qualité, il a mille prerogatiues & preéminences sur les autres flambeaux parsemez aux lambris des celestes voutes; quand ie diray qu'en vostre Sainteté est le [a] comble de toute la puissance & authorité de l'Eglise, laquelle n'est aux autres Prelats que par delegation & participation; quand ie diray, que tenant iustement la place de sainct Pierre, vous surpassez tous les hommes és mesmes [b] prerogatiues, qui l'ont par la bouche du grand Maistre, constitué Prince sur tout le corps des Apostres, ie ne diray que le mesme verité de la foy que nous professons, & de laquelle ny la mort, ny les tourmens, ny les principautez ne nous sçauroient faire despartir & separer.

a V. Bellar. l. 4. de sum. Pont. c. 22. & seq.

b V. card. Bell. l. 1. de sum. Pont.

La puissance directe du soleil s'estend principalement sur les corps, mais indirectement il a aussi pouuoir sur les esprits, sçauoir en tant que l'vnion & sympathie est si grande entre le corps & l'ame, que bié souuent celle cy suit les complections & temperamens de celuy là; que les influences des astres n'ayent beaucoup de pouuoir sur les corps, il y en a peu qui le nient, les Peres mesmes l'adnouënt, & ie croy que l'experience en peut estre maistresse; de sorte qu'és ames basses & populaires, qui ne vont que selon les instincts de leurs sens, les deuinailleries Astrologiques sót quelquefois rencontre, non pas en ceux qui passent auec les pointes de leurs esprits, les grossiers temperamens de leurs prisons corporelles: de là Ptolómee a mis pour vne de ses maximes, que le sage commande aux astres: mais de vray l'on passe ceste condamnation commune en l'Eschole, que les astres inclinent, non pas qu'ils forcent & contraignent; il n'y a que les fats, qui croyent le fat & necessité du destin: c'est vn erreur des Payens, desraciné pleinement par la foy Chrestienne. Mais ie dis le contraire de vostre S. que sa [c] puissance directe est sur les ames, puissance absoluë & souueraine sur tout l'Estat spirituel: mais vostre indirecte s'estend sur les corps, en tant qu'ils dependent de l'ame, par vne enchaineure totalement necessaire; car comme le corps cede à l'ame la dignité, l'excellence,

c Vi. Bellar. l. 5. de sum. Pont.

lence, la superiorité : aussi tous les Potentats vous soubsmettent leurs sceptres, leurs armes, leurs moyens & leurs vies, comme au souuerain Pasteur & recteur de leurs ames.

Que si le soleil a en soy eminemment, qu'ils disent, c'est à dire en supreme degré, toutes les qualitez des autres astres : ie dis aussi que vostre Sainteté a en soy toutes les vertus & facultez que nous auons dit cy deuant qu'elles symbolisoient : ie ne les repeteray point, & pour euiter l'ennuy d'vne reditte, & l'ombre d'adulateur au recit de vos merites, que i'ayme trop mieux trompetter par tout ailleurs, que deuant vostre face.

Le soleil est tenu par ceux qui se meslent de raisonner sur les astres, pour vn Planete tres-bening, & si fauorable, que non seulement il est fortuné de soy, mais mesmes se rencontrant en mesme mansiõ auec des malencontreux, il leur oste leur malignité, & change leur desastre en bon-heur : la douceur de vostre Sainteté s'allie tellement auec la paix, la concorde, & le bien commun de tous les peuples, que non seulement en ses propres affaires elle est debonnaire aux rebelles & contredisans, mais elle arrache aussi les noises & les malignes rancunes des cœurs des Potentats Chrestiẽs, riottes semences des guerres qui ruinent le repos & la paix qui doit estre parmy les fidelles : de sorte qu'on peut dire qu'elle bonifie les mauuais : & ce que Plutarque note en vn Roy de Sparte, qu'il estoit si bon, que mesme aux meschans il ne pouuoit estre rigoureux & aspre, joint merueilleusement bien vostre Sainteté, laquelle priee de pardonner aux refractaires & mutins, a leué aussi tost les iustes anathemes, auec vne response presque semblable à celle de ceste Vestale, qui se disoit constituee sur les hommes pour prier pour eux, non pour les perdre : vous donniez du fouët à ces rebelles enfans, mais comme vn vray pere les larmes aux yeux, imitant Dieu, lequel ne corrige nos fautes que par l'excés de sa bonté, & l'extreme desir qu'il a de nostre bien.

[a] Sainct Ambroise loüant le soleil, luy donne ces qualitez d'estre l'œil du monde, la iore de nos iours, la beauté du ciel, la mesure des temps, la vertu & vigueur

a *In Hexa.*

vigueur de toutes les creatures, la perfection des estoiles, le Roy des planettes, & saint[a] Denys Areopagite luy donne ces proprietez, qu'il renouuelle, nourrit, conserue, parfait, separe, eschauffe, feconde, augmente, change, plante, viuifie: ie fais tout ce ramas, pour trancher en peu de mots de trop curieuses longueurs que ie pressentois, & dis que les mesmes qualitez & proprietez conuiennent au soleil de l'Eglise, qui est vostre Sainteté, elle est l'œil qui va parcourant tout ce grand corps, l'allegresse des gens de bien, la splendeur du ciel de l'Eglise, le monarque des Chrestiens, le Prince des Prelats. Si les Egyptiens en leurs hyeroglyphes, designoient vn Roy par le Soleil: pourquoy ne pourray-ie pas y accarter celuy qui va par dessus tous les Princes?

a l. de diuin. nom.

Par le moyen du soleil nous descouurons les couleurs qui nous sont cachees & incognuës pendant les obscuritez de la nuict, & par l'entremise du Pontificat souuerain se recognoist le bel ordre de l'Eglise militante, la disposition de sa hierarchie, laquelle ne se pourroit apperceuoir sans ce sien chef; il n'y auroit que tenebres de confusion & desordre. Il prit mal à la queuë, comme nous auons appris de l'apologue, de s'opposer à la teste: & toutes ces petites assemblees, qui se sont quelquefois ramassees par mutinerie sans adueu du Pontife Romain, ont esté tenuës pour petits conciliabules friuoles & vains, qui se sont dissipez en fumee & reduits au neant.

Il se voit parmy les[b] rechercheurs de l'antiquité, vne belle peinture du soleil, en laquelle il estoit adoré par les idolastres gentils; il estoit releué sur vn throsne, & auoit deuant soy quatre vases differens; le premier estoit de fer, inscrit Teste de Vulcan, & d'iceluy sortoit du feu & des estincelles: le second estoit d'argent, auec ceste inscription, Ris de Iuppin, duquel s'exhalloient des zephirs, & des fleurs s'espandoient: le troisiesme de plomb, intitulé la Mort de Saturne, d'où sortoient des frimats & des gresles: le dernier estoit de verre, & s'appelloit Mammelle de Iunon, duquel découloit du laict, & diuerses semences de plantes.

b Martia. capell.

Les aucuns ont rapporté ceste image aux quatre saisons

sons de l'annee causees par le cours du soleil, & la conuenance en est fort naïue, mais elle n'est pas de mō subject : ie dis icy qu'en ce tableau ie voy quatre riches qualitez fort propres & particulieres à vostre Sainteté; ce premier vase desnote le zele de vostre feruente charité, toute ardente au seruice de Dieu, & à la manutention de son Eglise : le second l'affabilité, la douceur, & debonnaireté qui reluit en toutes vos actiōs: le tiers l'affection que vous portez à la iustice, laquelle selon les occurrences necessaires & l'exigence des cas, vous porte à quelque rigueur & seuerité : le quatriesme ceste dilection paternelle, que vous départez à tous les enfans de l'Eglise, c'est le laict qui les charme, & qui faict germer en leurs ames, les semences de mille benedictions.

Ceste peinture me fait souuenir d'vne autre qui se voit chez Macrobe : les Assitiens honoroient le soleil soubs la figure d'vn iouuenceau tenant en sa main droitte des espics de bled, & en la gauche vn fouët, ou bien ayant les graces en la droite, & des iauelots en la gauche: Cela me fait souuenir de la puissance de vostre Sainteté, laquelle s'estend aussi bien à punir les peruers, qu'à recompenser les bons; car ce n'est pas sans cause, que vous portez aussi bien le glaiue & les liens, que les clefs & les graces du ciel.

Ils a peignoient & feignoient encores le Soleil auec vn bouclier d'vne main, & de l'autre vn torche, d'où ie tire que vostre Sainteté nous sert de bouclier pour nous deffendre contre les armes offensiues des ennemis de l'Eglise, lesquels n'osent entreprendre contre l'auctorité d'icelle, & encores elle nous sert de flambeau pour esclairer leurs erreurs, & redresser leurs pas desuoyez au bon chemin.

a Martian. Capell. Vincent. Cartarius.

Eusebe raconte qu'en Elephantinopolis ville d'Egypte, ils reueroient le Soleil en forme d'homme, qui auoit la teste de Belier auec de fortes & dures cornes: qui ne sçait que le mouton est le chef du troupeau? aussi est vostre Sainteté le maistre du troupeau Chrestien : & les cornes dénottent fort proprement, comme sçauent les Allegoriques, la force, le pouuoir & l'auctorité: Sa corne, dit le Psalmiste, sera exaltee en gloire: ses cornes sont en ses mains, fait-il ailleurs,

&

& là sa vaillance est cachee ; c'est vne corne de Rhinoceros qui terrasse tout.

Que si Apollon est feint par les Poëtes auoir esté pasteur des troupeaux du Roy Admette: ie tire ceste verité de ceste fable, que le grand Roy des Roys vous a constitué souuerain Pasteur de toutes ses ouailles, sçauoir les enfans de son Espouse l'Eglise.

En fin Apollon a esté tenu par l'abusee antiquité, pour pere d'Esculape, Esculape pere de la medecine, par ce que c'est du soleil, disent ceux qui interpretent naturellement les fictions, que les simples empruntent leur vigueur & vertu: Et ie dis que vostre Sainteté est le Pere commun de tous les Prestres, qui sont autant d'Esculapes & medecins d'ames, qui des ombres de la mort, c'est à dire du peché, les ressuscitent à la vie de la grace, & que de son auctorité émane tout le pouuoir & vertu des predications & absolutiõs qui se font par toute la vaste estendue de l'Eglise vniuerselle

Mais c'est assez parlé des effects que le soleil de vostre Sainteté va produisant au corps general de l'Eglise: ie serois trop ingrat & mescognoissãt des graces que i'ay receues d'elle, si ie n'en faisois paroistre au iour les particularitez. Il est recognu par tous ceux qui traitent des choses naturelles, que c'est le soleil qui forme l'Iris ou arc en ciel par l'eslancement de ses rayons dans vne nuee pleine d'eau disposee à les receuoir, & là se forme ceste bigarreure de couleurs si agreable à l'œil, que les anciens (qui faisoient presque des diuinitez de tout, notamment des choses qui leur estoient abstruses & incognues) disoient que c'estoit vne deesse, nee d'vne autre aussi fantastique qu'ils appelloient Admiration, par ce que ce meteore les rauissoit en admiration. Ie pourrois tirer de là, que la diuersité de tant de belles parties qui reluisent en vostre Sainteté meritent plustost de l'admiration, que de la louange: mais je dis que qui veut voir vne nuee cõblee des rays de vos graces, il me faut considerer, & aussi tost se porter à admirer vostre bonté, qui a daigné espandre ses faueurs sur vn sujet si petit, si foible, si mince. Ie le confesse ingenuement & publiquement, & veux que la posterité, si mes ouurages

ont

ont à viure quelques annees:lise en teste d'iceux la protestation solennelle de l'eternelle redeuance que i'ay à vostre Sainteté pour plusieurs insignes & speciales faueurs.

Le soleil, pour suiure ma pointe, a ceste proprieté, d'attirer en haut les vapeurs de la terre, pour les esclaircir & illustrer de ses rays : il a pleu à vostre Sainteté tirer mon indignité du milieu de la trouble des laïcs & seculiers, pour m'appeller au seruice de l'Eglise de Dieu en si honorable rang, qu'à peines mes derniers souhaits eussent-ils osé me porter où ie me vois planté en la fleur de ma premiere virilité : d'incognu, par ceste qualité que ie ne merite pas, il luy a pleu de me rendre cognu, & d'illustrer les tenebres da vie priuee. Certes vos graces en moy sont d'autant plus graces, que i'ay moins de merite : & vos biensfaits d'autant plus bienfaits, qu'ils sont simples & nuds : qualité qui leur est essentielle. Les estoilles doiuent toute leur splendeur au soleil, & i'aduouë authentiquement tenir de vostre Sainteté tout ce que ie suis : il luy a pleu esleuer en haut par l'aymant & l'ambre de sa charité, le fer & la paille de mon abiection & deneantise, de sorte que plus petit est mon merite, plus s'accroist mon obligation. A peine auois-ie quitté les vanitez des honneurs mondains, ausquels i'estois porté plus par la volõté des miens, que de mon propre motif, pour seruir Dieu & son Eglise en vne vie priuee & douce, plus content d'estre abiecte en la maison d'vn si grand maistre, que des premiers du siecle : ie m'estois assis au plus bas bout, aussi tost à la premiere occurrẽce i'entends V. Sainteté, sans aucune attente de ma part, qui me crie, Amy monte plus haut : ainsi l'ombre suit ceux qui la fuyent, & fuit ceux qui la suiuent. I'auois pensé que le deffaut de mon âge trop tendre, pour porter vne telle charge que celle d'vn Euesché, pourroit me seruir de legitime excuse, pour me dispenser de ceste fonction trop honorable pour mon indignité, trop onereuse pour de si minces espaules.

Mais comme c'est le soleil qui aduance certains arbres, & amene de bonne heure leurs fruicts à maturité : aussi de grace speciale, sous le simple recit de monseigneur Vbaldini Nonce de vostre Sainteté vers nostre

***** Roy

Roy tres-Chrestien, & de quelques Cardinaux & autres Prelats, il luy a pleu, votre auant le terme du vingt cinquiesme de mon âge, auquel i'escris cecy, me dispenser des bornes communes, votre commander que l'on procedast aussi tost à ma consecration: ce bien fait & inesperé pour moy & a peine desiré, emporta mon obeyssance a l'execution de vos volontez, que tout homme de bien doit auoir pour inuiolables. Or comme ceste obligation ne peut tomber soubs la loy du discours, aussi ne la veux ie pas abandonner à la foible description de ma plume; non seulement toute parole m'est ostee pour exprimer l'extreme & vif ressentiment que i'en porte en mon ame: mais à peine mon esprit, est il capable & suffisant de recognoistre vn honneur si signalé.

Ie me plaindray doncques doucement à vostre Sainteté, comme le bon Furnius à Cesar chez [a] Seneque; ce Prince luy auoit donné la vie, & il luy disoit: O Cesar, vous faites que ie vis, & qu'il faut que ie vis & qu'il faut que ie meure ingrat, car de redonner la vie à son Prince, celuy estoit vne chose impossible: mais si celuy, selon ce mesme [b] Philosophe, rend en quelque sens le bien fait qui le doit librement, ie puis asseurer vostre Sainteté, que si ma condition me rauit tout pouuoir, elle n'honora iamais des ses graces vne ame plus sensible, & plus humblement recognoissante.

[a] lib. 2. de Benef. c. 25.

[b] lib. 1. de Benef. c. 1.

Comme le feu est de tant plus chauld, qu'il est resserré dans vne fournaise bien close; aussi redouble mon affection, plus elle est cachee, à faute de se pouuoir ou exprimer par paroles, ou manifester par seruices. Si la fortune me rend bas, dit ce captif chez le Poete Mantuan, si ne me rend elle pas ny double, ny faux, ny menteur: sa iurisdiction n'a point de prise sur l'ame.: La plus belle eloquence en ce fait, sera de me taire; Dieu mesme pour sa grandeur indicible, veut estre loué & honoré en silence: si ie ne suis assez fort pour vous remercier, encores est ce quelque chose d'aduoüer simplement son impuissance & l'excés de mon ressentiment desdaigne toutes paroles pour viues & energiques qu'elles peussent estre: les menues afflictions se plaignent, les grandes assoupissent les sens & ostent la parole: les petites faueurs peuuent souffrir ftir des graces, les extremes, desquelles est la mienne, lient la langue & confondent l'esprit.

Aristote disoit, qu'à Dieu qui nous a creez, aux parens qui nous ont formez, aux maistres qui nous ont instruits, il est impossible de toute impossibilité de rendre la pareille : car comment creer nostre Createur, engendrer nos peres, & enseigner nos maistres? mon obligation à vostre Sainteté est de ceste cathegorie, il en faut mourir ingrat.

Mais faut-il remercier le soleil de ce qu'il esclaire? ceste proprieté est inseparable de son estre : Ie croy que comme à cet astre d'illustrer, il est à vostre Sainteté aussi naturel de bien faire : elle penseroit auoir perdu vn iour, comme cet a Empereur ancien, si elle n'auoit comblé quelqu'vn de bienfaicts : en vous quadre le prouerbe, L'homme à l'homme est Dieu. Non le soleil n'engendre point tant de biens, que vous vous acquerez tous les iours de creatures : tout ce que vous dites, faites, trauaillez, ce qu'vn ancien attribue à la vertu, vous le dirigez à bien faire à l'autruy, sans acception de personnes, sans aucun propre interest: c'est imiter Dieu cela, lequel n'a point d'autre subiet de nous combler de biens, nonobstant nos démerites, que sa propre bonté.

a *Suet. in Tit. c. 8. Eutrop. l. 7. Aurel. Victor. in Tit. Auson. in Paneg. ad Gratia. Glycas part 3. Annal. Manass. in Annal. in Tit. Cassiod. in ep. 11.*

Le bien, dient les Scholastiques, apres saint b Denys Areopagite, est de soy-mesme diffusif & communicatif : le soleil sans diminuer en rien sa clairté, illumine les estoiles, vn flambeau en peut allumer cent sans rien perdre de sa lueur : & vostre Sainteté participante de la bonté & de la lumiere, sans en rien amoindrir, ny sa grandeur, ny sa splendeur, la va diffondant çà & là aux moindres astres du ciel de l'Eglise, & comme il ne faut pas tant remercier le feu de ce qu'il chauffe, la terre de ce qu'elle produit, le sucre de ce qu'il est doux, comme estant des proprietez essentielles à ces choses : au contraire le feu nous deuroit sçauoir gré de ce que nous vsons de sa chaleur, la terre de ce que nous consommons ses fruicts, le sucre de ce que nous goustons sa douceur : aussi semble-il que V. Sainteté doiue quelque chose aux subjets qui reçoiuent ses faueurs, comme luy donnans le moyen de produire l'action qu'elle desire le plus, sçauoir de bien faire à chacun.

b *l. de diuin nomi. c. 4. D. Thom. 1. q. 5. a. 4.*

cun. Voila comme ie payeray vostre bonté de sa propre bourse & monnoye, aussi le vray salaire des actions vertueuses, est de les auoir faites: la vertu n'a hors de soy aucun loyer digne d'elle: elle est à soy-mesme vne recompense prou ample & suffisante.

a Li.z.c.10. de Benef. Arcesilas est grandement loué par a Seneque, de ce qu'à vn sien amy pauure, malade, & dissimulant par honte sa disette, il auoit ietté de largent sans mot dire derriere le cheuet de son lict: tel est l'acte genereux de V. Sainteté enuers moy, me gratifiant lors que moins j'y pensois.

Que si le Soleil eschauffe, disent les Physiciens, par la reflection de ses rays rencontrant vn subiect solide & ferme pour les arrester: comment serois-il possible, que mon cœur sentant battre sur soy tant de clairs & fauorables rayons, ne se sentist eschauffé a reciproquer par vne volonté recognoissante la liberalité d'vn si bon maistre? Puis qu'il est vray que l'amour a vne tendance necessaire à l'amour, & qu'il est impossible, selon Sainct Augustin, si on ne le veut franchement donner, au moins de ne les rendre?

Encores tire on du feu des cailloux par le battement de l'acier: il faudroit estre stupide & insensible pour n'estre touché de quelque ressentiment, pour des faueurs si signalees.

Les miroirs qu'ils appellent ardans, creux du costé qu'ils sont exposez droittement au soleil, afin que ramassans tous les rays en vn centre, ils puissent sortir leur effect: portant vne ame creuse & profonde d'humilité deuant vn tel Monarque, il n'est possible que receuant les rays de ses faueurs ainsi ramassées, elle ne s'embrase d'vn zele S. & d'vne affection tresardante.

Ce qui rend les vallees si fertiles & abondantes, outre que c'est la graisse des coustaux qui y découle, si est-ce que le soleil y fait le plus: car venant à se ramasser dans les costes des montagnes, la reuerberation cause de la chaleur, laquelle iointe à l'humidité radicale qui y abonde, les rend ainsi fructifiantes: les vallees en l'Escriture sont le symbole des humbles, du nombre desquels ie desire bien fort estre, & ce sont eux que vostre Sainteté cherit d'auantage, & qu'elle comble de plus de

b Ps.112. graces: c'est imiter Dieu cela, lequel est dit en b l'Escriture, scripture, abaisser les grands, & exalter les petits, releuant le pauure de la terre, & le tirant du milieu de la bouë pour le placer auec les Princes & Monarques du monde.

Le soleil s'estend par tout, & espand esgalement sa lumiere sur la bouë que sur les roses, sur les chaumieres des paysans, que sur les Palais des Roys, sur les petits que sur les grands : ainsi pour magnifier la bonté de Dieu: Sainct a Matthieu dit, qu'il fait leuer son soleil sur les a 5.
bons & sur les meschans, & plouuoit sur les iniustes & les iustes.

L'affabilité, l'humanité, la benignité, ces vertus douces, dit Ciceron, qui attirent, mais r'encheris, qui rauissent & entrainent les cœurs des hommes : ce sont les amiables perfections, qui rendent communicatiue la personne de vostre Sainteté autant au petits qu'aux grands: ainsi le soleil, quoy que haut, ne laisse de darder les rays contre bas: ainsi la nuee, quoy qu'esleuee en l'air, ne laisse d'espandre ses douces eaux sur la terre : ainsi la claire fonteine, bien que bouïllonnante en sa source sur la chime d'vne sourcilleuse montagne, ne laisse d'arroser les plus creux vallonz par le descoulement de ses eaux.

En l'esloignement du soleil en hyuer, ce ne sont que sterilitez & bruines, mais quand il rapproche sa belle face, par son eschauffaison, il fertilise tout, & rameine l'abondance: en l'esloignement de V.S. principalement, en ces montagues où il luy a pleu de me cõstituer Euesque, encores ressentons nous les doux effects de vostre benignité: mais à ces grands Prelats, qui ont l'honneur d'aborder vostre personne, conuient ce traict de la Royne de Saba au Roy des sages : Bien-heureux sont vos seruiteurs, qui sont tousiours en vostre presence, & qui entendent la sagesse, qui comme vn doux miel, va découlant de vos leures sacrées.

La statue de Memnon, qui estoit vn Colosse sis sur vne haute montagne d'Ethiopie, auoit de coustume de resonner si tost que les premiers rays du soleil commençoient à darder dessus: estant mis en sentinelle sur ces Alpes, pour veiller, selon ma petite puissance, sur les ouailles qui me sont commises, & deffendre mon troupeau contre les efforts de ennemis qui s'auoisinent, estant si fauorablement regardé des yeux de vostre Saincteté, le beau soleil de l'Eglise, ie ne peux que ie ne sonne & resonne mille graces, & publiquement, à ceste charité, de laquelle il vous a pleu fauoriser mes démerites.

L'Heliotrope est vne herbe ainsi appellee, pour ce qu'elle tourne tousiours vers le soleil: estant planté dans le jardin de l'Eglise, ie tourne tous mes yeux vers vostre Sainteté, comme vers le soleil de ce grand ciel. L'esguille frottee d'Aymant tend tousiours vers le Nort: & moy touché viuement au cœur de vos graces, quand il seroit de fer, si tendroit-il tousiours vers vous son fauorable Nort: Vous estes ma tramontane & cynosure parmy la hazardeuse nauigation de ceste vie mortelle, que ie vay coulant sur des costes frontieres de l'heresie.

Il est assez commun que l'Aigle a de coustume d'esprouuer ses petits aiglons aux rays du soleil: si ces petits animaux rauaient leurs paupieres contre terre, incapables de supporter la splendeur d'vne si brillante clairté, elle les reiette comme vne engeance dégeneré, Bastarde & adulterine, indigne de regenter sur les autres oyseaux: au rebours si sentans la vigueur & generosité de leur race, ils regardent fixement ce bel astre du tout, elle les nourrit & esleue tendrement, comme sa vraye & legitime progeniture. Il m'est aduis qu'estant Euesque, & partant commis comme vn Aigle pour regenter sur les ames, comparees aux oyseaux en l'Escriture, tout petit & foible que ie suis, ayāt à faire essor en public, & par escrit, & par parole en chaire; que si i'eusse rauallé les paupieres contre bas aux Potentats de la terre, pour leur consacrer mes ouurages, que c'eust esté degenerer de ceste qualité, de laquelle il vous a pleu marquer ma personne d'vn caractere indelebile: c'est pourquoy ie pointe droit mon regard à vous grand Chef de l'Eglise mon beau soleil, comme vn enfant legitime & recognoissant: si ie vous aborde hardiment & regarde fixement, on ne me doit pas tant accuser de temerité, comme priser le courage qu'il vous a pleu m'inspirer par ceste dignité nouuelle.

Les anciens tenoient le soleil, ou leur Apollo Pere

des

des Muses ? & à qui eussé-ie peu mieux consacrer toutes les miennes cõprises en cet ouurage sans fin, qu'au vray pere des lettres, & de toute doctrine ? Par tout où estoient posees les statues de ce Dieu, ils estimoient anciennement, que l'honneur & la reuerence y abordoient aussi tost: & i'espere que les zoiles, pointilleurs & mordans, ces scindics des trauaux d'autruy, s'abstiendront de ietter leurs venimeuses morsures sur ce liure, quand ils le sçauront sacré & consacré à vostre Sainteté, & verront en son frontispice sa sauue-garde & protection, non tant pour raison de l'autheur, que pour le respect du fauteur.

Mais encores, quel present est-icy ? Il est assez commun que les ieunes hommes parmy les Gentils, consacroient les premices de leurs cheueux & de leurs barbes au soleil dans le temple d'Apollo Delphique: singerie du diable, pour contrefaire la ceremonie de la loy ancienne, qui vouloit que les Nazareens, gens particulierement consacrez à Dieu, luy offrissent les premices de leur poil: ce qui est pratiqué à ceste imitation en l'Eglise Chrestienne en la premiere tonsure des clercs. I'apporte doncques aux pieds sacres de vostre Sainteté les premices de mes ieunes trauaux, mes premieres conceptions & productions d'esprit, symbolisees en l'Escriture par les cheueux: s'il luy plaist d'espandre ses rays fauorables sur ces fleurettes, que i'ay çà & là, comme vne abeille, pillottees, pour les cõuertir au miel de l'adoucissemẽt des mœurs, ie m'asseure que bien tost elles produiront des fruicts consommez en maturité.

Le Soleil est appellé par Homere, Tout-voyant, par ce que ses rays vont esclairant les sombres recoins des lieux plus ombrageux & cachez: au reste gallopant par les vagues espaces du ciel, il voit en vn moment mille diuersitez, il considere & esclaire tout, il concourt auec tout, il est en quelque sens tout: C'est ce qui m'a poussé de presenter aux rays de vostre Sainteté ces miennes DIVERSITEZ, pour emprunter iour à mes nuicts & veilles, par son tres-illustre & auguste nom. Ie sçay que ceste emprise sera estimee beaucoup plus ambitieuse, qu'officieuse, estant vn infaillible moyen pour eterniser ces ouurages, d'emprunter vostre nom glorieusement immortel : mais il ne m'importe de tomber dans le blasme de temeraire, pour esuiter celuy d'ingrat & mescognoissant : de deux extremitez la moindre doit estre choisie.

Quant a la qualité de l'œuure, son nom la declare assez, mon dessein, qui est d'y parler de tout : ce sont mes pandectes, mais selon ma profession j'entends que les discours de moralité & de pieté y abondent le plus.

A qui doncques plus iustement le tout, qu'à celuy qui est le grand tout de l'Eglise ? Ce liure, selon mon proiect, sera mon vnique, & sera glorieux d'estre cõsacré à l'vnique patron & grand Prince des Euesques. I'ay aduisé que de toutes parts on apporte à vos pieds sacrez les grãd ouurages de Theologie, de Iurisprudẽce, de Philosophie & autres : pour moy laissant aux grãds ouuriers les grãds desseins, ie vay ça & là recueillant de petits legumes, pour composer quelque salade salutaire par le meslange de ces herbes ; car comme toute plante peut conuenir en salade, aussi quel sujet au monde ne se peut accommoder soubs le nom de Diuersité ? Ie laisse doncques apprester les mets plus riches aux maistres, tandis que i'yray recueillant de petites fleurettes, pour en tistre des guyrlandes & festons agreables aux yeux de vostre Sainteté. Ie n'ay que faire de recommander la Diuersité, elle se recommande assez d'elle mesme : c'est la sausse qui rend tout agreable : l'vniformité est tousiours desplaisante, voire insupportable : ie ne suis pas si presomptueux de penser pouuoir profiter, si ie delecte ce me sera beaucoup fait, & le delecter est l'entree de la persuasiue.

Les vers & la poësie, c'est vne chose plaisante, & cet art est consacré à Apollo: & ie consacre la Diuersité, chose de soy recreatiue, au soleil de vostre Sainteté, en vn moment, comme cet astre, elle peut tout parcourir : que si le bon-heur m'en veut, & que la fortune, me soit tant fauorable, que ce petit present soit apperceu d'vn seul ray gracieux de ses yeux benings, j'auray atteint le plus sublime point, où mon ambition aspire. Et que sçay-ie si parmy l'entrecesse des graues & importans affaires qui l'empressent, elle se

pourra

pourra faire entretenir, pour se relascher, de quelques petits subiects que i'y traitte diuersemẽt? Non, ie ne suis point si temeraire de me promettre tãt de biẽ; seulemẽt si ceste petite ostiade ne luy est point desagreable, ie suis prou satisfait; ie fais ce que ie peux, si non ce que ie veux, pour tesmoigner le ressentiment de mon ame; qui fait ce qu'il peut, il fait ce semble ce qu'il doit. La fin de cet ouurage, non plus que de mon zele vers vostre Sainteté, n'aboutira qu'auec ma vie : c'est à Dieu qui tient les resnes de mon esprit & de mes iours, de le mesurer.

En la loy [a] Mosaïque il estoit deffendu de paroistre deuant le Seigneur les mains vuides : I'ay voulu obseruer ceste ordonnance : Voicy donc, Tres sainct Pere, qu'aprés auoir baisé vos pieds sacrez, auec vne humilité tres-profonde, plus fondé sur vostre bonté que sur aucune mienne valeur, j'appends en signe de recognoissance, la mitre & la crosse Episcopale, que depuis peu il vous a pleu me mettre en teste & en main, auec le vœu solennel d'vne perpetuelle & deuotieuse obeïssance à vostre Siege sacré. Ie dédie tout moy-mesme, & tous mes petits ouurages à vostre grandeur : receuez ce vœu, tres-doux & debõnaire Pontife, & ceste consecration solennelle que ie fais à vos pieds de ma deuotieuse seruitude. Il n'est rien, ie l'aduoüe, si disproportiõné à vostre grandeur, si indigne de vostre consideration, que la bassesse de ce chetif autheur; mais puis que vous estes au faiste de toute la grandeur humaine, rien plus que le raualement ne vous peut releuer.

[a] *Exod.* 23. *Deut.* 16.

Cyrus est prisé d'auoir receu l'eau de Simette : vostre charité se rend d'autant plus admirable, qu'elle s'estend & s'espand sur les petits : quoy que c'en soit i'auray tousiours ceste consolation d'auoir estalé quelque eschantillon de ma recognoissance, & d'estre vœu pour tres zelé au seruice de vostre Sainteté, qui est la cime de mes desirs.

Mais pour arrondir mon discours, & le finir dans les termes de ma comparaison; nous croyons que les corps glorieux seront resplendissans comme le soleil, & que le soleil apres la resurrection, sera sept fois plus lumineux qu'il n'est : Viuez, ô grand Monarque de de l'Eglise, heureusement, sainctement, longuement à la gloire de Dieu, au bien de tout le Christianisme, au salut de toutes les ames Catholiques: esclairez & luisez comme vn beau & resplendissant soleil par tout le ciel de ceste Eglise espouse du grand Dieu, duquel vous estes Vicaire: Mais quand vostre belle ame quittera la prison du corps, pour aller iouïr de la recompense de ses labeurs en la celeste Ierusalem, vous reluirez encores sept fois autant que le soleil: De sorte qu'apres auoir regné longues annees çà bas, plein de graces & de bonheur en l'Eglise militante, vous viurez encores là haut eternellement plein de gloire & de beatitude en la triõphante: Ce sont les vœux que lance tous les iours au ciel du plus profond de son cœur, ce sont les prieres que fait à Dieu tout bon & tout grand du meillleur de son ame,

De V. S.

Le tres-humble & tres-obeissant fils & seruiteur,
IEAN PIERRE E. de Belley.

ADVIS.

CECY, *Lecteur, La bonne grace à receuoir, oblige le donnant à vn nouueau present: le fauorable accueil qu'il a pleu au public faire à ces deux premiers Tomes de mes Diuersitez, vrays auortons tous cruds & indigestes, lesquels à peine estoient imprimez, qu'incontinent ils disparurent en la boutique du Libraire; m'a donné le courage de suiure & poursuiure ma pointe, malgré tous mes empeschemens. I'auois par trois ou quatre ans intermis cét exercice de ma plume, pour me nourrir & consumer à la lecture & cognoissance des bons Autheurs: & voicy que ie l'ay repris parmy les plus grands embarraz qui m'arriuerent iamais. I'ay dicté ces deux Tomes suiuans sans nulle forme presque de loisir, emmy les predications d'vn Caresme entier,*

entier; & d'autres cõtinuelles plus qu'à tous les iours predicables; mes voyages reiterez de Paris à mõ Eueſché, ma priſe de poßeßiõ, mõ ſacre, mõ ſermẽt de fidelité, mon Synode, les negoces du Clergé de ces quatre Prouinces de la nouuelle France, duquel il a pleu à ſa Maieſté me conſtituer Chef: mes affaires domeſtiques, leſquelles quoy que conduittes par des mains tierces, ie ne peux empeſcher toutefois de paſſer par mes oreilles. Ie diray tout en vn mot, pendant ma promotion à ceſte nouuelle autant onereuſe, qu'honorable charge: cecy m'eſtoit vne forme de diuertiſſement & ſoulagement d'eſprit, pendant cinq ou ſix mois que i'ay trempé en ces tracaſſeries. Il n'eſt pas que pluſieurs deffauts ne s'y ſoient glißez, ne reliſant iamais rien, non pas meſmes quand il s'imprime, cõme ayant aſſez d'autres choſes à faire. C'eſt dequoy ie te voulois aduertir, Lecteur, ioint que ie n'eſtime de moy rien que de fraiſle & ſimple: ſi mon iugemẽt

ne

ne m'abuse en mon fait propre, ie pense que tu trouueras icy quelque progrez & aduancemẽt; ces derniers ouurages estãs non pas mieux, ie ne suis pas si presomptueux de croire rien faire de biẽ, mais seulement moins mal faitz que les autres; c'est à toy par la confrontation de tirer ceste dissemblance. Si ie peux rencontrer quelque petite espace de temps plus tranquille, i'espere aller vn ton encores plus haut, s'il plaist à Dieu. Au demeurant ie te conseille, mõ cher Lecteur, de n'estre point de la bande de ces grabeleurs, qui pour faire les habiles hommes, taschent de se releuer par le rauallement d'autruy : ie tiens qu'il faut ou se taire, ou faire mieux; Demus alienis erroribus veniam, vt nostris impetremus. *Cela te voulois-ie, Lecteur; A Dieu.*

TABLES DES CHAPITRES DV TROSIESME TOME.

Liure Vnsiesme.

Liure Dousiesme.

Liure Treisiesme.

VII. *Que*

Fin de la Table des Chapitres du 3. Tome.

DIVERSITEZ DE MESSIRE IEAN PIERRE CAMVS,

Euesque & Seigneur de Belley.

De la Compaignie.

CHAP. I.

CE mot du Psalmographe est tres-veritable, que nous formons nos mœurs selon le modelle des compaignies que nous hantons: la conuersation des bons corrige nos vices, & celle des mauuais depraue & peruertit toutes les meilleures conditions de nos ames:[a] *Cum sancto sanctus eris, & cum viro innocente innocent eris, & cum electo electus eris, & cum peruerso peruerteris*, tant nostre nature est flexible à quoy que ce soit : nostre ame est comme la glace d'vn miroüer, où se forme telle figure qu'on y presente, laide ou belle, il n'importe. C'est vne table rase, où l'on imprime tels caracteres & figure que l'on veut.

a Ps. 97.

Aussi cettes parmy les milliers de benefices qui débondent tous les iours sur nos testes de la part de Dieu, nous le deuons grandement remercier lors qu'il nous faict tomber en des bonnes & sainctes conuersations, comme la chose du monde qui peut le plus pour l'amendement de nostre vie, par ce que si nous cheminons auec les sages, nous nous rangerons à leur sagesse, si auec les fols nous espousons leur partie. a C'est la do-
a Prou. 13. ctrine de Salomon: *Qui cum sapientibus graditur, sapiens erit; amicus stultorum similis efficietur.* Le Prophete Roy estime pour ceste occasion heureux celuy qui s'eschappe du sentier des pecheurs, & qui se separe de leur troupe; c'est tout à l'abord de ses Pseaumes : *Beatus Vir qui non abijt in consilio impiorum, & in Via peccatorum non stetit, & in cathedra pestilentia non sedit.*

Quand les Argiens vouloient faire quelque sinistre imprecation à quelqu'vn, ils prioyēt le malheur de l'engager en quelque meschāte compaignie, recognoissans combien peut sur nous tant en bien qu'en mal la conuersation.

b Eccl. 13. Celuy qui touche la poix, dit le b Sage, ne peut qu'il n'en aye les mains empastees & engluees ; ainsi poursuit-il, celuy qui communique auec le superbe deuiendra indubitablement fastueux; *Qui tetigerit picem inquinabitur ab ea ; qui communicauerit superbo, induet superbiam.*

Le Polype changeant prend en soy la couleur des lieux où il s'attache : nostre ame faict le mesme, & prend telle teinture que luy baille le naturel de ceux en la familiarité desquels elle se plonge.

Comme les sacs à charbon se noircissent l'vn l'autre, aussi se blanchissent ceux de farine; si nous cōuersons auec les meschans, nous nous noircirons du vice; si auec les bons, nos ames seront aussi tost reuestues de la belle robe blanche de l'innocence & de la vertu.

Mais nous auons cela de mauuais à cause de la corruption & dépravation de nostre nature, qui a receu vne griefue playe en la cheute de nostre premier pere, que nous nous portons bien plus volontiers en la compaignie des pecheurs, qu'en celle des bons; voire il ne faut qu'vne mauuaise personne pour corrompre toute vne bonne assemblee: ainsi qu'il ne faut qu'vn peu de leuain

pour

pour aigrir & gaster vn gros amas de paste. a *Nescitis quia modicum fermentum totam massam corrumpit?* ainsi qu'il ne faut qu'vn mouton gasté pour infecter tout vn troupeau, ainsi qu'il ne faut qu'vn raisin pourry pour tourner tout vne grappe. a 1. Cor. 5.

b *Dedit hanc contagio labem,*
Et dabit in plures, sicut grex totus in agris
Vnius scabie cadit, aut porrigine porci,
Vuaque contacta liuorem ducit ab Vua:
Aspice quid faciant commercia!

b *Iuuenalis Sat. 2.*

Il ne faut qu'vn brin d'absynthe pour remplir d'amertume toute la douceur d'vne cruchée de miel. Il n'est pas ainsi de la douceur du miel, duquel vne bonne quantité ne peut adoucir vn peu d'amertume; de mesme vn mauuais exemple en compaignie glisse bien plustot, & a bien plus d'effect, que beaucoup de vertueux.

Nos ames à guise de mousches s'attachent bien plustost aux lieux raboteux & mal vnis, que sur la polisseure de la glace d'vn miroir, c'est à dire sur le vice, que sur la vertu.

Le malade communique aisement son mal, notamment s'il est contagieux, à vn homme sain; mais on ne voit point que pour conuerser auec les sains, les malades guerissent, plus de bons sont peruertis par les mauuais, que de meschans ne sont conuertis par les bons.

Tous les fleuues doux deuiennent salez s'engouffrans dans la mer, si est-ce qu'encores il s'en remarque quelques vns, comme des miracles de la nature, qui trauersent la saleure sans en corrompre la douceur de leurs eaux: ce que les Poëtes content d'Alphee, qui trauerse la mer sans se mesler, pour aller iouyr des doux embrassemés de sa maistresse Arethuse, belle & claire fontaine,

Sic tibi cum fluctus subterlabere Sicanos,
Doris amara suam non intermisceat Vndam.

Il s'en trouue de mesme, mais rarement, qui trauersent les mauuaises compaignies, sans se corrompre, mais ce sont des ames fortes & grandement fondees en vertu, ce sont des esprits hors le commun, & fort clair semez.

——— c *qualem vix reperit Vnum* c *Virgil*

Millibus è multis hominum consultus Apollo.

C'est vne des principales choses que le grand sainct Gregoire remarque en son Iob, de ce qu'il estoit hôme droict, iuste & craignant Dieu en la terre meschante & peruerse de Hus, sa vertu esclatante d'autant plus qu'elle sembloit deuoir estre offusquee des tenebres des iniquitez [a] circonuoisines, *Non valde laudabile est bonum esse cum bonis sed bonum esse cum malis: sicut enim grauioris culpa est inter bonos bonum non esse, ita immensi est praeconij bonum etiam inter malos extitisse.* Ce n'est pas grande merueille, ny chose par consequent tant loüable d'estre bons auec les bons, parce qu'autrement ils ne nous tolleroient pas en leur compaignie, ouy bien d'estre bon parmy les meschans, c'est chose signalee & remarquable; & comme c'est vn redoublement de coulpe, d'estre meschant parmy les bons, aussi est-ce vn double merite d'estre homme de bien parmy vne troupe de peruers; parce que la difficulté & la rareté releuent le prix & la valeur de ceste action, laquelle va contrepointant toute raison & ordinaire experience; Experience qui nous faict voir & cognoistre qu'on deuient sages auec les sages, mauuais auec les meschans, selon ces vers de Menandre,

[a] Greg. l. 1. Moral.

Σοφοῖς ὁμιλῶν, καὐτὸς ἐκβήσῃ σοφός,
Κακοῖς ὁμιλῶν καὐτὸς ἐκβήσῃ κακός.

Quand on est trop au Soleil, on deuient bazané, & parfumé parmy les odeurs; La langue naturelle se corrompt parmy les nations estrangeres, & certes ie sens bien que ie parle tout autrement dans ces montagnes, où ma charge me tient affigé & attaché comme par vne honorable relegation, que ie ne fais à Paris ville de ma naissance, ma douce & chere patrie; Et n'est-ce pas la conuersation qui nous stile à ce barbare & montaignard patois?

Si ceste contagion se passe à la langue, ô qu'elle coule & glisse bien plus proprement & promptement aux moeurs! Il n'est rien si doux que de marcher sur du sable, mais guare d'estre englouty: Il n'est rien si aisé que se laisser emporter aux mauuaises compaignies des mondains, mais prenons garde d'estre engloutis auec eux dans des habitudes peruerses & viticuses, qui nous causent en fin vne totale ruine.

On

On ne sent pas si tost le mal, mais petit à petit quand le mauuais ply est pris, l'accoustumance, qui s'est conuertie en nature, nous descouure vn furieux & tyrannique visage, de la domination de laquelle nous ne pouuons plus nous dessaisir, ny nous départir de son ioug: de mesme que ces petits animaux, desquels à peine recognoissons nous les pointures, que par les bubes qui s'enflent sur nostre peau, & les taches qui y restent empreintes & marquees.

Ceux qui s'habituent pres les catadoupes du Nil, deuiennent en fin sourds comme les originaires du pays: Ceux qui s'arrestent parmy les tintamarres des vanitez, voluptez ou richesses du monde, deuiennent sourds aux salutaires admonitions qu'on leur crie pour les destourner de leur ruine eternelle.

Parmy les Cimmeriens on ne void goutte, ce ne sont que perpetuelles obscuritez: ceux qui conuersent auec les mondains sont aueuglez de continuelles tenebres.

Si vous emplissez vn vase de quelque liqueur aigre ou amere, difficillement en peut on oster le goust & la senteur: c'est auec peine qu'on efface & corrige les peruerses habitudes qu'on a prises en mauuaise compagnie.

Le premier mobile par son mouuement rapide & brusque, entraine quãt & soy auec violence tous les orbes des autres spheres celestes, contre leur mouuement naturel, d'Orient en Occident; il ne faut qu'vn mauuais homme, pour emporter vne bonne & honeste assemblee de gens bien morigerez, au precipice du mal, de l'orient de la vertu, à l'occident du vice.

Ceux qui sont mordus des bestes enragees, non seulement sont surpris de la rage, mais ils en infectent aussi ceux, sur lesquels ils iettent les dents: les meschants entachez de la rage du peché, corrompent aussi tost les autres par leur mauuais exemple.

Il fait bon voir vne belle [a] Epistre chez Seneque, par laquelle il dissuade sur tout à son Lucille la conuersation des grandes assemblees & compaignies publiques; il confesse que iamais il n'en est deuenu meilleur, mais tousiours pire, y reprenant en vn moment quelque vice, que par vne longue espace de temps il auoit non sans beaucoup de peine cõbattu & quasi esteint: Les imper- a 7.

 fections

fections se glissent en nous insensiblement par la consideration de l'autruy: le monde ès grãds spectacles & jeux publics, tend tous ses pieges pour nous surprendre, là l'apparat splendide de l'vn esueillera nostre ambition; les richesses de cestuy cy nous exciteront à l'auarice, les artifices des Dames nous trauerseront de mille fantaisies voluptueuses, & puis apres auoir fort viuement inuectiué contre les gladiateurs, il poursuit: Ie croy qu'vne telle multitude de vices qui se presentent à la foule, eust peu renuerser la fermeté & resolutiõ de Caton, Socrate, & de tous les plus austeres Philosophes. He! il ne faut qu'vn seul petit exemple d'auarice ou de luxure pour nous perdre: vn delicat nous enerue: vn conuoiteux incite nostre cupidité: vn mauuais compagnon nous peut corrompre. Comment donc soustenir vn assaut si general & public? Il est de necessité estant parmy des meschants ou de les imiter, ou bien d'estre hay & mocqué d'eux, autrement ils s'offensent: Comme parle[a] S. Cyprien, *Malos quisquis non imitatur offendit.*

a Epist. 2.

Au rebours rien ne nous conduit tant au bon chemin que la frequentation des personnes honnestes: [b] *Nulla res magis animos imbuit honestos, & in prauum inclinabiles reuocat ad rectum, quàm bonorum conuersatio: paulatim enim descendit in pectora & vim praeceptorum obtinet frequenter aspici frequenter audiri. Occursus ipse me hercule sapientum iuuat, & est aliquid quod ex magno viro vel tacente proficias.*

b Senec. ep. 94.

Pour cela sainct Hierosme persuade & recommande sur tout à sa deuote Demetriade, de ne se seruir que de filles & femmes graues & moderées, parce qu'on a de coustume de iuger des maistresses par les mœurs & conditions des seruantes, chacũ se plaisant en la compaignie de son semblable: *Semper in comitatu tuo graues feminas habeas, mores enim & studia dominarum plerumque ex ancillarum & comitantium moribus iudicantur. Qualis enim quaque sit, talium consortio delectatur.*

Hippocratides Philosophe ancien, ayant vn iour rencõtré vn ieune homme auec vn sien amant & poursuiuant, selon l'ancienne licence, ou plustost abomination Grecque, l'ayant veu rougir de honte, Tu deurois, luy fit il, conuerser auec ceux lesquels ne te causassent aucun changement de couleur: l'enseignant par mesme moyen

moyen, que de la hantise des meschants on n'en rapporte que de la vergongne & ignominie,

Le philosophe Diogene dit vn iour à quelque ieune homme qu'il voyoit aller en vn banquet ou festin public : Prend garde à toy : l'autre retournant luy dit, Me voyla reuenu. Doncques pire, luy repliqua il, sçachant qu'il est bien difficile à l'adolescence de se retirer d'vne desbauche sans deprauation.

Ils [a] disent que l'Aconit est vn poison si fort, que mesmes le toucher en est mortel, l'accointance des peruers pour legere qu'elle soit, est tousiours venimeuse & dommageable.

a Plin. l. 9. hist. nat. c. 2.

La Torpille espand ie ne sçay quelle liqueur qui coule vn endormissement depuis l'hameçon iusques à la main du pescheur : nous ne sçaurions auoir si peu de commerce auec les meschants, que nous ne soyons aussi tost assoupis du lethargicque sommeil du vice & de l'iniquité.

Il y a quelques antidotes qui nous contregardent des effects du poison corporel, mais il n'y a aucun remede spirituel qui puisse preseruer nos ames de la corruption d'vne mauuaise compaignie.

I'ay remarqué en [b] l'histoire Ecclesiastique vn exemple fort notable de sainct Iean Apostre & Euangeliste lequel allant vn iour au bain, ayant entendu que Cerinthus heretique sien contemporain y estoit, iamais il n'y voulut entrer, de peur que par punition diuine la maison ne vint à tomber sur luy, pour auoir mis le pied en vn lieu où auoit esté vn ennemy de l'Eglise. Cela me faict certes déplorer la miserable condition de nostre libertinage François, où les loups viuent pesle-mesle auec les brebis. On se mocqueroit d'vn Catholique qui fuyroit la conuersation d'vn heretique, comme d'vn niais & impertinent, comme si nous estions ou plus saincts ou plus sages que sainct Iean! On en est venu iusques au meslange des mariages sans aucun scrupule, sans crainte que la maison fonde : & ne considerent pas les Catholiques presomptueux, que la parole du desuoyé est contagieuse : qu'elle s'estend comme vn chancre qui ronge le cœur d'inquietudes, de curiositez, de doubtes, d'infidelitez, de vacillations : ils ne sont iamais plus à redouter que

b Euseb. 4. hist. eccles. c. 4.

sous le masque d'amitié:

Timeo Danaos & dona ferentes.

Ouy, mais c'est mon parent, c'est mon amy, nos loix sont telles, nous viuons en telle siecle, comme s'il falloit laisser Dieu pour la police, cõme si pour estre cela licite & public, il en estoit plus iuste! *Esse iam inter innocentes,* ditoit icy a sainct Cyprian, *innoxium crimen est, cenlescere iura peccatis & cœpit licitum esse quod publicum est.* D'autres voyent, pour moy ie ne seray iamais d'aduis, qu'on permette aux ames Chrestiennes la communication auec les excommuniez, toute frequentation auec l'heretique m'est suspecte, parce que les mauuais propos corrompent les bonnes mœurs.

a Epist. 2.

φθείρουσιν ἤθη χρηστὰ ὁμιλίαι κακαί.

Mais laissons ce pas pour couler à quelqu'autre rencontre. Pline rapporte d'vne pierre ignée, qu'il appelle Pyrite, qu'elle ne monstre point auoir de chaleur en soy quand elle est entiere, mais brisee elle brusle: de mesme à l'abord on ne peut pas iuger de l'effect de la frequẽtation, mais quand par plusieurs actes reïterez on a formé vne bonne ou mauuaise habitude, lors on sçait combien elle est ou vtile ou preiudiciable.

Quelqu'vn disoit vn iour à Agesilaus que la peregrination, chose tant vtile aux hommes pour polir leurs mœurs, & les rendre prudens, rendoit au rebours pires les Lacedemoniens; Ouy bien, respondit-il, parce que les Spartians trouuent du desreiglement par tout hors leurs pays, mais ceux qui viennent aussi à Sparte en retournent meilleurs: d'où nous pouuons apprendre combien il importe auec qui nous conuersions.

Comme la vigne se sent tousiours du terrouer, voire mesme tire quelque chose de la nature de l'arbre où elle s'attache, ormeau, pommier, cerisier, ou autre: de mesmes tousiours auons-nous quelque trace des mœurs & humeurs de ceux auec lesquels nous conuersons.

Si Cato l'ancien en la vente d'vne sienne maison fit proclamer auec tout plein d'autres appartenances qu'elle auoit bon voisin, comme vne des principales prerogatiues de sa terre, parce qu'il ne suffit pas en la vie rustique d'estre bon laboureur seulement, si l'on n'a vn bon & fidelle voisinage: pourquoy ne dirõs nous pas que quant à nous ce n'est pas assez d'estre gens de bien, si ensi encores ceux là ne le sont, auec qui nous conuersons d'ordinaire

L'Imperatrice Liuia, femme tres sage de Cesar Auguste, vint vn iour au spectacle public des gladiateurs, accompagnee d'vne troupe de Senateurs, & autres personnes sages & graues; Iulia au rebours, la fille de l'Empereur, fort taxee d'impudicité, y vint en la compagnie de plusieurs ieunes mignons, braues, pimpants & [illegible]z: L'empereur par vne lettre luy ayant recommandé de quitter ces troupes escerueleees, pour imiter l'Imperatrice conduite par des anciens, Je feray, respondit-elle deuenir ceux cy vieux: mot à deux ententes, la subtilité duquel ie laisse remascher aux esprits plus deliez.

Je finis par vn conseil d'Epictete, qui se lit chez a Strobee, en matiere de la conuersation en compaignie; Il faut dit il, considerer ceux que nous frequentons en trois manieres, ou comme superieurs, & ainsi il les faut honorer, escouter, & leur obeyr: ou comme inferieurs, & ainsi les persuader & exhorter auec douceur: ou comme esgaux, & se porter auec modestie, humanité, moderation: De ceste maniere on se rendra plaisant & agreable à vn chacun.

a *Serm.*

I'adiousteray de mon creu, qu'il faut biaiser en la conuersation, comme le Soleil en son cours: ce biaisement du flambeau du iour nous rameine la diuersité des saisons, qui soulage l'ennuy de nostre vie par la varieté & le change: de mesme si nous sçauons par souplesse d'esprit nous accommoder & ployer à toutes sortes de mœurs, humeurs & conditions, nostre conuersation sera douce & desiree par toutes les compaignies.

DE

De l'Asseurance.

CHAP. II.

ILs disent que le commencement de vaincre, c'est s'asseurer; Aussi certes ne vois ie pas qu'on puisse faire reüssir aucune action belle & genereuse, sans quelque fermeté d'esprit & resolution determinée, pour laquelle auoir ie cõseillerois auãt toute entreprise qu'on se fondast bien ou en forces suffisantes, ou en vaillables raisons.

Vn iour Euribiades conseilloit quelque chose pour le bien de la chose publicque contre quelque dessein de Themistocles, lequel irrité de ceste opposition leua le baston pour frapper son contredisant: Euribiades se sentant auoir bonne cause: Frappe, luy dict il, pourueu que tu entendes.

Il y auoit ceste ordonnance parmy quelques peuples de Grece, que celuy qui vouloit changer quelque loy pour en introduire vne nouuelle, deuoit orer deuant le peuple, & representer ses raisons la corde au col, prest d'estre suffoqué comme vn brouillon & nouateur, si son inuention n'estoit receuë du public: il falloit que ceux qui se presentoyent à ces actions fussent merueilleusement asseurez & fondez sur des preuues bien manifestes & claires.

Caton donna estant enfant vn tesmoignage d'asseurance & fermeté de courage, menacé d'estre ietté par la fenestre s'il ne consentoit à quelque raison qui luy sembloit repugnante à la Iustice, iamais il ne s'en voulut desdire.

Quelqu'vn refusa au tyran de Sicile vne de ses filles en mariage: Iceluy indigné fit mourir tous ses enfant, & puis luy demandant s'il n'eust pas esté plus content d'auoir faict sa volonté: Ie suis marry, luy respondit-il, de ton malheureux acte, mais ie ne me repens pas de ce que i'ay faict.

Pyrrhus exhortoit Fabricius de demeurer auec luy, auec promesse de le tenir pour compagnon en son Empire: Cela, luy respondit ce Citoyen Romain fort affectionné

ctionné à sa Patrie, ne t'est pas expedient: car si vne fois les Epirotes me cognoissoyent, ils ne voudroyent plus de toy pour leur Roy: Cela ne part il pas d'vn cœur franc, genereux & bien libre de parler ainsi asseurément estant captif & prisonnier? O que sa mort donne bien encores vn autre tesmoignage de la valeur & fermeté de son ame!

Epaminondas capitaine Thebain, ayant vn iour entendu vne rodomontade d'Alexandre Tyran de Pheres, par laquelle estant reconcilié auec les Atheniens il leur promettoit de leur faire auoir aux despés des Thebains, la chaire à tres-vil prix. Et nous autres Thebains, dict Epaminondas, nous fournirons de boys pour la cuire: entendãt que si les Phereens & les Atheniẽs se mesloyẽt d'entreprendre sur eux, qu'ils abbatroyent tout leur boys, voire qu'ils leur presteroyent le collet en bataille rangée. Ceste asseurance ne prouenoit que de la grandeur de son courage: car de forces il en estoit fort despourueu.

Comme on presentoit à Xerxes des fruicts d'Attique pour manger, il dict que iamais il n'en gousteroit qu'il ne fust maistre & possesseur de ceste Prouince, tãt il auoit d'asseurance en ses forces, mais ceste confiance le perdit.

L'Empereur, mais plustost tyran, Maximinus estoit d'vn corps prodigieusement robuste & fort, & pource auoit vne grande fiance en cela: vn iour au theatre vn Comedien l'aduisa de raualler vn peu ceste sienne presomption par ces vers qui se voyent chez l'Escriuain de sa vie Capitolinus.

Elephas grandis est, & occiditur,
Leo fortis est, & occiditur,
Tygris fortis est; & occiditur,
Caue multos si singulos non times.

Ceste presomptiõ & confiance outrecuidée fut cause de la mort du luitteur Crotoniates, les enfans sçauẽt sa fin.

Scipion l'Affricain assiegant vne ville fit trompeter publicquement, que trois iours apres il tiendroit le siege de Iustice en la place du dedans, tant il auoit d'asseurance en sa valleur.

Ce mot de Cesar est assez cõmun pour consoler & affermir le courage à ses pilotes & nautonniers en vne furieuse tempeste sur mer; Ne craignez rien, leur fit il, vous

vous portes Cesar & sa fortune.

Le mesme au commencement de son entrée au maniement des affaires publiques, poursuiuant la dignité de Pontife Souuerain, laquelle estoit fort briguée, & en laquelle notamment il auoit pour competiteur Q. Catulus, vn des plus puissans & auctorisez hommes qui fust lors en la Republicque, il dict à sa mere sortant de sa maison pour aller en la place où se recueilloient les voix, Aujourd'huy, ô ma mere, vous aurez vn fils ou grand Pontife, ou banny: en quoy on peut remarquer vn cœur grandement enflé & esleué, intolerable de rebut, parce que s'il eust esté refusé, comme il emporta ceste charge, il s'estoit resolu d'absenter la ville: le mot d'Horace conioindra bien cecy,

Virtus repulsæ nescia sordidæ
Intaminatis fulget honoribus,
Nec sumit aut ponit secures
Arbitrio popularis auræ.

Pompee le Grand, & grand veritablement de courage, à quelques vns qui s'estonnoient de ce qu'assisté de si peu d'hommes, il entreprenoit la guerre contre Cesar. Ne sçauez-vous pas, dit-il, que si tost que j'auray frappé du pied la terre d'Italie, j'en feray issir des hommes? Cœur genereux, mais mal secondé de la fortune.

Le peuple d'Athenes se picqua vn iour contre Euripides pour quelque traict qu'il auoit coulé couuert aux en quelqu'vnes de ses tragedies, appellé en iugement pour se voir condamner en quelque amende: Ie ne fais pas, dit-il, mes poëmes pour estre censuré, ny pour apprendre de vous, mais pour vous enseigner.

Comme les Iuges estoyent assemblez à Athenes pour deliberer de quelle peine & supplice on deuoit faire mourir Socrates: Ce Philosophe dit que pour ce qu'il auoit faict, il meritoit d'estre condamné à estre soigneusement nourry aux despens du public au Prytanée: qui estoit le plus grand honneur auquel eust peu aspirer le plus grand Citoyen d'Athenes. Sa mort a [illegible] encore donné preuue suffisante de sa [illegible] magnanimité.

Ainsi Diogenes estant mis [illegible] l'encans crioit tout haut, Qui veut acheter vn [illegible]

Le Senat ayant decerné quelque [illegible]

des coffres publics à l'Affricain Scipion, les thresoriers luy refusans: Si vous me faschés, dit-il, i'ouuriray ce que i'ay faict si bien fermer, leur donnant par là à entendre que c'estoit de ses conquestes & victoires que ces coffres auparauant vuides, auoyent esté remplis. Et de faict fit leuer les serrures pour prendre ce qui luy estoit ordonné: dequoy & de plusieurs autres calomnies inuentées par ses enuieux accusé deuant le peuple, au lieu de se purger des faux crimes qui luy estoyent imposez: Il y a auiourd'huy vn an, dit il au peuple, que i'ay deffaict Hannibal en tel lieu: six mois que i'ay vaincu Carthage, trois que i'ay triomphé. C'est pourquoy ie m'en vay au Capitole remercier les Dieux de ces graces, iugez de moy ce que vous voudrez. O qu'il est bien vray que nostre plus grande gloire consiste au tesmoignage de nostre conscience!

Conscia mens recti famæ mendacia ridet.

Si elle est bonne, & que nous ne nous sentions point coupables d'aucun forfaict, nous nous mocquons de toutes les malignes procedures & supercheries des calomniateurs, nostre espoir & nostre crainte, nostre asseurance & nostre deffiance dependent de là.

Conscia mens vt cuique sua est, ita concipit intra
Pectora pro facto spemque metumque suo.

De l'Admiration.

Chap. III.

C'Est quand l'Esprit se perd dans vne imagination grande ou inopinée, comme la deffinit a sainct Iean Damascene: Cela se verra a l. 2. fid. orthod. c. 15.
bien par exemples.

Ainsi le bon Patriarche Isaac au b Genese, admira la b 27.
promptitude de son fils, qu'il pensoit estre Esau, en l'execution de sa chasse.

Ainsi le bon c Iacob admira la bonté de Dieu rece- c Gen. 45.
uant la nouuelle agreable que son fils Ioseph qu'il croyoit

croyoit mort ja de long temps, estoit en vie, & tres-grand en Egypte.

a Iud. 6. Ainsi s'estonna a Gedeon, quand il recogneut qu'il auoit veu vn Ange: *Heu mi domine Deus, quia vidi Angelum Domini facie ad faciem.*

b 3 Reg. 10. 2. Paral. 9. Ainsi la b Royne de Saba voyant la magnificence de la Cour de Salomon, fut tellement rauie & estonnée, que selon les termes de l'Escriture, *non habebat vltra spiritum.*

c Daniel 3. Ainsi c Nabucadnezar voyant le miracle des trois enfans chantans en la fournaise embrasée, fut saisy d'admiration.

Ainsi aux miracles & actions celebres & signalées de nostre Sauueur, tout le monde estoit rauy en admiration & pasmé d'estonnement; les exemples en sont si frequents au testament nouueau, qu'il seroit trop long de les coudre icy. Ie me contenteray d'en broder la d marge pour satisfaire le curieux par le renuoy.

d Matth. 9. 12.13.15.19. 21.22. Marc. 1.3.6. 7.8.9.12. 12.15. Luc. 2.4.5.7.8. 9.11 20. Ioan 7.

Or pour changer vn peu de notte, ie me suis quelquefois estonné de lire chez Horace, vne Philosophie vn peu estrange, par laquelle il tient que tout le desreiglement de nos passions & affections vient de l'admiration, comme de sa source, estimant celuy-là sage & tranquille, qui n'admire rien, & semble en cõsequence prouuer que la vraye quietude consiste en ceste inepte apathie ou insensibilité, que quelques Philosophes ont voulu establir contre tout ordre de nature. Pour moy ie ne voy pas qu'il se démesle tant bien de ceste proposition; Oyons, & voyons le,

e 1. Ep. 1.

e Nil admirari prope res est vna Numanci
Solaque quæ possit facere & seruare beatum,
Hunc solem & stellas & decedentia certis
Tempora momentis. Sunt qui formidine nulla
Imbuti spectent, quid censes munera terræ,
Quid maris extremos Arabas ditantis & Indos,
Ludicra quid & plausus & amici dona Quiritis,
Quo spectanda modo, quo sensu credis & ore?
Qui timet his aduersa ferè miratur eodem,
Quo cupiens pacto pauor est vtrobique molestus;
Improuisa simul species exterret vtrumque.

Ce que d'autres disent, que l'ignorance est mere d'admiration, est vray, parce que l'on n'a pas de coustume d'admirer beaucoup ce que l'on sçait; mais aussi l'admiration est mere de la science, parce que c'est elle qui donne la curiosité naturelle aux hommes : *Omnes homines natura scire desiderant* ; de cognoistre la cause de laquelle ils admirent les effects.

De maniere que tant s'en faut, selon Horace, que ceste passion soit vitieuse, qu'au rebours elle est utile, voire necessaire ; a Aristote l'appelle la propre affection du Philosophe, parce que l'origine de la Philosophie est venuë de l'admiration : Μάλα φιλοσόφου τοῦτο τὸ πάθος τὸ θαυμάζειν, οὐ γὰρ ἄλλη ἀρχὴ φιλοσοφίας ἢ αὕτη. a 1. Metap.

De la Centaine.

Chap. IV.

CHEZ les Philosophes ce nombre de Cent se prend d'ordinaire pour vne grande multitude, mais indeffinie, & s'en seruent pour denoter quelque excellence, comme Musée vn petit Poëte Grec fort delicat en vn poëme de Hero & Leandre ; il peint l'œil de ceste fille si beau, qu'il le faict tousiours accompagné de Cent graces.

b Homere pour signaler l'isle de Crete l'appelle ἑκατόμπολιν, garnie de Cent villes : où le glossateur Eustathius dict Ἑκατὸν φησὶν οὐ τὸ ἀριθμὸν, ἀλλ' ἀντὶ τοῦ πολλάς. Il prend le nombre de Cent pour vn grand nombre, c Virgile son imitateur n'oublie pas ce mot en la description de ce mesme pays. b Odiss. 19. c Aen. 3.

Creta Iouis magni medio iacet insula Ponto,
Mons Idaeus Vbi, & gentis cunabula nostra,
Centum Vrbes habitant magnas Vberrima regna.

d Le mesme parlant du grand honneur & reuerence qu'on portoit à Venus en Cypre, il dict que Cent autels fument tous les iours pour sa veneration. d Aen. 1.

------Centumque Sabaeo
Thure calent arae.

Ce mesme nombre se prend d'autresfois pour l'infinité, comme en ces passages cy.

e Non

a Æneid. 6 a *Non mihi si linguæ centum sint, oraque centum,*
Ferrea vox, omnes scelerum comprendere formas,
Omnia pœnarum percurrere nomina possim.

b l. 1. b Sedulius
Nam centum licet ora mouens, vox ferrea clamet,
Centenos sonos humanum pectus anhelat.

c Pers. 5. c Perse se gaussant satiriquement de ces inuocations centenaires.
Vatibus hic mos est centum sibi poscere voces,
Centum ora & linguas optare in carmine centum.

Mais ie viens à des considerations plus serieuses: Ceux qui cognoissent tant soit peu la Philosophie des nombres, sçauent prou que le nombre de dix est celuy de plenitude: outre lequel la nature n'entend plus qu'à recommencer, & par consequent de perfection: mais parce que ce nombre multiplié par soy mesme fait Cét, aussi il est aduoüé que la Centaine c'est la perfection absoluë, entiere & accomplie en matiere de nombre: Ce que ie vay prouuer par plusieurs singulieres & notables remarques tirées des lettres sainctes.

d S. Hier. in Math. 13. Theophil. Beda gloss. ord. V. Greg. 30. Moral. c. 33. & in Ezech. hom. 18. En d sainct Luc nostre Seigneur voulant denoter vn champ tres fertile, dict qu'il fructifiera au Centuple, par où entendent les Interpretes la plenitude de la perfection de l'ame Chrestienne.

Cestuy mesme nostre Sauueur se compare en e sainct Mathieu à vn pasteur qui à Cent brebis, nous donnant par là à entendre que son Eglise empliroit tout le monde, ou bien seroit parfaictement accomplie.

e I. 8. Luc. 15 f Exod. 27. Ceste perfection de l'Eglise est fort bien dénotée encores par f l'arche de Noé, sa vray figure, qui fut bastie en Cent ans: d'où nous apprendrons que l'Eglise fondée par vne si longue suitte de temps, & establie par tant d'années, ne sera iamais submergée des flots des heresies, ny des deluges des persecutions.

g Math. 8. Luc. 7. g Le Centurion, la foy duquel nostre Seigneur admira, dénote la perfection que Dieu cherit tant, & qui luy rend nos ames tres-agreables.

Par ce mesme nombre est aussi entendue la recompense eternelle que Dieu promet à ses esleuz en h sainct
h 10. i 19. Marc & en i sainct Mathieu, *Qui reliquerit domum, fratres, agros, &c. centuplum accipiet, & vitam æternam possidebit.*

En

En [a] l'Exode il estoit commandé que les tentes du tabernacle fussent de Cent coudees, par où les Prelats qui seruent d'ordinaire à l'Eglise, sont aduisez de tendre à la perfection, pour l'edification qu'ils donnent aux ames par leur bon exemple. a 27.

b Nostre Seigneur voulant refectionner les troupes qui le suiuoyent à milliers par les campaignes, ordonna qu'ils se reposassent sur l'herbe & le foin a cinquantaines, & centaines : Enseignement que si nous voulons dignement approcher du banquet Eucharistique, nous deuons par la penitence, denotée par le Quinquagenaire, où par la perfection figurée par le Centenaire, fouler & mespriser les fleurs des biens, vanitez & voluptez de la terre, qui ne sont que foin & paille menuë. b *Matt. 6. Luc 9. V. Hieron. in c. 14. Math. Beda in Luc l. 3. in Marc. l. 2.*

Quasi toutes les mesures de la longueur, largeur & hauteur du temple, descrit si ingenieusement par [c] Ezechiel, estoient par centaines: d'où nous pouuons tirer ce bel enseignement, que si nous voulons estre des temples viuans agreables à Dieu, *Membra vestra templa sunt Spiritus sancti. An nescitis quia templum Dei estis vos?* Nous deuons tendre selon nostre possibilité à la perfection. c 40. 41.

d Les Cent liures d'aloës de la Magdelaine, c'est la figure de la plenitude de la perfection de son amour: *Remissa sunt ei peccata multa, quoniam dilexit multum.* d *Ioan.* 19.

Et les Cent barils d'huile chez [e] sainct Luc, qu'est-ce que la signification de l'abondante misericorde de Dieu? *Misericordia eius super omnia opera eius. Apud dominum misericordia, & copiosa apud eum redemptio.* e 16.

Ie finis ces considerations par vne delicate. [f] Abraham agé de Cent ans engendra Isaac, c'est à dire le ris, la ioye, la consolation : d'où nous tirerons, que quand nous auons la charité, vertu comble de perfection, nous ressentons aussi tost en nos ames des contentemens celestes par les diuines inspirations. f *Genes. 21. Rupert. in Gen. 27.*

De la Mort.

Chap. V.

L n'est rien si vray, que plus nous aduançons en âge, plus s'accroist nostre sçauoir & nostre experience.

Omnia fere ætas animum quoque
Per varios vsus artem experientia fecit,
Exemplo monstrante viam ——

Es exercices du corps la souplesse, l'agilité, dexterité, s'acquiert par vn vsage continu, & plusieurs actes reïterez, qui forment vne habitude: mais certes principalement és estudes, le temps auec l'assiduité apporte vn accroissement tres-grand, quoy que latent & caché, cet *incrementum latens*, ou alluuion des iurisconsultes, s'y peut naifuement bien approprier; plus auant on pousse en la lecture & recherche des bõs autheurs, on accumule tousiours petit à petit des acquisitions nouuelles. Le bon Terence delicatement,

a Adelph. act. 5. Sc. 4.

a *Nunquam ita quisquam bene subducta ratione ad vitam fuit,*
Quin res, ætas, vsus semper aliquid adportet noui,
Aliquid moneat: vt ea quæ te scire credas, nescias,
Et quæ tibi putaris prima, in experiundo repudies.

Ie dis tout cecy, parce qu'ayant ja par plusieurs fois en ces Diuersitez traicté ceste mesme matiere de la Mort, à l'aduenture pourroit quelqu'vn trouuer estrange que ie la rameine si souuent sur le theatre, mais ie veux icy vne fois pour toutes aduiser mon Lecteur que iamais ie ne retaste ny regratte mes veilles passees: Ce que i'ay escrit est escrit, ie pousse tousiours auant en besongne, à guise du vol de ces oyseaux chez Ezechiel, sans regarder derriere, si ce n'est pour m'empescher de repeter vne mesme chose: Si ie voulois rauauder continuellement, releicher, & rappetasser mes discours precedens, ce seroit vn trauail insurportable, i'aymerois mieux faire trois nouueaux discours, que d'auoir adiousté ou diminué vn mot en quelqu'vn ja faict, & puis ie veux qu'on voye en mes ouurages le progrés de mon

âge

âge & de mes estudes, sans fard & desguisement : I'ay parlé de telle matiere cõme pour l'exemple de la Mort, sur laquelle ie peux tracer encores vingt discours tous nouueaux; de dire tout à la fois ce que l'on a sur vn subiect, sa longueur seroit ennuyeuse, mon but est de delecter mon Lecteur, non seulement par la diuersité & le change, mais aussi par la briefueté : les discours trop estendus lassent & attedient : D'auantage plus i'entre au cõmerce des liures, ie descouure tous les iours des nouuelles veines, des traits & des conceptz qui parauãt m'estoient incogneus. Sache donc quiconque lira ces liures, qu'il y a eu peu de matieres y maniees, sur lesquels ie ne puisse faire plusieurs chapitres, les DIVERSITEZ ne se lient à aucune reigle ny ordre, ceste facon d'escrire est totalement libre & sans astriction : mais ie viens à mon subiect.

La plus propre & essentielle definition de la Mort, est celle-cy que chacun scait, sçauoir, [a] La dissolution de l'ame & du corps; ame & corps pieces si dissemblables en nature, que le ciel & la terre, le feu & l'eau, toutes les qualitez plus antipatiques du monde ne sont point si contraires que l'ame totallement spirituelle, & immortelle, que le corps mortel, passible, terrestre; & toutefois l'vnion de ces deux parties si differentes est telle, qu'il n'y a rien que la nature abhorre tant que leur disionction & separation.

a *Aristo. Opus. de Morte.* *D. Dionis. de Eccl. Hierar.*

Pour cela [b] le Philosophe l'appelle la plus terrible chose de toutes les terribles. Seneque *Mors est quæ omnia abscindit aut deuorat ad quam omnium quæ habemus exitus spectat, & qui aliud se non timere iudicat, hanc timet.* [c] Le Prophete Roy confesse qu'il la redoute, *Circũdederunt me dolores mortis & pericula inferni inuenerunt me: præoccupauerunt me laquei mortis* : Et remercie Dieu de l'en auoir deliuré: *Dominus benefecit mihi, quia eripuit animam meam de morte.* [d] Le bon Iob quoy que iuste ne peut toutefois rasseoir son esprit quand il y pense : *Antequam comedam, suspiro, & quasi inundantis aqua, sic rugitus meus, quia deficiet omnis caro simul, & homo in cinerem reuertetur.* Fort bien [e] sainct Augustin: *Mortis diem omnes futurum sciunt, & tamen eum omnes differre conantur, etiam qui post mortem se beatos credunt esse victuros, tantam habet vim carnis & anima*

b *3. Etic.*

c *Psal. 17. & 114.*

d *3. & 14.*

e *Lib. de gra. nou. test.*

me dulce consortium. Vn exemple de cela fort celebre se lit en sainct Hilarion ce grand Anachorete & signalé habitant des desertz d'Orient, lequel ayant vescu tres-sainctement toute sa vie auec vne grandissime austerité, redoutoit neantmoins ce pas, parce que, *Non iustificabitur in conspectu tuo omnis viuens.*

On faict vne question qui a faict la mort : à laquelle
a V. sup.l.6. i'ay satisfait par a vn ample discours; encore ce petit mot:
c.3. On dit que c'est Dieu: b l'Ecclesiastique, *Mors & vita à*
b 21. *Domino Deo est.* En la sagesse tout le contraire: *Deus mor-*
c Lombar. *tem non fecit sed impij accersierunt illam.* Nos c Maistres
2.sent.dist. respondent pour cōcilier ces deux extremitez, que Dieu
37. n'a pas faict la cause de la mort, sçauoir le peché, mais
il l'a faict comme punition : Ainsi disons que Dieu est
autheur du mal de peine, non pas de couple, & entend-
d Amos 3. on ainsi ces passages, d *Non est malum in ciuitate, quod*
e Isa.45. *non fecerit Dominus.* e *Ego sum creans malum & faciens*
bonum.

Or de faire la mort bonne ou mauuaise, c'est vne chose qu'on ne peut diffinir, & partant indifferente, laquelle prend ceste qualité de la vie qu'on a menée auparauant ce terme qui trenche le filet de nos iours: *Omni-*
f auth. de *bus hominibus terminus vitæ est mors*, dict f Iustinien, &
hered & ce passage comme il est amer & desplaisant à l'homme
fal.§. his o- qui met son contentement és biens de la terre : *O mors*
mnib. Coll.1. *quàm amara memoria tua homini pacem habenti in diuitijs suis!* Aussi est il agreable à ceux qui sont accablez
de miseres: g *O mors bonum est iudicium tuum homini*
g Eccl.41. *indigenti, & qui minoratur viribus, & defecto ætate.* Aux
peruers la mort est facheuse, *Mors amara homini iniu-*
h Prou.14. *sto.* Aux bons heureuse. h *Sperat iustus in morte sua*, parce
i Eccl.7. que ce iour est le natal de leur eternelle felicité: i *Dies mortis, dies natiuitatis.* Excellemment le Prophete Roy:
k Ps.126. k *Cum dederit dilectis suis somnum*, c'est à dire la mort, *ecce hereditas Domini, filij, merces fructus ventris.*

Or pour trouuer ce iour heureux, le plus salutaire conseil & aduis est de le preuoir; le preuoyant, de l'attendre; l'attendant de s'y disposer : en s'y disposant, de bien viure, & bien viure pour bien mourir; & bien mourir pour eternellement viure: car c'est là le poinct decisif de nostre cause, d'autant que tels nous serons trouuez en cet instant, ainsi serons nous iugez de quelque

que costé que tombe l'arbre, il demeure tousiours.

A propos de cecy vn concept tiré d'vn vieux morceau de Iurisprudence: Quelque Iurisconsulte forme ce cas. L'arbre qui est dans le iardin de son possesseur venant à tomber de trauers dans celuy du voisin : la question est de sçauoir à qui il doit appartenir, car si la superficie, comme ils disent, cede au sol, celuy sembleroit le deuoir emporter sur l'heritage duquel seroit la plus grande partie : on respond qu'il doit appartenir à celuy dans le fond duquel il a pris nourriture. L'homme, comme disoit Plato, est vn arbre renuersé, s'il se nourrit icy bas dans le iardin des vanitez, voluptez, & richesses du siecle, venant en fin à tomber par la Mort, ie sçay qu'il desireroit bien pancher dans le parterre de Dieu. *Moriatur*, disoit Balaam, *anima mea morte iustorum*, mais il est raisonnable comme parle sainct Augustin, que Dieu oublie celuy là mourãt, qui l'a oublié viuant; ainsi il se trouuera que ce pauure miserable arbre appartiẽdra au diable, au terroier duquel il s'est nourry & esleué.

Ie viens de ce destour en ma voye, qui estoit de faire voire combien est vtile à l'homme pour bien diriger sa vie selon Dieu & la vertu, de penser ordinairement à la mort. La premiere vtilité qui reüssit de ceste meditatiõ, est l'acquisition de la sagesse. [a] Platon disoit que toute la Philosophie n'estoit qu'vne perpetuelle cogitatiõ de la Mort, comme la pensée la plus propre pour assagir les testes folles & esuentees. Sainct [b] Bernard: *Semper mihi fuit summa Philosophia cogitare qualiter caro mea futura sit mortua; quid enim fœtidius humano cadauere? quid horribilius mortuo homine? cuius erat gratissimus amplexus, erit horribilis aspectus.* Il n'y a point de Philosophie plus vtile à l'ame, que de penser à l'estat de nostre corps quand l'ame en sera separée. Qui a-il, ie vous prie, plus puant & infect qu'vne charõgne humaine? quoy plus horrible qu'vn homme mort? on ne peut soustenir de veoir ce qu'on a autrefois pris plaisir d'embrasser.

Pour rẽdre les Israelites sages & prudẽs, Moyse ne leur desire que ceste pensee de leur derniere fin, sans laquelle il les declare fols & escceruelez. [c] *Gens absq; consilio & sine prudentia, vtinam saperent, intelligerent, & nouissima prouiderent.*

a V. Hier. Epist. ad Hel.

b V. Can. in Eccl. 33 q. 2. & c. hoc autem de pœn. dist. 7.

c Deute. 32.

Vn autre vtilité tres-grande au Chrestien, c'est que ceste pésée luy fera sans doute fuyr le peché, & ceste fuite n'est ce pas le vray & indubitable chemin de son salut? C'est le mot si commun du Sage, que celuy qui pense à sa fin ne peche iamais. Sainct Hierosme: *Non facile in peccata labitur, qui se moriturum cogitat, & Deum sibi fore iudicem non ignorat, Verè nimis imbecillis est & miser, cui horum est memoria, si cuncta diabolica tentamenta non facilè vilipendit.* Sainct Gregoire tient la mesme doctrine, qu'il est impossible d'estre vaincu par les tentations & suggestions de satan, ny d'estre enuelopé dans les tenebres & obscuritez du monde, si on a deuant les yeux ce flambeau ardant de la memoire de la mort: *Impossibile est vinci quando tentaris, si mortem ante oculos habueris.*

Ie veux monstrer comme ceste Panacée peut guerir tous les maux de nos ames en les particularisant briefuement. Ie ne croy pas que si le superbe pense à ce qu'il est, que iamais il se puisse enorgueillir, sçachant qu'il est cendre & proche d'y retourner.

a Eccl. 10. a *Quid superbis terra & cinis?*

Il pliera comme vn Paon le bagage de ses vanitez s'il regarde la crasse & l'ordure de ses pieds: l'ambitieux y trouuera sa guerison, s'il veut considerer que six pieds de terre peuuent borner ses pretentions plus extrauagantes.

——— Mors sola fatetur
Quantula sint hominum corpuscula.

Philippus le recognut, lequel proiettant la conqueste du monde, se retint de ses folles & outrecuidees imaginations, apres auoir veu le moule de son corps dans

b Pet. 2. la poussiere, où il s'estoit laissé choir. b *Ite mortales & magnis cogitationibus pectora implete cito morituri.* Sainct Gregoire en ses Morales: *Despecti iacent in putredine, qui prius tumescebant in vanitat.* Ils sont maintenant mesprisez en la pourriture, ceux qui estoient viuans bouffis

c 2. De Doc. Christ. & enflez d'orgueil. c Sainct Augustin: La crainte de la mort ferit l'ame d'vne violente & brusque secousse, & attache les eslans de nos vanitez au bois salutaire de la Croix. *Timor de futura morte mentem omnino cócutit, & quasi clauus carnis omnes motus superbiæ ligno crucis affigit.* En fin quand nous considerons le miserable estat auquel la mort nous reduit, cela sans doute rétressit merueilleusemét, & reduit au petit pied toutes nos presomptions.

Ceste mesme consideration sert aussi d'vn souuerain antidote contre les eslancemens de la chair, de laquelle quãd nous nous sentons picquez & inquietez, il ne faut que penser à sa condition, lors que victime de la meurtriere mort, elle sera immolee à la putrefaction, seruant de pasture aux vers & autres animaux immondes, qui viuent dans les entrailles de la terre. De beaux traitz pour cecy és lettres sainctes, & chez les Peres, a Iob iuge competent de cecy; *Homo putredo est, & filius hominis Vermis*, l'homme n'est que pourriture, ses enfans, c'est a 25.
à dire ce qui par sa mort est engendré, sont des vers : ou sainct Gregoire; *Filius hominis Vermis dicitur, quia ex mortalium corporum propagatione generatur.* b Le mesme b 17.
Iob: *Putredini dixi, Pater meus es, mater mea, & soror mea Vermibus.* Ailleurs toute la gloire de l'homme est dicte consister en fien & en vers: *Omnis gloria eius stercus & Vermis.* Le Psalmiste sçauoit bien cecy, disant: *Ego Vermis & non homo*, & encore, *Memorare quæ mea substantia.* Ce que glosse fort bien S. Gregoire, *Quæ sit carnis substantia testantur sepultura.* Voulez vous bien sçauoir ce que c'est que la chair, allez veoir les carcasses & charongnes relantes qui sont dans les tombeaux. *Omnis caro fœnum, & gloria eius tanquam flos agri sic efflorebit.* c Isaye excellemment: *Detracta est Vsque ad inferos* c 14.
superbia tua, concidet cadauer tuum sub te, sternetur tinea, & operimentum tuum erunt Vermes. d Au Genese: d 3.
Cinis es & in cinerem reuerteris: A propos de quoy sainct Bernard, *Quid superbis puluis & Vermis, cuius conceptus culpa, nasci miseria, Viuere pœna, & mori angustia?* e l'Ec- e 10.
clesiasticque: *Cum morietur homo, hæreditabit serpentes, bestias & Vermes.* Sainct Gregoire en quelque Homelie tient qu'il n'y a aucun plus salutaire remede pour dompter la rebellion de la chair, que de penser à ce qu'elle doit deuenir quand l'ame sera separee d'elle : *Nil sic ad edomanda carnis desideria Valet, quàm cogitare qualis mortua futura sit.* Le mesme docteur f en ses Morales, f
Qui cogitat qualis erit in morte, semper pauidus erit in operatione, nihil quod transeat, appetit, cunctis Vita præsentis desiderijs contradicit, & pene mortuum se considerat,

 quia

quia moriturum se minimè ignorat.

L'auaricieux, ce croy ie, ne peut auoir de plus forte bride pour gourmander sa passion, que de penser à sa fin: Si le riche gourmand eust eu ceste cōsideration, il n'eust pas entendu le, *Recordare quia recepisti bona in vita tua, Lazarus verò mala, hic autem consolatur, tu vero cruciaris:* Et cet autre richart chez [a] sainct Luc, qui ne pense qu'à aggrandir ses greniers & ses caues, & se donner apres du bon tēps, *Cōgregabo*, dict il, *in horrea mea omnia bona quæ nata sunt mihi, & dicā animæ meæ; Anima habes multa bona posita in annos plurimos, requiesce, cōede, bibe, epulare. Dixit autem illi Deus: Stulte hac nocte animam tuam repetunt à te, quæ autem parasti cuius erunt?* Et apres nostre Seigneur descouurant le sens de ceste parabole à ses Apostres, il les exhorte sur tout de ne thesaurizer point en terre, mais de mespriser tout ce qui est icy bas pour s'amasser des richesses immortelles dans les Cieux Pour ce subiect cy est fort de mise ceste cōsideration de [b] Iob, que nous sortōs nuds des flancs de nostre mere, & que nous rentrions de mesme sans rien emporter dans ceux de nostre grande & commune mere la terre, *Nudus egressus sum de vtero matris meæ, nudus reuertar illuc.* De tous nos biens nous n'aurōs qu'vn pauure sac ou linceuil pour nous enseuelir, [c] *Saccum consui super cutem meam.* De tous les arbres que nous aurons plantez, nul que le funeste Cyprés ne nous conduira au tombeau, chante le Prince des Lyriques.

a 12.

b 1.

c Iob 16.

Linquenda tellus, & domus, & placens
Vxor; nec earum quas colis arborum
Te præter inuisas cupressos
Vlla breuem Dominum sequetur.

Excellement le Psalmographe, *Ne timueris cùm diues factus sit homo, & cum multiplicata fuerit gloria domus eius; quia cum interierit, non sumet omnia, neque descendet cum eo gloria domus eius.* Et encores, *Vidi impium eleuatum & exaltatum super Cedros Libani, & trāsiui, & ecce non erat.* Comme il n'y a rien qui enfle de telle sorte le courage de l'homme, & qui l'emporte plus à la vanité, que d'estre secondé de la prosperité: aussi rien ne rauale tant ses crestes, que la memoire de la mort, laquelle en fin tranchera le filet de son bon-heur. Le vin pur enyure, tēperé auec de l'eau il est salutaire: ainsi la

joye

ioye du bon heur doit estre destrempée dans l'amertume de la mort. [a] *Vinum merum sapientes infatuat, sed risus dolore miscebitur.* Vlysses de peur de se laisser endormir & piper au traistre chant des flatteuses Syreines, se boucha & à ses compagnons, les oreilles auec de la cire: pour arriuer au port du Ciel, où nous tendons à trauers les orages de la mer impetueuse de ce monde, a *Prou.* 14.

Per varios casus multa & discrimina rerum
Tendimus in Latium.——

nous deuons contre les alleichemens de la chair & les enchantemens de l'auarice nous munir de la memoire de la mort. [b] *Nos*, disoit S Hierosme, *ad patriam festinantes mortiferos syrenum cantus surda debemus aure trãsire.* b *In Prol. sup. Iosue.*

Quant à la gourmandise & crapule, ie croy que qui cognoistra sincerement ce que c'est que de son corps, & quelle miserable & orde fin l'attend, ne sera point si soigneux de nourrir delicieusement vne si infecte & infirme charoigne: S Hierosme: *Si illum expectas diem tam terribilem atq; crudelem, in quo non solum de luxuriis, vestibus, & comessationibus & de toto tẽpore amisso, quomodo vixisti, sed etiã de qualibet re cogitata oportebit te Domino rationẽ reddere, cur non emendaris? cur moraris de die in diem miser conuerti ad Dominũ? cur iam te malorũ non pœnitebit? Ecce mors properat vt te conterat die noctuque currens: Ecce diuitiæ tuæ tibi deficient: ecce vermes corpus tuum, quod tanta nutris diligentia, expectant, vt illud rodant: quousque iterum coniunctum anima æternas pariter pœnas habeat infinitas?* [c] S. Ambroise dict qu'en l'égalité de la mort il y a ceste seule difference entre les corps des riches & des pauures, que ceux là sont plus puans à cause de la putrefaction de leur ventre farcy de delices, *Nudi omnes nascimur, nudi morimur, nulla distinctio inter cadauera mortuorum, nisi fortè quia grauius fœtent diuitum corpora luxuria distenta.* Que si l'apprehension des peines qui attendent les gourmands apres la Mort, ne les peuuent esmouuoir, n'y la priuation des ioyes eternelles qu'ils perdent, à cause que la chair & le sang n'ont point de lieu en la maison de Dieu, *Caro & sanguis regnum Dei non possidebunt*, au moins ie leur conseille de se representer, qu'à force de vouloir nourrir leur corps, ils le tuent & massacrent, & les delicatesses de leurs metz les corrompent, selon ce mot, que la gueule en tuë plus que l'espee. c *In hexam.*

Ie pense aussi que l'enuieux trouuera en ceste pensée la guerison de son mal; car s'il enuie les grandeurs, bien tost la mort l'esgalera auec les plus grands: si les biens de fortune, la consideration de leur instabilité peut rasserener son ame: bref cessera sa passion, quand il considerera que tout ce qui est icy bas se reduit en fumée & en poudre.

Le cholerique de mesme sçachant le conte qu'il a tost à rendre deuant le grand Iuge, taschera de s'accorder auec son aduersaire, tandis qu'il est en la voye, de peur d'estre enuoyé pieds & poings liez és tenebres exterieures: a *Sis consentiens aduersario tuo, dum es in via ne forte tradat te iudex ministro, & in carcerem ducaris.* Il est deffendu de laisser coucher le soleil sur nostre cholere, de peur que le grand Soleil de la misericorde diuine n'eclypse pour iamais de nous. *Sol non occidat super iracundiam nostram.*

a Matth. 5.

En fin le paresseux y trouuera vn resueil matin & vn pressant esguillon pour se retirer de sa fetardise, sçachant combien la vie est briefue, & qu'il faut mesnager le temps tandis qu'il est propre, *Dum tempus habemus, bonum opus est operandum.*

b Virg. 10. Æneid.

——— b *Breue & irreparabile tempus Omnibus est aui.* ———

Il ne sera pas tousiours Esté, il faut faire son nid en bonne saison. Celuy qui seme escharsement, recueillera peu, *Qui parce seminat, &c.* Il faut pendant le temps qui nous est dôné par le pere de famille faire profiter le peu que l'on a de talent, de peur d'estre reprouué pour l'auoir enfouy. Sainct Ambroise, *Valde se sollicitat in bono opere, qui semper cogitat de extremo fine.*

Voyla comme ce medicament de la pensée de la mort par vne souplesse admirable s'applique à toutes les sortes de maladies qui infectent nos ames.

C'est vn gouuernail qui nous faict voguer droict en la mer des commandemens de Dieu; nous nous conduisons bien par la consideration de nostre fin comme les oyseaux par la queuë dans l'air, & les poissons dans les eaux.

Ie dis plus, que ceste pensée nous conduit iustement dans l'air des honneurs & grandeurs du monde, sans nous emporter dans des extrauagances presomptueuses, &

ses, & dans les eaux des tribulations nous empesche de nous abandonner au desespoir.

Heu mortem inuisam! quæ sola vltricibus armis,
Elatos premat animos communia genti
Toti sceptra ferens æternaque fœdera seruans,
Quæ magnos paruosque teris, quæ fortibus æquas
Imbelles, populisque duces, seniumque iuuenta.

Voyla pour la gloire: voicy pour la consolation en brieueté du malheur qui nous accable:

Vna tamen spes est quæ me solatur in istis;
Hæc fore morte mea non diuturna mala.

Interroga, dit Iob, *iumenta*, *& docebunt te, & volatilia cæli ac pisces maris.* Nous auons ja dict des oyseaux & poissons, mais pourquoy les animaux de la terre? parce qu'à mõ aduis comme les quadrupes chassent les mousches auec leurs queuës, ainsi auec la memoire de la Mort nous chassons de nos ames toutes passions & affections desordonnees.

Conception sur autre. Il est escrit en sainct a Iean, que, Tout ce qui est au monde n'est que, ou concupiscence de la chair, ou des yeux, ou superbe de vie. *Quicquid est in mundo, aut est concupiscentia carnis, &c.* C'est à dire, lubricité, auarice, superbe. Or en la creation de l'homme, Dieu luy donna puissance absoluë sur les oyseaux du Ciel, les animaux de Terre, les poissons de la Mer; *Dominaberis volucribus cæli &c.* Par les oyseaux du Ciel peuuent fort bien estre entendus les orgueilleux & arrogans, enfans de ce pere des tenebres qui disoit: *Ponam thronum meum super nubes, & ero similis altissimo* Par les poissons ceux qui noüent dans les eaux des voluptez mondaines, & par les animaux terrestres, les auaricieux, enseuelis dans les excremens de la terre: d'où ie tire que l'homme est né icy bas pour combattre: *Vita hominis est militia super terram*, & combattre ces trois capitaux ennemis qu'il a continuellement en teste, le monde, le diable, la chair, & les terrasser auec l'ayde & la grace de Dieu iointe à vne ferme & determinée resolution. b *Hæc est victoria quæ vincit mundum, quia omne quod natum est ex Deo vincit mundum.*

a I. 2.

b I. Iean 5.

De

Du Pelerinage de ceste vie.

CHAP. VI.

PARMY toutes les similitudes, esquelles on rapporte ceste vie mortelle que nous traînottons icy bas en ceste vallee de miseres & de mort, comme à vne petite bullete d'eau: *homo bulla*, à vne fumee dissipee par le vent; *sicut fumus qui à Vento dispergitur*, à de la poudre, à l'ombre, *Vita fugit Velut Vmbra*; à vn courrier ou postillon qui passe preste; *Et sicut nuntius præcurrent dies nostri Velociores cursore*. à l'Ephemeris, qui est vn petit animal ne viuant qu'vn iour, à vn passage, à vn songe, voire au songe d'vn ombre, σκιᾶς ὄνειρος ἄνθρωπος, & mille autres: ceste cy m'a aussi fort agreé, qu'elle est cōparée à vn pelerinage, aux [a] Paralipom. *Peregrini sumus coram te Domine, & aduenæ sicut omnes patres nostri, dies nostri quasi Vmbra super terram, & nulla est mora.* Aux [b] Pseaumes: *Aduena ego sum apud te & peregrinus sicut omnes patres mei, Remitte mihi Vt refrigerer priusquã abeam, & amplius non ero.* Pour ceste occasion [c] le Prince des Apostres prie ses freres de couler doucement leur vie comme vn brief passage & pelerinage, & de s'arrester peu aux biens d'icelles; biens indignes de regenter & passionner des belles ames: *Charissimi, obsecro Vos tanquam aduenas & peregrinos, abstinere Vos à carnalibus desiderijs, quæ militant aduersus animam, &c.* Seneque cōuient en ceste mesme cōparaison; *Peregrinatio Vita est, cum multũ ambulaueris, tunc demum redeundũ est.* Dieu dit à Abrahã, [d] que sa semẽce seroit tousiours pelerine en vne terre estrãgere, *scito quod futurũ sit peregrinum semẽ tuum in terra non sua.* Allegoriquement nous sommes les enfans spirituels d'Abraham, qui viuons pelerins en ce monde, où nostre ame est estrangere.

a l. 29.
b 38.
c 1. Pet. 2.
d Gen. 15.

Doncques pour bien viure nous deuõs soigneusement obseruer les loix du pelerinage. La 1. est, que le pelerin part de son bon gré & volōtairement de sa maison pour se transporter ailleurs où il a desseigné; Dieu nous met en l'Egypte de ce mōde auec nostre libre & frãc arbitre, il est en nous si nous voulōs d'abandōner cet esclauage, pour nous retirer dans les deserts de la penitẽce, pour de là paruenir en la terre promise, terre des viuans, terre qui

coulo

coule le miel des benedictions de Dieu, & le laict de ses graces: Il est en nous de suiure telle voye que bō nous sēble: *Posui ante eum ignē & aquā*: ou celle de nos passiōs, *Dimisi eos secundū desideria cordis eorū, ibunt in adinuētionibus suis*; ou des cōmandemens de Dieu. a *Deduc me in semitam mandatorū tuorum, quia ipsa volui.* b *Voluntatem tuā Deus meus volui, & legē tuā in medio cordis mei.* Or ceste regiō dont il cōuient sortir, est celle de la chair, regiō tenebreuse, abiecte, desagreable, pour aller en celle de l'esprit libre, belle, splēdide, *Quæ sursū sunt quærite & sapite, non quæ super terrā*, nous conseille pour ce subject c l'Apostre, & la raisō est, que la chair ne plaist point a Dieu. d *Qui in carne sunt Deo placere non possunt*, & par consequent n'a point de lieu au Royaume celeste: *Caro & sanguis regnū Dei non possidebunt*; dans la region de la chair il n'y a que trouble, tumulte, inquietude: *Caro militat aduersus spiritum, &c.* En celle de l'Esprit, tout est tranquille, serain, calme, paisible: le cōmandement de la chair est tyrānique & insurportable, quād vne fois elle a empieté le dessus, c'est vne seruitude purement Pharaonique: mais l'empire de l'ame est doux & legitime. *Animæ imperio, corporis vtendū seruitio.* e S. Paul diuinement bien: *Fratres, debitores sumus nō carnis, vt secundū carnē viuamus: si.n. secundū carnē vixeritis, moriemini: si autem spiritu facta carnis mortificaueritis, viuetis: quicūq; enim spiritu Dei agūtur, ij sunt filij Dei.* Doncques la porte de la vie deuotieuse, cōme sçauent les spirituels, en ce pelerinage mortel, c'est la mortificatiō de la chair, de laquelle naist aussi tost la viuification de l'esprit, cōme des cendres du Phœnix naist vn oyseau, qui s'en vole dans les cieux. C'est pourquoy à l'abord de nostre conuersion du mōde à Dieu, on nous trōpette, *Exuite veterē hominem cū actibus suis, &c.* qu'il faut despouiller le vieil homme charnel & terrestre, pour en reuestir vn nouueau, celeste & spirituel. *Primus homo de terra, terrenus: secundus autē homo de cælo, cælestis*: qu'il faut à guise de serpens escorcher nostre vieille peau, & nous en dessaisir par le trou estroit de la pierre de la penitence. Pour aller en pelerinage, il faut s'il est possible en quelque sens oublier le lieu d'où l'on part; pour aspirer plus alaigrement au seiour où l'on tend: ainsi l'ame qui pointe ses eslancemens au Ciel, doit oublier les maigres

appasts

a *Ps.* 118.
b 39.
c *Coloss.* 3.
d *Rom.* 8.
e *Rom.* 8.

appasts qui la tenoient arrestée & entestée à terre: *Audi filia & vide, & inclina aurē tuam, & obliuiscere populum tuum, & domum patris tui, & concupiscet Rex decorem*
a Gen.12. *tuum.* Dieu nous commande à tous en la personne a d'Abraham de sortir de ceste terre des mourans, pour pointer nos desirs à celle des viuans, qu'il nous monstre: *Exi de terra & de cognatione tua, & de domo Patris tui, & vade in terrā quam monstrauero tibi*, Il nous exhorte
b Isa.48. de plus, de nous eschapper de la Babel, pour sauuer nos ames dans le pourpris de la celeste Hierusalem. b *Fugite de Babylone miseri, vt saluet vnusquisque animam suam.* Moyse se fascha à iuste raison contre les Israelites, qui parmy la manne celeste qu'ils mangeoyent au desert, regrettoyent les aulx, oignons & marmites d'Egypte. Et Dieu n'a il pas trop meilleur droit de se courroucer contre nostre ineptie, qui aymons mieux viuotter icy bas miserablement parmy les calamitez de ceste desastreuse vie, esclaues des biens fresles & perissables qu'elle nous presente, que d'aspirer aux eternels qu'il nous propose, & à vne vie celeste nullement tributaire de la
c 2. mort? N'est-ce pas à bon tiltre qu'il se plaint en c Ieremie de nostre mescognoissante ingratitude, de le laisser luy la fontaine de vie pour nous amuser à fouyr icy bas des cisternes creuassées, lesquelles ne peuuent contenir leurs sales & relantes eaux.

Vne autre condition que le pelerin doit garder en son voyage, est d'aller le grand & droit chemin, de peur de
d Isa.23. se perdre dans des sentiers destournez, autrement, d *Ducent eum pedes eius longè ad peregrinandum*: ainsi puisque la distāce est si lōgue entre la terre où nous sommes, & le ciel où nous tēdons, il faut aller tousiours droit en la voye de la vertu, & cingler en la iuste route des commandemens, sans varier à droit ou à gauche dans les
e Matth.19 sentes perdues du vices & du desreiglement, e *Si vis vi-*
1 118. *tam ingredi serua mandata.* Le Psalmiste, f *Viam mandatorum tuorum cucurri, cum dilatasti cor meum*: selon
g 5. ce qui est expressément au g Deuteronome, *Non declinabitis neque ad dexteram neque ad sinistram, sed ibitis per viam quam præcepit Dominus Deus vester, vt viuatis, & bene sit vobis.*

Les grands chemins qui conduisent droit aux portes des bonnes villes, ordinairement sont enceints de mu-

railles.

tailles, ou du moins de hayes d'espines, afin que cela cõduise iustement les passans, & qu'ils ne se fourvoyent point parmy des sentiers esgarez & tortus: Nous allons à la Hierusalem celeste, où nous appelle nostre grand Maistre, lequel desireux de nostre salut, a tellement environné toutes les aduenues d'espines & obstacles, que si nous ne sommes extremement desordonnez en passions, il est biẽ difficile de se perdre parmy les diuers sentiers des vanitez, voluptez, ou richesses du siecle : car si nous considerons l'aysance & facilité qu'il y a à suiure le chemin de la vertu, à comparaison des trauaux & fatigues qui accompagnent les poursuiuans du vice, nous trouuerons que ceux sont bien malheureux, qui se peinent tant pour des biens si vains & fresles; à l'aduenture se pourroit ainsi entendre ce passage a d'Osee: *Sepiam viam tuam spinis, & sepiam eam maceria:* car si nous pensons aux difficultez espineuses qui enuironnent les biens de ceste terre, & auec combien de sueur se vendent les dignitez, combien de veilles sont requises pour acquerir les richesses, auec combien d'inquietudes se recherchent les voluptez, nous trouuerons en ceste malaisance vn grand traict de la bonté de Dieu, & son insigne amour enuers nous, de nous attirer sinon par les chaisnons de charité, au moins par les liens d'Adam: afin que l'aysance de son seruice comparé à la difficulté de celuy que le monde requiert de ses esclaues courtisans, nous face renoncer à ces faux biens, pour aspirer aux veritables & essentiels qu'il nous promet. Ie m'en rapporte de ceste difficulté à ceux qui sont dãnez eternellemẽt pour auoir recherché ces faux biens : *Lassati sumus in via iniquitatis, ambulauimus vias difficiles, & seruiuimus dijs alienis, qui non dabant nobis requiem die ac nocte: nos insensati &c.* a 2.

Vne autre reigle du pelerin est, que pour gaigner tẽps & parfournir sa voye, il doit tousiours tendre en auant, sãs retrogarder ou rebrousser en arriere: le mesme se doit practiquer au pelerinage celeste, il faut tendre en la partie d'enhaut sans tourner visage vers la terre, autrement nous serons censez indignes d'y paruenir. b *Nemo mittens manum ad aratrum, & respiciens retro, aptus est regno Dei.* b Luc. 9.

Il estoit deffendu en l'ancienne loy de tourner le dos au pro-

au propitiatoire: en la nouuelle de monstrer les espaules au Ciel. Ces animaux chez a Ezechiel voloyent sans cesse sans iamais regarder derriere soy : *Vnumquodque ante faciem suam gradiebatur* : nous deuons aussi voler au Ciel. *Quis dabit mihi pennas columbæ, & volabo, & requiescam!*

a 1.

Il en prit mal à la femme de Loth d'auoir retourné sa curieuse veuë : nous ne deuons iamais tirans vers le mont de Sion regarder vers l'incendie de la Sodome du monde que nous abandonnons, à peine d'encourir la disgrace diuine: Il faut plustost dire auec Dauid, b *Non recessit retro cor nostrum, nec declinabimus semitas nostras à Via tua.*

b Psal. 43.

Vne autre qualité du pelerin, est qu'il ne s'arreste que bien peu pour heberger & se rafraischir, & puis il passe legerement : car s'il seiournoit longuement en vn lieu, il seroit tost apres tenu pour citoyen & bourgeois: Ainsi n'auons nous point en ce monde de cité permanente, nous ne sommes icy qu'en passant en cherchant la future: c *Non habemus hic ciuitatem permanentem, sed futuram inquirimus.* Le pelerin ne veut autre chose sinon se refectionner & se couurir pour l'iniure du tẽps; Pour cela sainct Paul restraint & borne nos passions au viure & au vestir : *Habentes alimenta, & quibus tegamur, his contenti simus*; le superflu est plus nuisible que profitable. Les enfans d'Israel allans à la terre promise, demandans passage au Roy d'Edom, luy iuroient de ne rien prendre sur ses terres, non pas seulemẽt de l'eau, les belles ames qui vont par bonnes œuures à la conqueste violente du Ciel, ne veulent rien prendre ny posseder au monde? *Quid mihi est in cælo, & à te quid Volui super terram?*

c Heb. 13.

En outre, le pelerin se soucie fort peu des accointances & amitiez passageres qu'il faict par rencontre, se rendant par mesfiance peu communicatif. Le celeste pelerin de mesme fuit les societez du monde, qui sont des amitiez pipeuses & fardees, lesquelles le pourroyent destourner de l'amour du Createur, pour le raualler aux viles creatures. C'est pour cela que d sainct Iean nous aduise de n'aymer point la terre, *Filioli nolite diligere mundum, amicitia enim huius mundi, inimica est Dei.* Dieu est ialoux: *Deus zelotes*, & ne veut point auoir le mon-

d 1. Ioan. 3 Iacob. 4.

de

de pour riual. L'Arche & Dagon sont incompatibles: au reste la conuersation du monde est nuisible au pelerin Chrestien, qui la doit toute auoir dans le Ciel: *Conuersatio nostra in calis est*: Ceux parmy le siecle, qui nous semblent plus amis, sont nos plus dangereux ennemys, semblabes à ces volleurs chez Seneque, qui estranglent les passans, comme des Singes leurs petits à force d'embrassades: *Inimici hominis, domestici eius.*

Le pelerin s'amuse plus au necessaire, qu'au voluptueux, parce que s'il dort par trop, il perd temps, s'il s'enyure, il s'esgare: de mesme en ceste vie nous deuons sur tout esquiuer les voluptez, qui comme des Syrenes nous pipent de leurs chants pour nous perdre, & comme des enchanteresses Circes, nous ensorcellent dans leur giron, pour nous oster comme à des Vlysses à force de lothe la souuenance de nostre chere & vraye patrie. Ce sont des bancs que sur tout il faut euiter en la nauigation de la mer orageuse du monde. Ainsi Ionadab en a Hieremie deffendit sur tout à ses enfans de ne boire point de vin en leur pelerinage, de ne bastir aucune maison, de ne planter point de vigne, bref de ne s'arrester en quelconque lieu.

a 35.

Vne autre proprieté du pelerin, est qu'il demeure tousiours en la maison d'autruy: ainsi nostre ame doit tousiours estre en nostre corps comme en vne maison estrangere, de laquelle elle soit preste de desloger quand il plaira au grand Maistre de sonner la retraite. Et cõme la fille d'vn prince mariée en vne famille basse & abiecte contre son gré, ne souhaitte que la dissolution de son mariage, pour retourner dans la splendeur de la maison paternelle: de mesme nostre ame, *filia principis*, mais du Prince de l'vniuers, ne doit rien tant souhaiter que de retourner apres la prison tenebreuse de ce terrestre corps, deliurée de ses liens, dans le sein du Royaume celeste.[b] Le Sage, *Reuertatur puluis in terram suam vnde erat, & spiritus redeat ad Deum qui fecit illum.* David souhaitoit sainctement ceste dissolution, pour le desir qu'il auoit de son heureux retour: *Quam dilecta tabernacula tua, domine virtutum! concupiscit & deficit anima mea, &c. Quemadmodum desiderat ceruus ad fontes, &c. Hei mihi quia incolatus meus prolongatus est, habitaui cum habitantibus Cedar, &c.* Sainct

b Eccl. 12.

C Paul

Paul aussi *Cupio dissolui, &c. Infaelix ego, &c.*

Encores le pelerin endure & souffre auec patience mille trauerses & incommoditez parmy les chemins: *In itineribus sæpe, periculis fluminum, periculis latronum, periculis ex genere, periculis ex gentibus, periculis in ciuitate, periculis in solitudine, periculis in mari, periculis in falsis fratribus, in labore & ærumna, in vigilijs multis in fame, in siti, in ieiunijs multis, in frigore & nuditate, &c.* Il faut ainsi auec patience tollerer toutes les miseres & calamitez ausquelles nous astreint par les chaisnes diamantines de la necessité ce languissant estre que nous trainons ça bas; calamitez plus innombrables que le sable qui enuironne la mer.

2. Cor. 11.

Non mihi si linguæ centum sint, oraque centum,
Omnia pœnarum describere nomina possim.

Iob apres auoir dit l'homme né de la femme estre plein de miseres, il en deuoit demeurer là sans passer outre en aucune description.

Pour eschapper vn peu & se parer des incommoditez des chemins, le pelerin porte ordinairement trois pieces principales, le mantelet, la panetiere, & le bourdon. Ces deux premieres sont signes de patience & temperance; ces deux vertus esquelles Epictete constituoit toute sa philosophie: *Sustine & abstine.* C'est auec cela que nous-nous deffendons des orages & tempestes de l'aduersité & des alleichemens & tentations de la prosperité. Quant au baston, on s'en sert pour passer les torrens & marescages; c'est la grace de Dieu auec laquelle nous surmontōs toutes les eaux des tribulations & afflictions plus ameres: *In Deo meo transgrediar murum.* C'est le bastō auec lequel Iacob passa le Iourdain: *In baculo meo transiui Iordanem:* b au Genese. Le Psalmiste, *Virga tua & baculus tuus ipsa me consolata sunt;* C'est la verge de direction qui nous conduit au Royaume du Ciel: *Virga directionis, virga regni tui.* En outre ce baston sur lequel on s'appuy, peut denoter l'espoir en Dieu, sur lequel toute nostre vie doit estre estayee. c *Diligam te Domine fortitudo mea, Dominus firmamentum meum & refugium meū & liberator meus: Dominus spes mea à iuuentute mea.* De plus il peut signifier la Croix, à laquelle si nous pensons, rien ne nous semblera rude en ceste vie: toute affliction nous semblera douce.

b 32.

c Ps. 17.

Sainct

Sainct Gregoire en ses Morales, *Si passio Domini ad memoriam reuocetur, nihil est adeo durum, quod non æquo animo toleretur.* a Aux Hebrieux, *Respicite in auctorem* a 12.
fidei & consummatorem Iesum, qui proposito sibi gaudio sustinuit crucem. Et encores: *Recogitate eum qui talem sustinuit pro peccatoribus aduersus semetipsum contradictionem, vt non fatigemini animis vestris deficientes.*

Comme parmy les tourmentes & tempestes en la mer, le plus prompt recours des matelots est de mettre tout leur salut entre les mains de Dieu: ainsi la plus belle escorte que le pelerin Chrestien puisse prendre, pour cheminer seurement parmy le Meandre du monde, est la frequente oraison, laquelle il donnera pour pasture à son ame, comme le pelerin ou voyageur terrestre repaist trois fois le iour, au matin, à midy, & le soir: *Mane astabo tibi & videbo, mane oratio mea præueniet te. Ad te orabo Domine mane:* Voyla pour le commencement. Pour my iour *Indica mihi quem diligit anima mea, vbi pascas, vbi cubes in meridie.* Pour le vespre *Dirigatur Domine oratio mea sicut incensum in conspectu tuo: Eleuatio manuum mearum sacrificium vespertinum. In pace in idipsum dormiam & requiescam.* Tout cela par
le Psalmiste en vn verset: b *Vespere, mane & meridie nar-* b 54.
rabo & annuntiabo, & exaudiet vocem meam.

Le plus frequent souhait du pelerin c'est d'estre arriué au port; C'est ce que Laban dict à Iacob au c Genese: *Ad tuos redire cupis, & tibi est desiderio domus patris* c 31.
tui: ainsi nostre ame en ceste vallee de pleurs par de continuelles aspirations, doit tousiours tendre à son centre, qui est le Ciel: *Quando veniam & apparebo ante faciem tuam? Mihi viuere Christus est, & mori lucrum.*

Ce n'est pas parmy les chemins que le pelerin tasche d'acquerir quelque heritage commode, c'est en son pays natal: aussi nostre ame ne doit icy bas affecter aucune possessiō terrestre. *Nolite thesaurisare vobis thesauros in terra, &c.* C'est pour cela que le Prophete Roy mesprise tout. *Etenim*, dit-il, *hæreditas mea præclara est mihi.* quoy qu'il fust grand en puissance, & de la condition d'vn petit pastre esleué au souuerain degré de Royauté: toutefois il ne veut point auoir de part en ceste terre de mort, mais il desire que sa portion soit en celle des viuans. *Portio mea Domine sit in terra viuentium.*

Vne autre consideration est, que le pelerin ne s'immisce ny embrouille point parmy les negoces & affaires du monde, n'ayant autre soin que de bien parfaire
a 1. son voyage. Cicero en [a] ses Offices, *Peregrini & incola officium est, nihil præter suum negotium agere, nihil de alio inquirere, minimèque in alienâ re esse curiosum.* C'est pour cela que les Sodomites refusoyent Loth pour iu-
b Genes. 19. ge, parce qu'il estoit estranger en leur terre: [b] *Ingressus es vt aduena, numquid vt iudices?* Ceux-là meinent la plus heureuse & tranquille vie, qui se meslent de moins de choses; notamment est-ce vne impertinence grande à ceux qui sont voüez & consacrez au seruice de Dieu, de se fourrer dans les affaires seculieres, *Qui dedicatus est Deo, non implicet se negotijs secularibus*: parce que comme parle sainct Ambroise, *Qui curis terrenis se implicat, à Dominô se separat.*

Quand on va en pelerinage, on met bas tout rang de noblesse pour faire profession d'abiection & humilité: Vertu la plus necessaire compagne que nous puissions accoster pour nous guinder au ciel apres ceste vie, afin d'estre là haut d'autãt plus exaltez, qu'en ce terrestre seiour nous nous serõs abbaissez: que si nous nous enorgueillissons par nostre mescognoissance, nous ne ferons iamais rien qui vaille. *Si te ignoras, ô pulcherrima, egredere & abi post hædos tuos.* Et ailleurs, *Homo cum in honore esset, non intellexit, comparatus est iumentis insipientibus, & similis factus est illis.*

Le pelerin doit marcher auec grande simplicité: aus-
c Prou. 2. si [c] *Qui ambulat simpliciter, ambulat confidenter*, en ceste mortelle vie: si est-ce que ceste simplesse colombine doit estre iointe auec la prudence serpentine, parce qu'estans de toute part exposez aux embusches de mille ennemis, qui rodent sans cesse autour de nous pour nous surprendre & deuorer, il faut estre en continuelles gardes, *Dixi custodiam vias meas.*

Pour soulager l'ennuy du chemin, les pelerins chan-
d Ps. 118. tent quelquefois: pour cela disoit [d] David: *Cantabiles mihi erant iustificationes tuæ, in loco peregrinationis meæ.*

Tous les iours le pelerin songe à sa despence pour reigler son faict, & ne venir point, faute de discretion, à quelque miserable extremité: Ainsi en ceste vie faut il tous les iours penser à nostre ame, & luy faire rendre

compte

compte de ses actions: a Seneque, *Quotidie animus vo-* a 3. de Ira. *cer ad rationem reddendam vocandus.* Virgile, ou quiconque soit l'autheur de ces vers,

Vir bonus & prudens (qualem vix repperit vnum,
Millibus è multis hominum consultus Apollo)
Iudex ipse sui, totum se explorat ad vnguem:
Nec prius in dulcem declinat lumina somnum,
Omnia quam longi reputauerit acta diei.

En fin comme le pelerin prend soigneusement garde à son petit pecule, de peur de tomber en desastre: aussi pendant ceste fragile vie, nous deuõs sur tout faire prouision de la grace de Dieu, & la conseruer auec sollicitude; *Super aurum & argentum gratia bona*: C'est b *Prou.* 22. la seule monnoye de mise que nous puissions transporter de ce monde en l'autre, il n'y a point de passage plus asseuré que celuy de la grace à la gloire. Heureux trois & quatre fois celuy qui vit & meurt auec ce thresor; *Beati qui in Domino moriuntur*: heureux pelerins, agreable fin du pelerinage de ceste vie, qui nous introduit à l'eternel repos, centre de nos contentemens.

De la Faueur.

CHAP. VII.

V*Irtute ambire oportet non fautoribus.* On a beau chanter ce dicton aussi genereux que sincere, on est tellement faict aujourd'huy aux biaisemens, destours & sollicitations, que l'on ne va plus aux honneurs par la droite & royale voye de la vertu, les merites estans foulez aux pieds; ceux demeurẽt en arriere qui ne sçauent point le maquignõnage de Cour; il semble que le tout depende de l'opinion des hommes: on ne tasche à faux ou bon tiltre que d'establir de soy vne belle reputation parmy les hommes, lesquels prennent le bruit pour argent contant.

Il se voit en nostre France des hommes esleuez aux plus grandes charges & dignitez, i'entens de l'Eglise (car des autres vacations ie m'en enquiers fort peu, chacun ayant prou affaire de cultiuer la sienne) gens qui n'ont toute leur vie faict aucune action signalée selon leur mestier; mais qui par des procedures artificieuses se sont establis en l'opinion des hommes vne grandeur d'esprit, & vne reputation ou de science, ou de iugement, plus imaginaire que veritable, au reste rien moins, des bestes coiffees, des asnes rouges, & pecores en vray cramoisy.

Ils s'amusent à preoccuper les cerueaux des grands par des personnes tierces & interposees, prestent de l'assiduité à la Cour, s'ils font quelque action en leur vie estudiée & preparée de longue main, ils la feront valloir comme vne chose brusque & impremeditée : s'ils ont quelque fueillet à mettre en lumiere, le bruit sonnera plusieurs annees deuant: S'ils sont aduertis & aduisez de quelque conseil important par quelque autre, ils l'estallent comme de leur creu, & s'il reüssit, ils en font porter le retentissemẽt aux quatre coings du Royaume, promettent tousiours des merueilles, & puis au bout du conte, au lieu que leurs montaignes n'enfantent que des souris, ils font si bien qu'en fin les souris de leur peu de merite engendrét des montagnes de recõpenses & salaires qui seroient beaucoup mieux deuz aux vrais merites & aux belles vertus des persõnes capables, & capables en essece & en verité, c'est à dire qu'on voit tous les iours à l'espreuue, à l'action, dans les trauaux: les paroles publiques desquels tonnent aux oreilles des escoutans, les ouurages desquels estonnent les yeux des lisans. Quoy! les Princes sont si soigneux, auant que d'introduire personne en leur conseil, d'esprouuer leur suffisance : en la Iustice il faut des examinations rigoureuses auant que de seoir sur les fleurs de Lys.

Premier qu'vn gentil-homme aye quelque compagnie pour commander, ou le gouuernement de quelque place, il faut qu'on le recognoisse pour auoir signalé sa valleur en mille hazardeux rencontres : il faut que ses playes rendent des tesmoignages palpables & visibles des perils & risques qu'il a couru, des meslees où il s'est trouué Quoy! pour estre maistre artisan en quelque miserable mestier que ce puisse estre, il faut donner des preuues de sa suffisance en son art. L'Eglise seule (le gouuernement de laquelle, selon sainct Gregoire, est l'art des arts) sera administree par le premier venu, soldat, iurisconsulte, medecin, il n'importe: il ne faut point d'espreuue, chacũ y est propre: on plante droit des hommes sur le chandelier de l'eglise, sans s'enquerir s'ils peuuent

luire

luire ou esclairer par leur doctrine & bonne vie. Ie serois d'aduis à pareil tiltre, qu'on passast maistre cordonnier le charpentier: qu'on plantast sur le lict de la iustice celuy qui n'auroit iamais veu le droit: qu'on fist connestable celuy qui iamais ne porta d'espee: encores y auroit il moins de mal, car ces autres vacations ne se meslent purement que des choses humaines, moins importantes que les diuines.

Le propre & vray office de l'Euesque (sans quoy ie maintiés qu'il ne l'est ny ne peut l'estre) est de prescher. Malheur à moy, disoit sainct Paul, ce grand Apostre & Euesque des Gētils, si ie n'euangelise: *Væ mihi si non euangelizo.* La principale fonction qu'ayt practiquée nostre Seigneur en ce monde, est celle là: & tout ce qu'il a recommandé, partant de ce monde pour monter au Ciel, à ses Apostres, est d'annoncer l'Euangile à toute creature: *Prædicate Euangelium omni creaturæ.* Or il est aduoué par tout le monde, que les Euesques sont les vrays successeurs des Apostres: donc a eux principalement appartient l'office de rompre au peuple le pain de la parole de Dieu: ie dis principalement, parce qu'ils en ont les sources originelles: les autres Docteurs, qui font aussi l'office de la Predication, n'en ayans que les facultez, qui deriuent de l'authorité Episcopale, comme les ruisseaux de leur source. Ce sont eux, qui estans premierement enuoyez auec l'auctorité & iurisdiction que leur imprime le caractere, enuoyent secondement les autres par l'ordre de prestrise, qu'ils leur conferent: car on sçait que le prescher n'est pas bon ny vallable, sans vne legitime mission: *Quomodo prædicabunt, nisi mittantur.*

Si est-ce que comme va maintenant le monde, il se trouue peu de Prelats qui exercent personnellement cette fonction, soit pour leur insuffisance, soit pour leur nonchalance: voire pour les visites, il semble que ce soit assez d'y enuoyer sous adueu de l'auctorité Episcopale: diray-ie tout? He! combien peu practiquent comme ils deuroyent leur residence: pasteurs mercenaires, qui laissent s'en allās leur troupeau à la gueule des loups. Il semble que ceste charge soit exercee par aucuns auec vn grand & magnifique attirail, & suitte apparente: au reste que d'officier trois ou quatre fois l'an, *in Pontificalibus*, ils

ils en sont quittes; qu'ils apprennent, ils les supplie, ce
a Act. 6. mot des Apostres, a *Non est aquum nos derelinquere Verbum Dei, & ministrare mensis.*

Quand il pleut à sa Maiesté me releguer dans ces montaignes, où ie suis maintenant cloué & affigé, ie n'entendois que des cõseils à mes oreilles de gens mesmes du mestier, qu'il me falloit rallentir vn peu ceste ieune ardeur qui m'auoit poussé par vn feruent desir à monter en chaire presque sans cesse ny relasche depuis ma diuersion du monde au seruice de l'Eglise de Dieu, qu'il falloit changer ceste bourade en froideur; que les Prelats sont des persõnes qui ne se doiuent pas mettre à tous les iours, autremẽt qu'ils se rendẽt mesprisables par vn vsage trop frequent de soy, & par le cõmuniquer trop souuent au public: *Parit nimia conuersatio contemtum, raritas conciliat ipsa rebus admirationẽ?* Quoy! faisoy ie, il sera donc dit qu'ores qu'il faut cõmencer à faire plus que iamais, ie diray adieu aux effects pour me ietter sur la morguerie quitteray le corps du seruice des ames pour courre apres l'õbre & la fumée des mondaines reputations? Doncques à guise de chiens on ne iappera plus par le moyen d'vn os? Non ie n'estimeray iamais sage celuy qui le sera selon le monde, sçachant que
b 1. Cor. 3. ceste sagesse seculiere est vne folie deuant Dieu: b *Sapiẽtia huius mundi stultitia est apud Deum.* Comme si pour estre quelque chose deuant le monde, il ne falloit plus estre rien deuant Dieu: comme si pour estre montez sur des eschasses nous en estions plus grands, comme si la qualité adioustoit, *Ad mensuram nostram cubitum vnũ.* Laissons ie vous prie, toutes ces cõsiderations du mõde, ce sont autant d'inepties: il semble conseiller de ne riẽ faire, lors qu'on est le plus obligé à trauailler: qui ne sçait que, *Magnum seruitium est, magna fortuna.* Ce n'est pas sans raison, que les dignitez sont appellées charges: car certes ce sont de lourds fardeaux, & principalement les Eueschez: fardeaux cõme parle le Concile de Trente, formidables mesmes aux espaules d'vn Ange: Ceux que le Droit honore, il les onere aussi; *Quem honoro, onero.* I'estime celuy-là plus sage, qui va contrepointant par ses belles & bonnes actions, tous ces axiomes nez & forgez dans l'eschole du monde: *Sapiens graditur*, dit Seneque, *per contrarium mundo iter.* Il faut crier, auec

Sainct Paul: *Mihi pro minimo est, vt à vobis iudicer, aut ab humano die; qui iudicat me Dominus est.* Tous les iugemens contraires du siecle, ne vallent pas le moindre tesmoignage de nostre conscience: *Gloria nostra, testimonium conscientia nostra.* 1. Cor. 4.

Quelques Philosophes & orateurs anciens estimoyẽt faillir, quand ils plaisoyent au peuple: le Chrestien qui s'abandonne au train & à la mode du siecle, n'est pas vray sectateur de Iesus Christ: *Si hominibus placerem,* disoit sainct Paul, *Christi seruus non essem.* Ceux qui ne veulẽt pas que des Euesques se mettent à tous les iours, encores moins leur voudroient-ils permettre de mõter en chaire deux ou trois fois le iour, cõme il est souuent necessaire que ie face dans nos montaignes, pour rassasier ce pauure peuple affamé de la parole de Dieu. Quoy! personne donc ne leur romperoit le pain? & puis il nous seroit reproché, que *Paruuli petierunt panem, & nemo erat qui frangeret eis.* Loing, loing donc toutes considerations de la terre. Ceux là qui ne trauaillent que pour l'hõneur du monde, laissans, miserables! celuy de Dieu, ô les malheureux! *Acceperunt mercedem suam.*

Encores plus aueuglez sont ceux qui se cherchẽt iusques dans vne chaire: hé! ne sçauẽt ils pas que Dieu est ialoux de sa gloire, & qu'il a protesté que iamais il n'en fera aucun participãt? au reste, s'ils estudient trop à l'affetterie, & à plaire aux auditeurs, leurs chatouillãs les oreilles: auditeurs *prurientes auribus*: que S. Paul tance & reprend auec aigreur. Ce n'est dõc plus la parole de Dieu qu'ils annoncent, c'est la leur. Ainsi voyons nous comme le monde se confond en ses erreurs & absurditez.

Laissons donc là toutes faueurs mondaines, pour aspirer à la veritable patrie: laissons le fard & la piperie des ambitions abusiues de ce siecle malin & peruers pour dresser nos pas à l'eternité: bref laissons la fausse gloire, pour tendre à la vraye. C'est à la belle & viue image d'vne sincere & candide vertu, qu'il faut consacrer tous nos trauaux, nos labeurs & nos peines, soit de voix, soit d'esprit. C'est ainsi qu'õt trauaillé les Apostres, c'est ainsi que les ont suyuis les peres de l'Eglise, lesquels consacroyent toute leur vie à l'honneur de Dieu, pour le seruice des ames, soit par œuures publiques, soit par liures: afin que ceux qui ne pouuoyent estre partici-

pans

pans de leurs paroles, le fussent de leurs doctes escrits. *Quos lingua non posse*, disoit à ce suiect S. Augustin, *stylo seruio : quam bigam agitat in nobis Christi charitas.* Non point aller mendiant des faueurs, des richesses, & des dignitez plus grandes parmy les Cours des Grands; non point laisser les affaires spirituelles, pour s'embrouiller dans les tẽporelles & celles de l'Estat. *Qui dedicatus est Deo, non implicet se secularibus negotijs.* Comme vn moyne, dit vn Pere ancien, hors le cloistre, est vn poisson hors de l'eau : Ainsi est hors de son element vn pasteur esloigné de sa bergerie : il ne faut point entreprendre vne charge qu'on ne vueille exercer, ou de laquelle on ne puisse venir à chef.

Turpe est quod nequeas capiti submittere pondus,
Et pressum inflexo mox dare terga genu.

Le souuerain artifice de l'homme, est de bien faire l'homme, chacun selon sa vocation & vacation: Le desreiglement des particuliers en ce faict est cause de la desbauche vniuerselle de la chose publique : parce que si chacun veilloit de son costé, tout se porteroit bien: De là vient qu'on trompette tant aux oreilles des pasteurs, qu'ils ayent à garder leur residence: parce que leur absence apporte mille maux aux Eglises.

Quoy! les Princes se faschent ordinairement contre les chefs & capitaines qu'ils voyent abandonner leurs garnisons, où ils sont necessaires, pour se donner du bon temps à la Court! que doit-on dire aux Prelats courtisans, puisque leur charge est bien plus importante, & leur presence en leurs Dioceses tant requise pour le salut des ames? Mais de ceste [a] residence plus à plein quelqu'autrefois.

[a] F. Pierre de Villars Archeuesque de Vienne en ses Opuscules au traitté de la residence.

Ie viens à mon fait, qui est d'enseigner, que si la faueur n'auoit point tant empieté sur l'equité, la police publique en seroit bien plus nette, & les vices comme plus punis, aussi les vertus & merites seroient mieux recognus & salariez. Or quel ordre parmy ces confusions? celuy-là seul du moins, que l'on dissipe ceste nuée de faueur, laquelle s'oppose ainsi mal à propos au-deuant du Soleil de la Iustice, & tellement qu'il en paroist quasi tout eclypsé.

Qui ne scait entre tous ceux qui plaident, & nostre France en a des millions, combien est importante pour le gain le gain d'vne cause, vne bonne & diligente sollicitation: on a veu du bon droit se perdre faute d'ayde, par surprise, par fraude, par supercherie; on a veu les mauuaises causes auoir heureux éuenemēt par la diligence & actiuité des poursuiuants; tant nostre iustice est maintenant offusquée de supplications, de faueurs, d'entremises d'amis, de cognoissances, de parentages: sous pretexte d'instruire les iuges du faict, & de leur en recommander l'equité, ils se corrompent aucunefois: ces procedures, selon moy, deuroyent estre retranchees & deffendues; ceux qui n'ont autre but deuant les yeux, que de rendre le droit à vn chacun, ils se contentent d'entendre le fait de la bouche du rapporteur ou de l'aduocat, sans autre recommandation; mais la vanité qui se glisse par tout, fait croire aux iuges qu'on les recherche ainsi pour leurs merites, sans voir que c'est leur office qu'on honore & non pas eux: & que bien souuent ce sont des asnes qui portent Isis. De ceste superbe la pente est aysée à l'auarice, parce que ce vice semble auoir plus de solidité que l'autre; qui se laisse conduire par les oreilles, est bien plus aysé à mener par les mains; de sorte que la faueur en matiere de iustice, c'est le grand chemin de la concussion; d'autant que l'argent est bien plus fort que les prieres.

Cet Ancien, ce me semble, n'estoit pas sans raison; qui souhaittoit que les iuges fussēt sans yeux, & sans mains: aueugles, pour n'auoir en iugement acception d'aucunes personnes; manchots, pour ne receuoir aucuns presents.

Ceste indifference des hommes, & ceste fuyte des presents est tant & tant recommandée en l'escriture, que
rien plus; au [a] Leuitique, *Non consideres personam pau-* a 19.
peris, nec honores vultum potentis, iustè iudica proximo
tuo. Au [b] Deuteronome, *Nulla erit distantia personarum,* b 1.
ita paruum audies vt magnum. Aux [c] Prou. *Accipere per-* c 18.
sonam impij in iudicio non est bonum, vt declines à verita-
te iudicij. Et encores: [d] *Cognoscere personam in iudicio* d 24.
non est bonum. Et derechef, *Qui agnoscit personam in iu-*
dicio, non benefacit. En [e] l'Ecclesiastique, *Ne accipias per-* e 42.
sonam, vt delinquas. Voyla pour l'vn; quant à l'autre,
en l'Exode, [f] *Non accipies munera quæ excæcant sapien-* f 23.
tiam. Au [g] Deuteronome, *Non accipies munera, quia* g 16.
excæcant

excæcant oculos sapientũ, & mutant verba iustorũ. Et encores, a *Maledictus qui accipit munera.* En b Iob, *Caue ne multitudo donorum inclinet te.* Aux c Prouerbes, *Amici diuitum multi propter dona.* En d l'Ecclesiastique, *Va qui iustificatis impium pro muneribus.* Encores e aux Prouerbes, *Multi colunt personam potentis, & amici sunt dona tribuentis.*

a 27.
b 36.
c 14.
d 5.
e 19.

Ces deux corruptions de consideration de personnes & des presents se remarque fort plainement en l'inique sentence de mort prononcée contre le Sauueur du mõde, lequel fut vendu traistreusement à beaux deniers contans, & condamné par Pilate, quoy qu'il ne trouuast en luy aucune cause digne de la moindre reprehension: mais de peur d'encourir la haine & disgrace de Cesar, *Si hunc dimittis*, luy crioyent les Iuifs, *non erit amicus Cæsaris.* O combien y a-il de tels Magistrats en ce temps! qui font des iniustices pour mendier la faueur des grands, & acquerir leur bien-veuillance, sans considerer le peu d'arrest & de constãce qu'il y a aux hommes: *Nolite confidere in principibus, &c.* Et combien le rempart de la bonne conscience, & droite iustice, est plus asseuré & deuant Dieu, & deuant le monde?

——Hic murus aheneus esto,
Nil conscire sibi, nulla pallescere culpa.

Vn iuge entier & incorruptible ne se flechit ny par les menaces, ny par les promesses des grands:

Iustum & tenacem propositi virum,
Non ciuium ardor, &c.

Que si l'on est timide, & que l'on craigne la puissance des Princes, il faut bien plustost se démettre du maniement des affaires, que de cõmettre rien contre la iustice qu'on professe: c'est le conseil du f Sage, *Noli quærere fieri iudex, ne forte extimescas faciem potentis, & ponas scandalum in veritate tua.*

f Eccl. 7.

Il y a vne autre sorte de sollicitation fort dangereuse aux iuges, & de laquelle ils se doyuent bien prendre garde: c'est de n'auoir pas tant d'esgard au front des personnes: c'est le siege de la honte aux ames bien nees, mais il n'y a pas grande foy: car les hypocrites & les effrontez le metamorfosent cõme bon leur sẽble. Voyez-moy ces scelerats coulpables de mille enormes crimes, quand on les voit conduits sur l'eschaffaut, ou à la potence pour

pour punition de leurs forfaicts, encores n'y a il si dur qui ne plaigne le patient: donc ques si les iuges les considerent sur la sellette pasles, transis, descontenancez, faudra-il pour ceste mine côtrefaicte qu'ils cessent d'en faire la iustice? Au reste il y en a qui és causes mesmes ciuiles vsent de tant d'artifices industrieusement malins, pour se rendre deplorables & dignes de compassion, qu'il faut auoir vne ame bien ferme pour n'en estre point touché, si est ce que la pitié & la misericorde sont passions tenuës pour vicieuses parmy les Stoïques, tant ils veulent en leur secte les esprits roides, asseurez, & comme obstinez en tous sens.

Ie ne dis pas aussi qu'il faille que le iuge garde tousiours vne extreme seuerité, faisant patir le bon pour le mauuais, parce que la rigueur du droit estroitement obseruée, bien souuét degenere en quelque espece d'iniustice, de là le mot, *Summum ius, summa iniuria.* Mais comme la loy, à ce que disent les maistres, est vn magistrat mort, qui tranche indifferemment par tout, sourde, entiere, inexorable, sans consideration & esgard, ny des choses, ny des personnes: aussi le Magistrat est vne loy viuante, mais plustost est l'ame qui anime comme bon luy semble, & auiue le corps qui semble mort de la loy. Le conseil plus salutaire en ce fait, me semble estre, comme par tout, le milieu, *Medio tutissimus ibis*, c'est à dire de se maintenir droit en esgale balance entre l'austerité trop tenduë, & la trop lasche compassion.

La iustice est vn soleil, sans la lumiere duquel tout ce monde ne seroit qu'vne spelonque obscure de larrons, la vie seroit vn pur brigandage: mais comme le soleil va biaisant en sa course, & par ce destour maintient toutes choses en iuste & legitime temperature, sans toutefois s'esloigner en rien de son ordinaire ecclyptique, qui est vne ligne torse au milieu de l'escharpe du Ciel, sçauoir le Zodiacque: le iuge doit de mesme, à mon aduis, decliner quelquefois & incliner vers la douceur & humanité, sans toutesfois quitter le vray & legitime sentier du droit & de la raison. Ie sçay bien que c'est vne reigle commune en droit, *Beneficia amplianda, odia restringenda*: si est-ce que ce relaschement ne doit iamais estre au preiudice de l'equité, autrement la pente est facile

dans

dans l'extremité vicieuse, & l'impunité, que Ciceron appelle vn grand allechement au mal, est bien autant nuisible au corps de l'Estat, qu'vne rigoureuse & dure seuerité.

Mais nous en sommes venus en vn temps où la faueur & la corruption sont merueilleusement en vogue, & en regne: & qu'on ne se fasche point cõtre ma liberté de parler & d'escrire: car nous ne dirons iamais assez d'iniures au desreiglement de nos mœurs, & à la deprauation & desbauche du siecle: qui est crasseux, qu'il se laue, ie parle indifferemment sans taxer personne: & de dire que l'iniustice court, ce n'est rien de nouueau: ceste verité au reste est si oculaire, voire palpable, qu'il n'y a que les impudẽs qui la puissẽt desmentir auec effronterie: à l'auãture ceux qui n'ont rien ne le sçauent pas: si font biẽ ceux qui ont tant soit peu de biẽ, & n'en sçauroit on auoir si peu, qu'il ne soit cõtrouersé & litigieux, tant les harpies chiquaneuses sont en nombre, qu'il n'y a si beau plat qu'elles ne corrompent & infectent.

Quant à ces vendeurs de fumée, desquels fait mention Lampridius, il s'en faut bien qu'ils ne soient punis aussi seuerement que de son temps: c'est ceste lerne qui en fait fourmiller vne quantité innombrable parmy nous. C'estoient anciennement certains solliciteurs d'affaires, lesquels ayant les oreilles ou des Princes, ou des premiers du Senat, faisoient croire aux pauures parties qu'ils leur recommanderoyent leurs faicts, & pour cet effect prenoyent de l'argent d'vn chacun: au reste n'entretenoyẽt de riẽ moins les grãds, & ainsi paioyent de bayes ceux qui les sollicitoyent de leurs recommandations. Quand ces vendeurs de fumée estoient recognus, leur supplice ordinaire estoit de les estouffer par de la fumée, afin que, *Fumo puniretur, qui vendiderat fumum.* Il y a ores à milliers de ces charlatans, lesquels entrenans les grands de plaisanteries, font accroire aux pauures haires de plaideurs, de qui ils prennent argent, mille bourdes & songes, leur vendans à beaux deniers de vaines & friuoles esperances: *Genus hominum publico exitio natum, & pœnis nunquam satis coercitum.*

Ie reuiens à mon premier propos, de ceux, qui par diuerses actions, pleines souuent d'artifice & hypocrisie, vont

sie, vont mendiant la faueur du peuple, pour acquerir de la reputation parmy les hommes: c'est ce que [a] Seneque sur tout deffend à son Lucille, le renuoyant dans son interieur, sans s'espandre en ces affections exterieures: *Multo magis ad rem pertinet qualis tibi videaris, quàm qualis alijs: si te intrante clamor & plausus obstrepuerint, si fœmina puerique laudauerint: quidni ego tui miserear, cum sciam quæ via ad istum fauorem ducat.* Nous n'auons que faire de nous soucier quels on nous estime, pourueu que nous ne nous cognoissiõs point en nostre particulier entachez de quelque sale vie: toute louange populaire est suspecte, parce que la vertu ne plaist point au peuple; on ne peut acquerir sa faueur que par des mauuais artifices, voire se faut-il rendre en quelque sens semblable à luy, c'est à dire vicieux & desreiglé, auant qu'il affectionne: *Nunquam,* poursuit Seneque, *volui populo placere; nam quæ ego scio, non probat populus, quæ probat populus ego nescio. Quis enim placere populo potest, cui placet virtus? Malis artibus popularis fauor quæritur: similem te illis facias oportet: non probabunt, nisi agnouerint.*

a Epist. 29.

Denys tyran de Siracuse au commencement de sa domination vsa de cet artifice pour se concilier la faueur populaire, de tenir autour de soy de doctes & habiles hommes, lesquels ne cessoient par tout de publier ses louanges, & le rendre recommandable au peuple: les Princes vseut bien souuent de semblable artifice, pour faire estimer à leur subiects, qu'ils se gouuernent auec prudence & sainctteté en leurs actions: ils tiennent pres de soy des personnages renommez en pieté, doctrine, erudition, & sainctteté de vie.

Pendant la vie de Philippus Roy de Macedoine, son fils Alexandre, pour s'acquerir la bien-veüillance du vulgaire en corrompit tout plein par argent. Son pere ayant sceu cela, luy dit en le reprimandant; Quoy! pensez vous que ceux là vous puissent estre fauorables, qui se sont laissez corrompre par presents? Il arriue bien souuent de mesme aux pauures plaideurs, lesquels n'ont quelquefois point de iuges qui leur soient plus contraires, que ceux qui ont pris leur argent, pource que pour couurir leur concussion, quand ce vient aux aduis ils opinent tout au rebours de ce qu'ils auoiẽt promis: & il n'est n'est pas merueille que ceux faussent la foy aux hommes, qui la violent à Dieu: *Nolite confidere in filijs hominum.*

Quelqu'vn dit vn iour à Auguste, que celuy qui auoit institué les banquets publics à Rome estoit cause de la corruption du peuple: Cesar les voulut oster, disant que la faueur du peuple se deuoit acquerir par la sincere & vraye voye de vertu, non point par des façons de faire illegitimes & basses, estant cela acheter par largesse la bien-veüillance, mais ce sien dessein fut empesché par les murmures & seditions.

Glaurias, Orateur ancien, voyant que Metellus attiroit beaucoup de personnes à luy vouloir du bien par la bonne chere de sa table, Il a, dit il, sa metayrie aux champs à Tibur, mais sa basse cour à la ville, & c'est là le lieu où la mesnagerie des nourritures se fait.

Orontes estant disgracié & banny de la Cour d'Artaxerxes: les amis des Princes, dit-il, sont comme des iettons, on les fait valloir en contant ce que l'on veut: & il est vray aussi que les Courtisans ne sont prisez que par la faueur de leur Maistre.

Foible monnoye, & toutesfois de grande mise en ce siecle corrompu! car comme la balance incline vers le costé plus chargé, ainsi sont les plus estimez ceux qui sont les plus fauorisez.

Les vents sur mer conduisent les vaisseaux: le vent de la faueur publique enfle ainsi les voiles de nostre prosperité.

Il n'y a trauail que l'on n'entreprenne pour acquerir vn applaudissement populaire:

Excitat auditor studium, laudataque virtus
Crescit, & immensum gloria calcar habet.
Scribentem iuuat ipse fauor minuitque laborem,
Cumque suo crescens pectore feruet opus.

Les cheuaux seulement és ieux de prix semblent redoubler leur force au milieu de la carriere, quand le cheuaucheur leur dõne courage auec la parole. Le Pan, si vous l'admirez, desployera ses richesses, & vous fera participant de ses thresors:

a Ouid. 3. de art.

a *Laudatas ostendit auis Iunonia pennas,*
Si tacitus spectes illa recondit opes.
Quadrupedes inter rapidi certamina cursus,

Depinx

Depexaque corpora, pexaque colla iuuant.

Tant la philautie nous est naturelle: tant l'amour propre est enclavé en nostre ame, tant nous sommes hypothequez à la vanité! Dites à la plus laide qu'elle a quelque beauté, elle le croira, tant ce sexe est badin.

——— a *Nihil est quod credere de se* — a Iuuenal. Sat. 4.

Non possit cum laudatur dijs aqua potestas.

Mais les plus sages sont ceux, qui mesprisans la faueur des hommes, ne recherchent que la grace du Createur, sçachant combien est fraile le fondement de la gloire du siecle: au rebours c'est dans l'humilité qu'on trouuera le vray honneur:

b *Laus vera humili sæpe contingit viro.* — b Senec. in Thyest.

C'est dans l'vsage & la pratique de la vertu que s'acquiert vne sincere loüange, voire plustost de l'admiratiõ:

c *At qui fauoris gloriam veri petit* — c Ibid.
Animo laudari magis quàm voce velet.

Car quant à la faueur exterieure, il la faut totalement mespriser, pour mettre tout nostre honneur au tesmoignage interieur de nostre conscience, auec vne humble recognoissance de nostre propre bassesse & abiectiõ.

——— *Non si quid turpida Roma*
Eleuet, accedas, examenque improbum in illa
Castiges trutina; nec te quæsiueris extra.
Respue quod non es: tollat sua munera cerdo.
Tecum habita & noris quàm sit tibi curta supellex.

La Science donne la conscience.

Chap. VIII.

Ie sçay que la science est vne chose indifferente, de laquelle on peut vser & abuser: elle enfle, dit Sainct Paul, & il est vray; il se voit peu de gens à qui elle ne donne dans la teste: & les plus sots bien souuent sont ceux qui n'en n'ont qu'vne mediocre teinture.

Ce n'est point en la haute region de l'air que se font les meteores & tintamarres, c'est en la moyenne: en celle-là tout est calme, net, serain: l'autre est pleine de broüillards, vapeurs, nuages ventositez. Les plus sçauans sont ceux qui font le moins de

 bruit:

bruit: *Altissima quæque flumina minimo sono labuntur.* Les esprits plats de soy, mais vn peu surhaussez de quelque petit morceau de doctrine, font mille remuëmens: ce sont des soleils de printemps, qui esmeuuent prou, mais de resoudre point: ils s'embrouilleront bien, mais cherchez qui les desueloppe: il est aisé de former des questions, difficile de les vuider nettement & rondemẽt, cela n'appartient qu'aux Maistres.

Plutarque louë en son Epaminondas, qu'il y auoit peu d'hommes de son temps, qui sceussent plus, nul qui parlast moins: montrant en cela, comme la doctrine l'auoit rendu non pas plus sçauant, mais plus sage.

Vn grand poinct de sagesse est de se taire; l'ineptie ne parle que trop: plus de gens estudient, dequoy se plaint Seneque, à l'eschole, qu'à la vie: c'est à dire pour paroistre, que pour deuenir bõs. Il semble que le sçauoir ne face que nager dans la fantasie des hõmes, sans passer dans l'entendement, moins dans la volonté: nous tenons ce semble, la vertu consister en ratiocinations & discours superficiels, qui ne passent pas plus auant en nous que le bord des leures, nullement le rampart des dents: nous l'estallons en paroles à l'exterieur, nous ne la retournons nullement en nostre interieur: bons theoriciens, nullement praticiens. Voyez moy vn Pedant la ceruelle boufie de Grec, de Latin, d'Hebreu, armé de sophismes, de citations & allegations insurpportables, est-il rien si inepte? que luy seruent donc ses lettres? à le rendre plus insupportable.

Mais si la fausse science porte ces deffauts quant & soy, il n'est pas de merueille: de mauuais corbeau, mauuais œuf. Quant à la bonne, je tiens qu'elle nous rend bons, & selon mon subiet, que tel souuent manque de conscience, non par malignité ou deprauation d'entendement, mais faute de science. Voyez moy ces manans grossiers & lourdaux, habitãs des pays sauuages, farouches, & presque inhabitez: ils n'ont rien d'humain que le visage, du reste brutes: & d'eux pourroit-on dire ce mot si beau de Plutarque: Qu'il y a plus de disparité de tel à tel homme, que de tel homme à telle beste: car l'vsage de leur raison est tellement affoibly & abastardy, faute de cognoissance & d'instruction, qu'ils ne sçauent bien souuent ny ce qu'ils sont, ny ce qu'ils croyent:

selon

selon le hazard & rencontre on les voit porter à des actes meschans & execrables, que iamais ils ne perpetreroient, s'ils sçauoient leur forfait: mais que peut faire vn homme qui n'a presque aucune notion de Dieu ny de soy-mesme, sans foy, sans loy autre que de son brutal instinct?

Comment peut iuger la volonté d'vne chose, si l'entendement ne la conçoit? tel à l'aduenture fait mal, qui s'en abstiendroit s'il le croyoit mal. D'où vient que les meschans n'ont point de ressentiment de leurs fautes, si ce n'est pour n'en recognoistre pas bien l'enormité: *Impius cùm in profundum venerit, contemnit. Facti sunt impij in arcum prauum, & ceciderunt in sensum reprobum.* D'où vient au rebours la pointure de la conscience, si ce n'est de la cognoissance essentielle du mal qu'on a fait.

Les atomes sont de petits corps qui voltigent par le vague de l'air, lesquels nous humons & auallons sans cesse: si est ce que nous ne les pouuons voir, sinon quād le soleil darde sur nous les rays de sa belle lumiere: ainsi les meschans pechent imperceptiblement, parce que le Soleil de la science ne luit pas en leur conscience.

C'est pourquoy le Prophete Roy demāde à Dieu qu'il luy donne l'entendement pour cheminer en sa loy; *Da mihi intellectum, & scrutabor legem tuam, & custodiam illam in toto corde meo.* Il desire estre illuminé, afin d'euiter la mort du peché. *Illumina oculos meos, ne vnquam obdormiam in morte. Reuela oculos meos, & considerabo mirabilia de lege tua. Lucerna pedibus meis verbum tuū, & lumen semitis meis.*

Le Soleil dissipe les brouillars & nuages: ainsi la science desueloppe les tenebres de nostre ame, & nous enseigne à trouuer en nos consciences les plus occultes fautes: *Ab occultis meis munda me Domine.*

Comme celuy ne peche quasi pas qui ne pense point pecher: aussi celuy faut doublement, lequel tombe par malice, & qui ne se prend pas garde du peché en sçachant l'enormité & la grandeur: *Seruus sciens voluntatem Domini sui, & non faciens, plagis vapulabit multis.*

C'est vn bel accord en vn Ecclesiastique, que le sçauoir ioint à la pieté, & du manque d'vne de ces pieces viennent de grands & notables deffauts: il est bien vray que la pieté, comme la plus necessaire à salut, va deuant, mais cette si elle n'est vn peu secondé de doctrine, elle est subiette a beaucoup d'erreurs: & ne sçay ie si l'ignorance des Ecclesiastiques au temps de l'heresie naissante, a point autant contribué à son aduancement, que le peu de deuotion & mauuaise vie des Pasteurs, de laquelle les desuoyez font accroire qu'ils ont pris le subiect de leur desbandade : comme si la doctrine ne pouuoit pas estre entiere parmy la dépravation des mœurs ! Comme si vn Chrestien cessoit d'estre Chrestien, & d'auoir la foy, pour ne suiure pas les commandemens de Dieu! Que le peu de sçauoir y aye beaucoup presté l'espaule, il me semble qu'il se peut assez clairement voir, de ce que maintenant que l'Eglise est grauement bien armée, ces opinions bizarres se dissipent à veuë d'œil, & panchent vers leur declin. Et ceste science, dont l'on se munit, donne aussi de la conscience, & fait que la mauuaise vie se corrige à mesure que l'ignorance se perd : & certes ie croy que si les Heresiarches fussent venus en telle saison qu'à present, ils eussent eu mauuais marché: Mais quoy! les borgnes, dit-on, sont Roys parmy les aueugles.

Mais pour finir ie tiens que quand on sçait & cognoist le mal, on a de la contradiction & repugnance à le faire.

a Pers. Sat. 5 a *Stat contra ratio, & secretam gannit in aurem,*
Ne liceat facere id quod quis vitabit agendo.
Publica lex hominum, naturaque continet hoc fas,
Vt teneat vetitos inscitia debilis actus.

De l'Holocauste de nostre cœur.

CHAP. IX.

b 12. SAinct b Paul prie sur tout les Romains en l'epistre qu'il leur addresse, & les coniure par les entrailles de la misericorde de Dieu, d'offrir leurs cœurs & leurs corps au Seigneur comme des hosties viues, saintes, & agreables à sa Maiesté diuine, mais auec vn seruice raisonnable : voicy ses termes : *Obsecro vos, fratres, per misericordiam Dei, vt exhibeatis corpora,* ailleurs on lit, on lit, *corda*, & me semble qu'il n'importe pas tant quand on dira, *corda & corpora vestra hostiam viventem, sanctam, Deo placentem, rationabile obsequium vestrum.*

a C'est cet holocauste qu'offroit David, quand il disoit que son cœur & sa chair se pasmoit d'extase en l'amour de son Createur: *Cor meum & caro mea defecerunt in Deum viuum.* a Ps. 83.

Mais remarquons vn peu, auant que venir à cet holocauste, la procedure de sainct Paul, pour conuier ses freres au sacrifice d'eux mesmes à Dieu: Ie vous supplie: ce mot, *obsecro*, porte ie ne sçay quelle abiecte extremité, pour enseigner non seulement aux Prelats & Pasteurs, mais à tous superieurs, de conduire leurs subiects auec douceur & humanité, comme par les deux chaisnes plus fortes pour entrainer, voire violenter les cœurs des hommes: *Comitas, benignitas, humanitas*, dit Ciceron, *virtutes illæ leniores, quæ demulcent hominum animos.* Ce n'est pas à mon gré assez dit, *demulcent*, eniollent, attirent, alleichent, il deuoit dire rauissent, transportent: car comme il n'y a que les humeurs esinines & reuesches qui se meinent par rudesse & par force: aussi les belles & genereuses ames sont tellement ferues & saisies par la douceur qu'elles se rendent ployables, maniables, & contournables à tous sens: elles peuuent aysement fleschir, de rompre, iamais, Seneque; *Generosus est animus hominis, & in ardua in contrarium tendens, faciliusque ducitur, quàm trahatur.*

Si vous gourmandez auec des brides rudes, ou des camorres & caueçons des cheuaux courageux, ils entrent en des desespoirs capricieux, il ne faut qu'vn filet pour les conduire & dompter: *Nobiles & generosi equi facilius dulci fræno reguntur.*

La deuotion, par ie ne sçay quelle populaire erreur, qui preoccupe les cerueaux du vulgaire, semble trop rude & reuesche aux inexperts, (car de soy il n'est rien si plaisant, gay, enioüé) sans qu'on la manie encore auec des sourcils magistralement refrogniez: *Satis nomen ipsum philosophia, tametsi modestè tractetur, inuidiosum est.* sans qu'on criaille importunement apres ceux qui ne la suiuent pas, sans qu'on les gourmandent comme pour les faire venir au chemin de la raison auec empire & violence; *Religio suadetur, sed non imperatur.*

Dieu se plaint de ceste pratique des Prestres, qui par vne trop farouche seuerité deterroient le peuple de son
e 14. seruice;c'est en e Ezechiel, *Cum austeritate & potentia imperabatis, & dispersa sunt oues meæ.* Pour faire aualler à des enfans quelque medecine amere, mais salutaire pour leur guerison, on ne leur va pas exaggerant le mauuais goust & le reproche qu'elle doit faire a la bouche: au contraire on frotte les bords du gobelet de quelque douceur & friandise, on ne leur parle que de leur santé, de la facilité de la prise, de l'aysance de la purgation. Ainsi pour faire gouster à vn peuple le seruice de Dieu, il ne faut pas l'espouuanter de menaces, le mener auec rudesse, les casser comme pots de terre auec la gaule de fer en main: mais il leur faut donner le laict cõme à des petits poupons, les attirer par mignardises, peindre, & dépeindre la vertu auec mille doux & agreables attraits, les esleuer tendrement à la pieté: Voyez comme les Apostres en plusieurs endroits appellẽt leurs
b Galat. 4. petits enfãs ceux qu'ils instruisent. S b Paul; *Filioli mei*
c 1. Ioan. 2. *quos parturio donec formetur in vobis Christus.* c Sainct Iean: *Filioli, manete in dilectione,* & encores: *Filioli nolite diligere mundum*; & derechef; *Vos ex Deo estis filioli.*
d 13. C'est pour cela que sainct Paul aux d Corinthiens dict qu'il leur donne du laict, comme n'estant pas encores assez forts pour porter vne plus sublime & releuée doctrine: *Tanquam paruulis in Christo lac vobis potum dedi, non escam, nondum enim poteratis.* Ainsi doiuent faire les Pasteurs en l'instruction de leur troupeaux, sçauoir de s'accommoder à la portée d'vn chacun: si vn prescheur veut faire beaucoup de fruict, ie luy conseillerois de prendre la voye douce & amiable, non point ceste que i'ay veu pratiquer à quelques vns, d'aller criaillant à pleine teste contre les vices auec des mots picquans & des aigreurs intollerables, mesmes taxans des particuliers, non pas nommément, mais par descriptions notoirement necessaires. I'ayme la façon suppliante & abiette, iamais la hautaine & imperieuse n'y fit œuure: on se picque contre l'opposition, & le despit de se voir gourmandé desbande quelquefois les esprits mieux nez: les cerueaux bien timbrez & ferrez se desmantelent & effarouchent plustot qu'ils ne s'amendent: les chainons de charité sont bien plus beaux, plus specieux & effi-

& efficaces, que non pas les rudes d'Adam.

Si vous tirez tout doucement le fil d'vn peloton, vous en viendrez à bout, iamais, si de plein saut vous le voulez auoir:les esprits se manient ainsi aysément par douceur, difficillement par force & contrainte: nostre ame est née à ie ne sçay quelle fierté franche, & liberté intollerable de gesne, les liens la mettēt en fougue, & ne demande à sortir que quād elle est enserree:la facilité la gaigne & sappe peu à peu: On a veu des places imprenables aux violences humaines, se rendre par l'industrie de ceux qui sçauent artificiellement parlementer: pour cela disoit Pirrhus qu'il s'estoit rendu maistre de plus de villes par la langue eloquente & diserte de Cyneas, que par la pointe de ses armes.

Des ames obstinees au peché ne se vaincront iamais par vne contraire opiniastrise: De l'antipathie du froid & du chaud, disent les Philosophes naturels, viennent le tonnerre:de la contradiction & opposition vient le murmure:de là les riottes, & puis les haynes irreconciliables quelquefois. C'est vn mestier qui requiert bien de la souplesse, & qui a bien des tours, destours & visages diuers, que le gain des ames, il faut beaucoup biaiser, & y aller souuent en y tournant les talons, comme ceux qui feignent de fuyr, afin de surprendre & vaincre leur ennemy. Il faut prester quelque chose, ie ne dis pas au vice, mais à l'imperfection du prochain. Ainsi sainct Paul dit, qu'il sembloit judaïser auec les Iuifs, gentilizer auec les Gentils. *Omnia omnibus factus, Vt Christum lucrifaceret.*

Nostre Seigneur pour attirer les hommes à soy, a vsé de semblables moyens : la Magdelaine experte en l'art d'aymer, vous voyez comme d'vn amour mauuais il la conuertit à vn bon: *Remissa sunt ei peccata multa, quoniam dilexit multum* Ses Apostres de pescheurs de poissons, il en fait des pescheurs d'hommes. *Venite, faciam Vos fieri piscatores hominum.* Sainct Matthieu de la banque, il l'attire à l'acquisition des thresors de l'eternité: ainsi ce bon maistre pour nous instruire se va accommodant à nos infirmitez.

Ie n'admire pas le Prescheur qui s'en va à tire-d'aile percher sur les epycicles de Mercure, dans des questions abstruses & cachees, qui transfere l'Eschole ou la controuverse en la chaire, & qui d'vn lieu d'instruction, & edification, en fait vn theatre de curiosité. Ie sçay qu'il est tres facile de parler en des beaux points, c'est cela nager en grande eau; les belles matieres se soustiennent de leur propre force & vigueur.

Ornari res ipsa negat contenta doceri.

Il faudroit n'auoir ny langue ny ceruelle, pour ne parler en des grands suiects: sujects au reste qui semblent souuent nouueaux aux oreilles du peuple ignorant & nullement nourry dans la Theologie: mais aux nourrissons de l'Eschole, est il rien de si fade, y a-il rien qui leur séble si plat, que d'entendre rechanter ce qu'ils ont tant entendu, tasté, manié, des choses si battues, rebattues, & prostituees par les champions qui se pillent sur le banc? Il faudroit bailler le fouët au Medecin qui ne pourroit discourir, & promptement d'vne maladie, les termes de son art luy sont aisez: vn Aduocat n'auroit pas grande practique, qui hesiteroit a parler des affaires du monde: il est ainsi d'vn Theologien: ces grands & sublimes traictez qui estonnent les laïcs & les tienēnt en admiration, ce luy sont des subiects autant faciles qu'ordinaires.

On attendoit vn iour de moy à Noel vn grand discours de l'Incarnation: ie me iettay a quartier dans vne route nouuelle, & ie dis, que comme ie n'estois pas capable de parler de chose si abstruse & difficile, aussi que mon auditoire n'estoit pas capable de l'entendre: & quand ie serois capable d'en traicter, & le peuple de le conceuoir, ie n'estois pas assez fort (ny homme du mōde aussi à ce que ie croy) pour luy apprendre en vne petite heure ce que nos maistres auoyent de la peine ès escholes de nous démesler en vn an, à nous qui auions la cognoissance des langues & de la Philosophie, lettres closes & serrees à la pluspart du peuple. D'en parler superficiellement il n'est rien plus aisé a qui aura vne tant soit petite teinture de Theologie, aussi n'est il rien moins fructueux qu'vn discours superficiel, où l'on ne fait qu'esmouuoir sans resoudre, escorcher sans enfōcer: ioint que nous ne serons pas damnez pour n'auoir pas esté sçauans, mais pour n'auoir esté bons. Ie me raualay donc à vn subiect comme plus bas, aussi plus vtile, edificatif, & moins curieux; c'estoit de monstrer en la naissance

sance de nostre Seigneur le vray tableau du mespris du monde, considerant les richesses dédaignées par vne grande pauureté, l'orgueil foullé aux pieds par vne humilité indicible, les plaisirs par les incommoditez corporelles qu'il souffroit, & l'angelique chasteté de l'enfant né d'vne mere tousiours vierge. Ces sujects populaires me plaisent fort, & croy que Dieu les fait mieux reüssir, & que le peuple y trouue plus de pasture : i'en ay veu qui s'escertuellét apres des questiõs hautes, & se tuét à deuelopper des nœuds fort enlassez, tãdis que chacun du vulgaire dort faute de les pouuoir entendre: la Trinité, la predestination, iustificatiõ, grace, libre arbitre, sont des beaux & specieux suiects, mais il est impossible de les vuider rondemét & nettemét en ce peu d'espace qui est dõné pour orer; & quand il seroit possible, le peuple est incapable de les comprendre. Ceux qui n'ont eu aucun commerce auec les lettres, lesquelles, pource que nos esprits en sont polis & nos mœurs adoucies, nous appellons Humaines, vous les verrez tousiours enseuelis dans les vastes mers de ces grandes matieres: s'ils rencontrent de hazard quelque beau traict d'vn ancien, ils en feront quinze plats : de s'attaquer à la vie des hommes, ce ne leur est qu'vn bien leger accessoire, ils pincent fort peu: & ce n'est pas là toutefois la Theologie de la chaire, c'est la cathechetique & Morale qu'il y faut principalement manier.

Les Hyrondes comme chacun sçait, sont entre les oyseaux qui volent les mieux, & cõme elles percent l'air bien haut, aussi ie remarque qu'elles rasent la terre & les eaux merueilleusement prés & ie les admire plus en ce vol bas, qu'en vn releué: la facilité est bien plus grãde de nager en vne grande eau, que non pas en vn ruisseau, qui à peine nous puisse supporter. I'admire de mesmes plus le Prescheur qui se rauale & racle à terre, qu'vn qui s'esleue & se guinde dans le vague de l'air, s'emportant dans de sublimes, mais quelquesfois extrauagantes questions, chantant bien souuent pour soy seul.

On loüe en cela principalement Socrates, de ce que la Philosophie, laquelle auparauant luy, consistoit toute en speculations occultes & cachees des astres & des elemens, il la tira du Ciel, comme parle Ciceron, afin de la rendre maniable aux mains du vulgaire, & l'ap-

& l'appliquer aux plus grossieres & mechaniques actions : ie loue ainsi le Prescheur, qui laissant toutes questions curieuses & hautes, se va accommodant à la portée du peuple, ne luy parle que de ses actions ordinaires, luy fait voir & cognoistre la beauté de la vertu, y accartant la laideur du vice, afin que luy faisant hayr celuy-là, il le deliure des peines, pour par l'amour de l'autre le conduire à la gloire.

Mais à vray dire, c'est vn subtil & artificieux mestier que celuy là, & qui a bien des traits & attraits variables: car pour esmouuoir les passions qui fourmillent en nos ames, auec combien d'artifices faut il dresser des machines? Il faut premierement esmouuoir la sienne, auant que d'auoir aucune puissance sur celle d'autruy, il faut pleurer pour tirer les larmes des yeux assistans : *Flere cum flentibus gaudere cum gaudentibus*. Si on n'a du ressentiment, en vain s'esuertue-on d'en donner à l'autruy; iamais on ne persuadera, si premier on n'est persuadé.

Sur tout le moyen d'estre le maistre, c'est de se faire valet : pour auoir la superiorité, il faut affecter l'inferiorité. N. S. Pere, qui est le maistre des maistres, à qui tous les Roys de la terre rendent obeissance, se qualifie toutesfois seruiteur des seruiteurs, & ceste humilité est sa plus esclattante splendeur,

Voyez ces ieunes hommes poursuiuans vn chaste mariage, ils ne parlent que de deuoir & seruice enuers celle qu'ils recherchent, laquelle ils qualifient du nom de maistresse; l'alliance maritale faicte, soudains ils deuiennent les maistres. Si le Prescheur veut marcher sur les testes de l'auditoire, il faut qu'il se rauale sous les pieds d'vn chacun: s'il prie & coniure tendrement, comme nostre Apostre par les entrailles de la misericorde de nostre bon Dieu, qu'il scache que les cœurs plus genereux & fermes ont vne merueilleuse lascheté vers la pitié, la commiseration, & que les plus rudes & barbares sont flexibles à la douceur: la goutte d'eau caue les plus dures pierres,

Sainct Paul enseignant ceste souplesse de l'art de gaigner les cœurs à son disciple Timothée, dit excellemment: *Pradica Verbum*, (c'estoit vn Euesque, bel aduertissement aux Prelats muets!) *insta opportunè, importunè*, (à toute heure, à tout moment, non pas comme aucuns rarement aux bonnes festes) *argue, obsecra, increpa, in omni patientia & doctrina*; où cet *obsecra* me fait reuenir à ce premier *obsecro*, qui m'a donné l'essor, & m'a poussé si auant en digression.

Suiuons le mot de nostre Apostre, il coniure ses freres par la misericorde de Dieu, comme par la chose qui doit auoir le plus de puissance à flechir nos cœurs: car quand il parle de ceste misericorde, il entend de celle qui a conuié nostre Seigneur d'endurer pour nous la douloureuse & ignominieuse mort de la Croix: que si cela n'est capable d'esmouuoir nos cœurs à quelque condoleance, nous ne deuons esperer de misericorde: *Iudicium fiet ei sine misericordia, quia non fecerit misericordiam*, Ie veux que nos cœurs soyent plus durs que le diamant, & que ce mot [a] de Zach. nous conuienne: *Posuerunt cor suum sicut adamantem, ne audirent legem.* Du moins les Naturalistes nous apprennent que ceste pierre, qui ne se peut rõpre par aucune violence, ny de marteaux, ny de coups, se rend taillable par le moyen du sang de bouc tiede qui l'amollit; nous sçauons que ce bouc que les Israelites chassoyent tous les ans dans le desert, chargé des pechés du peuple, est la vraye figure de nostre Seigneur, lequel a esté enuoyé par le Pere eternel dans le desert de ce monde, & par les Iuifs au desert de Caluaire, chargé du fardeau de nos pechés: *Propter scelus populi mei percussi eum. Super dorsum meum fabricauerunt peccatores. Verè languores nostros ipse tulit, & dolores nostros ipse portauit. Attritus est propter scelera nostra.* Que ce sang innocent pour le moins attendrisse vn peu nos cœurs diamantins, que nos ames serrees s'amollissent dans la fournaise embrasee de ceste sienne extreme charité.

a 8.

On a de coustume aussi de coniurer les hommes par ce que plus ils ayment, par les bien faicts: & qu'est-ce, ie vous prie, que nous deuons plus cherir que la misericorde de Dieu? *Misericordias Domini in æternũ cantabo.* A qui est ce que nous sommes plus redeuables? n'est-ce pas de sa misericorde & bonté que vient nostre conseruation, nostre redemption, nostre iustification, nostre saluation: bref sans elle fussions-nous pas desia reduits au neant, d'où nous tirons nostre principe? [b] *Misericordia Domini quia non summus consumti*, disent les damnez

b Thren. 3.

nez iusques dans les enfers, où parmy leurs infinis tourmens ils sentent encores quelque trait de ceste misericorde, qui les punit, comme parlent les Theologiens au deça de leurs demerites & forfaicts. Ainsi les Grecs adiuroyent par le chef,

Per caput hoc iuro.

a Æneid. Et ceste amante passionnée chez le [a] Prince des Poetes Latins, voulant retenir son Ænee qui l'abandonoit, ne le coniure elle pas par les plus doux liens que l'amour peut suggerer pour arrester vn amant?

Mene fugis? per ego has lachrymas dextramq; tuam te,
(Quando aliud mihi iam misera nihil ipsa reliqui)
Per connubia nostra, per inceptos hymenaeos,
Si bene quid de te merui, fuit aut tibi quicquam
Dulce meum: miserere domus labentis, & istam
Oro (si quis adhuc precibus locus) exue mentem.
Te propter Lybicae gentes, Nomadumque tyranni
Odere, infensi Tyrij, &c.

O ame Chrestienne, ie te conuie sur l'exemplaire de ceste violente passion, (s'il est loisible d'accarrer les choses profanes aux saintes, à la plus grande gloire de Dieu) d'imaginer ton Sauueur en la croix, le beau & chaste espoux de ton cœur, auquel par tes pechez tu fausse la foy promise: il te coniure par ce sang precieux qui coule pour l'amour de toy de son corps: sang qui sortant à gros randons, semble par son bouillonnement crier apres toy. Retourne pauure Sunamite, retourne ingrate, & du moins iette sur ma misere quelque traict d'œil, qui t'esmeuue à quelque ombre de pitié: Considere si i'ay merité quelque chose enuers toy: ie t'ay crée lors que tu n'estois pas, ie t'ay conseruee toy n'y pensant pas, ie t'ay deliurée toy ne le meritant pas: & ie donne ma vie pour toy. Quoy! compatiras tu point vn tant soit peu à mes peines? cruelle, ta mescognoissance me donnera elle vne douleur en ma mort, plus amere que ma mort mesme? pour toy miserable, pour toy ie souffre toutes ces cruelles tyrannies & persecutions: pour toy ie suis l'opprobre du monde, pour toy i'ay tant de playes, pour toy i'endure tout ce que la rage humaine peut inuenter: & c'est pour ton bien, pour te retirer du ioug tyrannique du peché, qui t'entraîne aux enfers, & te ramener au Ciel par la voye de la vertu: impie, donnerasn'etas tu pas des larmes, ou du moins n'auras tu pas quelque petit ressentiment qui te face vn peu gauchir à ton mal-heur? non si tu n'es point touchée de si viues atteintes, ie croy que tu n'as rien d'humain, mais que tu as vn cœur de bronze, & que les feres d'Hircanie t'ont esleuée: tu dégeneres de ton principe qui rappelle ton ame au Ciel, d'où elle est sortie, pour la retirer de la terre, où elle se perd miserablement.

Non tibi diua parens generis nec Dardanus Author,
Perfide, sed duris genuit te cautibus horrens
Caucasus, Hyrcanaeque admorunt vbera tygres.
Nam quid dissimulo? aut qua me ad maiora reseruo?
Num fletu ingemuit nostro, num lumina flexit?
Num lachrymas victus dedit, aut miseratus amantem est?

Si tu ne compatis, ô Ame Chrestienne, tu ne regneras iamais: n'as tu point peur que le bras vangeur de sa diuine iustice armé de mille foudres, n'en eslance quelqu'vn sur toy, qui t'enfonce dans les enfers? poursuiuras tu de mal faire à celuy qui te fait tant de biens? haïras tu tousiours celuy qui t'ayme iusques à la mort? n'as tu point peur que sa patience lesée par l'enorme quantité de tes offenses, ne se tourne en fureur, & qu'il ne te laisse & abandonne apres t'auoir faict tant de douces semonces? & puis sans sa grace, ta vie sera vne perpetuelle langueur pire que mille morts: n'as tu point d'apprehension destituée de son soustien, de voguer à la mercy des vents & des flots, tant de tes affections, que de la mer ondoyante du monde inconstant & peruers, lequel en fin te plongera dans les abysmes d'vn eternel oubly, plein de peines infinies, & immortelles?

——— *Neque te teneo, neque dicta refello,*
I, sequere Italiam ventis, pete regna per vndas:
Spero equidem medijs (si quid pia numina possunt)
Supplicia hausurum scopulis, & nomine Dido,
Saepe vocaturum: sequar atris ignibus ardens:
Et cum frigida mors anima seduxerit artus,
Omnibus vmbra locis adero: dabis improbe poenas.

N'est ce pas vne chose bien raisonnable, que celuy mourant ne ressente point ceste misericorde diuine, que viuant il a negligée? Mais c'est vne abysme trop profond

profond & trop creux, d'où ie retire de bonne heure ma barque trop legere pour cingler en si haute mer : *Misericordia Domini plena est terra.*

Or ceste coniuration de l'Apostre n'est pour autre fin que pour nous faire offrir nostre cœur a Dieu, l'offrant en holocauste à sa Maiesté saincte; mais ceste hostie doit estre viue, saincte, plaisante : viue par charité, pure par vne droite intention, & agreable par gayeté & allaigresse.

La charité c'est l'ame de nos actions, sans laquelle elles sont inutiles & mortes : *Si distribuero omnes facultates meas in manus pauperum, charitatem autem non habuero, nihil sum:* dict sainct Paul. Et ne donnent point d'autre raison nos maistres, pourquoy toutes les œuures morales des Philosophes anciens ne leur seruent de rien à salut, sinon qu'elles n'estoyent pas animées & auiuées de la charité : & ne peut on pas dire que ceux offrent à Dieu vne hostie morte, lesquels viuans parmy les delices du monde, veulent mourans estre enterrez dans des cloistres plus saincts & religieux? & encores de ceux, lesquels font tant de bonnes œuures, ieusnes, prieres, aumosnes, en mauuais estat, qui vont en des pelerinages, la rancune en l'ame, & le maltalent dans le cœur, sans se reconcilier auec leur ennemy.

Ceux-là offrent vne hostie saincte, qui mortifient leurs corps & leurs cœurs auec droite intention, laquelle porte nos bonnes actions deuant le thrône de Dieu, en holocauste qui flaire vne odeur de suauité: c'est de ceux-là qu'il est dit aux Cantiques, *Quæ est ista, quæ ascendit per desertum sicut virgula fumi, ex aromatibus myrrhæ, & thuris?*

L'encens ne donne point son odeur s'il n'est bruslé: & l'oraison ne monte point au Ciel, qu'accompagnée de la mortification. Pour cela le Psalmiste : *Ascendat oratio mea sicut incensum in conspectu tuo.*

On presenta à nostre Seigneur resuscité vn poisson rosty, & vn rayō de miel: d'où ie tire que le miel de nostre contēplation ne luy sera point agreable, s'il n'est accōpagné de la mortification de la chair. Le Phœnix, qui reprend vne nouuelle vie de ses cendres, me sēble estre vn beau symbole de la maceratiō de la chair, laquelle dōne

la vie

la vie à l'esprit. Le Pelican, qui redonne la vie de son propre sang à ses petits morts par le venin du serpent, nous apprend, que si nous voulons redonner la vie à nostre ame morte à la grace diuine par l'atteinte viperine du peché, il faut que ce soit par la mortification du corps.

La chair, dit sainct Paul, combat sans cesse contre l'esprit, & l'ame s'oppose au corps, c'est vne guerre perpetuelle, l'vn ne peut viure sans terrasser son aduersaire: d'où vient que ceux qui sont *Mortificati carne, sunt viuificati spiritu,*

En la balance si vous voulez esleuer vn bassinet, il faut abaisser l'autre: si nous voulons guinder l'esprit en haut, il faut matter la chair & la gourmander par continuës macerations.

Ceux offrent aussi à Dieu vne hostie agreable qui se donnent à luy auec liesse & allegresse: [a] *Hilarem datorem diligit Deus.* [b] *In omni dato hilarem fac vultũ tuum.* C'est pourquoy la tristesse rechignee, & le sourcil refroigné est vne mine releguee aux hypocrites: *Nolite fieri sicut hypocritæ tristes*, dit [c] sainct Matthieu, *qui exterminant facies suas, vt videantur hominibus ieiunantes.* Il veut au contraire que quand nous ieusnons, on nous voye vne chere ouuerte, vne face gaye, enioüee, riante: *Tu autem cum ieiunas, vnge caput tuum, & faciem tuã laua, &c.* Il est certaine façon de donner qui redouble le present, il en est d'autre morne & déplaisante, qui tourne le bien fait en déplaisir: ceux qui font des bonnes œuures par dépit, par force, en murmurant, ils mettent du fiel dans la viande, & du vinaigre dans le breuuage de Dieu, qui sont nos bonnes œuures; *Posuerunt in escam meam fel, & in siti mea potauerunt me aceto.*

a 2. Cor. 9.
b Eccl. 35.
c 6.

On pourroit encores dire, qu'il y en a qui offrent à Dieu des hosties viues de leurs cœurs par la foy: *Iustus ex fide viuit. Sine fide impossibile est placere Deo.* Foy animee par les bonnes œuures, autrement, comme dict sainct Iacques, elle est morte; *Fides sine operibus mortua est.* Saincte par l'esperance, plaisante à Dieu par la charité, Ou bien viue par l'oraisõ, saincte par le ieusne, agreable par l'aumosne: ou bien, viue par l'humilité, saincte par la misericorde, plaisante par la chasteté; *Cæsta placent superis.*

Mais

Mais l'Apostre desire que nous sacrifions nostre corps & nostre cœur, parce que la porte de la vie spirituelle, c'est la mortification des sens, tant exterieurs qu'interieurs. Pour monter en vn haut lieu, il faut cōmencer par la plus basse marche d'vne eschelle : pour paruenir à vn sublime degré de contemplation, il faut premier dompter le corps, voire mesme fait-il souuent ses remuëmens parmy les plus releuees meditations. Sainct Paul dit que l'esguillon de la chair luy fut laissé pour l'exercer, & l'empescher que la multitude des reuelations ne l'enorgueillist. *Ne multitudo reuelationum extollat me, relictus est mihi stimulus carnis qui me colaphizet.*

L'homme est vn corps & vne ame, c'est pourquoy Dieu veut seruice de l'vn & de l'autre, de celuy là par la mortification, de celle-cy par l'oraison. Ie sçay que les spirituels distinguent leurs gens en trois bandes; de cōmencans, lesquels sont tous occupez à combattre le corps; de profitans, qui s'exercent à la meditation pour regler leurs ames; de parfaits, qui n'ont repos, ny contentement qu'en Dieu seul. Voyla vn ample carriere mais ie la tranche, pour dire que comme Dieu est esprit; *Deus spiritus est*; aussi principalement desire-il nostre cœur, lequel il nous demande si tendrement, *Fili præbe mihi cor tuum*, & les preuaricateurs de sa loy, il les rapelle a leur cœur: *Redite præuaricatores ad cor.* Il desire qu'on le mette comme cachet sur le cœur; *Pone me vt signaculum super cor tuum.* Comme a sainct Ignace, sur le cœur duquel fut trouué graué en lettres d'or le beau & sainct Nom de IESVS. C'est en ce lieu qu'il prend ses delices d'habiter auec les enfans des hommes; c'est le tabernacle qu'il veut auoir chez eux, *Tabernaculum Dei cum hominibus.* Serons nous bien si miserables de loger vn adultere en ceste douce couchette de nostre chaste espoux? Non, ame Chrestienne, vous auez tantost entendu ses plaintiues semonces, ne le rebutez pas, *Nolite obdurare corda vestra, sed ponite ea in virtute eius:* & ceste vertu est vn amour tout diuin & tout pur, qui vous sanctifiera: *Hæc est volūtas Dei sanctificatio vestra*, Quittons les faux & malheureux appasts du monde peruers & meschant; monde qui nous gesne & nous trauaille de mille trauersantes inquietudes : Dieu ne demande de nous

nous qu'vn seruice simple & raisonable, & c'est la fin du mot de nostre Apostre: *Rationabile obsequium vestrũ.* Il ne veut point que nous-nous penions tant apres luy, cõme nous faisons apres les biens perissables & fragiles de la terre: le sétier qui cõduit au ciel est doux, agreable, & non point parsemé d'espines cõme on dit, c'est celuy du mõde qui est difficile & espineux, *Ambulauimus vias difficiles.* Le ioug des commandemens diuins est doux, ce faix est leger, *Iugum meum suaue est & onus meum leue*: les grandes austeritez, ce n'est pas ce qu'il requiert de nous, seulement, *Serua mandata.* Pour ceux qui veulent voler à la perfection, c'est vn autre chose, ils quittent le siecle, renoncent à tous ses biens, *Si vis perfectus esse, &c.* mais pour nous qui viuons dans la mer amere du monde, au moins taschons de nous exempter de sa saleure: Il n'est pas question d'assassiner nos corps de disciplines, veilles, ieusnes : la pieté n'est pas si farouche qu'on la peint, il n'y a que des roses au lieu d'espines qu'on imagine: les larmes n'y ont point tant de lieu comme la ioye, la iubilation, l'allegresse; escoutez sainct Paul qui ne trompette autre chose que plaisir : *Gaudete in Domino, fratres, iterum dico, gaudete : modestia vestra nota sit omnibus hominibus.* Aux Eglises vous n'entendrez que chants harmonieux & musicaux , au Sermon que des beaux discours, vous n'aurez plus ce trouble interieur , qui vient du desreiglement des mœurs , cause de tant d'inquietudes: vn front serain, point subiect à l'opprobre & à la honte, vn contentement plein, vne satisfaction pleine & entiere : vne attente infaillible de la couronne de l'immortalité , voire dés ce monde des arrhes de nostre eternel bon-heur. C'est là, Chrestiens, le seruice raisonnable que Dieu nous demande: car viure vertueusement , c'est viure selon nature , mesme suiuant l'opinion des Stoïciens, & vitieusement est contrepointer. Rebroussons donc du sentier du vice , dans le grand chemin royale de la vertu , qui nous conduira & introduira droit au ciel.

Des Larrons domestiques.

Chap. X.

C'Est quand les seruiteurs desrobent leurs maistres a il est bien vray que quand ces robemens sont legers, on n'en doit pas rechercher de punition publique: le maistre ayant droit en ce cas de chastier son domestique, comme vn pere son enfant, comme vn precepteur son disciple b.

Il faut toutefois distinguer du temps des Iurisconsultes alleguez, & de cestuy-cy, parce que lors les serfs ou esclaues estoient tellement en la puissance de leurs maistres, qu'ils auoient sur eux droit de vie & de mort: de là vne c loy des Vvisigots, qui remet totalement la punition d'vn larcin priué à la volonté du maistre, estant à luy de faire ce qu'il veut de son esclaue. Mais maintenant que la seruitude n'a point de loy entre les Chrestiens, qui sont tous libres, il faut en ce cas auoir recours à la Iustice publique, quand la faute pour sa grieueté requiert chastiment, n'estant permis à aucun d'estre iuge en son fait propre.

Or ce n'est pas sans raison que nos loyx sont si seueres & rigoreuses, que sans remission elles punissent de mort le moindre d larcin faict par vn domestique, qui ne seroit quasi pas reputé faute en vn estranger, parce que sans cela aucun ne pourroit estre asseuré en sa maison: toutes les familles seroient en continuelle transe, n'estant point de plus grande peste qu'vn traistre & ennemy priué & familier: ioint que toutes les particularitez d'vne maison estant cognuës aux domestiques, il leur est tres-facile de tromper & surprendre, & ainsi de ruiner toute vne maison.

En France sans remission ces voleurs priuez sont pendus pour le moindre subiect, comme il se voit en plusieurs

a l. 11. respiciendum. §. furta domestica D. de pœnis l. vlt. paragr. sanè. C. de his qui ad Eccl. confug.

b l. vnic. de emend. seru. l 9 C. l. 91. si libertus patrono. l. 17. serui. ff. de furt paragr. hi qui iust. de oblig. quæ ex del. nasc. l. 21. locum. parag. ex eo D. de vsufr. l 1 & 2. parag vlt. ff de his qui sunt sui vel al. iur. l. etiam. paragr. licet ff. sol. mat. l. 96. qui seruum. D. de V. O l. vlt. Cod. an seruus ex suo fact. conu. poss. leg. non quaritur. paragr. Iulianus. D. leca.

c l. 21. de furibus. l. 7. C Theod.

d l. 1. ff. ad S. C. Sylan. l. si qui 20. de his qui accus. non poss. l. 9. C. can si inimicus. 93. dist. can. quibus. 3. q. 2. l fratres. C. de inoffic. test. l. 96. data. C. de donat.

plusieurs Arrests chez [a] Papon. Iean Faber en ses Commẽtaires sur les [b] Institutes, dit qu'vn domestique est pẽdu pour le premier larcin, quoy que petit, non point vn estrãger: que si vn estranger ayde vn domestique en son vol, l'vn & l'autre, mesme pour le premier delict, doit mourir.

a L. 23. tit. 6
b Ad parag. alia deinde, de publ. iud.

Immola [c] rapporte, qu'il estoit Aduocat pour vn pauure seruiteur, lequel fut pendu pour auoir seulement conuerti à son vsage necessaire quelque peu d'argẽt que son maistre luy auoit baillé pour porter à quelqu'vn, encor qu'il promist de luy rendre, ou en tenir comte. Certes ceste rigueur est bien grande, pratiquee toutefois contre d'autres pour des petits subiets, afin de donner exemple, comme remarquent [d] Iason, & [e] Iean Feu, dit *Igneus*, mon trisayeul du costé maternel, grand Iurisconsulte, & qui a beaucoup escrit, il fut Senateur à Milan du temps du Roy François, depuis quand nous fusmes despoüillez par l'Espagnol de ce pays, il reuint en France, où il est mort premier President en la Cour de Parlement de Normandie.

c In l. sitibi. D. de denat. & ad l. cassius, D de solut.
d In l. ciue qui paragr. quas vero. D. si cert. pet. V. Iul. Charũ libr 5. sent. paragr. furtum nu. 22.
e Ad l. 1. D. ad S. C. Syllan.

Mais pour reuenir, ie trouue que ces Iuges qui passent ainsi legerement à la condamnation des pauures haires pour vn petit subiect, ne pesent gueres à mon grẽ combien est chere la vie d'vn homme: c'est vne chose si serieuse, que ie croy n'y auoir si osé qui ne doiue trembler en tels iugemens. Cela renforce la verité du prouerbe, que le gibet n'est pas tant pour les meschans que pour les malheureux: mais quoy! ceste est l'imperfectiõ des choses humaines, & entre autres de la Iustice, qu'elle ne peut estre si ronde, que tousiours elle n'aye quelque tare d'inique: [f] *Habet aliquid ex inique omne magnum exemplum, quod contra priuatos vtilitate publica rependitur.* Quelques miserables sont executez, non tant pour leurs fautes, que pour apprendre aux autres à se bien gouuerner: si est-ce qu'il n'y a exemple aucun, qui m'eust peu, tandis que i'estois du mestier, faire incliner à la condamnation d'aucun, sans vn grief delict: car pour les legers leur punition doit estre esgalee à la coulpe.

f Tacit 14. Annal.

[g] *Nec vincet ratio tantumdem vt peccet, idemque*
Qui teneros caules alieni fregerit horti,
Et qui nocturnus sacra diuum legerit.

g Horat. 1. Sat. 3.

De ne se bagner nud en la riuiere.

Chap. XI.

Nous auons des libertinages en France qui n'appartiennent qu'à nous: il se lit au Genese d'Adam, qu'ayant peché ses yeux furent ouuerts, & eut hôt de sa nudité: mais ie croy que le peché nous bande au rebours les yeux, & fait que nuds en nous bagnans nous sommes sans vergoigne, comme ne l'estans pas: & la pudeur ostee vient l'effronterie, & l'impudence apres est la porte de tous vices, qui ne fourmillent que trop parmy nous.

Nos Dames, qui par les sales estallemens de leur chair s'en vont tâtost entr'ouuertes iusques à la ceinture, ie leur demanderois volôtiers, si elles se voyent nuës, pourquoy elles sont si effrontees que de ne cacher leur honte; si est-ce qu'elles veulent estre estimées tres-chastes parmy tous leurs artifices lubriques, & cela est bien difficile à croire: mais ie laisse la descouuerte de leurs pieges, pour dire que, à l'aduenture pour ceste action dont ie parle, assez vsitee parmy nous, de se bagner publiquement à la veuë de tout le monde, & pour plusieurs autres qui sentent vn peu leur Mercure, sommes-nous chez les estrangers appellez indiscrets.

Ce n'est pas que ie n'aduouë que ceste liberté ne d'estende grandement nostre inclination au mal: en Italie où ils paroissent plus reformez, ils sont en effect plus difformez, comme si pour en faire moins de monstre en apparence, cela faisoit redoubler les effets couuertement; les femmes icy qui voyent bagner les hommes nuds, n'en sont ny plus scandalizees, ny plus estonnees.

Vn iour Cesar voulut faire mourir quelques folastres, qui courans en temps des Bacchanales tous nuds par la ville de Rome, passerent deuant l'Impe-

ratrice

ratrice Liuia ; laquelle leur fit donner grace, disant à son mary, qu'à vn chaste courage de matrone les hommes nuds ne sont non plus que des statuës.

S'ils se bagnent en Italie ou en Espagne, du moins ils ont des chemises & des caneçons pour cacher la honte naturelle à tout homme qui a tant soit peu de front : & me souuient que n'a pas long temps quelques ieunes Seigneurs Francois, qui estoient auec l'Ambassadeur que le Roy de France tenoit en Espagne, pour s'estre bagnez à la Francoise firent vne querelle, où il en demeura tout plein de part & d'autre sur le carreau.

On dict de l'Empereur [a] Maximilian, qu'il estoit fort vergogneux, & plein de pudeur (fort esloigné de l'humeur de beaucoup de Princes, qui dépeschent des affaires d'importance sur la selle, en faisans comme leur throsne) iusques là, que mourant il deffendit que pour l'enseuelir on luy ostast ses caneçons. Il se lit aussi de Iules Cesar, que poignardé en plein Senat par ses coniurateurs, il eut soing particulier de resserer sa robe, *Vt honestius caderet.*

Tant y a que la pudeur est la marque d'vne bonne ame, & est ce croy-ie le plus grand signe de deprauation d'en estre priué. Pour mon faict il se voit vne loy des [b] Longbards, par laquelle celuy qui auoit leué les habits à vne femme qui se laue, d'où luy pourroit arriuer quelque honte, est tenu, outre la reparation d'honneur, à vne amende arbitraire.

Encores plus expressement [c] les Empereurs deffendent qu'on ne se bagne nuds en la riuiere à guise de brutes, chose indigne des hommes qui ont tant soit peu de sentiment d'honneur.

[a] *Montaigne es Essaiz Liu. 3.*

[b] *L. annuntiatum lib. 1. de legib. Longobard.*

[c] *L. eum fu-pro. C. de re milit.*

Des Coupe-bourses.

CHAP. XII.

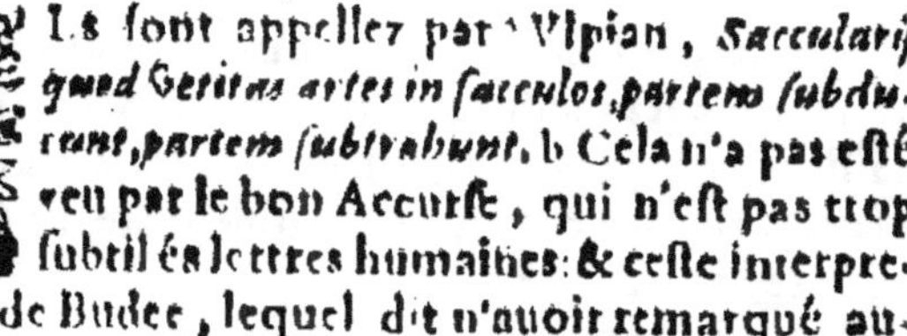

a L. sacculariis de extraord. criminib.
b Ad d. l. sacculariis.
c Annot. ad P.P. ad d. l. sacculariis.

ILs sont appellez par a Vlpian, *Saccularij quod vetitas artes in sacculos, partem subducunt, partem subtrahunt.* b Cela n'a pas esté veu par le bon Accurse, qui n'est pas trop subtil és lettres humaines: & ceste interpretation est c de Budee, lequel dit n'auoir remarqué aucun lieu és liures de Droit où il en soit parlé que là, & n'est pas ceste interpretation grandement esloignee du vray, car que sont-ce des bourses que de petits sachets, où chacun porte sur soy quelque argent pour sa necessité? d Horace parlant d'vn auare:

d 1. Sat. 1.

——Congestis vndique saccis
Indormis inhians.

Mais ces larronneaux sont bien dits par le Iurisconsulte soustraire, d'autant que c'est par finesse qu'il tirent l'argent, & non par force: ainsi ce frippon chez e Plaute enyure quelqu'vn pour luy desrober vn anneau,

e Curculio.

Propino magnum poculum, ille ebibit,
Caput ponit, cùm dormiscit, ego ei subduco annulum.

Aristophane en ses Nuées, dit qu'il y en a bonne quantité aux Enfers.

Ο'τε δὴ κατῆλθεν Ε'υριπίδης, ἐπεδείκνυτο
Τοῖς λωποδύταις, καὶ τοῖς βαλλαντιοτόμοις
Καὶ τ' οῖσι πατραλοίαισι, καὶ τοιχωρύχοις
Ο'περ ἐς' ἐν ᾅδου πλῆθος.

Quando autem descendit Euripides, ostendebatur
Spoliatoribus, crumenarum incisoribus
Et parricidis, & muri fossoribus,
Quæ est in inferno multitudo.

Certes ie me suis quelquefois estonné de voir que nostre police soit si lasche & destenduë pour ceste sorte de malfaicteurs: on pense que leur faict ne soit que gétillesse, & ils font telle fois des vols insignes: on en pend de moins coulpables, car certes il faut croire que ces meschans ont vne malice effrontée & extreme; on en fait d'estranges contes à Paris, si on les punissoit plus se-

uerement

uerement, il n'y auroit pas tant de ceste vermine : mais l'esperance qu'ils ont estans surpris d'en eschapper pour les coups & bastõnades de la multitude, les rend plus temeraires & osez: à peine la Iustice en fait elle seulement foüeter: seroit ce pour exercer les esprits, & pour rendre plus vigilans les paresseux que ce mal se toleroit, comme iadis à Sparte estoient permis les larcins ? ou bien seroit ce pour entretenir la santé du public par ceste tare, comme les medecins pour nous conseruer la santé, laissent en nos corps quelque chose de trauers, pour exercer la nature, & empescher qu'elle ne se destruise par sa propre force?

Il y a bien vne autre remarque : c'est qu'ès Cours de Parlemẽt, si en plein barreau vn de ces larrõneaux auoit esté surpris, soudain il seroit pendu; & nous qui en nos Eglises ne voyons autre chose, toutesfois pour y estre pris on n'en faict aucune iustice: seroit ce que Messieurs les Iuges s'estimassent plus que Dieu? *Ego dixi, dij estis, & filij excelsi omnes*, à guise de petits Lucifers, & que leur throsne fut plus esleué que celuy de la diuinité? *Vos autem sicut homines moriemini, & sicut vnus de principibus cadetis.* Ie croy que ceste presomption est esloignee de leur ceruelle: mais que me respondront ils à cela? peut-estre par la bouche d'vn de leurs a Empereurs, *Deorum iniurias dijs curæ esse*, & encores : *Dij iniurias suas vindicent, principes suas.* Et ie leur repliquerois s'ils croyent vn Dieu, qu'ainsi laschement ils mesprisent, & les torts duquel ils sont si peu soigneux de venger. a *L. 2. C. de iureiur.*

Certes nous aurions à souhaitter, tant le siecle est peruerty, que du moins on honoràst autant Dieu que les Princes: chacun sçait que c'est vn crime irremissible de tirer l'espee au Palais d'vn souuerain : & mes yeux ont veu dans vne Eglise en plein Paris le spectacle d'vn miserable duel, qui dura long temps, sans que iustice quelconque aye este faite d'vn si detestable acte, i'ay cent tesmoins de cela tous oculaires.

Les b Sybarites se voyans florissans, furent vn iour curieux de demander à l'Oracle d'Appollon, quand seroit leur declin: Lors, dit l'Oracle, que vous rendrez plus d'honneur aux hommes, qu'aux Dieux. Il arriua qu'vn seruiteur battu de son maistre, fut poursuiuy battant iusques dans le temple, & arraché de là par violen- b *Eustath. in Iliad. 8.*

ce, estant foy au tombeau d'vn grand Seigneur, on n'osa l'aborder; depuis ce temps les seditions intestines ruinerent ceste Republ. Ie voudrois bien sçauoir si les Sergens ne craindroient pas plus d'aller attaquer vn homme dans la maison d'vn prince, que dans vne pauure Eglise de village: mais garde aussi, que mesprisant trop Dieu, en fin il ne desgorge sur nous la fureur de sa iuste indignation.

A cela peut on ioindre semblable ineptie des Romains, qui punissoient plus seuerement ceux qui se pariuroient par le genie du Prince, que par le nom de Dieu. Et ne voyons-nous pas parmy nous, que si quelqu'vn mesdit, ie ne dis pas du Prince, cela est capital, mais de qui que ce soit, soudain de grandes reparations d'honneur, de grosses amendes: & tant de blasphemateurs du nom de Dieu, impies & execrables, demeurent impunis! ô lois dormez vous!

Des Annates.

Chap. XIII.

a 11. V. D. Hieron. in c. 1. Ezech.

IE tombay l'autre iour sur vn passage des a Nombres, où il me semble que sont tres-bien & iustement fondees les Annates, qui est le reuenu d'vn an ou enuiron, que prend le sainct Pere sur chaque benefice au change du possesseur. Dieu dit qu'il a donné toutes les decimes du peuple d'Israel aux Leuites destinez pour le seruice du tabernacle, estant raisonnable que celuy viue de l'autel, qui y sert: mais aussi il veut que ces mesmes Leuites offrent les decimes des decimes qu'ils auront receuës, à Aaron lors grand Prestre & souuerain Pontife; voicy les mots; *Filijs Leui dedi omnes decimas Israelis in possessionem pro ministerio quo inseruiunt mihi in tabernaculo fœderis:* & vn peu apres; *Præcipe Leuitis atque denuntia, Cum acceperitis à filijs Israel decimas quas dedi vobis; & primitias earum afferte Domino: id est decimam partem decimæ, vt reputetur vobis in oblationem primitiuorum, tam de areis quã de torcularibus, & de vniuersis, quorum accipitis primitias, afferte Domino, & date ea Aaroni Sacerdoti.*

Et ce

Et certes comme les troupeaux particuliers nourrissent leurs pasteurs, il est bien raisonnable que le general de l'Eglise contribuë quelque chose à l'entretien de celuy qui en est le chef, grand & souuerain Pontife du troupeau vniuersel de tous les vrays Chrestiens.

De la Gloire de la tribulation.

Chap. XIV.

Sainct Paul renonce à toute autre gloire qu'à celle de la Croix: *Mihi autem absit gloriari, nisi in Cruce Domini nostri Iesu Christi, per quem mihi mundus crucifixus est, & ego mundo:* & repute toute autre science ignorance, à l'esgard de celle qui nous apprend Iesus Christ, & iceluy crucifié, *Nil volui scire inter vos, nisi Iesum Christum, eundemque crucifixum;* Et encores a- 2. Cor. 12. illeurs il dit, que librement il se glorifiera en ses miseres & infirmitez, afin que la vertu de nostre Seigneur habite en luy, & ceste vertu, ce croy ie, n'est autre que la patience en la tribulation.

Pour sçauoir que c'est que ceste gloire licite, il faut remarquer que l'homme estant né le plus noble entre toutes les creatures, auec vne excellence & dignité telle, qu'il a esté appellé par quelques Philosophes vn dieu mortel: pour ce naturellement il ayme l'honneur & la gloire: gloire rejetton de ceste philautie ou amour propre qui est enclaué en nous: mais d'autant plus que la noblesse de son ame l'esleue, aussi le doit rauallet l'abiection & vilité de son corps: il est semblable à cet enfant de l'emblême, qu'vne aile esleueroit trop, si vne pierre pesante ne le tenoit attaché à la terre.

Sçachons donc qu'il y a triple gloire, diabolique, mondaine, & Chrestienne. La premiere est, quand quelqu'vn est tombé en telle reprobation de sens, peruersion de volonté, & deprauation d'entendement, que nõ seulement il cache son peché, mais il le publie & s'en vãte: *Quid gloriaris in malitia, qui potens es iniquitate?* & tels en Droit alleguãs leurs turpitudes sont tenus pour infâmes;

sez; c'est comme si vne belle femme se glorifioit d'auoir enfanté vn crapault, vn serpent, vn monstre: car le peché que nous produisons qu'est ce autre chose qu'vne vipere, qui donne en naissant la mort à nostre ame? Comme si quelqu'vn se vantoit d'estre bien laid & difforme, d'estre en la disgrace de son Prince.

Quant à la gloire mondaine, comme elle semble sagesse, c'est en effect vne pure & vraye folie deuant Dieu: ceux qu'on appelle parmy le siecle gens d'honneur & de qualité, personnes honorables, ils paroissent graues & sages: si vous auiez entré dans leurs ames, vous ne vistes iamais rié de si sot, ils ne pésent qu'à des badineries, ce sont des vrays marmouzets: car les vrays sages ne sont point ainsi contrefaits, la sagesse n'enfle point le courage de superbe & vanité comme sont les ceruelles de ces gens pleines de fast & de vent, qui veulent estre en reputation de personnes notables, & respectez pour tels d'vn chacun, ce sont sots, a *Non glorietur sapiens in sapientia sua.* Il y a certain bois pourry qui luit pendant les sombres tenebres d'vne nuit obscure, mais au iour on n'y voit aucune lueur. Ces gens brillent parmy les tenebres du siecle, mais au iour de la verité ce ne sont que busches stupides & pourries.

a Hier. 9.

Pour la gloire Chrestienne, il y en a de plusieurs & diuerses sortes, l'vne de la cognoissance de Dieu nostre souuerain bien: b *Sed in hoc glorietur, qui gloriatur scire & nosse.* Nous nous pouuons resiouir d'estre les esclaues d'vn si grand Seigneur, d'auoir l'honneur de luy appartenir, *Ego seruus tuus, & filius ancillæ tuæ.* Il ne faut pas, comme plusieurs de nos hommes, és compaignies des Huguenots auoir vne sotte & mauuaise honte de se dire & glorifier Catholique parce que si nous auons honte de nostre Seigneur deuant les hommes, il l'aura de nous deuant son Pere eternel: *Qui erubuerit me coram hominibus, erubescam & eum coram patre meo.* Parmy les Heretiques c'est vne gloire d'estre fidelle, parmy les mescreans mesmes Turcs, idolâtres, barbares, nous deuons franchement & rondement professer nostre foy en estans enquis: *Corde creditur ad iustitiam, ore confessio fit ad salutem.* Et ne sert de rien, quand on se desdit de sa creance, & qu'on y renonce parmy les tourmens, de dire,

b Hiere. 20.

Tamani

Iuraui lingua, mentem iniuratam gero.
C'est vne erreur condamnee long-temps y a.

Vne autre grande gloire du Chrestien, c'est le tesmoignage de sa conscience:[a] *Gloria nostra testimonium conscientia nostra. Nil mihi conscius sum*, dit Sainct [b] Paul.

a 2.Cor. 1.
b 1.Cor. 4.

Le proufit spirituel de nos freres, est encore vne grande gloire pour les Predicateurs: Aux [c] Corinthiens, *Gloria vestra sumus, sicut & vos nostra.* Sainct [d] Iean: *Maiorem non habeo gratiam, quàm vt audiam filios meos in veritate ambulare.* Comme c'est la gloire du pere de famille d'auoir des enfans bien morigerez, du precepteur d'auoir de gentils disciples: si est ce qu'il faut bien prendre garde à soy en ce perilleux mestier de monter en chaire: ie ne l'appelle point perilleux pour la risque qu'on court touts les iours de son honneur: mais pour l'extreme danger qu'il y a de tomber dans le precipice de la gloire. Il n'y a si mortifié Religieux, lequel sortant d'vne chaire où il a fait ce qu'il a peu, ne se sente chatouillé de quelque pointe de complaisance, & ne soit bien aise d'entendre bourdonner à ses oreilles le murmure du peuple, ô l'habile homme, ô le docte personnage, ô la belle langue! il dit ce qu'il veut, &c. Mais si d'ailleurs il se remet en memoire la furieuse ialousie de Dieu en ce qui est de ce morceau friand de la gloire, lequel il s'est reserué à soy seul, priuatiuement à tout autre: *Ego Deus zelotes, gloriam meam alteri non dabo*: cela estonne grandement vne ame tant soit peu bien reiglee.

c 2.Cor. 1.
d 1.Ioan. 1.

Ioint que c'est vne malheureuse paye du trauail que l'applaudissement du vulgaire tousiours faux & inepte: & miserable celuy qui change à ce billon friuolle le vray or de l'eternité. Et puis outre le sacrilege qu'on commet d'attacher à Dieu ce qui luy appartient, n'est ce pas vne impertinence de se vanter de ce qui n'est pas à soy, comme est la parole de Dieu, laquelle si nous nous approprions, nous l'eneruons, rauallons sa grandeur, & nous exposons à la risee des hommes, voire nous luy ostons l'energie, la force, & le fruit, faisans humain ce qui est diuin: & la raison ce me semble pourquoy les Predications maintenant ne font plus tant de fruit, qu'elles auoient de coustume du temps de la simplicité de nos Peres, est qu'on y mesle trop d'affeterie, de curiosité, de fard:

fard: & Dieu qui n'habite point auec ces subtilitez humaines, laisse ceste parole, comme estant bastarde & ne luy appartenant pas, & par consequent luy soustrait ceste efficace & viuacité penetrante, laquelle accompagnee de sincerité & de candeur, perce & penetre iusques au plus profond de nos cœurs: *Sermo Dei viuus & efficax penetrabilior omni gladio ancipiti, pertingens vsque ad diuisionem animæ & spiritus.*

Il s'en voit peu jettez au moule des Apostres, lesquels n'ayans autre confiance qu'en l'ayde du sainct Esprit, entrent en chaire sans preparation autre que l'asseurance de ceste promesse infaillible à ceux qui ont assez de foy pour l'ambrasser: *Quando steteritis ante Reges & præsides, nolite cogitare in illa hora quid loquamini, dabitur enim vobis, non. n. vos estis qui loquimini, sed Spiritus Patris mei, qui loquitur in vobis.* Nous nous chargeõs de recherches rares, nous nous emplissons de conceptions, auec plus d'asseurance bien souuent en nostre memoire ou en nostre langue, que de confiance en la bonté de Dieu: nous nous cherchõs iusques dans le thrône de la verité, pour y planter le siege de nostre presomption, biẽ loing de recognoistre auec ingenuité, que tout biẽ vient de Dieu, & que tout luy doit estre rapporté. *Omne datũ optimum, & omne donum perfectum de sursum est, descendens à Patre luminum.* Et puis nous ne songeons pas qu'au lieu de refectionner le peuple de Dieu de sa vraye nourriture, nous sophistiquons la parole diuine de mille inuentions humaines, pour repaistre les oreilles, non pas les ames. Ie ne dis pas pour cela que les Predicateurs dient rien de faux, mais comme disoit vn Lacedemoniẽ à quelque Rheteur, ils disent souuent ce qu'il faut autrement, où autre part qu'il ne faut: & à vn autre qui disoit hors de saison beaucoup de bons discours, Amy, tu dis hors de propos plusieurs bons propos: les curiositez me semblent seantes en des discours academiques & priuez, deuant des habiles hõmes, sur le tapis, mais en chaire la simplicité est bien plus seante: il y a si beau champ dans l'Escriture, dans les Peres, les Conciles, les Canons, &c. sans aller par des voyes destournees se perdre dans ses conceptions ou plustost extrauagances propres: il me semble que nous nous deurions former sur le moulle des homelies des Peres anciens,

c'est

c'est vne belle eschole.

Encores pour les Aduocats, qui ont à parler deuant des gens *naris emunctæ*, qui peuuent estans du monde auoir vn peu plus de liberté de s'acquerir de l'honneur, & qui ont à satisfaire à des oreilles curieusement delicates, les recherches esloignees du trein commũ leur sont plus seantes, mais le Predicateur qui se doit rauallet à la portee d'vn peuple plus grossier (car ce n'est pas pour soy qu'il presche) ces affectations trop estudiees sont de mauuaise grace, & si ie ne me trõpe, de peu d'edificatiõ: au bout du conte il fait dangereux rauir la gloire à Dieu.

Ie viens à vne autre gloire particuliere du Chrestien, qui donne le tiltre à ce discours, sçauoir celle des tribulations. S. Paul aux Romains: *Gloriamur in tribulationibus, scientes quod tribulatio patientiam operatur, patientia verò probationem, probatio verò spem, spes autem non confundit, quia Charitas Dei diffusa est in cordibus nostris per Spiritum sanctum qui datus est nobis.*

Les gendarmes ont de coustume de se priser & loüer de la compagnie où ils ont l'honneur d'estre enroollez, soit qu'ils le soyent en celle du Roy, ou de quelque autre grand Capitaine: nous sommes tous en la liste de la milice de Iesus-Christ, nostre cornette & estendart c'est la Croix: n'auons nous dont pas occasion de nous glorifier, si par le moyen des tribulations nous receuons ceste grace d'estre couchez en ceste bande? *Si quis vult venire post me*, dit nostre valeureux chef, *abneget semetipsum, tollat crucem suam, & sequatur me.* Qui l'ayme si le suiue, il nous apprendra que le Ciel ne se prend que par force, par assaut & escalade, *Et violenti rapiunt illud.* Estant à nostre teste, qui patit & endure le premier; je croy qu'il n'y a si lasche qui n'aye quelque desire de le suiure: il a fallu qu'il aye souffert pour entrer en vne gloire qui estoit siéne, propre & acquise de toute eternité: *Oportuit Christũ pati, & ita intrare in gloriã suã.* Et no' qui tendons à ceste gloire non nostre, si ce n'est que sa bõté nous ouure la porte, serõs nous bien si mal aduisez d'y pẽser paruenir les bras croisez? aussi nous a-il laissé vn *Oportet per multas tribulationes intrare regnum Dei.*

Si les exemples ont plus de force que ces preceptes, nous verrons cela tres-clairement en la personne de ses plus fauoris: sa mere à esté plus que martyre, tous les Apostres

Apostres ont esté martyrisez, tous les Saincts ont suiuy son sentier auec peine & trauail: portans leurs Croix, les Martyrs par la constance, les Confesseurs par la patience, les Vierges par la continence, qui est vn martyre
a Heb. 11. lent & continu: a *Alij ludibria & verbera experti, insuper & vincula & carceres; lapidati sunt, secti sunt, tentati sunt, in occisione gladij mortui sunt: circuierunt in melotis in pellibus caprinis, angustiati, miseri, afflicti, quibus dignus non erat mundus: in solitudinibus errantes, in montibus & spelũcis, & in cauernis terræ.* Pour ceste gloire de la tribulation les docteurs tiennent, que les cicatrices & playes demeureront aux martyrs, mais beaucoup plus glorieuses & resplendissantes que le reste de leur corps.

Et de fait, ne doit ce pas estre vn grand honneur au Chrestien d'estre affligé, puisque les soldats du monde n'ont rien de plus signalé que quand ils sont estropiez? Vne mere Spartaine à son fils boiteux pour vn coup qu'il auoit receu en vn rencontre militaire: Courage luy dit-elle, mon fils, tu ne marcheras iamais vn pas sans souuenance de ta valeur; pas vn ne te verra, qui ne sçache que tu t'es trouué en lieu où les poltrons & casaniers n'ont garde de se trouuer.

Vn autre à quelqu'vn qui le reprenoit de ce que boiteux il alloit à la charge: I'y vays fit il, pour combattre, non pas pour fuyr. Les gens de guerre ne sont iamais si fiers, que quand ils portent sur eux les marques de leur
b 2. Cor. 11. courage. Voyez comme sainct b Paul se glorifie d'auoir souuent esté à la meslée pour le seruice de son grand Maistre: *Ego fui in laboribus plurimis, in carceribus abundantius: in plagis supra modum, in mortibus frequenter: à Iudæis quinquies quadragenas vna minus accepi. Ter virgis cæsus sum, semel lapidatus sum, ter naufragium feci, nocte & die in profundum maris fui, &c.* Et apres, *Si gloriari oportet, quæ infirmitatis meæ sunt gloriabor.* Et de vray comme il est bien plus loüable en vn soldat d'estre au camp ou à la meslée, que dans le baing ou à la tauerne. De mesme il est bien plus honorable au Chrestien d'estre en affliction qu'en liesse.

Il y a plus, celuy qui est en mesaise est en cela imitateur de Iesus Christ: imitation en laquelle gist le souuerain point de nostre perfection. *Estote imitatores mei, sicut & ego Christi. Estote perfecti, sicut & Pater vester*

perfectus est: Christus nobis reliquit exemplum, Vt sequamur Vestigia eius. Exemplum dedi Vobis, Vt sicut ego feci, ita & Vos faciatis. Or il a cheminé en douleur en ceste vie, aussi deuons nous semer en pleurs, afin de moissonner en ioye: *Euntes ibant & flebant, mittentes semina sua, &c.* Et n'est-ce pas bien de la faueur d'estre à la suitte d'vn tel Seigneur? a *Magna gloria est sequi Dominum.* a Eccl. 23.
C'est bien de l'honneur au gentil-homme, qui en vne bataille porte les armes du Roy. Et en la milice de ceste vie tiendrons nous à desfaueur de porter les liurées & marques de nostre chef, sçauoir les tribulations? Sainct b Paul: *Nemo mihi molestus sit, ego enim stigmata Domini Iesu in corpore meo porto.* b Gal. 15.

Aurions nous bien à contre-cœur d'estre appellez amis & enfans de Dieu? or le moyen de l'estre, c'est par l'affliction: *Nimis honorati sunt amici tui Deus, nimis confortatus est principatus eorum.* La version Hebraique auec *honorati*, peut aussi endurer *afflicti*, pour nous apprendre, que l'honneur plus grand que Dieu fasse à ses amis, est de les affliger en ce monde: ceux qu'il chastie sont ses enfans bien aymez: c *Disciplinam Domini fili mi ne abijcias, nec deficias cum ab eo corriperis, quem enim diligit Dominus corripit, & quasi pater in filio complacet sibi.* Aux d Hebreux: *Flagellat Dominus omnem filium quem recipit, quis enim filius quem non corripit pater?* En l'Apocalypse: e *Ego quos amo, arguo & castigo.* c Prou. 3. d 12. e 3.

Nous nous loüons ordinairement de ce qui nous est vtile & profitable, i'ay vne bonne terre, vn bon cheual, de bonnes rentes: si donc la tribulation nous apporte tant & tant d'vtilités, comme l'vsage & l'experience nous faict voir, sera-il desraisonnable que nous-nous glorifions en icelle? Vn grand profit est, que par le moyē d'icelle nos ames sont purgees de leurs imperfectiōs & iniquitez. Sainct Gregoire en ses Dialogues parlant du faict de sainct Benoist, qui se lança nud dans des espines pour surmonter vne violente tentation de la chair: *Per Vulnus corporis*, dit-il, *mentis Vulnus sanauit*. Celuy qu'vne seulestrette goutte, ou quelque violente maladie trauaille, il ne songe pas à l'ambition, à l'auarice, ny à la volupté, ces trois bourreaux qui sans cesse nous tyrannisent quand nous sommes à nostre aise: il perd le goust de tous les honneurs & de tous les biens du monde: C'est

pourquoy

pourquoy sainct Paul disoit : *Tunc infirmor*, du corps s'entend, *fortior sum*, quant à l'esprit: parce que la mortification de celuy-là est la viuification de celuy-cy. Et Dauid dit, que son amertume & inquietude plus grande, est en la paix & prosperité, *in pace amaritudo mea amarissima*. De plus la tribulatiō nous fait recourir à Dieu comme on recourt à l'abry pendant la tempeste: *Sub umbra alarum tuarum protege me, à facie impiorum qui me afflixerunt*. Mille autre passages : *In tribulatione dilatasti mihi, Bonum mihi quia humiliasti me, ut discam iustificationes tuas. Multiplicata sunt infirmitates eorum, postea accelerauerunt. Viam mandatorum tuorum cucurri, cum dilatasti cor meum. Tribulatio & angustia inuenerunt me, quia lex tua meditatio mea est. Tribulationem & dolorem inueni, & nomen Domini inuocaui.*

Vne autre grande vtilité des tribulations, c'est que par le moyen d'icelles nous nous acquittons de nos debtes, que si nous accarrons le peu de peine que nous endurons temporellement pour la satisfaction de nos pechez, auec les douleurs de l'autre vie, nous trouuerons qu'il y a moins de conuenance, que si pour des milliers d'escus que nous aurions empruntez, nous rendions vn grain de sable : *Momentaneum hoc & leue tribulationis nostra aeternum gloria pondus operatur in nobis*. I'interprete à ce propos ce mot a d'Ezechiel, *Diem pro anno dedi tibi*. C'est à dire que nous payons à Dieu, de rien vne grande somme, de laquelle nous luy sommes redeuables.

a 4.

Et encores il se remarque que la tribulation nous instruit en nous corrigeant, cōme vn pere quand il corrige son enfāt, ce n'est pas de hayne qu'il luy porte: mais c'est pour le faire deuenir meilleur : b *Qui diligit filium, ei flagella assiduat*. Au contraire celuy qui flatte ses enfans, il les estouffe comme le singe en embrassant trop ses petits c *Qui parcit virga odit filium* : La correction c'est vn sel, qui conserue par son acrimonie, chassant la corruption & deprauation. La verge est ce qui chasse la folie de la ieunesse d, *Stultitia colligata in corde pueri, & virga disciplinae fugabit eam*. La verge de Dieu c'est la tribulation: mais ceste verge nous dirige en son Royaume celeste : *Virga directionis, virga regni tui*, Nabucadnezar parmy ses miseres ayant leué les yeux au ciel, il re-

b Eccl. 30.

c Prou. 23.

d Prou. 22.

uint en son bon sens [a] : *Post finem dierum ego Nabuchodonozor oculos ad cælũ leuaui & sensus meus redditus est mihi.* Les afflictions presentes sont données pour signe à ceux qui craignent Dieu, afin qu'ils euitent par là le courroux de Dieu indigné contre leurs offenses, *Dedisti metuentibus te significationem, vt fugiant à facie arcus.* a Dan. 4.

Vne autre bien de la tribulation, c'est qu'elle faict mespriser ceste vie presente, & tous ses faux biens, pour aspirer aux vrayes felicitez de la future : en l'Ecclesiastique b, *O mors quàm bonum est iudicium tuum homini indigenti* : Il n'est pas ainsi a ceux qui sont à leur ayse : *O mors quàm amara memoria tua homini pacem habenti in substantijs suis* ! I'interprete ainsi ce trait du Psalmographe, *Conglutinatus est in terra venter noster* : Comme les confitures tiennent au pot où elles boüillent, & se gastent, si on ne les remuë : de mesme le cœur de l'hõme est fort subiect de s'attacher à la terre, s'il n'est souuent agité & trauersé d'afflictions ; pourtant, dit sainct Gregoire, que, *Electis suis Deus iter asperum facit, ne delectẽtur in via, & obliuiscantur eorũ quæ sunt in patria.* Comme les vents empeschent que l'air ne se corrompe, & charge par trop de nuages & brouillards ; ainsi les vents des afflictions empeschent que nos esprits ne soient offusquez de terrestres affections. b 41.

De l'Excellence des Mathematiques.

Chap. XV.

ET [a] par le son du mot, & par le commun adueu des maistres, suiuy du consentemẽt vniuersel d'vn chacun, il demeure constant & arresté, que les Mathematiques sont ainsi appellées du nom Grec b qui signifie art, science, doctrine, discipline ; mais pourquoy cela ? tous n'en sont pas également & vniformement d'accord, les opinions sont fort diuerses ; aussi est-ce vne chose à la verité qui sẽble auoir quelque espece d'estrangeté, de voir que ce nom general communicable à tant

c *Proclus sur le 1. d'Eucl. l. 1. ch. 18.*

d μαθήματα, ἀπὸ τῦ μανθάνειν, τῆς μαθήσεως ou de μανθάνειν

& de plus releuées sciences, soit ie ne sçay comment approprié, & attribué particulierement à celles-cy, quasi comme priuatiuement aux autres: que ce soit pour leur excellence [a], ie ne voy pas qu'il se puisse totalement soustenir.

a κατ' ἐξο-χὴν.

La Theologie qui est la Royne & emperiere des disciplines, qui esleue sa teste par dessus les autres, non seulement selon la pastorale conception du Poete [b] autant que le pin ou le Cyprés surmonte en hauteur la camomille; mais pour l'esleuer au plus haut degré, où nostre imagination se puisse guinder, autant que le Createur surmonte en dignité les creatures, l'infiny les finies, l'immortel les mortelles, le celeste les terrestres, Dieu createur, infiny, immortel, celeste, incomprehensible, ineffable, tout; les choses creées, limitées, perissables, caduques, rien: Ceste Theologie, dis ie, à raison de son obiect, non seulement noble, excellent, magnifique, merueilleux: mais la noblesse, excellence, magnificence, & merueille mesme, l'archetype de l'vniuers l'estre des estres, en vn mot Dieu, reclameroit & appelleroit de ce titre superbe & insolent, donné à la moindre de ses seruantes. Pourquoy non elle à qui on peut oster cet eloge non faux, de science des sciences? Mais pour ne seiourner d'auantage à exalter ceste non iamais assez loüée doctrine des choses diuines, pensez-vous que la Iurisprudence, la Medecine, ces deux profonds abysmes où sont engouffrez tant de grands cerueaux n'appellassent pas de ce nom de Matematique, comme abusiuement attribué à vne discipline qui ne les suit que de bien loing? Et qu'en diroit aussi ceste vaste mer de la Philosophie, dont elle n'est qu'vne foible branche, & bien petit ruisseau? Que feroit-on à cela? il est impossible de les defalquer de la possessiō immemoriale de ce nom: le temps qui par vne succession, & entresuitte d'vn laps infiny de iours le leur a donné, celuy-là mesme le leur conseruera.

b Virg. in Bucol. eclog. 3.

Ceux qui se sont voulu mesler de rechercher la verité de ce doute, ont tous failly au blanc: car qui, ie vous prie, pourroit bien viser parmy de si obscures tenebres? qui tira iamais certitude de l'incertain [c]. Les vns suiuant l'aduis de Pythagoras & Platon emiellez des resueries de la Metempsichose ou transmigration

c Proclus sur le 1. d'Eucl. l. 1. ch. 15.

des

des ames, se sont imaginez qu'elles auoient esté ainsi nommées par Pytagoras, pour la reminiscence ou ressouuenance de la vie passee. Pour mieux conceuoir ceste opinion, rebroussons vn peu en arriere, & reprenons les choses vn petit plus haut.

C'est vne chose assez notoire & commune que l'opinion des a Pytagoriciens : touchant la transposition & passages des ames en d'autres corps, selon les merites ou demerites de la vie escoulee : mais cela estant aucunement esloigné de ce subiet, ce mot me suffit. Pour venir à l'ample opinion des b Platoniciens assez familiere & vulgaire, qui estimoient que les ames estoient tirees du ciel toutes sçauantes, & infuses dans les corps, esquels estans resserrées, & comme enfondrees, elles perdoient la liberté de leurs fonctions, & partant la memoire de leur ancienne doctrine & sçauoir, qui par apres leur pouuoit estre resueillé & rappris par l'entremise de la facilité des arts : de sorte qu'ils tenoient nostre science n'estre qu'vne rememoration de la nostre precedente. De ces deux opinions fantasques quelques vns ont colligez cette bisarre imagination, que ces Arts de Mathematique auoient esté ainsi nommées par ces Philosophes, pour l'excellence de leur ordre & facilité infiniment propre, & conuenable à cette leur imaginaire ressouuenance de science & de recordation de vie passée; mais certes selon l'aduis de tout sain iugement, il faut confesser que ceste opinion est aussi inepte, que ses fondemens sont ridicules.

a Ouide en ses Metam.

c Platon au Dia. intitulé Zeno. Aristote au l. de la memoire, Platon aussi au Phedon.

Il y en a d'autres qui me semblent raisonner plus probablement, sur ce sujet leur attribuans ce nom pour leur antiquité. Et certes si nous voulons feuilletter les plus courbes replis de ceste vieille matrone, nous trouuerons que ces disciplines estoient comme l'Alphabet c des enfans anciennement, & qu'on ne s'estonne point si ie dis l'Alphabet, parce que lors l'apprentissage des langues estrangeres n'estoit point necessaire, chacun raisonnoit, discouroit, escriuoit, apprenoit les sciences en sa langue maternelle, & naturelle; presque au sortir de la mammelle, vn homme estoit capable auec son iargon originel d'apprendre les secrets des Arts, non pas comme à present qu'il nous faut employer la moitié de nos iours à decliner vn nom, coniuger vn verbe,

c Arist. l. 6. des Eth. c. 8. Platon Dia. 7. de la rep.

les lier ensemble congruëment, & puis nombreusement auec les cadences, & mesures pedales de la symmetrie poetique : Et puis que de peines à polir & agencer ces mots d'vne belle contexture selon les preceptes des Rheteurs, ou de l'art oratoire: ces trois simples arts qui ne sont qu'introductoires, la Grammaire, Rhetorique, Poesie, & si nous voulons aussi ioindre d'vne tire celuy de bien raisonner, qui est la Dialectique, consument le plus beau & vigoureux temps de nostre âge, la plus verte fleur de nos ans, au lieu de nous remplir de la cognoissance des choses, & nous orner de belles conceptions, nous allons rauaudant apres l'escorce vaine & suite des mots & paroles : d'vn ieune homme frais esmoulu du College nous ne demandons pas, sçait-il bien quelque science, mais est-il sçauant (voyez l'impertinence du mot) en Latin, en Grec, entend il bien son Ciceron, son Homere, son Virgile? ses vers sont-ils mignards & doux, parle-il elegamment, ses discours sont ils polis, & bien triez, compose il bien? l'antiquité crieroit elle pas icy à bon droit : ô lourdes & stupides testes! quelle resuerie d'appeller vn homme docte qui gazoüille en Latin, crache quelque petit mot de Grec? est ce pas prendre proprement l'ombre pour le corps?

Les anciens bien plus sages & aduisez ne caressoient & cultiuoient que leur langue propre : ces grandes lumieres des siecles passez, Platon, Aristote, Ciceron, Demosthene, Plutarque, Senecque, & mille autres n'ont philosophé, discouru, escrit qu'en leur iargon naturel, quoy que desia du temps de Ciceron ces deux langues Grecque & Latine commençassent à se cousiner l'vne l'autre, & familiariser ensemble : ne nous estonnons plus si ces derniers siecles ne produisent que des hommes qui ne suiuent ces grands personnages que de bien loing, ils auoient dés le berceau ce que nous ne pouuons acquerir, que par le trauail assidu de la moitié de nostre aage.

Mais ne semble il pas que ie me plaigne, comme on dit de saine-teste en ce faict icy? comment me dira quelqu'vn, sçaurions-nous auoir l'vsage des bons liures esquels sont contenus les sciences, si premierement nous n'apprenons leurs langues? Ie confesse à la verité cela estre

estre tres-necessaire, seulement ie plains l'infortune de ces miserables temps, à l'égard du bő heur de l'antiquité, laquelle auoit chez soy, & dans ses mains ce que nous peinons & suons tant à acquerir. Mais pour ne m'escarter d'auantage en ceste route que ie poursuis plus proprement en a son lieu, & pour remonter d'où ie suis party, on peut aysément colliger de cecy, que ce n'est point sans raisō que i'ay appellé nos Mathematiques comme l'Alphabet des anciens: parce que c'estoit par où les ieunes enfans commençoient leurs estudes, c'estoit le premier apprentissage que b Pythagoras proposoit à ses nouueaux disciples: & ne s'en faut pas estōner, car il n'est rien plus clair, manifeste, aisé & palpable, que les propositions de cet art; ne voyez-vous pas que comme naturellement les enfans pour petits qu'ils soient, sçauent le nombre pour le moins de leurs doigts.

a En mon discours des langues.

b A. Gelle l. 1.

Or voila l'Arithmetique, c'est la plenitude des nombres que le 10. il n'y a autres finesse qu'à recommencer, adiouster, soustraire, diuiser, doubler, tripler: brief tournez, virez, transportez, changez, vous ne trouuerez autre chose que ces nombres: mais de cecy tantost particulierement en l'Arithmetique.

De ce pas qu'est il plus facile que se glisser dans la Geometrie? designant le poinct par l'vnité, la ligne par le binaire, la surface par le ternaire, & le corps solide par le quaternaire, ce grand & sacré nombre Platonique, non pour autre chose que pour ce qu'il contient le dix, qui la est perfection & le parfaict triangle, cōme raisonne Plutarque. Qu'est-il plus aysé, facile, & i'ose dire enfantin, que les communes notions, ou principes de l'vne & l'autre? chacun sçait que c'est qu'vnité c, ie dis simplement prise, sans toutes les considerations philosophiques des Pythagoriciens, & autres: que le nombre est vn assemblage d'vnitez, cela est fort clair à conceuoir que c'est que nombre pair ou impair, les enfans le sçauent: il en est de mesme pour la Geometrie d: qui n'estime niaiserie de dire que le tout est plus grand que sa partie, que les choses égales sont égales, que les égales à vn tiers sont entre soy égales, qu'adiouster également à choses égales, n'ostera rien de leur égalité, & le mesme estre d'en oster également: & autres semblables propositiōs, lesquelles sont si naturellement

c Eucl. l. 7.

d Eucl. l. 1.

conceuës

conceuës des notions communes, qu'il semble quasi inutile de les auoir couchées sur le papier, & qu'on ne pense pas pour tant de sortes de lignes, d'angles, cercles, que la Geometrie soit plus abstruse que l'Arithmetique, laquelle pour l'vsage ordinaire de compter & calculer semble plus familiere, parce qu'au rebours les figures de la Geometrie, pour abstraites qu'elles puissent estre, ont plus de voisinage & d'affinité auec nostre conception que les nombres, qui ont vne abstraction plus simple & espurée.

Donc pour conclure ceste opiniõ, à cause de ceste leur antiquité & primauté, non pas de dignité, (cela seroit non soustenable, la Theologie & autres sciences opposées, comme nous auons ja monstré) mais de doctrine ou ordre d'enseigner, aucuns ont estimé que ces disciplines auoient acquis & emporté sur les autres arts, ce nom authentique : d'autres ont pensé que c'estoit à cause que de leur source inépuisable toutes les sciences pouuoient estre arrousées; qui voudroit approfondir ceste consideration, trouueroit sans doute, que c'est vn abysme creux, qui n'a ny fonds ny riue: car s'il est vray, comme il est, & comme nous l'apprend ce Roy diuinement sage [a] Salomon, que toutes choses ont esté creées de Dieu en nombre, poids, ou mesure, puis que l'Arithmetique & Geometrie approuuent particulierement l'vsage de ces trois choses, pourquoy ne dirons nous pas qu'elles estendent leur iurisdiction par toute l'estenduë de l'vniuers, & partant sur tout ce qui est creé. Ie ne vois que la seule Theologie, laquelle pointant ses eslances au delà de toutes les choses formees, visant droit au souuerain Createur & Facteur, semble eschapper leur empire : si est ce que necessairement elle a affaire de leur aisles, pour se guinder & esleuer encores à vne contemplation plus haute: Ie m'en rapporte aux [b] Cabalistes auec leurs Sephiros, chifres & nombres, ruisseau prouenant de la source de l'Arithmetique, dequoy i'espere toucher quelque mot cy apres.

Quant à la Philosophie, il est sans controuerse qu'elle ne se peut en aucune maniere passer de leur assistance; c'est le filet qui nous guide dans les entortillez destours du labyrinthe & Meandre confus de ceste vaste

a Sap. 11.

b Comme monstre euidemment le docte Cardinal de Cuse en son liure de la docte ignor.

ſte vaſte ſcience, qui ſe qualifie de cet infiny & merueilleux titre de cognoiſſance des choſes diuines & humaines.

Vrayement ce n'eſt pas ſans raiſon que le Philoſophe diuin chaſſoit & rebutoit de ſon eſchole les Ageometres ou ignorans des Mathematiques, comme incapables du tout des conceptions de ſa Philoſophie; & certes qui voudra ſcauoir la raiſon & verité de cela, il ne faut que conſulter les eſcrits de ce docte & admirable Platon, & de ſon diſciple & vray demõ de nature Ariſtote, ſans doute il trouuera combien eſt vtile & neceſſaire pour l'intelligence de leurs diuines œuures, la cognoiſſance des Mathematiques.

Ie peu dire auec raiſon, apres les plus doctes cerueaux, qu'il eſt impoſſible de bien entendre les belles conceptions de ces deux yeux de la Philoſophie ſans leur ayde; en quoy certes eſt deplorable la deprauée facon d'enſeigner qui ſe pratique auiourd'huy quaſi par toutes les Academies de l'Europe, de ietter, ou pluſtoſt precipiter la ieuneſſe du Ciceron droit dans l'Ariſtote, i'entends de la faire paſſer ſans aucun milieu de l'eſtude des lettres humaines, Grammaire, Rethorique, hiſtoire & poeſie, tout court dans la Philoſophie, ſans luy faire aucunement gouſter auparauant ces ſciences, qui ſeruent de voile & auiron tres commode pour voguer en ceſte ſpatieuſe mer, autrement c'eſt nauiger ſans éguille, cadran, bouzolle, & ſans gouuernail: cecy ſe peut manifeſtemẽt remarquer au peu ou point de profit qu'elle tire de la Philoſophie, faute d'eſtre biẽ inſtruite és preceptes de ceſte ſciẽce tres neceſſaire auant-courreuſe.

Et ne voy point d'autre raiſon pourquoy on quitte le grand chemin de l'Ariſtote tant battu par nos doctes deuanciers, pour ſe deſtourner dans vn gouffre tortis de mille queſtions ſophiſtiquées, que l'impertinente des Pedantes qui la manient, ignorans des Mathematiques, & par conſequent des belles demonſtrations que l'Ariſtote en tire à chaque bout de champ; ils paſſent ces textes comme de mauuais pas, ſe contentans de crayonner quelques idées generales des liures ou des chapitres, ſans en pinceter, ou pluſtoſt éplucher les particularités: de cecy ie me plains aſſez amplement ailleurs.

Le plus propre remede parmy la misere & desolation de ces belles sciences delaissées, qu'ayent peu inuenter en ces nostres derniers temps, ces belles lumieres de nos iours, ces doctes & celebres Peres de la Compaignie, qui pour auoir planté les premiers le nom de IESVS en vn monde nouueau, en portent à tres-bon droit le nom, le plus prompt & expedient (dis-ie) de ces habiles hommes, a esté de ioindre en mesme temps ces deux estudes des Mathematiques & de la Philosophie, comme sœurs germaines qui s'épaulent & accollent necessairement: à l'aduenture eust-il esté aussi à propos d'en faire comme vn intermese entre les estudes des lettres humaines & la Philosophie, estans mitoyennes aux vnes & aux autres, & certes il seroit fort vtile d'estre imbu d'icelles auant que de mettre le nez dans la Philosophie: mais tant y a, que parmy l'ostracisme de ces arts, c'est le plus facile moyen que ces beaux esprits, à qui non seulement celles cy, mais les autres sciences font hommage, ayent peu inuenter pour les rappeller de leur exil.

Estant donc tres-asseuré que la philosohie ne se peut passer d'icelles, non plus que d'vn accident inseperable de sa substance, selon l'aduis des Pythagoriciens, Platoniciens, Academiciens, tous les autres Philosophes, & la verité de l'experience mesme.

Voyons vn peu si la Iurisprudence, qui semble plus qu'aucune autre les mespriser, se peut passer de leur entremise: certes s'il est vray ce que nos a Iurisconsultes & Docteurs nous content, qu'elle est la science des choses diuines & humaines, cet art de Mathematique estant du nombre on peut dire qu'en general elle s'en sert: mais pour quitter ceste idee vniuerselle de l'encyclopedie, estant tout certain que les sciences en general se baisent, s'entre ayment, & prestent l'vne à l'autre la main; descendons à quelque particularité, veu mesmes que tout le grand & vaste corps de nostre Iurisprudence, n'est qu'vn ramas & entassement de faicts & cas particuliers. Ne voyons nous pas tous les iours à la honte & confusion de la iustice, mais plustost des iuges, mille affaires estre renuoyées à l'aduis d'vn preud'hôme pour l'insuffisance & ignorance qu'ils ont en cet art quand il est question de quel-

a *Instit. de Iustit. & iu. et l. 10. Iusti tia ff. eod.*

de quelques diuisions de deniers ou de biens, il s'en rapportent plustost au calcul de quelque petit clerc de village, qui sçaura par routine quelque meschante reigle d'Arithmetique, qu'à leur propre iugement: lequel seroit sans doute bien plus solide & ferme, s'il estoit imbu des maximes de cet art. Quant à la diuision des heritages qui se faict par la Geodesie ou arpenterie, qui ne voit que la pluspart s'en rapporte plustost à des pauures artisans? Quant au faict des mechaniques, qui dépendent immediatemẽt des Mathematiques, soit pour l'Architecture, Orfeueries, mesures, & mille autres especes: qui ne les voit tous les iours fonder leurs arrests sur le rapport de quelques ignorãs malotrus. Bartole certes est vne bõne & forte teste, excellẽt à la verité en la routine des loix, mais depuis qu'il se tire tant soit peu hors de ce sentier, il chope à tous propos, & ne fait rien qui vaille.

Ie laisse quelques erreurs pour les lettres humaines, histoire, langue Grecque, barbarie en langue Latine, Theologie, ce bon homme par tout là ne voyoit goutte, il est fort aysé à iuger: il a faict le mesme en cet art, quand il s'est voulu mesler d'arpenter les isles & acquisition d'heritages: Dequoy le reprend expressement assez au long le subtil Geometre [a] Buteon, & non seulement luy, mais les autres anciens interpretes qui ont voulu parler de tout, ont aussi fouruoyé: s'esloignans de leur droite eclyptique, comme le mesmes leur monstre fort proprement. A l'aduẽture est ce la raison pourquoy l'Empereur Diocletian en quelqu'vne de ses constitutions, commande pour le grand profit & interest du public [b] que l'art de Geometrie soit publiquement exercé & enseigné: il preuoyoit peut-estre, ce que nous voyons quelquefois en ce temps, tout plein d'arrests cornus & sentences de trauers pour l'ignorance des principes, & de la cognoissance de cet art: ce qui n'arriueroit pas, si auant que de ietter la ieunesse à l'apprentissage des sciences, on luy bailloit pour fondement ces disciplines vniuerselles.

a *Voy Buteõ en ses Opusc. Geomet. sur le droit sur la loy Adeo, & autres ff. de acq. rer. dom. & sur la l. diuor. ff. sol. matr. & la loy Qui quadraginta, ad l. falcid.*

b *l. C. de malef.*

I'obmets pour briefueté ceste grande dispute & traicté de la Philosophie morale touchant la iustice distributiue & commutatiue, qui n'est que pure iurisprudence, voire l'ame de la science du Droit, puisque ce n'est autre chose que l'art qui nous enseigne à mesnager &

ger & exercer la iustice. Qui ne sçait que ceste grande question est toute resoluë & terminée par les Mathematiques, sçauoir par les proportions Arithmetiques & Geometriques, la distributiue dependant de celle là, la commutatiue de celle cy, mais cela est plus à propos expliqué en son lieu.

Passons à la Medecine, Qui est-ce, ie vous prie, de ceux qui font profession de ceste belle science, qui ne sçache le son de ce mot composé, Iatromathematique, mot qui colle & vnit tellement ensemble ces deux arts, qu'ils semblent inseparables? Qui ne sçait que c'est là que se rapporte ceste troisiesme branche de l'harmonie dicte humaine, pour estre la consonance des parties du corps & rapport elegant des membres l'vn auec l'autre!

Hippocrate & Galien, les deux prunelles de leur science, sont renommez pour auoir esté tres excellens en ces arts. Il nous reste encores quelques lettres du premier escriuant à son fils, & luy recommandant sur toutes estudes celles de l'Arithmetique & Geometrie, non seulement comme tres-vtiles au maniement des affaires humaines, belles pour illustrer & embellir l'esprit, propres à esguiser l'entendement & le rendre preparé à conceuoir promptement les belles conceptions de toutes sortes de sciences: mais aussi comme tres-necessaires à la vraye intelligence de la Medecine, à la profession de laquelle il le destinoit: & certes qui voudra ietter l'œil a sur la texture de ses discours, il y verra paroistre des demonstrations, propositions, raisonnemens si conformes aux inductions Mathematiques, qu'il est aisé à iuger qu'il a puisé de là la force de ses renduës & nerueuses opinions. b Quant à Galien il recommande sur tout la cognoissance de ces sciẽces & de l'Astronomie leur suffragante, au vray medecin Philosophe; Et pour n'ennuyer par vne longue liste que ie pourrois faire des grãds Iatromathematiciens, Fernel & Cardan, ces deux grands habiles hommes du siecle dernier passé, n'ont-ils pas laissé de beaux & riches monumens de leur sçauoir Iatromathematique: mais parce que le mariage & liaison de ces deux arts est tout notoire & aueré par les gentilles exercitations de quelques habiles hommes de c cestuy nostre temps, & que ceste fraternité est em-

a Voy l'Hyppocr. sect 3. de ses Aph. au commencement du li. de aere, locis & aquis. Et les liures De morbis vulgarib.

b Voy Galien au traitté que le bon Medecin est aussi bon Philosophe.

c Monãth. in hist. Iatromath. & in oratio. pro Mat. artib. Miraldus in planetologia.

brasſée par les plus entẽdus Medecins, ie laiſſe ceſte route apres auoir monſtré, que ſans icelles il eſt bien difficile, mais que di-ie, il eſt impoſſible que nul puiſſe ſe rendre parfaict en aucunes ſciences liberales que nous venons d'eſplucher, ſans le commerce des Mathematiques. Ouy, ie dis que perſonne ne peut deuenir excellent en Philoſophie, Theologie, Iuriſprudence & Medecine, ſans l'entremiſe de ces arts : cecy prouue-ie apres mes precedentes raiſons par ce diléme. Les Mathematiques ſont l'ame de la Philoſophie, comme i'ay monſtré cy deſſus, comme auſſi faict l'experiẽce, à laquelle ie renuoye les plus rebours & incredules. Or la Philoſophie eſt l'ame des autres ſciences, ce que le plus effronté Myſoſophe ne me ſcauroit nier. Donc ces arts ſont l'ame, le nerf, le reſſort & la ſource de toutes les arts.

Voyla quant aux ſciences liberales : voyons maintenant quelle iuriſdiction ont les Mathematiques ſur les autres que les ſcolaſtiques appellẽt Mechaniques, iceux les diuiſent en ſept comme les liberaux : mais ie penſe auoir aſſez clairement monſtré ailleurs l'abſurdité de ceſte diuiſion : laquelle pour ne retaſter importunément encores vn coup, ie me contenteray de redire cecy, que ie diuiſe la Mechanique en deux branches, dont i'appelle l'vne theorique, improprement toutefois, l'autre purement Practique : ces deux bras ſont la marchandiſe & la manœuure ou operatrice de la main, leſquelles par apres ſe ſouſdiuiſent en tant de diuerſes parcelles, qu'il eſt preſque impoſſible de les nombrer : car combien ie vous prie, y a il de ſorte de traffic & marchandiſe, mais combien plus y a il de ſorte de meſtiers? Nos Scolaſtiques s'eſceruelent à les reduire tous à ſept, mais ils ſont bien loing de leur compte, quelque rapport qu'ils puiſſent faire, ils s'en eſchappe touſiours beaucoup de leur trop reſſerrée ſeptenaire.

L'Italien meſme Fiorauanti[a] qui nous veut faire croire qu'il a perdu douze ans à rapetaſſer & rauauder ſes rapſodies, en ayant fait vn liure expres qu'il a diuiſé en plus de cent branches, n'en a peu encores venir à bout : auſſi de quel nœud ſcauroit on tenir les muables & iournalieres inuentions de ce Prothée changeant de l'eſprit humain? Sans me perdre dans cet entortillé

[a] En ſon miroir des arts & ſciẽces.

Meandre

Meandre, ie reduis la Mechanique a deux chefs principaux, laissant ca & là diuaguer l'infinie multitude de ses membres: sçauoir en sa theorie, certes abusiuement prise, non toutefois sans quelque rapport & analogie à la vraye, cõme ie prouue quelque part, qui est la marchãdise, laquelle chacun voit tenir le regime & cõme la bride à la manœuure, toute occupée sur les tables & contoirs à calculer, & estimer la diuersité des denrées: qui ne voit qu'elle est tout à fait suffragante, & pour parler selõ les termes de l'eschole, subalterne à l'Arithmetique? Si nous volons passer à l'autre chef, qui ne voit que toute la manufacture n'est que la purepractique de la Geometrie, soit que nous considerions la Geodesie, ou art d'arpẽter, ou la Stereometrie, art de mesurer & compasser tous les corps solides, soit la fevrerie, art qui se meslent de mettre en œuure le bois, les pierres, les metaux, or, argent, cuiure, & autres pour les applicquer à vsages necessaires; soit que nous considerions la fillerie & tisserranderie, soit en fil, laine, soye, or, argent: soit l'agriculture, soit l'art nautique ou Hidrographie subalterne à la Cosmographie, soit que nous iettions l'œil sur l'art militaire, propre aux grands Capitaines pour dresser leurs escadrons en bataille de toutes formes, pour fortifier des places, & les rendre imprenables, & composer des machines de guerre pour les oppugner ou deffendre.

Qui ne sçait que la peinture est émanée de l'Optique pour les ombres, & de la Geometrie pour les proportions, comme aussi la sculpture, graueure, esmailleure, cizeleure: Quant à l'Architecture, c'est la vraye practique de la Geometrie: qu'estoit-ce autre chose, ie vous supplie, que ce labyrinthe tant chanté par les Poëtes, sinon vn bastiment si artistement entortillé par l'artifice du Geometre Dedalus, qu'il estoit impossible de s'en dépestrer sans le filet d'Ariadne, qui est la cognoissance secrette de la Géometrie? I'obmets vne infinité d'artifices admirables, faits par des artisans tres experts chacun en son art, ceux cy seruiront de modelle. Ils disent que Zeuxis representoit si au vif les raisins meurs, que les oyseaux trompez les venoyent becqueter. Appellés aussi representa vn iour si au naturel vne iument & vn chiẽ, que les cheuaux passant aupres hannissoient, & les chiens abayoient apres, Praxitele tailla vne

statuë

statuë de Venus en marbre si bien & naifuemẽt, que les regardans en estoient esmeus en amour. Architas Tarentin par ressorts tirez des raisons Mathematiques, sur lesquelles est fondee l'horlogerie, faisoit voler artificiellement vne colombe. Et ce Dedalus dont nous parliõs presentement, ne trouua il pas la subtilité par le moyẽ de ses aisles artistement façonnees, de faire soustenir son corps au vague espace de l'air, pour s'en voler des mains de Minos Roy de Crete? Il se dit d'Albert le Grand qu'il faisoit parler vne teste d'airain, comme les Prestres d'Egypte marcher & parler leurs idoles. Boëce faisoit voler des oyseaux de cuiure, & siffler des serpents; Quasi de tout cecy i'ay pour autheur a Pline mauuais garand, à ce qu'on dit, il ne m'en chaut, c'est ma caution: qui voudroit s'amuser à espluchet tant de menus artifices, soit pour les fontaines, pour les rouages, & autres subtilités, ce ne seroit iamais fait. Disons seulement quelque chose des admirables artifices de ce grand Archimede, quoy qu'il les mesprisast comme des iouets, & moindres parcelles de la Theorie de son art.

a Plin. 25. c. 10. & 36. c. 5. Crinitus 17. c. 12. Mercure Trismeg. en son Asclep. 9. A. Gelle li. 10. ch. 12.

On dit qu'il dressa vne sphere de verre d'vne telle & si subtile industrie, que tous les Cieux & Astres y estoient veuz faisans leur tour & retour auec vne si merueilleuse symmetrie, qu'ils s'accordoyent en tout & par tout auec les naturels & celestes. Le semblable se dit de Sabor Roy de Perse, lequel s'enfermant dans vne Sphere de cristal assis au centre d'icelle, prenoit plaisir à voir le branle ordinaire & iournalier des ces corps errans & vagabonds. Qui n'admirera l'addresse des engins d'Archimede tirant & remuant d'vn doigt vne grandissime nauire enuoyée par Ptolomee Roy d'Epypte à Hiero Roy de Siracuse, que tout le peuple de la ville auec toutes sortes de cordes & instrumens n'auoit sceu esbranler, ny remuer tant soit peu.

b Claud. en ses Epigr. Cardan. l. 17 de sa subtilité. Alex. Trismegiste en son Asclep. c. 3.

Plutarque rapporte[c] comme chose espouuentable les effects de ses engins, à la deffence de Siracuse assiegee par Marcellus, encores ne les fit-il que par importunité du peuple qui l'en pressoit, faché d'estre distrait de la haute contemplation de son art, pour le reduire, disoit il, à vne chetiue practique. Il sembloit d'vn Briareus que les Poetes nous dépeignent auec cent mains, tant ses machines belliques iettoient à la fois de

c En la vie de Marcell.

dards,

dards, cailloux, flammes, sur l'armée & nauale & terrestre des Romains, qui ne sçauoyent où se tapir à l'abry d'vne si horrible gresle, mais de tous ces artifices, & autres qui puissent tomber dans le cerueau d'vn homme, ie n'en trouue point de si prodigieux que ceste rodomontade qu'il fit vn iour d'enleuer toute la terre hors de son centre, & poser ses fondemens sur d'autre pilotis, pourueu qu'on luy donnast vn point hors d'icelle pour planter le pied de ses engins : ceste vanterie d'abord séble fort vaine & ridicule, mais ceux qui voudront prendre garde de pres au recit que nous auons de ce personnage par les histoires, trouuera peut-estre que ceste sienne iactance n'estoit point sans fondement de quelques viues demonstrations. I'obmets ces sept tant renommées merueilles du Monde, & vn millier d'autres artifices : mes prouenant de ceste source dans cest Arsenac richement muny de tout. Le Prince, le guerrier, le citadin, le Theologien, le Iurisconsulte, le Medecin, le Marchãt, l'Artisan, quel qu'il soit depuis le plus petit iusques au plus grand, trouuera tousiours dans ce vaste gouffre quelque sien principe, traict, outil: en fin trouuera qu'il tient la pluspart de ses instrumens & meubles à credit de la Geometrie.

I'ay adiousté le Prince à ce dernier corrolaire, & non sans subiect : Qui ne sçait que Platon en sa Republique requeroit expressement que le Prince fust bon Geometre? estimant que par son moyen il seroit bon iusticier, sçauroit bien se deffendre, & attaquer, soit pour fortifier des places, soit pour dresser ses gendarmes en bataillon: & nõ pour autre raison dit-on qu'Annibal faisoit grand estat de Pyrrhus pour estre vn excellent chef d'armée. Platon l'estime bien plus haut, mettant la plus sublime & releuée fonction à Geometriser, disant que la prouidence par laquelle il gouuernoit l'vniuers, alloit selon le branle de la Geometrie, & se compassoit au niueau de ses reigles.

Mais falloit-il vne si extrauagante digression pour monstrer que la Mechanique depend en particulier de la Geometrie? Qui est-ce qui reuoque en doute que ce ne soit vne des sept parties de Mathematique, comme nous monstrerons tantost? Apres donc auoir aucunement descrit comme ces disciplines se glissent dans tous

les

les arts, tant liberaux que non liberaux: reste pour me recueillir de dire que ceste troisiesme opiniõ n'est point du tout sans raison, que les Mathematiques ayent esté ainsi appellées, pour l'excellence de leur vniuersalité: mais certes la Philosophie, comme nous auons monstré en son lieu, a ayant vne estendue plus diffuse encores & generale, m'empesche de donner mon suffrage à ceste raison: brossons à vne autre.

a Disc. de la Philosophie.

Aucuns ont attribué la cause de ce nom à la facilité, ordre, & perspicacité de ces arts, & veritablement si nous voulons parcourir les autres de l'œil, nous trouuerons par ceste nostre superficielle prospectiue, qu'elles excellent merueilleusement en ces trois points. Qu'est-il plus clair & aisé à conceuoir que ces communes notions que nous auons tantost rapportées? Et celles-cy, que deux fois deux sont quatre, deux fois quatre huict, qu'en soustrayant quatre de huict resteront quatre, & deux de quatre resteront 2, retrogradant par la mesme voye de proceder: & qu'on ne s'estonne point de l'infinie multitude qui suit, auec vn petit ressort que nous descouurirons tantost, il sera clair que le plus & le moins sont bien differents, non pas contraires, la mesme reigle qui compasse les dizaines & centaines, mesure aussi les millions & milliaces, ce sont espouuantails de petits enfans. Qu'on ne s'effraye non plus à l'abord de tant de figures entre-lassées que la Geometrie nous presente: voulez-vous sçauoir comment se peuuent desmesler & aisement ces fusées confuses, vous les trouuerés cachées la pluspart sous l'escorce de ces fraisles & presques pueriles propositions que ie racontois tantost, comme encore sont celles cy, ostez des choses inesgales, esgales parts, le reste sera inesgal: le mesme sera d'y adiouster choses esgales. Voyla-il pas mon addition & soustraction? Item les choses qui sont doubles à vne tierce, sont entre soy esgales, & celles aussi qui en sont la moitié: & ceste-cy bien coiffée, b les choses qui conuiennent ensemble sont esgales. Ne diriez-vous pas que la Geometrie se mocque? est-ce pas comme qui diroit ce qui est verd est verd, & le rouge rouge: est-ce pas allumer vne chandelle en plein iour? Pensez que voyla de beaux comptes, & toutesfois voyla l'abord de cet entortillé & serpentin Meandre.

b Euclid. lin. 1.

Y a il rien, ie vous supplie, & disons vray, pareil en aucune science à la netteté, aysance, & perspicacité de ces principes? Ie laisse l'abysme de la profonde Theologie, & non iamais desbrouillé chaos de nostre enigmatique Iurisprudence, les nœuds Gordiens de ses loix, l'infiny meslange de la Medecine, la confusion de ses receptes, & drogues, le labyrinthe inextricable de la Philosophie.

Il est trop plus clair que le iour qu'il n'y a riẽ par toutes ces disciplines de semblable à ceste clarté. Mais prenons les plus douces mignotises & delicatesses de ces lettres riantes, qui pour leur gentillesse semblent estre nommées humaines : y a-il rien, ie ne dis pas parmy les espines & brossailles importunes de la Grammaire, mais parmy les plus odorantes & souefues fleurs de la Rhetorique, fleurs qui prouiennent de tres-ameres racines; y a il rien parmy les plus sauoureux accords & harmonieux fredons de la lyre Poëtique, fredons tirez de tant de contraintes circonspections & circonstances, pour ne dire rien des rapetasseries sophistiquees de la Dialectique, sophistiqueries qui confondent & eblouissent la netteté de nostre iugement naturel, au lieu de le nous former & corroborer selon ses trompeuses promesses, pour passer aussi sous silence les intrications & douteuses contrarietez de l'incertaine & vagabonde Chronologie : y a il rien, dis-ie, par tous ces arts qui nous rient de ie ne sçay quelles fades blandices, de comparable aux simples & naifues propositions de ceux cy?

Quant à l'ordre, où est-ce, ie vous prie, qu'il paroist plus qu'icy? quelques methodes, que les plus habiles Philosophes, Theologiens, Iurisconsultes, Medecins puissent trouuer chacun en son art, si est-ce que la vastitude de ces profondes mers, ne peut euiter la confusion du droit puis-ie respondre, que tous les ordres du monde ne peuuent reduire son desordre, il est de son essence d'estre confus. Quant aux Theologiens Scolastiques, ce n'est pas sans peine qu'ils démeslent leurs pelottons. Quant aux Medecins ils sont encores en debat touchant les parties principales de leur science: les vns en font deux parts, l'vne Theorique, l'autre pratique; autres la diuisẽt en quatre, Phisiologie,

Batholo-

Pathologie, Chirurgie & Pharmacie, autres y adioustent la Prognose ou Prognostique: autres l'Hygiehique, Dietetique: mais de cecy ie parleray tout plein ailleurs, tant y a que chacun la traicte comme bon luy semble, enuiron comme le Droit, le deuant derriere.

Disons de mesme de la Philosophie, quel ordre peut on donner à l'Ethique ou Morale, parmy le desordre de tant d'actions humaines qu'elle a pour obiect? quel à la Physique, gouffre abysmal de toute la nature des choses? Mais si nous reuirons l'œil sur nos Mathematiques, nous n'y verrons par tout que la mesme [illegible], que le mesme ordre, polissure, elegance, netteté, perspicacité: qui entra iamais dans l'Arithmetique, que par ceste grande & commune porte de 1, 2, 3, 4. & les autres nombres? plantez-les de quelque forme, figure & façon qu'il vous plaira, ce sera tousiours sous les mesmes regles de ces proportions analogies, reduisez les en pratique, vous ne verrez que soustraire, adiouster, multiplier, diuiser.

Si nous passons à la Geometrie, nous n'y trouuerons point d'autre entrée que par le poinct, lequel fait la ligne, icelle la surface, la surface le corps: dans sa Theorie, nous ne verrons que figures ou spheriques, ou angulaires, ou ouales, le tout par lignes droites, courbes & crochues: si nous glissons dans la Stereometrie dont deriue sa pratique, qui est la dimension des corps, là par vn admirable artifice nous ne trouuerons parmy les solidités que les mesmes dimensions que nous auons apperceuës és surfaces: mais tout cela (come i'espere) sera monstré en son lieu: bref la liaison & l'ordre est tellement obserué en ces sciences, que c'est comme leur ame, sans laquelle elles ne peuuent aucunement subsister: elles vont en leur progrés petit à petit, pied à pied, de ces propositions [illegible], elles se soustieuent tant soit peu plus haut, de là elles s'affermissent encores, & puis sur la solidité de ces fermes principes, comme sur des forts piliers, elles [illegible] la certitude de leurs belles & riches demonstrations, elles nombrent & mesurent tout, elles [illegible] l'invisible épaisseur des cieux, toute la circonference de la machine vniuerselle: au lieu de ces petits [illegible], de l'vnité, du poinct, de l'instant elles produisent des [illegible]

tres

bres de prodigieuse grādeur, & qui portent des fruicts inestimables : icy se peut excellemment bien approprier ce mot elegant d'vn a ancien, de petits commencemens grands progrez.

a Ciceron offic.

Il fait bon voir chez Platon, Socrate deuisant auec vn petit enfant sur les Mathematiques, lequel estant conduit comme par la main de fil en éguille, luy rend pertinemment raison de ses demandes, que me plus : de ces petites questions il le conduit comme par vne pente & montee douce & facile à des cōceptions tres-hautes & releuees, surmontantes de bien loing non seulement la capacité de cet enfançon, mais des plus sublimes esprits : Et ne voyons nous pas par tout chez l'Aristote & le b Platon, que pour l'expliquer, & faciliter l'intelligence de leurs conceptions abstruses, ils se seruent à tous propos des demonstrations tirees de cet art : & c Galien se plaint en quelque lieu de ce que pour l'ignorance des Medecins de son temps en ceste estude ; il estoit contraint d'obmettre en ses escrits tout plein de belles demonstrations puisees de ceste source, de laquelle il estoit merueilleusement imbu. Disons donc que ce n'est pas sans raison, que quelques-vns ont creu les Mathematiques auoir esté ainsi appellees pour leur ordre & merueilleuse euidence, toutesfois il y en a qui ont tenu le contraire, & ont pensé que pour leur grande subtilité elles auoient esté doüees de ce nom. Parce que, disoit Anatolius d autheur de ceste opinion, sur toutes les sciences celles-cy ont besoin de maistre qui nous enseigne de viue voix, & conduise comme par la main dans leurs destours, autrement il est impossible d'y mordre.

b Voy Platō au Timee, & pa là Aristote entre autres lieux au liure de la demonstrat.

c l. 10. de l'vsage des parties. Voy le mesme in morb. vulg. hist. 3. de diebus decret. de vsu partium, de natibus. 1. Aphoris. de tremore &c. pag. de sperm. de infirmorum decubitu.

d Chez Calius Rhodigin.

Ce seroit impugner l'experience mesme, de nier que pour estre introduit dans le sacraire de ces arts, il ne fust besoin de quelque conducteur : mais que cela soit plus particulier à ceux-cy qu'aux autres, ie le nie. Ie voudrois bien sçauoir où cet homme a veu ces imaginaires autodidactes, qui d'eux-mesmes s'instruisent les sciences : Ie ne veux pas dire ce qui est trop notoirement vray, qu'on ne peut cognoistre de soy les premiers elemens des lettres, sans quelque conduite, puis que nostre imbecillité est si grande, que nous ne sçaurions ny parler, ny quasi marcher, sans

sans apprentissage.

Mais ie passe ces premieres pointilles ; pensons-nous que ces obscures sciences, plus obscures cent fois que toutes les Mathematiques, se laissent manier sans mitaines, ie veux dire sans aucun secours ? quoy ! nous ne sçaurions apprendre à escrire, qu'vn escriuain par vn long espace de temps ne nous tienne la main, & nous sonderons les secrets de la Theologie, les enigmes du droit, les cachots de la Philosophie, sans guide, sans conduite, à la viue pointe de nostre seul esprit ? Arriere ceste presomption outrecuidee, voire ridicule, loing ces fantastiques autodidactes ; de dire aussi que ces arts entre les autres ont sur tout besoin de directeur ; qu'ils en ayent affaire, ie l'aduoüe ; plus que les autres, non. Quoy que ses inuentions soient si subtiles, ses artifices si ingenieux, qu'ils émerueillent vn chacun : si est-ce que la Theologie se guinde plus haut, la Iurisprudence est plus intriquee, la Medecine plus aspre, la Philosophie plus ample, & partant requierent plus necessairement l'assistance d'vn Docteur, que ceux-cy.

S'il obiecte qu'ils reserrent souz les faciles apparences de leurs propositions, de certaines sciences occultes & traditiues, comme l'Algebre, Cabale, & Magie : j'entends la pratique iudiciaire des astres, outre que ie pourrois rapporter la seconde à la Theologie, estant la vraye Theologie des Hebreux, & l'autre derniere à la Physique. Ie diray seulement que ce sont curiositez abstruses, emanees des plus hautes & sublimes contemplations de ces arts, & puis pour eschange ie luy bailleray l'Alchimie, art plus caché & mysterieux que ceuxcy.

De cecy peut-on assez recognoistre, que ce ne peut estre ceste subtilité occulte, que cet homme se va imaginant, qui a donné le nom à cet art, veu qu'il n'en est aucun, où plustot on deuint autodidacte, qu'en iceluy, veu qu'il n'est rien plus naturel & facile que compter & mesurer, comme nous auons monstré cy-dessus.

La plus forte & plus communement receuë opinion, touchant l'excellence de ce nom de genre attribué à ceste seule espece d'arts, est prise de l'asseuree certitude & verité de leurs demonstrations, & est cecy presque approuué par la pluspart des habiles hommes qui les ont professez; certes, quoy que nous recherchions les plus solides fondemens de la Philosophie, Iurisprudence, Medecine (j'obmets la Theologie, laquelle assise sur le solide roc de la foy, est par consequent inébranlable) nous les trouuerons fort foibles, au prix de la fermeté de l'art Mathematique: que le Dialecticien reduise ses argumens à telles figures qu'il voudra, qu'il les couche sur *Barbara*, qu'il les touche à *Celarent* pour les esprouuer, qu'il les rapporte à *Ferio*: si est-ce que le Sophiste luy en proposera de faux en mesme mode: art fraisle & vain, le fort du pedantisme. Pour la Iurisprudence, qui ne sçait qu'vn subtil Aduocat donnera cent biaiz & diuers lustres & visages à vne mesme loy? Qui ne voit que iamais deux Medecins ne baillent mesmes remedes, ne conuiennent iamais en semblables drogues? foibles sciences, caduques & friuoles pilotis!

Les premiers ont beau se targer de leurs axiomes & maximes, les seconds de leurs reigles, les derniers de leurs aphorismes, l'incertitude franchit toutes ces bornes, & paroit malgré eux hors leurs trancheés, bien loing de l'euidente & irreparable verité de nos principes de Mathematique; iugeons je vous prie, du lyon par l'ongle: la solidité des nombres est le cube, auant que d'y venir, il faut descendre par son quarré, qui est comme sa surface, & venir à sa racine, qui est comme sa ligne: de là peut-on venir à ses vnitez, qui sont comme ses poincts, desquelles, quoy qu'elles ne soient rié de soy, tout nombre nonobstant est cõposé.

Voyons cela à l'œil, faisons le huict cube, descendons par sa superficie, qui est le quatre, de là glissons-nous à sa racine, qui est le deux, & puis tout d'vne tire aux deux vnitez qui composent le binaire: Remontons de là par vne eschelle plus haute d'vn seul petit degré ou eschelon, & disons, trois vnitez font trois: trois fois trois, neuf: trois fois neuf, 27. voyla nostre cube, 9. nostre carré, 3. nostre racine: qu'on ne s'estonne point de l'infiny, il n'y a point d'autre tour de souplesse, 10. est la racine de 100. le quarré de 1000. qui est le cube.

Voyons

Voyons ce que nous dira la Geometrie: examinons son progrez, nous y verrons vn poinct, de là vne ligne, puis vne surface, en fin vn corps: mais que veut dire d'abord ce triangle pris de deux cercles, que l'Euclide a[a] proposé tout premier au frontispice de l'infinie diuersité & bigarrure de ses figures? rien autre chose qu'vn triangle equilateral tracé & fait sur vne ligne terminee, voicy sa source: cela est tres-naturel & oculaire, que toutes les lignes b[b] tirees du centre d'vn cercle à sa circonference sont entre soy égales: prenez le compas & la reigle, vous verrez dequoy. Or sur ce fondement tres-ferme est establie ceste asseuree proposition: car si vous tirez vn cercle du poinct A, iusques au poinct B, qui est l'autre bout de la ligne terminee donnee, sur laquelle faut bastir le triangle égal, & vn autre cercle du poinct B, au poinct A, il ne faut que tirer deux lignes droites de l'vne à l'autre intersection des cercles C, ou D, aux deux poincts A, & B, il restera que ce triangle sera necessairement equilateral, parce que les lignes qui le composent, seront tirees du centre à la circonference: mais c'est trop entrer dans les particularitez en ce prolegomene ou auant-propos: iugez cependant, ie vous prie, s'il y a rien chez toutes les autres sciences semblable à la fermeté de ces principes.

a *Problem.* 1. *Prob.* 1.

b *Eucl. l.* 1. *deff.* 15.

Vrayement ce n'est pas sans raison si l'Aristote c[c] qui y estoit si versé, & qui autāt que nul autre a sondé leur profondeur, a tant exalté ces arts, de les qualifier du titre de tres-certaines, euidentes & vrayes disciplines, aussi sans doute n'y en a-il point qui approchent de si pres à la reigle & raison parfaicte de science, que le mesme Philosophe nous descrit en ses d[d] Analytiques, où il nous apprend que c'est le propre de la vraye & legitime doctrine de tirer des conclusions de quelques principes, auparauant bien épluchez & examinez, & les fonder sur de certaines & euidentes demonstrations, & ne definir rien qui n'ait passé & repassé par l'espreuue de ce fourneau: voulez vous vn plus clair & palpable exemple de cela, qu'au parfait triangle que nous venons de descrire? certes si la demonstration est la plus sincere pierre de touche & plus pregnante espreuue pour discerner les vrayes d'auec les fausses propositiōs

c *l.* 2 *des Metaphis. & l.* 1. *des Ethiq. ch.* 3.

b *l.* 2. *des Post. Analytiques.*

& sciences, celles-cy excellent d'autant plus sur les autres, que les demonstrations y sont plus frequentes & certaines.

Il y à bien plus : car ès autres disciplines les demonstratiōs sont d'autant plus probables & mieux receuës, qu'elles sont plus conformes aux reigles de celles de cet art : de sorte qu'il semble que la demonstration ame de la certitude luy soit specialement affectee & hypothequee : de cela il ne faut que ceste preuue, qu'il est plus messeant d'entendre discourir vn Mathematicien sans poudre, ou table, compas, & reigle, qu'il n'est impertinent d'ouïr raisōner vn Iurisconsulte sans loix, comme celuy-cy est tenu de fonder ses opinions sur les decisions de son droit, soit obliquement, soit directement tirees; aussi les propositions de celuy-là doiuent necessairement porter leur demonstration en croupe.

Il ne se faut pas estonner si ceste opinion qui donne le nom à cet art pour sa fermeté & certitude, est si vniuersellement embrassée de la pluspart de ceux qui s'y exercent, & y consacrent leurs trauaux : car certes par la subtilité de ses demonstrations, il ne s'en trouue gueres qui approchent de plus pres le iuste caract de la vraye science : mais, certes, le reclame encores auec la Theologie, qui est la doctrine de la verité, & ne puis encores donner mon consentement & ma voix, à ceste raison, veu mesmes que parmy ces certitudes il se trouue quelque defaut qui se laisse couler dans le doute & l'incertain.

Ie prends pour tesmoignage de cecy ceste tant recherchee quadrature du cercle, qui a bien autant quasi bourrelé & gesné des cerueaux, que l'inscrutable elixir où aspirent les enfumez Chimistes : s'ils me respondent que ce secret du quadrant circulaire se peut trouuer, & que leurs demonstrations en attiuent fort pres, ie croy que les subils Almucabalistes sont fondez pour le moins en leur recherche sur d'aussi apparentes & solides preuues : mais comment, les vns & les autres en sont encores là. Ie trouue cela de different entre ces deux curiositez, que la derniere a ie ne sçay quel but plus solide & friant que l'autre, laquelle s'empestre apres vne vaine & fantastique speculation. Disons la verité

verité au fond, toutes les deux se resoluent en vent. Ie laisse quelques intrications de l'Algebre, & les incertaines predictions des Astrologues, & autres doutes de ceste science que ie poursuis assez amplement a ailleurs.

a En mon discours de l'opinion.

Que dirons-nous donc parmy vne telle diuersité d'opinions, touchant non pas l'extraction ou ethimologie de ce mot de Mathematique, elle est toute notoire, & n'est celuy tant soit peu versé en la cognoissance de la langue Grecque, qui n'entende le son & energie de ce vocable, l'attribution de ce nom general à cet espece de disciplines, cela seulement pour couler ce pas si glissant & douteux, que ce ne peut estre en quelque sens que ce soit pour leur excellence, soit de leur antiquité, soit de leur primauté, soit de leur amplitude & vniuersalité, soit de leur ordre & euidence, soit de leur certitude, moins encores pour la resveuse transinigration & reminiscence Pythagora-Platonique: mais ie penserois, non sans quelque vraysemblance, que ce seroit la coustume, qui par vne longue entre-suitte d'annees les auroit immatriculees en la possession peremptoire de ce beau titre, plus par vsucapion, que par vn legitime transport, ainsi voyons-nous sans autre apparence de raison que ces premiers arts en l'institution de la ieunesse, sçauoir la Grammaire, Rhetorique, Poësie & Chronologie, sont baptisez de ce nom vniuersel de lettres humaines, comme si toutes les autres sciences n'estoient pas de ce nõbre: la Theologie, qui a pour corps la foy, l'esperance pour ame, pour fonctions la charité, paroist veritablement sur-humaine: mais quoy! ce n'est plus science, quand la foy y est: Quant à la Iurisprudence & Medecine sont-elles pas pures humaines? Il n'y a que la Philosophie Naturelle & Metaphysique qui semble encores s'escarter de l'humanité; Mais qui ne voit que toutes ses transcendences & intelligences & toutes les conceptions que sa plus sublime partie a de Dieu, n'outrepassent point les bornes de l'entendement humain? a quel propos donc nommer de ce titre general la Sintaxe Grammaticale, les cadences oratoires, les pieds nombreux de la Poësie, & les fleurs des Historiographes?

C'est à mon aduis ceste mesme raison sans raison, de la coustume, qui par vn long traict de temps a honoré sans subiet ces especes, des noms de genre: comme ces petits & rudes commẽcemens des estudes sont nommés d'vn tres-ample titre, & qui comprend toutes sortes de sciences sous soy, qui peuuent tomber en l'esprit humain sans aucun leur merite: ainsi cet art qui n'a pour obiect borné & limité que la quantité seule, est decoré d'vn nom, dont la plus vaste des autres sciences seroit à grand' peine capable, veu qu'il les contient toutes. Quoy! pour obmettre ces grands corps ou plustot gouffrer sans fonds, sans riue, sans extremité de la Theologie, Iurisprudence, Medecine, Philosophie naturelle, surnaturelle, morale: ceste quantité seul centre où visent toutes les lignes de la circonference de cet art, n'est qu'vne dixiesme parcelle des dix Cathegories ou predicamens, arcenal de la Logique, la moins signalee partie de la Philosophie: Quoy! ces dix termes ne sont encore qu'vne chetiue portion de la Dialectique, la plus ignoble, & comme le Rudiment Grammatical de ces arts, que ie viens de nommer: & cependant nous appeleront par preference Mathematique ceste science qui n'a pour but, mire, visee, que ce petit poinct. C'est vne chose si diffuse, diront-ils, & qui se dilate tellement, qu'elle reduit toutes ces choses corporelles sous son empire. Voyla vne raison bien fondee. Donc la substance, dont l'estenduë infinie va enfermant dedans soy non seulemẽt toute la machine corporelle de l'vniuers, mais les intelligences & esprits, Dieu seul excepté, selon la plus saine Philosophie: parce que son infinité inscrutable & incomprehensible est au de là de tout borne: encores n'y a-il rien qui en approche de plus pres, que de dire que c'est vne substance, mais quelle à la verité il faut baisser la teste, & confesser sincerement nostre pure ignorance, rien plus precisement que ce mot ne denote l'Essence de Dieu: quant à la Qualité autre Cathegorie, elle est pareillement diffuse par toutes les choses sensibles, visibles, & inuisibles, comme Anges, demons, aussi approche-elle de Dieu en quelque sens, le demonstrant par ses qualitez, comme bon, sage, infiny, immortel, & autres, mais ceste nostre quantité

plus

plus crasse & terrestre, ne passe point les bornes des Cieux, ne voit rien parmy les plus simples intelligences: arriere donc les opinions de ceux qui par raisons veulent garantir le nom de Mathematique estre iustement deu à ces arts.

Ie ne voy point d'autre moyen qui le leur puisse auoir attribué, leur conseruer & maintenir que la coustume aucugle sans raison & sans loy. Mais c'est par trop sejourné en la recherche, non pas de l'Ethimologie, elle est toute auerée, mais de la simple imposition de ce nom.

Passons de la source du mot à l'origine de la chose. On la puise diuersement selon la difference des ruisseaux ou autheurs sacrez & prophanes. Ceux-là [a] cóme de toutes les autres sciences, attribuent le commencement & naissance des Mathematiques à nostre premier Pere, lequel ils tiennent auoir esté doüé de Dieu de la cognoissance de toutes choses: & puis qu'elles ont esté illustrees par ses suiuans les anciens Patriarches Iubal fils de Lamech, Abraham, Seth, Noé, qu'ils estiment auoir receu d'enhaut le benefice de longue vie, pour vaquer plus pleinement & atteindre à la perfection de ces Arts, & sur tout de l'Astrologie, les reuolutions de laquelle ne se peuuent remarquer qu'auec vn long laps de temps, & vne extreme patience; mais parce que ces sciences inuentees auant le cataclisme general du deluge, lors que Dieu iustement courroucé pour l'iniquité des hommes, desbondant les cataractes du Ciel, abysma la terre dans le vaste sein des eaux, sembleroyent estre peries quand & le reste de l'Vniuers, ceste saincte Arche sacré azile du monde exceptee, laquelle bastie par le commandemẽt du Createur, & soustenuë par sa puissance seule triompha des vents & des flots. Voicy selon le rapport de Iosephe, l'inuention pour les sauuer que trouuerent les premiers hommes: Ils auoyent receu, fait-il, par tradition successiue de pere en fils, ceste prophetie d'Adam, que le monde deuoit souffrir deux exterminations ou destructions, l'vne par l'eau, l'autre par le feu: de sorte que pour obuier à ces deux ruines, & inconueniens, & exempter ces belles sciences de Mathematiques de ces deux generaux rauages, & les transpor-

[a] Iosephe l. des antiq. Iud. ch. 2. & 8. & 15. & 16. Isidore 3. Orig. Cassiodore en son arith.

zez

ter à la posterité, ils s'aduiserent d'escrire les preceptes de ces Arts en deux colonnes de diuerses matieres, l'vne de pierre simple, l'autre de terre cuite, afin que la premiere dissolution arriuant par le feu, si la premiere estoit consommee, la derniere peust malgré l'effort des flammes demeurer en son entier, mais le rauagement estant arriué par eau, toutes les deux demeurerent, lesquelles ont seruy par apres pour donner à la posterité l'intelligence de ces Arts.

Voyla l'opinion de Iosephe, la trouue bonne qui voudra, ie m'en rapporte à ce qui en peut estre. Le mesme dit qu'Abraham transporta le premier aux Egyptiens l'Arithmetique, Geometrie, Astrologie, dont ils estoyent parauant ignorans. Philon a fait naistre l'Astronomie parmy les Chaldeens. Eusebe veut qu'Enoch & Atlas soyent vn mesme dant les histoires, & luy attribue la premiere cognoissance des Astres. Sainct b Augustin semble pancher de ce costé, quand il dit qu'Atlas a esté feint par les Poëtes porter le Ciel sur ses espaules, pour auoir esté tres-expert en l'Astronomie; ie penserois que cela se deust plustost rapporter à l'extreme hauteur du mont appellé de ce nom, duquel la cime semble baiser le Ciel.

a L. 10. de la Preparation Euangelic.

b S. Aug. l. 18. de la Cité de Dieu ch. 8.

Quant à l'inuention de la Musique, on peut aisément iuger du tesmoignage des lettres sainctes, qu'elle est attribuee à Tubal c ou Iubal fils de Lamech, lequel y est nommé pere des Chantres & Musiciens.

c Genes. 4. 9. Isidore l. 3. des orig.

Voyla ce qu'en general on peut remarquer dans ceste sorte d'Autheurs, touchant ce faict. Venons aux profanes : mais pour ne nous confondre, suiuons l'ordre, non pas des temps ou siecles diuers, dont on n'est pas d'accord, mais des parties de cet art : l'Arithmetique y tient le premier rang, laquelle ils dient estre nee en Grece & enfantee d par Pythagoras, mais c'est selon mon aduis rauale trop bas l'extreme antiquité de ceste discipline, qui semble nous estre innee quasi de nature, en ayans tousiours l'object & l'instrument deuant les yeux par le moyen de nos doigts, aussi certes ne dient-ils pas du tout que Pythagoras en soit le premier inuenteur, & qu'elle n'aye esté auant luy, mais elle estoit fort peu vsitee & presque incogneue en Grece auparauant qu'il s'en fust rendu illustrateur, & qu'il

d Isidore là mesme.

qu'il ne luy eust donné comme la vie, la tirant en lumiere des tenebres obscures où la negligente ignorance de ses deuanciers l'auoit plongee: & ne se faut estonner si elle luy a esté ainsi comme attribuee, parce que iamais ny deuant ny apres luy homme ny Philosophe n'a tant attribué de force & de vertu aux nombres, il croyoit tout estre fait, composé, ordonné, regy, entretenu par iceux; bref que tout l'Vniuers se rapportoit là: de là ce grand serment du quaternaire, & mille curieuses & superstitieuses obseruations sur ces nombres, & vne infinité de vaines & inextricables intrications des Pythagoriciens, secte de Philosophes deriuez de luy; ils ratiocinoyent, subtilisoyent, & trouuoyent tout en iceux: ils y rapportoyent toutes choses, & diuines & humaines; seroit point à l'aduenture prouenue ceste maniere de philosopher de la source de ceste Theologie secrette & nombreuse des Hebrieux & Iuifs traictee subtilement sous ce nom traditif de Cabale? La conjecture seroit-elle hors de propos, veu les rapports & analogies de l'vne à l'autre Philosophie? Pourquoy ne penserons-nous pas aussi tost que Pythagoras ait eu quelque familiarité auec les Hebrieux, & appris d'eux quelque ressort des lettres sainctes, comme nous le jugeons de Platon, les œuures duquel il est impossible de lire, sans croire par la veuë manifeste de ses escrits, qu'il a non seulement flairé & gousté, mais qu'il estoit assez bien instruit és secrets de la Loy escrite & imbu de la doctrine de Moyse: encores que nous n'ayons aucuns escrits de Pythagoras: (car ces vers qui courent sous le tiltre de ses sentences dorees ne sont pas de luy, mais de Philolaüs, comme apres quelques anciens a remarqué a cet admirable & merueilleux Conte de la Mirande) si est ce que par les vestiges tracees ça & là dans les bons liures, où il est fait mention des Pythagoriciens, on peut recognoistre principalement au fait des nõbres, & autres ceremonieuses obseruances, qu'il auoit eu quelque idee ou superficielle cognoissance de l'institution Mosaique. Ce n'est pas que la science Cabbalistique se fonde tout à fait sur les nombres, mais c'est vne de ses principales branches, comme aussi la Metatese ou transposition des lettres, changement, inuersiõ, soustra-

a Iean Picus en son Hept.

soustraction, forme, figure; ce que ie deduis & traicte plus amplement en son lieu: aussi n'estoit-ce pas tout le fondement de la Philosophie Pythagorique que celuy-cy, il a esté aussi grand amateur de la Musique, Geometrie, sœur germaine de l'Arithmetique, l'Astrologie, Philosophie naturelle & ciuile, ou politique. Comme ie trouue hors de propos de le faire premier autheur de cet art, ie tiens encore plus impertinente l'opinion de ceux qui le font inuenteur des caracteres ou chiffres, qui seruent à calculer: car certes & l'art & les notes ont esté bien deuant luy, qu'il n'en aye esté grandissime illustrateur a ce seroit luy faire tort, & nier vne verité tres-euidente: d'obscure & rude qu'elle estoit auparauant il l'a renduë claire, nette, & facile: de basse, vile, & abiecte, il l'a esleuée en dignité, excellence, noblesse: d'vne sordide & vulgaire practique, il en dressa vne belle, haute & releuee Theorie, remplie de belles, grandes & riches conceptions & contemplations admirables: ie diray iusques là que peut-estre est-il le premier autheur de ceste premiere & principale partie, qui pour son excellence par dessus l'actiue ou supputatrice & Logistique est appellee par preference du nom general, Arithmetique, de sorte qu'en ce sens se pourroit sauuer la coniecture de ceux qui l'en font inuenteur: & par mesme moyen se deuoyent entendre de la practique appellee Algorithme ou art calculatoire, ceux qui font les Phœniciens ou Arabes premiers autheurs des nombres; & ce qui peut encores plus facilement faire croire cela, est que ceste inuention leur a esté attribuee à cause de la necessité qu'ils en auoyent au trafic & tricotage de leurs commerces & marchandises ordinaires; que cela toutesfois me face estimer les Arabes premiers instituteurs de cet art, ie ne peux me persuader autrement qu'il ne fust de tout temps immemorial diffus par toutes les autres nations: mais pour estre en plus grande vogue, & plus familiairement manié par les Phœniciens, il est fort vray-semblable, de sorte que ceste grande soupplesse, & facilité qu'ils auoyent à le manier, pour le frequent & iournalier exercice qu'ils en faisoyent, les a fait signaler de ce costé là par dessus les autres nations, chez lesquelles, selon le peu d'vsage, il estoit moins

a Volater. liu. 35. de la Philologie, ch. 2.

moins recommandé; la pluspart des peuples ont eu des notes & lignes particuliers en l'exercice de cet art. Les Chaldeens vsoyent de lignes auec certains accens disposez selon l'intention conuenable à leur conte : les Hebrieux calculent par les lettres Alphabetiques, si font aussi les Grecs : & ont autrefois eu cet vsage les Latins, comme nous auons quelque vestige en ce peu de lettres numerales qui seruent à ce chiffre qu'on appelle Latin. Depuis pour le vulgaire on s'est aduisé de cet autre 1. 2. 3. 4. 5. lequel s'est trouué plus facile & aisé pour l'vsage ordinaire.

Apres l'Arithmetique vient la Geometrie, l'autre partie principale : car les deux autres, Musique & Astrologie, ne sont que subalternes.

Or ceste partie est tenue par Herodote, Diodore Sicilien, Strabon, & Pline, auoir esté trouuee par les Egyptiens à cause des inondations annuelles du Nil, lesquelles escoulees il leur estoit necessaire de sçauoir cet art, pour recognoistre chacun sa piece de terre, & & la grandeur d'icelle.

Quant à la Musique ils en font Orpheus & Linus inuenteurs, autres Amphion, autres Petus & Dionysius. Solin dit que cet art a eu ses premiers fondemens en Crete, Polybe en Arcadie: autres l'attribuent à Mercure, Ouide à Pan: Diodore Sicilien l'attribue encores aux Egyptiens.

Mais pour l'Astrologie il n'y a aucun accord, on ne sçait si l'inuention en doit estre attribuee aux Egyptiens, Assyriens, Babyloniens, Æthiopiens, Perses, Chaldeens, ou Grecs. a Diodore Sicilien dit qu'elle est deuë à Atlas, lequel est feint pour ce sujet par les Poëtes, porter le Ciel sur ses espaules.

a lib. 4. V. Augu. lib. 18. de ciuit. Dei.

Du Talion.

Chap. XVI.

Ceste loy n'a plus de lieu maintenant, si est-ce qu'elle estoit vsitee du temps de Moyse, côme il se voit en plusieurs endroits du Pentateuque. En b l'Exode, S'il est arriué noise &

b 21.

& querelle parmy quelques personnes, & que quelqu'vn ait frapé vne femme enceinte, de sorte qu'elle
ait auorté, celuy qui aura fait le coup, sera tenu de
payer au mary d'icelle, si elle reste en vie, ce qu'il demandera de dommage, selon que les Iuges en ordon-
neront; mais si elle meurt, il faudra qu'il réde ame pour
ame, dent pour dent, œil pour œil, main pour main,
pied pour pied, brusleure pour brusleure, blesseure
pour blesseure, meurtrisseure pour meurtrisseure, *Si ri-
xati fuerint viri, & percusserit quis mulierem pragnantem, &
abortiuum quidem fecerit, sed ipsa vixerit, subiacebit damno
quantum maritus eius expetierit, & arbitri iudicauerint: sin
autem mors eius fuerit subsecuta, reddat animam pro anima,
dentem pro dente, oculum pro oculo, manum pro manu, pedem
pro pede, adustionem pro adustione, vulnus pro vulnere, liuorem*
a 24. *pro liuore.* Au a Leuitique, Qui aura imprimé quelque
tache à aucun de ses concitoyens, que le semblable luy
soit fait, qu'il restitue rupture pour rupture, œil pour
œil, dent pour dent; *Qui irrogauerit maculam cuilibet
Ciuium, sicut fecit, sic fiet ei, fracturam pro fractura, oculum*
b 19. *pro oculo, dentem pro dente restituet.* Au b Deuteronome, Il
Can. sex. ne faut point auoir pitié d'vn tesmoin faux & menteur,
differentia mais il faut qu'il rende ame pour ame, œil pour œil,
23 q.1. dent pour dent, main pour main, pied pour pied. *Non
misereberis testis mendacis, sed animã pro anima, oculum pro
oculo, dentẽ pro dente, manum pro manu, pedẽ pro pede exiges.*

Mais nostre Seigneur venant icy bas a changé entre
autres rigueurs de l'ancienne loy, celle-cy principalement, ceste mutation se voit tres-amplement en sainct
c 5. c Matthieu. *Audistis quia dictum est antiquis, oculum pro
oculo, & dentem pro dente: ego autem dico vobis, non resistere
malo, sed si quis te percusserit in dexteram maxillam tuam,
prabe illi & alteram, &c.* Tant s'en faut qu'il veuille que
nous repetions œil pour œil, dent pour dent, qu'il demande en nous vne genereuse insensibilité à tous ou-
trages, voire iusques d'endurer encores plus de mal
qu'on ne nous fait, de donner l'autre ioue à celuy qui
nous en aura souffleté l'vne; de donner le pourpoint
à celuy qui nous aura osté le manteau; de conduire
bien loing celuy qui nous aura trainé mille pas.

Et poursuit encores, qu'il abolit & abroge ceste
vieille loy, laquelle permettoit d'haïr son ennemy:

n'enn'enjoignant que d'aymer son amy, mais il veut que nous aymions ceux qui nous haissent, voire que nous prions pour ceux qui nous persecutent, & calomnient: bref que nous rendions bien pour mal; en quoy se monstre la perfectiõ de la loy Euangelique par dessus la Mosaique, en ce qu'elle consiste en des actions toutes contraires à la nature.

Il est fait aussi mention de ceste loy en a l'Apocalipse, *Qui in gladio occiderit, oportet eum occidi gladio, qui in captiuitatem duxerit, oportet vt in captiuitatem vadat:* & chez les b Canonistes.

Parmy les loix des douze Tables estoit celle-cy: *Si membrum rupit meum, è pacto Talio esto:* laquelle est expliquee chez c Agellius.

Il y a quelque cas en droit ciuil, où la similitude de peine semble estre fõdee sur ceste loy, d comme les calomniateurs & faux accusateurs sont condamnez à la mesme peine qu'ils vouloyẽt faire encourir à ceux, que faussemẽt ils chargeoyent: Et ce tiltre sẽble emporter quelque air, *Quod quisq; iuris in alium statuerit, &c.* Mais les plus aduisez voyent bien la difference, en ce que le Taliõ est du mal ja faict, ces cas icy du mal failly à faire.

Ceste façon de punir de mesme maniere que le delit auoit esté fait, ayãt semblé incõmode aux plus aduisez Legislateurs, a esté abolie d'vn cõmun accord, & a-on remis au iugement des iuges de punir selon la qualité, & de la faute, & des personnes. Il y a des cas en ceste loy qui auroient quelque chose de ridicule: comme si i'eusse tué la fẽme de mon voisin, il faudroit faire mourir la nostre: si i'ay abbatu sa maison, la nostre sera ruinee: si i'ay blessé son cheual, faudra blesser le mien.

Voicy vn rencontre bien plus agreable. Il y auoit parmy les Thiriens vne loy de Charondas, qui ordonnoit: Que si quelqu'vn auoit creué l'œil à sõ prochain, il luy en fust aussi creué vn: il arriua qu'vn borgne fait perdre vn œil à certain qui en auoit deux bõs, on vient pour luy oster celuy qui luy restoit, il se plaint comme d'iniustice, disant, Que celuy qu'il auoit blessé ne seroit pas aueugle, & luy le seroit. Les Iuges en ceste perplexité voyans que ce seroit perdre vn hõme qui pourroit seruir à la Republique, joint qu'il y auoit quelque espece d'iniustice, le punirent de quelque autre peine, &

a 13.

b *C. hac autem 21. q. 4. C. debitum 14. q. 1. & C. sex differentias 23. q. 8.*

c 20. *Noct. Att. c.* 1.

d *l. vlt. de accus. l. 9 c. tit 2 l. vlt. de calumn. ibid. l. 8. tit. 4 o. l. ab imperat. D. de praeuaric.*

& casserent ceste loy. I'apprens cela de Diodore le Sicilien.

Ceste loy par tous les autres a Legislateurs a aussi esté annulé, comme estant plus incommode qu'vtile, voire par le b droit ciuil & canon. Il se trouue que les calomniateurs ne sont pas tousiours suppliciez de pareilles peine que celle qu'ils preparoyent à leurs ennemis : on remet à la discretion des Iuges de mesurer la peine à la coulpe, tant est vne chose variable & soupple, que l'homme en ses actions, ausquelles on ne peut donner aucune reigle certaine ny asseuree : ce Prothee changeant ne peut estre tenu ny retenu d'aucuns liens: le niueau plus propre pour bien compasser tout, c'est l'equité.

> ...... c Adsit
> *Regula peccatis, quæ pœnas irroget æquas,*
> *Nec scutica dignum horribili sectere flagello.*

Des Debtes.

Chap. XVII.

T*A' δάνεια δούλους τοὺς ἐλευθέρους ποιεῖ.*

L'vsure, & ie dis toutes sortes de debtes, de libres nous rendent esclaues. Qui en maison d'autruy entre, deuient Serf, quoy qu'il soit libre quād il y viēt, dit vn Comique ancien chez d Plutarque : pource que rien ne greue tant vn courage genereux que l'obligation, & l'impuissance de se reuancher le desespere.

Si quelque membre de nostre corps se pourrit, nous le faisons couper quoy qu'il couste. De mesme ceux qui ont tant soit peu de sentiment, n'ont iamais de repos qu'ils ne soyent libres & quittes, quand ils deuroyent vendre & mesvendre tout ce qu'ils ont, aymans trop mieux n'auoir rien, que de viure en seruitude: Aussi à mon gré font fort bien les e Iurisconsultes, de n'estimer & nommer bien, que ce que nous possedons franchement, sans rien deuoir : *Bona dicuntur deducto ære alieno.*

a *V. Albericum ad l. vlt. C. de accus. Felinum ad c. Inquisitionis, de accusa. Bal. in addit. ad Specul. tit. de concep. libell. Speculat. tit. de accusat. parag. 1. Bart. ad l. libell. parag. item subscribere, D. de accusat.*

b *L. 3 ad S.C. Turpill. Can. quod deb. 14 q. 1. c. 1. & 2. de calumn. v. ex litt. de const. l. respiciēd. ff. de pœn. Bart. ad l. 6. ff. de his quib. vt ind. v. Aristot. 5. Ethic. c. 5.*

c *Hor. 1. Sat. 3.*

d *En la vie de Pompee.*

e *l. bona, de verb. sig.*

Vn a Philosophe ancien ayant acheté à credit quelque marchandise, peu de iours apres ayant sceu que le Marchand son creancier estoit mort, il se resiouït, pensant par ce moyẽ estre acquitté de sa debte: mais ayant pensé qu'il y auoit de l'iniustice à son faict, il reporta l'argent aux heritiers, disant que sa debte n'estoit pas morte, ouy bien son creancier: tant a de force sur vn braue cœur le desir de franchise, tant il porte impatiemment les entraues! a Seneq. benefic. 7.

Les deux vices que les Perses haïssoient le plus, estoient le deuoir, & le mentir, ioignans ces deux choses ensemble, parce qu'elles s'entr'accompagnent presque tousiours, car c'est vne chose assez familiere aux debteurs de protester & prometttre de payer de iour à autre.

Vn Cheualier Romain mourut vn iour endebté de beaucoup plus qu'il n'auoit vaillant, & auoit si bien couuert son faict pendant sa vie, que cela ne fut apperceu qu'apres sa mort: Auguste Cesar fit acheter le cheuet du lict sur lequel il auoit accoustumé de dormir; disant que puis qu'vn hõme si engagé auoit sceu prendre repos dessus, il pouuoit bien y sommeiller plus à son aise ne deuant rien; il estimoit comme vn prodige de pouuoir dormir estant chargé d'obligations.

Mais le malheur de certaines gens endebtez vient de leur peu de sentiment, ou bien du trop d'esperance qu'ils ont, qu'vne bonne fortune suruenant, les peust oster de peine: & ainsi vont accumulans debtes sur debtes, vsures sur autres, bastissans ainsi leurs maisons du bien d'autruy: mais plustot ramassans des pierres pour edifier leurs tombeaux.

D'autres sont si tenans, que de peur de laisser échapper & écouler de leurs mains quelque somme qu'ils tiennent, de laquelle ils se pourroient acquiter, ayment mieux se laisser ronger d'vsures, & se perdre, que s'acquiter en saison opportune: comme ceux qui chargez d'humeur & debiles, ne se veulent point purger au Printemps, sont tourmentez pendant les chaleurs de l'Esté de migraines, maux d'estomac, & autres violentes maladies: semblables au Cãcre de mer, lequel tenãt auec ses griphes la proye, que le pescheur luy iette, ayme mieux se laisser prendre, que de laisser sa proye.

Quand les mouches se prennent dans les toiles des araignees, plus elles se debattent, plus elles s'empeschent; de mesme ceux qui sont vne fois engagez dans les debtes & les vsures, il est bien mal-aisé qu'ils se puissent iamais débarasser, notamment parmy les supercheries excessiues de nostre chicaneuse France, où qui ne doit rien, a bien encores de la peine à se maintenir.

De la Taquinerie.

Chap. XVIII.

PEv deffaut au pauure, tout au taquin; il est inutile à tout le monde, encores pire à soy qu'à aucun, c'est vne sorte fieure d'ame qui le bourrelle, laquelle luy donne mille apprehensions de perdre le bien sur quoy il fonde tout le bon-heur de sa vie: c'est vne violente persuasion qu'il a les richesses estre si grande chose, qu'il ayme mieux se laisser miserablement mourir de faim, & souffrir mille incommoditez, que se dessaisir tant soit peu de son argent pour l'vsage des choses necessaires: c'est ainsi qu'Aristote[a] dépeint ce vice. Φειδωλία δ' ἐστι καθ' ἣν ἀδάπανοι γίνονται τῶν χρημάτων εἰς τὸ δέον.

[a] Aristot. lib. de virt.

Apollodore Comique Grec ancien, comme il se lit chez[b] Stobee: Ie hay, dit-il, la fortune qui se ioint auec vn esprit taquin: car si tu vois quelqu'vn viuant miserablement parmy beaucoup de biens, il ne faut pas tant blasmer le defaut de cet homme, que l'aueuglement de la fortune, de s'estre precipitee entre les bras d'vn homme indigne de ses faueurs.

[b] Serm. 14.

Il ne faut pas tant regarder à la quantité des richesses, qu'à l'esprit de celuy qui les possede: sçauoir s'il est maistre d'icelles, & capable de les bien gouuerner.

Si quelqu'vn, dit[c] Euripide, parmy toutes ses opulences vit mesquinement; ie ne l'estime pas riche, mais gardien malheureux de ses richesses! On estimeroit

[c] In Antiope.

stupidité

stupidité en vn hōme de n'estre point attristé en quelque grande infortune, la bestise de cestuy-là est encores plus grande, qui est pauure parmy beaucoup de biens. *Magnas inter opes inops.*

Le mesme a Euripide estime celuy-là pire qu'vn sacrilege & vn parricide, qui meurt de faim auprés d'vn grand amas de richesses. L'argent n'a point de vie ny d'ame que par l'vsage.

a *In Danaë.*

Quid mihi diuitiæ si non conceditur vti?

Et celuy-là estouffe vne chose tres-necessaire au commerce des hommes, qui enfoüit en terre son thresor. Il semble à les voir que ce qu'ils viuent icy bas n'est rien, mais qu'ils ont vne autre grande vie à passer ailleurs, tant ils sont espargnans & eschars, comme pour faire vn long voyage.

A voir trauailler les Abeilles, vous diriez qu'elles amassent, comme si elles auoient tousiours à viure: & les taquins accumulent ainsi sans cesse, comme n'ayans iamais à mourir: mais la mort leur apprendra bien vne autre chanson, quand despoüillez de tous leurs biens, ils retourneront nuds dans les entrailles de la terre.

Ceste auarice que sainct Paul appelle seruitude des idoles, *Idolorum seruitutem*, il me semble que c'est pour ceste partie de taquinerie: car comme vn idolastre venere & sert son idole, sans y oser toucher, de peur (ce luy semble) de sacrilege: de mesme vn taquin qui a tout son cœur en son thresor, lequel il contemple & remuë sans cesse à guise de tortuës qui couuent leurs œufs par la veuë, & n'ose toucher à ceste sienne idole, mourant de faim & de soif, comme vn autre Tantale parmy les fleurs & les fruicts.

Semblable à ces Thresoriers & Financiers, qui gardent soigneusement l'argent du Roy ou du public, sans oser s'en seruir, ny l'appliquer à leur vsage.

Ces vilains sont des pestes de Rep. qui deuroient estre exterminez de la societé des hommes, comme des sangsuës, qui soustrayent petit à petit le sang du corps de l'estat, sçauoir l'argent, l'ame du commerce public: ce sont des taupes enfoncees dans la terre, indignes de voir le iour; à l'aduenture nos loix, qui font si seuere recherche & enqueste des vsures, seroient à mon aduis aussi bien employees contre telle maniere de gens nez pour le malheur du public.

a 1. serm. Horace descrit a vn tel personnage naïuement bien.

Vuidius quidam (non longa est fabula) diues,
Vt metiretur nummos, ita sordidus, vt se
Non vnquam seruo melius vestiret : ad vsque
Supremum tempus ne se penuria victus
Opprimeret, metuebat : &c.

Antiphon Philosophe ancien ayant quelque necessité, alla vn iour trouuer vn taquin qui auoit vn beau thresor reserré, luy demandant quelque somme à interest & vsure : cestuy-cy estoit si ombrageux qu'il ne se fioit à personne, aymant mieux tenir son argent clos & caché riere soy, que de le faire profiter, arriua qu'vn larron subtil ayant espié le lieu de sa cachette, y va se saisir de l'argent, & en la place du sac substitue vne pierre, le taquin reuenu se desespere de la perte de son argent, plaint sa misere & son desastre ; ayant rencontré Antiphon, il luy declare son infortune, auec vn grand regret de luy auoir esté ingrat, le Philosophe luy remonstre qu'il n'auoit rien perdu, & que s'il vouloit continuer son opinion, la pierre qu'il auoit trouué en la place de ses escus, luy pourroit autant seruir, n'y ayant difference entre les pierres cõmunes, & l'or, qu'en l'vsage que luy dõne l'opinion, & qu'estant priué de son argent, il n'auoit rien perdu, parce qu'aussi bien il s'en estoit interdit l'vsage.

En voicy vn lieu plus gentil qui clorra ce chapitre ; Quelque pauure homme desesperé de son extreme indigence, s'alloit pendre à vn arbre, où de hazard il trouue vn thresor enfoüy, luy bien aise prend l'argent, & laisse là son cordeau ; l'auare reuenant priué de son thresor se pend auec le cordeau qu'il rencontre, saisi d'vne impatiente douleur. Ausone de cecy a fait vn delicat Epigramme.

Qui laqueum collo nectebat, repperit aurum,
Thesaurique loco deposuit laqueum.
At, qui condiderat, postquam non repperit aurum,
Aptauit collo quem reperit laqueum.

Di

De tirer le bien du mal.

CHAP. XIX.

IL n'est rien plus veritable, que ce que Dieu a fait est beau & bon, *Vidit Deus*, est-il dit au Genese touchant la creation de l'Vniuers, *cuncta quæ fecerat, & erant valde bona*; mais le peché a tout renuersé, quand ceste peste s'est glissée, par l'entremise du serpent, en nostre premier pere, soudain il fut despoüillé de tant de graces & prerogatiues singulieres, desquelles Dieu auoit honoré & felicité sa naissance, qu'il ne se pouuoit rien adiouster à sa grandeur, que le bon-heur de l'eternité: mais certes, en ceste action miserable, nostre nature a senty vne playe notable, parce que outre la domination sur toutes les creatures, *Dominaberis piscibus maris, volatilibus cæli, bestijs terræ*, laquelle nous a esté soustraite, il semble que tout l'Vniuers se bande contre nous. [a] *Pugnat orbis terrarum contra nos insensatos.* Estant raisonnable qu'ayans failly en tout, nous soyons punis, selon sainct Gregoire [b] *Quoniam in cunctis deliquimus, in cunctis ferimur.*

a Sap. 5.

b Homil. 35. ex 40.

Apres que nostre Protoplaste fut banny du jardin d'Eden, Paradis de delices, *Posuerat Dominus hominem in Paradiso voluptatis*, où la terre produisoit d'elle-mesme vne abondance extreme de tous biens, il ne trouua au reste du monde rien que miseres. *Maledicta terra in opere tuo; spinas & tribulos germinabit tibi*: le ciel qui souloit en son bel estat d'innocence, rouler sur sa teste d'vn doux accord, reiglant ses saisons d'vne agreable temperature, sans le trauailler par les extremitez du froid & du chaud: il se tourne incõtinent en mille orages, darde sur luy des influences malignes, se débande de son seruice, puis qu'il s'estoit reuolté de l'obeïssance de leur commun Pasteur. Les Elemens le combattent de mesme, le feu au lieu de l'éclairer, & de l'échauffer, le brusle; l'air le trauerse par des vents impetueux; l'eau le moüille & l'incommode; la terre luy est ingrate, les oyseaux s'enuolent de luy, les poissons s'en reculent, les animaux terrestres non seulement l'abandonnent: mais luy font mille maux.

Ainsi le peché a fait changer la face à l'vniuers, en metamorphosant sa condition, de sorte qu'apres on peut dire, que non sans cause, *Pœnituit Deum fecisse hominem.*

Si est-ce que, sans sonder les abysmes des iugemens incomprehensibles de la diuinité, parmy nos mesfaits, encores ressentons-nous le doux air de sa misericorde, parce qu'il est si bon, qu'il n'eust pas permis le mal, s'il n'en eust voulu tirer vne quintessence de bien: car ces maux qui nous sont demeurez pour le peché, que sont-ce qu'autant de charitables fleaux, & paternelles verges, pour nous appeller à resipiscence?

Mais mon but est de desnoüer icy comme ie pourray vne question merueilleusement belle: Pourquoy parmy tant d'especes d'animaux Dieu en a creé non seulement d'inutiles (ce semble) mais aussi venimeux & mortels. Il semble que S. Basile en son Hexaëmeron, ou œuure de six iours, vueille tenir qu'ils n'ont esté faits qu'apres la cheute d'Adam, disant que le serpent auant que d'auoir sollicité nostre premiere mere, estoit vn bel animal & fort net: mais que depuis il a esté rendu laid, & nuisible. *Dixit Dominus ad serpentem, quia fecisti hoc, maledictus eris super omnia animalia terræ, super pectus tuum gradieris, & terram comedes omnibus diebus vitæ tuæ.* On pourroit demãder à pareil tiltre, pourquoy tant d'herbes empoisonnees & pestilentes: mais ce [a] pere de l'Eglise respond, *Horum nil otiosum, nil inutiliter generatum, nam aut alicui brutorum generi alimentum exhibent, aut etiam nobis ipsis à medicâ arte in aliquod malorum solatium inuenta sunt.*

Cela est tout cler & commun en la Theriaque, qui se fait de chair de vipere; & des herbes plus dangereuses on se sert pour contrepoison. Comme aussi ont remarqué sainct Iean [b] Chrysostome, [c] S. Gregoire de Nazianze & [d] Eusebe Euesque de Cesaree. [e] Lactance poursuit elegamment ceste question controuersee autresfois entre les Academiques & Stoïques: mais autant mal assaillie, que deffenduë: ceux-là disoient, que Dieu n'auoit pas tout creé pour l'homme, puis que tant de choses se trouuoient & en l'air, & dans les caux,

[a] Hom. 5. Hexaëm.
[b] In Psal. 96.
[c] In monodia.
[d] Praepar. Euan. 8. c. 5.
[e] De ira Dei cap. 13.

eaux, & sur la terre qui luy estoient contraires : les Stoïciens reiettoient cela, disans qu'il n'y auoit rien qui ne peust nous apporter quelque vtilité, & que tous les iours l'experience le montroit aux Medecins, & donne l'exemple de la vipere, laquelle pulueriseé, & prise en quelque liqueur, sert de contre-poison à la morsure de ce mesme animal.

Ce qu'il m'en semble, au cas que ma voix fust de quelque mise, est que la prouidence de Dieu en la creation, & conduite de cet vniuers, est vne obscurité où nous ne voyons goutte : *Posuit tenebras latibulum suum.* ou plustot vne lumiere imperceptible à nostre entendement. *Lucem habitat inaccessibilem.* Il ne faut point estre sage trop haut, *Noli altum sapere, sed time : altiora te ne scrutaris.*

Cela pouuons-nous dire en nous rauaiant plus bas, qu'il n'y a aucun mal, dont nous ne puissions tirer quelque bien : des grands pecheurs nous auons veu naistre de grandes & signalees penitences, le releuer ayant esté plus glorieux, que la cheute. *Minuisti eum paulò minus ab Angelis : gloria & honore coronasti eum.*

Plutarque non sans beaucoup de raison, enseigne que nous pouuons tirer plus de profit de nos ennemis que de nos amis : parce que souuent ceux-là cachent nos fautes, que ceux-cy nous reuelent à nostre barbe. *Reuelabo pudenda in faciem tuam,* & nous donnent occasion, ou de marcher droit, ou de nous corriger, sinon par volonté, au moins de peur de cõfusion, ou de peine : ainsi pouuons-nous tirer du bien de ce mal.

Caton disoit, que les sages apprenoient plus des fols, que les fols des sages : c'est à dire, que les plus aduisez sur le mal d'autruy, apprennent à bien faire.

Felix quem faciunt aliena pericula cautum.

Si les Heretiques sçauoient quel profit nous auons tiré de leur dommage, & quel bien ils ont fait à l'Eglise luy pensant faire du mal, non, ils ne seroient plus Heretiques.

De la Prudence serpentine.

CHAP. XX.

CAR n'est-ce pas l'heresie, qui à changé la simplicité trop colombine des Ecclesiastiques, (simplicité qui a fomenté l'origine de ceste zizanie) en vne prudence de serpent? la trop lourde stupidité, & grossiere ignorance, a esté cause de la seductiõ de plusieurs Catholiques, qui estoient comme des colombelles lasches, sans fermeté ny sans cœur. *Columbæ seductæ non habentes corda.* Mais depuis que les esprits se sont esueillez de ce long sommeil qui les auoit assoupis, & engourdis vn si long temps, la mine de la pretendue reformation a esté esuentee, & se dissipera vn de ces iours comme vne fumee, ou comme vne poussiere ballottee au gré du vent de l'inconstance & instabilité: *Sicut puluis qui à vento dispergitur.*

Or ce n'est pas sans cause que pour l'acquest de la sagesse, ceste si notable vertu, nous sommes enuoyez au Serpent a pour apprentissage, tout de mesme qu'en l'Escriture le faineant est renuoyé à la fourmis. Ie remarque quatre raisons principales de cela: la premiere est de sainct Chrisostome. b *Serpentis prudentiam imitari nos Dominus cohortatur, vt quemadmodum serpens totum seipsum tradit, nec minimum curat, si corpus inciditur, donec caput suum integrum seruet: Eodem tu quoque modo præter fidem cætera perdere non cures, profundas vniuersam tuam pecuniam, tradas corpus, vitæ ipsi, si opus est, minimè parcas, dummodò fidem serues, quæ caput & radix est.* Comme le serpent expose tout son corps à la mercy des coups, pour sauuer sa teste, où [illegible] toute sa vie; ainsi ne deuons-nous pas pardõner ny à nos corps, ny à nos vies, ny à nos biens, pour maintenir nostre foy entiere, laquelle nous fait viure, *Iustus ex fide viuit: nolite timere eos, qui occidunt corpus.*

La seconde raison est que nous deuons surtout imiter le serpent en sa renouation: c on sçait que chargé de

a Matth. 10.

b Homil. 34. in Matth.

c Arist. de nat. animal. 8. c. 17. D. August. de ciuit. Dei 8. c. 15.

de vieillesse il se déueste de sa peau, passant par vn trou estroit : ce destroit est la penitence, où nous deuons despoüiller le vieil homme, pour en reuestir vn nouueau, qui soit selon Dieu. *Exuite veterem hominem, &c.*

Le serpent a ceste autre proprieté, que s'allant bagner dans l'eau, il vuide tout son venin, mais apres il le reprend : quand nous-nous allons lauer en la fontaine de penitence, il faut auoir ceste premiere prudence, de vomir tout le poison de nostre vie, mais non pas le reprendre apres l'absolution, ou ablution receuë.

La quatriesme imitation est, que le serpent dégraisse sa veuë quand il l'a trouble auec l'herbe dite *fœniculus.* & puis il regarde le Soleil : si nous cõsiderons que tout ce qui est icy bas, n'est que du foin. *Omnis caro fœnum, & omnis gloria eius tamquam flos agri sic efflorebit*; & de là que nous contemplions le beau Soleil de l'immortalité, nous acquerrons ceste prudence, le bel œil de nostre entendement, de mespriser les choses terrestres, pour aspirer aux celestes.

L'Homme engendre le Serpent.

CHAP. XXI.

ENcores ceste autre animaduersion : Ils disent que de la mouëlle de l'espine du dos d'vn homme mort, croist vn serpent. C'estoit l'opinion de Pythagore.

Sunt qui cum clauso putrefacta est spina sepulchro,
Mutari credunt humanas angue medullas.

a Pline en son histoire naturelle, *Serpentem ex medulla hominis spina gigni accepimus à multis.* Ælian. *Hominis mortui spina medullam putrescentẽ in serpentem cõuerti aiunt, exoririq; feram, & serpere animuntem immanissimã ex mansuetissimo.* Sainct b Isidore parlant de cela mesme: *Quod si creditur* (dit-il) *merito euenit, vt sicut per serpentẽ mors homini accidit, ita per hominis mortem moriturus serpens procreetur.* Selon ceste remarque des Naturalistes i'estimetois

a l.10.ch. 66.

b l.12.c.4.

a 10. rois bon d'interpreter & entendre ce passage de a l'Ecclesiastique, *Cùm mortuus fuerit homo, hæreditabit Serpentes, bestias & vermes*, sçauoir que de son corps s'engendrent des vers, des crapaux, & des serpens.

Or ce qui se dit, que par le serpent la premiere femme a esté deceuë: il ne faut pas penser autrement, sinon que le diable s'est seruy de l'organe de cet animal pour la deceuoir, selon l'interpretation de tous les Peres, entre autres de sainct b Augustin sur le Genese. *Diabolus ipse fuit qui suasione sua hominem perpulit ad casum:* de là il a eu le nom de Serpent chez le mesme c Docteur: *De serpente igitur diabolo nil disseremus, &c.* & de monstrer les rapports du diable & du peché au serpent, i'en ay vn monde que ie reserue pour vn discours de plus longue haleine.

b ad litter. l. 11. ch. 19.

c in Ps. 90. & tract. 10. sup. Ioan.

Du Parler libre.

Chap. XXII.

Ce n'est pas de ceste facilité de paroles roulantes & coulantes des bouches d'aucuns, auec vne fluidité emmielée, que i'entends traicter icy. C'est vne faculté cajolleuse & parleresse, qui s'acquiert par vne longue routine, & exercice: Pauure monnoye & de bas alloy que de langage! voire qui tombe le plus souuent és ames moins perfectionnees: il y a beaucoup de difference entre le bien-dire & le bien-faire, telle qu'entre la langue & la main: tel qui aura celle là bien affilee & le discours à commandement, aura celle-cy engourdie: on n'en voit que trop qui disent d'or, & font de plomb.

I'entends mon tiltre d'vne façon de parler brusque, naïfue, prompte, qui a bien de verité quelque air d'inconsideration & legereté, mais qui part d'vn courage bouffy, de ie ne sçay quelle fierté genereuse, dédaignant toute adstriction & circonspection: nous verrons mieux ce que c'est par quelques traits.

Alexandre demandoit au Philosophe Crates, s'il ne desireroit

desireroit pas que sa ville fust rebastie, & son pays remis en son entier. Il m'importe beaucoup, respõdit-il, peut-estre que quelque autre Alexandre la viendroit encores destruire & rauager: taxant librement la trop grande seuerité de ce Roy au saccagement de sa Patrie.

On demandoit à Aristippus, quel fruit il auoit faict en l'estude de la Philosophie: Celuy-là, dit-il, de parler librement & sans crainte à tout le monde.

Ceste franchise de parler du Philosophe Diogenes à Alexandre est cognuë aux enfans, ne le remerciant autrement de ses offres, sinon de ne luy porter point d'ombre. Le Roy luy dit, Quoy! ne cognois-tu point Alexandre? Et Diogenes, luy repliqua-il, vous est-il incognu?

Quelqu'vn à vn Tyran qui auoit fait mourir ses enfans à cause qu'il luy auoit refusé vne seule fille en mariage: I'ayme mieux, luy fit-il, la voir morte, que mariee à vn Tyran.

Anaxarchus Philosophe haïssoit fort Nicocreon Tyran de Cypre, vn iour estant à la table d'Alexandre auec ce Tyran, le Roy luy demanda, Que te semble du festin? Tres-beau, dit-il, si on y eust seruy la teste de ce Barbare. Aussi depuis estant venu en la puissance de Nicocreon, il luy en cousta la vie: parmy des tourmens fort griefs, durant lesquels ne pouuant encores démentir la libre generosité de son courage, il disoit des injures au Tyran, se mocquant de ses bourrelleries, *Tunde, tunde Anaxarci vasculum, Anaxarchum enim nil feris.*

Democrite disoit fort à propos de ceste liberté de parler, que c'estoit vn signe d'ame ronde & franche, mais que selon la diuersité des occasions, elle estoit perilleuse; Comme de vray, à telle heure peut-on dire vn trait hardy deuant vn grand, qu'il ne s'en fera que rire, vne autre fois il le prendra au criminel: Il fait mauuais en tout cas se joüer à des Princes.

Quelqu'vn disoit, que ou il ne se falloit point mesler de hanter auec les Roys, ou bien leur dire choses agreables, & les flatter. Il ne faut point, repliqua Antistenes, conuerser du tout auec eux, ou bien il leur faut dire la verité: estimant indigne d'vn courage noble, & d'vn cœur planté en bon lieu, de se déguiser en quel-

quelconque lieu, ny sujet.

Democritus Orateur ancien, enuoyé par les Atheniens Ambassadeur vers Philippus, parlant vn peu bien haut deuāt ce Roy, il luy dit: Quoy! ne craignez-vous point que ie vous face leuer la teste de dessus les espaules? Non, repliqua-il, car si vous le faictes, mon pays immortalisera mon nom.

Platon estant à la table de Dionysius, ce Tyran luy demanda, si quelquefois à Athenes les Philosophes ne parloyent point de luy: Ils n'ont pas, dit-il, tant de loisir, & ne sont pas si raualez, que de s'amuser à des discours si friuoles, & bas; luy remonstrant l'indignité de sa vie.

Le mesme deuāt le Tyran Harmocrates disoit; Que c'estoit vne ineptie de desirer vne domination, si on n'en estoit digne, & si on n'estoit meilleur que ceux à qui l'on commande. O Platon, luy dit-il, tes discours sont trop Philosophiques! Si les vostres sont contraires, luy repartit l'autre, ils sont tyranniques.

Aristote disoit à son disciple Calistenes, qui se mesloit de parler vn peu trop librement deuant Alexandre: si tu parles tousiours de la sorte, tu ne viuras pas long temps. C'est vn vers d'Homere.

Ωκύμορος δὴ μοι τέκος ἔσσεαι ὧ ἀγορεύεις.

& ne fut pas mauuais deuin: car il mourut miserablement pour auoir en fin par ses libertez mis Alexandre en cholere.

Il y a de la vanité bien souuent & de la presomption en ces aristarques qui se meslent quelquefois de controller les actions des Grands, & les indigner auec trop de seuerité, & sans considerer que les Princes sont par dessus les loix, comme les maistres d'icelles, & qu'ils se doyuent plustost mener par raisons douces & faciles, que par vne aigre & desplaisante contrepointe. Il est tres-bien dit qu'il en faut approcher comme du feu: si on leur parle trop priuément & librement: ils bruslent & cuisent, mais quand on s'y porte auec circonspection & moderation, selon la reuerence qui leur est deuë, tout va bien: il y a souuent de l'afetterie charlatane, & bouffonne en ceste liberté.

Il y a vn autre parler libre, qui consiste en promptes

&

& brusques reparties, ce sont boutades & saillies d'vn esprit vif & primsautier, qu'ils appellẽt present, quand sans premeditations quelconque il nous vient en bouche de bons rencontres : il y en a qui y sont tres-heureux : mais cela est d'vn autre propos.

De la longue vie.

Chap. XXIII.

C'Estoit vne benediction en l'ancienne loy, lors que les barrieres du Ciel n'estoyent encores ouuertes, elle est au Decalogue particulierement promise aux enfans qui honoreront leurs peres : mais en la nouuelle il ne se trouue point que les Saincts y ayent mis aucune felicité : ains il s'en rencontre plusieurs qui ont sainctement souhaitté leur dissolution, comme en plusieurs endroits de sainct Paul, assez communs : Et de faict plus nous sommes en ce miserable sejour, val de pleurs & de miseres, n'est-ce pas autant de retardement de nostre future beatitude, ores que les portes des Cieux ont esté ouuertes par le Roy de Gloire ? Encores pour les calamitez de ceste vie, & le desir de l'autre, se voit-il tout plein de lieux où le Psalmiste souspire apres le iour de sa deliurance : & aussi nous reste-il quelque vestige de cela en la loy Chrestienne : en la consecration des Euesques, on nous baille pour benediction les *ad longos annos*.

Si est-ce que ie n'ayme gueres ces clostures de lettres que ie voy pour la pluspart finir par des souhaits de prosperité, santé, accomplissement de desirs, lõgue vie, & sans parler de Dieu, i'ayme mieux celles où on nous desire la grace de Dieu, nostre seul bien, & vnique thresor.

Il est bien vray qu'il ne faut pas souhaitter la mort, & ie mettrois tout joignant, ny la trop longue vie, car comme celuy là sent son desesperé, cestuy sent son acoquiné à la terre : la reigle est bonne,

Summum nec metuas diem, nec optes.

Or à qui demanderoit pourquoy les vies de nos de-

uanciers

uanciers estoyent bien plus longues que les nostres, ie croy que la responce est facile de dire, Que leur temperance estoit plus grande, vertu mere de la santé, santé compagne de la longue duree d'ans : la paillardise & la gourmandise sont les pestes de ce siecle desbauché. Ioint que tout va en declinant, les elemens s'affoiblissent, les saisons se desreiglent, la terre se lasse, l'vniuers en vn mot s'allanguit & diminuë. La paste de nos corps n'est plus de celle de nos Peres, tout va en empirant,

Ætas parentum peior auis tulit
Nos nequiores, mox daturos
Progeniem nequiosiorem.

Voicy quelques exemples de longue vie. En la Mexique Sabellicus tient qu'ils viuent 130 ans, du moins 120 ans. a Strabo dit, que ceux de Seres viuent 200 ans. b Pline rapporte de quelques habitans circonuoisins de la montagne Tmolus, la commune vie desquels est de 150 ans.

a l. 15. V. Pl. 7. c. 2. Val. Max. 8. c. 41.
b l. 7. hist. nat. c. 48.
c Olaüs l. 4. c. 4.

Il est bien vray, que les Septentrionaux, c & autres nations qui viuent sous vn climat inclement, pour les rigueurs du froid, viuent bien plus longuement, que non pas ceux qui habitent en vne region trop bruslante & chaude. I'en laisse rechercher la cause aux Medecins. Dans ces nostres montagnes où est mon Diocese, il se voit qu'en moins d'vne ou deux lieuës de distance, ces bonnes gens viuent beaucoup plus, & sont d'auantage robustes, qui ont quasi la neige continuellement sur le dos, que ceux qui sont habituez dans les vallees douces & temperees.

d 7. c. 48.
e Volaterr. liu. 6. com. vrb. eh:
f 8. c. 4.

Ephorus Roy d'Arcadie, au recit de d Pline, vescut 300 ans : pour le medecin e Hippocrate on tient qu'il en a vescu 104. Hieron Roy de Sicile, ce grand amy du peuple Romain, est dit par f Valere le Grand auoir esté iusques au nonantiesme, mais ce qui est plus remarquable, auec vne perpetuelle santé.

Les Poëtes donnent vne vie de 300 ans à Nestor, & à Tithonus grand amy de l'aurore encores dauantage : celuy-là temperant, l'autre diligent & laborieux : pour nous apprendre que le trauail, & la sobrieté conseruent & affermissent le corps contre la violence des ans.

Amot

Annos perpetua geres iuuenta
Quos fertur placidos obiisse Nestor;
Quos Tithonia computat senectus.

a Iuuenalis. a Sat. 10.

Rex Pylius (magno si quicquam credis Homero)
Exemplum vitæ fuit à cornice secunda.
Fœlix nimirum, qui tot per sæcula mortem
Distulit, atque suos iam dextera computat annos.

Ils disent que la Sybille Cumee demanda vn iour à Apollo de viure autant d'annees, qu'elle tenoit de grains de poussiere en sa main. Il s'en trouua mille. Ie m'en rapporte aux Poëtes. b Stace b lib. 1.

------ Tu Troïca dignus
Sæcula & Euboïci transcendere pulueris annos.

Ouide en ses transformations. c c lib. 14.

------ Nam iam mihi sæcula septem
Acta vides, superest numeros vt pulueris æquem,
Tercentum messes, tercentum musta videre.
Tempus erit cum de tanto me corpore paruam
Longa dies faciet, consumptaque membra senectâ.

Democritus d Abderites tres-studieux & docte Philosophe, ayant consommé tout son âge au maniement des liures, auec beaucoup d'assiduité & de trauail, paruint toutesfois iusques à cent neuf ans, d'où nous pouuons tirer que l'estude opiniastre n'abrege pas tant les iours qu'on nous criaille; ceste vie lettree ne peut estre sans temperance & frugalité, nourricieres de la santé, & par consequent d'vn long âge. d Cic. 5. Tuscul.

Gorgias e Leontin poussa vne entiere santé iusques à six vingt ans, comme remarque Ciceron en son traitté de la vieillesse. Isocrate escriuit son Panathenaique à nonante & neuf ans. Les f Hyperborëens gent innocente, & qui vit à guise des Scythes, dans les bois solitaires & escartez, ont d'ordinaire deux cens ans pour duree de leur vie, selon Pline & Pomponius Mela. e V. Max. 8. c. 14. Philost. in Sophistis. f Sabellic. 1. ch. 7.

La vieillesse saine & robuste de Massinissa est tres-remarquable chez Ciceron, g lequel apres cent ans engendra encores vn fils: on dit de sa patience aux trauaux & fatigues, de petits miracles. g De Senect. Val. Max. 8. c. 14. Plin. 7. ch. 48.

A Estampes, ville voisine de Paris, du gouuernemẽt de Monsieur de S. Bonnet mon pere; h ils font mention h V. Fulgos. 8. c. 14.

tion pour exalter la salubrité de leur air, d'vn certain Iean dit d'Estampes, qu'ils tiennent auoir vescu trois cens ans. Ie pense auoir leu quelque historien Frãçois, faisant estat de la longue vie de cet homme : mais si ie ne me trompe sous le nom de Iean des Temps.

Or c'est en l'escriture saincte principalement qu'on remarque des longues vies : parmy les premiers hommes, [a] Adam vescut 930. ans. Seth 912. Enos 905. Cain 910. Mahalaleel 895. Iared 962. Henoch 365. Mathusalem 969. Lamech 777. [b] Noé 950. [c] Sem 600. Arphaxad 438. Sale 433. Heber 464. Phaleg 239. Rehu 209. Sarug 230. Nachor 148. Tharé 205. Sara [d] 127. Abraham [e] 175. Ismaël 137. Isaac [f] 180. Iacob [g] 147. Ioseph [h] 110. Leui [i] 137. Gath 133. Amram 137. Aarõ [l] 137. Moyses [m] 120. Iosué [n] 110. Eli [o] 98. Iojada [p] 130. Tobie [q] 120 Iudith [r] 150. Iob [f] 140. Mathatias [t] 146. Antiochus [u] 140.

a Gen. 5. b Gen. 9. c 11. d 23. e 25. f 35. g 47. h 50. i Exod. 4. l Num 33. m Deut. 31. n Iof. 24. Iud. 2. o 1. Sam. 4. p 2. Para. 24. q Tob. 14. r Iud. 16. f Iob. 42. t 1. Machab. 2. u 2. Machab. 6. x 17.

Ce que Dieu garde est bien gardé.

Chap. XXIV.

Cela tous les iours en guerre se remarque en mille rencontres, vous verrés des Capitaines si heureux, qu'allans à la mercy des harquebuzades, tout tõbera autour d'eux, sans qu'ils en soient touchez. Fort bien [x] Iob : *Pone me iuxta te, & cuiusuis manus pugnet contra me* : parce que Dieu est pour nous, qui nous peut estre cõtraire? nous sommes bien à la verité assaillis continuellement de mille malheurs qui pendent sur nos testes à vn petit filet, comme le glaiue de ce Tyran, infortunes capables de nous tenir en perpetuelle transe : mais si nous sommes aidez de Dieu, nous n'auons que faire de riẽ craindre auec ceste assistance. *Prouidebã Dominum in conspectu meo semper, quoniam à dextris est mihi ne commouear.*

Ænee chez le prince des Poëtes Latins sort sous la conduite de sa mere Venus, du milieu des flammes qui embrasoyent sa chere patrie, & eschappe sauf du milieu des plus furieuses armes. [y]

y 2. Æneid.

------ *Ducente dea, flammam inter & hostes*
Expedior ; dant tela locum, flammaque recedunt.

Ainsi

Ainsi les trois enfans que Nabuchodonosor fit ietter dans la fournaise ardante, ne sentirent aucunement l'effet du feu, [a] ce qui se lit aussi de plusieurs martyrs Chrestiens.

[a] V. Sigeber. in Chron. & Fulgos. lib. 6

Ainsi Sainct Pierre fut miraculeusement deliuré de prison où il n'attendoit qu'vne mort asseurée, par vn Ange que Dieu luy enuoya. *Angelis suis Deus mandauit de te,* Chante le Psalmiste des gens de bien, *Vt custodiant te in omnibus viis, in manibus portabunt te, ne forte, offendas ad lapidem tuum: super aspidem & basiliscum ambulabis, & conculcabis leonem & draconem.* Ainsi sainct Paul ne fut point endommagé de la vipere qui le mordit à Malte, Daniel ne fut point interessé dans la fosse aux lions, Sainct Iean aualla sans danger la mortelle cicuë; & se lit de sainct Benoist que le verre se cassa auquel estoit du poison qu'on luy presentoit.

Si nous considerons tous les miracles que Dieu fit en l'Egypte pour deliurer son peuple de la seruitude de Pharaon, & le sauuer d'entre les mains de ses ennemis, tous seruiront pour verifier ma proposition, que celuy qui est en la garde de Dieu, ne peut estre en sorte quelconque endommagé des hommes. Ie laisse à ruminer pour preuue de cecy sur tout le [b] Psalme, *Leuaui oculos meos in montes, vnde veniet auxilium mihi, &c.* Rien ne nous peut nuire quãd nous sommes sous l'ombre de ses aisles, & que nous sommes couuerts d'vn tel bouclier. *Dominus [c] illuminatio mea, & salus mea, quem timebo? Dominus protector vitæ meæ, à quo trepidabo? Si consistant aduersum me castra, non timebit cor meum: Si exurgat aduersum me prælium, in hoc ego sperabo, &c.* Il n'est rien si frequent ès Pseaumes, que le refuge à Dieu, que l'inuocation de son ayde, de sa protection. *Dominus auxilium meum, refugium meum, fortitudo mea, custodia mea.* Et de verité aussi c'est en vain que nous veillons, si Dieu ne nous conserue. *Nisi Dominus custodierit ciuitatem, frustra vigilat qui custodit eam. Vanum est vobis, &c,* Et Dieu se plaist grandement à conseruer ceux qui totalement s'abandonnent à luy: *Pater meus & mater mea dereliquerunt me,* quand le monde nous abandonne, & fait banqueroutte de toutes parts, c'est lors que Dieu nous preste la main. *Dominus autem assumsit me.* C'est pour cela que le Prophete Roy renon-

[b] 120.

[c] Psal. 26

ce au ciel & à la terre pour estre en la grace de son Createur. *Quid mihi est in cælo, &c.* Et encores s'abandõnant totalemẽt à son Dieu, il le supplie de ne le consõdre pas & ne le frustrer de son attente. *In te Domine speraui non confundar: Suscipe me secundum eloquium tuum & viuam, & non confundas me ab expectatione mea.*

Ceux qui marquerent les portes de leurs familles de la lettre Tau, auec le sang de l'agneau Paschal, ils furent espargnez par l'Ange exterminateur, qui alloit massacrant, *Primogenita Ægypti, ab homine vsque ad pecus:* ceux que Dieu garde ne peuuent estre trauaillés ny abbatus par le monde.

Pour estre en ceste garde asseuree, il faut estre en la grace de ce bon protecteur: *Custodit Dominus omnes diligentes se, & omnes peccatores disperdet.* Car autrement si nous l'offensons, nous ne pouuons en aucun lieu nous deliurer de ses atteintes pres ou loing, & tost ou tard il nous rendra le change: *si ascendero in cælum, tu illic es, si descendero in infernum, ades; si sumpsero pennas meas diluculo, & habitauero in extremis maris, etenim illuc manus tua deducet me, & tenebit me dextera tua.* Le supplice suit le malfaicteur inseparablement, comme l'ombre le corps.

——— Et fugacem persequitur virum,
Nec parcit imbellis iuuentæ
Poplitibus, timidoque tergo.

313. Il se voit vne belle histoire aux Machabees, qui confirmera & cecy, & ma proposition tout ensemble: Vn iour quelqu'vn donna aduis au Roy Apollonius de piller le thresor qui estoit au temple de Hierusalem, à quoy pressé de quelque necessité, il enuoya vn des ses plus fauoris Capitaine nõmé Heliodore; cestuy cy arriué auec main forte, nonobstãt toutes les prieres du peuple, & du grand Prestre Ozias, il voulut passer outre en l'execution de son dessein: Mais comme il vint pour entrer au temple, voila sortir vn fort & puissant Caualier richement armé, accompagné de deux ieunes hommes puissans & robustes: celuy qui estoit à cheual ayant renuersé de sa seule veuë tous les gensd'armes d'Heliodore, le fit prendre par ces deux qui l'assistoient, & tellement estriller auec des fouets de corde, qu'ils auoient en main, qu'il resta pour mort sur le carreau: en fin guery par les
prieres

prieres d'Ozias, retourné deuant son maistre, il luy fit sçauoir combien il faisoit dangereux se iouer à Dieu; & ce thresor si miraculeusement deffendu nous apprend-il pas combien est en seureté ce que Dieu conserue?

Moyse fut exposé dans vn petit panerot d'ozier sur vn fleuue, & sauué miraculeusement de la mort, pour estre vn iour le conducteur d'Israel.

Les Nautonniers pensoient auoir submergé Ionas dans la mer, & voila que Dieu luy prepare le ventre d'vne baleine pour le sauuer.

Vn assassin ayant esté enuoyé par les Ariens pour tuer S. Greg. de Nazianze, l'ayant trouué malade dās le lict, il n'eust pas le courage d'executer sa malheureuse entreprise: mais s'estant ietté à ses pieds il luy demanda pardon, & se conuertit, tant de son erreur, que de sa mauuaise vie.

Sainct Martin, selon le recit de Sulpitius Seuerus, escriuain de sa vie, destruist vn temple d'idoles, vn pitaut, l'espee traitte, le voulut tuer, auquel ayant librement donné sa teste à trencher, le fer tomba des mains à ce malheureux, lequel mourut de frayeur.

Les a Gots eurent vn iour enuie de brusler vn Hermite nommé Benoist en sa cellule, l'ayans enuironnée d'vn grand amas de bois, & mis le feu, iamais toutesfois cela ne toucha sa maison: puis l'ayans ietté dans vne fournaise embrasée, encores les flammes ne luy faisoient point de tort, en fin ils le tuent à coups d'espée.

a Fulg. l. 1. c. 6

Sainct Anthoine, & mille autres Anachoretes ses sectateurs, n'auoient point dans les plus affreux deserts & solitudes plus écartees d'autre garde, & contre les demons, & contre les plus farouches & sauuages feres, que celle de Dieu. *Qui habitat in adiutorio altissimi, &c.*

En ma ville de Belley, trois maisons, il y a quelques iours, tomberent par terre à la fois: le bon-heur voulut que ceux qui estoient au-dedans, sortirent au premier craquement du débris & se sauuerent: vn petit enfant au berceau demeura seul sans autre ayde que de Dieu, qui le conserua pour son innocence: il estoit en vn estage haut, & fut trouué tout en bas parmy les demolitions, entre des soliueaux & poutres si proprement ajancé, que rien plus: ce pauure enfant se iouoit (à ce qu'ils disent) à son berceau, & eut on de la peine à le tirer de là sans le blesser.

Ie tiens ceste autre histoire-cy d'vne personne d'honneur & de qualité, qui se disoit tesmoin oculaire : on menoit vn taureau à la boucherie, lequel s'estant eschappé en fureur parmy la ville, renuersa & blessa plusieurs personnes: il vint d'impetuosité à vn petit enfant, le prend auec vne de ses cornes par sa ceinture, & se trouua entre ses cornes assis sans aucun mal, allant comme cela ce pauure innocent riant parmy la ville: on tua ceste beste, & l'enfant fut sauué.

Quelqu'vn pensant tuer vn tyran, luy creua dans le corps vne apostume, laquelle les Medecins desesperoient de pouuoir iamais guerir : ces traits sont admirables, mais de la main de Dieu.

Plutarque és Paralelles rapporte, que Iole repudiée par Hercules entra en telle desespoir, qu'elle se precipita d'vne haute tour: mais le vent qui estoit grand, s'estant entonné dans ses habits, la porta tout doucement à terre. Il apppoite vne pareille aduenture en Clusia.

a lib. 1. Cet autre cas presque semblable que recite[a] Polienus en ses stratagemes, est bien plus difficile à croire d'Aristomenes, lequel ayant esté ietté tout armé dans vn precipice, se trouua supporté par le vent qui s'entonnoit dans son bouclier, & receu mollement sur des brossailles.

b Sabell. 1. c. 2. Perseus[b] ayant esté exposé sur les eaux par son grand pere Artisius, comme pour estre perdu, à cause de l'Oracle qui luy auoit predit qu'il seroit ruiné par son petit fils, vn pescheur le trouua, l'esleua, & en fin ayant vaincu son grand Pere, l'Oracle se trouua auoir rencontré.

c Diod. sicu. l. 3. Semiramis[c] exposée toute petite aux feres sauuages, fut nourrie & esleuée par icelles, & deuint en fin au souuerain degré de royauté.

d Val. Max. 1. c. 7. Cic. 1. 2. de diuinat. Simonides[d] voyageant sur mer, estant vn iour à la rade fut aduisé en songe d'aller inhumer vn corps qui estoit gisant au bord de la mer sans sepulture, pendant ce temps arriua vne tourmente qui submergea le vaisseau où il estoit.

e Solin. in Polihist. Cic. 2. de orat. Val. Max. 1. c. de Mirabilib. Pindare[e] ayāt fait vn bel hymne en la louange de Castor & Pollux, estant en vn festin il fut aduerty que deux ieunes Gentils-hommes le demandoient, dehors sorty qu'il fut, la maison tomba ; il creut que c'estoit ces fre-

res

res qu'il auoit louez, lesquels l'auoient preserué.

Chacun sçait comme a Romulus & Remus ces deux Fondateurs de l'Empire Romain exposez par Amulius, furent alaictez par vne Louue.

a Liu. 1. Plut. in Rō. Iust. 43. Eus. trop. 1. c. 4. Oros. 2. c. 8. Halicarnass. 1. & 2. Li. Ælian. 1. c. 20.

Cestuy-cy est bien plus admirable, vn matelot fut emporté par vne vague hors du nauire, & rapporté dedans par vn flot contraire; ie m'en rapporte à Valere le b Grand.

b 1. c. 8.

Theramenes sortant d'vne maison, elle tomba: O Dieux, dit il, à quoy me reseruez vous! peu apres au recit d'Ælian c il fut condamné par les trente tyrans à boire la mortelle cicue.

c 9. Var. Hist.

Ausone faict vn gentil Epigramme sur vn rencontre merueilleux: vne mauuaise femme bailla vn iour du poison à son mary, & pour le faire (ce luy sembloit) mourir plustost, y mit du vif argent: mais l'vn venant à combattre l'autre, ce pauure homme fut sauué par l'antipathie.

Toxica zelotypo dedit Vxor mœcha marito,
Nec satis ad mortem credidit esse datum,
Miscuit argenti lethalia pondera Viui,
Vt faceret celerem Vis geminata necem.
Sic inter sese, dum noxia pocula certant.
Cessit lethalis noxa salutiferæ.

Encores cet exemple tres signalé. Le fleuue qui passe à trauers Verronne s'estant vn iour desbordé, falloit rauageant toute la ville, ceux qui se sauuerent de ce deluge dans la grande Eglise, furent conserués miraculeusement par la bonté de Dieu: c'est que iamais l'eau n'entra dedans, quoy que toutes les portes fussent ouuertes, & que l'eau par dehors les bouchast, ceste inondation dura plus d'vn iour, sans que iamais goutte d'eau entrast dans ce lieu sacré, iusques là que ceux qui estoient dedans appriuoisez à ceste merueille, alloient puiser de l'eau qui bouchoit les portes.

De l'Ambiguité.

Chap. XXV.

Ie laisse à part celle des Oracles anciens, qui a trompé tant de personnes ; ie parle icy d'vne boüillante & prompte pointe d'esprit qui en rend aucuns heureux à merueilles en ces rencontres.

Denys tyran de Siracuse affectoit merueilleusement le renom de bon Poete, quoy qu'il ne fust nullement né à la Poesie, & que ses vers fussent bastis en despit des Muses, il estourdissoit le monde du recit d'iceux, & se mettoit parmy ceux qui debattoient la palme, & les premiers rangs entre les Poetes au ieu de prix : vn iour ayãt leu en quelque compaignie des regrets plaintifs sur le saccagement de Troye, subiet fort triste & lamentable, vn bon compagnon luy dit : Certes ils me font pitié: luy enyuré du fol amour de soy-mesmes, prit ce mot en sa louange, estimant que sa poesie auoit esmeu celuy-là à compassion, mais l'autre le disoit pour se mocquer de luy & de sa malheureuse versification.

a Plut. és dits des Princes.

Philippe a Roy de Macedoine ayant esté vn iour blessé en bataille à vn os qu'ils appellent la clauicule, estant pensé par vn Medecin qui ne faisoit que l'importuner de perpetuelles requestes, en fin il luy dit: prends tout ce que tu voudras, car tu as la clef, faisant allusion à cet os qu'il medicamentoit.

Ce mesme Prince auoit vn iour dõné vn beau cheual à vn de ses fauoris, mais il estoit blessé: cestuy-cy le perdit au ieu: interrogé par le Roy qu'estoit deuenu ce cheual, ie l'ay perdu de ceste playe, le rencontre est plus naïf au Grec où le mot de πέπραται) sonne autant que vendu, perdu, ou mort.

Anciennemẽt les sepulchres estoient des lieux saints & sacrez, comme il se voit és liures de Droit: Vn Vectius sans auoir égard à cela laboura le champ où estoit enterré son pere; quelque bon compagnon dit: *Hoc est Verè monumentum patris colere*, la gentillesse est à ce dernier mot, qui signifie labourer & honorer.

On

On proscriuoit publiquement, c'est à dire, on vendoit à l'encan par iustice les biens du fils de Scylla, qui auoit tout prodigalement despencé; vn bon compaignon dit, que ceste proscription estoit encores meilleure & plus douce que celle de son pere, entendant de ceste proscription Romaine, où il y eut tant de sang espandu.

Le ieune Brutus homme despencier & prodigue, ayãt pour satisfaire à ses debtes, vendu quelques siennes maisons où il y auoit de beaux bains; encores disoit-il, que par tous ses trauaux & sueurs, il ne pouuoit venir à bout de s'acquitter. Crassus se gaussant de sa misere, Ie ne m'estonne pas, luy fit-il, si tes sueurs sont inutiles, car tu es sorty des bains.

Herminius estoit vn Philosophe Peripateticien, grãd sophistiqueur, mais qui ne valloit gueres: il auoit tousiours les Cathegories d'Aristote en bouche: Demonax Stoique luy tira ce brocart, qu'il estoit digne de dix Cathegories, & ce mot signifie aussi bien accusation que predicament.

Des Arguties.

CHAP. XXVI.

CE sont des traits aigus nez d'vne grande souplesse & prompte viuacité d'esprit: nous cognoistrons cela par les remarques suiuantes.

Thales discouroit vn iour en public du mespris de la mort, & prouuoit par viues raisons qu'elle estoit aussi bonne que la vie, voire qu'il n'y auoit nulle difference, se doutant, selon Euripides, si les hommes ne se trompoient point appellans vie ce qui est mort, & mort ce qui est vie, quelqu'vn luy crie, Que ne meurs tu donc? l'autre luy repliqua soudain, parce qu'il n'y a point de difference entre l'vn & l'autre.

Diogenes alla voir vn iour quelqu'vn de ses amis, lequel pressé d'vne violente maladie, eslancoit des voix desesperées, auec des grimaces, & grincemens de dents & pitoyables & effroyables; entre autres propos il eslançoit souuent ceste voix ; ha ! qui me deliurera de ces douleurs ? Diogenes luy monstra vn cousteau, ce peut-estre cestuy cy, luy dit il, si tu as le courage d'endurer la mort : i'ay dit, luy respond l'autre, qui me deliurera de mes maux, nō pas de la vie : C'estoit l'amour de la vie qui rendoit ainsi cet homme aquoquiné à icelle, que pour mille miseres il ne l'eust pas voulu perdre, enuiron comme Mecenas.

Debilem facito manu,
Debilem pede coxa,
Lubricos quate Dentes,
Vita dum superest, bene est.

On dit du mesme Diogenes, qu'Alexandre l'estāt allé visiter par curiosité, luy demanda, s'il ne le redoutoit pas : l'autre l'interrogea s'il estoit bon ou mauuais : Alexandre luy ayant respondu, qu'il estoit bon ; Et qui est-ce qui craint les bons ? repliqua-il ; ayant conduit là le Roy, qu'il faudroit s'aduouer meschant, pour se faire craindre.

Platon reprenoit Aristippus de superfluité pour auoir acheté trop de poissons, & luy ayant demandé combien ils luy coustoient, cinq sols, luy dit il, Platon respondit qu'il en eust bien baillé autant ; vous voyez, repliqua l'autre que ie ne suis pas prodigue ny friant, tant que vous estes auare, & amateur d'argent.

Ce mesme Aristippus ayāt acheté bien cherement vne perdrix, quelqu'vn le blasmoit de gourmandise ; Et toy, respondit il, si elle ne valloit qu'vne obole tu ne l'achèterois pas ? si, luy dit l'autre : Et moy, fit-il, ie fais aussi peu d'estat de tout l'argent que i'ay baillé que d'vne obole : destournant au mespris des richesses l'attainte que luy faisoit l'autre de son luxe.

Socrate repris de ce qu'il auoit praparé vn maigre banquet à quelques siens amis qu'il auoit inuitez : s'ils sont bons, fit-il, il y en a assez : sinon, trop.

Quelque Philosophe disoit vn iour deuant Ptolemee, que iamais le sage ne prestoit son consentement aux choses entierement fausses : mais pour le moins qu'il se fondoit sur quelque vray semblance : Ce Roy à table fit seruir deuant luy des fruicts de cire, mais fort au naturel ; le Roy le pensant conuaincre comme d'une proposition erronée, luy dit que ces fruicts estoient

faux,

faux, & neantmoins qu'il les auoit pris pour vrays: l'autre repartit soudain : ils ne sont pas sans quelque apparence de vray.

Stilpon Philosophe fort sage auoit vne fille, qui auoit mauuais bruit : quelqu'vn luy dit, que cela luy tournoit à deshonneur : comme ie luy fais honneur, respondit il, d'estre son pere: nous enseignant que chacun est repris de son propre fait, & n'y a que nostre vice particulier qui nous puisse estre à honte, non celuy d'autruy: *Filius non portabit iniquitatem patris.*

A ce propos pourroit on reprendre l'ineptie des marys, qui prennent à leur vergongne si leur femme faict mal: & l'erreur populaire du monde qui les en estime infames & deshonnorez, comme s'ils estoient blasmables du vice d'autruy. Encores estiment on vne chose honteuse & deshõneste à toute vne famille, si quelqu'vn pour ses mesfaits a esté executé en Iustice, comme si la faute d'vn estoit le crime de tous ceux qui luy appartiennent. Ie reuiens.

Philoxenus interrogé pourquoy tousiours en ses Tragedies il medisoit des femmes, & les introduisoit mauuaises, puis que Sophocle qu'il imitoit, les louoit quelquefois, & les introduisoit bonnes : Mon maistre les dépeint, respondit il, telles qu'elles deuroient estre, moy telles qu'elles sont.

On proposa en l'Eschole ceste proposition, celuy qui aura émeu vne sedition, doit mourir : & ceste autre celuy qui l'aura appaisée, doit estre salarié : vn l'émeut & l'appaise, demandant salaire, on luy demanda lequel auoit esté le premier, il se trouua que c'estoit la sedition: il le faut donc faire mourir, dit on, & puis on le recompensera.

Voicy vne fable à ce propos bien pleine d'instructiõ, vn pitaut auoit fait estudier son fils parmy quelques Sophistes, cestuy de retour chez ses parens, leur voulant donner vn plat de son mestier, ayant receu commãdement de son pere de faire cuire six œufs, il n'en fit cuire que trois: le pere se faschant, il luy respondit qu'il en auoit mis six, & luy prouua en ceste sorte : en voyla vn, & puis deux, & l'autre sont trois: or vn, deux, & trois sont ce pas six? le pere ne pouuant, pour estre trop grossier, repliquer à ceste argutie, s'aduisa d'vn traict, il en

prend

prend deux pour soy, en baille vn à sa femme: son fils en demandant pour disner, c'est pour vous, luy dit-il, les trois autres. Il est vray que les arguties ont quelque gentillesse: mais cõme toiles d'aragnes, elles se rompent au premier vent: & comme les nuées pour quelque peu de temps cachent la splendeur de la verité, mais ce Soleil les dissoult aussi-tost: elles sont gentilles, mais non pas serieuses; autrement elles perdent leur grace.

Ne iste magno conatu, magnas nugas dixerit.

Et il y a de l'impertinence.

Turpe est, difficiles habere nugas,
Et stultus labor est ineptiarum.

De l'Attention.

Chap. XXVII.

Xcitat auditor studium, laudataque Virtus Crescit & immẽsum gloria calcar habet. Rien ne pieque tant vn homme qui ore en public, notamment ceux qui en gallãds hommes parlent sans grande premeditation, & qui sans affectation & estude, ne font que suiure la pointe de leurs esprits, sans autre secours que de leur eloquence; que lors qu'ils se voyent escoutez auec contentement des assistans, tesmoigné par leur geste attentif & zelé: cela redouble le courage, l'enfle, & releue, & le porte à de telles extremitez, que l'hõme par apres froid, & reuenu à soy admire ses saillies & les eslanes de sa boutade.

Quoy! n'est ce rien de voir ondoyer vn peuple au vent de sa parole? l'esmouuoir à toutes sortes de passions, tantost le dilater de ioye, tantost le resserrer de tristesse, ores le faire trembler de crainte, ores l'attendrir de compassion, ores l'embraser d'amour, ores le bouffir de haine, ores l'animer de courroux, ores fleschir sa mutinerie, ores le faire voler d'esperance, ores le raualler dans le desespoir, ores le pasmer de plaisir, ores le confondre de regret, ores l'espandre en ris, ores le fondre & baigner en larmes: mais tout cela se ne fait pas sãs ressentiment, auant que d'imprimer vne affection en l'autruy, l'autruy, il faut l'auoir graué au fonds de l'ame, & tous ces branles viennent de l'agitation diuerse que l'esprit a lors; ce sont des ressorts qui nous sont incognus, & des mouuemens qui viennent d'enhaut, n'ayant rien d'humain

Est Deus in nobis, agitante calescimus illo,
Spiritus hic sacra semina mentis habet.

Ils se trouuent quand l'on est en pieds, & comme l'on dit, que nostre ame pendant le repos de la nuict, se destachant de nostre corps, redouble ses forces, & fait des choses qui surpassent le commun, comme diuinations, ratiocinations, pour estre plus libre & franche en ses fonctions: de mesme quand on est és actions publiques comme transporté hors de soy par vn caprice fougueux on dit de telles choses que rassis on n'eust iamais pensées.

O qu'il s'en faut bien en matiere de publiques actions, que les grands iugemens precedent les brusques & viues memoires: ils n'y entendent rien ces orateurs & rheteurs affectez qu'on voit monter sur le theatre deux ou trois fois l'an auec des discours polis, limez, estudiez, des traits exquis, des concepts rares, des passages releuez, des mots choisis & empoulez, des cadences nombreuses, des mignotises delicates, des friseries feintes: tout cela put à l'huile & à la lãpe, ce n'est qu'affectation, tout l'art du monde ne vaut pas le moindre rayon de nature. Celuy qui a dit que nous deuenions par estude Orateurs, & que nous naissions Poetes, il n'est pas des miens: ie tiens que si nous ne sommes nez & à l'vn & à l'autre, iamais nous ne rencontrerons.

Au reste y a-il rien si lasche & enfantin que de parler par escrit, & chanter comme vn marmot sa leçon deuant vn peuple, ainsi que feroit vn disciple deuant son pedante: ô quelle peine, & ensemble quelle ineptie! les ignorans & inexperts admirent ces discours bien adiancez, ouy, mais l'ignorance, dit on est mere d'admiration: car quant aux maistres, & plus aduisez, il voyent bien la niaiserie: s'ils faillent d'vn mot de leur fil, les voyla à beguayer, au bout du compte bien souuent au rouët: au moindre bruit, tumulte, & tintamarre qui suruient (choses assez frequentes parmy les auditoires, & des Prescheurs & des Aduocats) les voyla perdus;

& puis

& puis il les fait bon voir aller chercher dans leur papier, ou dans l'arriere boutique de leur ceruelle, ce qu'ils veulent dire.

Quiconque veut haranguer sans le don de langue ou elocution, & sans auoir sur tous suiects des paroles acquises, il est temeraire: & quiconque faut auec cet outil, il manque de resolution: car de s'attacher aux mots, c'est vne peine indicible & insupportable.

On m'a voulu faire accroire parmy nos Predicateurs, qu'il y en a qui portent en mallette le petit Aduent, ou Caresme composé de longue-main, & s'il est vray pour tout le long d'vne annee, lesquels suiuent leur escrit parole pour parole: & ie les plains, & ie les admire, & ie m'en mocque: si cela est ie regrette leur trauail, & compatis à leur peine. Ie m'estonne de cela comme de chose qui me seroit autant possible, que de prendre, comme on dit, la lune aux dents: Ie l'improuue comme vne fatigue mal employée.

S'il y en a quelqu'vn de ceste farine, car certes ie ne peux quasi m'abandonner à ceste creance, ie luy donnerois volontiers vn conseil bien plus court, sçauoir que par vn trauail opiniastre, *improbo labore*, & vn exercice continu & violent, il taschast de s'acquerir la soupplesse & facilité du langage, qu'il apprist à dilater & esclaircir ses inuentions, ou celles d'autruy, & de dire vne chose en plusieurs manieres: apres rien ne luy sera impossible.

Or pour mon faict, il n'y point de gens si sourcilleux, ny qui requierent vne si exacte attention, & vn si paisible silence, que ceux qui chantent ainsi par tablature.

I'en ay veu d'intolerables & impatiens, voire iusques à faire des affronts à des gens d'honneur & de marque, & aucuns moynes qui deussent vn peu auoir appris la mortification. Ie croy qu'ils se verroyent bien empeschez s'ils estoient en nos mōtagnes pour prescher sur le champ, c'est à dire promptement, & quelquefois sur le champ, c'est à dire *sub dio*, au tumulte du peuple, au bruit des enfans, des processions, des cloches, des oyseaux, & mille autres incident, capables de diuertir & troubler les mieux ferrez. Ils me diront que ces bonnes gens se passent à peu de chose: il est vray, mais toutefois ne leur faut-il pas faire des chansons: car tousiours il s'y rencon-

rencontrent quelques bonnes testes : & il s'en voit qui s'empressent fort dans des bonnes villes à dire des choses fort maigres, & plates.

Or ie croy que pour tenir vne auditoire en haleine, & s'acquerir vne paisible & fauorable attention: il faut dire des choses qui plaisent, i'entéds des chosesagreables, & dites auec des paroles enjouées, douces, attrayantes & qui delectent en quelque sens ; & ne suis pas de l'escot de ceux qui tiennent le delecter deuoir estre banny de la chaire, pour y loger l'enseigner & l'esmouuoir: celuy qui faict ceste professiõ y doit employer tout l'art oratoire, encore aura-il bien de la peine auec toutes ses inuentiõs de trop biẽ faire: il est vray qu'il y faut enseigner, mais vne certaine doctrine simple, morale, cathechetique: car de la sublime, scolaresque & debatue, il n'en est pas le lieu; & pour esmouuoir, ie croy qu'aucun ne le fera iamais, s'il n'a la faculté de delecter. Voyez-moy ceux qui clabaudent pour descharger leur bile noire & humeur melãcholique cõtre les vices du peuple, il est vray qu'on ne peut assez iniurier ses desbordemens & desbauches, ie conseille qu'on s'y efforce à pleine teste, qu'on s'y fourre iusques aux dents, mais il y a des biais & des biais, tel enfourne si mal, qu'il ne reüissira rien qui vaille de son discours, le tout c'est l'entrée, qui se doit faire auec addresse, soupplesse, dexterité: on ne se laisse que trop emporter à la mal-veuillãce cõtre ceux qui reprẽnent. C'est pourquoy auant que de venir là, il faut tant preoccuper les bonnes graces, tant acquerir de faueur que rien plus: le peuple est vne fere sauuage, brute, souuẽt sans raison. Or les bestes ne s'appriuoisẽt pas à coups de bastõs, mais par douceur & mignardise: iamais à mon gré homme n'esmouuera, s'il ne plaist, i'en suis logé là pour ceste heure.

Et pour plaire, c'est vn grand discours, & les preceptes duquel ie laisse à enseigner aux maistres : il y a bien des secrets artistes qui me sont incognus à moy qui y vays rondement à la naturelle; tel sur le papier qu'en chaire: chose remarquée par tous mes amis, sinon que parlant ie m'emporte à plus d'escapades : mais ie croy que le principal charme est celuy du bien dire, il s'en voit peu si ce ne sont des esprits plats, qui dorment au langage fluide & doux d'vne fluide & naifue eloquence, cela re-

leue

leue les choses basses, & sousleue les belles iusques au tiers Ciel: les moindres beautez sont surhaussees par les beaux habits, & les paremens diuers: les moindres considerations sont des merueilles en vne bouche doree, & les beaux concepts y sont des miracles: ces mesmes traits pour beaux qu'ils soient, tarissent en la bouche des indiscrets, & inelegans: & les considerations communes paroissent des niaiseries, si le fil du discours n'y donne la pointe & la sauce. Si n'est ce pas que ceste façon de parler affettee & poupine qui va regnant auiourd'huy, soit de mise parmy les bons cerueaux, elle y est ridicule, ce n'est que fard, mignotteries, politezze, discours trainant, mol, mince, effeminé, sans aucun corps, ny prise solide: cela sent son farfadet, qui n'a qu'vne langue superficielle, estallant sa marchandise d'vne façõ charlatane & basteleresque; ces parolles pour estre nouuelles ont quelque ombre de beauté, mais en soy elles sont toutes corrompues, & alienees bien souuent du sens commun, aussi cela ne merite pas le nom de bien dire, la vraye & sincere eloquence est desnuee de tous ces paremens estrangers, elle n'est ny teinte ny feinte, ronde, masle, vigoureuse, entiere, la beauté de laquelle consiste en ses veines enflees & grossies d'vn beau sang: la force en la roideur de ses nerfs, muscles, & tēdons, toute abandonnee à la nature nonchalante, voire mesprisant de l'art oratoirement pedantesque: qui n'a rien de commun auec le papier, qui depend du branle & agitation du discourant, qui prend ses mouuemens des diuers ressorts de l'esprit, qui s'ouurent inopinémēt, & sur le champ, iamais de sens rassis, & de sang froid: celuy qui trouua si belle l'oraison de Demosthene escrite: ô, luy fit Æschines, si vous l'eussiez ouy tõner! Voulez vous sçauoir ce qui destend l'attention des escoutans? quand vn homme va laschement recitant son breuet comme par protocolle: mais quand l'esprit de celuy qui parle est agité & bandé, tout l'auditoire se resueille & va d'vn mesme air, il y a quelque sympathie & relation entre l'auditeur & l'orateur: on conduit le peuple par les oreilles, & va cõme on le meine, lentement quād & les lasches: promptement, quād & les prompts: sur tout pour esmouuoir & plaire, il me semble que le subit & brusque l'emporte: ces longs emfileurs de pa-

roles,

roles, qui vont trainans, languissans apres des periodes à perte d'haleine, ils énervent le desir, l'ame veut estre tendue & bandee; vne esponge veut estre pressee pour rendre l'eau, le prescheur veut estre pressé par vne prompte & viue violence, si vous luy voulez tirer les larmes des yeux, ou les sanglots ou souspirs du cœur. Et de tous les discours qui nous rendent plus attentifs, ie n'en croy point de pareils à ceux qui remuent & manient nos passions: car des curiositez de questions hautes ou destournees, peu les suiuent: mais quand il s'agit de nous mesmes, des bransles que nous ressentons tous les iours en nos ames, il n'y a celuy qui ne prenne plaisir à se voir comme dans la glace d'vn miroir bien clair, & net dépeint par la bouche du prescheur, cela est pour les plus subtils: quant au peuple menu & grossier, rien ne luy plaist tant que la narration de quelques petites histoires, chose facile à faire, voire à vn enfant, si est ce que ie ne m'y peux mettre, ie n'ayme pas à faire le legendaire, ou historiographe, si i'en dis de passade, ie les couppe fort court, & m'en destourne: ie m'en veux mal toutesfois, car ie sçay que ie ferois en cela chose vtile, edificatiue, & agreable à mon pauure peuple.

Demosthene voyant son audience desbandee, la fit rejoindre par le conte de l'ombre de l'Asne, que chacun sçait. Et Diogenes conuioit le peuple aux discours serieux de sa Philosophie par des auant-propos plaisans & fantasques: ie ne voudrois pas qu'en actions si serieuses, que l'instruction du peuple à la foy, on se seruist de ces destours, mais il est bon d'entretenir son attention par des traits accommodez à sa portee: il n'est rien si aysé à distraire d'vn beau propos que ceste beste à cent testes, volage ce qui se peut, & qui plantera là le discoureur pour la moindre occurrence, & puis cela desplaist nompareillement de n'estre pas escouté.

Cleanthes discourant de la Philosophie à vn ieune homme qui ne l'escoutoit pas beaucoup, luy demanda, M'entendez vous bien? l'autre luy ayant respondu que ouy: Et pourquoy donc, luy dit-il, ne me le monstrez-vous pas? Aussi certes y a-il certains gestes du corps, certains mouuemens des yeux, par lesquels l'orateur iuge de l'affectiō & aise de ses auditeurs. Ceux la sōt bō jeu, lesquels

lesquels dormans se veulent faire accroire qu'ils ne laissent pas d'entendre, Ie le veux, encore n'est ce pas le tout d'escouter, il faut mesmes faire voire que l'on escoute.

Dauphins Philanthropes.

CHAP. XXVIII.

a Plin. c. 8.

LA fable d'Arion a est si battuë & prostituee, que ie ne daigne la retaster icy, mais ie croyrois qu'elle auroit esté forgee par les payens sur la verité de l'histoire de Ionas, comme tout plein d'autres de la Bible ont esté destournees du vray au faux.

b 9. Hist. Nat. ch. 8. Arist. lib 9. hist anim. c. 48. Albert. Mag. de animal. 24 Agell. 7 ch. 7. Ælian. 6. ch 14.

Pline b rapporte qu'vn petit enfant de village allant tous les iours à l'eschole pres d'vn lac voisin de la Mediterranee, appriuoisa tellement vn Dauphin, en luy dónant premierement du pain, puis le flattant, que par succession de temps il le rangea à le porter sur la mer, tout homme qu'il deuint. Depuis estant mort, le Dauphin reuenant au riuage sans trouuer son amant, mourut aussi de regret sur le bord de ce lac.

Il en racoute encores là mesmes plusieurs semblables histoires.

c lib. 9 ep. ad Caninium.

Pline c le ieune en ses Epistres en descrit aussi vne d'vn enfant qu'vn Dauphin portoit sur la mer, & le rapportoit à bord quand il luy plaisoit.

d 2. ch. 6.

Ælian d dit bien vne autre amitié plus singuliere, & qui semble donner de la raison à cet animal : vn ieune enfant l'ayant alleiché par de petits presens qu'il luy donnoit a manger : l'autre aussi de son costé luy rapportoit de la proye qu'il prenoit en sa chasse.

Surius rapporte que S. Martinian sollicité par vne femme impudique, se ietta dans la mer, où deux Dauphins le vindrent prendre, & porter sur leur dos comme sur vne barque pour l'abborder à l'autre riue: mais i'ayme bien mieux rapporter cela à vn miracle diuin, qu'à la philanthropie de ces animaux.

Calli-

Callistratus Martyr sous Diocletian estant jetté dãs la mer cousu dans vn sac, fut sauué par vn Dauphin au recit de Simeon Metaphraste.

Lucian aussi Martyr sous Maximilian estant precipité en la mer auec vne grosse pierre attachee au col pour le faire plustost submerger, fut soustenu par vn Dauphin, & conduit au riuage, tesmoin le mesme a Metaphraste.

a V. Arist. 9. de nat. anim. c. 48. Plut. de l'industrie des animaux & au banquet des 7. Sages. Ælian. l. 56. & 12. hist. anim. Rondelet & Gesner. de Delphinis.

De la briefueté de la Tribulation.

CHAP. XXIX.

SAinct Paul pour nous consoler és tribulations, ne nous dõne point de meilleur aduis, sinon de penser que ce moment de fatigue que nous endurõs en ceste vie estãt bien mesnagé, nous peut seruir à l'acquisition de l'eternelle felicité: b *Id quod in præsenti est momentaneum & leue tribulationis nostræ, æternum gloriæ põdus operatur in nobis.* Sainct Pierre de mesme dit, que ce peu d'espace de temps auquel nous trainons en ce mõde vne vie languissante, miserable, & calamiteuse, est vn fourneau où nous sommes esprouuez comme l'or: *Modicum c nunc oportet contristari in varijs tẽtationibus, vt probatio fidei vestræ multo pretiosior auro, quod per ignem probatur, inueniatur.*

b 2. Cor. 4.

c 1. Petr. 1.

De vray si nous comparons la prosperité ou aduersité presente auec l'eternelle felicité ou damnation, nous y trouuerons autant de disconuenance qu'entre le finy & infiny, le tout & le rien: car qu'est ceste vie, cõme parle d sainct Iacques, sinon vne vapeur qui disparoist soudain, *Quæ est vita nostra, nisi vapor ad modicum parens*, sinon vne petite boulette d'eau, laquelle enflee de vent disparoist au premier souffle: sinon vne escume legere qui est ballotee ça & là au gré des flots, & qui en fin se resoult & liquefie: vn feu d'estouppe qui disparoist soudain. Et non seulement elle est briefue ceste vie, mais comme dit vn ancien, elle est encores incertainement briefue: si nous accarrons l'ombre du bon-heur tempo-

d 4.

rel à l'eternel, nous confrontons vne goutelette au vaste sein de l'Ocean. De là vient que S. Paul aux Romains les exhortant d'endurer les trauerses & persecutions auec patience, leur dit, *Non sunt condigna passiones huius sæculi, ad futuram gloriã, quæ reuelabitur in nobis.* Qui est-ce donc, dit Cassiodore, qui sera acquoquiné à ceste vie, ayant deuant les yeux les promesses infaillibles de la celeste? la ioye de l'hypocrite est momentanee, *Gaudium hypocritæ ad instar puncti.* Et cet hypocrite n'est autre que le monde, lequel à guise des pommes de Gomorre paroist specieux par le dehors, au dedans ce n'est que fumee: tout le bon-heur passe en ce mortel pelerinage, quãd ce vient au point de la mort qui est du tout semblable à vn songe. *Dormierunt omnes viri diuitiarum somnum suum, & nihil inuenerũt in manibus suis. Velut somnium surgentium Domine, imaginem ipsorum ad nihilum rediges.*

Que si nous comparons aussi la legereté des brieues tribulations, & aduersitez de ceste vie, auec les angoisses perpetuelles, & tourmens eternels des damnez, qui n'aymera mieux souffrir icy bas pour vn moment auec nostre Seigneur, pour estre auec luy couronné du laurier de l'immortalité, que d'estre comblé icy bas d'vn bon-heur fraisle, passager, caduque, & endurer à iamais des supplices inimaginables? *Quis vestrum habitare poterit cum igne deuorãte & habitare cum ardoribus sempiternis?* Oyez les regrets des miserables, & leur voix gemissantes du plus profond abysme des enfers. *Quid nobis profuit superbia & diuitiarum iactantia? &c. transierunt illa omnia tamquam vmbra, &c.* Et encores apres, *Nos nati continuò desinimus esse.* Deuant que d'auoir seulement gousté du bord des léures quelque ombre de douceur, ils ont esté emportez. *Priusquam intelligerent spinæ vestræ rhamnum, sic in ira absorbet eos. Adhuc escæ eorũ erant in ore ipsorum, & ira Dei descendit super eos.*

Il est sans doute que les deux aisles de ceste vie mortelle sont la prosperité & l'aduersité: nous sommes perpetuellement dans l'vne de ces deux conditions; tout l'artifice de bien viure consiste à se porter sagement en l'vne & en l'autre, c'estoit l'aboutissemẽt de la Philosophie Morale d'Epictete, d'estre moderé en bon-heur, & patient au malheur, & de tenir tousiours son esprit en égale balance parmy tant d'agitations diuerses, & le gouuernail de la raison droit parmy tant de variables flots qui nous saboulent & piroüettent en la mer tempestatiue & orageuse de ce mõde: mer qui par des sousleuemens admirables nous porte iusques au faiste des cieux, *Mirabiles elationes maris.* Et puis nous raualle soudain iusques dans les abysmes. *Ascendunt vsque ad cælos, descendũt vsque ad abyssos.* Et les naufrages sont fort frequens en ces branles & agitations continuelles. *Illic pericula quorum nõ est numerus.* Nous sommes, & toutes les choses qui nous enuironnent, en remuëment & agitation perpetuelle, sans cesse le mõde ioué à boute-hors, le profit de l'vn est le dommage de l'autre, la corruptiõ de celuy-cy la generation de cestuy-la: mais parmy ces extremitez, il y a vn souuerain remede commun à toutes deux: car pour desenfler nostre courage bouffi du vent que nous auons en pouppe, il n'est rien tel que de penser combien peu nous durera ce bon temps, &; de peur de nous perdre dans le gouffre d'vn desespoir, pressez des cruelles attaintes de quelque violente bourrasque: il n'y a point aussi de plus prompt secours que de se representer combien ce moment de trauerse doit estre brief, mesuré non seulement à l'inconstance de la fortune, qui ne demeure iamais à guise de la Lune, en mesme estat long temps: mais à l'aune de nostre vie que nous sçauons estre si courte.

Nostre Seigneur voulant consoler ses Apostres, & les resoudre à supporter son départ d'eux auec patience, leur parle en sainct a Iean en ceste sorte: *Modicum & non videbitis me, iterum modicum, & videbitis me, quia vado ad patrem.* Dans vn peu de temps vous ne me verrez plus, & bien-tost apres vous me reuerrez. Il y a de gentilles considerations sur ce seul mot de *Modicum,* lequel vient fort à nostre propos de la briefueté des tribulations: Ie sçay que ces parolles sont diuersement entenduës: nostre Seigneur faisoit ce discours à ses Apostres, leur predisant sa mort, & soudain apres, sa Resurrectiõ glorieuse: comme s'il leur eust dit, Mes chers enfans, ie sçay que la Synagogue se bande contre moy, ie sçay leurs trahisons & leurs ligues, ie presagis vne furieuse tempeste à voir l'air s'épaissir en nuées, s'é-

a 16.

pandre en vents, se fondre en pluyes, l'orage ne peut estre que dãgereux: Ie sçay que vous endurerez vn grãd scandale en moy, que vous serez dispersez & escartez comme des oüailles égarees, quand le loup a tué le Pasteur: mais courage, ceste bourrasque sera bien tost dissipee, le malheur sera soudain passé, & puis le calme & la bonasse rasserenera tous vos troubles; ie vous paroistray derechef comme vn beau Soleil qui aura dissoult tous ces nuages & broüillards.

Encore vne autre interpretation sur ce *Modicum*, ie m'en vais à mon Pere, leur dit-il apres sa Resurrection glorieuse, apres auoir enduré vne mort ignominieusement douloureuse, pour le rachat du genre humain, il est tantost temps que ie reprẽne mon vol vers le ciel, pour estre assis à la dextre de celuy qui m'a enuoyé, mais ne vous affligez pas pour cela: car soudain apres ie vous enuoyeray mon sainct Esprit, qui vous apprendra toutes choses, il consolera vos cœurs, illuminera vos entendemens, eschauffera & embrasera vos volontez, & cet Esprit est moy-mesme, parce que mon Pere celeste, moy, & luy ne sommes qu'vn: de sorte que ie ne seray pas plustot retiré de vos yeux par mon Ascension, qu'incontinent apres vous me reuerrez, & ie demeureray auec vous iusques à la consommation du siecle. *Ego vobiscum sum omnibus diebus vsque ad consummationem sæculi.*

Encores vne autre interpretation. *Modicum*, comme s'il eust dit: Mes Apostres, ie sçay que vous estes predestinez, & que vous deuez apres la dissolution de vostre corps & de vostre ame, iouïr de la vie eternelle, qui consiste en la vision de ma face, *Hæc est vita æterna, vt videamus te verum Deum, & quem misisti Iesum Christum*, & partant attendez vn peu de temps. *Expecta Dominum, viriliter age, & confortetur cor tuum, & sustine Dominum.* La vie que vous trainerez icy bas apres moy sera infiniement brieue, parce que vous aurez mille personnes qui vous persecuteront, les loups rauissans s'esleueront contre vous, les tyrans vous massacreront, les peuples infidelles & barbares, ausquels vous irez annoncer l'Euangile, vous feront endurer mille douloureux tourmens: les Iuifs exerceront sur vostre corps mille bourrelleries, vous ne pouuez pas longuement durer apres

moy:

moy: quand toutes ces embusches ne vous seroient point dressees pour abreger le courant de vos iours: il est sãs doute que la duree naturelle de vos ans est tres-brieue, elle passe en vn clin d'œil, comme vn postillon qui court preste: *Dies mei velociores cursore*: de maniere que si pour ce peu d'espace que vous resterez en ce monde apres moy, vous portez patiemment ceste attente, soudain vous me reuerrez en ma gloire.

Vsque in tempus, dit le Sage, *sustinebit sapiens, & postea redditio iucunditatis*. Les plus aduisez sont ceux qui par trauaux & par peines sement icy bas, ce qu'ils ont vn iour à recueillir là haut, *Qui parce seminat, parce & metet*. Le laboureur qui iette son bled en terre, attendant qu'il profite par sa production multipliee, il se nourrit d'esperance.

Spes alit agricolas, spes sulcis semina mandat.

Les gens de bien qui sement icy bas en pleurs les thresors de leur immortelle felicité, viuent cependant du doux air d'vne saincte esperance. a *Tu Domine singulariter in spe, constituisti me.* b *Spes mea in Deo est.* c *Tu es* a 4.
Domine spes mea. d *Caro mea requiescet in spe.* e *Dominus* b 61.
spes mea à iuuentute mea. c 90.
d 15.
e 70.

Il est bien vray que les belles ames grandement embrasees du sainct & diuin amour de leur Createur, portent auec beaucoup d'impatience ce petit retardement, ce *Modicum* leur est bien long: mais ce sont des cœurs espurez & nets, des esprits tous angeliques, qui n'ont point d'autre conuersatiõ que dans les cieux. Dauid en mille endroits souspire tendrement apres son exil, & demande vistement la iouïssance du souuerain bien, que tant ardemment il desire, *Quemadmodum desiderat ceruus ad fontes aquarum, &c.* Il se fasche de la longueur de ses annees, comme vn pelerin, lequel tendant en vn lieu n'a point de repos qu'il ne soit paruenu où il aspire: tout retardemẽt luy est ennuyeux, les chemins, ce luy semblent, s'allongent, les villes se reculent, & c'est son impatience qui luy donne ces imaginations: escoutez comme il parle, lassé & recreu de cheminer parmy les raboteuses & flexueuses voyes du monde. *Hei mihi quia incolatus meus prolongatus est, &c.* Dans tout le Pseaume, *Quàm dilecta tabernacula tua Domine virtutum, &c.* il se pasme en la consideration de l'eternelle felicité, tout deplaisant de l'ennuy qu'il ressent en ceste terre de miseres, de calamitez, & de mort: ce n'est point icy qu'il veut de part, c'est en celle des viuans, qui est eternelle. *Portio mea*, fait-il, *sit in terra viuentium*. Au reste ayant esté d'vne si vile & abiecte condition, que de pastoureau, esleué au plus haut faiste d'honneur & grade souuerain, qui soit entre les hommes, sçauoir la Royauté, Royauté la plus viue image de la diuinité en terre: si est ce que comme vne Aigle genereuse dédaignant de raualler ses paupieres contre la terre, il dit mesmes aux cieux, qu'il n'a que faire de leurs globes. *Quid mihi est in cælo, & à te quid volui super terram?* Quoy! cy-deuant il n'aspire rien qu'aux cieux, & il semble ores qu'il les mesprise: mais il y a bien de la difference entre les cieux materiels, & la gloire celeste qui est pardelà toutes ces spheres visibles dans les espaces, que nos maistres appellent imaginaires: mais David dit aux astres, & à ces lambris azurez où ils sont attachez, comme des nœuds en vn aix, selon la conception d'vn Philosophe, qu'il n'a que faire de leur lumiere, que le tour iournalier, & retour continuel du Soleil qui nous va donnant le iour & la nuict par des successiues vicissitudes, luy est desagreable, pour la trop ennuyeuse longueur de sa vie; que ses pretensions ne visent point à s'arrester en ceste terre basse éclairee de ce flambeau: pour cela il dit auec raison, *Quid mihi est in cælo?* Que si la beauté de ces celestes corps, les plus belles pieces du bastiment de l'vniuers, & qui chantent plus hautement la gloire de leur Facteur, *Cæli enarrant, &c.* que si la brillante viuacité des astres, qui les redorent, que si leur branle tant bien mesuré & compassé, n'est pas capable d'arrester l'esprit de ce Prophete, bien plus esleué, que cet Anaxagore, qui ne croyoit l'homme né pour autre fin, que pour contépler & considerer le ciel, & le Soleil; penseron-nous qu'il s'amuse à l'admiration des Elemens moins excellens? non, ny la splendeur & actiueté du feu, ny la douce temperature de l'air, ny l'agreable transparence de l'eau, ne l'arresteront: encores moins la bigarreure de la terre, terre le centre du monde, le receptacle des immondices, terre pleine d'espines & ronces demade malediction, terre plus re[illegible]lie de miseres, que le ciel ne l'est d'estoiles, aussi [illegible]rsuit nostre Prophete Roy; *A te quid volui super terram?* non, Seigneur, ce ne sont les sceptres, ny les couronnes que i'ayme, qui en sçauroit la pesanteur, ne daigneroit s'en bander le frõt, ny s'en charger la main. *Vniuersa vanitas, omnis homo viuens.* Tout ce qui est icy bas, & principalement les honneurs, ne sont que vent & fumee, ne sont pas aussi les richesses. *Thesaurisat & ignorat cui congregabit ea, &c. Diuitiæ si affluant, nolite cor apponere:* Et les voluptez sont-elles pas aussi volages & passageres? Doncques arriere de moy toute consolation mondaine, Dieu seul sera & la part de mon heritage, & mon vnique contentement. *Renuit consolari anima mea, memor fui Dei, & delectatus sum, Dominus pars hæreditatis meæ & calitis mei, &c. Deus cordis mei, & pars mea Deus in æternum.*

Saint Paul suit les mesmes vestiges de ce Prophete, lequel lassé souuent de tant de calamitez qu'il enduroit en ce val de pleurs, souspire en tant de lieux apres ceste heureuse mort, qui desempestrant son ame des entraues de ce corps mortel, la rendra iouïssante de son obiect desiré. *Cupio dissolui, &c. Infelix ego, &c. Mihi viuere Christus est, & mori lucrum.* C'est vne belle impatience cela, & qui part d'vn courage animé d'vn beau sang, c'est vne genereuse confiance en la bonté de son Dieu, & l'integrité de sa vie, qui le fait parler ainsi resolument: il s'en trouue peu formez à ce moule, parce que n'estans pas secondez de l'innocence qui l'accompagnoit, nous redoutons au rebours ce fascheux passage, coulpables de mille forfaits. La mort de soy est indifferente, mais elle est bien differente parmy les bons & les mauuais: ceux-là finissent en ioye, comme les Cygnes, ceux-cy en tristesse, comme la Sirene: Oyez la resolution determinee de sainct Paul, *Bonum certamen certaui, cursum consummaui, fidem seruaui, rest at mihi corona iustitiæ, quam reddet mihi in illa die iustus iudex.*

Sainct Bernard souslevé des aisles d'vne semblable esperance tombant sur ce passage de sainct Iẽa cy-dessus cité. *Modicum & non videbitis me: O modicum non modicum,* dit-il, *modicũ longum! Pie Domine modicũ dicis quod non videmus te: saluum sit verbum Domini mei, longum est multum, valde, nimis: videtur tamen vtrũq; verum, & modi-*

cum meritis, & non modi[illegible] votis. Le mesme Pere tombant sur cet autre traict [illegible] vn a Prophete. *Si moram fecerit, expecta, quia veniet, veniet & non tardabit: Quomodo*, dit-il, *non tardabit, si moram fecerit, nisi quia quoad meritum plus quàm satis est, nõ est tantum satis, quantum ad desideriũ*

a Malach. 2.

Sainct Augustin animé d'vn pareil desir, s'esleue cõtre ce *Modicum*, mais apres ayant consideré, que de vray quand il se passe il semble long, mais apres qu'il est passé, il n'est rien qui paroisse plus brief, il se console en ceste attente. *Hoc modicum nobis longum videtur, quoniam adhuc agitur, sed cum finitum fuerit, sentietur quàm modicum fuerit*. Et de faict, n'est- il pas vray que les douleurs & les voluptez passées sont de mesme essence, ceste vie que nous auons passée, quand nous aurions vescu quatre vingts ans, elle n'est pas plus, ie ne diray pas qu'vn iour, mais qu'vn songe, mais encores moins que rien: qui voudra donc, à guise d'vn Ixion miserable, embrasser vne creuse nuée, au lieu d'vne Iunon celeste, quitter le corps pour l'ombre, la solidité pour l'inanité?

Ie reuiens encores à vne nouuelle consideration sur mon mot *Modicum*, il me semble que nostre Seigneur, disant à ses Apostres qu'il ne les laisse que pour vn peu, ressemble à vne mere, laquelle pour affermir les membres de son petit enfant, & l'accoustumer à marcher seul, s'esloigne vn peu de luy, mais luy tend les bras, afin de le soustenir s'il bronche ou branle tant soit peu, de peur qu'il ne tombe: de mesme il se retire vn peu d'eux pour les rendre plus forts & robustes par son absence, laquelle il leur promet ne deuoir pas estre longue, mais qu'il aura tousiours les bras ouuerts pour les receuoir, & les mains promptes à les secourir. Vn cher amy qui s'esloigne de nous pour quelque temps, nous voyant tristes de son départ, & regrettans sa perte, n'a point de plus douce consolation pour adoucir l'aigreur de nostre amertume, que de nous promettre vn prochain retour, & vn esloignement brief: Ainsi nostre Maistre voyant ses Apostres ja attristez de ces funestes paroles que ce beau Cygne alloit dégoisant proche de sa fin, n'a point de plus prompt moyen pour dilayer leur melancholie, & resjouïr leur chagrin, que de leur representer la brieueté de son voyage.

Mais

Mais quoy! ils ne peuuent gouster ce *Modicum*, Iesus est leur centre, ils ne peuuent consentir à ceste separation qui les tiendra en perpetuelles inquietudes, S. Augustin: *Fecisti nos Domine pro te, ideo irrequietum est cor nostrum, donec requiescat in te.* L'éguille du cadran frottee d'aymant est tousiours en branle, iusques à ce qu'elle aye trouué son nord: de mesme les cœurs des Apostres touchez de l'amour de leur Maistre, veulent tousiours se tourner à luy, leur fauorable Nord.

Quand les Nautonniers perdent l'aspect de leur Tramōtane, l'estoile voisine du Pole, qui les dirige dās les vastes campagnes de la mer, ils voguent lors à la mercy des vents & des flots: & n'attendent qu'vn prochain naufrage: & les Apostres perdans leur claire Tramontane qui les conduisoit parmy les vagues orageuses du monde à bon port, ne doiuent-ils pas redouter la tempeste qui les menace, si tost qu'ils l'auront perdu de veuë: mais il leur promet pour leur dōner courage, que bien-tost seront dissipez les broüillards, & que reparoissant de nouueau à leurs yeux, il leur rapportera la paix, la bonace, & le calme: Voyez cōme il rasserene leur tristesse, quand entrant apres sa Resurrection, les portes closes, au milieu d'eux: *Pax vobis, pacem meam do vobis, pacem relinquo vobis.* Il ne leur parle que de paix: ainsi la mer ne combat pas tousiours contre les vents, ainsi l'air n'est pas tousiours épaissi en orages, ainsi la nuict n'ombrage pas tousiours la terre de ses noires aisles: la tribulation n'est pas de duree, mais apres l'orage vient la serenité, le beau-temps succede à la pluye, vn beau iour va dévoilant les tenebres de la sombre nuict.

Isaie a excellemment. *Ad punctum in modico dereliqui te, & in momento indignationis meæ abscondi faciem meam parumper à te, & in misericordia sempiterna misertus sum tui.* a 54. Dieu dit à l'ame affligee, que pour vn petit de temps il s'est retiré d'elle, qu'il a vn peu caché sa face de ses yeux, mais que ceste retirade n'a esté que pour luy faire vne eternelle misericorde: & ce *Modicum* d'Isaie m'ouure le pas à vne autre consideration sur celuy de S. Iean: Il est vray qu'en ceste vie Dieu dit souuent aux ames saintes & pieuses: *Modicum & non videbis me, & iterum, &c.* C'est lors qu'il leur enuoye ores des tribulations & afflictions, & puis apres des consolations:

voila

voila l'exercice des bons & des esleus : les peruers vont au rebours, car icy ils ont leur consolation, & puis apres ils auront leur desolation. Ils mangent, comme on dit, le pain blanc le premier. *Væ qui habetis consolationem vestram.*

Dieu se sert de plusieurs voyes pour nous tirer à soy; ie laisse les autres pour parler principalement de deux, qui sont de mon subjet, sçauoir la prosperité & aduersité, il nous comble de biens & de faueurs, qu'il fait pleuuoir continuellement sur nous de sa main prodigalement liberale, afin que ses graces nous attirent à quelque recognoissance, de sa bonté : mais c'est lors, ingrats & perfides, que nous l'abandonnons plus souuent à guise de l'asnon, qui paye à coup de pied le laict qu'il a succé de sa mere; *Impinguatus est dilectus, & recalcitrauit, impinguatus, incrassatus, dilatatus, dereliquit Deum factorem suum: homo cum in honore esset non intellexit, comparatus est iumentis insipientibus, & similis factus est illis.* Dieu lors voyant qu'au rebours de le recognoistre, nous deuenons mescognoissans & desloyaux, il nous enuoye des tribulations, afin de nous faire retourner au droict chemin duquel nous-nous sommes fouruoyez & destournez. C'est ainsi que ie croyois se deuoit interpreter ce passage. *Traham eos in funiculis charitatis.* Voila les chaisnons doux & dorez de la prosperité, *aut in funiculis Adami.* Voila les durs & ferrez de l'aduersité & affliction. *Tribulationem, & dolorem inueni, & nomen Domini inuocaui.* Nous ressemblons aux cheuaux farouches & rebours, qui ne se peuuent dompter qu'à force de camorres; non point aux genereux qui se meinent auec des filets, & des brides douces & aisees.

Sainct Bernard interprete excellemment bien à ce propos le trait des Cantiques. *Trahe nos post te, curremus in odorem vnguentorum tuorum. Trahimur,* dit-il, *cum tribulationibus & tentationibus exercemur : Currimus cum interius consolationibus & inspirationibus visitati, tanquam in suaue olentibus vnguentis respiramus.* Ainsi le beau iour de la consolatiõ & douceur va succedant à l'amertume de la sombre nuict de l'affliction & tristesse; ainsi sommes-nous vn petit de temps sans voir l'assistance de nostre maistre, mais tost apres il reuient.

David estant pressé d'extremes angoisses, s'escrie:

Deus

Deus Deus meus quare dereliquisti me longè à salute mea, &c. Il semble que Dieu le delaisse & l'abandonne, mais tost apres il ressent la consolation : Nostre Sauueur mesmes en la Croix (& il séble que ceste prophetie de Dauid le touche) parmy des tourmens inimaginables semble crier à son Pere qu'il la laissé: *Heli, Heli lamaza-bactani*: mais soudain il luy recommande son ame, & la resigne entre ses mains.

Il est bien vray que souuent és assauts plus violents de la tribulation nous lançons quelques voix qui semblent s'essorer de la droite raison, mais quand nous sõmes refroidis & reuenus à nous, soudain nous-nous jettons entre les bras de la misericorde infinie de celuy qui nous peut faire infiniment plus de bien, que nous ne sçaurions iamais endurer de mal.

Dauid se plaint en quelques lieux de la felicité des peruers, & de l'aduersité des bons, comme se deffiant de la prouidence diuine: mais soudain il se rauise, & sa plus prompte consolation consiste à considerer combien est momentanée & brief le bon-heur & mal-heur de ceste presente vie: on verra cela au long en ces Psalmes: *Quàm bonus Israel Deus, &c.* Et, *Noli æmulari in malignantibus, &c.*

Ceux qui veulent mieux sauter, reculent vn peu: il semble que Dieu retire quelquefois sa main de nous, afin de l'estendre d'autant plus par apres, & espandre plus largement sur nous les torrents de ses graces & benedictions.

Et quelque affliction qui nous arriue, iamais ce bon pere ne permet qu'elle surpasse nos forces : il enuoye selon la portée, & donne le vent selon le voile. *Fidelis est Deus, & non permittit nos tribulari supra id quod possumus*, voire si nous sommes tant soit peu mesnagers, il nous fait tirer profit essentiel de ce dommage qui n'est qu'apparent: *Facit de tribulatione prouentum.* Quand l'vn des bassinets de la balance s'abbaisse, l'autre s'esleue: nostre ame se porte en haut, quand le corps par les tribulations est rauallé contrebas; *Dominus mortificat & viuificat, deducit ad inferos, & reducit.* Dieu fait de nous ce qu'il luy plaist, mais sur tout il luy plaist d'humilier ceux qui s'enorgueillissent du bon-heur, & d'exalter ceux que l'aduersité humilie. *Deposuit potentes de sede, de sede, & exaltauit humiles: Prope est Dominus his qui tribulato sunt corde, & humiles spiritu saluabit.* a Psal. 19. a *Ipsi obligati sunt, & ceciderunt*, dit le Psalmiste, de ses ennemis enflez des victoires; *nos autem surreximus, & erecti sumus.* b 144. b *Alleuat Dominus omnes qui corruunt, & erigit omnes elisos.*

Il disent de la bien-heureuse Catherine de Sienne, laquelle pour sa pure integrité, estoit souuent visitee & visiblement de son Espoux celeste, qu'vn iour assaillie d'vne forte tentation, apres auoir combattu vn fort long temps, au premier retour de son Espoux elle luy demanda, Helas! mon cher Seigneur, où estiez vous pendant ceste orage cruël qui m'a tant trauersée, encores si vous m'eussiez presté vn peu de vostre assistance i'eusse esté grandement soulagee: Ie suis present, luy respond-il, ô ma bien-aymee, pour considerer vostre courage, & n'eusse pas failly de vous ayder si vous en eussiez eu besoin; mais ie vous ay voulu laisser l'entier honneur & merite de la victoire: c Vn Poëte recent a descrit ce combat excellemment bien. L'Espouse parle. c Pont. Iesuita Sponsal. lib. 2.

Nuperrimè, ô salus mea,
Vbi nam eras, exercitus
Cum me frequens inunderet
Ferro stupendum sæuiens.
Cur non meis clamoribus
Permotus atque lachrimis,
Vt postulabat res opem
Mihi ferebas tempori?
An non ego miles tua,
An non tibi charissima,
Dilecte mi, cur absque te
Pugnam horridam pugi animus

L'Espoux respond,

Haud longius recesseram,
Tecum manebam clanculum,
Tuoque non vulgariter
Lætabar in certamine.
Addebam ego robur tibi,
Téque adiuuabam strenuè,
Nec absque me tam nobilis
Parta est tibi victoria.
Tu prælia≈or acriter,

Meisque

Meisque nixa viribus,
Quas affuturas spondeo,
Agas triumphum crebrius.

Pline console les malades en leurs douleurs de ceste esperance, qu'ils attendent la santé, plus heureux en cela que les sains, qui redoutent la maladie: Et pourquoy à pareil tiltre n'estimerons nous pas ceux qui sont en tribulation bien-heureux, puis qu'ils attendent la consolation; & consolation d'autant plus grande, qu'aura esté vehemente l'affliction? c'est vn beau mot de Dauid, & tres-remarquable. *Secundum multitudinem dolorum meorum in corde meo consolationes tuæ lætificauerunt animam meam.* On n'a rien sans argent, la monnoye pour auoir la consolation celeste, est d'endurer patiemment la tribulation terrestre. Dieu, disoit vn Comique ancien, ne donne le bien qu'auec trauail, & la vertu ne s'acquiert qu'auec sueur & peine.

Sainct Paul confesse auoir souhaitté souuent d'estre deliuré de la tentation de la chair, mais que nostre Dieu luy dit, que sa grace luy estoit suffisante pour surmonter cet esguillon, *Sufficit tibi gratia mea.* a *Flores apparuerunt in terra nostra*, dit l'Espouse, *tempus putationis aduenit, vox turturis audita est in terra nostra.* Le temps du retranchement (c'est à dire d'enter) est venu, la tourterelle se plaint, les fleurs paroissent: Qu'est-ce à dire cela, sinon que quand l'affliction nous decoupe & detranche, & que nous roulons des accents piteux, comme des Tourterelles gemissantes, lors les fleurs des bons desirs commencent à esclorre en nos ames, & ces fleurs venuës à maturité produisent en fin les fruits des bonnes œuures: c'est ce qui suit; *Ficus protulit grossos suos, vineæ florentes dederunt odorem.* a Cant. 2.

Encores vne gentille interpretation d'vn trait de ce mesme chapitre des Cantiques. *En ipse stat post parietem nostrum, respiciens per fenestras, prospiciens per cancellos, & dilectus meus loquitur mihi, surge, propera, amica mea, columba mea, formosa mea, & veni, iam enim hiems transijt, imber abijt & recessit.*

Lors que nous sommes au plus fort de l'angoisse, & à la crise de la tribulatiõ, c'est lors qu'il plaist à Dieu de nous regarder d'vn œil de pitié au trauers des barreaux de sa misericorde, laquelle s'interpose à sa iustice, & puis quand le tonnerre a passé, ce ne sont que semonces amoureusement sainctes, Venez ma Colombe, ma belle, ma chere amie venez, la guerre est accoisee, vous n'aurez plus que de la paix, l'Hyuer est passé auec ses frimats & gelees, vous allez entrer au rafraichissement d'vn doux & gratieux Printemps.

Mais quoy! il faut passer par l'estamine du feu de la tribulation, si nous voulons que là soit esprouué le vray or de nostre sincere integrité, feu pour son actiuité perçante, pressante, & penetrante vray symbole des afflictions aigres & trauersantes; & l'eau aussi en est le symbole, celà est si commun en l'Escriture saincte que riẽ plus, *Intrauerũt aqua usque ad animam meam, forsitan pertransisset anima mea aquam intolerabilem:* ainsi i'interprete ce mot du Psalmiste, *Transiuimus per ignem & aquam,* des tribulations, *& induxisti nos in refrigerium,* des consolations.

l'Espouse appelle les Autans pour souffler sur son iardin, afin que le baume exhale son odeur de suauité, & le porte au sentiment de son bien aymé, *Veni Auster, perfla hortum meum, & fluent aromata illius.* Quand nous sommes en affliction à guise de l'encens bruslé au feu, nous espandons vne odeur soüefue à Dieu, de bonnes volontez & de sainctes œuures.

Or entre plusieurs raisons qu'on peut rendre pourquoy Dieu soustraict quelquesfois par vn petit espace de temps aux ames deuotieuses & sainctes sa chere & douce presence, aucunes me semblent principales, desquelles il ne sera point hors de propos de faire quelque mention icy.

La premiere, afin que l'humilité, fondement de toutes les autres vertus, se conserue; ce qui sera aussi-tost que nous aurons recognu combien peu de chose nous sommes, sans l'assistance fauorable de Dieu; parce que n'estans, & ne pouuans rien de nous mesmes sans luy, nous ne deuons pas nous glorifier de ce qui est en nous comme nous appartenant, n'ayans rien que ou par donnation liberale d'enhault: *Omne datum optimum & omne donum de sursum, &c.* ou par vsage ou emprunt.

Vitaque mancipio nulli datur, omnibus vsu.

Et par

Et par consequent nous n'auons occasion de nous enorgueillir. *Quid habes quod non accepisti? Et si accepisti, cur gloriaris?* Doncques ceste soustractiõ des graces diuines nous fait cognoistre nostre neant, & ce neant est le but de l'humilité. Sainct Paul pour ce subiect dit fort bien, *Ne multitudo reuelationum extollat me, datus est mihi stimulus carnis qui me colaphiset.*

La seconde raison est, afin que la trop grande confiance & seureté n'engendre en nous de la negligence, negligẽce perilleuse pour estre la porte de tous maux. Sainct Gregoire: *Cum mens secura redditur, in torporem laxatur.* Et encores, *multis sæpe graue periculum nimia securitas fuit.* Troye ne fut surprise par les Grecs que lors qu'ils pensoient estre en liberté, le siege paroissant leué de leur ville; l'ennemy ne surprend les places que par où elles sont les moins gardees & deffenduës. a Saint Bernard, *Ne dixeris in abundantia tua, Non mouebor in æternum, ne cum gemitu cogaris dicere, Auertisti faciem tuam à me, & factus sum conturbatus: Curabis si sapis in die malorum non immemor esse bonorum, & in die bonorum non immemor esse malorum; in die virtutis clama, cum defecerit virtus mea ne derelinquas me in tempore tentationis; consolare, & dic. Trahe me post te, sic non deseret te spes in tempore malo, & in bono prouidentia non deerit.* L'espoir & la crainte pendant ceste vie mortelle, doiuent tousiours estre à nos costez, celle-là nous soulagera és trauerses, ceste-cy nous retiendra & moderera és felicitez. Pompee voyant sa femme qui se desesperoit de son desastre; Mamie, luy dit-il, vous n'auez cogneu qu'vn visage de la fortune, riant, gay, enjoüé, mais c'est le plus dangereux, & qui nous pipe d'auantage: l'autre qui nous semble contraire, est la part des courages masles & genereux: Il faut comme la palme se releuer contre le faix, & ne se desesperer point pour mal-heur quelconque: car comme nous sommes descheus de la prosperité passee en l'aduersité presente, il n'est pas repugnant que nous ne puissions venir de la calamité presente, en vn bon-heur futur, à l'aduenture plus grand que iamais nous soit arriué, la fortune joüe au boute-hors. *Fortuna humana fingit artatque vt lubet,* tousiours muable & inconstante; *quando fortuna non mutat fidem?*

a *Super Cant.*

Tandis

Tandis que nous sommes en bon-heur nous deuõs auoir de la preuoyance, ou pour esquiuer le mal-heur aduenir, ou du moins pour gauchir au coup, *Tela præuisa minus feriunt, præcogitati mali mollis est ictus.* Et parmy les plus rudes secousses d'vne violente bourrasque, nous deuons soulager nostre ennuy de quelque douce esperance, il n'appartient qu'aux sages d'estre ainsi aduisez, d'auoir souuenance du mal pendant le bien, & de se soulager par l'attente du bien, lors qu'on est aux prises auec le desastre. Xenophon disoit qu'au rebours des fols qui n'ont recours à Dieu, sinon quand l'angoisse les presse, nous deurions l'honorer grandement en prosperité, afin au besoin de l'auoir vn iour propice & debonnaire; Mais les estourdis enyurez de la douceur de la fortune, qui enfle leurs voiles de mille aduantageuses bouffees, ils ne pensent point à Dieu, & puis quand la chance vient à tourner, ils sont contraints de s'escrier, Seigneur vous auez retiré vostre face de nous, & le trouble est entré tellement en nos ames, que nous ne pouuons nous rasseoir.

La troisiesme, & quatriesme raisons pourquoy Dieu soustrait ses douces consolations aux gens de biẽ pour peu d'heure, elles sont de sainct Bernard, a *Ideo subtraxit se, quò auidius reuocaretur, & teneretur fortius: preteriens, teneri vult sponsus, abiens, reuocari.* C'est afin que nous cherchions nostre Espoux auec plus d'ardeur, & le retenions l'ayans auec plus de soing, & sollicitude; cecy se verra naïfuement bien descrit au Cantique, où nous considererons l'Espouse empeschee à la queste de son Espoux, pour auoir esté vn peu trop paresseuse de luy ouurir quand il heurta pour entrer. b *Vox dilecti mei pulsantis: Aperi soror mea, amica mea, columba mea, immaculata mea, quia caput meum plenum est rore, & cincinni mei guttis noctium;* Ce sont là les douces semonces de nostre cher Espoux heurtant aux portes de nos consciences qu'il charge de mille graces & faueurs si nous luy ouurons; mais oyez la voix de l'ingratitude. *Expoliaui me tunicâ meâ, quomodo induar illa: laui pedes meos, quomodo inquinabo illos;* pour vne petite & legere difficulté qu'il y a de quitter le lict mollet des voluptez mondaines, nous mettons tous ces saincts aduertissemens

a Ibid.

b Cant. 5.

à nonà nonchaloir : l'Espoux apres cela nous touche plus viuement par quelque petite affliction, & nous tressaillons. *Dilectus misit manum suam per foramen, & venter eius intremuit ad tactum eius*; aussi tost nous nous leuons de l'accroupissement de nostre faineantise, pour courre à luy, mais il est passé, & s'en est ja enuollé bien loing, pour vne petite punition de nostre paresse, & nous esueiller du sommeil lethargique du peché, qui nous rendoit assoupis; nous souspirons & lamentons ceste perte. *Surrexi vt aperirem dilecto meo, manus meæ stillauerunt myrrham, & digiti mei pleni myrrha probatissima.* Nous ouurons nostre cœur en la tribulation; tesmoins les Nautonniers qui sont si gens de bien pendant la tourmente, & si meschans durant la bonace; mais pour ouurir en ce temps l'Espoux n'entre pas. *Pessulum ostij mei aperui dilecto meo; at ille declinauerat atq; transierat:* Et en ceste absence nostre ame se liquefie en pleurs, se confond de tristesse, se fond en regrets, s'exhale en souspirs, s'espand en sanglots; lors nous prenõs de nouuelles forces pour le chercher à bon escient, *Anima mea liquefacta est, vt loquutus est, quæsiui, & non inueni illum, vocaui, & non respondit mihi.* Et ce n'est pas tout : car en cet esloignement de Dieu, tout le monde se bande cõtre ceste pauure ame, chacun l'outrage, les capitaux ennemis luy liurent des assauts à outrance. *Inuenerunt me custodes qui circumeunt ciuitatem, percusserunt me, & vulnerauerunt me, tulerunt pallium meum mihi custodes murorum.* Les afflictions l'accablent, & roulẽt sur elle redoublees comme vn flot pousse l'autre, *Velut vnda impellitur vnda.* Voyla cõme vn petit erreur au commencement se va estargissant par les progrez! Si ceste pauure Espouse eust esté si aduisee que de prendre l'occasion aux cheueux, tandis que son bien-aymé heurtoit à la porte de son cœur, elle ne seroit pas en toutes ces peines.

Fronte capillata est, sed post occasio calua.

In occasionis momento quod prætervolat opportunitas, si cunctatus paululum fueris, nequicquam mox amissam quæres: si est-ce qu'elle poursuit sa pointe, & pendant ses plus cruelles trauerses, elle ne laisse de conjurer tout le mõde, de luy enseigner des nouuelles de son amant, afin de le suiure à la trace : & supplie les passans de luy faire

 sçauoir

ſçauoir s'ils le rencontrent, ſa languiſſante miſere. *Adiuro vos, filiæ Hieruſalem, ſi inueneritis dilectum meum, vt nuntietis ei quia amore langueo.* Auparauant elle auoit meſpriſé ſa beauté, le laiſſant attendre à ſa porte, mais maintenant que ceſte perte l'a fait deuenir ſage, & qu'elle le ſçait bien dépeindre & eſtimer! interrogee des enſeignes de celuy qu'elle cherche, afin de le recognoiſtre, & de ſa façon afin de l'aduertir: *Qualis eſt dilectus tuus ex dilecto, ô pulcherrima mulierum, qualis eſt dilectus tuus ex dilecto, quia ſic adiuraſti nos?* Lors elle le dépeint naïfuemẽt de toutes ſes couleurs auec les traits plus mignards que ſon extreme amour luy puiſſe fournir: *Dilectus meus candidus & rubicundus, &c.* La deſcription de Salomon eſt treſ-delicate & belliſſime. Mais pour reuenir à noſtre *modicum*, ceſte peine ne dure pas long-temps, car en fin laſſe & halletante apres auoir bien couru, elle le trouue auec des contentemens ſurpaſſant infiniment ſes angoiſſes, comme il ſe peut remarquer en la ſuitte; auſſi certes Dieu ne laiſſe iamais longuement les bons en l'affliction, ſa main fauorable les en releue auſſi toſt. *Ad Dominum cum tribularer clamaui, & exaudiuit me. Clamauerunt iuſti, & Dominus exaudiuit eos, & ex omnibus tribulationibus eorum liberauit eos. Multæ tribulationes iuſtorum, & de omnibus his liberabit eos Dominus.* Et tant s'en faut qu'il ſe rende inacceſſible à ceux qui le cherchent en quelcõque ſaiſon, que touſiours il ſe laiſſe trouuer, pourueu qu'on marche à ſa queſte auec ſimplicité de cœur, & pureté d'intẽtion.[a] *In ſimplicitate cordis quærite eum.*[b] *Quærite & inuenietis, petite & dabitur vobis.*[c] *Sollicite quæſiuit, & inuenit.* Qui ſeroit celuy, lequel ne s'eſtimaſt bien-heureux de guerir diſant ſa maladie, & qui ne recouuraſt bien toſt ſa ſanté, s'il ne tenoit qu'à la demander? Telle eſt la bõté de Dieu, qu'il ne veut que la recognoiſſance de noſtre faute, & auſſi toſt quaſi par preuention ſa miſericorde s'eſpanche ſur nous. *Miſericordia eius præueniet me.* Et en nos plus faſcheuſes trauerſes, c'eſt lors que comme vn vray amy il nous fait part de ſon aſſiſtance: aduerſité pierre de touche de la vraye & ſincere bien-veuillance,

a Sap. 1. b Matth. 7. c 2. Tim. 1.

Pour paſſer à la raiſon ſuiuante, que perdu on le cherche, que trouué on le conſerue ſoigneuſement: ie m'en

Ie m'en rapporte encores à ceste mesme amante és Cantiques : oyons la apres sa prise: *Paululum* (& voylà nostre *modicum*) *cùm pertransissem eos, inueni quem diligit anima mea, tenui eum, nec dimittam, donec introducam illum in domum matris meæ, & in cubiculum genitricis meæ, &c.* Elle proteste de iamais ne s'escarter de son Dieu, & ne l'abandonner, sçachant sans luy combien sont insupportables les trauerses qui nous arriuent.

Ie viens à vne derniere raison pourquoy Dieu enuoye pour quelque temps des tribulations aux gens de bien, apres les auoir auparauant beaucoup consolez : c'est afin que cōferans les tristesses de l'absence de leur cher Espoux auec les ioyes de sa douce presence, ils soyent plus iustes estimateurs de leur bien par la contrepointe du mal. Encores, dit Ciceron chez Ammian Marcell. que ce soit vn contentement grand d'auoir tousiours en pouppe le vent de fortune prospere, tandis que nous cinglons en la mer de ce monde : si est-ce que ceste condition n'a pas tant de ressentiment de son bon-heur, que lors que d'vne cruelle bourrasque nous venons à vn estat fauorable & propice : Aussi disoit fort biē quelque autheur, *Nil infelicius esse illo homine, cui nihil vnquam accidisset aduersi* : parce que, selon vn Poëte ancien, celuy est indigne & incapable iuge de la douceur, qui n'a sauouré quelque amertume : l'esprit s'esueille par le contraste, & rien ne fait tant bien conceuoir vne chose comme son contraire : ceux que l'origine fait naistre coiffez, c'est à dire, qui iouïssent sans aucun trauail des biens acquis par leurs ancestres, ce sont ordinairement des veaux d'or; mais ceux sont bien plus mettables & entendus, qui ont eux-mesmes basty leur fortune: ils sçauent, comme on dit, combien vaut l'aune du mesl-aise, & que c'est que trauail; aussi de mesme que ceux qui ont fait de l'exercice, goustent & sauourent les viandes auec beaucoup plus d'appetit, appetit la meilleure de toutes les sausses ; ce que ne sont pas ceux qui demeurent perpetuellement accroupis en vne place : ainsi ceux iouïssent bien d'vn autre goust, & plus friandement du bien, qui ont aualé d'autrefois le mal, que ceux qui n'ont iamais eu que du bien, c'est vne condition fade, lasche & stupide. Le calme qui vient apres vne furieuse tempeste, semble bien plus agreable, la paix est trouuee bien plus sauoureuse à l'issue d'vne cruelle & fascheuse guerre: la bourrasque de la tentation nous fait bien iuger du bon-heur de la tranquillité de l'esprit: ceux qui voyent la laideur du vice, à mesme temps admirent la beauté de la vertu, & n'y a point de plus competens Iuges de l'horreur du peché, que ceux qui sont penitens à bon escient: les espines rendent plus prisables les roses, & ce qui fait releuer l'esclat d'vne couleur viue & brillante, c'est l'opposition d'vne sombre & morne: ainsi les peintres pour releuer vne grande beauté, mettent aupres quelque face hideuse & contrefaite: ce qui fait priser le temps serain & net, c'est la pluye & les broüillards qui ont precedé: ce qui fait d'auantage esclatter la splendeur du Soleil, c'est l'obscurité de la sombre nuict: nous cognoissons biẽ mieux les choses par priuation, que par iouïssance: & ne cognoist le bien passé que celuy qui est engagé dans le mal present: la mal-aisance éguise le desir, la facilité le perd: la reigle des contraires, disent-ils, est semblable, & nostre esprit est tant bizarre, que rien ne luy agree tant comme la contrarieté.

Ceux qui ont perdu la grace d'vn Prince, recognoissent au retranchement de leurs bien-faits, combien estoient douces & sauoureuses les arrousantes eaux de
2. leurs faueurs. En a Ieremie. *Scito & vide quia macrum & amarum est dereliquisse Dominum Deum tuum.* Sainct Augustin. *Tale bonum est Deus, vt nemini eum deserenti benè sit.* Parce que selon vn autre Pere de l'Eglise, c'est vn bien, sans qui il n'y a aucun bien. *Deus bonum est, sine quo nullum est bonum.*

Encores vne autre consideration sur mon *Modicum*, ie croy que nostre Seigneur par là vouloit donner à entendre à ses Apostres la variation de la misere humaine, laquelle ne peut iamais demeurer fixe, & stable en vn degré, ainsi que dit Iob, mais tousiours nous y sommes agitez d'vn flux & reflux perpetuel, qui nous va saboulant & ballottant; nous sommes auiourd'huy ce que demain nous ne serons; à mesure que la ieunesse va à sa croissance, la vie cependant decroist & diminue: nous galloppons continuellement à la mort, chaque moment du berceau nous roulle au cercueil,

tousiours

tousiours quelque chose décher de nostre substance, nous châgeons insensiblement; de sorte que n'y ayant rien de ferme ny asseuré icy bas, c'est en vain que nous y fonderions & establirions quelque demeure; si nous sommes vn petit de temps en ioye, aussi-tost nous voyla accablez de tristesses.

Encores, *modicum*: La maniere ordinaire de laquelle Dieu traicte & gouuerne les siens, c'est de se cacher & retirer vn peu d'eux, afin d'esprouuer leur patience, & leur donner la couronne de perseuerance, qui est la saluation, *Qui perseuerauerit vsque in finem, hic saluus erit*: c'est lors le temps de la probation, c'est la tentatiue que Dieu fait de nous, pour voir & sonder nos forces. *Fili accedens ad disciplinam Dei, prapara cor tuum ad tentationem.* Et celuy qui aura tousiours l'esperance entiere & ferme, il sera bien-heureux. *Beatus vir qui suffert tentationem, quoniam cùm probatus fuerit, accipiet coronam vitæ, &c.*

Mais las! sur ce *Modicum*, i'imagine ce grand regret des Apostres au départ de leur maistre. Quoy! si au coucher du Soleil, lors qu'allant esclairer l'autre hemisphere antictonique, ce bel œil du monde nous laisse par sa priuation des sombres obscuritez, qui nous enueloppent pendant la nuict, nous restons mornes, languissans, accablez de sommeil, tout le ramage des oyseaux se perd, toute la veuë des beautez de l'vniuers nous est ostee: que deuoient faire les Apostres voyans esloigner d'eux leur beau Soleil? ne transissoient-ils pas de l'apprehension de ceste perte? perte qui les deuoit accabler de mille incommoditez, & rauir tout leur thresor: Ce Soleil qui par son auoysinement excitoit en eux les chaleurs d'vn amour diuin, par son reculement il semble qu'il les menace des froidures d'vn triste & fascheux hyuer: ne luy pouuoient-ils pas dire? *Ne auertas faciem tuam à nobis.*

Au iardin des Oliues pour s'estre vn peu esloigné de trois de ses plus fauoris, autant que la lõgueur d'vn iect de pierre, voyla qu'ils l'oublient, & s'endorment laschement: que feront-ils s'il s'escarte tout à fait d'eux? les Pelerins d'Emaus recognoissoient bien que ceste ardeur qui embrasoit leurs cœurs, tandis qu'ils parloient à ce bon maistre, leur manqueroit aussi-tost

 qu'il

qu'il se seroit separé de leur cōpagnie : c'est pourquoy ils taschent par tous moyens de le retenir. *Mane nobiscum Domine, quoniam aduesperascit.* Vrayement Seigneur, il fait tard, nous sommes bien auant en âge, ou quoy que ieunes, la mort est aussi prest de nous, que si nous estions chargez d'annees.

Mista senum ac iuuenum densantur funera.

C'est pourquoy pour ce peu de temps que nous auons à viuotter icy bas, demeurez auec nous, il fait tard, le monde panche fort à son declin, les cieux se lassent de rouler, les astres de nous esclairer, le feu de nous eschauffer, l'air de nous rafraichir, l'eau de nous nettoyer, la terre de nous porter, & de nous nourrir : ceste machine menace vne prochaine ruine, les ombres sont grandes, le peché est venu iusques à son premier periode, *Ne derelinquas nos Domine Deus noster:* le monde passe, *mundus transit, & concupiscentia eius,* mais vous Seigneur estes tousiours vn, semblable à vous mesme, immuable.

——— *Stabilisque manens das cuncta moueri,*

Tu idem ipse es, & anni tui non deficient, in aeternum permanes. Aussi voit-on que les Apostres n'entendēt point ce *Modicum*, d'absence, parce que ce leur seroit vne longueur intolerable, & la Magdelaine ceste suiuante passionnee, participe-elle pas à ces regrets ? O que si i'osois sur les plaintes de ceste Royne desesperee chez Virgile, former les siennes, ie croy qu'il y auroit bien de la conuenance, mais ces choses prophanes mal aisément s'accordent aux sacrees: Celle-là voyant Ænee mettant le voile au vent pour aller à la queste d'vn pays estranger, apres mille lamentations, en fin ne veut en ceste extremité point d'autre consolation, sinon de mourir auant ce départ : les vers sont excellemment beaux.

Non ego cum Danais Troianam exscindere gentem
Aulide iuraui, classem ve ad Pergama misi,
Nec patris Anchisæ cineres, manes ve reuelli,
Cur mea dicta negat, duras dimittere in aures?
Quò ruit? extremum hunc miseræ det munus amanti;
Expectet facilemque fugam, ventosque ferentes:
Non iam coniugium antiquum, quod prodidit, oro:
Nec pulchro vt Latio careat, regnumque relinquat,

Tempus

Tempus inane peto, requiem spatiumque furori,
Dum mea me victam doceat fortuna dolere.
Extremam hanc oro veniam (miserere sororis)
Quam mihi cum dederis cumulatam morte relinquam.

Si sur ce modelle i'osois former de plus saintes prieres en la Magdelaine, ie dirois qu'elle auroit poussé hors toutes sortes de persuasions à son Seigneur pour luy dissuader ce cruel départ, luy auroit remonstré que ce sont les Iuifs qui l'ont massacré, non pas ses Apostres, ny elle: qu'il ne doit pas les laisser en proye à la gueule des loups rauissans, & des lyons rugissans, qui ne demandent qu'à deuorer ce pauure petit troupeau: que ceste excuse d'vn brief esloignement n'est pas assez forte, que pour le moins s'il est totalement resolu de s'en aller, qu'il attende vn autre *modicum*, que la mort les aura bien-tost deliurez, ne luy demandant que ceste grace d'auoir les paupieres fermees, auant que de voir ce trop fascheux départ.

Qui a veu vne chaste espouse pousser de piteuses & lamentables doleances au depart, & au trespas de son cher mary, il a veu la Magdelaine se plaindre du proche esloignement de son bon Maistre, mais non, ses plaintes surpassent toute description.

Les Poëtes racontent de Laodamia, chaste espouse du vaillant Protesilaüs, que voyant aller son mary bien-aymé à vne furieuse & sanglante guerre pour la deffense de sa patrie, outre ses regrets & sanglots, quitta toute pompe feminine, laissa tous ses paremens & ioyaux, protestant de compatir du moins en ce qu'elle pourroit, aux trauaux de sa partie, & de passer ce temps fascheux de la guerre en perpetuel chagrin.

Qua possum squallore tuos imitata labores,
Dicam, & hac belli tempora tristis agam.

Qui ne voit sur cè plan les desplaisirs de la Magdeleine, laquelle voyant son cher Seigneur s'éclipser de ses yeux, proteste de passer tout le temps qui luy restera en ceste miserable vie, qui n'est qu'vne vraye milice sur terre, selon Iob, en continuelle penitence, pour suiure bien-tost son celeste & spirituel espoux, & imiter en quelques sens ses labeurs & ses peines.

Quant aux regrets de la Vierge Mere, ô ils ne peuuent tomber sous la loy du discours, le silence les voidera, comme Timanthes couurit la face du pere d'Iphigenie, incapable de representer par son pinceau vne si extreme tristesse.

Sainct Paul passant par Ephese, sçachant que l'heure de sa mort s'auoisinoit, & que iamais plus les siens auditeurs ne verroient sa face, il leur dit. *Et nunc ecce ego scio quoniam amplius non videbitis faciem meam, vos omnes per quos transiui prædicans regnum Dei. Quapropter contestor vos hodierna die, quia mundus sum à sanguine omnium, &c. Magnus autem fletus factus est omnium, & procumbentes super collum Pauli, osculabantur eum, dolentes maxime in verbo quod dixerat, quoniam amplius faciem eius non essent visuri.* Si les Ephesiens ont tant fait pour le disciple, ie laisse à iuger ce que les Apostres ont deu faire pour le maistre, & quels estoient leurs desplaisirs & regrets.

Ceux qui ont moralisé la fable de Psiché tant bien descrite par vn Philosophe Platonicien, me semblent auoir vn tres-beau subiect, ce mot signifiant en Grec Ame; mais pour mon subiect i'y remarque qu'apres auoir perdu pour sa curiosité son cher espoux, en fin apres des trauaux, & des questes elle le recouure ainsi que l'espouse des Cantiques. Si est-ce que ses doleances furent grandes pour ceste perte; Cela me meine fort proprement à vne autre consideration encores sur mon *Modicum*, que i'ay allongé iusques icy vn peu *supra modicum:* c'est que l'ame qui pour ses pechez a perdu la grace & l'assistance de son Createur, si elle veut faire vn tant soit peu de penitence, soudain apres elle verra disparoistre les tenebres de son forfait, à mesure que le beau Soleil de Iustice viendra à remonter sur l'horizon de son cœur, pour illuminer son entendement, & eschauffer sa volonté.

DIVER-

DIVERSITEZ DE MESSIRE IEAN PIERRE CAMVS, EVESQVE ET SEIGNEVR DE BELLEY.

Des Tributs.

CHAPITRE I.

L me déplaist que ce beau mot soit sorty de la bouche de ce meschant Empereur a Tibere, lequel comme quelques mauuais Conseillers aduisassent de surcharger quelques Prouinces de taille: c'est (leur respondit-il) le deuoit d'vn bon Pasteur de tōdre son troupeau, non de l'écorcher: comme en toutes choses la mediocrité doit estre sur tout obseruee, elle le doit estre principalement en celle-cy, & pechera plustot vn bon Prince en l'extremité du trop peu, que du trop: extremité neantmoins nullement vicieuse.

a *Suet. in eius vita cap. 32. Dio. Caß. lib 57. & Xiphil. in eius vita Oros. 7. c. 4.*

b Neron aussi doux au commencement de son Empire, que cruel à la fin, se voyant importuné par les continuelles prieres du peuple, se plaignant de la rigueur des Collecteurs & Receueurs de tailles, se mit en ceruelle de mettre en deliberation s'il deuoit abolir toutes sortes de tributs & exactions, & faire vn

b *Tacit. 13. annal.*

beau

beau present à tout son peuple de ceste generale & vniuerselle remise : mais les plus sages & aduisez du Senat arresterent ceste fougue & ardeur inconsideree & immoderee, luy remonstrans que c'estoit la ruine de son estat, & la totale subuersion & dissolution de l'Empire, si on ostoit à la Republique les fruicts qui l'entretenoient, la maintenoient, & la soustenoient: les tributs sont les nerfs qui supportent le corps de la chose publique, ce sont les pilotis sur lesquels sont posez les fondemens d'vn estat, c'en est l'ame, c'en est le sang : ostez tout le sang à vn corps, sans doute il perira: ostez toutes tailles à vn estat, vous luy ostez tout entretien, vigueur, soustien: il ne peut promettre qu'vne ruine tres-asseuree.

Or comme l'euacuation totale du sang ruine vn corps, si fait bien quelquefois aussi la trop grande abondance : si celle-là est pernicieuse, ceste-cy est bien quelquefois nuisible & dommageable: il le faut rendre temperé, & luy donner vne constitution égale & vniforme entre ces deux extremes, & luy laisser assez de sang pour son soustien, & en retrancher l'abondance : Disons le mesme d'vn Estat, posons que les subsides soient son sang : l'abolition totale sans doute le ruineroit, si feroit bien, & peut-estre plus la trop grande abondance : c'est à l'aduéture comme l'entendoit l'Empereur a Julian, quand il comparoit le fisque ou le tresor ou espargne publique, à la rate, laquelle croissant desseiche tous les autres membres, & les met en langueur, parce que de la commodité & richesse du fisque seul, tout le peuple est incommodé & appauury.

a Aurel. vict. in eius vita.

Bonne certes & salutaire ceste belle & dorée sentence de ce sage Legislateur des Atheniens b Solon : Les petits & les grands se rendront plus souples & prompts à obeïr aux commandemens du Prince, quand ils ne seront ny trop, ny trop peu, mais mediocrement chargez.

b Chez Plutarque en la compar. de Solon & de Public.

c Xerxes ayant quelque annee taxé les tailles & imposts qu'il vouloit leuer sur ses subiets, il enuoya parauant que d'en faire l'exaction, querir les principaux hommes de chaque Prouince, & leur demanda si les tributs qu'il leur auoit imposez estoient point griefs à supporter : ils luy respondirent, que moyennement,

c Plut. ès Apopht. des Roys.

toutes-

toutesfois qu'ils le rendroient satisfait : non, non (leur dit-il) pour oster toute plainte, i'ordonne que chacun ne paye que la moitié de la cotte à laquelle il aura esté taxé : bien contraire à ce vilain & sale Empereur a Vespasien, qui tiroit tribut des pissotiers & cacatoires, & exigeoit de ses subiets quelque somme par an, pour la descharge de leur ventre : dequoy voyant qu'on se mocquoit, L'argent, dit-il, sent bon de quelque part qu'il vienne.

Que dirons-nous d'vn de ses successeurs b Popennius Niger, lequel continuant en la taquinerie de son predecesseur, se sentant pressé des remonstrances de quelques siens subiets de Palestine, qui le supplioient de les soulager des trop grandes tailles dont ils estoiét chargez : Quoy ! leur dit-il, vous voulez que ie diminuë les tributs que ie leue sur vos terres : que diriez-vous si ie voulois rendre tributaire l'air que vous respirez ?

c Anthonius ayant doublé la taille sur l'Asie, Hybreus l'Orateur deputé pour luy faire la remonstrãce, luy dit franchement & hardiment : Si tu veux auoir la puissance de nous imposer deux tributs en vne mesme annee, il faut aussi que tu ayes la puissance de nous dõner deux Estez & deux Automnes, deux moissons & deux vendanges : Belle franchise tu es évanouye pour le present ! Il ne se voit plus de tels Orateurs.

Ie d ne peux assez admirer ceste loy ancienne des Atheniens, par laquelle les pauures estoient deschargez de toutes leuees & impositions, & ordonné que les tributs seroient exigez des riches, & baillez au Roy, lequel estoit chargé d'en maintenir la Republique, & en aider & soustenir les pauures. O temps ! ô mœurs antipatiques aux nostres ! on leue les subsides sur ceux qui ne peuuent payer sans se ruiner & sans le peril de leur vie, sans estre en danger de mourir de faim : ceux-là au contraire, qui sans s'incommoder y pourroient satisfaire, restent exempts de toutes impositions : c'est vne chose laquelle consideree comme il faut, semblera non seulement iniuste & inique, mais directement contraire à la raison, & repugnante au sens commun : demandez à vn gueux vn escu, vous l'écorchez, vous luy couppez la gorge : demandez-en cent à vn

a Suet. in eius vita cap. 23. Xiphil. in eius vita. Ghem. Annal part. 4. Manas. in Annal. Zonar. t. 2. Iuuenal. Sat. 14.

b Spart. in eius vita.

c Plut. en sa vie.

d Athen. l. 4.

vn riche, vous ne l'égratignez, vous ne luy effleurez pas seulement la premiere peau.

Quel monde renuersé doncques, que ceux qui peuuent fournir aux subsides à leur aise, soient francs & quittes de toutes exactions, & que ceux qui le peuuent le moins, soient aggrauez, surchargez & accrauantez sous le faix de toutes sortes d'impositions! Ie ne peux comprendre ceste Philosophie: le contraire, sans doute, seroit plus iuste, plus raisonnable, plus equitable, mais l'vsage inueteré a gaigné le dessus de la raison, & la richesse a cet aduantage sur la pauureté, qu'elle la gourmande & tyrannise.

O que les Princes feroient bien mieux, non pas de remettre tout à fait leurs tributs, ce seroit vn aduis inutile & sans raison, mais s'ils reiettroient ce fardeau qui opprime & estoufe les pauures, sur les espaules des riches: ce qui est trop pesant aux vns, ne seroit que leger aux autres, ou pour le moins si la coustume est tellement passée en loy & en nature, qu'elle ne se puisse changer en aucune façon, ils deuroyent donner quelque peu de relasche & respit, & quelques tresues de misere au pauure menu peuple, & le deliurer d'vne partie du fardeau qui le creue.

C'est vne belle loüange & vn excellent eloge que celuy qu'vn [a] Escriuain de l'histoire Romaine donne à Constantin l'Empereur; Il estoit, dict-il, beaucoup plus soigneux du profit de ses subiects, que du sien, & songeoit plus à les combler de richesses, qu'à s'enrichir, ayant ordinairement ce beau mot Royal en la bouche, Que les richesses publiques estoyent mieux gardees entre les mains des particuliers, que dans vn coffre public sans seruir de rien: ce precepte est de rare practique, ce sont chansons, on a beau crier que les Roys sont assez riches en la bourse de leurs subjets, que la richesse du peuple est celle du Prince: on n'en veut rien croire, il n'est que d'en auoir, dit-on, de quelque façon, à quelque prix que ce soit, bien ou mal, il n'importe, il semble qu'on r'appelle les maximes generales du temps passé, Tout ce qui est beau & bon en la terre, au ciel, en la mer, cela appartient au fisque.

[b] *Quidquid conspicuum pulchrumque ex æquore toto est,*
Res fisci est vbicumque natat.

a Eutrop. lib. 10.

b Iuuenal. Sat. 4.

Il n'est

Il n'est rien qui ne doyue tribut :

a *Rara tamen merces quæ cognitione tributi*

Non egeat -----

Sans considerer que les Roys augmentent d'autant plus leurs richesses, qu'ils remettent de leurs droits, & qu'en mesprisant la vilité & bassesse de l'argent ils s'acquierent des thresors immortels de renom & de loüanges, b *Regnantis facultas tunc fit ditior, cùm remittit : acquirit nobiles thesauros famæ, neglecta vilitate pecuniæ* : iusques là que bien souuent on iuge de la bonté ou mauuaitié d'vn Prince, selon qu'il va bien ou mal pour son espargne, c *Facit interdum mala causa fisci, ut bonus Princeps esse videatur* : parce que la cause du fisque ne va iamais mal que sous vn bon Prince. d *Numquam fisci mala causa nisi sub bono Principe*, & au rebours.

a *Idem. Sat. 7.*

b *Cassiod. 1. ep. 16.*

c *Idem 1. ep. 22.*

d *Plin. paneg.*

De la Poësie.

Chap. II.

Il y a prou à dire, & pour, & contre : e Plato mesmes en ses ouurages tantost esleue cet art iusques au Ciel, & le tient pour tout diuin : tantost il le bannit de sa Republique, & du commerce des hommes, comme tres-pernicieux & inutile : Le f prince des plus ingenieux Poëtes aussi tantost esleue l'excellence de ce sien mestier, tantost il aduise qu'on s'en donne de garde comme du traistre & pipeur chant d'vne trompeuse Syrene.

Ie n'ay pas fait dessein de m'estendre icy sur l'vn & l'autre de ces partis, il me suffit d'y estre neutre, & de dire que comme Lycurgue ne fit pas bien d'arracher toutes les vignes qui estoyent autour de Sparte, à cause que quelques-vns s'enyuroyent, faisant patir les sages, & temperans de l'inептie & imprudence des fols & mal-aduisez, qui se laissoyent saisir de ceste liqueur : aussi c'est mal fait de blasmer la Poësie pour y auoir parmy les Poëtes quelques traits, lesquels peuuent offencer les tendres ames, nullement les fortes & genereuses

e *In Lyside in Phæd. in Ione. l. 3. de legib. l. 2. de Rep. & 3.*

f *Ouid. 3. de art. & de remed. am.*

reuses : non plus que les hommes nuds, disoit Liuia, ne sont que des statuës deuant vne matrône chaste. Il est vray que comme tous cerueaux ne sont esgalement propres à porter le vin, aussi tous esprits ne sont pas aptes à se fourrer dans les Poëtes.

La Poësie est vn poulpe : en la teste de cét animal il y a quelque chose de bon & friand, mais aussi il y a du nuisible meslé. C'est vne terre d'Egypte où il croist & beaucoup de salutaires simples, & plusieurs poisons aussi : aussi porte-elle dans soy du bien & du mal, c'est vn cousteau à deux trenchans, & vn feu qui brusle & perd quand on s'en sert mal, & qui est fort vtile quand on en sçait bien vser.

Sous les pampres & feuilles espanduës de la vigne le fruict se cache, & soubs l'escorche des fables Poetiques sont souuent voylez de beaux sens & enseignemens vtiles & necessaires à la vie & aux mœurs.

L'Abeille des herbes ameres tire le suc du miel : & vne belle ame des preceptes parmy des fables ou ineptes ou mauuaises. Les mœurs corrumpuës, dit vn Ancien, ont fait les bonnes loix.

La viande profite ou nuit selon la qualité des estomachs qui la reçoiuent : les aucuns font nourriture de poison, & ne s'en trouuent pas mal : autres tournent en bile le suc des mets plus sains & entiers.

Si i'aymois autant cet art comme i'ay fait autrefois, ie m'espandrois bien plus volontiers en ses loüanges, mais certes i'ay renoncé au mestier. Il a bien eu le credit de posseder & regenter mon enfance, & ie dis posseder tout à fait : mais comme les enfans qui ont tasté des nourritures plus solides, ne retournent plus au laict, & comme les Israëlites mespriserent toute viande apres auoir tasté la manne celeste : & encores comme ceux qui ont beu au lac Clitoë deuiennent abstemes : aussi apres auoir gousté des estudes plus solides & de la Philosophie & des autres sciences, le laict fade, & le vin frenetique de cet art me fut aussi tost insipide, & à contre-cœur.

I'en dis comme Socrates de l'Amour, (aussi cet art est fort associé à ceste passion) que c'est l'occupation des gens de sejour & oyseux : car d'y donner des heures serieuses & de s'y attacher auec attention d'esprit, & d'vne

& d'vne occupation empressée, c'est chose que i'improuue plainement.

C'est vne inuention recreatiue, & ceux qui la font serieuse, y rongent leurs ongles, y froncent le sourcil, ils se monstrent ridicules de vouloir priser des fadaises.

Ce n'est pas vn grand deffaut que de malfaire des vers, mais d'en malfaire, & s'en parer & glorifier comme faisoit Cicero, autant miserable Poëte qu'excellent Orateur, c'est l'extreme point où l'aueuglement de la philautie puisse guinder vn homme.

Il semble que par toute autre science la mediocrité puisse estre toleree: mais en celle-cy elle est plainement insupportable: il n'est rien qui importune tant les oreilles que d'entendre vn demy-joüeur de luth; & la Musique est sœur germaine de la Poësie.

Denys de Syracuse desesperoit d'acquerir le renom de bon Poëte, & n'y entendoit rien: il lisoit vn sien poëme, ses flatteurs le loüoyent; Philoxenus vn plaisant qui luy parloit librement, ô fit-il, que l'on m'enuoye & relegue aux mines! (c'estoit vne peine ancienne comme on diroit auiourd'huy aux galeres.) Il estimoit plus aisee ceste peine cruelle, que d'ouyr l'importunité d'vn poëme malfait.

Ce mesme Tyran recita vn iour deuant ce gausseur des regrets d'Hecube de sa façon; ô fit-il, que ces vers me font de pitié: l'autre pensa que c'estoit pour le loüer; la compagnie qui cognut le vray sens, se prit à rire.

Ie dis cecy, parce qu'il n'est reputation que i'aye, ie ne diray pas moins recherchee, car ie n'en desire en general aucune; mais plus fuye que celle de Poëte, qui me dira que ie n'y entends rien, ne fera rien contre moy. Il rode par les mains de mes amis quelques miserables Sonnets, & autres vers François nez pendant vn âge & vne vacation esgalement licentieuse, que ie viuois & professois lors, non toutesfois qui passent en rien les termes de l'honneur: esclaue petit, dans les prisons de ces Colleges vrayes geolles de ieunesse captiue, ie ne m'exerçois qu'aux vers Latins pour satisfaire nos pedantes, qui ne nous demandoyent que l'exercice de ceste langue: puis eschappé

de ces

de ces entrates, ie mesprisay l'vsage de ceste Poësie Latine, que j'auois en main, pour me jetter à la Françoise, de laquelle on voit quelques eschantillons parsemez en ces miens ouurages : i'estois assez nay & duit à cet exercice, & y auois acquis vne extreme facilité; mais le froment trouué ie ne m'arreste plus à ce gland: les aigles ne s'amusent point aux mousches.

L'autre-hier retomba entre mes mains vn certain poëme, la derniere piece de mes estudes plus basses. Ils ont ceste mode ès Vniuersitez pendant le cours qu'ils appellent de Philosophie, de proposer vn embléme ou enigme à expliquer publiquement: celle qui nous fut proposée de mon temps estoit vn jardin au faiste d'vne croupe, au milieu duquel estoit vne tour battue des vents, au sommet de laquelle estoit vne Minerue, ayant à ses costez deux animaux que les anciens tenoyent luy estre consacrez, sçauoir vn cocq & vn hibou, i'allay là dessus songer vn Parnasse, qu'apres i'allegorisay morallement selon ma fantasie : il courut imprimé en quelques cayers, mais ces petits meteores ne durent qu'vn iour : le reuoyant ie le trouuay non seulement tollerable pour cet âge de quinze à seize ans, auquel il est nay, mais de telle sorte qu'à present que l'inaccoustumance m'en a osté l'vsage, à peine y pourrois-ie reuenir: s'il sert de monstre de ce que i'eusse peu faire poursuiuant & continuant ceste route, c'est tout ce que ie luy demande : ie despite les scindics d'en iuger plus maigrement que moy, *Nos hæc nouimus esse nihil:* Le voicy donc :

PARNASSVS.

Somnium.

MErserat Hesperias se vespertinus in vndas
Phœbus, anhelantes nimio feruore iugales
Duxerat Eunomie ad præsepia nota solutos,
Vectaque per cælum piceis nox humida bigis
Languida per totas inuexerat otia terras :
Tempus ibat medium quo iam tranauerat Æthram
Suaui serenato Latonia lucida cælo,

Iamque

Iamque iterata quies dono gratissima Diuûm
Mulcebat placidis mortalia pectora somnis,
Somnis quæ veras referentia imagine formas,
Multiplici humanos ludunt imitamine sensus.
Ecce igitur media per sera crepuscula noctis
Dum paruo graciles captarem corpore somnos,
Ante oculos cœlo lentè delapsa sereno
Visa mihi Musa est, qualis solet ipsa videri
Cœlitibus, magna nam maiestate cluebat,
Multus in ore decor, lenibus concesserat auris
Incomptas agitare comas, sinuabat in orbem
Pendentes Zephirus per eburnea c[illegible] capillos,
Vncaque purpuream nodabat fibula vestem,
Fibula, quæ nimium pupillis inuida nostris
Clauso marmoreas condebat pectore mammas.
Astitit, arripitque mihi, dextraque prehensum
Sustulit, & rapido subuexit in astra volatu.
Sic Ganymedæos nunquam taciturus amores
Iuppiter ex alto præceps delapsus Olympo
Factus auis tenuis puerum subuexit in auras.
Inde secans liquidum stridentibus aera pennis
Labitur, & toto præceps se misit ad vndas
Corpore, quam similis volucri quæ nubila tranant,
Atque lacescenti contingunt astra volatu,
Mox ruit hinc, humilisque volans, mox æquora tranat,
Moxque lacus latè liquidos, mox littora verrit,
Præcipitat, tortaque ruit pernicius hasta,
Quantum non iaculum torrentis Mænala cornu,
Nec Parthi leuius per nubila fertur arundo,
Nec leue turbata percurrit mentis acumen.
Sic vbi Circensi exiliit de carcere feruens
Ante alios it victor equus, torrentius amne
Hyberno geminas inflato flumine ripas,
Qui superans sternit sata pulchra boumq; labores,
Paruaque ruricolum gurgustia ruris honores,
Vel rapido virides populatur vortice syluas,
Nec tantum ante alios; sed enim (mirabile dictu)
Haud illi visus currentem æquare valerent.
Ætnæas rupes, quas solo agnoscere visu,
Non aditu fas est, quarum alta cacumina flammas
Sulphureas vomitant, scopulosque ad sidera torquent.
Horrida fulmineo veluti tormenta voratu

Cum vibrant spissis tela exitialia muris,
Transierat, longeque a tergo cernitur Aetna,
Aetna Gyganteas qua testatura ruinas,
Omnia cælestes dicet per secla triumphos
Hic vbi nigrantem crassa fuligine tectus
Incudem ignipotens, & nudi membra Cyclopes
Contundunt, tantis cudentes ictibus arma,
Vt magno armorum mota stridore caverna
Multis vicinam repleant concussibus athram.
Ceu pater Oceanus motus Aquilone sinistro
Fluctibus Herculeam cautem latrantibus vndis
Cum ferit; ecce son[illegible]anto clamore caverna,
Vt vastus latè mugitibus insonet æther,
Phocis ab Actæis tellus quæ separat agris
Aonios, rigidi curvos perpessa ligones
Agricolæ, duro versataque vomeris ictu,
Multiplici iniectos reddit cum fœnore fructus.
His quondam in terris (fama est) Peneïa Virgo
Læsit flammicolis Phœbeum pectus ocellis.
Mons illic bifido petit astra cacumine nubes,
Exuperans, Musis gratissimus: hic vbi quondam
Dum liquidis totus stagnaret fluctibus orbis,
Subvectus fragili Pyrrha comitante phasello
Hæsit Deucalion, Parnassi nomine rupes;
Rupes Phœbæos nunquam tacitura dolores.
Atque Cupidineos numquam tacitura triumphos.
Quam simul ac vidit diffusas Musula pennas
Compluit paulùm, tunc protinus æthere ab alto
Desiliit præceps, notissimaque arva volatu
Inferiore secans, imis radicibus hæsit,
Et terra impositum me montis ad ima reliquit.
Exigua est illic sinuoso semita clivo,
Ducit ad æthereï quæ celsa cacumina montis,
Quam vario multus circundat acumine dumus
Horrida, difficilis, dura, ardua, saxea, longa.
Illa sit vepres calcabat Musula plantis,
Progrediens celeri ad montana cacumina passus
Iussit vt insequerer, gradior per saxa per herbas,
Sentibus inspersos calles, dumosaque tesqua:
Heu quoties nostro vepres maduere cruore
Tartarei quoties nostras detersimus orto
Rore genas, madidosque vdos sudore capillos!

Sic regina auium Iouis armiger, anxia nido
Cum dignos refouet portanda ad fulmina pullos,
Phœbea implumem exponens ad lumina prolem,
Solari ancipites explorat lampade fœtus.
Verùm exantlatos tandem miserata labores,
Imperat afflari zephyros, manibusque prehensis
Subuexit: rapido tunc ad fastigia gressu
Progredior, ducente Dea, & spirantibus auris:
Iamque propinquabam, & fastigia summa tenebam:
Obstupui pauidus, retroque pedem inde retorsi
Attonitus meliore loco, certamque reuersi
Vertebam obliquis iam iam vestigia plantis.
Mox vbi pupillæ diuos didicere tenellæ
Perpetier, gressu repeto titubante cacumen.
Fas mihi sit vestri Musæ penetralia montis.
Auribus & quamuis non euulganda prophanis,
Aurea laurigeri reserare palatia Phœbi:
At linguæ tantumne datis confidere nostræ,
Vt montem hunc vno ore canam, si gloria vobis
Grata mea est, properate chorum ductante Napæ.
Hortus odoratis quam formosissimus herbis
Obstitit ante oculos, cuius deductus in arua,
Ecce titillauit sensus cælestis odorum
Halitus & florum perstrinxit lumina splendor:
Ecquis enim attonitus non hæreat? ecquis in orbe
Musarum tantos non admiretur honores?
Quidquid thuriferis Panchaïa diues arenis,
Quicquid ab externis volucris legit vnica terris,
Vt placidè aërios animam vomat inter odores,
Quicquid in Elysijs memoratur crescere campis,
Quicquid & in Baijs fœlix Campania gignit,
Cedat, odoratos nec vincier abnuat hortos
Mala nec Alcinoi, rara nec Adonidis herba,
Poma nec Hesperidum tot custodita per annos
Laudibus hic certent; diuini hic gloria ruris
Cedat, nec flores superarier hybla retractet:
Et varios sileat fastosa Semiramis hortos,
Maximaque Assirij cedant plantaria Regis.
Purpureis etenim Coniux Thitonia bigis
Vecta manu madidos diuino nectare crines
Excutiens, glebas cælesti rore maritans,
Totum diuinis inspersit roribus hortum,

Atque Pater Veris zephyrus per prata volatu
Qui volat ista levi madidantes nectare pennas
Concutiens simili fœcundat prata liquore.
Rore novum tellus isto gravidissima germen
Parturit, & varijs exornat tempora sertis.
Non sic laudatas volucris Iunonia pennas,
Pandit, & implicita geminata volumina cauda
Explicat, innumeros Phœbo variante colores.
Ecce suum Idalio pandit rosa sanguine tincta
Aurora, vicina rosis insignia crescunt
Lilia, & abrotoni rutilo splendore nitentes.
Hic triplici viola effulget distincta colore,
Dulcis amatorum tingit quæ membra Cupido:
Illic Castorum vestes qui tinxit Acbantus
Caltha hic flammeolo splendens candore nitescit,
Oscitat hic sibimet deceptus imagine forma
Narcissus propria, gravidumque sapore papauer:
Hic Regum inscripti nascuntur nomina flores,
Hic crocos, atque illinc ab Adonidis herba cruore
Exorta, hic viridi menthe depicta colore,
Illic plantanimal producitur agnulus, illic
Thymbra, ammoniacum lachrymantia balsama, baccar,
Flosculus, hic Melius, nulloque amarantus odore,
Thura, & purpureis varioque colore nitentes
Nascuntur lini flores, hic hesperus, illinc
Cinnama, & hinc piper, hic niue candidiora ligusta;
Hic melilotos adest, hic crescit amaracus, atque hic
Aura crocos fouet aureolos, gratosque theatris,
Hinc latè acrisim nardus dispergit odorem:
Quid Thima? quid Clytien vertens cui nomina Phœbus
Indidit, aut costum memorem, roremve marinum?
Non ego diuinis superum te grata palatis
Prætereo Ambrosia haud sileo te, candide Molly.
Hinc medicabilibus tellus gravidissima plantis
Turget lethiferos Phœbus depellere morbos
Queis solet imbutis diuino nectare succis,
Barbatusque Deus quamuis scitet die parente
Imberbi genitus medijs de faucibus orci,
Queis animas reuocare potest; rarissima crescit
Angelica, & tollens omnes Panacea dolores:
Sanguibiba hic rubraque auro fulgente crotescunt.
Quid dicam innumeros quæ parturientia fructus

Vix hoc incuruis gestant plantaria truncis?
Quid tantum vmbrosis quæ persitientia ramis
Languidulum reuelat frondoso vertice corpus?
Hic nemus vmbrosum multa hic radicibus arbos
Frondescit canis hinc sudat dulcia mella
Quercus, quæ inuentis vltro concessit aristis,
Hic Phaetontæam quæ defleuere ruinam
Suauia ramosa sudant Electra sorores,
Hic myrrha à proprio guttas violata parente
Pro lachrimis stillat, formidantesque Cyteres,
Myrti concreta glacialia tempora brumæ.
Hinc lasciui fugiens quæ furta Priapi
Induit arboream mutato corpore formam
Frondescit Lotos Phœbo hinc gratissima laurus.
Laurus Apollineum nunquam tacitura dolorem,
Laurus Romanos nunquam tacitura triumphos,
Laurus & irati contemnent fulmina diui:
Populus hinc bicolor, nemorum Regina potenti
Aesculus alta Ioui frondet Cyparissus amores
Siluano referens, illinc Cibeleïa pinus
Emittens graciles zephyro spirante susurros
Crescit, & insignes exornans palma triumphos;
Hinc Citisus, hinc abies, picea inde cotonea & ilex
Mella ferens, hinc Glauca salix se attollit, & illinc
Lenta genista, & molle silex frondosaque cerbas,
Baucis & vmbrosa coryli, atque hinc Bacchica coctus,
Hinc crescit crispo densata cacumine buxus,
Quæ quot in immenso viuunt animalia mundo,
Seu quæ prapetibus volitant per nubila pennis.
Seu quæ mobilibus tranant per cærula caudis,
Seu quæ tellurem membrorum pondere calcant,
Omnia quæ in cælum, terramque, æquorque pererrant,
Innumerasque alias imitatur vertice formas,
Sponte sua nullo artificum conficta labore,
Cuius cum rami fremitant motantibus Euris,
Credas diffusas volucres volitare per auras,
Et varia mulcere aures dulcedine cantus:
Credas squamosos adnare per æquora pisces,
Per terram credas animalia cætera ferri,
Ipsaque semiuiri claustrum irremeabile tauri
Dædaleum hinc imitatur opus, variéq; recurrens
Deceptos vario ludit sinuamine sensus.

Quid memorem fruges ? illic trepidantibus auris
Nux moschata tremit. Morus distincta colore
Poma gerit triplici , queis Sileno ebria quondam
Ora, Aegle fertur sublinuisse iacenti.
Hic pomum quadruplex , hic lecta fructus Iduma,
Restringensque pyrum, ficus, cerasumque colore
Tinctum sanguineo , gratissima oliua Mineruæ
Crescit , deuicti notissima signa tridentis:
Inde sibi ignotos miratur adultera ramos
Arbor, & insertis natiuas copulat Vmbras,
Inde nuces, illinc celsas imitata coronas
Mespila sceptrigerum , crescunt hinc cerea pruna,
Atque reluctantes nimio sub pondere rami
Pendentes orant deduci pollice fructus :
Dein crescunt alij in fructum , fructusque senescit.
Denique quot toto nascuntur germina in orbe,
Tot parit hæc tellus, quæ dicere longius esset,
Quàm si ter Lybicas inculcaremus arenas.
Vinea contortis hic oscula diuidit Vlmis,
Hic hedera nigros complectitur ipsa corymbos,
Vinea quæ Baccho gratissima, munera forma
Tantum concedit reliquis huic cætera quantum
Germina concedunt melioris commoda fructus :
Hic multa in Varios se colligit Vua racemos,
Tam grauido exonerant luctantem pondere Vitem,
Vt tenuis tanto crepitet sub pondere trunco:
Illic maturas producit campus aristas
Sponte sua nullo decoctus Apolline, namque
Hic Ver assiduum , nunquam hic morbo, us hiatu
Pallenti Autumnus maturat solibus Vuas,
Nunquam hæc tristis hiems niueo sub tegmine prata
Vestit , & arboribus foliorum tollit honores,
DuraVe concreta labefactat marmora bruma,
Verna nec infestum formidant prata Bootem,
Dum medio Titan vestigia torquet in axe.
Nunquam illic fruges torret feruoribus æstas,
Aestas triticeos quondam abscensura maniplos,
Aestas congestum Cereris tritura legumen,
Quæ coaceruatas abscondet in horrea fruges,
Arida dum lectas excusserit area messes:
Ver hæc perpetuis exornat floribus arua.
Ver hunc perpetuis exornat fluctibus hortum,

Omnia

Omnia Ver vento parit aspirante Fauoni,
Vna etenim gignit Zephyri, altera concoquit aura.
Viperei procul hinc serpentes, noxia longè
Germina, quæ varijs labefactant membra venenis:
Nulla hic per platanos aut torta brachia vitis
Roris amica cauum vectat testudo tigillum:
Inde procul talpæ aut formicum examina densa,
Non est rubigo segetes, non naulea, lappa,
Lappago tribuli aut spinis paliurus acutis,
Carduus aut steriles illic nascuntur auenæ,
Illinc planities viridantibus edita cliuis
Tollit se in colles, queis versicoloribus herbis
Terra viret, variosque inter nitet herba colores,
Hæ niueos, istæ virides superare lapillos
Contendunt plantæ, latè splendentque nitentes
Per varios flores tumulos, hic omnia rident,
Luxuriant varioque simul splendore coruscant.
Voluitur hinc tremulis in gyrum riuulus vndis,
Cuius arena micans gemmisque auroque crocescit,
Cui viridis rippa est, cuiusque argentea lympha
Murmurat, & tremulos vsque implicat orbibus orbes,
Gramina qui claris lambens viridantia lymphis
Puluillos rigui sitientes irrigat horti.
Hinc specus, hinc pontes fiunt de rupe cauata
Lympharum impulsu, aut palmarum dulcibus oscilis,
Illinc pampineæ præbent vmbracula frondes,
Hinc hederæ serpunt per saxa virentia musco,
Quà fons illimis, purisque argenteus vndis
Præcipitat de rupe caua, cum murmure lymphas
Mittens deciduas, vitrea pellucidus vndâ
Ex saxo salit, & bullantibus edita venis
Vda inde laues immurmurat vnda lapillos,
Raucisono varias tot mittens murmure voces,
Quot si per lymphas Cte'eri instrumenta sonarent:
It per prata latex, cuius clara vndula ab alto
Desiliens, reparat vires flauentibus herbis.
Illi Pegaseum æternum dedit vngula nomen,
Pegasus hinc rabida superata causa Chimera
Saltat eques per prata leuis, libatque volanti
Aequora plana pede, aut celsi petit ardua collis
Culmina, stare loco impatiens, huic ardua ceruix,
Arrectæque aures, frons plana, oculique micantes,

Atque efflat patulis nigrantem naribus ignem,
Per lumbum spina it duplex, atque ilia ventrem
Crassa ornant modicum, leuis est pede, lumine certus,
Denique talis is est, qualem præcepit alendum
Blandula ruricolis Romani Musa Poeta.
Verum quis latet hic superum? nisi mersus in vmbras
Orcus qui nigra patitur dispendia sortis?
Atque sator superum religatus membra cathenis?
Hic qua nubipetas interstrepit aura cupressos
Ecce iuuans Pater, haud qualis cum fulmina torquet
Sed veluti cum furta parat, Iunoque tonantis
Et soror & coniux, & nuntius ipse Deorum
Mercurius, bifrons Ianus, fluuijsque relictis
Neptunus genio indulgent, queis pocla propinat
Imberbis puer, his Hebe sesesque ministrat.
Hic qua geminatis ornantur floribus arua
It Venus exiguique illam comitantur amores,
Et circum ora volant, circumludunt que capillos,
Vndique luxuriant, vel rustica numina terrent.
Siluestresue Deos, longeque tuentibus arua
Ferrea cornutis intorquent spicula Faunis:
Mox herbas floresque legunt, texuntque corollas
Ex violis, pulchra gratissima munera Matri,
Pars agiles volitant pars per virgulta vagantur.
Inquiruntque auium nidos, pars aurea carpunt
Mala, atque excelsas alij librantur in vlmos:
Hos multus penna cum versicolore volatus
Papilio exercet vario, & frustratur inanes;
Ipsaque signa sui carpit Cytherea doloris.
Hanc iuxta nudatæ sinus resoluta capillos
Saltat & alterno pulsat pede Gratia terram:
Cantibus hinc Driades resonant, Naisque choreas
Vda agitat, graciles spernunt iuga celsa Napææ:
Fræna tenens linquit Nemesis nudata papillas,
Atque hac posthabitis veniunt in prata procellis
Nereides, facilis linquit lata æquora Thetis,
Gaudet dilecto hic immittere brachia collo
Psyches cæcus amor, roseo spectanda colore
Membra tenella gerens, truculentus bella Gradiuus
Et liquit bellona soror, mitescere plautis
Insolitisque docent cristas, atque inde marito
Oscula Flora parat, donis Pandora Deorum

Orna-

Ornata exultat varijs, seseque coronat
Floribus vmbrosis, illinc lasciua sub vmbris
Ludit diuini captatrix carminis Echo,
Echo quæ cunctas imitatur garrula voces,
Quæ nullo potis est vnquam reticere loquenti,
Nec prius ipsa loqui, frondosis abdita syluis.
Ante alias magno feruent ardore legendi
Hora, harumque Themis genitrix, turritaque diua,
Quæ vario astripetas exornat gramine turres.)
Deinde Iris varios Phœbo radiante colores
Mille trahens, liquida hinc exæstuat Amphitrite,
Et petijt cælum terris quæ prima relictis,
Quæque suis fouet æternum penetralibus ignem,
Incedit roseis diua hæc ornata corollis,
Hæc violis, graditurque alia exornata ligustris:
Illa coronatur lauris, hæc vimine pactos
Vernantes calathos iucundis floribus implet:
Hanc iuuat ignauas Cytherea carpere myrthos,
Hæc hyacinthæis est exornata figuris:
Altera Narcissis, hanc mollis amaracus, illam
Flosculus exornat, suauis coniunctus Anetho.
Planta omnis rapitur, credas examina hymetti
Montanum raptura thymum, cum examine denso
Mellea odoratas acies interstrepit herbas.
Hic quæ frondosa texunt vmbracula sylua,
Et quà muscoso tellus constrata tapete est,
Ludit Auerruncus per prata virentia diuus,
Vertumnus, thalamique comes Pomona mariti
Diuino arboreos decerpunt pollice fœtus.
Hic Pan compactam inflato tenet ore syringam,
Accurrit nemorum cultor Syluanus, & vna
Accurrunt Faunique leues, Satyrique bicornes,
Omnes coniunctis mittentes sybila cannis:
Accelerat grandæua Pales, decurrit Oreas
Præceps monte suo, ignipotensque satorque Quirinus
Ausoniæ gentis, subdiualesque Ityphalli
Accurritque frequens crines diffusa Mimallon,
Indigetesque Dei adproperant, diuique minores,
Iucundasque agitant planta trepidante choreas,
Colluduntque vna vnanimes, tunc tibia buccis
Personat inflatis, certatim carmina dicunt:
Carmina certatim dicunt, distentaque eburneis

Tymp

Tympana percutiunt baculis, tolluntque cachinnos
Nuda Diana genu gemina suspensa fluentem
Pallam, atque aureolos auris diffusa capillos,
Hunc circum fontem, circum hæc plantaria ludit,
Non se plus alia iactat Latonia sylua,
Non se plus alio iactat Latonia fonte,
Siue feras iaculis, siue has prosternere telis
Hanc iuuet, aut puro perfundere membra liquore,
Nympharum comitante choro, seu carpere fructus
Gestiat, aut latas resoluta agitare choreas.
Hic qua sponte ortis flauescit campus aristis,
Illic graminea apparet redimita corolla
Flaua Ceres, spicasque legens per gramina ludit,
Huic flauescentes per eburnea colla capilli
Colludunt spirante aura, suspendit amictus
Aurea purpureos Vulcani fibula donum,
Filaque mentitus ludit per serica palle
Triptolemus, curui primus fabricator aratri,
Illic tenario rapitur Proserpina curru,
Credas perfractis producere faucibus Aetnam
Raptorem infernum, & stygias volitare quadrigas,
Credas maturis turgescere messibus arua,
Messoresque vnca messes præscindere falce.
Hic qua terrestris sua viscera pandit hiatus
Quaque excisa cauum rupes testudinat antrum,
Et qua hederis tellus, viridique est humida musco,
Pertica suspensis curuescit panda racemis,
Atque hic lunata viridantes fronte Corymbos,
Qui gestit crinali hedera redimitus Iacchus
Errabunda regens thyrso vestigia molli
Prostratus lento recubat, cubitoque leuatus
Nectareos vini succos bibit ore madenti.
Huic semper risus, huic semper fistula cordi,
Semper amor, plenisque illi vindemia labris
Spumat & expandit vacanti guttore fauces,
Turpiaque ex imo ducit suspiria ventre,
Accelerat tardo vectus Sylenus asello,
Maturosque metens multa de vite racemos
Colligit imbutos diuino nectare fructus,
Et cista lectos aut rasilibus calathiscis.
Quin etiam incuruos rumpentia pondere ramos
Poma suo, ficumque affert, morumque, nucemque,

Addit

Addit se Baccho socium, non musten desunt
Musta cado, huic multas ori pater ingerit vuas
Bacchus, diutinumque instillat in ora liquorem;
Ora hic suspensum resupinus in ebria botrum
Comprimit, & Bacchi irriguos irrorat hiatus:
Ille bibit curua pronus manu, & alter ab ipso
Musta cado sugit, crepitanti exhausta labello.
Hic quà limpidulus fluitat per gramina riuus
Celsa, feras, Musas, qui lumine, cuspide, plectro,
Lustrat, persequitur, mulcet, Sol, Phœbus, Apollo;
Mnemosides mulcet calisque, ferisque relictis
Gaudet, & immixtus Musis moderatier, haud sit
Threicius quondam vates, qui saxa sonoro
Commouisse sono fertur testudinis vnquam
Cantauit, quis enim Phœbo contendere cantu
Ausit? & arguto contendere passer olori?
Hic etiam leuibus serientes germina plantis
Carmina dulcisona resonant alterna camœna,
Virgineoque istas carpentes pollice plantas
Sirpiculis lectas Nympharum calathisque reponunt:
Deinde istos gracili sociantes pollice flores
Conficiunt virides vario de flore corollas:
Mox mixta Nymphis saltant per gramina Musa,
Musa quibus isto summa est in monte potestas,
Musa Aganippaa spes & tutela Poetis.
Vidit me ex alto cernentem hac omnia colle
Vrania, extemplo reliquas vocat illa sorores:
Accurrunt roseis figentesque oscula labellis
Tempora multiplici exornant pudibunda corolla:
Isthac Phœbea pracingit tempora lauro,
Isthac sirpiculo plantarum tollit honores,
Meque his inspergit, perfundit & a tera rore
Membra Aganippao, Phœboque volente facultas
Cantandi concessa mihi, reliquaque prehensis
Allectant manibus, plectroque sonante choreas
Dum plaudunt socium me addunt, nec carmina cessant
Cantare alternis, & sydera voce ferire,
Nec vario cessant cantu tinnire volucres,
Tentantes tenui Musas superare susurro:
Non strix infaustos meditatur gutture cantus,
Haud vlulant vlula, non tristi carmine bubo
Bubulat, haud coruus crocitat conuicia Pica

Non iaciunt, tenebris nec noctua cucubat atris,
Graculus haud frigulat, non Vespertilio stridet.
Inde procul milus, accipitres, Aquilaque rapaces,
Pradonesque omnes Volucrum procul inde phalanges:
Non alia iactat Volucris plus se Vnica terra,
Verum istis auium gaudet traducere in oris,
Illic antiquas memorat Philomela querelas,
Tantillo innumeras mittens de gutture Voces,
Zinzizulat notis Progne signata cruentis.
Et mihi, Vel fallor, suspensam personat aurem
Matutinali resonans Acredula cantu,
Hinc trutilat turdus, frustratus compare turtur
Hinc gemit, & Paphia resonat tutela palumbes:
Illinc torquatt, sturnusque hinc pisitat inde
Grus ruit, & longo officiosa Ciconia rostro
Gloterat hic perdix, admirandaque Mamuca,
Hic Pelicanus adest, Vario pictusque colore
Psitacus omnigenas imitatur gutture Voces,
Inde susurrat apis, repleto & floribu. ...
Cerea multifori replet fundamina tecti,
Hinc Olor in rippis modulatur funera canus,
Canus Olor Clario Volucris gratissima Phœbo,
Canus Olor doctis insignia grata Poetis
Illic dulcisonos interstrepit anser olores,
Lataque distenta trauat Viuaria planta,
Pauo hinc pupillas centumque ornatus ocellis
In gyrum expandit scutulatas Vndique pennas:
Illinc limpiduli pennas in margine fontis
Pandunt Alcyones Phœbea ad lumina mœsta.

Quidnam concelebrem Volucres quas barbara tellus
Educat, & nomen queis indidit Affrica, quasque
Ne quicquam heroo fas est includere Versu,
Quotquot enim astriferi Volucres per concaua cæli
Templa Volant, alisque secant librantibus auras,
Hoc allecta horto, sedes liquere paternas.
Ecce autem choreas in gyrum dum Voluitur, ecce
Ante oculos medio turris sita monte colossum
Ingentem, & superans sublimi Vertice nubes,
Aurea fastosum qua tollit ad astra cacumen
Visa mihi, & rutilo perstrinxit lumina ab auro,
Aurea nam duris solidantur mœnia massis,
Mœnia qua Aetneum manibus fabricata cyclopum

Fulge-

Fulgescunt nullum Steropes Brontesque labore,
Nec tanto construxit opus sudore Pyracmon,
Mulciber innumeras calauerat ipse figuras,
Fulgurat innumeris & calatura lapillis,
Et licet huic densi texant Vmbracula rami,
Illa tamen proprio splendens fulgore coruscat;
Porticus in medio stat Valuis ampla reclusis,
Cuius multa orbem incuruum testudinat auro
Gemma micans, paribus suffulta Vtrinque columnis,
Cuius gemmati exornant asarota lapilli,
Calatum supraque altè laquearia multum
Fulget ebur, namque hoc trabibus solidatur eburneis
Culmen, si qua latent nonne hac meliora? sua ergo
Omnia conticeat domitrix miracula Roma,
Fana, triumphi, arcus therma, monumenta, columna.
Hypodromi, moles, circi, amphiteatra, colossi,
Porta, Pyramides, horti, pratoria, Villa,
Atque theatralis cedant spectacula pompas
Turris Romanis prastantior illa colossis
Turris Romanis insignior illa columnis,
Hic longaua Themis sua quondam oracla potenti,
Fatidicasque Viris fertur dictasse loquelas.
Ecce autem celsa supra Vestigia turris
Hac mihi Visa Dea est, fertur qua Vertice summi
Exilijsse armata Iouis, non qualis in arma
Dum ruit & cunctas terret furibunda cohortes:
Non hic Gorgoneis est formidata colubris,
Nec tristis apparet quàm formidabilis alta,
Nec librat firmo ferratum hastile lacerto:
Ast iterum Veneri prastanti munere forma,
Iudicio Paridis sprèto contendere gaudet:
Olli casaries Varium sinuatur in orbem
Luxurians, qua multiplici discrimine in Vndas
Deffluit, Vndantes Volitant per colla capilli,
Contorti quimille modis nodisque ligati,
Humanos flaua astringunt religamine sensus:
Hinc subeunt plana nitidissima marmora frontis,
Deinde supercilia apparent curuata nigellis
Arcubus, Idalius librat queis tela Cupido,
Qua testudineo conseruant lumina circlo;
Casij & hinc oculi subeunt, qui lene micantes.
Cuncta cupidineis incendunt pectora flammis,

Dum

Dein gemina similes coclearum anfractibus aureis,
Apparentque gena Genij, ingenijque gehenna,
Purpureas proprio superant qua murice conchas,
Atque ebur, haud etenim baculus sic fulget eburneus,
Lydia Sarrano mulier quem infecerit ostro.
In medio situs est nasus quem mille diserti
Pingere Nasones nequeant, qua pectoris astum
Spiramenta agitans feruentem parte repellit.
In labijs labor, labor est qua pangere summus;
Namque corallinos natiuo murice ramos
Vincunt; dein niuei subeunt gemino ordine dentes,
Quos inter medium teneros quod roscida mella
Gignent, aerium alternis exhalat odorem:
Dein niueum rare mentum pulcherrima vultus
Meta subit, fulsitque caput mage candida Cygno,
Marmore candidior gelido, niue, lacte, ligustris,
Digna columna colo, collum plus parte lacerti
Nudati media apparent, roseique tenellis
Manant ex manibus digiti. Thytonia coniux
Queis iure inuideat: memorarem pectora, mammas
Lacteolas, globulos niueos, teretesque papillas,
Obstat luminibus verum ferullula nostris:
Ista relucantes cohibent inimica papillas,
Et dedignantes latebroso carcere claudi.
At tu nonne oculis istas reserare mamillas
Fibula vis nostris? tandem ipsa patere iubebit,
Et tunc multiplici fibullula sorde tegeris
Quam vellè tamen! haud etenim nos cernere posse
Improba noscebas totam; quid pagmata palla
Filaque mentitis sese ostentantia rebus
Commemorem? quidquid caloque, soloque, saloque
Cernitur in toto, visa hac sas cernere palla:
Quanam etenim ingenio ducendi fila Minerua
Fœmina contendet quanam ve operosior illa est
Seu sit opus celeri deducere pollice lanam,
Seu vario nudas calamine pingere telas,

Hanc parte ex vna metuenda leonibus alis,
Ales belligera multum dilecta Mineruæ,
Aletque Phœbum citat applaudentibus alis
Astat & apparet crista spectabilis alta,
Et bella incurui meditatur forcipe rostri,
Cuncta oculis lustrat rauis, atque ampla colore

Exruit-

Ex rutilo splendet galea, & late explicat aures:
Picta micat vario ceruix splendore, corusca
Dimanant ceruice iubæ, perque ardua colla,
Perque armos pictos pennarum ostentat honores.
Et validum pectus curuos sublimis in vngues
Ille ipse erigitur, calcaribus ardua acutis,
Hirtaque crura mouet pinnis, nimiumque tumescens
Tollit falcata curuata volumina cauda.
At parte ex alta similes seu noctua plumas
Aurita Otis habens astat, pergrata Mineruæ.
Lucifuga totam referat quod imagine formam,
Nubilaque excelso superet cum vertice turris,
Nubila cælesti gaudet nigrantia planta
Calcare, atque animas ventorum eludere inanes.
Non mihi si toto impleuisset Apolline mentem,
Et mihi quot fama totidem Deus ora dedisset,
Vltima persequerer rupis præconia tanta:
Nam totis quæcumque insunt pulcherrima terris,
Cuncta hic hortus habet, cuius fert omnia tellus.
Felix ergo animi superisque simillimus ille,
Qui tam diuinis æuum traducit in oris,
Quique dies sinit ire suos annosque labentes,
Tranant tranquilla taciturna silentia vita.
Non hic mentito splendescit gloria fuco,
Vanaque fastosi delectant gaudia luxus.
Si non gemmatis huic sunt suffulta columnis
Atria, nec Tyrio incedit velatus amictu,
Nec gemmis bibit, aut fulgenti dormitat ostro:
Si non sub tenera lanugine bombicis aurum
Fulgurat, aut illi ingenioso trita Myroni
Pocula non varijs fulgent ornata lapillis,
Vasta salutantum multas vomitantia turbas
Limina sceptrigerum, auratas si despicit aulas:
At tranquilla quies illi est, at nescia falli
Vita opibus plena omnigenis, mox prata pererrat,
Moxque nemus gelidum colles, saltusque virentes,
Vel mox scrutatur syluas, hunc frigida Tempe
Non fugiunt, patulæ dulcesque sub arbore somni.
Non huic antra absunt viridi constrata tapete:
Mox cubat in viridi resupinus cespite membra.
Mox cubat in ripa riui vel fontis, vbi vnda
Pumice multicauo exiliens, cum murmure sese

Immit-

Immittit secuo, placidum per membra soporem
Diffundens gracilesque immittens murmure somnos
Rauci sonum bibulis dum inserpit murmur arenis:
Mox auido dias decerpit pollice fruges:
Non illi inuidia stimulus penetralia & auri
Caca fames rodit, nec deffosso accubat auro:
Vnica non vitij illius labecula pectus
Contaminat, sed calcat opes, & ridet inanes
Spes hominum, & vanos illorum temnit honores,
Insanumque forum, formidandumque tribunal,
Securus cuinam sceptro irritata minentur
Sydera & horrendi coma formidanda cometa.
Rure agit in lato mox carmen Apolline dignum,
Multifora aut tenuis modulatur arundine versus,
Quem graciles videas circum tinnire volucres.
Hanc nobis superi vitam concedite, sicque
Nobis delicias sic blandimenta, benignas
Sic date semper opes, numquam nunquam ista petemus,
Nobis multiplici veniant vt regna corona
Fas mihi sit vestris in montes penetralibus auum
Ducere tranquillos non turbent classica somnos,
Non ego Bellona aut furibundo victima Marti
Sum, mihi namque alius nascenti assulsit Apollo:
Sat patria nostrisque siet, tantilla Camena
Si sit fama mea, aut olim quadam vmbra CAMVSI.
Non postliminio contendam velle reuerti:
Hi terras, alijque fretis freta fracta carinis
Sollicitent, auris pandentes vela secundis,
Illum corripiat populorum applausus hiantem,
Hi sibi Marte parent regna, hi sibi Pallade famam,
Diuitias alij cumulent, hi lumina linquant,
Atque lares alios alio sub Apolline quarant:
Hac me rura tenent, cohibent vmbracula sylua,
Et rauco vitrei alliciunt me murmure fontes.
Este procul vana mortalia numina pompa,
Este procul Regum diademata candida, non me
Tantum polliciunt aurata palatia, quantum
Delectat tenui casa frondea fulta tigillo,
Me meus hortus habet, dictent mihi carmina Musa,
Me Phœbus calamos cera connectere plures,
Et tenui doceat modulari carmen auena:
Dein Phœbais meditari carmina in antris

Fas sit

Vas sit, Apollinea quæ sint accepta corona,
Quæ mea septena moduletur fistula canna,
Fistula quæ septem variis compacta cicutis,
Vno septenas mittit sufflamine voces,
Atque mihi Phœbi, altas venatibus aptos
Ostendat præclara soror, rudibusque sagittis
Me doceat latrantes feras agitare Molosso:
Ostendat lucos gaudens Feronia lucis,
Syluanus syluas, me Pan per culmina ducet,
Me doceat Pallas: sic ducam leniter æuum,
Donec longa mihi scindantur stamina fusi:
Sunt luci, fontes, riui, plantaria, saltus,
Sunt prata, antra, lacus, colles, vinaria, sylua,
Sunt fruges, campi, volucres, miracula mundi.
Est turris cuncta exuperans, sunt quotquot in orbe
Cernuntur flores, suntque hic, res maxima, diui:
Anne iterare paras tanti miracula montis?
Lingua sile, ast eadem bis tantum dicta, Camœna
Sint quamuis faciles, obtundunt iudicis aurem.
Has dum sollicito versarem pectore curas
Imposuit latis finem mea musa choreis.
Finierant, roseis tunc oscula blanda labellis,
Oscula nectareos figens superantia succos,
Amplexuque dato, roseo sic ore locuta est.
Iste (vides?) plantas qui fœcundissimus hortus
Parturit omnigenas, quo non iucundior alter,
Ad quem difficilis sinuosaque semita ducit,
Ille refert artes docta munimina mentis,
Queis bene mortales degunt ditesque putantur.
Huc non longi homines, nec qui patrimonia sorbent
Vncta huc ascendunt, nec qui langore soluti
Desidia, hunc stulti refouent torpore maligno.
Ast vnquam illorum quisnam peruenit ad artes:
Ista (vides?) medio turris quæ apparet in horto,
Constanti est similis, cautique simillima duræ.
Nam velut immenso quæ surgit ab æquore rupes,
Per cuius Nerei Aeolias caput excipit iras,
Quæ maris & venti rabiem, quæ fulmina duri
Multoties visa est vmbone elidere saxi,
Flumine durescit magis exagitataque vento;
Sic ista in nostro turris quæ cernitur horto,
Aeoliis pulsata animis, præstat tamen istos

Consumens immota deos, nulloque mouetur
Ventorum impulsu, & circumobsita nubibus atris
Dissipat has, ventique rabiem retundit inanem,
Quin durata magis vento tenebrisque fugatis
Purius aduerso reflectit Apolline lumen.
Hic similis constans, quem non tetrica vlla furentis
Tempestas mouet inuidiæ, nec turbat atrocis
Æstus barbariei, nec cuius nubila mentem
Diuiduum inuoluunt, ventoso stulta flabello
Gloria, nec vanis à recto dimouet alis;
Quin potius mage virtutes amplectitur, atque
Firmius impressis ponit vestigia plantis.
Pectore munito Pallasque scientia rerum
Conclusum est, vigilemque refert cristata volucris,
Attentumque aurita Otis, dein nubila, venti,
Inuidiæ, ambages ventosaque flamina signant.
Hæc igitur mentis meliori in sede reponens
Attende, auditumque mihi præbeto vacuum:
Rore Aganipeo si te mouet ora rigare,
Aut ipsos latices crepitanti haurire labello,
Artibus excollere ingenium, totaque potiri
Pallade, quo quidnam fælicius? hoc age, constans,
Sis vigil, attentus: nam turres, Gallus, & Otis
Hæc tibi præcipiunt; tetrica sit flamina spernes
Inuidiæ, atque eius calcabis nubila plantis.
Dixerat, excutior somno, iamque aurea currum
Extulerat thalamo Thithoni Aurora relicto,
Et nox puniceo Cælum velamine fuscans
Merserat occiduo furuas in gurgite bigas,
Phosphorus ex expulerat stellas, cum Phœbus Apollo
Extulit Eois se matutinus ab vndis.

FINIS.

Desdain de la Terre.

A MONSIEVR LE REVERENDISSIME PIERRE DE VILLARS, *Archeuesque & Conte de Vienne, Primat des Primats des Gaules.*

CHAP. III

MONSIEVR,

Poussant au iour ce Desdain de la terre, à qui eusse-ie peu mieux l'addresser qu'à vous, aux pieds duquel ie voy deux mitres & deux crosses autât dignement maniees, qu'honorablement delaissees? Si ie voulois repasser par les celebres & esclattantes actions de vostre vie, qui ont rendu vostre nom illustre & celebre à toute l'Europe, & qui vous rendront signalement immortel en la memoire de la posterité : ce seroit contrepointer & mon subiet, & vostre mespris du siecle, des biens duquel, comme toute ame genereuse ne fait point d'estat, ma plume n'en tient aucune ligne de conte : mais en la consideration des interieurs & purement vostres, la vertu, la pieté, la doctrine, comme ie ne peux empescher mon esprit qu'il ne s'emporte à l'admiration, à peine pourrois-ie retenir ma plume, si vostre commandement ne luy imposoit le frein du silence.

Nam Veræ Voces tum primum pectore ab imo
Exoriuntur, & eripitur persona, manet res.

Mais comment se taire de ces merites que tout le monde entonne! serois-ie seul muet? Vn mot pour le moins auec vostre licence: Vostre vertu a esté recognuë mesme des ennemys de l'Eglise, *Et inimici sunt iudices.* Vostre pieté admiree par les Catholiques, & vostre doctrine enseignant diuinement ceux cy, a puissamment refuté ceux-là. Vous pardonnerés bien ces trois lignes, lesquelles par leur laconisme retressissent plustot qu'elles n'estendent vos merites : il est vray que les choses grandes se soustiennent de leur propre poids, & les belles paroissent assez sans fard.

Ornare res ipsa negat, contenta doceri.

Et ceste briefueté me parera du soupçon de flatterie, de quoy ie suis en cecy autant esloigné, que proche de la verité: ioint que, *Oratio mea tantum abest à mendacio, quantum abest à necessitate.* C'est la viue image de la vertu que i'honore & respecte en vous : vous comme le plus ancien & Doyen, aussi le miroir de tous les Prelats de la France : vous des premiers en tous sens, & de merite comme de dignité, Primat des Primats des Gaules. Si vostre S.R. approuue cet opuscule, il dédaignera toute censure, & seruira d'vn tesmoignage public du treshumble seruice que ie vous ay voué.

a Coloss. 1. *SI a consurrexistis cum Christo, quæ sursum sunt quærite, vbi Christus est in dextera Dei sedens, quæ sursum sunt sapite, non quæ super terram.* Si vous estes ressuscitez auec Iesus Christ, cherchez les choses d'en-hault, maintenant qu'il est à la dextre de son Pere : ne vous amusez plus à la lie des choses basses & transitoires, mais pointez tous vos eslancemens au Ciel : C'est la belle exhortation de l'Apostre aux Colossenses, par laquelle il tasche de releuer leurs esprits de la bourbe de la terre, pour les faire aspirer aux choses diuines. C'est le choc antipatique de ces contrarietez du corps & de l'ame, de la terre & du ciel, des choses mortelles & immortelles, hautes & basses, transitoires & perdurables, terrestres & celestes, qui seruira de matiere au discours suyuant que ie commence.

A vray dire c'est vn prodigieux animal que l'homme, c'est le plan racourcy de toutes les choses creées, & l'appelloit le b Mercure Trismegiste vn grand miracle, *Magnum miraculum.* Sa fabrique, sa structure & composition est bigarree d'vne maniere estrange: il est paistry & composé de deux parties quasi diametralement opposees, c'est vn alliage de contrarietés.

b Asclep. c. 3

c Trimand. dial. 1.

Entre tous les animaux, disoit ce c mesme trois fois grand

grand Philosophe, il n'y a que celuy là double en sa nature, mortel quant au corps, immortel quant à l'ame. Certes si nous regardons & considerons son corps, nous ne verrons qu'vne masse de terre, vn receptacle de pourriture, vne fragilité grande & imparfaicte, qui n'a rien en ses fonctions qui ne soit commun aux autres animaux, voire peut-estre est il plus infirme & debile qu'aucun, & surmonté par iceux en l'excellence de tous les sens & organes: Nous ne verrons en ce bastiment materiel que changement, alteration, maladies, douleurs, imbecillitez, ordure, corruption: En fin nous ne verrons qu'vne victime qui doit infailliblement estre immolée à la mort, vn sac de pourriture & de vers, de terre retournant en terre & en poudre son premier principe & source originelle. Mais si penetrans au dedans nous venons à penser à son ame, qui ne sera saisy d'estonnemēt en la consideration de ceste merueille? C'est vne substāce purement spirituelle, intellectuelle, prompte, souple, inuisible, impalpable, impassible, douée de tant de perfections admirables, de tant d'internes ressorts, qu'ils sont quasi incomprehensibles. En fin nous la considererons immortelle, & exempte de tout aneantissement.

Ie ne diray point que ceste derniere piece a esté appellée par quelque Philosophe vne parcelle de sa diuinité, comme par [a] Seneque apres le Trismegiste: ie ne veux pas entrer en ceste belle question de l'origine des ames tant bien maniée par nos Scolastiques: Certes aucūs ont estimé quasi tolerable de dire que c'estoit vne emanation, vne fluxion, vn souffle de Dieu, fondez sur ce mot du Genese, *Inspirauit Deus in Adam spiraculum vitæ.* Ie sçay bien que les Peres de l'Eglise en ont determiné, mais ie tends autre part.

[a] De vita beata c. 32.

L'Arnobe [b] escriuant contre les Gentils, a dit vn beau mot, *Quid sumus homines, nisi animæ corporibus clausæ:* Que sont les hommes, nous apprend cet excellent orateur Chrestien, que des ames enfermées & resserrées en des corps? Voila vne structure estrange, vn bastiment merueilleux.

[b] lib. 2.

——— [c] *Non corpora solum,*
Verum etiam volucres animæ sumus. ———

[c] Ouid. l. 15. Metam.

Voila l'vnion & le rapport de deux pieces non seulement diuerses, mais mesmes contraire en nature, iointes toutefois ensemble par vne cousture & enchaisneure ie ne sçay comment naturelle: *Ista duo dissimillima natura, connexione tamen naturali inter se iunguntur.* L'ame celeste enfermee dans vn corps terrestre, l'ame immaterielle & spirituelle close dans vn sac materiel, l'ame immortelle emprisonnee & cachee dans vne bouëte mortelle; l'ame en fin piece haute, releuee & non iamais assez prisee, mise dans le corps l'abiection & vilité mesme; vn diamant d'vn prix inestimable enchassé dans de la bouë, vne perle tres-pretieuse cachee dans vn meschant pot d'argille.

Il y a de tout cecy dix mille passages des autheurs anciens tant prophanes que sacrez, dont ie suis tout bouffy, tout gros: mais quoy! cet accessoire emporteroit mon but principal. Qui ne voit qu'à parler de l'homme, de sa fabricque, de son corps, de son ame, c'est vn abysme de discours sans bornes, sans riuage?

a l. 2. c. 13. Disons seulement auec [a] Lactance, nostre Ciceron Chrestien, que l'homme est composé de corps & d'ame, comme de la terre & du ciel, parce que l'ame vient du Ciel, creée de Dieu, le corps de la terre, de laquelle il est composé. Voicy les mots: *Constat homo ex anima & corpore, id est, quasi è cælo de terra: quandoquidem anima qua viuimus velut è cælo oritur à Deo, corpus è terra, cuius è limo formatum est.* Il n'y a celuy si grossier & ignorant, qui ne sçache ceste composition & diuision qui forme l'homme, sçauoir le corps & l'ame.

Ie ne m'arresteray point à ceste belle question, quel est le vray homme de ces deux pieces, il est decidé non seulement par la creance Chrestienne, mais mesmes par la Philosophie Ethnique, que c'est l'ame, partie superieure & plus excellente, non pas le corps partie inferieure, vile & perissable.

C'est vn lieu tant rebattu, & dont il y a tant de beaux traits chez les autheurs anciens, que ce corps n'est que comme l'estuy, le vestement, l'escorce, la prison, la boette de l'ame, i'en appelle le Mercure Trismegiste, le Platon, l'Aristote, le Socrate, le Diogene, l'Antonin, le Plutarque, le Seneque, le Ciceron, & mille autres à tesmoings.

Ie laisse vn monde de gentilles conceptions, qu'on pourroit former sur vn si fertil & planturеux subiect,

pour

pour venir au but que ie me suis proposé.

Ie ne desire sinon que ceste diuision de l'homme faicte en son corps & en son ame : Nous voyons de ces deux parties laquelle est la plus excellente, la premiere & qui doit auoir la preeminence, prerogatiue & superiorité sur l'autre ; mais ie n'iray pas bien loing pour auoir resolution de ceste demande ; ie ne voy pas vn des sages de quelques temps, de quelque condition qu'ils soient, anciens ou nouueaux, prophanes, ou sacrez ; mais ie ne croy pas qu'il y ait aucun homme au monde si stupide & despourueu d'entendement, qui ne sçache & ne m'aduoue que l'ame est sans doute & bien loing au delà de toute controuerse, la premiere, principale, plus noble, excellẽte, & digne partie, surmõtãt d'autãt le corps, que les choses immortelles surpassent les mortelles, les diuines les humaines, les spirituelles les corporelles, le ciel la terre, & par consequent que l'ame doit tenir le plus haut lieu, le frein, l'empire, la superiorité, le commandement, le regime, la maistrise sur le corps.

a Lactance excellemment, *Anima dominium corporis habet, corpus autem quia terrenum est, anima debet esse subiectum sicut terra cælo.* L'ame dit ce Philosophe, doit auoir le gouuernement du corps, & le corps parce qu'il est grossier & terrestre doit estre subiet à l'ame, comme la terre est soumise & inferieure au Ciel : Et cous[t] fort à propos cet autheur ce beau mot de Saluste, *Animi imperio, corporis seruitio magis vtimur.* L'ame commande, & le corps sert. a 2.c.18.

I'infere aussi de là ces consequences Chrestiennes, que si l'ame est plus excellente que le corps, nous deuons aussi auoir plus de soing d'elle, plus rechercher son bien, aspirer plus à son obiet, la cherir beaucoup plus que l'autre. Il n'y a aucũ de tous ceux qui se vantent de ce beau tiltre de Chrestiens, qui ne m'aduoue pour tres-vrayes ces propositions, qui ne sçache que l'homme est composé de corps & d'ame, celuy là mortel, caduc, vil, abiet, & tout ce qui le concerne : celle cy noble, diuine, celeste, excellente.

Combien helas! sçauent ces belles speculations, ceste saincte & salutaire doctrine : mais combien peu la mettent en practique ! c'est de ceste source que naissent tous les desordes & desreiglemens en la vie des hommes, de

N 4 ceste

ceste cauerne sortent tous les tintamarres, bourrasques, tempestes, orages des vices & dissolutions en la mer tumultueuse de ce monde, comme les vents impetueux des prisons de Æole.

Il est bien certain que pour establir vn bon ordre il faut que l'ame tienne la bride pour conduire le corps: mais la chair, ceste carcasse puante & grossiere se rebelle contre l'esprit, & veut combattre ceste superiorité, de là vne guerre continuelle.

Escoutez comme sainct Paul en parle: *Caro militat aduersus spiritum, & spiritus aduersus carnem*: & disoit de soy-mesme ce vaisseau d'election: *Sentio legem in mēbris meis repugnantem legi mentis meæ.* Et ne faut pas s'estonner de ce contraste, puisque ces deux choses accouplees ensemble sont si contraires en nature: Ce qui fait le bruit esclattant du tonnere, c'est le choc des qualitez contraires chaud & froid, qui roulent & combattent dans la nuee. Ce qui fait aussi tant de tintamare chez nous, c'est ceste contrepointe continuelle de l'esprit & de la chair, combat dont nous ne sçaurions nous dessaisir, parce qu'il est enclaué en nostre nature: c'est à l'aduenture comme l'entendoit Iob, quand il disoit la vie de l'homme estre vne assiduelle milice sur terre: *Vitam hominis esse militiam super terram.* Et nostre Seigneur, disant qu'il n'estoit pas venu donner la paix, mais publier la guerre; *Non veni pacem, &c.*

Tantost l'ame poussee d'vn brusque & vigoureux eslancement gourmande le corps, & le fait plier sous ses loix: tantost le corps renforcé contre ces attaintes la fait subir ses commandemens. En ce duel il nous faut finir nos iours.

Ie laisse à ce propos les antipathies des qualitez contraires qui composent ce bas monde, le discord, & accord d'Empedocle, & par consequent les contrepointes du Microcosme.

Voyons seulement guidez de la droite raison, la veuë de l'entendement nullement brouillee & offusquee des nuages & brouillards des passions & affections, quelle de ces deux pieces doit estre la maistresse, autrement si cela n'est reiglé, iamais il n'y aura cesse de debat, ny de paix asseuree.

Il conste par l'adueu general de tous les cerueaux mieux timbrez, que ce doit estre l'ame, la raison de cecy c'est la raison mesme. il est assez cognu que la piece qui fait essentiellement distinguer l'homme des autres animaux brutes, c'est la seule raison; laquelle le conduit & dirige auec ratiocination & discours, ce que la beste ne fait en ses operations que par son sens & instinct naturel: Doncques puisque l'ame a en depost ceste piece conductrice, il est bien conuenable qu'elle gouuerne le corps, lequel autrement comme les bestes ne sera regy que par les sentimens: mais à quel propos ces speculations? peut-on apporter des raisons sur la mesme raisõ? qu'a-on affaire de commentaires en vne chose si communement aduouée? est-il besoin de lanterne pour esclairer le Soleil?

Doncques l'ame doit commander, & le corps obeyr, doncques on doit auoir plus de soin d'elle & de tout ce qui luy appartient, que du corps & de ce qui le concerne. Mais las combien peu effectuent ceste belle proposition! mais combien au contraire la contrepointe! Certes il semble à veoir la pluspart des hommes qu'ils ayent iuré de reduire en esclauage leurs ames sous l'obeissance de leurs corps, au lieu que S. Paul nous presche le contraire & de paroles & d'effect. *Castigo*, dit-il, *corpus meum, & in seruitutem redigo*, sçauoir de chastier par diuerses macerations les rebellions du corps, & le rendre matté sous la libre seruitude de l'ame; qui fait le cõtraire renuerse-il pas tout ordre, toute police; fait-il pas le maistre vallet? cela s'appelle communement mettre le chariot deuant les cheuaux.

Se mocqueroit-on pas à bon droit d'vn caualier, qui se laisseroit conduire aux fougeuses caprices de son cheual, ayant les resnes & le caueçon en main pour le gourmander & le dompter? n'est-ce pas au cheual qui n'est qu'vne brute de suiure le veuil de l'escuyer, plustot qu'à celuy-cy de suiure les escapades de l'autre?

Pourquoy ne seront pas repris les pecheurs, qui aueugles & sensuels, laissent emporter leurs ames aux appetits de leurs corps, mettants à nonchaloir le puissant camorre & frein de la raison, auec quoy ils le peuuent ranger à son deuoir & empescher ses fougues, le rendre docile, pour le faire marcher droit en la lice de la vertu, plustost que de se fouruoyer vagabond dans le champ du vice. Quelle honte, quelle vergoigne de

rauallet

rauallet ainsi à la boüe & à la fange vne piece si noble & si excellente que l'ame: laquelle a bien des obiets plus releuez que la terre; *Quæ conuentio lucis ad tenebras*, quel accord de la lumiere auec les tenebres? quelle stupidité, quel aueuglement!

O cæcas hominum mentes, o pectora cæca!

Chacun sçait que le corps est inferieur en tout sens à l'ame, que c'est vne carcasse mourante, indigne qu'on en aye soing, qu'il est vile, bas, abiect, perissable, mortel: que tout ce qui le concerne n'est que boüe & terre: chacun sçait que l'ame est ceste seule chere partie que nous deuons soigner, estant la piece essentielle de nostre nature, qu'elle est noble, excellente, celeste, ayant des obiets tous diuins: Pourquoy donc les mortels cherissent-ils tant leurs corps, negligeans leurs ames? Pourquoy contrepointans toute nature & toute raison, vont-ils asseruissans leurs esprits aux brutes passions du corps?

Toutes choses, comme les Philosophes nous apprennent, ont des obiets proportionnez à leurs qualitez, il est sans doute que le corps, qui par ses sens ne conçoit que des choses sensibles, ne respire aussi que des choses caduques, mortelles, perissables, & qui conuiennent à sa nature: l'ame au rebours, spirituelle, immortelle, ne peut auoir d'autres obiets que ceux qui se rapportent à ces siennes qualitez.

Ceste mesme Philosophie nous enseigne que toutes choses d'vn appetit, qu'ils appellent naturel, tendent tousiours à leur centre, & n'ont iamais de cesse ny de repos qu'elles n'y soient paruenuës; c'est pourquoy il ne se faut pas estonner si ce corps venu de la terre, paistry de la terre, ne respire aussi & ne tend qu'à la terre: il est incapable de conceuoir autre chose! *Qui de terra est de terra loquitur*; C'est cet homme exterieur que nous traînons ça bas, qui n'a autre but que les choses exterieures, bornees, finies, limitees, en vn mot mortelles, *Primus homo de terra terrenus: secundus homo de cælo cælestis*: Mais cet autre interieur, ceste ame, ceste entelechie, qui nous viuifie, comme elle est toute celeste, aussi n'a elle point d'autre centre que les choses diuines & immortelles, le ciel est son cētre cōme la terre au corps: C'est pourquoy tousiours elle y tend, & n'a point de repos icy bas; tout ce qui est terrestre & sublunaire n'est pas capable non de l'assouuir, mais seulement de l'arrester, toutes les choses materielles sont disproportionnees à sa grandeur, & dissemblables à sa nature.

C'est pourquoy il ne se faut pas estonner si les mondains, qui veulent rauuler ceste pointe de leurs ames à des obiets corporels & sensibles, sont incessamment inquietez : iamais ambitieux ne fut content, non pas de la possession de tout le monde : L'exemple n'en est que trop familier en Alexandre,

Vnus Pelaeo iuueni non sufficit orbis.

Tout l'or du monde n'est pas bastant d'assouuir l'insatiable conuoitise d'vn auaricieux: Pourquoy ? parce que l'ame est disloquee de sa droite assiette, & tiree hors de son centre; ces obiets ne sont pas de sa nature, elle ne s'y peut arrester.

Se mocqueroit-on pas d'vn homme qui voudroit nourrir & sustenter son corps d'alimens spirituels ? seroit-il pas reputé fol, & dépourueu de sens commun? & pourquoy ne se tira-on point de la toute semblable folie de la pluspart des hommes, qui à contrepoil veulent entretenir leurs ames de viandes corporelles, qui pensent les contenter & saouler de richesses, de possessions, de voluptez? c'est comme qui donneroit à vn corps des ratiocinations & contemplations à manger; il est sans doute que tous les discours du monde ne sçauroient rassasier vn corps affamé : Hé! qui ne voit à contrepoil que toutes les choses corporelles, voire toute la machine de l'vniuers ne sçauroit rassasier vne ame affamée de viandes spirituelles & diuines, son vnique nourriture, & conuenable à sa substance?

Mais ie reuiens à cet appetit inné des Philosophes. Nous voyons icy bas és choses sensibles, que la terre pour sa pesanteur & grauité tend en bas, & que le feu pour sa viuacité pointe tousiours en haut, chacun cherchant tousiours le lieu de son repos; ainsi le corps masse terrestre est tousiours questant & recherchant la terre, mais l'ame comme le feu pointe tousiours en haut, nonobstant tous obstacles; c'est là qu'est son centre.

a *Cedit enim retro de terra quod fuit ante*
In terras, & quod missum est ex atheris oris,
Id rursum cæli stellantia templa receptant.

a *Lucret.*

Ceste sienne qualité ayant esté remarquee par quelques philosophes Payens, aucuns ont pensé que c'estoit

vn feu,

vn feu, comme Empedocles, Protagoras & plusieurs autres rapportez par a Plutarque.

a *Es opusc. des Philosophes.*

Igneus est ollis vigor & calestis origo

Ce que les Poetes ont caché sous l'escorce de ce feu, que Promethee ayant rauy du ciel, ils en feignent auoir viuifié son image, parce qu'ils recognoissoient sensiblement, que nos ames dédaignantes la matiere, aspiroient & pointoient plus haut à des obiets diuins & releuez.

N'auez vous iamais pris garde à vn flambeau ? ceste flâme luisante qui brille à la pointe se nourrit bien de la mesche & de la cire, mais côme par desdain vous la voyez tousiours ietter de petits eslancemens en haut, & semble que ce feu, s'il n'estoit nourry de ceste matiere visqueuse, & comme retenu par force, deut s'enuoller en haut pardelà la sphere de l'air chercher le feu elementaire, son centre & lieu naturel : si vous renuersez le flambeau, ce feu se relance contremont, & ne peut tendre à bas, il mourra plustot, & s'esteindra, suffoqué de ceste liqueur fondue en abondance, que de se rebrousser en bas, & démentir en rien qui soit sa nature.

Les ames des spirituels sont comme des flambeaux droits en legitime assiete, & sont ainsi appellez en tout plein d'endroits de l'Escriture. *Vos estis lux mundi*, disoit Iesus Christ à ses Apostres : & encores, *Sic luceat lux vestra coram hominibus. Iustorum semita quasi lux splendens.* Ces ames belles & genereuses informent bien les corps, sont bien attachees à la matiere, mais c'est negligemment & comme par desdain, le corps est au dessous, mais leur pointe comme vne viue flamme tend tousiours, non pas soubs le conclaue de la Lune, mais pardelà tous les cieux, leur vray centre, leur vraye originelle patrie : les mondains au rebours sont comme des flambeaux renuersez, ils mettent le corps au dessus de l'ame, ils la chargent de suyf, la suffoquent de matiere de richesses, de possessions, de voluptez, de plaisirs, pour tascher à la raualler à bas, mais point de nouuelles, ceste ame fond toute ceste matiere, remonte tousiours contremont, rebrousse contre ces obstacles, iusques à ce que noyee, offusquee, surchargee, accrauantee de pensers terrestres, en fin elle s'esteint, se suffo-

suffoque, se meurt, ce sont les ames abruties, aueuglees, insensibles, enfoncees, & embourbees en la terre, des voluptueux, ambitieux, auaricieux, gens abandonnez a leurs concupiscences brutales, & qui ont assoupy toute la vigeur & genereuse pointe de leurs ames, desquelles apres ne sort que puanteur & infection, comme la noire fumee d'vn flambeau, dont la claire & brillante flamme est esteinte.

Vous souuient-il point de cest emblême si commun d'vn enfant, lequel ayant vn bras aislé qui le tire, & l'esleue en haut, est retenu en terre par son autre bras, auquel est attachee vne grosse & massiue pierre?

a *Dextera tenet lapidem, manus altera sustinet alas,* a *Alciat. embl.*

Vt me pluma leuat, sic graue mergit onus.

N'est ce pas la vraye & naïue peinture du corps & de l'ame? celle là prompte, viue & aislee, comme nous tesmoiguent les lettres sainctes, *Quis dabit mihi pennas sicut columbæ, & volabo, & requiescam*, disoit Dauid parlant des transports de son ame: & ce mot d'eslancs & eslancements si affecté aux pointes de l'ame, n'a il pas quelque rapport auec les aisles? *Assument pennas sicut Aquila, & volabunt & non deficient*, est-il dict des ames des iustes en l'Apocalypse: & ce qu'on nous represente en l'Eglise les Anges & esprits bien-heureux auec des aisles, n'est ce pas vn symbole de la viuacité & promptitude de l'ame? & s'il faut mesler les choses prophanes auec les sacrees, chez les Ægyptiens le hyeroglife de l'ame où l'esprit estoit vne aisle. Disons donc que par le bras aislé de cest enfant dans l'emblême est representée l'ame, laquelle nous guinde tousiours à des speculations celestes & diuines; mais la masse pesante du corps, charongne lourde & grossiere comme vne pierre massiue pendue à cet autre bras l'empesche de s'esleuer d'auantage, la raualant aux affections de la terre: *Filij hominum vsquequo graui corde? vt quid, &c.*

Certes quand l'ame poussee d'vn eslancement vigoureux veut faire vn effort d'aisle, il est sans doute qu'elle enlele enleue le corps auec elle, ou se destache en quelque sens de la matiere. On dit de quelques Saincts personnages notamment de sainct Francois, que l'esprit tendu & occupé à de hautes contemplations son corps estoit quelques fois sousleué de terre; Voila l'aisle qui guinde la pierre en haut.

Et sainct Paul discourant de son rauissement, ne sçait, ou si son ame a entrainé son corps quand & soy au troisiesme ciel, ou si elle y est allé seule destachee de ces mortelles entraues: c'est icy vne grande question des extasses & rauissemens, *An in corpore, an extra corpus*: mais ie la laisse.

Il est dit peut-estre de ces transports d'esprit, ausquels sont esleuees souuent les ames contemplatiues & solitaires, que les hommes en cet estat s'esleuent par dessus leur portee: *Sedebit solitarius, & tacebit, & eleuabit se supra se.*

Dauid entendoit aussi parler de ces esleuations de l'ame pardessus le corps frequentes aux speculatifs, quand il parle des montees de son cœur en la contemplation des tabernacles de Dieu ou de l'eternelle felicité, *Ascensiones in corde suo disposuit.*

a Senec. praefat. l. 1 quaest. nat.

a Vn ancien disoit fort à mon gré & fort à ce propos, *O quam contempta res est homo, nisi supra humana se erexerit.* O que c'est vn animal vil & abiect que l'homme, s'il ne s'esleue pardessus les choses terrestres & sublunaires, si son ame ne s'eslance pardessus son corps, s'il demeure attaché aux choses corporelles & terrestres, & que son ame soit tout enfoncee dans la bourbe de la matiere, sans passer les bornes des sens: en quoy, ie vous prie, differe-il de la beste? mais n'est il pas plus bas qu'icelle, leur cedant le dessus en l'excellence de toutes les fonctions corporelles? de sorte que s'il n'agit & ne se sert de son ame, on peut iustement dire qu'il est le plus vil & abiect de tous les animaux.

Les Poetes content qu'Hercules combattant contre Antee, ce géant fils de la terre, il n'en peut iamais venir au bout tant qu'il toucha la terre: au contraire estant renuersé, il reprenoit plus de force de l'attouchemẽt de sa mere: il s'aduisa de le saisir au corps, & de l'esleuer en l'air, ce qu'ayans fait il l'estouffa aysement, l'estreignant entre ses bras, ce geant ayant perdu toute sa force hors de terde terre. Nostre ame, comme nous disions tantost, a icy bas vn grande guerre à faire contre le corps ce fils de la terre, *Caro militat aduersus spiritum & spiritus aduersus carnem*: si nous le laissons toucher a la terre, c'est à dire, si nous le mignardons, luy laissons prendre ses voluptez, ses esbats, ses gourmandises, ses lubricitez, ses auarices, il est sans doute que par les attouchemens de la terre, il reprend de nouuelles forces, voire deuient si vigoureux & robuste, qu'il fait bien souuent perdre les escrimes a l'ame, & courre risque de sa victoire: mais le vray moyen de le vaincre, c'est de l'esleuer en haut, luy faire tourner les yeux vers la celeste patrie, l'estreindre au reste, le serrer, c'est à dire restraindre ses appetits sensuels, luy restrancher ces aises, gourmander sa gourmandise auec l'abstinence, sa chair par mortifications, son auarice par ausmosnes, son ambition par prieres, & ainsi selon le conseil de sainct Paul le reduire en seruitude.

La balance est composée de deux bassinets, desquels si vous abbaissez l'vn & le chargez, l'autre se hausse: si nous mattons aussi & mortifions nostre corps, nostre ame qui est l'autre bassinet leger s'esleuera d'auantage. Mais pour faire prendre à l'ame vne victoire plus glorieuse sur le corps, le surmontant de ses propres armes, faisons comme Dauid à Goliath, & Iudith à Holopherne.

Dauid vn petit bergerot n'ayant pour toutes armes qu'vne fonde pastorale, attaqua resolument auec la confiance qu'il auoit en Dieu, cet arrogant Philistin, ce geant orgueilleux brauant insolemment les Israelites, luy donne d'vne pierre dans le front, le renuerse, terrassé il luy couppa la teste de son propre cimeterre.

Nostre ame est ce petit Dauid simple, foible & sans aucune force apparente, au contraire elle semble estre totalement en la puissance du corps, estant reserree & emprisonnee dedans, comme il sembloit que ce geant allast d'vn tour de main tordre le col à Dauid: mais si auec l'assistance diuine & la fonde de la raison qu'elle a en main, elle vient à deslacher sur le corps le caillou de la cognoissance, & pensee de la fragilité, bassesse & deneantise de ce sien superbe & arrogant compagnon & aduersaire, sans doute de ce seul coup elle le porte

par

par terre, puis se saisissant du prope cousteau de son ennemy, qui est la pensee de la mort, laquelle pend sans cesse à son costé, elle le surmontera sans doute, & se rendra victorieuse.

Ceste saincte vefue de Bethulie voyant sa ville assiegee par ce cruel tyran le Lieutenant de Nabucadnezar, qui menaçoit de destruire le temple, & de mettre tout le peuple de Dieu à feu & à sang, armee de l'assistance diuine, entre dans la tente de ce barbare, lequel saisi de sa beauté desiderant effectuer sa salle concupiscence auec elle, apres s'estre bien gorgé de vin & de viandes, ceste chaste Dame l'ayant pris, enfoncé dans le lict, saisi d'vn profond sõmeil, luy coupe la teste de son espee propre, qu'elle porte victorieuse en sa ville, où tout le peuple saisi de ioye & d'allegresse alla rendre graces à Dieu au temple pour sa deliurance.

Nostre corps c'est cet Holoferne cruel, lequel tient de toutes parts nostre ame bouclée & assiegée dans ses ramparts, il luy bouche tous les conduits des eaux, c'est à dire, par ses dissolutions il empesche qu'elle ne soit abbreuée des eaux de la grace de Dieu, de ceste fontaine de vie, elle toute morte de soif & presque reduite au poinct de sa reddition, mais en fin comme vne chaste Iudith, fauorisée de l'assistance du ciel, elle se resoult de mettre à mort cet Holopherne sanguinaire, qui la menace du feu & de la mort eternelle, si elle succõbe, si elle se rẽd à l'armée de ses appetits sẽsuels: que doit faire l'ame en ces alteres sinon saisir ce corps lors qu'il est noyé de vin, saisi d'yurongnerie, gorgé des voluptez, tenaillé & trauaillé d'auarice, considerer la bassesse & la vilité de ceste mortelle carcasse, & l'assassiner auec le glaiue trenchant de la penitence: le corps ainsi terrassé par l'esprit, quelle resioüissance pensons-nous qu'en meinent les enfans de Dieu, les esprits bien heureux en la celeste Bethulie! *Gaudent Angeli super vno peccatore pœnitentiam agente.*

Mais ce n'est pas le tout, il faut encores assassiner cet ennemy de nostre ame auec son propre glaiue, qui ne sera autre que la consideration mesme de sa stature. Certes il est assez manifeste que l'ame est plus digne que le corps, & partant qu'on doit auoir plus de soin d'elle que de celuy-là, qu'il n'est rien si vil que le corps, par lequel nous sommes comme les bestes, *Comparatus est iumentis insipientibus, & similis factus est illis,* mais que l'ame nous fait quasi semblables aux Anges, *Minuisti eum paulo minus ab Angelis,* qu'il n'est rien si vil que s'amuser apres le corps, abiecte partie, mortelle, caduque, fragile, perissable; rien si noble que les exercices de l'ame, toute belle, diuine, celeste, spirituelle, immortelle: toutes ces armes sont puissantes & fortes pour le guerroyer, en vn mot que l'esprit doit estre le maistre, & le corps serf.

Mais pour auoir vn prix plus signalé, vn trophee plus magnifique, il est bon de tirer de luy-mesme quelque traict pour le vaincre & conuaincre, & le contraindre à plier le col sous le ioug raisonnable de l'obeïssance de l'ame: Voicy vne consideration naïue tirée de sa propre structure, plusieurs Autheurs anciens s'en sont seruis, pour apprendre au corps à obeïr volontiers aux commandemens de l'ame, laquelle est si noble & excellente, & dont l'obiect est si diuin & releué.

On remarque que l'homme entre tous les animaux a esté formé d'vne stature & forme droite, les yeux esleuez en haut; les autres bestes les ayant au rebours tournez contre terre, il y a de beaux traits de cecy chez les Poëtes:

a *Pronaque cum spectent animalia cætera terram,* (a Ouid. 1. met.)
Os homini sublime dedit cælumque videre
Iussit, & erectos ad sydera tollere vultus.
Quid mentem traxisse polo, quid profuit altum
Erexisse caput. ——— disoit b Claudian. (b 3. de capt. Proserp.)

Le c Manile Poëte Astrologue, (c l. 4.)

——— *Proiecta iacent animalia cuncta*
In terra. ———
Omnibus vna quies venter sensusque per artus.

Mais l'homme, ——— *Stetit vnus in arce*
Erectus capitis, victorque ad sydera mittit
Sydereos oculos, propiusque adspectat Olympum,
Inquiritque Iouem, nec sola fronte Deorum
Contentus manet & cælum scrutatur in alto,
Cognatumque sequens corpus se quærit in astris.

d Boëce.

Quam variis terras animalia permeant figuris. (d 5. Metr. 5)
Nāq; alia extento sunt corpore puluremque verrunt,

Continuumque trahunt vi pectoris incitat a sulcum:
Sunt quibus alarum leuitas vaga verberantque ventos,
Et liquido longi spatia ætheris enatant volatu,
Hæc pressisse solo vestigia gressibusque gaudent,
Vel virides campos transmittere, vel subire syluas,
Quæ varijs videas licet omnia discrepare formis,
Prona tamen facies hebetes valet ingrauare sensus:
Vnica gens hominum celsum leuat altius cacumen,
Atque leuis recto stat corpore, despicitque terras:
Hæc nisi terrenus male desipis admonet figura,
Qui recto cælum vultu petis exerisque frontem,
In sublime feras animam quoque, ne grauata pessum
Inferior sidat mens corpore celsius leuato.

Mais pour ne me charger point tant de ces autheurs prophanes, il y a vn beau passage de cela mesmes dans sainct a Bernard en quelqu'vne de ses homelies: *Propterea Deus rectum fecit hominem etiam corpore, & os homini sublime dedit, cùm prona vtique spectent animalia cætera terram, vt attollens ad sydera vultus, illico suspiret vbi tam beatam & perennem conspicit mansionem: nonne enim piè & fideliter intuentibus nobis vehementissimum quoddam incentiuum amoris & prouocatio flagrantissimi desiderij est visio ipsa tam lucidissimæ mansionis? videmus patriam, sed à longè salutamus; odoramus illas delicias, non gustamus.* L'homme, dit ce bon Pere, a esté creé de Dieu d'vne stature & composition droite & releuee, le visage tourné vers le Ciel, tous les autres animaux ayans les yeux tournez & courbez cōtre terre d'vne forme & figure beaucoup plus abjecte: mais ceste structure n'a point esté donnee en vain à l'homme, mais afin qu'ayant sans cesse la veuë esleuee au Ciel, il souspirast, & aspirast continuellement à ceste biē-heureuse & inestimable demeure: qui est celuy qui en ceste consideration & en la contemplation de ces celestes voûtes n'est embrasé du sainct desir de iouyr des eternelles felicitez? Nous voyons bien nostre patrie, mais nous ne la saluons que de biē loin; nous flairons bien ces delices diuines, mais nous ne les goustons. Voyla ce que nous apprend sainct Bernard: surquoy ie formois ceste conception.

a *In festo S. Martini.*

Vn prisonnier resserré dās vne estroite prison, detenu par ses plus cruels ennemis, & qui ne demādent que sa mort, voyant par des treillis obscurs la beauté du monde,

monde, la douceur des campaignes, l'amenité des boys & richesse des vallees, la beauté des fontaines & ruisseaux, & de loin le sejour aggreable de sa chere patrie, de laquelle par force il a esté enleué, douteroit-on qu'vn poignant regret ne serrast le cœur à cet homme, & s'il n'estoit stupide & insensible, qu'il ne desirast eschapper de ce cachot, pour joüir de plein air des cõmoditez de son pays, & encores plus de sa chere & non iamais assez prisee liberté?

Toute la Philosophie ancienne, voire les docteurs Chrestiens ne nous apprennent autre chose, sinon que ce corps mortel & vil est la prison tenebreuse, où nostre ame est detenuë par force en cet exil miserable, qu'elle endure ça bas enleuee & priuee du sejour de sa patrie bien-heureuse qui est le Ciel : pensez si elle n'est totalement aueuglee & abrutie, que voyant par les treillis des yeux corporels la beauté de ces globes celestes & astres flamboyans qui contournent si fierement sur nos testes, & par les yeux de l'entendemẽt apperceuant bien au delà & plus loin les douceurs inimaginables de sa chere patrie, qui est le sejour des ames beatifiees, pensez dis-ie qu'elle ne souspire pas apres la dissolution de ceste prison tenebreuse, où elle est tourmentee par tant d'ennemis mortels, qui la trauaillent de toutes parts, & ne demandent que son eternelle mort. Sainct Paul en tant d'endroits, *Infœlix ego, &c. Cupio dissolui, &c.*

Icy vn beau lieu de Seneque en ses [a] Epistres à Lucillius: *Tunc animus noster habebit quod gratuletur, sibi cum emissus his tenebris in quibus volutatur, non tenui claua prospexerit, sed totum diem admiserit, & redditus cælo suo fuerit, cum receperit locum quem occupauit sorte nascendi; sursum vocant illum initia sua.* Nostre ame sera lors contente & satisfaite, quand sortie de ceste prison tenebreuse du corps, où elle est plõgee & enfõcee icy bas, elle aura ses fonctiõs frãches & libres, qu'elle ne sera empeschee d'aucun obstacle, & qu'elle sera de retour au lieu de son origine & vraye patrie, qui est le Ciel. Oyez la belle fin: *Sursum vocant illũ initia sua.* C'est là haut qu'elle est appellee à cause de son principe & extraction, où elle doit retourner, nõ pas icy bas, où elle n'est qu'en passãt, *per transitum*, comme parle cestuy mesmes nostre Seneque

[a] Ep 79.

 quel-

quelqu'autre part. N'est-ce pas la naifuement le, *Quæ sursum sunt quærite, non quæ super terram*, de nostre Apostre, surquoy est fondé ce discours.

Oyez encores la suitte de ceste pointe de Seneque, *Erit autem illic*, c'est à dire, *sursum, etiam antequàm hac custodia exsoluatur, cùm vitia disiecerit, purusque ac leuis in cogitationes diuinas emicuerit, hoc nos oportet agere mi Lucili chariss. &c.* Le moyen de l'enuoyer par aduance en ceste sienne patrie deuant qu'elle soit desliee des entraues de ceste mortelle prison, c'est si elle se despoüille de ses passions terrestres & affections viticuses, & qu'elle se pointe & esleue à des pensees toutes celestes & diuines. C'est à quoy il exhorte son cher Lucille de trauailler fort & ferme.

Peut-on, ie vous prie, parler, penser, conseiller plus chrestiennement que ce pauure gentil? Ie sens que ceste route m'emporteroit trop loing, si ie la voulois suiure, mais ie la veux briser, & quant-& quant ceste premiere pointe par vn excellent passage du pere de la Romaine eloquence, c'est en ses[a] Tusculanes; outre que ses mots sont tres-elegans, sa conception est tres-salutaire: *Duæ sunt viæ, duplicesque cursus animarum è corporibus excuntium; nam qui se vitijs humanis contaminarũt, & se totos libidinibus tradiderunt, ijs diuinum iter seclusum est à consilio deorum: qui autem integros se & castos seruauerunt, quibusque fuit minima cum corporibus contagio, suntque in corporibus humanis vitam deorum imitati, ijs ad illos à quibus sunt profecti, facile patet reditus*. Il y a, dit ce Philosophe Orateur, deux sortes de saillies & sorties des ames hors des corps quand la mort saisit les hommes, ceux qui ont laissé soüiller leurs ames par paillardises, gourmandises, & autres vices corporels, qui se sont laissé aller apres leurs voluptez brutallement sensuelles, ils sont exclus du Ciel: mais ceux qui se sont conseruez entiers & chastes, & qui ont esleué leurs ames par dessus leurs corps, les retirans de ceste terrestre contagion, imitans par leur vertu la vie diuine en vn corps mortel, leurs esprits ja destachez de ceste boüe, ordure, & fange terrestre, n'ayans eu gueres de communicatiũ auec le corps, l'ayans au rebours mastiné, gourmandé, mesprisé, retournent legers au lieu de leur origine. Ie me collige.

a I.

Nous

Nous auons peu cognoistre par le tissu & le progrés de ce discours iusques icy, comme l'homme est composé de deux pieces tres-differentes, le corps & l'ame: celuy-là vil, abjet, contemptible, materiel, mortel; l'autre digne, excellente, releuee, spirituelle, immortelle. Nous auons peu entendre que l'ame comme plus digne partie doit regir & commãder, & le corps obeïr. En fin nous auons peu remarquer que le corps & ce qui le concerne doit estre mesprisé: mais qu'il faut employer tout son soin, labeur & sollicitude apres l'ame & ce qui la touche, qui sont les biens eternels.

Ie viens maintenant à representer la vilité des biens caduques, terrestres, mortels & perissables, pour vous faire aspirer aux celestes, immortels & diuins, qui attendent les gens de bien en l'autre vie.

Auant que d'entrer en ce sujet principal, il ne sera point hors de propos que ie m'y prepare par vne gentille & preambulaire conception que i'ay leuë & releuë souuentesfois chez Seneque, & qui m'a tousiours fort aggreé. C'est en quelqu'vne de ses Epistres, en laquelle voulant exciter son Lucille & l'encourager à suiure le train de la vertu par l'attente de la vie future, il luy dit que c'est en ce terrestre sejour où se jettent les fondemens de la beatitude qui nous attend apres nostre mort si nous viuons bien. *Per has mortalis æui moras, illi meliori vitæ longiorique præluditur. Quemadmodum nouem mensibus nos tenet maternus vterus, & præparat non sibi, sed illi loco in quem videmur emitti, iam idonei spiritum habere, & in aperto durare: sic per hoc spatium quod ab infantia patet in senectutem, in alium naturæ sumimur partum, alia origo nos expectat, alius rerum status, &c.* Mon Dieu que les paroles Latines sont belles! Il me desplaist qu'elles soyent longues: il employe plus d'vne grande page à ce rencontre, il me suffit d'auoir monstré le lieu aux curieux, ie laisse vne plus grande recherche à leur diligence, i'aurois peur d'attedier par vne trainee trop longue d'vne langue estrangere.

Ie m'en vay seulement representer la conception de ce Philosophe vn peu dilatee & paraphrasee, il nous apprend que l'homme a trois lieux proportionnez à ses trois sortes d'estre & de vie. Protagoras Philosophe ancien chez Platon & chez Suidas, appelloit fort à mon gré l'homme la mesure de toutes choses, *mensuram omnium rerum*, parce que c'est le plan racourcy de toutes les creatures: les Grecs l'appellent fort proprement vn Microcosme ou petit monde, parce qu'il a dans sa petite estendue toutes les qualitez non seulement de ce monde sensible, mais mesme du surceleste.

Mentem à cælesti diuinam traximus arce.

Il a l'estre auec les choses insensibles, comme cieux, elemens, pierres, metaux, mineraux; l'estre & le viure auec les plantes; l'estre, le viure & le sentir auec les bestes, & outre tout cela l'entendre auec les Anges.

Mais de peur de m'estẽdre trop & d'aller trop loing, ie dis à mon propos qu'il a la vie vegetatiue auec les plantes, la sensitiue auec les animaux, & outre plus la raisonnable, piece qui le distingue essentiellement de la brute. Et dit-on en l'eschole qu'il vit premierement de la vie de la plante, lors qu'il est encores vn embrion & masse de semence informe dans le ventre maternel, puis de la vie animale quand il est enfant, en fin de la raisonnable quand il est homme fait, & en fin de la vie des Anges, quand son ame deliuree des entraues de la prison du corps iouyt au Ciel du repos des bien-heureux.

Or il y a trois lieux proportionnez à ces trois sortes de vie. Le premier, où il vit la vegetatiue, c'est le ventre: le second où il passe la sensitiue & animale, ce monde bas & terrestre: le troisiesme où il doit viure vne vie spirituelle & immortelle, l'autre monde, celeste s'il a bien fait, infernal s'il a mal vescu.

Mais i'encheris sur ceste conception, & forme dessus d'autres imaginations. Et ie dis, comme la semence de l'homme est infuse en la maternelle matrice, pour y estre conceu & formé vn corps qui en sorte apres: ainsi quand le corps apres le quarantiesme iour, à ce que les Medecins nous apprennent, est formé, l'ame y est infuse de Dieu pour en sortir apres l'auoir informé quelque temps.

I'adiouste que comme apres l'introduction de l'ame dans le petit corps qui est encores dans les flancs maternels, le petit enfant commence à gouster la vie sensitiue, quoy qu'imparfaictement: ainsi apres les premiers

miers ans de l'enfance que l'ame est esclairee & paruenue à quelque cognoissance plus grande, elle vit vne vie raisonnable, presagissant la sienne future.

Mais ie viens à nostre Philosophe, qui nous esclaircira mieux tout cecy. Tout ainsi, dit-il, que le ventre maternel nous retient & prepare, non pas pour soy & pour nous posseder tousiours, mais pour le lieu auquel il nous doit produire, qui est ce monde elementaire, lors que nous sommes assez forts & robustes pour y viure & durer : ainsi depuis l'heure de nostre naissance iusques à celle de nostre mort, nous sommes reseruez à vn autre enfantement de nature, vne autre origine, vn autre estat nous attend. Nostre ame renfermee dans nostre corps, comme nostre corps auparauant renfermé dans les flancs maternels, ne peut supporter l'esclat des choses celestes que par secousses & saillies, en effet auec difficulté.

Si le petit enfant qui est dãs le ventre de la mere pouuoit considerer l'abiection & vilité du lieu où il est, & quant-&-quant conceuoir la beauté & amenité de ce monde, enrichy de tant de belles & admirables parties, il est sans doute qu'impatiẽt de son terme qui le retiẽt garrotté dãs ce tenebreux & immonde cachot des entrailles maternelles, il desireroit sortir pour iouyr de la lumiere de ce beau Soleil qui esclaire nos iours.

Ainsi nostre ame entrauee dans nostre corps considerant la bassesse & vanité de ce monde, bas à l'esgard des beautez sur-celestes & diuines, lesquelles sont inenarrables, pensez-vous qu'elle ne petille pas d'impatiẽce d'estre deliuree de ce mortel cachot pour iouïr des contentemens de l'eternelle vie? Ie m'en rapporte à S. Paul & à Dauid, qui souspire en tant d'endroits ceste dissolution.

Mais ie reuiens à nostre Philosophe. Ce consideré, poursuit-il à son Lucille, attends non pas seulement sans crainte, mais auec ioye ce dernier moment, qui doit clorre le courant de ta vie, ceste heure ne sera pas la derniere de ton ame, ouy bien de ton corps. Tout ce qui est autour de toy, biens, honneurs, richesses, voluptez, regarde-les comme les meubles d'vne hostellerie, qu'il faut passer: la nature comme vne hostelliere nout met dehors ce monde cõme nous y sommes entrez : vn passager ne peut emporter que ce qu'il a apporté, voire on luy oste vne partie de ce qu'il a apporté, sçauoir l'argent qu'il faut pour payer sõ escot & son giste.

Nous naissons tous nuds & n'apportons rien sur terre, mais nous mourons encores plus nuds & desnuez, parce que nous n'emportons pas ce corps seulement, mais il demeure en depost à la terre, la pasture des vers, victime de la corruption. C'est la monnoye seule auec laquelle nous payons le tribut & le giste à la nature, qui nous heberge icy bas en nostre pelerinage mortel; la porte pour en sortir c'est la mort. L'argent est appellé par quelques anciens les nerfs, le sang, le soustien de la vie: ainsi au lieu d'argent la mort pour nous faire payer le peage de nostre mortalité, & les vsures de cet estre fragile que nous trainons ça bas, nous despoüille de ce corps, vestement de nostre ame, de ces os, de ce sang, de ces nerfs qui nous font subsister.

De sorte que, & voicy vn trait excellét; *Dies iste quem tanquam extremum reformidamus, aeterni natalis est*, Ce iour dernier de nostre mort que nous redoutons & fuyons tant, c'est le grand & celebre iour natal de nostre eternité, & de la vraye vie de nostre ame, laquelle icy bas suffoquee & aggrauee de mille incommoditez en sa conionction auec le corps, traine vne vie miserable & repugnante à sa nature.

Pourquoy est-ce que nous fuyons tant à deposer ce fardeau importun, comme s'il nous auoit esté si grief & fascheux de quitter la prison tenebreuse & salle du ventre maternel: pensons-nous que la mort soit autre chose? nullement, ce n'est que la sortie ou destachement, & s'il faut parler metaphoriquement, l'attouchement du corps produisant vne ame, ψυχῆς καὶ σώματος διάλυσις.

Ceste peine, ce trauail, qu'on endure à ceste separation est tout semblable à celuy que nostre mere a souffert en nous poussant hors de ses flancs. Nous pleurons, & n'auons nous pas fait le semblable naissans? & les gemissemens ne sont-ce pas les premieres chansons de ceux qui naissent? si l'enfant sçauoit les beautez de ce monde au prix du lieu d'où il sorte, il se garde-

garderoit bien de pleurer; mais ie me trompe, ces larmes sont iustes, & seruent de presage aux futures miseres; & puis sortant tendre & flouët d'vn lieu mol & delicat en vn air rude & froid, de pellicules mollettes venir entre des mains dures & de rudes enueloppes, c'est vn changement sensible à la verité: en fin vn petit enfant n'a aucun vsage de raison pour retenir ses cris.

Mais en la mort il n'en est pas ainsi, nostre ame est spirituelle, impassible quant à sa nature, intellectuelle, nous auons la raison qui nous dicte, nous crie, nous apprend que sans doute nostre ame sera bien plus heureuse, qu'elle sera en vn repos eternel, au lieu de son origine, beatifiee de tous points, & que si vne fois elle est sortie de ceste cauerne obscure du corps, elle benira l'heureux iour de sa deliurance, & ne se plaindra iamais de ceste des-vnion qui la met en liberté, & qui la fait veritablement viure. Qui vit iamais homme si despourueu d'entendement, qui ayant gousté les douceurs de ce bas monde, souhaitast & desirast d'estre enfermé dans le ventre de sa mere? Iugeons cela de l'ame, depuis qu'auec vertu elle est vne fois partie du corps, elle ne songe plus au retour; comme vn prisonnier, lequel deliuré seroit vn grand fol de souhaiter son cachot, ses fers, & sa geolle.

Vn pauure forçat attaché à la galere, enchaisné à la cadene, la rame en main, mourant de faim, de soif, de chaud, de froid, battu des vents, des flots, & encores plus des estriuieres des maistres cruels qui les fouëttent incessamment, courãt au reste touts les iours peril de sa vie & en la guerre & sur la mer, l'estimeriez-vous pas vn idiot, vn insensible, vne beste, s'il ne souspiroit apres sa liberté?

Et nostre ame qui est en la galere de ce corps, flottant sur la mer orageuse & tempestueuse de ce monde, enchaisnee à la cadene de tant d'infirmitez, inconueniens, malheurs; de tant de mauuaises & perilleuses rẽcontres, en guerre & trauail perpetuel, battue de toutes sortes de tentations, pourquoy faut-il que ceste ame aueugle cherisse ses fers, ayme son esclauage & seruitude, honore ses entraues, se plaise en ses miseres, & n'aye rien en plus grande horreur que sa deliurance?

ce? deliurance qui consiste en la mort, mort qui n'est autre chose qu'vne deliurance de tant de maux: quelles tenebres, quel aueuglement!

Ie reuiens à mon homme: ouy, mais ce corps tant chery, tant aymé, tant dorlotté, caressé, soigné, sera corrompu, putrefié, mangé des vers, deschiré, reduit en poudre, quelle metamorphose! & est-ce dequoy se fascher cela? ne voyons nous pas que les petits enfans naissent enueloppez de petites pellicules & parchemins qu'ils appellent vierge, tout cela n'est-il pas fracassé, rompu, ietté, pour donner la vie & le iour au fruict? Ces enueloppes dont nostre ame est emmaillottee & comme empacquetee, c'est le corps, pour luy donner iour & vie, il faut que la mort, la sage femme de nostre mere nature, rompe, brise, déchire tous ces obstacles, pour donner vie à nostre ame: toutes ces richesses, tous ces honneurs, ces biens terrestres ne sont pas de nostre essence, ils ne nous font qu'enuironner, il faut abandonner tout cela, afin que nostre ame iouisse de plein air, & d'vne entiere & parfaite liberté.

Mais si nous sommes sages & bien aduisez, auãt que nous soyons contraints de vuider par la nature, anticipons par vn salutaire mespris l'abandonnement de ces choses terrestres & trãsitoires, esleuons nos esprits par dessus, & pointons nos affections & pensees à de plus hautes, sublimes, & releuees meditations.

Pensons aux biens eternels & celestes de la future felicité, considerons combien nostre ame sera heureuse, lors que deliuree de ceste tenebreuse prison du corps où elle est renfermee & garrottee, elle iouira d'vne claire & pleine lumiere.

Imaginez-vous combien est belle & radieuse la splendeur de tant & tant d'astres brillans de toute part, disoit ce pauure Payen, qui ne conceuoit que la beauté du Ciel, ceste lumiere sera perpetuellement seraine, & nullement subiecte aux ombres, le iour & la nuict ce sont qualitez de ce bas & infirme monde, lors poursuit-il, nous confesserons n'auoir vescu toute ceste mortelle vie qu'en tenebres & miseres, à l'égard de ceste splendeur & contentement que nostre ame ne voit maintenant que par les petits trous des yeux, & ne

& ne conçoit qu'imparfaictement.

Mais que seroit-ce si ce pauure Ethnique eust esté comme nous esclairé d'vn flambeau de la foy? O qu'il eust bien passé & poussé outre, son esprit ne se fust pas limité dans les bornes encores estroits de ces globes celestes. Disons donc pour Christianiser sa conception; Que sera-ce quand nostre ame quittant l'abiection de ce monde bas & corruptible, perçant toutes ces celestes voutes & spheres lumineuses, se trouuera bien-heureuse dans le sein du grand Dieu abysme de lumiere, & gouffre de contentement: quel rapport y a-il entre les tenebres de ce monde bas, & cestuy surceleste & archetipe, seiour sacré des ames beatifiees? nul certes. *Quæ conuentio lucis ad tenebras?* Mais merueille comme cet Ethnique aueuglé des sombres erreurs de la gentilité, perçant neantmoins par la pointe viue de son bel esprit toutes ces noires tenebres, a touché au but de l'eternelle beatitude, qui est la vision de Dieu! *Quid tibi videtur*, dit-il, *diuina lux, cùm illam suo loco videris?* Quelle gloire, quel rauissement sera-ce, fait-il, de voir la lumiere infinie, & splẽdeur indicible de Dieu au throsne de sa Maiesté saincte? peut-on, ie vous prie, rien dire de plus Chrestien?

Certes comme il n'est point de feu sans fumee, aussi n'ay-ie point trouué tousiours tant impertinent ce qu'on tient de quelques Epistres reciproques de sainct Paul à ce philosophe, qui rodent comme apocryphes & supposees parmy les mains des hommes: que ces personnages ayent eu quelque familiarité ensemble, il se tient pour tout certain: & pourquoy ne iugerons-nous pas qu'ils ayent peu s'entr'escrire? on collige aussi ceste familiarité, & quelque notion du Christianisme de plusieurs endroits de ses œuures, mais cestuy que ie viens de dire me semble vn tesmoignage fort precis. C'estoit vne ame autant capable d'estre imbue & teinte des preceptes de la doctrine Chrestienne qui se puisse gueres remarquer en l'antiquité: mais ie penserois que l'abondance de beaucoup de biens temporels qu'il possedoit amplement, la barbare cruauté de Neron, & trop d'humaines considératiõs cõme par trop d'humeur n'eussent estouffé ceste genereuse plante, tres-propres à produire des fruicts

Chrestiens;

Chrestiẽs, à quoy il estoit tout porté par les preceptes rigides & seueres de sa Philosophie Stoique.

D'autres voyent; ie viens à la conclusion de l'Epistre de nostre Philosophe; Ceste pensee des choses celestes & diuines, poursuit-il, est si noble, releuee, excellente, qu'elle fait dédaigner la bassesse contemptible des choses terrestres & fragiles: celuy qui a viuement planté en son entendement vne Idee de ceste eternité bien-heureuse, se mocque de toutes les choses basses & sublunaires, mesprise les tourmens, les gesnes, les supplices, ne peut estre saisi d'aucune crainte, foule aux pieds les biens caduques & temporels, du tout bandé à l'attente des futurs immortels, & tant s'en faut qu'il apprehende la mort, comme l'extreme de tous les maux qu'on puisse ressentir ça bas, le terrible des terribles; comme l'appelle Aristote, qu'au contraire il la souhaitte & desire, pour voir tant plustost son ame desgagee de ceste estroite prison, où elle est cadenassee, & desprise de tous ces liens s'enuoler bien-heureuse & libre en sa vraye patrie, qui est le ciel.

3. Eth. 6.

Voila iusques où nous a conduit quasi le simple recit & fort peu dilaté de nostre Philosophe, i'ay laissé expressément plusieurs points, ausquels i'eusse peu raisonnablement seiourner de passade, comme de nostre naissance, de nostre vie, de nostre mort, de nostre corps, de l'eternelle felicité, & beaucoup d'autres qui eussent par trop estendu & allõgé ce discours. Il me souuient que ceste seule conception m'a fourny autrefois plus de deux heures de paroles en vne compagnie priuee, maintenant i'en ay retranché le plus qu'il m'a esté possible la superfluité du langage, & redondance des matieres qui s'y eussent peu ioindre, parce que ie vise ailleurs.

Mais disons vn peu quelque mot sur la diuersité de ces trois differentes demeures que nous venons de remarquer, auant que de passer à la difference grande qui est entre les choses terrestres & celestes.

Le premier lieu où la nature nous place au commencement & principe de nostre origine, c'est le ventre de nostre mere: Ie ne m'arresteray point à particulariser ceste habitation selon que la Medecine me l'apprend,

prend, il me seroit facile, mais ce ne seroit qu'vne parade inutile de discours, les nouices en l'anatomie en font litiere. Imaginons-nous seulement en gros vn petit enfant lors qu'il est en cet estat gesné, resserré, ramassé, les mains, les genoux, la teste, quasi tout en vn monceau, n'ayant aucune libre fonction de ses sens corporels, aueugle, sourd, insensible, ne tirant sa substance nutritiue que par le nombril : ie laisse ces vils excremens dont il est & formé & nourry, quel contentement peut-il auoir en ce sejour tenebreux & miserable cachot ? Est-il pas tout euident qu'il n'est pas en son lieu naturel, mais qu'il n'attend que le terme conuenable de sa force pour acquerir sa deliurance ; sur le six à septiesme mois qu'il cõmence à se remuer & tourneuirer, pensez-vous pas que ce soit vn desir naturel de se dépestrer de ces liens qui le tiennent attaché ? c'est lors qu'il commence à passer de la vie vegetatiue, & à gouster les premiers principes de la sensitiue.

Le terme escheu il se lance de ces tenebres pour gaigner le beau Soleil qui éclaire nos iours. Or qui seroit celuy si grossier qui ne puisse recognoistre la difference infinie qu'il y a entre le ventre d'vne femme, & ce beau monde que nous habitons ? là n'y a qu'obscurité, ordure, infection, pourriture, au lieu qu'en cet vniuers appellé κόσμος pour sa beauté, vous voyez la splendeur admirable du Soleil, fontaine de lumiere, & puis des autres estoiles errantes & fixes, le bal bien compassé de ces admirables lambris brillans de toutes parts, outre cela les belles qualitez des Elemens, le brillement & viuacité admirable du feu, la subtilité de l'air, la claire douceur de l'eau, la diuersité admirable de la terre prodigalement enrichie de tant & tant de beautez, de fruicts, de fleurs, de vallons, de campagnes, de bois, metaux, mineraux, pierres precieuses, qu'il est impossible d'imaginer toutes ces choses.

Outre la beauté, qui ne cognoist aussi la disproportion quant à la grandeur ? Il faudroit manquer d'yeux pour ne la voir : Quoy ! si tout le globe de la terre & de l'eau, comme nous ferons voir tantost, n'est qu'vn poinct indiuisible, c'est à dire vn neant, selon la plus saine Mathematique, à comparaison du ciel : que sera

sera ie vous prie le ventre d'vne femme à ce prix, que l'indiciblement imaginable partie d'vn rien?

Voila pour la grandeur; mais quant à la duree, qui seroit si despourueu de sens commun que de comparer les neuf mois de la grossesse d'vne féme à quatre vingts ou cent ans que l'homme vit sur la terre, selon le cours commun de nature.

Mais ces choses, quoy que tres-distantes & dissemblables, conuiennent toute-fois en ce point, qu'elles sont finies: tout ce qui est sous la voute du firmament, est borné & limité, plus ou moins de vray, mais tant y a que tout est terminé & circonscript; mais quelle conuenance & comparaison peut souffrir l'infiny auec le finy? nul certes à sainement penser & parler.

Disons donc asseurement, & auec verité, qu'il y a beaucoup, & vn million de fois plus de discouenance, voire nulle cōparaison entre le monde creé & l'increé, en vn mot il n'y a nul rapport entre ce monde bas & visible & le surceleste & archetype, siege de l'ensoph de la diuinité.

O Cabalistes, où est vostre eschelle de Iacob que vous suiuez si bien par vingt-sept eschellons, suiuant l'ordre de vostre alphabet, adioustant les cinq finales aux vingt-deux lettres communes? O platon où est tō grand nombre de vingt-sept, ce nombre d'or que tu exaltes tant en ton Timee? O que ceste contemplation Cabalistique ioindroit bien ce propos pour faire voir comme à l'œil la disposition de ces mondes anatomisez par leurs plus essētielles parties. I'ay expliqué tout cecy amplement en ma Cabale, ce sont conceptiōs qui m'emporteroient trop loing; mais venons. Quelle analogie peut-on, ie vous prie former sur ces deux mōdes creé & increé, terrestre & surceleste, elementaire & archetype? nulle certes: car pour suiure nostre ordre precedent, si nous considerons leur beauté, ce monde icy que nous habitons n'est qu'vn trou, qu'vn cachot obscur & noir, qu'vne prison salle & tenebreuse, qu'vne infecte cloaque ascarté a cet autre summōdain, Le ventre d'vne femme n'a pas tant de disproportion à ce monde creé, si nous considerons ces voutes azurees, ces lambris dorez, parsemez de tant d'esclatantes lumieres, si nous regardons la splendeur esblouissante

sante du Soleil, la lueur argentine du flambeau de la nuict, l'antipathie des elemens, la diuersité des animaux, la bigarrure des plantes, bref pour ne m'amuser à de si particulieres descriptions, si nous contemplons toutes les creatures, ne voyons-nous pas aussi les serpens, les scorpins, les crapaux, cachez sous l'esmail & diapreure de ces belles fleurs, c'est à dire, les maux, les calamitez, les douleurs & miseres cachees sous ces douceurs apparentes? Mais au monde archetype tout y est infiny, c'est vne vaste estenduë de lieu, sans bornes, sans limites; voire ce n'est pas vn lieu, parce que ce qui fait le lieu, à ce que les Philosophes nous apprennent, ce n'est que la concauité du firmament, au-delà ce sont des espaces appellees imaginaires par les Theologiens; I'estimerois plus propre de les appeller inimaginables, voila pour le lieu dans lequel toute la machine de cet vniuers que nous habitons est beaucoup moins que rien, & beaucoup plus disproportionnee, non pas que la terre, mais que le ventre d'vne femme pour ne sortir point hors de termes de nostre comparaison, ne l'est au ciel; parce que comme nous auons ia dit, il est besoin d'inculquer cecy, du finy à l'infiny il n'y a nulle ressemblance.

Que si la splendeur du Soleil, la viuacité des astres, l'azur des spheres celestes nous rauit en admiration; qu'est-ce ie vous prie de voir vn nombre plus innombrable que les estoiles du firmamẽt, d'esprits glorieux, tant d'Anges que de Saincts sept fois plus resplendissãs que le Soleil, comme nous apprẽd Isaye: si la lumiere d'vn seul astre, car il n'y a que le Soleil icy bas de lumineux en soy, toutes les autres estoilles ne le sõt que par participation de cet astre principal: que sera-ce, comme ie disois, de voir tant de Soleils?

Ie laisse à part tous les Elemẽs, animaux, plãtes, metaux, & autres creatures de ceste inferieure partie de l'vniuers, tout cela n'est que marc, que lie, que corruption, qu'vne image perpetuelle de la mort.

———*Et plurima mortis imago.*

Choses bannies de l'habitation surceleste, où tout est paisible, tranquille, immortel.

Et que m'arrestay-ie à ces particularitez comme s'il n'y auoit pas vne seule chose, qui au conferer abysme

tout,

tout, c'est la claire, & visible presence de ce grand Dieu comble & but de nostre beatitude, c'est ce grand gouffre abyssal qui comprend en soy toutes choses, c'est le grand Soleil de ce beau monde, en la lumiere duquel nous verrons la lumire mesme, *In lumine tuo videbimus lumen*, c'est luy-mesme la source infinie de toute splendeur: en vn seul mot, comme le descrit Platon tres-excellēment & diuinement à mon gré, c'est Tout: & pour conclure à comparaison de ce Tout cet vniuers n'est rien: quelle conuenance du rien à tout? Voila pour la beauté & la grandeur.

Quant à la duree, il y a moins de rapport entre vne eternité & six milans, qu'on dit deuoir estre la duree du mōde, qu'il n'y a de six mil ans à neuf mois: eternité! iamais! & qui peut cōprendre ces choses? nul entendement humain n'y peut paruenir: c'est vn temps sans temps: il n'y a que le cours du ciel qui face le temps & annee çà bas, mais de là les cieux il n'y a plus de temps, les ames bien-heureuses seront en leur felicité pardelà tout temps: quelle inimaginable duree!

Quelle ame dōc si abrutie, si embourbee, & engloutie dans les sens & dans la matiere, ne sera éprise de l'amour de ces choses celestes, infinies, immortelles, & ne mesprisera ces terrestres finies & perissables?

Mais considerez ie vous prie la peine de nostre ame à l'instant de nostre formation, elle est enclose dans trois doubles prisons: premierement elle vient du ciel, sa naturelle patrie, lieu de son origine, comme le feu qui a esté tiré de son centre, pres la concauité lunaire, pour estre communiqué aux hommes: ceste triple prison qui enserre nostre ame, c'est premierement ce monde, puis le ventre de la mere, & la derniere le corps.

Imaginez-vous vn criminel que l'on a esté prendre en sa maison, en son pays, qu'on a arraché d'entre les bras de sa femme, de ses enfans, de sa famille, entrainé par force, & coffré dans vne Conciergerie, auec charge expresse d'y estre estroitement gardé, on luy fait passer plusieurs guichets, de là il viēt au preau, du preau on le fait entrer dans quelque chābre obscure ce n'est pas encores tout, on le fourre lié & garrotté dās vn cachot noir, tenebreux, où il ne peut quasi respirer:

ter: Iugez en ceste agonie, si cet homme ne seroit pas bien stupide & insensible de ne souhaitter point d'estre deliuré de ces fers qui le gesnent en vn lieu si estroit, qu'il n'y peut estre ny debout, ny assis, ny couché de costé ou d'autre: lieu au reste puant, relant, infect, plein d'ordure & de putrefaction: encore souhaitteroit-il d'estre sans tant de gesnes en vne chambre plus aëree, de là il voudroit du moins pour passer son ennuy s'ébattre sur le preau, & se consoler auec ses confreres en malheur: mais tout cela n'est rien à l'égard de l'aise qu'il ressentiroit, si on luy apportoit nouuelles de sa deliurance, & que bien-tost libre il deuroit sortir de ceste prison fascheuse, pour aller iouïr du doux seiour de sa maison & de son pays.

Nos ames sont ces prisonnieres & captiues: qu'elles ne viennent du ciel creées de la main de Dieu, il est indubitable: elles sont precipitees dans la Conciergerie de ce monde visible, où il y a bien quelque naïueté, quelques beautez, mais qu'est-ce cela, comme nous auons dit, à l'égard des excellences surcelestes? Il y a encores moins de proportion, qu'entre le preau desagreable d'vne prison & geolle qui ne peut estre que laide, obscure, sombre, tenebreuse, & le monde vniuersel.

De là elle est encores resserree dans vne chambre sombre & tenebreuse, demeure treillissee, cadenassee, où n'y a que de meschans petits trous & lucarnes par où vient du faux iour seulement pour entreuoir: c'est le corps, dans lequel l'ame enfermee ne voit que par les treillis des sens, rien ne venant à son intelligence que par ceste trompeuse estamine, les yeux luy font conceuoir mille faux obiets, les oreilles luy apprennent mille fausses conceptions, le toucher la fait pecher & l'abuse, le goust l'excite à la gueule, le flair la trompe: Ce n'est pas tout, elle est encores resserree dans vn cachot relant & infect auec la vermine, l'ordure, la putrefaction, c'est le ventre maternel, où tous ses sens sont offusquez, n'en ayant l'vsage d'vn seul, il n'y peut estre ny assis, ny debout, ny couché: il est gesné & resserré en sa constitution: quelle peine pensez-vous que c'est à l'ame de se voir enueloppee & comme emmaillottee en tant de doubles.

Premierement elle souhaitte d'estre deliuree de ce cachot, où elle endure tant de miseres, ce qu'elle fait par sa vertu viuifiâte, poussant le corps au bout du terme hors des flancs maternels.

Estant sortie de ceste premiere & fascheuse demeure, elle se trouue encores arrestee dans la chambre obscure de ce corps, où elle est vn peu plus au large, mais tousiours enfermee: au bout de quelques annees qu'elle est venuë à quelque cognoissance par l'entremise de ses sens, elle se promeine auec les autres hômes mortels dans le preau de ce bas monde: mais elle a beau faire, se diuertir, chercher les voluptez, s'amuser apres les auarices, s'addôner aux ambitions, tout cela ne la peut iamais satisfaire, tousiours elle souspire apres vne plus grande liberté, elle pleure incessamment son exil & captiuité: elle aspire continuellement au retour de sa chere & desiree patrie, qui est le ciel, lieu de sa naissance, son centre & vnique repos.

Ne se mocqueroit-on pas d'vn prisonnier qui aymeroit mieux passer ses iours en vne Conciergerie, que de viure en liberté, puis qu'il est tres-euident que la demeure de la vaste estenduë de l'vniuers est beaucoup plus delectable & plaisante que celle d'vne estroite, & mal-heureuse geolle? Et pourquoy ne se rira-on point à iuste raison, non seulement des mondains, mais de la plus-part des hommes, tellement addonnez à la vie & enamourez de l'habitation de cet Vniuers, qui n'est qu'vne vraye geolle? Ils y voudroyent demeurer eternellement, sans considerer, aueugles qu'ils sont, les beautez surcelestes, & combien il fait plus beau en ceste diuine patrie, que dans cet obscur cachot, où casaniers ils s'attachent par trop & accroupissent. Vn prisonnier procure & sollicite tant qu'il peut sa deliurance: & nous en ce mortel sejour nous taschons par tous moyens naturels d'allonger nostre seruitude & misere, nous ne craignons & fuyons rien tant que la mort, qui est celle qui nous doit ouurir les guichets de ces geolles mortelles, pour mettre nos ames en leur vraye & entiere liberté.

Ie vay recueillir toutes les precedentes ratiocinations en deux mots. Il y a moins de proportion du Ciel, archetype seiour des ames bien-heureuses où nous

nous tendons tous, qu'il n'y a entre le monde visible que nous habitons, & le ventre d'vne femme: & comme dans le ventre de la mere le corps se forme pour venir en ce lieu qui luy est destiné par la nature, ainsi nostre ame n'est dans nostre corps que pour se bien former à la vertu, par le moyen de laquelle elle paruiẽne à l'eternelle felicité, lieu qui luy est destiné & cõuenable à sa nature; c'est pourquoy il se faut estonner & plaindre de l'aueuglement des hommes, qui sçachans que leur ame toute immortelle doit mener vne autre vie que celle-cy, bien plus glorieuse & comblee de delices, attachent neantmoins tellement leurs esprits aux choses temporelles & terrestres, qu'il semble à leurs actiõs qu'ils ne croyent point d'autre vie que ceste presente, ne pouuans pour leur stupide & grossiere insensibilité conceuoir la future.

Que bien plus sages & aduisez sont ces beaux & releuez esprits, qui poussans les eslancemens de leurs genereuses pretensiõs au delà de ces choses visibles, transitoires, perissables, fragiles, & pleines de mille incõmoditez, viuent icy bas comme passagers, ou plustost pour insister aux termes de nostre conception premiere, comme le corps au ventre de la mere, desireux de voir leurs ames deliurees de ces terrestrss liens, pour voler en leur legitime demeure!

Le corps d'vn enfant ne pourroit demeurer tousiours en la matrice sans faire mourir la mere; aussi est-il impossible de voir icy bas vn homme immortel, sans dissoudre cet arrest & police irreuocable des choses sublunaires, que tout doit passer par le trenchant de la mort. *Quis est homo qui viuit, & non videbit mortem?* nul certes.

Nostre entree en ce monde est volontaire, nous nous lançons nous mesmes hors de la matrice: pourquoy estriuons-nous tant à la sortie? Ne sçauõs-nous pas que nos ames sont immortelles, que la beatitude eternelle est infinimẽt plus heureuse que les miseres de ce mortel seiour? Pourquoy par nos tremeurs & tergiuersations fuyons-nous tant? Mais pourquoy démentons-nous celle creance que nous auons si certaine & infaillible? N'est-ce pas cela croire d'vn, & faire d'autre? Si c'est l'ignorance de la vie future qui nous est incogneuë, laquelle nous fait entrer en ceste deffiance lasche & poltronne; quand nous sommes sortis des flancs maternels auions-nous quelque preambulaire cognoissance de cet Vniuers, auquel nous sommes venus si franchement & volontairement? Oserions-nous bien penser qu'il fist moins beau en l'Eglise triomphante qu'en la militante, au ciel qu'en la terre? pourquoy donc fuyons-nous celuy-là, & auons en si grand amour celle-cy? Nous ressemblons aux enfans d'Israël, lesquels quoy qu'accablez de mille tyrannies, seruitudes, miseres, calamitez, captifs sous vn cruel esclauage en Egypte, ne peurent quasi se resoudre, sinon à force de suiure Moyse qui les asseuroit de les introduire en la terre promise, laquelle distilloit le laict & le miel.

Mais las! ie sens bien où le mal nous tient: tant de pechez qui nous accablent nous font fuyr la mort, non que nous ne desirassions les ioyes des bien-heureux, mais la peur que nous auons d'estre à contrepoil punis de nos offenses de chastimens eternels, nous fait horreur: les meschans voudroient bien mourir, mais ils ne veulent pas bien viure: ils ne se soucieroyēt pas de la mort, pourueu que la leur fust semblable à
a 23. celle des bons. Balaam aux a Nombres, *Moriatur anima mea morte iustorum, & fiant nouissima mea horum similia.* Il desireroit bien mourir, mais de la mort des bons, laquelle est precieuse deuant Dieu, & souhaiteroit que sa fin fust semblable à celle des gens de bien, qui ont toute leur vie suiuy le train de la vertu & obserué les commandemens de Dieu. Les gens de bien au contraire qui se sont tousiours maintenus nets de toute contagion de peché, & retenus dans les bornes de leur deuoir, dédaignans au reste & mesprisans les choses basses & trāsitoires, ne visent qu'aux choses d'enhaut, & par consequent souhaitent sainctement la mort, comme le iour de leur deliurance, & iour natal de leur eternelle vie & immortelle felicité.

b *De fide resurrect.* b Sainct Ambroise m'apprend à ce propos vne belle doctrine, il dit que la raison pourquoy l'Eglise celebre la feste des Saints au iour qu'ils sont, lequel on appelle natal: c'est parce qu'en ce iour ils ont commencé à viure bien-heureux au repos eternel. Qui doute donc que

que les ames sainctes & pieuses n'ayent pas de continuelles aspirations pour ceste leur dissolution. Dauid, le sainct Paul de la loy ancienne, comme sainct Paul est le Dauid de la nouuelle, ces deux saincts personnages, ces deux vaisseaux d'election, ces deux hommes selon le cœur de Dieu, fourmillet en mille endroits de leurs œuures de ces aspirations continuelles. Le a Psalmiste, *Quemadmodum desiderat ceruus ad fontes aquarum, &c.* b *Hei mihi quia incolatus meus, &c.* c *Educ de custodia Deus animam meam, &c.* Et mille autres. L'Apostre, d *Infœlix ego, &c. Cupio dissolui, &c. Mihi viuere Christus est, &c.*

a Ps. 41.
b 113.
c 141.
d Ro. 7.

Sainct Hierosme escriuant la vie de S. Hilarion ce grand Anachorette, l'honneur des deserts & des solitudes Orientales, dit que ce sainct personnage estant proche de sa fin, sollicitoit ainsi son ame de sortir de son corps; Quoy, ô mon ame, que craignez-vous? que retardez-vous? Il y a tantost quatre-vingts ans que vous seruez Dieu cõtinuellement en l'hermitage, n'auez-vous pas esperãce en sa misericorde? doutez-vous encores de sa bonté? *Egredere anima mea, iam per octoginta annos Deo seruijsti, & adhuc times.* Cela me fait souuenir de ce transport tout semblable du Psalmiste, *Egredere anima mea in requiem tuam, quia Dominus benefecit tibi*; Sortez, ô mon ame, dit ce Prophete sainct, allez au doux sejour de vostre repos: ne sçauez-vous pas que Dieu est tout bon & misericordieux? *Quia eripuit animam meam de morte, oculos meos à lachrymis, pedes meos à lapsu*: Doutez-vous qu'il ne vous deliure des griffes de l'enfer & des prises de l'eternelle mort? il essuyera vos pleurs & vos larmes, *Iam non erit amplius neque luctus, neque clamor, sed nec vllus dolor, quia priora transierunt*; C'est ce bon Dieu qui vous a par sa grace gardé de chopper & de broncher, pensez-vous luy estre desagreable? non, non, soyez certaine, mon ame, d'auoir place en la region des viuans, en la Hierusalem celeste, en vostre vraye patrie, patrie coulant le laict des benedictions de Dieu, & le miel de ses faueurs.

Ce sont les consolations que reçoiuent les iustes en l'instant qu'il leur faut payer le tribut de leur moralité. Heureuses les ames qui se nourrissent de ceste salutaire consideration, que ce n'est en ce monde bas qu'elles doyuent faire vne demeure permanente, mais que c'est au Ciel que doyuent estre dressées leurs plus belles intentions, *Non habemus hic ciuitatem permanentem, sed futuram inquirimus.*

Poussons vn bel eslancement auec vn Poëte ancien, & ce qu'il dit des Astrologues, disons-le des ames belles & contemplatiues, lesquelles dédaignans la terre, sont toutes tendues au Ciel.

Felices animæ, quibus hæc cognoscere primum,
Inque domos superas scandere cura fuit.

Heureuses trois & quatre fois les ames sainctes, lesquelles poussées de diuins eslancemens & entousiasmes sacrez, se deslient auant le temps de la mort de ce corps terrestre, du tout bandees à l'acquisition des felicitez eternelles: elles cognoissent que tout ce qui est sublunaire est mortel, que toutes les choses visibles & sensibles ne sont pas capables de les arrester: c'est pourquoy foulans par mespris toutes les choses materielles, elles n'aspirent qu'à leur centre, qui est le Ciel.

Credibile est illos pariter vitijsque locisque
Altius humanis exeruisse caput,
Non Venus & vinum mortalia pectora fregit
Officiumve fori militiæve labor,
Non leuis ambitio profusaque gloria famæ,
Vanarumque fames sollicitauit opum:
Sic petitur cælum, non vt ferat Ossan Olympus,
Altaque Peliacus sydera tangat apex.

Ie ne m'amuseray point à dépeindre ces disconuenances communes entre les biens d'icy bas & ceux qui nous attendent en la future patrie, que ceux-cy sont finis, les autres infinis: ceux-cy visibles, imaginables, & qui se peuuent descrire: les autres inuisibles, inimaginables, & qui ne peuuent tomber sous la loy du discours; *Nec oculus vidit*, nous apprend S. Paul, *nec auris, &c.* Que ceux-cy sont terrestres & perissables, les autres celestes, diuins & immortels. Ces dissimilitudes sont aduoüées generallement de tout le monde, & n'y a aucun si despourueu d'entendement qui ne sçache qu'elles sont hors de tout doute & controuerse: les choses manifestes, comme les a Iurisconsultes sçauent, n'ont que faire de preuue. *Manifesta probatione non*

a l. Si vero. §. 1. ff. qui satisd. cog. l. ea quidem C. de accusat. l. Except. in fi ff. de att. empt. l. vlt. ff. de dot. prælega.

non indigent: Ce seroit, selon ce vieux mot qui se lit chez le Nicetas Choniates en la vie de l'Empereur Comnenus, allumer vne lanterne en plein midy. I'ayme mieux me ietter à de plus particuliers & ingenieux rencontres: pour la premiere pointe ie desire faire voir combien c'est peu de chose que la terre comparee au Ciel, afin que par apres comparans ce monde visible à l'inuisible, nous iugions sur le plan & modelle des choses creées les merueilles infinies du monde surceleste, archetype & increé, selon l'aduis de S. Paul, qui nous conuie à sonder, *Inuisibilia Dei per visibilia*: afin que cela engendre en nous le mespris & la haine salutaire de ce monde bas, de ceste terre de misere & de mort, selon Iob qui l'appelle, *Terram miseriæ, vbi vmbra mortis, &c.* pour aspirer à l'autre, qui est appellee par le Prophete Roy, Terre des viuans, *Terra viuentium.*

Mais venons, & voyons quelle est la grandeur de ceste terre d'icy bas que nous habitons maintenant, pour voir si elle a quelque chose de si grād, qu'elle soit capable de nous arrester & donner quelque contentement. Ie ne m'arresteray point à vne ample description & partition d'icelle en ses principales parties, ny à en dépeindre les particularitez, comme ie pourrois aisément faire selon les preceptes de la Cosmographie & Geographie, parties de Mathematique assez communes; cela seruiroit plus à la parade du discours, qu'à la necessité. Disons donc simplement qu'il y a deux opinions touchant la grādeur de ce globe terrestre, lequel cōprend aussi l'eau en soy, la premiere est de Ptolemee suiuy de la tourbe des anciens Cosmographes, lequel veut que le contour de la terre & de l'eau n'aye que vingt-deux mille milles. Or deux mille d'Italie font la lieuë de chemin que nous appellons à Paris, mais il en faut biē trois pour accomplir les lieuës des pays esloignez de Paris, de sorte que selō sa supputatiō, ce ne seroit que sept mille lieuës, ou tout au plus dix mille, que la terre auroit de circuit. Les modernes Cosmographes, & qui ont plus cogneu de terre, à cause de la descouuerte qui se fait tous les iours de nouuelles regiōs, ont soustenu qu'elle n'auoit de circuit, l'eau & les mers comprises que 18. mille milles, qui selon la supputa-

 tion

tion que nous venons de faire vaudroyent enuirõ cinq mille tant de lieuës, ou pour le plus neuf mille. Or nous remarquerons qu'au calcul & desnombrement de ces lieuës l'element de l'eau est compris, lequel sans doute & controuerse, mais par l'adueu general de tous les hydrographes, est plus grand de la moitié que la terre : mais pour allonger vn peu nos bornes, ie donne la moitié à la terre, laquelle à ce conte selon la mesure des plus recens Cosmographes auroit enuiron trois mille tant de lieuës de contour.

Considerons, ie vous prie, à ce conte, & contemplons de nos yeux combien le fondement de l'humaine grandeur est petit! il me souuient à ce propos d'vne gentille histoire qui se lit chez Plutarque. Alcibiades ieune gentilhomme & seigneur Athenien, plein de presomption, de vanité, d'ambition, de gloire, de vanterie, de superbe, soit pour la beauté du corps, qu'il n'auoit que trop grande, soit pour les facultez de l'esprit qu'il auoit viues & rares, soit pour les biens de fortune qu'il auoit receuz plantureux & en grande abondance de ses ancestres, ne faisant en quelque festin que discourir de sa noblesse, de son extraction, & principalement de ses richesses, meubles, terres & seigneuries qu'il auoit grandes & magnifiques, & en merueilleuse quantité aux enuirons & au territoire de la ville d'Athenes. Socrate le plus grand Philosophe qui fut iamais, duquel comme d'vne viue source,

------ *à quo ceu fonte perenni,*

& le diuin Platon, & le subtil Aristote, & le seuere Zeno, ces trois chefs des sectes Peripatetique, Academique, Stoïque, ont puisé leurs plus belles & releuees conceptions : Ce Philosophe ayant ouy iaser & babiller ineptement pendant le repas ce ieune & folastre iouuenceau, l'ayant pris à part apres les tables leuees, pour tascher selon sa mode en ratiocinant familierement (vous diriez quasi puerillement, comme on peut remarquer chez Platon) de desraciner de l'esprit de ce ieune Seigneur les desreiglemens qu'il y auoit recogneus, il se trouua tout à propos deuant eux vne charte Geographique où estoit dépeint le monde, qui auoit esté attachee contre la muraille pour l'ornement de la sale : prenant ceste occasion à propos, comme ce

Philo-

Philosophe mettoit toutes pieces en jeu, il luy demanda où estoit le territoire de Grece; soudain ce ieune homme bien instruit aux Mathemates, qui estoyent autrefois, comme i'ay dit ailleurs, l'alphabet des enfans lors qu'ils apprenoyent les sciences en leurs langues naturelles & originelles, luy monstra le canton de la Grece: Apres il luy demāda où estoit la ville d'Athenes; il luy monstra vn petit zero, vne petite marque qui la dénotoit. En fin il luy demanda où estoit là dedans son Palais riche, ample, superbe, où estoyent aux enuirons de ceste ville ses chasteaux, mestairies, seigneuries, terres, heritages? Il luy dit qu'à grand peine la ville d'Athenes estoit marquee en ceste charte, & qu'il n'auoit garde de luy monstrer sa maison; pour ses terres, que les faiseurs de chartes ne s'arrestoyent qu'aux villes principales du pays, non pas aux particularitez des chasteaux & bourgades de la campagne, lesquelles n'estoyent contees à rien. Socrates l'ayant conduit où il vouloit; Vous voyez donc, luy dit-il, ô Alcibiades, dequoy vous-vous vantiez & glorifiez tant tantost, de choses si petites & de neant, qu'elles ne sont pas vn grain de sable à comparaison de la vaste estenduë de la terre; Desistez donc de vous loüer de ce qui n'est rien, & quittez ceste ambition & vanité qui roule dans vostre teste; laquelle quoy que vous fussiez Monarque de toute ceste machine habitable, ne vous donneroit pas pour cela plus de contentement. Mais ie reuiens tout court de ce destour en ma voye, de peur que ceste pointe ne m'emportast à vn discours plus long de l'ambition, où ie sens que j'irois.

A ceste petitesse de la terre que i'ay representee, i'adiouste vne consideration; c'est qu'outre plusieurs incommoditez qui nous la retressissent, que ie diray tantost, nous ne iouyssons pas encores de son entiere possession, mais seulement de sa surface; encores les oiseaux ont-ils vn partage bien plus aduantageux: car outre que l'air est beaucoup plus grand que la terre, ils peuuent aussi habiter dessus: si est la condition des poissons bien plus spacieuse, car ils s'esgayent & promeinent par tout; ils n'ont pas seulement la surface de leur element, ils penetrent par tout, ils se peuuent esbatre par tout, ores dans l'eau salee, ores dans la douce,

douce, ores dans l'Ocean, ores dans la mer Mediterranee, à l'Helespont, au Propontide, en l'Archipelague : les taupes, les lapins, les vers, & autres animaux de ceste nostre terre qui la penetrent, sont encores de meilleure condition que nous, car pour le moins ils peuuent viure dans ses entrailles : mais aux hommes non seulement il leur est interdit d'habiter au dessous, mais l'habitation mesme qui est proche d'icelle leur est nuisible & dommageable, c'est pourquoy il est contraint de bastir des maisons esleuees, & d'habiter aux estages plus hauts, n'osant habiter par bas à cause de la fraischeur, humidité & corruption de la terre, qui luy causeroit autremēt mille sorte de maux; enseignement de la nature, si nous estions bons escholiers, qui nous monstre que nous ne deuons vser de la terre que superficiellement, & comme en passant, & si pour la santé de nos corps nous les faisons habiter & reposer à des estages esleuez, d'esleuer encores nostre esprit dauantage & le pointer au Ciel; Escoutez nostre Apostre, *Quæ sursum sunt quærite, non quæ super terram.*

Ie diray encores ceste conception : N'est-ce pas chose honteuse de voir que nous foulions la terre aux pieds comme par dédain, & que par la constitution naturelle de nos corps nous n'y touchions que par la moindre partie, qui est la plante des pieds, ayans tout le reste en l'air, & que toutefois nostre esprit qui est de toute autre nature que terrestre, adore ceste terre & rampe contre elle; encores pour nostre corps il y auroit quelque excuse, parce qu'estant terrestre, la terre est vn objet qui luy est proportionné; au reste il en a continuellement affaire pour le soustien de son estre: mais l'ame n'en a du tout que faire, *A te quid volui super terram?*

N'est-ce pas vn bel aduertissement que nous pouuons prendre de nostre constitution naturelle, de ne tenir à la terre simplement que par la necessité, mais d'auoir tousiours l'esprit comme la teste esleuee pardessus la terre, & dressé tousiours au ciel?

O Platon que tu philosophois bien, disant que l'homme estoit vn arbre renuersé, ayant ses racines au ciel, & les branches en terre : la racine c'est la principale partie de l'arbre, & laquelle produit toutes ses fleurs,

fleurs, ses fueilles, ses fruicts; la teste siege de l'ame, comme tiennent les Medecins, est la racine de l'homme, c'est de ceste raison, de ce *mens* des Latins, ce νοῦς des Grecs, ce *nesamah* des Hebreux Cabalistes, que sont produites toutes les fleurs de ses belles actions, tous les fruicts de ses operations vertueuses; quant à la partie inferieure de l'ame, concupiscible & irascible, elle panche plus vers la sentine de la terre, c'est le ventricule moyen & inferieur.

Mais las! au contraire de ceste leur naturelle stature les hommes par leurs affections desordonnees se renuersent les pieds contremont, donnans des pieds au ciel comme par mespris, & tenans leurs testes, c'est à dire leurs esprits passionnément attachez à la terre, obiect trop vil & abiect pour arrester ceste leur celeste substance.

Or pour reuenir d'où ie suis party, qui est de la petitesse de la terre, nous remarquerons encores que ceste mesure & calcul que nous auons fait tantost de la rotondité de la terre, ne comprend pas seulement ces parties de la terre habitable, qui nous sont maintenant cognuës, comme l'Europe, l'Asie, l'Affrique, l'Amerique, & la Mexique, mais aussi toutes celles contrees qui sont ou inhabitables pour l'intemperie de l'extreme chaud de la Zone qu'ils appellent Torride, ou l'insupportable froid des Zones glaciales: ou habitables, mais non encores descouuertes, parce que ceste dimension que nous auons representee est fondee sur la mesure prise par les Astrologues de la proportion du ciel à la terre; ils diuisent pour faire leur conte le ciel en trois cens soixante degrez ou parallelles par imagination, & la terre en autant: & de l'vne & l'autre correspondance consideree sur le cours iournalier du Soleil, ils ont pris leur iuste & infaillible mesure, de sorte qu'elle comprend toute la mesure du globe terrestre descouuert ou à descouurir, c'est à dire, qui se peut iamais trouuer.

Mais puis que nous en sommes sur la correspondance & conference du ciel & de la terre, auant que ie represente plusieurs incommoditez qui nous restressissent ce peu de terre qui nous est baillee pour habiter, voyons vn peu combien est encores plus petite la terre, la terre, si nous la comparons au ciel: trenchons ceste comparaison en vn mot: La terre conferee auec le ciel est iustement vn point, vn neant, vn atome, vn rien; & cecy vay-ie prouuer aussi manifestement & clairement que le iour.

Il est aduoüé generalement par toute l'eschole Mathematique, que la terre rapportee au ciel n'est qu'vn point: Or vn point en ceste mesme science, & c'est le premier principe de la a Geometrie, est vne chose indiuisible, laquelle, comme ils aduoüent, ne se peut trouuer en la nature des choses, & se doit former d'vne façon abstraite de toute matiere en l'imagination; Doncques par consequence necessaire & indubitable si la terre n'est qu'vn point, comme i'ay prouué par ma premiere proposition, fondee sur vn axiome irrefragable de l'eschole, & qu'vn point ne soit qu'vn neant imaginaire, comme i'ay prouué par ma seconde soustenuë par vn autre axiome, il faut conclure que la terre n'est rien.

a V. Euclid. 1. Elem.

Mais quittant ces philosophiques & scholastiques subtilitez & ergotismes sophistiques, ie veux monstrer cela mesme par des raisons non seulement plus probables, mais visibles, mais palpables. Il est certain, & n'y a que les ignorans de l'Astrologie qui le puissent nier, que des sept planettes ou estoiles errantes, il n'y en a que les trois inferieures moindres que la terre, lesquelles toutefois à cause de leur proximité nous semblent les plus grandes; ce sont celles-cy, La Lune, laquelle est en la derniere & plus petite sphere, aussi fait-elle son cours en vn mois, qui est le plus petit espace de temps, ils l'appellent vn an lunaire: Mercure & Venus sont au dessus, lesquelles quoy que brillantes, paroissent ia pour l'esloignement de leurs orbes beaucoup moindres que la Lune, encores qu'elles soient plus grandes. Quant au Soleil, Mars, Iupiter, Saturne, il est tout certain qu'elles sont beaucoup de fois plus grandes que tout le globe terrestre, ie dis compris aussi l'element de l'eau: mais que dis-ie de ces astres principaux! il n'y a estoile dans tout le châp radieux du firmament, quoy qu'il y en ait qui nous soient quasi imperceptibles, à cause de la grande distance qui est entre nous, & ceste derniere sphere, qui

ne soit

ne soit bien plus grande que toute ceste machine terrestre.

De maniere que si la terre estoit vn corps lumineux, & qu'elle fust posee, non pas au firmamēt ou plus haute sphere, mais seulement en la troisiesme, pour son extreme petitesse on ne la pourroit apperceuoir.

Ciceron à ce propos en son songe de Scipion me fournit vne conception fort gentille: cet ancestre de Scipion qu'il introduit luy venant dire des nouuelles du ciel, où par sa vertu il s'estoit tracé le chemin, pour encourager ce sien fils à suiure ce mesme train, apres auoir conté à Scipion dormant tout plein de merueilles qui estoient au ciel, la beauté de ces celestez globes, la splendeur des astres brillans, l'harmonie musicale de leurs branles & contours, en fin pour luy faire mespriser les choses terrestres, & l'éguillõner à l'acquisition de ces celestes felicitez, il luy remonstre entre plusieurs miseres de ceste vie mortelle, qui ne viennent pas à mon subiect, ceste-cy entre autres qui vient à mon propos, que la terre est trop petite & vile pour arrester vn esprit fort, & vn courage genereux: Il la descrit si petite, qu'outre qu'elle est moins qu'vn point, qu'vn riẽ, à comparaison du ciel, il dit que pour sa déneantise elle est quasi imperceptible de la moyenne region de l'air.

a ——— *Illic postquam se lumine vero* — a Lucanus 9.
Impleuit, stellasque vagas miratur & astra
Fixa polis, vidit quanta sub nocte iaceret
Nostra dies, risitque sui ludibria trunci.

Mais pour quitter ces payennes resueries, ie veux dire vne verité Chrestienne quasi semblable: Sainct Paul que nous ne pouuons nier sans fausser la creance que nous deuons à l'escriture, auoir esté rauy & transporté au troisiesme ciel, reuenu de cet extase & rauissement, *Apertis oculis nihil videbat*, comme il est porté aux b actes des Apostres, quoy qu'il eust les yeux ouuerts ne voyoit rien: s'il n'apperceuoit rien autour de soy, estant reuenu en terre, pensez-vous qu'il eust peu apperceuoir la terre seulement en la moyenne region de l'air! — b 9.

Et pensez-vous que les belles ames des spirituels & contemplatifs, la conuersation desquels, comme parle sainct

sainct Paul, est tousiours aux cieux, *Conuersatio nostra in cælis est.* Pensez-vous, dis-ie, qu'ils voyent rien en terre qui les puisse contenter: mais pensez-vous mesmes qu'ils voyent la terre? nullement: car côme si nous estions au ciel, nous n'apperceurions pas la terre, ainsi eux conuersans continuellement en esprit au ciel, ils estiment la terre comme vn neant, vn rien.

Et qu'on ne s'estonne pas si ie dis que la terre, voire tout cet vniuers creé n'est rien, cela est prou dit en l'escriture: Le Prophete a Amos criant apres les vanitez,
a 6. auarices & voluptez des mondains, leur dit: *Quid lætamini in nihil?* Pourquoy vous resiouïssez-vous tant
b 41. de rien? b Esaye parlant aux mesmes pecheurs: *Ecce vos estis ex nihilo, & opus vestrum ex eo quod non est.* O mortels, dit-il, ne pensez-vous pas que vous estes venus du neant, & que vous & vos œuures serôt en fin aneanties? & le mesme encores, c *Confidunt in nihil, & lo-*
c 59. *quuntur vanitates,* les mondains mettent leur confiance en la terre qui n'est rien, & s'amusent apres des vani-
d 17. tez, se repaissent de fumees: & d l'Ecclesiaste nous apprend que le cœur bas & abiect des mondains ne fait que penser apres des choses de neant, *Cogitant inania.* Dauid crie ainsi apres les vanitez mondaines; *Filij hominum vsquequo graui corde, vt quid diligitis vanitatem & quæritis mendacium?* O mortels, iusques à quand vos esprits & vos cœurs seront-ils aggrauez, appesantis & panchez, beans contre la terre? Pourquoy vous amusez-vous à ces vanitez mortelles, transitoires & mensongeres comme des songes?

Salomon le sage fils de ce sage pere, apres auoir consideré toutes les choses creées, & qui sont sous le Soleil, dit que, *Vidit omnia quæ erant sub sole, & omnia vanitas & afflictio spiritus,* que tout n'estoit qu'angoisse, tribulation, affliction d'esprit, & en fin de conte, vanité, vn neant, vn rien.

Ce ne m'est pas assez d'auoir fait voir la petitesse de la terre, & de l'auoir à comparaison du ciel amenee à la plus basse marche qui se puisse imaginer, c'est à dire au neant, ie desire passer plus outre, & montrer par plusieurs incommoditez, qui nous en appetissent & restressissent l'vsage, que les plus desesperees & extremes ambitions & auarices des hommes au souuerain tain sommet & plus haut periode de leurs souhaits, ne peuuent attiner à la moins inimaginable partie d'vn rien.

Outre la petitesse extreme de la terre, que nous venons de monstrer, il y en a les trois parts dont les cinq font le tout, d'inutile & inhabitable, selon l'opinion des anciens Cosmographes, laquelle ie trouue auoir de tresbons fondemens: car s'il est vray, comme il est plus que vray-semblable, que la Zone Torride, laquelle est iustement & à plomb sous l'Ecliptique du Soleil, soit delaissee pour les bruslantes ardeurs que le Soleil y excite, & si les deux autres Zones qui sont aux deux extremitez appellees glaciales, parce qu'elles ne sont point visitees des rayons solaires, sont aussi desertes, à cause des intolerables froidures qui y regnent, il est prou appert qu'il n'y a que ces deux tẽperees que nous & les autres nations habitons, qui doiuent estre contees, les autres estans inutiles. Et ne m'esmeunẽt point à croire le contraire, sçauoir que ces Zones torride & glaciales puissent estre habitees, ce que les nouueaux Geographes nous content: Ie laisse ceste controuerse à l'eschole, elle n'est pas de ce lieu, tellement que selon les anciens voila desia les trois parties dont les cinq font l'vniuersalité, totalement retranchees du commerce des hommes.

Passons plus outre, & voyons si encores de ces deux Zones temperees & habitables tous les endroits sont vtiles, rien moins; Il y en a i'ose dire presque la moitié d'inhabitable tout à fait, ie ne diray pas qu'il en faut oster la moitié par le faiste, comme soustenoient sainct Augustin & Lactance nians à plat les Antipodes, ie ne veux pas m'estendre sur ceste ample question, ie viens à des considerations plus simples & populaires. Il faut estre plainement ignorant de la Geographie, pour ne sçauoir qu'il y a des infinis espaces de ces regions temperees deshabitees & desertes, les vnes pour la trop grãde seicheresse, les autres pour l'humidité superfluë, autres pour l'infertilité, autres pour les sables, autres pour les cailloux & rochers, autres pour l'aspreté des montagnes. Voyons cela plus particulierement. Qui est-ce qui ne sçait vers les pays meridionaux, les deserts vastes & d'estenduë infinie qui sont en l'Afrique, les

les sables de Lybie & de l'Arabie, les profondes & sablonneuses solitudes de l'Egypte, toutes contrees infructueuses, infertiles, delaissees, mais de si longues estenduës de pays qu'on y voyage comme sur la mer, par le moyē des astres, auec la bouzole & le cadran : & comme les voyages maritimes sont subiets à mille perilleux orages qui engloutissent souuent, & font perir les nauires, ainsi quand le vent s'entonne dans ces sables mouuans, cela roule des tourbillons de poussiere, & quelquefois des montagnes d'arenes qui enseuelissent miserablement les compagnies & carrauanes entieres des pelerins ou voyageurs qui passent par ces campagnes sablees.

Comme l'aridité deserte ces pays chauds & bruslez du Soleil de midy, ainsi l'humidité superfluë empesche l'habitation de la plus grande part des quartiers Septentrionaux ; en Lituanie, Moscouie, Tartarie, Lapponie, on voit des Prouinces spatieuses toutes entieres, submergees des eaux ; ce ne sont que lacs, que marets, que bourbes, que vases, que limon.

Que dirons-nous des pays montagneux, où les montagnes, soit pour leur aspreté ou hauteur démesuree, soit pour la neige qui blanchit continuellement, voire aux plus ardantes chaleurs de l'Esté, leur sommet, soit pour les roches dures qui les enuironnent, soit pour la froideur & intemperie des eaux glaciales qui en découlent sans cesse comme torrens, soit pour l'extreme froidure, soit pour le deffaut de terre, ou pour l'infertilité de celle qui se rencontre par petits cantons, toutes ces incommoditez contraires & à l'agriculture & à la vie des hommes, rendent ces pays montueux ou deserts, ou tres-rares en habitans. Quāt aux plattes & douces campagnes que nous habitons, où nous respirons vn air benin, doux, & temperé : cōsiderons ie vous prie serieusement combien il y a encores de terres qu'on laisse en friche pour leur infertilité, pensons combien sont rares les bonnes terres, combien clair-semees : il y aura icy des sables, là des cailloux, ce terroir ne sera pas bon pour les fruicts, l'autre ne pourra produire de vins, encores combien de peine, de trauail, de fatigue & industrie faut-il pour tirer profit des bonnes ? nostre air pour temperé qu'il puisse estre, ne laisse pas toutesfois par ses dereiglemés de gaster le rapport des campagnes, de geler ou brusler les moissons : Est-il pas tout visible que les biens que la terre nous produit sont subiets a mille risques & hazards, de vents, de pluye, de gresles, de gelees, frimats, seicheresses, chaleurs ?

Que si l'air tourmente tant ceste terre que nous habitons pour temperee qu'elle soit, & s'il nous infecte nous mesmes par ses vapeurs, fumees, exhalaisons, corruptions, qui causent tant de maladies, pestes, mortalitez, pensez-vous que le feu de son costé ne face pas de merueilleux rauages ? les exemples en sont tant familiers à nos yeux que rien plus. Apres le feu vient l'eau; quels degasts & escoullemens fait la mer en ses bords maritimes, où elle mine & ronge incessamment ? quels dommages apportent aux terres les inondations, desbordemens, pluyes excessiues, & en fin les ruisseaux & riuieres, lesquelles enflees des neiges des montagnes, culbutent & renuersent tout dans les vallees, entrainant arbres, plantes, maisons, tout ce qu'elles rencontrent ?

——— Rapidus montano flumine torrens
Sternit agros, sternit sata læta boumque labores,
Præcipitesque trahit syluas.

Si les eaux qui coulent de toutes parts sur la superficie de la terre, comme les veines sont disperses par vn corps, si (dis-ie) elles font de tels esclandres sur la surface, pensez-vous quelles escarres elles font par les conduits sousterrains d'où sourdent les belles & claires fontaines : ces eaux bouchees retournees en vent, comme les Physiciens nous apprennent, causent ces terre-trembles que nous voyons quelquefois, qui font crouler les fondemens de la terre, bouleuersans des villes entieres, & les engloutissans comme dans des gouffres & abysmes.

Si les elemens sont ainsi bandez contre ceste terre, pensons-nous que toutes les autres creatures n'ayent pas aussi comme coniuré sa ruine, que d'espines, de ronces, d'yuroyes, de halliers, de pierrailles se meslent parmy les trauaux champestres ! le ciel ne luy fait que darder des influences malignes, le Soleil selon qu'il passe par les degrez de son escharpe imaginee, qu'ils appellent Zodiaque, luy depart tantost des chaleurs immoderees, tantost des pluyes abondantes, tantost des froidures extremes

D'où pensons-nous que viennent toutes ces choses, sinon du peché? en l'estat d'ignorance tout n'estoit pas ainsi depraué, tout obeïssoit a l'homme qui auoit esté creé de Dieu à ce effect, pour commander à toutes les choses creées, vser des elemens, des plantes, de la terre, & pour commander à tous les animaux terrestres, celestes, aquatiques, *Vt dominaretur*, comme il est dit au Pentateuque, *volucribus cœli, piscibus maris, & bestijs terræ,* mais c'est vn autre discours: cela auant que nous y embarquer plus outre.

Disons seulement que les animaux terrestres rappetissent encores merueilleusement aux hommes l'habitation de la terre, les lyons & les ours dépeuplent certains quartiers, les serpens d'autres endroits, les tygres estrangent quasi & chassent les hommes de l'Hircanie; d'autres cantons sont infectez de loups ou de dragons.

Pline conte que la ville de Megare fut desertee par la trop grande quantité de mouscherons. Combien de lieux en l'Italie sont infectez de scorpions, & ne sçait-on quel remede trouuer pour se garantir de ces bestes, non seulement importunes, mais mortelles? Certes on recognoist à cela ceste Prophetie veritable, que toutes les creatures se sont rebellees contre l'homme, parce qu'il s'est rendu rebelle & refractaire à son Createur; toute la machine de l'vniuers, voire les choses inanimees, combattent les pecheurs insensez. *Pugnat orbis terrarum contra insensatos.*

Voila comme la seule nature nous restressit & racourcit l'vsage de la terre par la guerre des elemens, des animaux, des montagnes, des deserts, des marests: car ie laisse à dire de quels petits limites & cantons nous serions barrez, estans de toutes parts enuironnez de ruisseaux, de riuieres, de fleuues, de mers, si l'industrieuse inuention des hommes, par le moyen des nauires n'auoit trouué dequoy franchir ces obstacles de nature: il y a de cecy vne peinture fort delicate chez le Prince des Lyriques.

Illi robur & æs triplex circa pectus erat,
Qui fragilem truci commisit pelago ratem
Primus, nec metuit præcipitem Africum
Nec tristes hyadas, nec rabiem Noti, &c.

Voyla donc pour les incommoditez de la nature, que sera-ce si nous remonstrions les humaines? Outre ceste infinie diuersité de langages qui nous oste le commerce libre des vns aux autres nations? que dirons-nous de tant de parcelles & diuisions esquelles la terre de tous costez est partie? Elle est premierement distinguee en regions, comme Europe, Affricque, Asie: Ces regions en dix mille Empires, Monarchies, Royautez, Souuerainetez, Principautez, Duchez, Contez, Seigneuries; on n'ose passer ny traficquer librement de Royaume en l'autre, sans mille difficultez. Ie laisse les guerres sanglantes & cruelles, estrangeres & ciuiles, qui nous renferment telles fois dans les villes, n'osans seulement mettre le nez à la campagne sans courre mille hazards: & dans les moindres seigneuries, combien est-ce que la terre est partie en lambeaux, parcelles, clos, arpens, vergers? Ce *meum & tuum* que Platon rejette tant, de combien est-il cause de noises, de debats & procez, principalement en ceste nostre miserable & chicquaneuse France? Tel en fin se trouuera si à l'estroit en ce monde, qu'il n'aura pas vn poulce de terre à soy, ou s'il a quelque mestairie, que sera-ce, ie vous prie, comme nous disions tantost parlans d'Alcibiades, à comparaison du reste de la terre? Si nous cōparons l'Angleterre au vaste sein des mers qui l'enuironnent, ce ne sera qu'vn grain de sablon? Si le Royaume de France au reste de l'Vniuers, ce ne sera qu'vne motte de terre. Voyez, ie vous prie, où aboutissent les plus grandes Monarchies, voire ie veux qu'vn seul soit Empereur de toute la terre habitable, ce qui ne fut iamais, comme nous allons monstrer; reuenans à la cōparer au Ciel nous la trouuerons vn point, vn atome, vn rien. Voyez où se termine le plus haut faiste de la terrestre grandeur. Non, ceste possession vniuerselle n'arriua iamais à aucun: car ce qu'on dit ordinairement d'Alexandre qu'il a subiugué tout le monde, ce sont façons de parler qui se coulent és discours communs, plus par parade que par verité, n'eut iamais le tiers de ce monde habitable. Ie dis de celuy qui pour lors estoit cogneu: car quant aux terres nouuellement descouuertes qu'on dit estre d'aussi grande estenduë que ces nostres regions, elles estoyẽt lors incognues. Quant aux Romains en l'extreme point de leur Empire, il s'est exempté plus d'vn tiers de la terre de leur seigneurie & domination: de sorte qu'encores que la terre soit si petite que nous l'auons dépeinte, si n'a-elle iamais peu estre possedee par vn seul seigneur.

A tant de la petitesse extreme & des grandes incommoditez de la terre, mais si nous estions bons escholiers, que nous remarquerions bien tost pour en faire nostre profit vn sage trait de la prouidence diuine en cecy: laquelle l'a ainsi ordonné & disposé, afin de nous donner à entendre que ce n'est pas icy que nous deuons fonder vne demeure asseuree & permanente, mais que nostre visee doit estre ailleurs, que nostre esprit ne pouuant s'arrester & tenir à si peu de chose, doit porter ailleurs & plus haut en Dieu, où il trouuera le comble de sa tranquillité & souuerain contentement: l'ame a tous ses desirs infinis; icy bas tout, voire les choses plus grandes sont finies: l'ame de sa nature est immortelle; icy bas tout est mortel: mais au monde Archetype tout y est infiny & immortel, objets du tout proportionnez à la nature de nos ames. Si Dieu auoit fait ce monde bas pour nos ames, il l'eust creé infiny & immortel: mais comme l'enfant venu à certaine croissance, sort du ventre maternel pour ne pouuoir plus durer en vn lieu si anguste: ainsi l'ame par la mort se deliure du corps & s'enuole de ce monde, pour ne pouuoir viure en vn lieu si estroit & resserré pour elle.

Helas! que seroit-ce si Dieu auoit fait ceste terre des mourans plus belle, spacieuse, aggreable, puisque tant d'aueugles mondains, toute laide, desagreable, petite qu'elle est, la cherissent & l'adorent, mettans en oubly les palais magnifiques de la Hierusalem celeste, pour sejourner dans les viles tauernes & salles cabarets de ce bas monde.

Quant aux incommoditez que nous auons descrites apres la petitesse, elles viennent de la mesme main de ce de ce grand plasmateur, afin que pressez de tant de trauerses & mesaises, nous pensions au vray repos qui nous attend ailleurs, & que nous ne fissions pas comme sainct Pierre, qui n'ayant qu'vn simple petit rayon d'aise en la montagne de Thabor, disoit desia, *Bonum est nos hic esse, faciamus hic tria tabernacula.* O qu'il fait bon demeurer icy! sus, comme disent les mondains, faisons-y trois tabernacles, l'vn à l'Ambition, l'autre à l'Auarice, l'autre à la Chair & à la volupté: sus donnons-nous carriere, demeurons icy si faire se peut à perpetuité; mais Dieu qui mesle l'absynthe & l'amertume de la douleur parmy toutes les delices, & voluptez terrestres, faict tousiours cognoistre aux plus aueuglez, par ces entremets; qu'ils se trompent en leurs pretensions, & que toutes leurs propositions sont vaines & friuolles, qu'icy bas on ne peut fonder que sur du sable. Qui seroit-ce, ie vous prie, si le Createur auoit basty cet Vniuers plaisant, commode, aggreable, puisque parmy tant de miseres & incommoditez qui y sont parsemees de toutes parts, il se trouue encores des ames si grossieres, qu'elles s'y attachent & arrestent. En quoy ie remarque encores vn trait singulier & notable de la diuine bonté & de son amour enuers nous, lequel tasche de nous attirer à sa gloire, souuerain point de nostre bien estre, par deux diuers moyés: l'vn d'amour & de loyer, l'autre de crainte & de peine: *Traham eos*, dit-il, *in funiculis charitatis, & in funiculis Adami.* Sur quoy ie forme ceste cõception nõ point par trop des-agreable: Par le moyen de la petitesse, de l'abiection, bassesse, & vilité de la terre, il tasche d'esleuer nos esprits au Ciel, & les enamourer du desir de gloire celeste: voyla les chaisnons de charité: mais s'il voit nos ames trop dures & reuesches, incapables de l'eschauffaison d'vne belle & saincte flamme, il nous fait voir & ressentir les incommoditez, trauerses & mesaises de ceste terre de mort, & voyla les chaisnons d'Adam: parce que tous les enfans d'Adam, c'est à dire les hommes mortels, sont subiets aux afflictions, angoisses, tribulations, douleurs, maladies, hazards, mauuaises rencontres, agitations de fortune, & mille autres inconueniens qui pendent ordinairement & iournellement sur leurs testes,

Il nous fait comme les nourrices, lesquelles pour seurer leurs petits enfans, & leur faire prendre goust au pain & aux plus solides viandes, frottent les bouts de leurs mammelles de quelque chose d'amer, afin de les en retirer. Ainsi Dieu frotte d'absynthe & d'aigreur toutes les vanitez, richesses & voluptez mondaines:

——— Ita dijs placitum est
Semper vt voluptati mœror sit comes,

disoit le bon Terence; afin de les nous faire rejetter pour gouster le pain solide de la vertu; il remplit de miseres, incommoditez & malheurs ceste terre des mourans, afin de nous faire aspirer à celle des viuans, qui est le Ciel, thrône de sa gloire, centre de nostre repos & eternelle felicité.

Apres auoir remonstré la petitesse, abjection & incommodité des biens de la terre, parlons maintenant de leur vanité. Mais pour suiure vn ordre parmy vne assez longue carriere que ie vay pousser, remarquons que cela est dit vain, qui ne remplit pas, qui n'a point de soustien, qui n'apporte aucun fruict essentiel, en vn mot qui se resoult à neant. En tous ces sens la terre est vaine, & par consequent les mondains terrestres:
a Eccles. 1. & 2. que tout ce qui est icy bas soit vanité, le a Sage l'a crié
si haut, que tout le monde le sçait & l'entend, voire
b 2. vanité des vanitez. b *Vidi in omnibus vanitatem.* c *Cuncta*
c 3. *subiacent vanitati.* En d Ieremie. *Possederunt patres nostri*
d 16. *vanitatem:* que tous les mondains addonnez à la terre
e Ps 38. suiuent la vanité, la consequence est necessaire. e Da-
f 14. uid, *Vniuersa vanitas omnis homo viuens.* f *Homo vanitati*
g 4. *similis factus est.* g *Filij hominum vt quid diligitis vanita-*
h 5. *tem.* h *Cor eorum vanum est.* i *Vani filij hominum.* l *Domi-*
i 61. *nus scit cogitationes hominum, quoniam vanæ sunt.* En fin
l 93. m 13. la m Sagesse, *Vani sunt omnes homines.*

Que la terre ne puisse remplir l'esprit & le corps, ie le vay clairement manifester. Aucune chose pour grande qu'elle puisse estre, fust-ce la sphere du firmament, ne peut remplir l'intellect humain: voyez-vous pas qu'il perce tous les globes celestes pour tascher curieux de sonder ce que l'on fait par delà au monde Angelique: doncques ny le Ciel, & encores moins la terre, ny toutes les choses visibles ne sont pas assez grandes

grandes pour l'assouuir : sa vastitude est infinie & illimitee ; il comprend plus que toutes ces choses sensibles, il n'y a que Dieu seul qui est au delà de toute infinitude & apprehension, qui le puisse combler. Encores moins peut tout le monde remplir sa volonté : Demandez à vn auaricieux si tout l'or qui est en toutes les minieres du monde, si toutes les richesses de l'Vniuers le peuuent contenter ; tant s'en faut, que cela rengrege sa soif, & l'altere dauantage. Demandez à vn voluptueux s'il ne sera iamais rassasié de sa gourmandise ou luxe, il vous respondra que las souuent, mais que ces damnables & brutaux plaisirs luy laissent tousiours vn esguillon iusques à l'infiny. Demandez en fin à l'ambitieux s'il a quelque repos & contentement en ses plus excessifs honneurs, il ment s'il dit qu'ouy, & parle contre son propre ressentiment : il se trompe, flatte, & trahit soy-mesme. Demandez à vn Aduocat s'il ne voudroit pas estre Conseiller, de Conseiller President, de President Chancelier, & ainsi à l'infiny. A vn soldat s'il ne voudroit pas estre Capitaine, de Capitaine Colonnel, de Colonnel Mareschal, de Mareschal Connestable. A vn Prestre s'il ne voudroit pas estre Abbé, d'Abbé Euesque, d'Euesque Cardinal, de Cardinal Pape. Demandez à vn simple gentilhomme s'il ne voudroit pas estre Baron, de Baron Conte, de Conte Duc, de Duc Roy, de Roy Empereur, & cet Empereur s'il ne voudroit pas seigneurier a tout le monde

Cecy se verifiera mieux par exemples. Qui ne sçait qu'Alexandre s'estant quasi rendu tributaire tout le monde habitable, pleura oyant discourir vn Philosophe de la pluralité des mondes ? il auoit haste ce croisie d'acheuer sa conqueste pour demander le chemin à passer aux autres : Cela a fait dire à quelque Poëte ancien,

Vnus Pelæo iuueni non sufficit orbis.

Seneque rencontre fort naïfuement à ce propos, *Inuentus est*, dit-il parlant d'Alexandre, *qui aliquid concupisceret post omnia*. Pour monstrer combien tout cet Vniuers c'est peu de chose pour assouuir l'insatiable volonté humaine, il s'est trouué vn homme qui desiroit encores, & conuoitoit apres auoir tout acquis.

Tout l'Empire Romain, qui n'estoit pour lors borné que du Ciel, ne fut pas bastant de contenter l'effrenee conuoitise de ces trois qui composerent ce celebre Triumvirat, Cesar, Pompee & Crassus, ils se ruinerent l'vn l'autre: En fin Cesar estant demeuré seul possesseur de tout le monde lors cogneu, il fit tant par ses menees, qui ne prouenoyent que d'vn esprit non content, qu'il fut miserablement assassiné en plein Senat.

Le dialogisme de Pyrrhus Roy des Epirotes auec Cyneas son Conseiller, est fort gaillard; il se lit chez Plutarque en l'histoire de ce Roy Cyneas luy demanda vn iour pourquoy il leuoit tant de gens de guerre? pour conquerir la Grece, dit-il. Et puis quand nous aurons conquis la Grece, luy respondit Cyneas, que ferons-nous? Nous enuahirons l'Empire Romain, luy repliqua Pyrrhus: Cyneas repart, & apres auoir subiugué l'Empire Romain, où irons nous? Nous passerons en Asie, luy dit le Roy, de là en Afrique, toute l'Europe sera à nous. Et apres tout cela, luy fit Cyneas? En fin, dit-il, nous-nous serons aisement maistres de tout le monde. Et quand nous serons maistres de toute la terre habitable, que ferons-nous plus en fin de conte, poursuiuit Cyneas: Lors, luy dit Pyrrhus, nous-nous reposerons & ferons grande chere, nous viurons abondans en plaisirs, honneurs, & richesses. Las, Sire, luy dit Cyneas, quelles belles pretensions, quelles grandes imaginations! Et qui vous empesche dés à present sans courir tant de hazards & perilleuses rencontres de vous donner du bon temps, honoré, chery, & respecté de vos subjets; gouuernant auec souueraineté vn riche & magnifique Royaume? ceste course que vous entreprenez est trop longue, vous ne l'acheuerés iamais, vostre haleine est trop courte. Et de fait à la premiere rencontre qu'il eut auec les Romains, il fut miserablement escorné, desfait, destruit, mené captif, & priué de son Royaume, decheu de ses folles & presomptueuses conceptions; iugez cependant de là comme la volonté est vn gouffre abyssal, qui n'a ny fond ny riue, elle pense s'assouuir par l'acquisition de toutes les choses sublunaires, mais si elle estoit venuë à ce souuerain periode de posseder

toute

toute la terre, elle seroit moins contente & satisfaicte, ains plustost beaucoup plus inquietee, que ne possedant rien. En fin pour monstrer vn argument que toute la terre ne peut remplir l'esprit humain, recognoissons que toutes choses ne se peuuent contenter que d'vn objet qui soit proportionné à leur nature: Or la terre est materielle, l'esprit immateriel, concluez.

Il n'y a que Dieu seul, lequel estant vn objet immateriel & infiny, peut conuenir à nostre esprit spirituel & illimité. Dauid. a *Satiabor, cùm apparuerit gloria tua.* a Ps. 16.
Il dit que son esprit ne sera iamais content & rassasié qu'en la vision de la gloire de Dieu. *Adimplebis me lætitia cum vultu tuo,* dit-il ailleurs; mon esprit sera comblé en la contemplation de vostre face. C'est là que consiste tout le vray bien. *Ego ostendam tibi omne bonum,* est-il escrit en b l'Exode; & au c Genese: *Ego ero merces tua magna nimis.* b 9. c 15.

Mais ie veux bien monstrer encores dauantage, sçauoir que la terre, outre qu'elle est du tout incapable d'arrester nostre esprit, elle n'est pas seulement bastante de contenter nos sens: pour les yeux, ils sont sans doute insatiables. d *Oculi hominum insatiabiles,* & d Prou. 27. non seulement la veuë, mais aussi l'ouye ne peut estre rassasiee de sons. *Nec satiatur oculus visu, nec auris auditu,* dit e l'Ecclesiaste: le nez tout de mesmes sentira e 1. tousiours sans se saouler: Quant aux deux autres sentimens du goust & du toucher, ceux-là de verité comme plus grossiers, s'appaisent bien pour vn temps, mais la digestion faicte quelques heures apres, ils reuiennent à leurs premiers appetits, & ainsi tousiours. Ainsi pouuons-nous recognoistre comme la terre ne peut remplir ny l'esprit ny le corps, & toutesfois vn million d'aueugles mondains béent incessamment apres ces honneurs, ces richesses, ces plaisirs, comme si ces choses leur pouuoyent apporter quelque satieté.

Si elle ne peut remplir, encores moins se soustenir d'elle-mesme, qui est nostre second point & seconde marque de la vanité: & qu'on ne me die point que f *Fundauit terram super stabilitatem suam,* que la terre est f Ps. 103. fondee sur sa propre stabilité, cela s'entend pour son assiette

assiette naturelle, n'estant icelle au milieu des spheres celestes soustenuë que de son propre poids : le milieu du monde luy ayant esté ordonné de Dieu pour son centre. Cet argument seroit sophistique & elusoire, car de dire qu'elle se puisse soustenir de sa propre & essentielle force, ce sont bayes.

Comme elle est faite de rien par le Createur de l'Vniuers, aussi de sa nature elle s'en retourneroit au neant son principe premier, si elle n'estoit assistee continuellement de ce mesme sien facteur qui la porte par la vertu de sa parole : *Portat omnia verbo virtutis suæ*, dit S.
a 1. Paul aux a Hebrieux : de sorte qu'à ceux qui se fondent sur icelle, on peut dire hardiment qu'ils s'appuyent sur vn baston de roseau, creux, vuide, & foible, voire a-
b 39. uec b Esaye, qu'ils s'asseurent sur le neant : *Confidunt in nihil.* Si elle ne se peut soustenir de soy-mesme, elle est encores moins solide & asseuree; c'est mon troisiesme
c Sap. 5. point, & sa troisiesme qualité. c Salomon qui auoit gousté toutes sortes de plaisirs, honneurs & richesses en supreme degré, dit en fin que tous les trauaux des mondains sont sans fruict, vaines leurs esperances, inutiles leurs œuures, *Vacua est spes illorum, labores sine fructu, & opera inutilia:* qu'il n'y ait icy bas aucune vraye & essentielle felicité, il ne faut que le demander à Solon, il vous respondra que, *Felix ante obitum nemo.* La felicité est vn bien, en la terre il n'y a que mal & misere: la felicité doit estre asseuree, icy nulle certitude : la felicité contente l'homme, icy tous mescontentemens : la felicité doit estre permanente, icy c'est vn passage qui s'escoule comme l'ombre : *Dies eius sicut vmbra pretereunt :* C'est vn songe, *Velut somnium surgentium Do-*
d 72. *mine imaginem ipsorum ad nihilum rediges*, dit le d Psalmiste des mondains : tout s'y seiche comme foin, *Omnis caro fœnum, tanquam fœnum velociter arescit :* la terre est vne cisterne creuassee qui ne peut contenir aucuns vrays biens : c'est vne hostellerie où nous hebergeons pour vn peu de temps en ce pelerinage mortel; le commencement de nostre course c'est le temps que nous sommes au ventre de la mere, la fin, le port, le haure de nostre nauigation c'est la mort; la vie c'est le milieu, or au milieu n'y a ny repos, ny asseurance, mais vn but determiné. La felicité doit estre paisible & tran-

tranquille, icy bas y a guerre perpetuelle: interieure, de l'esprit contre la chair, *Caro militat, &c.* Et S. Paul a aux Romains. *Video aliam legem in membris meis repugnantem legi mentis meæ:* exterieure de toutes parts, cõme nous auons monstré cy-dessus Au corps mesme il y a guerre à cause des qualitez contraires & repugnantes, dont il est composé, lesquelles sans cesse l'agitent: b *Vnum contra vnum, & duo contra duo:* C'est pourquoy ceste vie, fort à mon gré, est appellee de Iob vne milice sur terre. Et comment est-ce que nous trouuerions icy bas du repos, puisque tout y est en branle & agitation continuelle? Ce n'est qu'vn perpetuel boute-hors & vicissitude de vie & de mort sur la terre, tout remué, la diuersité des saisons fait naistre & mourir les plantes, les animaux, les hõmes, les Cieux tournent sans cesse: En fin oyez l'Ecclesiastique qui nous apprend, que tous les iours de l'homme sont pleins de douleurs & de fascheries, & que la nuict mesme son esprit n'a point de repos: *Cuncti dies eius dolore & ærumnis pleni sunt, nec per noctem mente requiescit.* Il n'est rien icy bas de plus constant, qu'il n'y a point de constance, rien de plus certain, comme disoit Pline, qu'il n'est rien de certain: rien de plus asseuré, qu'il n'y a point d'asseurance: elle n'est stable qu'en son instabilité seule, en fin la face de cet Vniuers, c *Nunquam in eodem statu permanet.*

a 7.

b Eccles. 33.

c Iob 14.

La felicité doit estre sans tacre, sans mesaise, sans incommodité, au rebours en ceste terre des mourans il n'y a ombre de bien qui ne soit remplie de mille desplaisirs: les voluptez sensuelles sont incontinent suiuies de mille maladies cruelles: les auarices de soins, soucis, chagrins, sollicitudes: les honneurs & ambitions de mille cuisantes trauerses & afflictions d'esprit: Les Roys sous leurs mantes empourprees endurent mille poignantes miseres, & ont les cœurs rongez de beaucoup d'ennuys: celuy qui coiffé d'vn diademe dit que qui en cognoistroit la pesanteur ne le daigneroit leuer de terre, me semble auoir d'autant plus veritablement parlé, que ie le vois secondé de l'experience: Diocletian & Maximilian se desfirent de l'Empire, pour viure plus à leur aise vne vie priuee: plusieurs de nos Papes ont changé leur mitre souueraine à la douceur d'vne deserte solitude.

Quant

Quant à la nature de la terre, nous luy voyons aux campagnes mesler l'yuroye auec le bon grain, les raisins auec les lambrusches, les roses auec les espines, les orties parmy les bonnes herbes; la beauté du lys auec sa puanteur, les beaux arbres sans fruict, aupres des bonnes herbes les mortels & venimeux poisons: si la vigne a quelque chose de bon, elle paye ceste vtilité par sa laideur: aupres du pin naist le tacte mauuais & nuisible, & le noyer est ainsi appellé à ce que les Ethimologistes nous apprennent, parce qu'il nuit auec son ombre: le paon est beau en son plumage, mais il a les pieds crasseux & la voix desagreable & enroüee: le Nil feconde l'Egypte par son arrousement, mais il la gaste roulant vne vase ou bourbe salle & limonneuse.

Si nous auons du bois, le tale le ronge, les draps sont percez de la tigne, les metaux gastez de la roüille, les fruicts corrompus & consommez des vers: toutes ces miseres combien esloignees du vray bien!

La felicité doit encores estre aisee, & sans difficulté; or la terre ne nous donne rien sans beaucoup de sueurs & de peines, il ne faut qu'ouurir les yeux pour voir cela, c'est chose si manifeste qu'il semble que l'homme soit né pour trauailler, comme l'oyseau pour voler, & que le labeur soit son element, comme l'eau aux poissons, & l'air aux volatilles. Il faut que, *In sudore vultus sui vescatur pane suo*. Iettez vos yeux aux champs & à la ville, vous ne verrez qu'vn trauail continu du menu peuple, laboureurs, vignerons, artisans, voituriers, & marchands. Voulez-vous considerer la Noblesse, vous la verrez en guerre auec mille & mille fatigues, courant risque de sa vie à tout propos, en paix endurer mille inquietudes à la Cour: si vous regardez la Iustice & les finances, vous ne verrez qu'vn tracas continuel d'affaires, de plaids, de comptes: Et en ces miserables conditions se passe la vie de ceux qui s'estiment les mieux sensez.

Ce ne m'est pas encores assez d'auoir fait cognoistre qu'en terre il n'y a rien de solide ny asseuré: Ie veux encores faire voir pour la quatriesme, derniere, & plus essentielle qualité, que tout ce qui est sublunaire est vn neant: Pour faire taire ceux qui voudroient nier ceste

ceste proposition, ie les veux accabler des authoritez irrefragables de l'escriture. Le a Sage, *Nil permanet sub sole*, Il n'est rien de permanent & asseuré sous la voute des cieux. Aux b Nombres, *In terra nil possidetur.* En la c sagesse, *Diuitias nihil esse duxi.* En sainct d Jean, *Gloria nihil est.* e Job expressement, dit que la terre n'est rien. *Appendit terram super nihilum.* Le f Psalmiste, *Substantia mea tanquam nihilum ante te.* Le g mesme, *Ad nihilum deuenient tanquam aqua decurrens:* & h encores, *Ad nihilum deducet omnes gentes.* i *Et imaginem ipsorum ad nihilum rediges.* En l Esaye, *Ecce vos estis ex nihilo,* dit ce Prophete, parlant aux hommes: aux m Machabees, *Honores eius in nihil,* La n sagesse, *Ex nihilo nati sumus.* En o Esaye, *Extendit velut nihilum cælos.* Le p mesme, *Quasi nihilum possederunt.* En fin q Dauid, *Pro nihilo habuerunt terram.* Si la terre n'est rien, & tout ce qui est compris en icelle, suiuant ces tesmoignages de la saincte parole, elle n'est aussi qu'vn point, qu'vn rien à comparaison du ciel comme nous auons amplement montré cy-dessus. Iugez de là combien doit estre bas, petit, & abiect le cœur des mondains, qui n'ont autre visee. Ne peut-on pas appeller de vrays fayneants, tant de miserables que nous voyons tous les iours se trauailler, & se peiner apres ce neant?

a Eccles. [illegible]
b 18.
c 7.
d 8.
e 26.
f 38.
g 57.
h 58.
i 72.
l 41.
m 1.2.
n 2.
o 40.
p 63.
q 105.

Mais pour ne diuaguer point dauantage en l'estenduë de ce vaste discours, recueillons toutes les speculations que nous venons de faire par le rapport antipathique, & les contraires diuersitez qui se trouuent entre ceste terre des mourans, & celle qui est appellee terre des viuans en l'escriture; entre ce monde creé & l'increé, ce monde mortel & l'immortel. Nous auons montré par nostre premiere pointe, comme ceste terre que nous habitons n'est qu'vn point comparee aux spheres celestes: que sera-ce si nous disons que ces globes celestes pour grands & spatieux qu'ils soient, ne sont pas seulement l'ombre d'vn point, voire l'inimaginable parcelle d'vn rien, comparez au ciel intelligible? qui voudra voir la verité de ceste assertion, ie l'aduise qu'il compare les choses finies aux infinies, & puis il en dira de certaines nouuelles. Nous auons montré que ceste terre outre qu'elle est petite, elle est aussi extremement incommode, & nous dirons

rons à contrepoil que nulle incommodité, mais plustost que le comble & faiste de tout contentement se trouue au ciel.

Il y a, comme dit excellemment sainct Augustin, vne necessaire presence de tout bien, & vne necessaire absence de tout mal. I'ay monstré par apres que la terre est vaine, par-ce qu'elle ne remplit pas, qu'elle n'a point de soustien, & qu'elle n'a solidité ny asseurance quelconque: Disons au rebours de l'eternelle vie, que là nos corps & nos esprits seront comblez & remplis d'vne liesse indicible, que ceste demeure ayant Dieu pour fondement, se soustient aussi d'elle-mesme, *Fundamenta eius in montibus sanctis, diligit Dominus portas Sion*, & par consequent que ceux-là sont heureux qui se confient & s'appuyent sur ceste base asseuree de la Hierusalem celeste, *Qui confidunt in Domino sicut mons Sion, non commouebitur in æternum qui habitat in Hierusalem*. Nous auons dit dauantage, qu'icy bas il n'y a solidité ny asseurance aucune, au contraire que tout y est parsemé de miseres, incertitudes, instabilitez: là haut au rebours sera vne certitude & stabilité pleniere, fondee sur la base de l'eternité, il y aura vn repos & contentement immortel; & comme i'ay monstré qu'icy bas il n'y a point de vraye felicité, là au contraire les bien-heureux seront participans de toutes sortes de felicitez entieres & essentielles.

I'ay fait voir en dernier lieu, & par authorité & par raison, que ce monde bas n'est qu'vn rien, & nous disons tout au rebours que le surceleste & Archetype seiour des bien-heureux est tout: n'est-ce pas tout, puis qu'on y iouït de la presence de Dieu, qui est, ainsi que parle sainct Iean en son Apocalypse, ce qui est, qui a esté, & qui sera iamais, en vn mot Tout, auec Platon?

Si ie voulois suiure ces miennes dernieres propositions, touchant le monde Archetype, & esplucher la beauté & excellence des choses celestes, comme ie viens de descrire la bassesse des terrestres, qui ne voit que i'irois à l'infiny: ceste derniere pointe estant beaucoup plus excellente que la premiere en toutes dignitez? Formons seulement ceste consideration sur le choc de ces contrarietez pour nostre enseignement, com-

comment il est possible que les mondains addonnez aux voluptez, richesses & honneurs terrestres, soient si aueugles & stupides de ne considerer leur bassesse, leur petitesse, leur incommodité, leur vanité, leur neant, & de laisser miserablement pour la boue & la fange de ces biens terrestres, finis, perissables, les autres qui nous attendent au Ciel infinis, immortels, indicibles, inimaginables.

Caton a dit vn beau mot, auec lequel ie veux finir ceste pointe : Les fols, disoit-il, n'apprennent pas tant des sages, que les sages des fols. Puis doncques que les saines & sainctes exhortations, & sages aduis des gens de bien ne peuuent retirer de leurs peruerses inclinations les hommes mondains, & que ces vrays fols & insensez ne se veulent point former & mouler sur le patron des sages : Ie conseille aux sages de se mirer dans les miseres de ces fols, afin de plaindre leur malheur, & de s'affermir d'autant plus en la vertu : ainsi comme bien aduisez ils feront profit du dommage d'autruy.

Ie viens maintenant à la derniere partie de cet ample discours, où ie desire monstrer par plusieurs agreables rencontres, qu'il faut renoncer à la terre pour aspirer au Ciel, j'entre tout court. *Nemo potest duobus Dominis seruire,* dit nostre Seigneur en S. a Mathieu : a 6.
Aucun ne peut seruir à deux maistres, à Dieu & au monde : Le ciel & la terre ne se peuuent ioindre, ce sont choses trop esloignees de distance, trop dissemblables en nature : *Multum distant cœli à terra.* Les choses terrestres & celestes sont incompatibles.

Ceste remarque est commune qui se lit dans le b liure des Roys, que iamais l'Arche sainte de l'alliance & l'idole Dagon, malgré tous les efforts des Philistins, ne peurent demeurer ensemble sur vn mesme autel : figure que les desirs terrestres, malgré toutes les inuentions des mondains, ne peuuent estre ensemble sur l'autel d'vn mesme cœur auec les celestes. b 1. Reg. 5.

En l'homme il y a vn conflict & cõbat perpetuel de l'esprit contre la chair : celle-cy veut les choses terrestres, celuy-là les celestes, les bõs sont pour celuy-cy, les mauuais pour celle-là : figures de cecy : le monde n'est pas encores en sõ berceau, que voila sur les rangs Cain qui

qui tuë son frere Abel, pour nous donner à entendre que les meschans flattans & mignardans leurs corps addonnez à leurs sensualitez, abandonnez à leurs honneurs & richesses, estouffent comme Cain le iuste Abel, qui est l'esprit. Ie voy au rebours que dans les flans maternels de Rebecca, Esau & Iacob s'entre-battent, mais Iacob demeure en fin le premier & le maistre: enseignement qu'es gens de bien, qui sont les spirituels & contemplatifs, le corps rebelle figuré par le reprouué Esau, est gourmandé par l'esprit dénoté par Iacob: & se fait ce duel dans la poitrine d'vn chacun des mortels, les aucuns desquels plus grossiers & terrestres suiuent la chair & le sang, c'est à dire s'addonnent à la terre, laissans le ciel, qui est vne vraye marque de reprobation; les autres plus releuez quittent de bonne heure la terre pour le ciel, qui est vne vraye marque d'élection & predestination.

L'essay plus subtil, & pierre de touche plus certaine pour esprouuer le vray Chrestien, c'est ce croy-ie de luy proposer ceste letre fourchuë de Pythagore, ou ce chemin de la vertu & du vice si delicatement representé au ieune Hercules chez Xenophon: c'est à dire, de luy donner le choix des biens terrestres, mortels, fragils, & vils, & des celestes, immortels, infinis, & tres-excellens: on pourra iuger de sa foy & de son courage selon son élection, parce que s'il est droitement bandé à l'acquisition de l'eternelle felicité, il méprisera sans doute aussi-tost les choses presentes; s'il manque de foy & de courage, il s'attachera à la terre, & delaissera le ciel: C'est ce que nous donne à entendre nostre Apostre en termes vn peu couuerts; *Si consurrexistis cum Christo*, c'est à dire, si nous sommes resuscitez auec Iesus-Christ, & que croyans fermement sa Resurrection nous soyons aussi asseurez de la nostre, *Credentes Resurrectionem Christi, nostram quoque credimus*, disoit Tertulian; il est indubitable que nous ne respirerons que les choses d'en-haut, non celles d'en-bas, & de la terre: *Quæ sursum, non quæ super terram.*

L'Aigle a ceste proprieté pour éprouuer si ses petits sont legitimes, de les exposer au Soleil, si ces petits aiglons sentans la generosité de leur race, regardent fixemẽt ce bel astre du iour, sans siller les yeux, la

mere

mere les cherit & les nourrit tendrement, les esleuant auec beaucoup de soin & sollicitude : s'ils clignottent les yeux, & qu'ils ferment leurs paupieres, ou raualent leur veuë contre terre, incapables de supporter l'effort d'vne si brillante clarté, elle les suffoque, & les iette comme bastards, adulterins & indignes de leur race.

Dieu fait de mesme : Il esprouue les hommes, leur proposant ce beau & esclattant flambeau de l'eternelle gloire, ceux qui fixement la contemplent, & qui la desirent, reiettans toutes pensées terrestres, il les eslit, les predestine, les cherit & les ayme, mais ceux qui indignes d'vne si belle recompense raualent les pointes de leurs lasches courages aux choses basses & terriennes, dédaignans ces immortelles beatitudes, il les reiette & reprouue comme brutaux & illegitimes.

Les Celtes, peuple anciénement de la Gaule Germanique, au rapport de a Iulian l'Empereur, & de b Galen, auoient vne coustume ialouse, pour esprouuer la fidelité de leurs femmes, de plonger (pour quelque froidure qu'il fist) leurs petits enfans nouueaux nez dans le Rhin, fleuue de ce canton d'Allemagne, les estimans legitimes s'ils supportoient la rigueur & inclemence du froid, sinon ils les iettoient tous transis aual l'eau, comme bastards & adulterins.

a *Epist. ad Maximum.*
b *L. 1. de sanit. tuen.*

c Planudes Cõpilateur des Epigrammatistes Grecs, en son Anthologie rapporte vn peu d'vne autre façon ceste histoire : ils auoient, à ce qu'il dit, accoustumé de les mettre sur ce fleuue, mais sur leurs pauois ou escus, les tenans pour leur vraye progeniture s'ils nageoient ainsi sur ceste riuiere, s'ils alloient au fond, ils les laissoient noyer, comme vne fausse & illegitime engeance. Ostant ce qu'il y a de grossierement humain en ceste histoire, disons que Dieu, lequel s'appelle luymesme ialoux en sa loy, *Deus zelotes*, fait quasi de mesme pour esprouuer les hommes, il nous expose sur les eaux passageres de ce monde ; *Sicut aquæ dilabimur super terram* : si nous allons au fond, c'est à dire, si nous nous enfõçons dans les vanitez, richesses, & voluptez de ceste terrestre demeure, il nous renonce pour siens, & nous tient pour bastards & adulterins, indignes de son heritage celeste, *Caro & sanguis regnum Dei*

c *L. 1.*

 non

non possidebunt : mais si nous-nous relançons hors de ceste mer mondaine, nous-nous esleuons par-dessus, & nageons à la superficie, ayans tousiours le nez vers le ciel, sans nous laisser suffoquer, lors *supponit manum suam* : il nous soustient le menton, nous recognoist pour ses vrays, naturels, & legitimes enfans, & nous loge en sa celeste maison.

On vouloit recognoistre Achilles qui s'estoit caché parmy quelques filles en habit déguisé: vn mercier subtil leur presenta du fil, des éguilles, & autres menuës bagatelles propre à ce sexe, mais il portoit aussi dans sa malle des poignards, des iauelines, des fleiches: tandis que ces filletes s'amusoient à ces petites besongnes, Achilles manioit ces armes, demandoit le prix de ces iauelots, & fut ainsi recogneu. Les bons & les mauuais en ce monde portent vn mesme habit, ils sont déguisez, si vous les voulez cognoistre, parlez en vne compagnie des choses mondaines, & des saintes, des terrestres & celestes, chacun prendra son gibier: & cependant faites vostre iugement là dessus, remarquez les terrestres & les celestes: car comme celuy qui est de la terre, parlera de la terre, *Qui de terra est, de terra loquitur*: ainsi celuy qui sera de Dieu, parlera de Dieu, ou entendra les discours de Dieu, *Qui ex Deo est, verba Dei audit*; de mesler ces choses saintes & prophanes, bonnes & mauuaises ensemble, point de nouuelles, *Quæ conuentio lucis ad tenebras, Christo cum Belial?* Les œuures des mondains sont appellees par Iesus-Christ, *Opera tenebrarum*, & les actions des iustes au rebours des actions de lumiere: *Vos estis lux mundi: sic luceat lux vestra coram hominibus, vt videant opera vestra bona, & glorificent patrem meum qui in cœlis est.*

Le ciel & la terre sont en perpetuelle contraste, celuy-là darde dessus ses influences malignes, la noye des cataractes de ses pluyes, la rauage de ses torrens, l'esbranle de ses tonnerres; celle-cy infecte l'autre de ses puantes exhalaisons, les ternit & obscurcit de broüillards noirastres, & d'épaisses nuées: De là nous pouuons prendre enseignement de l'antipathie des choses celestes & terrestres, qui ne peuuent durer ensemblément.

Les qualitez contraires qui composent cet vniuers, ne sont

ne sont point encores si opposées qu'elles ne puissent tomber d'accord en quelque moyenne marché, ainsi qu'il se voit en la composition de nos corps: mais les choses celestes & mondaines ne peuuent conuenir en aucune maniere.

Tant que les enfans d'Israël eurent de la farine d'Egypte, iamais Dieu ne fit pleuuoir sur eux les cailles, la manne, & mille autres miraculeuses liberalitez; iamais ce mesme Dieu ne départ ses graces & faueurs à ceux qui sont affectionnez aux biens de la terre.

Vn estomach plein de cacochimie, ou malignes & peccantes humeurs vomit la bonne viande qui luy est infuse: les mondains qui ont l'esprit infecté de terrestres affections, sont incapables de retenir les pensees celestes: c'est le mot de sainct Paul, qui nous apprend les hommes charnels estre incapables des choses diuines; *Homo carnalis non percipit ea quæ sunt Dei.*

D'où vient que le premier aduertissement que Dieu inspire à vne ame pecheresse qui se conuertit à luy, c'est de luy faire entendre ce precepte du Psalmiste: *Audi filia, & vide, & inclina aurem tuam, & obliuiscere populum tuum, & domum patris tui: & concupiscet Rex decorem tuum.* Ma fille, mon espouse, voyez & considerez ce que vous faites, prestez l'oreille à ceste exhortation salutaire que ie vous fais, c'est que venant à mon seruice par vne sainte conuersion & penitence, il faut que vous oubliez toutes vos richesses temporelles, toutes vos delices & vanitez terrestres, & que vous esleuiez vostre esprit aux recompenses eternelles: ainsi vous me serez aggreable, & vostre beauté me plaira.

Le feu ne peut brusler le bois que premier il n'en aye chassé toute l'humidité, sa qualité ennemie & contraire: Ainsi le feu de l'amour de Dieu, les flammes sainctes du sainct Esprit, ne peuuent brusler nos ames, que premier elles ne soyent espurees de toutes pensees & affections terrestres, qui peuuent estre fort bien dénotees par l'eau, coulante & labile substance, ainsi que sont fragiles & passageres les terrestres concupiscences des richesses, des honneurs & voluptez.

La ialousie est vne passion farousche, qui ne peut

souffrit de mal en l'amour; le cõpagnon en vn Empire & Souueraineté est encore plus insupportable;

Nec Regna socium ferre, nec tædæ sciunt:

a 15. annal. disoit le tragique Seneque. a Tacite dit que ceste affection de regner est la plus ardente de toutes celles qui puissent regenter l'esprit humain; *Cupido dominandi cunctis affectibus flagrantior est.* b T. Liue appelle ceste

b L. 1. societé traistre, perfide, & desloyalle, *Infida est societas regni.* C'est pourquoy le sage Homere a dit tres-prudemment, que la multitude de Roys estoit nuisible, & qu'vn Monarque deuoit estre seul & vnique, pour estre en cet office souuerain vn compagnon insupportable.

c Hom. 2. Iliad. cit. à Suet. Calig. c. 22. c Οὐκ ἀγαθὸν πολυκοιρανίη εἷς κοίρανος ἔστω

Εἷς βασιλεύς.

Aristid. Orat. funebr. in Eteonem Nicet. in Alexio Comneno Porph. Alexandre le conquerant du monde, ayant mis Darius en desroutte par vne grande & celebre bataille, ce pauure Roy vaincu pensant arrester le cours de ceste victoire, se resolut de perdre plustost la moitié que tout, enuoyant à cet effect des Ambassadeurs vers Alexandre, luy offrir la moitié de son Empire: mais le victorieux fit responce, que comme le monde ne pouuoit endurer deux Soleils, l'Asie aussi ne pouuoit souffrir deux Princes; qu'il vouloit ou tout, ou rien, resolu de poursuiure la pointe de sa conqueste. Le mesme combat se fait en nous de l'esprit & de la chair, chacun veut l'Empire entier, & ne peut souffrir de riual: la chair à demy vaincue de l'esprit, crie que du moins il se contente de la moitié du Royaume sans ruiner & exterminer tout à fait son corps: mais Dieu qui tient bon pour l'esprit, dit qu'il veut l'entiere possession & domination souueraine.

Il me souuient de ce iugement si commun de Salomon. Deux courtisannes, l'vne bonne, l'autre mauuaise, disputoyent deuant ce Prince le plus sage des mortels, de l'adiudication d'vn enfant: Ce iuge equitable s'aduisa d'vn stratageme pour recognoistre la vraye mere, il commande à vn de ses gardes de diuiser cet enfant & le couper en deux parts, feignant ne se pouuoir demesler autrement de ceste perplexité; la fausse demanderesse s'accorde au iugement du Roy, y applaudit, crie à haulte voix qu'elle est d'accord de cela, qu'elle veut pour l'accomplissement de l'arrest que

l'enfant

l'enfant soit diuisé : mais la vraye mere touchee de cõpassion maternelle & sincere supplie que non, qu'elle ayme mieux voir viure son fils entre des bras & mammelles estrangeres, que de le voir cruellement assassiner : le Roy ayant recognu à ses larmes non feintes la verité dont il estoit en doute & en queste, adiugea le part à ceste dolente & pitoyable mere, deboutant la fausse de son iniuste demande.

Qu'est-ce cela, sinon la naïue peinture de l'esprit & de la chair, estriuans ensemble de la possession de nostre cœur ? Ce procés se meut deuant la raison, mais pour discerner la marrastre d'auec la bonne mere ; prenons garde à celle qui dira la premiere *diuidatur*. C'est la chair sans doute qui crie, qu'elle ne doit pas estre priuee de toutes ses aises, que Dieu luy a donné des sentimens pour en vser, pour s'en seruir à des voluptez brutales, que Dieu a creé tout bon en ce monde, *Vidit Deus omnia quæ fecerat, & erant valde bona*. Donques qu'il n'y a point de danger de s'attacher aux choses terriennes, que les honneurs, les richesses, les voluptez sont choses indifferentes, dont on peut & bien vser & mesuser, qu'il ne faut pas s'en priuer tout à fait : au reste qu'elle n'empesche pas que l'esprit de son costé n'aye sa part, qu'elle consent qu'il s'addonne à la contemplation des choses celestes & diuines, qu'il songe à son salut, à la gloire de l'autre vie, mais que de sa part elle veut aussi songer à la presente, qui luy est proportionnee, qu'elle veut bien que l'esprit soit donné à Dieu, mais elle à la terre & au monde. Mais l'esprit reclame qu'il ne veut point ceste diuision, que les choses diuines & humaines, celestes & terrestres sont incompatibles, qu'vn mesme cœur ne peut contenir choses si diuerses & contraires, que Dieu veut ou tout, ou rien, qu'il ne veut point auoir de part auec le monde, ny auec la chair & le sang : Que fera la droite & sincere raison là dessus, sinon à l'imitation du plus sage des Roys, de donner son iugement à l'esprit, comme plus noble partie, & luy faire aspirer au Ciel, delaissant & abandonnant la terre ? C'est le conseil de nostre S. Paul, *Quæ sursum, &c.*

Il ne se lit point en toute l'ancienne loy que Dieu aye iamais voulu accepter sacrifice, sinon d'vne beste

 entiere,

entiere, encores nette, saine, & bien choisie: Voire il ne se lit point que iamais les Payens parmy les erreurs de leur gentilité ayent sacrifié à leurs idoles & faux dieux que des holocaustes & victimes entieres: Et voudrions-nous plus impies que les Iuifs & les Idolatres faire offrande & sacrifice à Dieu de nostre cœur diuisé? Oyons au contraire comme il nous commande par paroles expresses en la loy, de luy donner tout nostre cœur, toute nostre ame, sans diuision, toute entierement, non par lambeaux & parcelles: *Diliges Dominum Deum tuum ex toto corde tuo, & ex tota anima tua.* Et ailleurs, il demande le cœur à l'ame fidelle, non point vne partie, mais tout: *Fili præbe mihi cor tuum. Conuertimini ad me in toto corde vestro.*

Le cœur de sa nature est vne piece indiuisible: on peut sans la mort separer vn bras, vne jambe du tronc & corps de l'animal, mais le cœur ne peut estre seulement lesé en ses enueloppes, sans la dissolution du composé. Que nous apprend cela, sinon que nous pouuons sans offenser Dieu vser de la terre exterieurement, en tirant auec simplicité le viure, le vestir, & autres necessitez: mais si l'affection de la terre vient à faire quelque bresche desordonnee à nostre cœur, soudain nous mourons & à la grace, & à la gloire.

Il est impossible, encores que nous ayōs deux yeux, de regarder d'vn mesme aspect & le ciel & la terre: & comment penserions-nous n'ayans qu'vn cœur le mypartir au ciel & à la terre? On ne peut d'vne mesme flesche viser à deux buts, d'vn mesme chien courre deux lieures: *Qui duos sectatur lepores, neutrum capit*, dit vn prouerbe ancien: Celuy qui mire deux blancs en mesme temps, n'atteint ny l'vn ny l'autre: & c'est icy vn heurt où choppent les plus sages mondains: mais il faut qu'ils apprennent de nostre Seigneur, que, *Nemo mittens manum ad aratrum, & respiciens retro, aptus est regno cælorum.* Sainct Augustin, ce docteur excellent, sçachant combien ceste diuision de cœur est inquiete, prie Dieu de desraciner de son cœur l'affection de toutes les choses terrestres, mais de toutes: & luy donner son amour priuatif de tout autre: *Da humana contemnere*, di-il parlant à nostre Seigneur; *sed omnia: da mihi amare, sed te solum: medium enim inter cælum & terram*

ram agi genus suspendij est.

Les Cieux, comme sçauent les Astrologues, ont trois mouuemens, le iournallier & forcé par la rapidité du premier mobile, qui se fait d'Orient en Occident : l'autre naturel, qui est retrograde, qui se fait d'Occident en Orient : le troisiesme qui participe de l'vn & de l'autre, lequel par son biaisement fait la diuersité des saisons. L'homme a ces trois mouuemens, la chair l'entraine tous les iours de l'orient du Ciel à l'occident de la terre, emportant l'ame par violence quant-&-soy : l'esprit au contraire son antagoniste va retrogradant, tant qu'il peut de l'occident de la terre à l'orient du Ciel : & cestuy est son mouuement naturel. Il y en a vn autre variable qu'on peut appeller de trepignement, c'est celuy de plusieurs mondains, lesquels ne voulans pas tout à fait abandonner la terre pour embrasser le Ciel, ny totalement laisser le Ciel pour courre à bride abbatuë apres leurs affections terrestres, se vont flattans de ces diuerses & ondoyantes esperances, qu'on peut biaiser en ceste vie, donnant vne partie de son cœur au Ciel, vne autre à la terre : C'est ce qui fait tant de varietez & inquietudes en leurs esprits trauaillez & bourrelez sans cesse.

D'où viennent les tonnerres & foudres qui s'excitent en la moyenne region de l'air ? ce ne sont que des qualitez antipathiques du froid & du chaud, qui combattans dans les nuees, roulent ainsi & croulent furieusement sur nos testes ? ce qui excite tant de tempestes, tintamarres, bourrasques dans les esprits des hommes, c'est l'incompatibilité de la chair & de l'esprit, des biens eternels & terrestres.

Il me souuient de ceste parabole si cognuë des vierges folles, lesquelles estant allees chercher de l'huyle, l'espoux vint pendant leur absence, qui introduisit les sages : icelles reuenuës, elles furent rebuttees & renuoyees auec leur honte & confusion. Et que nous enseigne-elle, sinon que les mondains s'amusans à chercher l'huyle des vanitez, richesses & voluptez terrestres, *Oleum peccatorum*, comme parle l'escriture, sont rebuttez à leur mort de l'entree du Ciel, où sont introduits les gens de bien, qui ont attendu constamment la vie future, auec l'huyle des bonnes œuures.

Aristote raconte vne nature extraordinaire d'vn Demophoon, lequel contre le commun ressentiment des autres hommes suoit de chaud à l'ombre, & trembloit de froid au Soleil. Ceste composition fantasque & bizarre se trouue aux esprits des mondains; ils sont eschauffez apres les biens de la terre, qui ne sont que des ombres, des vanitez, des neants, & sont froids à embrasser les choses celestes, plus excellentes & esclattantes en verité & solidité que le Soleil.

Ils sont semblables à ces oyseaux nocturnes, la veuë desquels est trop foible pour soustenir la clarté d'vn beau iour, ne voyans que parmy les sombres ombres de la nuict: ainsi leurs esprits terrestres & grossieres, incapables de conceptions celestes & releuees, ne sont addonnez qu'aux tenebres obscures de la terre.

A propos d'oyseaux nocturnes, les Naturalistes rendent ceste raison de la foible veuë de la chauue-souris, que l'humeur cristalline qui deuroit estre employee à l'entretien de la veuë, s'espand à ses aileretttes, qui sont non pas de plumes, comme celles des autres oyseaux, mais petites pellicules.

Disons cela des mondains, que ceste belle pointe de l'esprit, ceste ame celeste qui est en eux, au lieu d'estre employee à son vray office, qui est la contemplation des choses diuines, est par eux rauallee en la matiere enfoncee dans la chair: de sorte qu'ainsi immerse & offusquee elle est incapable de conceuoir des pensees celestes.

Ceux qui sont panchez contre terre comme les bestes, ne voyent pas le Soleil: ceux aussi qui ont leurs affections à la terre, n'ont garde de les auoir au Ciel. Il me souuient à ce propos de ceste cruelle defaicte des enfans d'Israël, lesquels s'amusans à boire sur le bord d'vn ruisseau, panchez contre terre, ainsi surpris en desordre furent miserablement esgorgez par leurs ennemis. Ainsi le diable nostre ennemy capital nous guettant courbez contre la terre, beuuans des eaux du monde, c'est à dire occupez apres nos vanitez & voluptez terrestres, il nous surprend ordinairement & nous assassine par le peché, qui nous cause l'eternelle mort.

A pro-

A propos de combat, voicy vne belle allegorie: tandis que Moyse auoit les mains leuees en haut, les enfans d'Israël surmontoyent les Amalechites; quand il les abbaissoit, soudain les Israëlites estoyent vaincus & mis à val de route; C'est pourquoy afin de donner la victoire au peuple de Dieu, Aaron le grand Prestre le soustenoit sur ses espaules, parce qu'elles estoyẽt fort pesantes. Que signifie cecy: sinon que tant que l'esprit est attentiuement bandé aux choses celestes, sans doute ce: Israëlite, ou enfant de Dieu, surmonte le corps, denotté par les Amalechites, & par consequent mesprise les biens de la terre: mais s'il se raualle de ceste cõtemplation des choses hautes, & se rabaisse à la terre, le corps exerce sur l'ame vne cruelle tyrannie: C'est pourquoy la raison, qui est comme arbitre entre les differens de l'esprit & de la chair, sçachant que c'est vne chose arduë à l'humaine fragilité d'estre tendue tousiours à l'attente & consideration des choses celestes, elle doit soulager l'esprit, & luy aider à porter ce pesant fardeau.

Que ceste vie ne soit vn pelerinage, il est trop appert pour le nier: *Ego autem peregrinus super terram, sicut omnes patres mei,* disoit Dauid. Seneque l'appelle vn passage, *Transitum:* C'est vne nauigation que nous faisons sur la mer orageuse de ce monde, pour surgir au port de l'immortelle felicité.

Per varios casus, per tot discrimina rerum,
Tendimus in Latium, sedes vbi fata quietas
Ostendunt, illic fas regna resurgere Troiæ, &c.

En quelque façon qu'on la prenne, soit pour vn pelerinage, nous n'auons que faire de nous arrester à ceste terre, la patrie où nous tendons c'est le Ciel, rien d'icy bas n'y est propre, nous n'y porterons rien, nous mourrons nuds; A quoy faire doncques amasser tant de terre? Si pour vn passage, nous n'auons que faire de nous charger de richesses, selon ce mot gentil d'vn ancien, *Vt ad viuendum, sic ad natandum is melior, qui onere liberior.* Comme pour nager à l'aise, ainsi pour viure commodément les moins chargez l'emportent. Si pour vne nauigation, nous n'auons que faire de nous arrester sur cet ocean incertain, taschons seulement que nos voiles soyent enflees du

souffle

souffle de la grace de Dieu, afin de surgir heureusement au port où nous aspirons; c'est le Ciel nostre havre de grace, où nous serons eternellement à l'abry de tous orages.

Mais il me plaist de comparer encores ceste vie à vne montee sur quelque haute croupe. David me seconde. *Ascensiones in corde suo disposuit in valle lachrimarum*; parlant d'vne ame qui aspire de venir au sommet de la montagne de Sion, où est la Hierusalem celeste, comble de nos plus saincts desirs. Ne se mocqueroit-on pas à iuste tiltre d'vn homme, qui pour monter vne montaigne, se chargeroit de quelque grosse & lourde somme? pourquoy à pareille raison ne se rira-on point des mondains, qui aspirans de se guinder à la montagne du Ciel, se chargent neantmoins de tant d'honneurs, de possessions, & de plaisirs terrestres?

Tout au contraire celuy qui auroit enuie de s'esleuer au haut de quelque tour, à l'aide de quelque monceau de terre, ou amas de pierres, feroit bien mieux pour s'esleuer, de mettre cela sous ses pieds, que sur son dos: Ainsi ceux qui se veulent esleuer à ceste tour appellee par le Psalmiste, *Turris fortitudinis*. Et par l'escriuain des Cantiques, *Turris David, & Turris eburnea*: c'est à dire au Ciel, il faut qu'ils mettent tous les plaisirs, honneurs & richesses temporelles, comme des monceaux de terre sous leurs pieds; ainsi ces choses, comme parle excellemment sainct Augustin, de qui i'ay appris ceste conception, *Eleuabunt nos si fuerint infra nos*; elles nous seruiront d'estably, d'eschelle, de marche-pied, & nous esleueront si nous les mettons au dessous de nos pieds par le mespris & l'abiection: au contraire elles nous empescheroyent, voire accrauanteroyent, si nous les chargions sur nostre col.

Il me vient à ce propos vn aggreable rencotre d'O-
a l 1. rigene, lequel en ses a Periarches expliquant ce passa-
b 42. ge b d'Isaye, *Qui dat spiritum populo, qui est super terram, & spiritum his qui calcant eam*, que le Seigneur depart son esprit & ses graces aux hommes qui sont sur la terre, & principalement à ceux qui la foulent. *Sine dubio*, dit ce grand Docteur, *omnis qui calcat terram, id est terrena & temporalia, particeps est spiritus Dei.* Celuy qui foule aux pieds la terre, c'est à dire qui dédaigne &

mesprise

mesprise les choses terrestres & temporelles, est participant de l'esprit de Dieu.

Au rebours contre les terrestres ie desire representer encores vne conception de cestuy mesme a Origene en ses Homelies sur b l'Exode, où explicant ce passage, *Impios deuorauit terra*, il dit ces beaux mots : *Annon tibi videtur terra deuorare illum, qui semper de terra cogitat? qui semper terrenos habet actus? qui de terra loquitur? terram desiderat? de terra litigat, & omnem spem suam ponit in terra? qui ad cælum non respicit, qui futura non cogitat, qui iudicium Dei non metuit, nec beata eius promissa desiderat, sed semper de præsentibus cogitat, & terrena suspirat? talem cum videris, dicito; deuorauit eum terra.*

a Homil. 6. in Exod. b 15.

Sur ces paroles de l'escriture, que les mauuais sont deuorez & absorbez en la terre; ceux-là, dit-il, ne te semblent-ils pas estre engloutis de la terre, qui ne pensent, ne parlent, ne desirent que la terre, ne trauaillent que pour la terre, ne plaident & chicanent que pour la terre, n'ont autre esperance qu'en la terre, qui ne pensent point au Ciel, qui ne songent aux choses futures, qui ne craignent les iugemens de Dieu, & n'aspirent à ses promesses, tousiours beans & aspirans apres les choses presentes & terriennes; quand vous verrez de ces mondains, dittes asseurément, que la terre les a deuorez.

Pour éuiter ces engloutissemens de la terre, il faut pointer ses eslancemens & esperances au Ciel, & suiure le conseil Euangelique, qui nous admoneste de ne thesauriser point en terre, où il n'y a point de certitude ny asseurance, mais au Ciel, où la tigne, la roüille & les mains rauissantes des volleurs ne peuuent donner d'attaintes; *Nolite thesaurisare vobis thesauros in terra, sed thesaurisate in cælo, vbi neque ærugo, neque tinea demolitur, neque fures effodiunt.*

Cet homme est estimé sage en l'escriture, qui a edifié sa maison non pas sur l'arene mouuante d'vn sable marin, ou dans les bourbes des vallons marescageux, mais sur la pointe d'vn rocher esleué, *Similabo eum viro sapienti, qui ædificauit domum suam super petram.*

Que nous signifie ceste parabole, sinon que ceux-là sont bien plus sages & mieux aduisez, qui fondent leurs esperances sur la roche ferme & stable de la

montagne

montagne de la Sion celeste, que ceux qui s'amusent & s'arrestent dans ceste vallee de miseres, pleine de bourbe & d'eaux, de fragilité & corruption, ou qui s'establissent sur l'arene variable de ce monde inconstant. C'est à l'aduenture comme l'entendoit le Psalmiste, disant, *In petra exaltauit me*, que Dieu l'auoit esleué sur ces rochers celestes, où les ames sont appellees par le chaste espoux aux Cantiques, *Veni columba mea in foraminibus petræ.*

En fin il est dit, *Montes excelsi ceruis, petra refugium herinacijs*, par lesquelles paroles allegoriques entend le Prophete les ames saintes & contemplatiues, ou les penitentes, lesquelles abandonnans les delices & affections terrestres, se retirent aux montagnes des celestes contemplations.

Ie me suis autrefois entretenu en vne profonde solitude de ceste contemplation naturelle, que les choses creées à veuë d'œil se vont d'autant plus perfectionnans, qu'elles s'esloignent du centre de la terre, les campagnes sont sans controuerse plus saines que les vallees, les montagnes excellent encores en bon air & serenité par dessus les campagnes, l'eau qui va coulant sur la terre est plus parfaite que ce sien lict, l'air est aussi plus parfait que l'eau, & consequemment il obtient vne region superieure: le feu comme il est plus excellent que l'air, obtient aussi vne sphere plus esleuée, & ainsi consequemment de tous les globes celestes, ils sont d'autant plus grands & parfaits qu'ils sont esleuez: le monde se perfectionne à mesure qu'il s'eslargit & esloigne de la terre. Et pourquoy ne dirons-nous pas que l'esprit de l'homme se perfectionne d'autant plus qu'il s'esloigne de la terre, & qu'il s'enfuit & détourne ses affections, desirs & soucis d'icelle, parce que sans doute plus nous-nous retirons de la terre, plus nous-nous approchons de la diuinité. De maniere qu'on peut dire des Apostres, & autres saincts personnages qui ont suiuy la doctrine Chrestienne, ce que disoit Dauid, *Dij fortes terræ vehementer eleuati sunt.* Dieux, parce que n'ayant autre visee que le ciel, ne tenans qu'à vn filet à la terre, ils sont appellez Dieux par participation, cõme enfans du Pere celeste: *Ego dixi, Dij estis, & filij excelsi omnes*, & se sont esleuez en laien faisant vn amas & monceau des vanitez, richesses & plaisirs terrestres, & le mettant sous leurs pieds, par le mépris & abandonnement de tous ces biens, *Ecce nos reliquimus omnia.*

Et nous pouuons suiure ceste pointe, & l'encherir par ceste cōsideration, que nostre Seigneur pour nous montrer & enseigner ces esleuations hors de la terre, pour aspirer au ciel, a voulu faire toutes ses plus celebres & renommees operations sur de hautes montagnes. Sur le mont de Sinaï il donna la loy à Moyse: & luy apparut dans le buisson ardant, parlant & se cōmuniquant à luy: sur le mont Oreb il se manifesta à Helie: Il veut que sur le mont de Sion luy soit fabriqué vn temple: Iesus se transfigure sur le mont de Thabor, il prie sur le mont des Oliues, il est crucifié sur la montagne de Caluaire, payant sur vn mont le tribut de nos offenses, y faisant par son sang nostre rachapt.

Tout cela nous enseigne que ce n'est pas dans les vallees delicieuses de la terre que se trouue Dieu, mais que c'est dans l'aspreté des montagnes de la penitence & contemplation, & que nous ne sommes point dignes d'estre fauorisez de Dieu, qu'ayans abandonné la bassesse de la terre, pour aspirer à la montagne de la celeste Sion.

En a sainct Matthieu il est escrit qu'à la consommation du siecle, ceux qui seront en Iudee s'enfuiront aux montagnes, *Tunc qui in Iudæa sunt, fugient ad montes;* que veut dire cela, sinon que parmy le desbris des peruersitez de ce siecle corrōpu, les plus aduisez qui sont dans la Iudee, c'est à dire dans le monde depraué, gagnent s'ils peuuent la montagne asseuree de la contemplation, abandonnans la terre pour viser au ciel. a 24.

Il se lit dans les Cosmographes, que certaines mōtagnes sont de telle hauteur, que leur sommité surpasse ceste moyenne region de l'air, où se forment les meteores des pluyes, neiges, gresles, bruines, nuages, foudres, éclairs, tonnerres: De sorte que là regne sans cesse la douceur d'vn perpetuel Printemps, la serenité d'vn ciel net & pur, nullement offusqué de broüillards.

Ces montagnes esleuees sont les spirituels & contemplatifs, dont les esprits esloignez de la bassesse de la terre, la terre, semblent baiser les nuës de leurs cimes pointuës, ils sont en vne paix & tranquillité souueraine, au delà de tous les tintamarres & tracas des affaires mondaines : ils ne sont point subiets aux orages des vents, tonnerres & tempestes des ambitions & vanitez, aux gresles, neiges, & bruines des auarices, aux soucis & inquietudes que causent les richesses, aux eaux, torrens & brouillards des voluptez & delices mondaines, iouissans en asseurance d'vne nette & pleniere liberté, & du paisible silence d'vn profond repos interieur; ils viuent au monde comme hors du monde, leurs corps y tiennent par les liens de la necessité, comme la base & le pied de ces sourcilleuses montagnes, mais les pointes de leurs esprits sont eslãcees pardelà les nuées, voire pardelà les cieux, & ressentent en leurs belles & sublimes contemplations, des arres, gages & auantgousts de leur future beatitude.

Ceste paix, ce repos, ceste tranquillité ne sont-ce pas de beaux & dignes gages de ce bien? paix interieure, contentement parfait, que toutes les vanitez, plaisirs, & richesses mondaines, sources de toutes inquietudes, non pas la possession des millions de mondes, songez par le resueur Democrite, ne sçauroient donner : paix qui ne se peut quasi conceuoir, *Pax Dei, quæ exuperat omnem sensum.*

N'est-ce pas en ce corps mortel imiter la vie des Anges d'autant plus glorieusement, que ce corps est vn obstacle grossier, qui s'oppose aux genereuses pointes de leurs esprits, desquels, comme parle sainct Paul, la conuersion est tousiours au ciel?

N'est-ce pas approcher de Dieu d'autant que peut l'humaine fragilité, & se rendre quasi semblables à luy, que de mépriser les choses terrestres, pour se repaistre des intellectuelles?

Dieu excelle en cela principalement par-dessus les hommes, comme fort bien remarque a vn Philosophe Platonicien, en ce qu'il n'a besoin de rien, & est content de soy-mesme; les Cabalistes à cet effect, entre autres de ses noms l'appellent *Sadaj, sibi ipsi sufficientem.* Platon l'a tourné *αὐτάρκης*, & disoit Socrates, cõme il se lit chez Laërtius escriuain de sa vie, que celuy qui a affaire de moins de choses, approche le plus pres de la

a *Apul. Apol. 1.*

de la diuinité: N'auoir affaire de rien, dit ce mesme Philosophe chez son disciple a Xenophon, c'est le propre de Dieu; auoir besoin de bien peu, c'est luy estre aucunement semblable. Tels sont les spirituels & contemplatifs, lesquels se passent le plus qu'il leur est possible de la terre, pour estre tousiours esleuez au ciel, ce sont ceux qui crient auec Dauid, *Quis dabit mihi pennas sicut columbæ, & volabo & requiescam.* Ils sont semblables aux oyseaux, lesquels estans necessitez de descendre en terre, pour prendre leur pasture, ont bien vn œil en bas pour pouruoir à leur naturelle necessité, mais ils en ont tousiours vn autre esleué & tendu vers le ciel. Les ames saintes & deuotieuses sont bien contraintes de tirer de la terre dequoy sustenter & entretenir leurs corps, mais ceste terre leur est vn element forcé, mesmes parmy les fonctions corporelles, elles sont tousiours attentiues vers leur centre, qui est le ciel. Leur nature est toute conforme à celle des Mamuques, oyseaux que le vulgaire appelle du ciel, ou de Paradis, ils n'ont point de pieds pour descendre en terre, ils n'ont que certains filets qui leur seruent pour se reposer aux branchages des arbres, & volent quasi continuellement au plus haut de l'air, où on tient qu'ils viuent de rosee.

a *l. 1. memor. Confer. de dic nat. c. 1. Suidas in* [illegible]

Qui ne voit en ces volatilles vn symbole exprés d'vne ame celeste & contemplatiue? elle est tousiours au ciel, & en Paradis auec les Anges, elle vole quasi tousiours en suspens dans l'air de ses desirs, elle ne se repaist pas de choses grossieres & terrestres, mais des paroles & inspirations diuines, comme d'vne manne & rosee agreable & douce, selon ces termes de l'Escriture: *Non in solo pane viuit homo, sed ex omni verbo quod procedit de ore Dei.* Au reste pour acheuer ces analogies, elles n'ont point de pieds, c'est à dire, de fondemens en la terre, elles en sont déracinees de volonté & d'affection, ce qu'elles y tiennent quelquefois, ce n'est qu'au simple filet de la necessité corporelle: en vn mot elles renoncent à toutes pretensions terrestres, pour ne viser qu'au ciel.

L'éguille frottee d'aymant tourne tousiours la pointe vers le Nord: les ames pieuses vrayement touchees de l'aymant de l'amour de Dieu, estans dans la bouzole ou cadrā de ce terrestre corps, sont tousiours tournees vers leur vray Nord, qui est le ciel: & si le corps veut suiure ceste fidelle conduite, il ne peut qu'eschappant les orages de ceste nauigatiō que nous faisons en ceste vie mortelle sur la mer orageuse de ce monde, il ne paruienne au port de salut, ayant la grace de Dieu pour infaillible Tramontane.

Mais outre ceste paix & ressemblance à Dieu entant que peut l'humaine capacité, qui s'acquiert par mépris des biens terrestres.

a Virgil 8. Æneid. cit. à Seneca, ep. 8.

a *Aude hospes contemnere opes, & te quoque dignum*
Finge Deo.

Quels auant-gousts & ressentimens celestes pensons-nous que reçoiuent les ames pies parmy l'abandonnement de ceste terre, en leurs extatiques & rauissantes contemplations? pensons quelles belles operations fait le sainct Esprit en ces vaisseaux vuides de tous terrestres desirs: quels beaux traits & lineamens il tire en ces cartes blanches d'innocence & de vertu, plus elles sont pauures & dénuées, plus il les remplit & comble de ses benedictions; plus elles sont affamees & alterees de ses faueurs, plus elles sont rassasiees & abbreuuees de l'abondance de sa paix & consolation: *Abundantia pacis,* & du torrent de ses graces, *Torrente voluptatis*. Ce sont des douceurs ambrosiennes cachees & incognuës aux mondains, douceurs telles que toute la terre habitable n'en peut produire, non pas de pareilles, mais ses plus hauts contentemens n'en peuuent égaler les ombres.

Les enfans d'Israël auant qu'entrer en la terre promise, enuoyerent des auant-coureurs pour leur apporter des nouuelles de ce seiour tant desiré, ils en rapporterent des fruicts admirables en bonté, en beauté, & en grandeur, & qui surpassoient infiniement tous les communs du monde. Ainsi les ames saintes enuoyans par auance & anticipation leurs desirs & leurs cōtemplations sur les aisles d'vne ferme foy, d'vne belle esperance, d'vne ardante charité, en la patrie celeste, qui est en verité, & non en figure la terre promise aux enfans de Dieu, elles en retirent des gousts, des douceurs, des saueurs spirituelles, telles que si tout l'Vniuers estoit conuerty en contentement, ne leur pourroit appor-

apporter tant de liesse & de satisfaction.

Depuis que ce mesme peuple d'Israel eut gousté la celeste manne, ce pain miraculeux paistry par les mains des Anges, toute autre viande & pasture luy sembla vile & desagreable. Ainsi aussi tost qu'vne ame a gousté de ces celestes viandes dont l'espoux les refectionne au banquet de la contemplation, soudain toutes les choses terrestres luy tournent à degoust & vomissement, *A te quid volui super terram?* disoit David, goustant en son extase vn rayon de ce miel.

Le paon se plaist en la beauté & bigarreure de ses plumes, & se déplaist de la crasse & ordure de ses salles pieds. Ainsi ceux qui ont pris goust aux choses celestes, sont soudain dégoustez de la bassesse & vilité des terrestres.

Si nous considerons attentiuement, disoit le grand sainct [a] Gregoire, l'immensité des biens celestes, tout ce qui est en terre nous déplaira, *Si consideremus quæ & quanta sunt quæ promittuntur in cælis, vilescunt animo omnia quæ habentur in terris*, parce que les biens terrestres comparez aux celestes doiuent plustot estre appellez maux, comme la vie temporelle que nous trainons icy, comparee à l'eternelle doit estre plustot nommee mort, *terrena namque substantia supernæ fœlicitati comparata, pondus est, non subsidium: sicut temporalis vita æterna comparata, mors est potius dicenda quam vita.*

[a] Hom. 37.

Il me souuient de ce songe de Nabucadnezar, où il vit vne statuë ayant la teste d'or, l'estomac d'argent, le ventre d'airain, les iambes de fer, les pieds de terre, vne pierre roulant d'vne haute montagne contre les pieds de ce Colosse, l'ayant renuersé, il fut reduit en poudre. Que veut dire cela, sinon que la consideration des biens celestes, figuree par ceste pierre descendant d'impetuosité d'vne haute montagne contre la fragilité & deneantise des biens terrestres, fracasse toutes nos pretensions mondaines, & reduit en poudre tout l'or de nos ambitions, l'argent de nos auarices, le fer & l'airain de nos sensualitez, bref dissoult & dissipe toutes nos terrestres affections.

Les murailles de Hierico, tomberent au son des trompettes sacerdotales: les terrestres affections de mesme tôbent & s'euanouyssent quand nous faisons retentir en nos ames les merueilles de l'eternelle felicité, & que nous les entretenons de ces speculations celestes.

Plus les choses sont exemptes de terrestreité, plus elles sont dignes, & croissent encores en excellence, plus elles sont déchargees de matiere: de sorte que sans controuerse les choses spirituelles & intelligibles surpassent les grossieres & corporelles en dignité, de la pouuons nous aisément iuger ces esprits estre les plus nobles, qui ont les plus nobles obiets, parce que tout se perfectionne d'autant qu'il a vn obiet plus parfait.

La terre est la plus vile partie de l'vniuers, cela est sans aucun debat: & sont aussi les plus abiectes ames celles qui s'y addonnent le plus.

Il n'y a rien de parfaict que Dieu priuatiuement à toute autre chose, il s'ensuit necessairement de ceste proposition, que nous n'auons iamais de parfait repos, contentement & satisfaction qu'en luy seul: & sont les plus parfaits ceux qui par amour s'vnissent le plus à luy, dénuez & déuestus de toute autre affection.

L'esprit est immortel en son essence, infiny en ses fonctions & desirs, il n'y a rien en terre qui ne soit finy & mortel, Dieu seul est infiny & eternel, de maniere qu'il est aisé à conclure que Dieu seul le peut combler.

Cela mesmes pouuons nous encores iuger de la figure de nostre cœur: il n'est pas rond, encores moins de figure carree, mais triangulaire, vray symbole de la diuinité triune en son essence: enseignement que toute la rondeur spherique de l'vniuers, non toutes les choses sublunaires, composees de ce quaternaire des elemens assemblez par discordans accords, ne peuuent conuenir auec nostre esprit, mais la seule diuinité s'y peut ioindre & rapporter de tous points.

Formons encores vne conception assez gentille sur la forme & assiette de nostre cœur, nous le voyons en sa disproportion auoir le large en haut & la pointe en bas: Apprenons de ceste leçon de ne tenir, tendre & toucher à la terre qu'en vn point, & le moins que nous pourrõs, mais d'auoir nos plus amples & larges desirs estendus, & tendus en haut vers le ciel, *Quæ sursum sunt quærite.*

Toutes choses n'ont repos qu'en leur cẽtre, la terre en bas, le feu en haut: le corps terrestre desire la terre, nostre ame spirituelle desire les choses celestes & diuines.

Car

Desdain la Terre,

a *Cælum negata tentat iter via,*
Cœtusque vulgares & vdam
Spernit humum fugiente penna.

a Horat. 3. Od. 2.

Et c'est en vain que quelques mondains grossiers, race d'Epicure, enfans de la terre, tasche de trouuer du repos aux biens & delices d'icelle, ils ostent leurs ames hors de leur centre, c'est pourquoy ils sont en perpetuel les inquietudes.

Les os disloquez font vne grande douleur en nos corps: & pourquoy nostre ame ostee de son centre & du lieu de sa droite assiette sera elle sans anxietude?

Ceux qui entassent possessions sur possessions, & richesses sur richesses, & qui mettent toutes leurs affections à amasser de la terre, & toutesfois pretendent aller au ciel, ressemblent à ces geants fabuleux, qui vouloient escalader le ciel, amoncelans Pelion sur Osse, & Pinde sur Helicon, mais ils furent foudroyez: & les mõdains chargez de terre, c'est a dire de possessions & affections terrestres, sont deboutez de leurs pretensions, & forclos de l'entree du ciel.

Ie n'auance pas ceste doctrine de moy-mesme, ie la tire de l'escriture, où i'apprends qu'il est aussi difficile qu'vn riche entre en Paradis, que de passer vn chable ou chameau par le pertuis d'vne éguille.

On ne peut posseder icy la terre & iouyr des honneurs, richesses & voluptez de ce monde, & puis de la gloire eternelle Abraham respondant en l'Euangile au riche gourmand, bruslant des flammes infernales, & demandant vne goutte d'eau au Lazare qui reposoit en sõ sein, auquel viuant il n'auoit pas voulu donner vne petite miette de pain: *Fili*, dit il, *recordare quia recepisti bona in vita tua, Lazarus vero mala: nunc autem consolatur, tu vero cruciaris.* Ce que i'entends ainsi: Souuenez-vous, ô riches, que si vous ne méprisez la terre, mais que vous la cherissiez & adoriez, que vous n'aurez point de part au ciel: heureux au contraire ceux qui mẽprisent & abandonnent toutes pretensions terrestres pour l'amour de Iesus, parce que le ciel est pour eux, *Beati pauperes, quoniam ipsorum est regnum cælorum.* Les choses plus legeres, sont les plus aisees à guinder en haut: ceux qui sont plus legers de desirs terrestres, sont les plus aisez à enleuer au ciel.

S 2. Plus

Plus nous poussons la bale ou le balon contre terre, plus haut il bondit : plus nous hayssons & foulons aux pieds la terre, plus nous rejaillissons au ciel : moins nous affectionnons les choses presentes, plus nous serons recompensez des futures : plus nous serons pauures en terre, plus nous serons riches au ciel : Oyez le beau & ample salaire que Dieu promet à ceux qui quittent la terre pour tendre au ciel ; ils y iugeront le monde en iugement vniuersel, & seront comme Assesseurs du fils de Dieu en cet acte solennel.

Nostre Seigneur fait de cecy vne promesse infaillible à ses Apostres, *Vos qui reliquistis omnia, & secuti estis me, sedebitis super sedes iudicantes duodecim tribus Israel.*

Toutes choses, nous enseignent les Philosophes tendent à leur fin, & sont estimees d'autant plus nobles, que leur fin est excellente, Il est trop appert que le corps a esté fait pour l'ame, comme l'estuy est fait pour la chose qu'on veut serrer dedans ; l'esprit n'a point d'autre fin que Dieu, c'est pourquoy il y tend sans cesse, si on ne retient par des obstacles contraires ceste sienne naturelle pointe.

Repetunt proprios quæque recursus
Redituque suo singula gaudent,
Nec manet vlli traditus ordo,
Nisi quod fini iunxerit ortum,
Stabilemque sui fecerit orbem.

Toutes les eaux des riuieres, sources, fontaines, viennent de la mer, & roulent sans repos & sans cesse, iusques à ce qu'elles soient rengouffrees dans ce vaste sein leur centre originel. Nos ames, sans controuerse, viennent de Dieu ceste piscine infinie, elles sont mises sur terre, où elles coulent sans cesse, *sicut aqua dilabimur super terram*, & n'ont point de repos en leur course, qu'elles ne soient retournees à Dieu, leur origine & leur centre : la terre est vn lieu forcé à l'eau, & dient les aucuns, qu'elle est violentee en son naturel : l'ame de mesme est gesnee & contrainte en ceste vie.

l. 13. Ciuit. 21. Sainct Augustin souspirāt apres ce sien retour, Seigneur, dit il, vous nous auez creé pour vous, nous venons de vous : C'est pourquoy nos ames sont tousiours en anxietude ça bas iusques à ce qu'elles soient reünies

nies à vous leur premier principe, *Fecisti nos Domine ad te, ideo irrequietũ est cor nostrũ donec requiescat in te.*

Si nous enuoyons quelqu'vn de nos seruiteurs en voyage pour quelque affaire d'importance, n'aurions-nous pas iuste occasion de nous courroucer contre luy s'il s'amusoit par les chemins à voir toutes les belles maisons & bourgades qu'il rencontreroit? Et si en fin surpris de la beauté de quelque demeure, ou quelque occasion l'ayant affriandé l'auroit arresté, il oublioit & nous & son message? Nous auons l'honneur de nous dire seruiteurs de Dieu; *Ego seruus tuus, & filius ancilla tua*, il nous enuoye en ce monde pour faire en sorte par nos iournees que nous paruenions au Ciel, n'a-il pas iuste occasion de se fascher contre les mondains qui oublient & Dieu & la fin, & le but de ceste leur mortelle course, pour s'amuser aux richesses, possessions & honneurs passagers de ce monde fragile; qui quittent le ciel pour la terre?

C'est vn prodige, c'est vn monstre qui ne se peut expier par aucune victime; quitter le bien pour embrasser le mal, quitter la felicité pour la misere, tout pour rien, l'immortalité pour vn instant, laisser les eaux de la fontaine de vie, pour s'abreuuer des eaux puãtes & corrõpues de ceste terre trãsitoire! C'est dequoy nostre grand maistre veut qu'on soit transi d'estonnemẽt, il veut que les Cieux insensibles ayent du ressentiment de ceste ingratitude des mondains, qui l'abandonnent laschement pour béer apres la terre: Escoutez comme il tonne dans Ieremie; *Obstupescite cœli super hoc, & portæ eius desolamini vehementer, dicit Dominus, duo mala fecit populus meus, me dereliquerunt fontem aquæ viuæ, & foderunt cisternas quæ continere non valent aquas.*

On blasme encore la gourmandise de l'estourdy Esaü, qui quitta son droit d'ainesse à Iacob pour vn potage de lentilles: & l'aueuglement des mondains n'est-il pas tout semblable, de quitter pour vn neant, qui est la terre, leur legitime heritage, qui est le Ciel? O mondain qui laisses si laschement le Ciel pour vn peu de terre, si tu pouuois recognoistre ton eschange de tes yeux charnels, quel torrent seroit suffisant de leur fournir des larmes pour pleurer ta perte!

ᵃ Au liure des Roys Ionathas pour auoir gousté vn peu a 1. Reg. 14.

peu de miel au bout d'vne petite verge, fut condamné à mort, dequoy se plaignant langoureusement il eslance ces piteux regrets: Helas! faut il que ie meure pour si peu de chose? *Gustans gustaui in summitate virgæ, quæ erat in manu mea, paululum mellis, & ecce ego morior.* O hommes terrestres c'est là l'air de vos tristes repentirs au grand iour de la retribution generalle des bons & des mauuais: Helas! faut il que pour des voluptez si briefues, des honneurs si vains, des auarices si abiectes, nous ayons perdu des biens eternels, & d'vne
a Sap. 5. excellence incomparable & infinie? *Quid nobis profuit superbia, aut diuitiarum iactantia, quid profuit nobis? transierunt illa omnia tanquam vmbra & tanquam nuncius percurrens, aut tanquam nauis, &c.* Toutes ces choses mortelles que nous auons tant cheries, sont passées comme l'ombre, comme vn postillon, comme vne nauire qui ne laisse aucun vestige de soy sur l'eau, comme le vol d'vn oyseau, qui ne laisse aucune trace de soy en l'air.

Ceux qui mesprisent ces biens honneurs & plaisirs terrestres, seront lors mis entre les esleuz, lesquels sont
b Sap. 5. en ceste terre reputez pour fols. b *Hi sunt quos habuimus aliquando in derisum, & in similitudinem improperij; nos insensati vitam illorum æstimabamus insaniam, & finem illorum sine honore, ecce quomodo computati sunt inter electos Dei, & inter sanctos sors illorum est.*

Helas! si ceux qui sont tellement attentifs apres la terre, auoient les yeux de l'entendement nettoyez, pour voir & preuoir ces choses, que bien tost ils changeroyēt de notte, & tourneroyent leur casaque! mais quoy! l'anticipation des affections terrestres a tellement preoccupé & offusqué leurs esprits, que ces enseignemens leurs sont des chansons, ils secoüent toute preuoyance, & se precipitent ainsi aueuglez en l'abysme de leur malheur: le sens brutal a tellement gaigné le dessus, qu'ils n'ont quasi aucune fonction de l'esprit entiere & libre.

Sainct Ambroise en ses commentaires sur sainct Luc, m'apprend vne petite histoire, qui ioindra assez bien ce propos, c'est d'vn certain Theotimus fort addonné à sa sensualité, estant suruenu vn extreme mal aux yeux de cet hōme, les Medecins luy deffenditent expressement, s'il ne vouloit perdre la veuë, d'habiter auec sa femme:

Cet

Cet homme impatient de ceste ordonnance, bruslé vn iour du feu de son effrenee cõcupiscence, sçachant bien que cela luy feroit perdre les yeux, ne se pouuant contenir il s'escria; *Vale amicum lumen*, Adieu ma chere veuë! Ainsi deuint aueugle ce miserable pour sa trop brutale passion.

Helas! à nostre grand regret combien voyons nous de mõdains, pour ne pouuoir se dessaisir de leurs richesses, pour ne pouuoir venir à restitution de celles qu'ils ont iniustemẽt acquises, pour ne pouuoir s'abstenir de leurs vsures ordinaires, qui font banqueroute au Ciel! combien de miserables aueuglez d'vn amour salle & impudique, renoncent aux biens eternels, pour ne se pouuoir dedire de leurs mauuaises habitudes, & bestiales sensualitez! Adieu chere lumiere du paradis & de la gloire celeste, font ces detestables, non expressement à la verité, mais tacitement par leurs œuures. Ie ne sçaurois viure sans ambition, dit celuy-cy, ie ne peux m'empescher de iurer, dit l'autre: ie ne veux pardonner à ce mien ennemy, il m'a trop offensé, il faut que nous-nous coupions la gorge ensemble en deus. ie mourir. Et que veut dire ce mourir, sinon estre damné, puis qu'il est tout certain que ceux qui meurent en ces constitutions, sont destinez aux eternelles peines?

Voyla où nous conduisent les affections terrestres, à des aueuglemens si grands, que nous n'auons plus de cognoissance de Dieu, ny de la raison, ny de la vie future: elles sont semblables à ces exhalaisons & brouillars espais qui s'esleuent de la terre, qui obscurcissent tellement l'air, comme l'hyuer nous fait assez cognoistre, que nous ne pouuons voir le ciel, non pas mesmes à cent pas de nous: ainsi quand nos esprits sont offusquez de desirs & fumees terrestres, nous ne pouuons voir & conceuoir les celestes.

Dieu excita de tenebres espaisses & palpables en l'Egypte, pour sauuer son peuple à la faueur de ces noires ombres, des mains tyrãniques de Pharao, & les deliurer de la seruitude d'Egypte: Le diable au rebours nostre ennemy capital, nous enuironne le plus qu'il peut des tenebres de la terre, pour nous mettre sous son esclauage, & nous liurer à l'eternelle mort.

A propos de tenebres, il me vient vne belle conception tirée de la nature: l'ombre n'est rien qu'vne priuation de lumiere, qui se fait par l'oppositiō d'vn corps opaque à vn lumineux, & ce qui nous fait la nuict, n'est que l'opposition de la terre au Soleil, lors qu'il est allé esclairer sous l'autre hemisphere: ainsi quand les terrestres affections sont interposées entre nostre ame & le soleil de la grace de Dieu, nous sommes enueloppez dās les ombres des vanitez, richesses & voluptez mondaines

N'auez vous iamais pris garde, que plus le Soleil est esloigné de nous, plus nos ombres sont grandes; au contraire plus droit il est sur nostre point vertical, plus elles sont petites: ainsi plus le soleil des desirs celestes est esloigné de nos ames, plus ils sont addonnez aux ombres de la terre; & plus nous sommes tendus & fichez au Ciel, moins sommes nous attentifs à la terre.

La Lune n'a point de lumiere en soy, elle n'en a que par participation du soleil, de sorte que quād la terre est diametralement interposée ente le Soleil & elle, ce qui se fait au point de la queuë ou de la teste du Dragon, comme sçauent les nouices en l'Astrologie, lors l'ombre de la terre la fait eclypser: ainsi ne pouuons-nous de nous mesmes rien conceuoir de celeste, si ce n'est par les rayons de la grace de Dieu, vray soleil de iustice: mais quand la terre est contre luy & nous, nous eclypsons à sa grace, & qui est le pis, nous sommes lors en la queuë ou teste du Dragon infernal, c'est à dire en la puissance du diable.

La Lune est vn corps opaque ou espais, lucide toutesfois, c'est à dire pour sa polisseure susceptible de lumiere, l'eclypse du Soleil se faict par son moyen, quand elle est opposée entre le Soleil & nous: Celle partie à la verité qui est en haut regardant à plomb les rays du Soleil, est claire & lumineuse, mais celle partie est tenebreuse qui regarde la terre: Ainsi celle part de nous, qui est l'ame, laquelle regarde le soleil de la Diuinité, & qui aspire aux choses celestes, est bien claire & radieuse: mais le corps, ceste carcasse mourante, ceste partie qui regarde la terre, ce ne sont que des ombres & tenebreuses obscuritez: que si nostre ame & nostre corps ne regardent que la terre, nous ecclypsons tout à faict, de sorte qu'ainsi offusquez & obtenebrez, nous sommes incapables de voir la clairté des choses celestes.

L'espais-

L'espaisseur de ces terrestres ombres empescherent les Iuifs de voir la belle & esclatante lumiere qui reluisoit en Iesus Christ le vray Messie, parce que les affections terrestres estoient interposees entre eux & luy. a *In mundo erat, & mũdus eum non cognouit*. Pilate fit eclypser ce Soleil, & le cõdamna miserablement à mort, offusqué de considerations terrestres & mondaines, *Si hunc dimittis*, luy crioyent les Iuifs, *non es amicus Cæsaris: nolumus hunc regnare super nos*, *non habemus alium Regem nisi Cæsarem*. Ainsi les affections terrestres ont fait mourir Iesus Christ, & nous le crucifions encores derechef par nos semblables passions, par nos voluptez, nos auarices, nos vanitez mondaines. a Ioan. 1.

C'est pourquoy Iesus Christ sçachant que ceux sont indignes du Ciel, qui s'addonnent à la terre, nous fait entendre à cor & à cry, que celuy ne peut estre son sectateur qui ne renonce à toutes ses possessions terrestres, *Qui non renuntiauerit omnibus quæ possidet, non potest meus esse discipulus*. Et pour nous enseigner par effet ce qu'il nous dit de parole, il n'a eu en toute sa vie où reposer son chef, encores que les regnards ayent leurs tanieres, & les oyseaux leurs nids: bref il nous a faict sçauoir que son Royaume, lequel il nous a preparé, n'est point de ce monde: b *Regnum meum non est de hoc mũdo*. Et à ses Apostres, il dit qu'ils ne sont point de ce monde: c *Vos non estis de hoc mundo*. b Ioan. 18. c Ioan. 15.

S. Paul & les autres docteurs Chrestiens ne nous preschent autre chose que de nous déprendre & destacher de la terre, & nous spiritualiser & esleuer au Ciel le plus que nous pourrons: ils nous exhortent à despouiller le vieil homme, c'est à dire l'Adam terrestre, derenoncer au corps, pour suiure le nouuel homme, qui est l'esprit viuifié par Iesus Christ. Aux d Ephesiens, *Deponite veterem hominem, qui corrumpitur secundum desideria erroris: renouamini autem spiritu mentis vestræ, & induite nouum hominem, qui secundum Deum creatus est in iustitia & sanctitate veritatis*. Et aux e Colossiens, *Expoliate veterem hominem, cum actibus suis, & induite nouum, qui renouatur in agnitionem secundum imaginem eius qui creauit illũ*. Aux f Corinth. *Primus homo de terra terrenus, secundus homo de cælo cælestis, &c.* Et la mesme est nostre *Quæ sursum sunt sapite, non quæ super terrã*. d 4. e 3. f 1. 15.

Le

a c. 1. Le mesme Apostre aux a Galates nous apprend que Iesus Christ n'est venu en terre que pour racheter nos pechez, & nous deliurer de ce meschant siecle present. *Dedit semetipsum pro peccatis nostris, vt eriperet nos de praesenti saeculo nequam.*

Il est venu aussi reformer & transformer en esprit par sa nouuelle loy, ce qui estoit de grossier & terrestre en l'ancienne, en laquelle on lit tout plein de promesses en terre, comme longue vie sur icelle, abondance de biens, grand nombre d'enfans, & les autres : & ces promesses n'estoient pas sans raison, afin que les gens de bien & craignans Dieu fussent recompensez icy bas, n'y ayant en l'autre vie qu'vn lymbe prison obscure & tenebreuse pour leurs ames, attendant la deliurance qu'en deuoit faire le Messie : mais en la nouuelle, où ces barrieres sont rompues, en laquelle les portes de Paradis sont ouuertes, il n'y a plus de promesses en terre pour les esleus, toutes leurs remunerations sont au Ciel: C'est pourquoy sont mal aduisez les Chrestiens, qui cherchent le loyer de leurs bonnes actions icy bas, *Ipsi receperunt mercedem suam.*

Toute nostre attente doit estre au ciel, à la vie eternelle. Voyez comme à l'entrée de ceste oraison Dominicale que nous auons apprise de la propre bouche de nostre redẽpteur, soudain nos esprits sont esleuez au ciel

b Math. 6. prians vn pere que nous appellons celeste, b *Pater noster qui es in caelis*, Nous ne luy demandons en terre, sinon que sa saincte volonté y soit faite comme au Ciel. Quant à ce passage nous luy demandons seulement le pain passager, mais la principale demande, c'est celle de son Royaume, que nous prions qu'il nous aduienne, & ce Royaume n'est pas de ce monde, comme nous venons de dire, mais du Ciel, *Adueniat regnum tuum.* C'est là nostre vnique visee.

Ambiant terrena gentiles, dit delicatement saint Hierosme en quelqu'vne de se Epistres, *quibus caelestia non sunt neque debentur : concupiscant praesentia, qui futura non credunt : Christianis diuitiae & haereditas sit Christi gloria.* Que les Gentils & idolastres recherchent les biens terrestres tant qu'ils voudront, s'amusent apres la terre, ceux à qui le Ciel n'est point deu, ceux qui ne croyent pas les choses futures, qu'ils s'addonnent aux presen-

presentes ; mais les Chrestiens ne doyuent auoir d'autres richesses ny heritages que la gloire de Iesus Christ,

Ce doit estre là nostre principale visee. [a] *Quarite primò regnum Dei.* A cecy tous les Saincts nous appellent, [b] *Pœnitentiam agite ; appropinquat enim regnum Cælorum.* a Mat. 3. b Mat. 4.

En sainct [c] Luc il est dit, que par les chasteaux & les citez le fils de Dieu ne faisoit que prescher & euangeliser le Royaume des Cieux : *Iter faciebat per ciuitates & castella, prædicans & euangelizans regnum Dei.* Sainct Paul estoit tousiours disputant & persuadant pour le Royaume de Dieu : *Disputans & suadens de regno Dei.* En S. Matthieu il est dit que nostre loyer est tresgrand & ample au ciel: *Merces vestra copiosa est in cælis.* Ie trencheray cecy par vn mot tres-resolu de sainct [d] Paul aux Corinthiens: *Si in hac vita tantum speramus, miserabiliores sumus omnibus hominibus* : & par ceste conclusion de nostre symbole, *Vitam æternam.* Celuy de Nicee est plus clair, Toute nostre attente est en la resurrection & en la vie eternelle: *Et expecto resurrectionem mortuorum, & vitam venturi sæculi.* c 8. d 1. Cor. 15.

Ie desire resoudre icy vne petite obiection qui se pourroit faire à ce propos, *Beati mites*, est-il escrit en sainct [e] Matthieu, *quoniam ipsi possidebunt terram* : ie responds que ces mots sont tirez du Psalmiste, [f] *Mansueti hæreditabunt terram*, & que la lettre de l'ancienne alliance se doit entendre allegoriquement en la nouuelle, & partant que ceste terre est celle des viuants, *Terra viuentium* : parce que Iesus Christ a conuerty la terre en Ciel, & le laict & le miel des Israelites en la vie eternelle. e 5. f 36.

Si l'on insiste de sainct [g] Luc, *Nemo est qui reliquit domum, aut fratres, aut parentes, aut vxores, aut filios propter regnum Dei, & non recipiet multo plura in hoc tempore, & in sæculo venturo vitam æternam:* Disons que ceste recompense en ce temps peut estre spirituelle, c'est à dire, que pour ces choses exterieures abandonnees pour l'amour de Dieu, il donnera tant de douceurs & consolations interieures, qu'elles surpasseront de bien loing la valeur de ces fraisles biens de la terre. g 18.

Determinons auec Sainct [h] Iean, que toutes les h 2.

promes-

promesses que Iesus Christ nous a faites, tendent toutes au Ciel non à la terre, & que sa doctrine est celeste, & non terrestre, *Hæc est promissio quam pollicitus est nobis, Vita æterna.*

a Boet. 3. de consol. metro, 10.

a *Huc omnes pariter venite capti,*
Quos fallax ligat improbis catenis
Terrenas habitans libido mentes;
Hic erit vobis requies malorum,
Hic portus placida manens quiete.
Hoc patens vnum miseris asylum.

O mondains terrestres, qui ne pensez qu'à la terre, qui ne respirez que la terre, abandonnez la terre: c'est à ces biens que ie vous appelle, ie vous conuie de changer la terre au ciel, la mortalité à l'eternité, rien à tout, les miseres d'icy bas aux biens inimaginables de là haut: *Gustate & videte quàm suauis est Dominus:* Et quand vous aurés tant soit peu gousté de ces aises & contentemens spirituels, ie m'asseure que vous crierés auec le Prophete Roy, *Quam magna multitudo dulcedinis tuæ Domine, quam abscondisti diligentibus te! Abscondisti ea sapientibus, & reuelasti ea paruulis.* Seigneur ce n'est à ces fastueux mondains, qui paroissent sages en l'exterieur, quoy qu'au dedans ce ne soit que folie de leur fait. Ce n'est pas, dis ie, à ces vains enfans de la terre que vous communiquez ces vostres secrets, mais c'est aux petits, aux humbles, aux pauures, à ceux que le monde deteste, & qui n'ont autre pretention en ce mõde que la part & portiõ qu'ils esperẽt en vostre eternelle felicité, *Deus cordis mei, & pars mea Deus in æternum.*

Iusques à quand grossiers mondains, *Vsquequo graui corde*, iusques à quand comme des serpens abiets ramperez vous contre la terre? Iusques à quand ames brutes serez vous tousiours rauallees dans la bassesse des creatures, ames degenerees & indignes d'vne si noble extraction, relancerez vous iamais vos yeux contre le ciel, pour contempler du moins le lieu de vostre origine, lequel veu & consideré, serez vous bien si lasches de n'en estre point touchees & esmeuës?

Vous venez du ciel, ô ames grossieres & terrestres, enseuelies dans la chair & le sang, vous venez du ciel, vous estes les filles bien-aymees & cheries du grand pere Eternel,

eternel, Createur de l'vniuers, il vous a tant aymé qu'il a donné son propre fils, lequel vous a rachetees de son sang, *Sic Deus dilexit mundum, &c.* Vous serez ses espouses cheries, si par vertu vous vous rendez dignes de sa compaignie : si vous ignorez ceste vostre noblesse & extraction celeste & diuine, allez vous-en paistre auec les bestes, broutez l'herbe des vanitez, des richesses, des honneurs, viuez de la terre, mais aussi vous mourrez comme bestes, *Si te ignoras, o pulcherrima, egredere, & abi post vestigia gregum tuorum.*

O mondains si tu cognoissois l'excellence admirable de ton ame, *Si sciret donum Dei*, & les biens qui luy sont preparez, helas! que tu ne la rendrois pas casaniere apres des ombres fraisles & vaines de la terre, objets du tout indignes d'elle, & disproportionnez totalement à sa grandeur.

O que ce mot γνῶθι σεαυτον meritoit bien vn Oracle: car certes ie ne croy point qu'il y aye estude plus fructueux que de s'estudier soy-mesme, parce que la plus-part de nos dereiglemens aueugles ne vient que de nostre mécognoissance.

Si nous cognoissions bien nostre ame, sa nature, son essence, son immortalité, sa grãdeur, sa dignité, (& c'est ceste piece essentielle de nostre estre, qui nous fait vrays hommes, car le corps n'en est que l'estuy, le vestement, la prison) nous ne serions pas si mal aduisez que de la paistre de choses si viles, que de terre, faut de cognoissance, de preuoyance, & de iugement.

Ils disent que le serpent affamé, ne trouuant dequoy se refectionner, remplit sa panse vuide de terre, faute de meilleure pasture; mais aussi-tost qu'il a trouué quelque proye qui luy soit propre à deuorer, il vomit la terre pour se repaistre d'vne viande plus cõuenable, & de laquelle il puisse tirer suc & nourriture : Les mondains ignorans des choses celestes, faute de meilleure pasture, remplissent leur ame de terre, l'abandonnent à leurs sensualitez, l'occupent apres leurs auarices, la tenaillent d'ambitions; tout cela n'est point de son gibier: c'est pourquoy leurs esprits ne sont iamais rassasiez, mais s'ils auoient tant soit peu gousté les celestes viandes, ô que soudain leurs esprits vomiroient toutes ces masses terrestres, qui les remplissent inutilemẽt, pour se nouse nourrir de plus propre pasture.

C'est pourquoy, non sans cause i'ay tantost appellé les mondains vrays serpens, & parce qu'ils se glissent sur le ventre contre terre, & le mot Latin, selon les Ethimologistes, vient de ramper, *Serpens à serpendo*; & parce qu'ils mangent la terre : mais remarquons que comme ces deux proprietez du serpent luy ont esté baillees de Dieu, par malediction & punition, a cause qu'il seduisit nostre premiere mere Eue, les paroles du Genese sont expresses, *Quia fecisti hoc, dixit Dominus ad serpentem, maledictus es inter omnia animantia & bestias terræ, super pectus tuum gradieris, & terram comedes cunctis diebus vitæ tuæ* : Aussi que ceste mesme malediction est donnee aux mondains, rampans contre terre, & mangeans la terre, c'est à dire ne pensans & ne visans qu'a la terre.

Vne conception en suitte de celle cy, Adam & Eue nous ont rendu miserables, & ont attiré la mort & le peché au monde, pour auoir mangé les fruicts deffendus de la terre, & pource ont esté priuez du ciel, iusques à la venue du Messie : allegorie qui nous enseigne, que ceux qui mangent des fruicts prohibez de la terre, c'est à dire qui s'addonnent aux vanitez, aux auarices, & voluptez terrestres, seront priuez de la gloire celeste, & releguez à l'eternelle mort.

Vne autre allegorie. Les enfans d'Israel ne receurent iamais les graces miraculeuses, & les liberalitez prodigieuses de Dieu en l'Egypte, en la maison de seruitude & d'esclauage, mais ce fut en tendant à la terre promise : Ainsi iamais vne ame esclaue du monde, arrestee & enterree des vanitez, richesses & plaisirs de la terre ne receura les benedictions & consolations de Dieu : mais quand elle aura secoué ce ioug, & renoncé à toutes terrestres pretensions, pour aspirer au Ciel, la vraye terre promise, elle sera lors visitee & assistee des faueurs & graces abondantes de Dieu.

Ne soyons donc plus si aueugles que de nous amuser apres ces bagatelles terrestres, que Seneque appelle naïuement des iouets des petits enfans, *Iuuenilia crepundia* Laissons la vanité pour chercher la solidité : laissons le rien pour quester le tout : quittons l'ombre pour aspirer au Soleil : dédaignons les choses corporelles

porelles & materielles pour embrasser les spirituelles & diuines: mésprisons les mortelles & transitoires, pour acquerir les eternelles: abandonnons les finies, pour estre iouyssans des infinies: foulons aux pieds les biens presens, caduques & friuoles, pour iouyr vn iour des futurs, grands & solides: En vn mot, gourmandons nostre corps, pour cherir l'ame, laissons le moment pour l'eternité: la terre pour le ciel. Peut-on proposer vn plus heureux échange? *Si consurrexistis*, &c.

Diray-ie pour appendice, que ce discours est né pendāt vn petit de sejour que ie faisois à Lyō, à la sollicitation de quelques miens affaires: c'estoit vn entretien duquel ie delassois mon esprit ennuyé de ces tracasseries & embarassemēs, le dégoust desquels m'auoit piéça fait quitter ceste robbe qui se mesle de les déuider, pour embrasser vne autre, laquelle i'estimois en deuoit estre exēpte: mais i'ay trouué, puis qu'il a pleu à Dieu, & tout à l'abord, qu'elle porte encores plus la croix en effect qu'en apparence. Ce Roy qui n'eust pas daigné ramasser son diadesme de terre, si premier il en eust sceu la pesanteur; comment se fust-il laissé bander le front d'vne epineuse mitre? A peine que ie m'en sois déchargé auant qu'en estre tout à fait chargé; du moins en ay-ie esté dégousté, auant qu'en auoir gousté. Certes ce petit ouurage a bien esté basty à pure pointe d'esprit & de memoire, sans aucun commerce de liures, & sans nulle forme de loisir & sorte quelconque de temps, aux heures dérobees ou inutiles, pour charmer mon soucy & éuiter l'oysiueté, ma mortelle ennemie: la tissure naturelle, toute simple, molle, & languissante fera voir à l'œil ceste verité: Ceux qui voudront le conferer aux autres pieces, iugeront bien de la dissemblance; aussi la difference est-elle grande entre auoir l'esprit libre & en plein vsage des liures; & auoir l'ame empeschee d'ailleurs, & sans aucun secours estranger. Tout ce qui a donné l'estre à cet opuscule, est vn vray & entier ressentiment: car certes i'ay parlé de cœur s'il agreé, il sera tost suiuy de la *Haine du siecle*, que ie rumine & remasche: elle sera plus tenduë & estudiee, & il n'y a quasi plus, comme disoit Æschylus d'vne de ses Tragedies, que les paroles à mettre: il reste à bastir, les materiaux estans touts prests: Tel que cestuy-cy, le iugement

ment d'vn grand cerueau, & la fusion d'vn amy me l'arrachent : De vray pour les beaux esprits ie leur donne les mains ; mais quant aux pointilleurs, ie les dédaigne comme enfans de la terre.

DIVER.

DIVERSITEZ DE MESSIRE IEAN PIERRE CAMVS, EVESQVE ET SEIGNEVR DE BELLEY.

Efficace de l'Oraison.

CHAP. I.

IL y a plusieurs promesses solennelles en l'escriture, par lesquelles tout ce que nous demanderons legitimement à nostre pere celeste, est protesté nous deuoir estre accordé; *Petite, & accipietis; quærite, & inuenietis; pulsate, & aperietur vobis:* mais entre autres ie n'en trouue point de plus entiere & energique que celle-cy, prononcee par la bouche du fils de Dieu à ses Apostres. a *Amen amen dico vobis, si quid petieritis patrem in nomine meo;* Voyla qui est merueilleusement plein & sans exception: de la reuoquer en doute, c'est vn signe d'vne foy vacillante & mal enracinee, d'vne foible & legere esperance, & d'vne froide charité, voire mesme impieté, qui semble mescroire ou la toute puissance de Dieu, ou son infinie bonté & misericorde. Or il y a tout plein de considerations sur ces mots que i'allois meditant, lesquelles ie desire estaler par ordre selon la suitte des paroles de ce texte.

a Ioan. 16.

T. Ceste

Ceste repetition premiere, En verité, en verité, monstre par ceste double affirmation auec combien de confiance & asseurance nous deuons auoir recours à l'oraison, puis que nostre Seigneur, qui est la mesme verité, nous donne vne telle certitude de n'estre point esconduis en nos requestes, pourueu qu'elles soient iustes; en cela nous pouuons remarquer l'extreme charité, bonté & liberalité de nostre pere celeste, lequel pour le grand desir qu'il a de nous prodiguer ses biens & ses thresors, nous conuie par de si viues & douces semonces à le requerir, nous sollicite & presse de luy demander tout ce que nous voudrons, auec protestation que comme il est tout grand, & tout puissant, & que tout est à luy, il ne nous refusera chose quelconque.

De vray s'il y auoit vn Roy & Monarque tres-riche en ce monde, lequel eust tellement la liberalité empreinte au cœur, qu'il ne tint qu'à luy demander pour obtenir ses necessitez de luy, combien de personnes timides s'enhardiroient de le supplier? combien de seruiteurs auroit-il? on y courroit de toutes [illegible] du monde. Mais pense, ô ame Chrestienne, [illegible]ense combien le Createur de l'vniuers est plus riche qu'vn simple Roitelet de la terre, luy par qui les Roys regnent, luy qui soustient auec trois petits doigts toute ceste ronde machine, luy à qui appartiennent toutes les richesses, *Gloria & diuitiæ in domo eius*. Considere aussi combien sont inépuisables ses biens infinis, comme sa puissance, au lieu que toutes les facultez d'vn Monarque terrestre, pour grand qu'il soit, sont tousjours bornees, circonscriptes, limitees & souuent épuisees. Represente-toy encores la prodigalité de sa misericorde, qui desbonde sur toy tant de graces & faueurs: car tout bien vient de sa main, & regrette en mesme temps de se voir si peu prié: puis qu'il ne tient qu'à demander pour obtenir, dépite-toy contre l'ingratitude du monde, qui luy fournit si peu de seruiteurs, & blasme-toy encores d'estre si nonchalante & auaricieuse de chose qui couste si peu que la priere, & que ceste tienne chicheté te priue de tant de biens: plains ton peu de foy, ta mescreance, ta desloyauté; & pleure sur tout ta mécognoissance en de si belles & auantageuses offres,

stres, que tu mets traistreusement à nonchaloir.

Quand la faim presse, cela fait franchir les barrieres de toute mauuaise honte, & contraint de demander l'aumosne : & nos ames qui sont si affamees de la grace de Dieu, seront-elles si aueuglees en leur stupidité de n'auoir point recours à celuy qui les peut rassasier & les mettre à l'abry de leurs disettes & necessitez, imploré par vn petit mot de priere?

Il y a en suitte, *Dico vobis*, comme si nostre Seigneur disoit, moy qui suis celuy qui suis, coégal en puissance, coéternel & consubstantiel quant à la diuinité auec mon pere; moy de qui les paroles sont autant de veritables Oracles, moy qui perds tous ceux qui disent mensonge; *Perdes omnes qui loquuntur mendacium:* moy qui suis inuiolablement fidelle en mes promesses, moy qui suis la fermeté & l'asseurance mesme, moy qui suis l'arc-boutant de vostre salut; ne me croyez vous pas? Serez-vous bien si impies que de m'abandóner laschement, moy qui suis la fontaine de vie, reiaillissante à l'immortel sejour, pour vous fouïr des cisternes creuassees qui ne peuuent contenir les eaux? quoy! auez-vous plustost recours en vos desseins, ou en vos afflictions, à des remedes humains, à des expediens du mõde, qu'au secours de la priere? aymerez-vous mieux vous fier sur le roseau creux des apparences mondaines, que sur la roche infaillible de ma parole, qui peut moins manquer que le ciel & la terre : *Cælum & terra transibunt, verba autem mea non transibunt.* O insensez & tardifs à croire! *O stulti & tardi corde ad credendum vsquequo graui corde, vt quid diligitis vanitatem & quæritis mendacium? scitote quoniam mirificauit Dominus sanctũ suum. Dominus exaudiet me cum clamauero ad eum. Vt quid confiditis in nihil? cognouit bos possessorem suum, & asinus præsepe Domini sui, Israel autem me non cognouit. Homo cum in honore esset, non intellexit,* j'entends, il n'en a point rendu graces à Dieu, *comparatus est iumentis insipientibus, & similis factus est illis.* L'Elephant, à ce qu'on dit, adore le Soleil leuant, le prie (ce semble) en son nouuel langage, & semble qu'il luy demande la santé, & le reclame en ses necessitez : & nous pour les nostres nous n'aurons pas recours par la priere au vray Soleil de Iustice, nous ne luy dresserons pas nos vœux? Ce sont

là aulà autant de reproches de nostre lasche mécognoissance & infidelité.

Ie viens à l'autre mot, *si quid*, aucuns disent: *quicquid*; par là nous sommes enseignez de demander quelque chose: or la vertu est quelque chose, le vice rien: Dõcques nous deuons demander la vertu, & nous l'obtiendrons, nullement le vice, car iamais nous ne l'obtiendriõs: estant vray par ceste reigle de nature & de droit que personne ne donne ce qu'il n'a pas, & Dieu n'a point de vice, car ce luy seroit vne impuissance, *Deus non volens malum: Deus non volens iniquitatem tu es*. La preuue de cela est philosophique: On sçait en l'eschole que la priuation de soy n'est rien que le contraire de l'estre: ainsi dit on que la vertu est quelque chose, & le vice rien: ainsi qu'és choses naturelles le Soleil est quelque chose, comme l'ame de lumiere: mais l'ombre d'iceluy qui se forme par l'opposition d'vn corps opaque à ses rayons, ce n'est rien qu'vne priuation de clarté: en consequence de cela il faut demander la raison, quelque chose d'essentiel & vray, comme la vertu: rien de vain & faux comme le vice, qui n'est qu'vne idee & vne ombre.

Ouy, mais ne faut-il point requerir des richesses, des honneurs, & autres tels biens qu'on appelle icy bas de fortune? Certes il faut distinguer, parce que ces choses estans indifferentes de soy, on ne peut determiner si elles sont bonnes ou mauuaises, sinon selon l'vsage ou l'abus de ceux qui les possedent: mais parce que selon l'ordinaire corruptiõ de nature nous panchons plustot vers le mal, & que nous appliquons & couchons ces biens d'vn mauuais biais, i'estimerois plus à propos de laisser cela en la dispositiõ de Dieu, lequel sçait mieux que nous-mesmes ce qui nous est vtile & necessaire: *Neque paupertatem, neque diuitias dederis mihi*, disoit Salomon, *sed tantum victui meo tribue necessaria*. Cela nous est reiglé par ceste petition de l'Oraison Dominicale, *Panem nostrum quotidianum*: il y a du danger en l'excez. *Qui volunt diuites fieri, incidunt in laqueos diaboli*. C'est pourquoy sainct Paul limite ces biens au viure & vestir, *Habentes alimenta, & quibus tegamur*: pour auoir beaucoup de richesses nous n'en desirons pas d'auantage que nostre suffisance, à l'aduenture plus delicatement & deli-

cieuse-

cieusement : pour estre bien & richement vestus nous n'en serons pas si chaudement, ny si commodement: pour estre logez superbemét & magnifiquement, nous n'en dormirons pas plus à l'aise, peut-estre plus inquietement.

———Raris aconita bibuntur,
Fictilibus, rarus venit in cænacula miles,

C'est vn grand esclauage qu'vne grande fortune, & qui veut auoir grande suitte, s'engage en des soings mordans & bien importans: il n'y en a point de plus malheureux que ceux qui esclattent dauantage, il y a bien des espines sous les diadémes, & bien plus d'agonies en la vie publique, qu'en la priuée. Nostre Seigneur reprimanda fort aigrement l'ambition inepte de ses disciples, qui disputoyent de la preseance au Royaume du Ciel, & pensoyent par brigues, prieres & faueur emporter ceste prerogatiue; Vous ne sçauez, leur dit-il, ce que vous demandez, *Nescitis, quid petatis*, pour estre grands là, il faut estre tres-petits icy: Nous pourrions dire le mesme à celuy qui demãderoit à Dieu des richesses, ou des dignitez en ses prieres: pauure aueugle, tu ne sçais ce qu'il te faut, ny ce que tu veux! Sçais-tu pas combien les grandes cheuances ont esté plus nuisibles que profitables à mille personnes plus aduisees que toy? Miserable, sçais-tu pas que ceux qui sont esleuez en honneurs, sont esleuez d'autant plus haut, afin que leurs cheutte en soit lourde & grieue à proportion?

A vn furieux qui demanderoit des armes pour se defaire, à vn fiéureux qui demanderoit à se gorger de vin, ce seroit charité que de leur refuser ces requestes qui tourneroyent à leur mort: Dieu cherit tant nostre salut, qu'il mesprise les inciuiles requestes de ceux, qui furieux d'ambition le reclament pour obtenir des honneurs, ou qui malade de l'hydropisie d'auarice, le prient de les abreuuer & emplir de richesses, de peur qu'abusans de ces biens indifferens, ils ne causassent nost[re] eternelle ruine.

Les richesses & les honneurs sont des serpens cachez sous l'esmail de quelques specieuses fleurettes: Or nostre pere celeste seroit-il si courroucé contre nous, qu[an]d nous luy demandons nostre pain iournalier, de

 nous

nous donner des viperes? Non non, il enuoye le vent selon le voile, & va distribuant les biens selon nostre plus grande vtilité, si nous en auons disette: à l'aduenture il les nous soustrait, parce que nous en eussions abusé: ainsi la priuation nous en est plus vtile que la iouyssance: à l'aduenture nous soustrait il les temporels pour redoubler les eternels: à l'aduenture comme à Iob les nous oste-il pour vn temps, afin de les nous multiplier par apres au centuple; s'il les nous donne, c'est afin que nous mesnagions nostre beatitude auec iceux; & que nous faisions des amis de ceste inique mamone, qui nous introduisent & reçoyuent vn iour aux tabernacles celestes.

Encores vne autre consideration sur ce mot, *Quicquid*, c'est à dire, quelque chose de grand & sublime; qui merite d'estre demandé à vn tel Seigneur; nō point des choses basses & rauallees: pour-ce que selon que ie viens d'enseigner, il ne s'abbaisse pas au neant, luy qui est tellement, qu'il ne peut se reduire au non estre; luy qui est tout, & qui a fait tout, excepté le rien, qui a esté fait sans luy. *Omnia quidem per ipsum facta sunt, sed sine ipso factum est nihil*. I'entends qu'il ne faut luy demander que des faueurs aucunement proportionnees à sa qualité, comme sa gloire, la vertu, l'eternité, son amour, sa grace: C'est à ces belles couronnes qu'il nous inuite, c'est là que doyuent viser touts les plus genereux eslancemens de nos ames; non point nous raualler contrebas aux chetifs & miserables biens de la terre: Ce sont des obiects indignes de nostre ame, disproportionnez à sa qualité, dissemblables à sa nature, laquelle estant immortelle, ne doit rien respirer de mortel; Ce sont des biens que Dieu estime ne meriter pas de tenir rang parmy ses faueurs. Aussi bien souuent voyōs-nous qu'il les distribue plustost aux meschants qu'aux bōs; selon les secrets ressorts de sa sage prouidence, qui nous sont cachez & incognus.

Vn Roy estimeroit qu'vn mendiant luy feroit tort de luy demander vn petit morceau de pain, ou vn verre d'eau. & que sont toutes les richesses de la terre deuant Dieu, que de la poudre menue? pensent donc ceux qui les luy demandent, combien ils deshonorent sa grandeur.

Ce

Ce rencontre assez commun d'Alexandre & de Diogenes qui se lit chez Seneque, pourroit de quelque biais se coucher icy, Ce pauure Philosophe demanda vn iour à ce grand Roy vn denier; Cela, luy fit-il, est trop peu pour vn Prince: l'autre le pria donques de luy faire bailler vn talent, qui valloit pour lors enuiron cinq cens escus; C'est trop, luy repliqua l'autre, pour vn Cynique, qui fait estroite profession de pauureté: c'estoit vne cauillation illusoire, par laquelle il se vouloit mocquer: mais il pouuoit au rebours, dit Seneque, luy donner vne obole comme à vn Cynique, & vn talēt comme Roy, pour monstrer sa liberalité & munificence. Il est bien vray que toutes choses & grandes & petites sont en la main de Dieu, & que sa prouidence s'estend aussi bien à la conseruation des moucherons, que des empires: si est-ce toutesfois que les choses grandes sont celles qui luy conuiennent le mieux: si tant est que rien se puisse accarter ou proportionner à son immensité Sainct [a] Basile excellemment à ce propos: *Munificentissimus est & augustissimus Rex noster, & indignè fert quandocunque quis nostrum de rebus ipsum, minimè ipsi conuenientibus rogat*. Sainct [b] Gregoire en ses Moralles tombant sur ce passage de S. Matthieu. *Quærite primùm Regnum Dei, & hæc omnia adijcientur vobis. Profectò* (dit-il) *indicat aliud esse quod principaliter datur, aliud quod superadditur, quia enim nobis in intentione æternitas in vsu verò temporalitas esse debet, & illud datur, & hoc ex abundanti superadditur*. Il faut premierement chercher le Royaume de Dieu, & voyla nostre principale visée, & puis l'accessoire des biens tēporels iamais ne nous abandonnera: *Nūquam vidi iustum derelictum, neque semen eius quærens panē*, où ie remarque & insiste sur ce mot de *Iustum*. Car il est sans doute que Dieu a soing des oyseaux du Ciel, qui ne trauaillent ny labourent, & neantmoins viuent: qui reuest d'vn satin si poly & doux les lys des champs qui ne font rien: celuy qui s'entremet voire de la conseruation des cheueux de nos testes, iamais il ne delaissera sa creature, il ne l'abandonnera point, puis qu'elle porte emprainte en soy sa viue image, & le caractere de sa Diuinité en la ressemblance de son ame: ouy bien pourueu qu'elle soit iuste, qu'elle suiue le train des commādemens de son Seigneur, sans l'offenser, car autrement

[a] Constit. monast. c. 2.

[b] 15 c. 10. c. 6.

il cesse d'auoir soing d'elle, il la fuit, la laisse perdre, & cherit dauantage les creatures insensibles ou desraisonnables, lesquelles si elles ne luy rendent aucune recognoissance ny seruice, du moins n'enfreignent point ses loix. De sorte donc que pour estre exaucé en sa priere, il faut deux choses: estre iuste, c'est à dire en la grace de son Createur, sans laquelle non seulement l'oraison, mais toutes nos bonnes œuures sont mortes, comme sçauent les Theologiens: l'autre, c'est de ne raualler point ses petitions aux biens de la terre, sinon pour nous mettre à l'abry de la plus rigoureuse necessité, n'y attachant nullement ses affections. L'oraison Dominicale a est sans controuerse la plus riche piece en matiere de priere, qui aye iamais esté: aussi le fils de Dieu la nous a particulierement apprise: or là tous nos desseins visent au Ciel, à l'autre vie, au droit acheminement qui nous doit guider à nostre celeste patrie. Il n'est fait mention des biens terrestres que de passade ce semble, où nous demandons nostre pain quotidien, il n'y a nul propos des vaines grandeurs & delices du siecle: ces choses doyuent estre du tout alienees de l'esprit du Chrestien. *Concupiscant præsentia*, dit sainct Hierosme, *qui futura non credunt, ambiant terrena quibus cœlestia non sunt curæ; nobis diuitiæ & hæreditas sit Christi gloria.* Voicy le *Quid mihi est in cælo*, du Psalmiste, *& à te quid volui super terram, Deus cordis mei, & pars mea Deus in æternum.*

a V. Cass. coll. 9 c. 24.

Il resulte donc de ce mot de *Quicquid*, qu'il ne faut demander aucun bien de la terre, si ce n'est selon la volonté de Dieu, voire quelquefois, dit sainct b Augustin, seroit-il bon de faire ceste priere à Dieu, qu'il nous refuse lors que nous le prions pour auoir quelque chose qui nous doit estre plus nuisible que profitable: c'est vne belle petition que celle-cy, *Fiat voluntas tua*. Or ceste volonté, dit sainct c Paul, n'est autre que nostre salut & sanctification: *Hæc est voluntas Dei sanctificatio vestra.* Il faut par consequent demander à Dieu sa grace & la vertu, les deux principaux outils pour nous rendre saincts. Et sainct d Iean asseure que tout ce que nous demanderons à Dieu sous ceste sienne volonté, nous l'obtiendrons. *Hæc est fiducia quam habemus ad Deum, quia quodcumque petieritis secundum voluntatem eius, audit vos.*

b Tract. 73. in Ioann.

c 1. Thess. 4.

d 1. Ioan. 5.

Enco-

Encores ce mot, *Quicquid*, me fait souuenir de ceste promesse que fit le Roy Assuer[a] à la belle Esther qu'il voyoit prosternee à ses pieds, implorant sa misericorde & clemence. *Quid vis Esther Regina? quæ est petitio tua? etiamsi dimidiam partem regni petieris, dabitur tibi.* Quand vne ame saincte & pieuse, figuree par Esther, est aux pieds de la Croix, le throsne de nostre doux maistre, prosternee à genoux toute fonduë en larmes, en souspirs & sanglots, pure, nette, & agreable deuant la face de son Espoux celeste le grand Roy des Roys, ô que ses prieres sont efficaces, non, nõ rien ne luy peut estre refusé en cet estat: *Omnia quæcunque orantes petitis, credite quia accipietis, & eueniet vobis.* Voire le Royaume des Cieux est la premiere promesse: *Hæredes Dei, cohæredes autem Christi:* la participation de la Diuinité va en suitte: *Ego dixi, dij estis, & filij excelsi omnes.* Si elle demande la saluation du peuple, aussi tost elle l'aura, & sera appaisé le courroux du Pere eternel; l'oraison faite en estat de grace fléchit Dieu cõme elle veut, ce sont des doux liens & des chaisnons inuisibles qui retiennent le bras vengeur de la diuine Iustice, qu'il ne lance les carreaux de ses iustes fureurs & indignations sur les testes criminelles des pecheurs. a Esth. 8.

Ie coule au mot suiuant, *Petieritis.* Quand nous demandons vne chose à quelqu'vn, nous sçauons premierement qu'il l'a, & puis qu'il la peut donner sans s'incommoder: & encores est plus libre nostre petition, si nous sçauons qu'elle ne luy serue de rien: Dieu veut en nos oraisons que nous approchions de luy auec vne pure dilection & sans crainte, plustost que nous regardions sa douce & paternelle bonté & misericorde, que la rigueur de sa iustice: il requiert de nous en cet acte vne grande confiance, & vn total abandonnement en luy, il hait la vacillation & la defiance: [b] *Postula in fide nihil hæsitans:* ce qui est cause plus souuent que tous les iours de l'inefficace de nos prieres, c'est par ce qu'elles sont comme par maniere d'acquit, & iettées à l'aduenture sans ferueur, sans ressentiment, quasi sans foy, nous n'auons quasi pas de recognoissance bien formee de la grandeur, puissance, bonté & liberalité de nostre Dieu; mais si nous-nous approchions de ce sainct exercice auec vne ardente foy, nous transporterions les b Iac. 1.

mon-

montaignes. Le lépreux de Syrophenisse, le page du Centurion, l'aueugle, tous ceux la furent guaris parce qu'ils prioyent auec vne ferme foy.

Vne autre consideration sur ce mesme mot, c'est qu'il me semble nous induire à la perseuerance, en l'oraison, comme qui diroit demander auec importunité; importunité desagreable aux hommes, mais tres plaisante à Dieu: *Etenim qui quã ingrata esse hominibus importunitas solet*, dit le grand sainct a Gregoire, *Iudici veritatis placet; quia pius ac misericors Deus à se vult veniam precibus exigi, qui quantum meremur non vult irasci.*

a 11. Ep. 2.

La parabole des dix vierges nous peut, ce me semble, naïfuement bien enseigner combien est profitable la perseuerance en l'oraison: car les cinq sages furent introduites pour auoir attendu auec patience, les folles rebuttees pour auoir esté courre apres des pensees distraites & vagabondes, faute d'huile de la deuotion, ferueur & charité.

C'est, ce croy-ie, à ceste perseuerance plustost qu'à vne assiduité continuelle que nous sommes exhortez en l'Escriture, b *Vt semper oremus: & sine cessatione orare*, c'est à dire que nous perseuerions tousiours au bien, & que nous renouuellions souuent parmy les exercices temporels de nos vacations, des oraisons iaculatoires, & que nous tenions tousiours nos ames tendues en haut par des frequentes aspirations.

b Eccles 18
b Luc. 18.

La parole d'apres c'est *Patrem*, de laquelle ie tire deux instructions, l'vne d'Amour, l'autre d'Humilité: Nostre Seigneur ne dit pas *Patrem meum*, mais simplement *Patrem*, pour nous enseigner qu'il est nostre frere: encores que les Iuifs barbares & cruels, comme vn autre Ioseph, l'ayant traicté comme vn estranger mal-faicteur; *Extraneus factus sum fratribus meis, & peregrinus filijs matris meæ*, & que nous auons vn pere commun. *Ascendo*, dit-il, *ad Patrem meum, & Patrem vestrum:* de maniere que quand nous approchons de Dieu par l'oraison, nous deuons nous presenter à luy, comme deuant vn pere doux, debonnaire, benin, & qui nous est tousiours propice & fauorable, qui tend les bras aux pecheurs, afin qu'ils viennent à resipiscence, & comble les bons de mille graces & faueurs: nous deuons paroistre deuant sa Majesté auec vn grand respect, ou comme deuant

deuant nostre maistre, ou auec l'honneur & la reuerence deuë a vn pere a *Filius honorat patrem, & seruus dominum suum, si ergo Pater sum ego, vbi est honor meus? & si Dominus ego sum, vbi est timor meus?* mais plustost auec ceste
charité flambante & parfaicte, *Quæ foras mittit timorem:*
Ainsi nos vœux seront tousiours exaucez. *Oculi Domini super iustos, & aures eius in preces eorum.*

a Malach. 1

L'autre animaduersion, est que nous deuons aborder ce grand pere de famille auec vne profonde humilité, laquelle secondant nos prieres, les fera infailliblement
entendre & interiner. *Oratio humiliantis se,* dit le
b Sage, *nubes penetrabit: Respexit in orationem humilium, &
non spreuit preces eorum. Ad quem respiciam,* dit Dieu chez
c Isaie, *nisi ad pauperculum & contritum corde, & timentem
sermones meos?* Abraham n'osant parler à Dieu par humilité, considerant sa vilité & bassesse, merita d'estre exaucé: d *Loquar ad Dominum meum cum sim puluis & cinis:*
philosophie estrange, que pour se guinder au Ciel, il se
faut tapir contre terre! *Vsque ad terram,* m'apprend S.
e Gregoire, *in oratione humiliare nos debemus, ne mente ia-
ceamus in terra.*

b Eccles. 35.
c 66
d Gen. 18.
e 9. ep. 58.

Ie passe au mot suiuant, *In nomine meo,* où ie notte
premierement que toutes nos prieres doiuent estre
fondees sur les merites du fils de Dieu, nullement sur
les nostres: c'est nostre seul appuy, l'vnique soustien
qui nous peut esleuer au Ciel, il n'y a point d'autre nom
au monde, auquel nous puissions trouuer sauueté
qu'en celuy-là: nom que tout adore, sous qui toutes
creatures flechissent, tant terrestres, celestes, qu'infernales.

Dauantage ce nom est f IESVS, qui veut dire Sauueur,
pour nous apprendre encore que toutes nos prieres ne
doyuent tendre qu'au point de nostre saluation: car
que seruiroit à l'homme la possession de mille mondes, souffrant détriment de son ame? *Quid prodest homini, &c.*

f S. Gregor. hom. 27. in Euang.

De plus, celuy prie au nom de nostre Seigneur, qui a
vne vraye foy en luy, non point heretique ny sophistique, d'où s'ensuit que toutes les prieres des sectaires &
desuoyez de l'Eglise pour faire des bandes à part, sont
plustost abominations deuant Dieu, qu'oraisons comme m'apprend sainct g Augustin.

g Tract. 102 in Ioan.

Encores

Encores prier en ce nom c'est coniurer le Pere eternel par la chose qui luy est la plus chere, & qu'il ne sçauroit refuser, sçauoir sō fils vniquemēt biē-aymé. *Hic est filius meus dilectus, in quo mihi bene complacui.* Pour cela Dauid. *Protector noster aspice Deus, & respice in faciē Christi tui.* Car c'est nostre infaillible mediateur, & charitable Redempteur: *Vnus Dei & hominum mediator:* & n'y a point d'autre milieu pour aller au Pere que par le Fils; Fils qui iamais n'est esconduit en la presentation de nos requestes.

Si le fils d'vn tres-vaillant Capitaine prioit vn Roy de luy faire quelque grace pour les trauaux de feu son pere, & par la mort qu'il auroit encouruë au seruice de ce Prince, il est sans doute qu'il obtiendroit sa demande pour les merites & en faueur de son pere : & pensons-nous que coniurans le Pere eternel par l'amour eternellement reciproque qu'il porte à son fils, par les cruels & inimaginables tourmens, & par les ignominieuses douleurs & douloureuses ignominies de IESVS mort en la Croix pour nostre rachat, respandant tout son sang pour en lauer nos offenses: pensons-nous dis-ie, qu'il y peust auoir lieu de refus en vne priere si bien appuyee? non, non, *Securum habes, ô homo, ad eum accessum, vbi est filius ostendens patri latus & vulnera: repulsa esse non potest, vbi sunt tot amoris insignia* : pour parler auec sainct Bernard.

Il y a à la penultiesme parole, *dabit*, en laquelle ie voy vn extreme liberalité du Createur, en ce qu'il donne souuēt plustost qu'on ne demande sa misericorde, preuenant nos miseres, *Misericordia eius preueniet me.* Sainct a Bernard, *Priusquam egressa sit ab ore nostro oratio, ipse eam scribi iubet in libro suo.* Le Psalmographe, b *Desiderium pauperum exaudiuit Dominus, preparationem cordis eorum audiuit auris eius.* Du moins il ne faut que dire, & soudain on obtient. *Reuela Domino viam tuam, & dabit tibi petitiones cordis tui.*

a Ser. 5. in Quadrag.
b 9.

Mais pourquoy souuent ne donne-il pas? il y en a mille causes, ie me [illegible]tenteray icy de ces deux; parce que nous demandons mal, ou parce que nous ne valōs pas, ny ne meritons d'estre exaucez: Pour la premiere: S. Iacques, *Petitis, & non accipitis, eo quod male petatis, nempe vt in concupiscentijs vestris insumatis:* Et quād nous deman-

demandons ainsi impertinemment, nous deuons de grandes graces à Dieu quand il nous refuse, parce que c'est signe que sa misericorde a esgard à nous : *Si hoc à Deo petitur*, dit sainct a Augustin, *unde homo ladatur exauditus, magis metuendum est ne quod possit non dare propitius, det iratus.* La seconde raison est, que Dieu mesprise les prieres des pecheurs engagez dans le vice, sans desir d'en sortir par la penitence, & n'exauce aucunement leurs desirs. b *Scimus quia peccatores Deus non audit, sed si quis Dei cultor est, & voluntatem eius facit, hunc exaudit.* Dieu dit aux meschans par la bouche de son Prophete c Isaie. *Si multiplicaueritis orationem, non exaudiam, manus enim vestræ sanguine plenæ sunt.*

a Tract. 73. in Ioan.

b Ioan. 9.

c I.

En fin le dernier vocable de nostre passage est, *Vobis*, qui m'apprend que les prieres plus agreables à Dieu sont celles qui se font en general dans la communion des fidelles, desquels comme la foy aussi le cœur doit estre vny & lié par charité, aussi voyons-nous qu'en l'oraison Dominicale, par on de toutes les autres, nous prions tousiours en general, nullement en particulier: parce que les prieres sont merueilleusement energiques, infuses dans le corps vniuersel de l'Eglise : pour ceste occasion sainct d Iacques nous admonneste de prier les vns pour les autres, si nous voulons estre sauuez. *Orate pro inuicem, vt saluemini.*

d 5.

De la Vie exemplaire.

CHAP. II.

Es interpreres en entendant ceste parabole du morceau de leuain qui sousleue & assaisonne toute la paste. e *Simile est regnum calorum fermento, &c.* cela s'entend s'il est bon, car s'il est mauuais & gasté, il la corrompt & aigrit toute : vray symbole de la vie bonne ou mauuaise des superieurs, tant Ecclesiastiques que seculiers, laquelle ou edifie, ou scandalise merueilleusement les inferieurs & subiets.

e Matth. 13.

Le monde est vn theatre, comme vn chacun sçait, où

si les

si les principaux personnages faillent à leur roolle, toute la scene est troublee, toute l'actiõ confuse & sans ordre : les grands sont placquez aux yeux du peuple comme des statuës dans leurs niches, à contempler de toutes parts: si leurs deportemens sont beaux, on les admire, si mauuais chacun s'en formalize, & les reprend, sinon ouuertement, du moins tacitement. *Spectaculum,*
a 1. Cor. 4. dit sainct Paul a des Prelats, *facti sumus mundo, & Angelis, & hominibus.* S'ils font quelque faux pas, ils sont bien-tost releuez, si quelque ineptie, ils sont huez & sifflez, il semble que leurs fautes s'agrandissent & estendent par leur qualité, & il est vray.

Omne animi vitium tanto conspectius in se
Crimen habet, quanto maior qui peccat habetur.

Vne veruë au visage qui est descouuert à l'erte & en prospectiue à vn chacun, est bien plustot remarquee qu'vne grande tache que l'on auroit en quelque autre partie du corps couuerte des habits : les particuliers sont les membres du corps du public, desquels les fautes sont couuertes & cachees en la presse, la foüle de la multitude, dans laquelle ils roüllent sans nom & sans marque, enseuelit aussi-tost leurs escapades dans le tombeau de l'oubly : mais les personnes constituees en charge & dignité, sont comme les visages exposez à la veuë du monde, esquels vne petite tache est grandement notable.

Ceste cuuette plein d'eau entouree de miroirs, qui estoit au Tabernacle où les Prestres s'alloient lauer le visage & les mains auant que de sacrifier, parmy plusieurs significãces me semble pouuoir endurer cellecy, que les Prestres doiuent estre nets & lauez de tout crime, afin de seruir au peuple cõme de la glace d'vn beau miroir, pour y remarquer toutes les perfections qu'il auroit à ensuiure, leur vie deuant seruir de reigle & patron de vertu. Car certes il est vray que leurs deportemens sont les liures, où les simples apprennent la pieté ou l'indeuotion, & va pour la pluspart le populaire grossier, ignare, iugeant de la Religion par les mœurs des Ministres d'icelle, comme si c'estoit vne chose attachee aux personnes, & si la foy dépendoit des œuures des particuliers! C'est là le fondement & la source de l'erreur des desbandez Nouateurs de ce siecle, prou pion suffisamment rembarré par ce commandement de l'Euangile, qui veut qu'on croye simplement à la parole de Dieu, sans prendre garde à la vie de celuy qui l'annonce, pourueu qu'il soit legitimement enuoyé, & qu'auec vne bonne mission il monte en la chaire, qui ne peut estre que de verité. *Super cathedram Moysi sederunt Scribæ & Pharisæi, quæcumque dixerint vobis, seruate & facite, sed secundum opera illorum nolite facere.* Ceux qui marchent auec candeur & simplicité en la vraye creance de l'Eglise, ils bannissent de leurs cœurs toutes ces vaines curiositez & enquestes de la vie d'autruy, contents de faire leur profit de la parole salutaire qu'ils entendent, semblables à ceux qui iettent les enueloppes ameres & dures des noix & amandes, pour manger le bon,

Si est-ce toutefois, qu'il est bien difficile de se renir tellement à ce point, qu'on ne rabatte ou redouble quelque chose de la creance qu'õ doit auoir au discours du prescheur, selon le bon ou sinistre renom de sa vie: & comme ceux qui parlent & crient contre les vices, esquels manifestement ils sont subiets, scandalisent plus qu'ils n'edifient, excitans plus la risee que la pieté: aussi certes à contrepoil ceux qui secondent leurs paroles de leurs belles vertus, ils tonnent, estõnent, rauissẽt, & emportẽt les cœurs plus ferrez & insensibles à la penitence & à la deuotion: ainsi voyons-nous que le discord en vne Musique, importune les oreilles: au cõtraire vne melodieuse harmonie conduite d'vne reigle bien compassee, & d'vn accord bien ordonné, rauit nostre ame d'vn doux attrait, & la poussé à des eslancemẽs puissans & brusques.

Voyla donc comme le leuain d'vne mauuaise vie peruertit toute la masse de la parole de Dieu, & c'est ce leuain, duquel nostre Seigneur aduise les Prescheurs de se dõner de garde, *Cauete à fermento Pharisæorum*: c'est à dire de faire comme les Pharisiens & Scribes, qui corrompoiẽt la sincerité de la loy diuine par leur mauuais exemple: ce sont des hypocrites qui dient assez, mais ne font rien, des sepulchres blanchis, beaux par le dehors, salles & pourris par dedans.

Et au contraire le leuain d'vne vie saintement exemplaire des gens de bien, se va diffondant cõme vn esprit

à tout

à tout le reste du corps des fidelles, & les remet en la iuste voye de la vertu, redressant leurs ames en bonne & legitime assiette: le leuain souleue la paste, & le bon exemple des pasteurs releue les esprits des oüailles au ciel, les attachant de la terre: le leuain donne quelque goust au pain, & la bonne vie des superieurs fait sauourer les douceurs de la vertu aux inferieurs & subiets: le leuain se fait auec des liqueurs aigres: celuy qui presche la penitence, & qui en veut assaisonner les fidelles, lesquels en l'Eglise ne sont qu'vn corps de plusieurs indiuidus, comme vn pain est fait de plusieurs grains de bled meslez ensemble: il faut que premier il la pratique en soy-mesme, & puis il sera plustot veu en ce qu'il fera, qu'en ce qu'il pourroit dire.

Auparauant que le feu nous eschauffe pendant le froid, il faut que premier il soit & allumé & attaché à la matiere, & qu'il consume le bois: ainsi premier que le Predicateur enflamme les cœurs de ses auditeurs à la charité, il faut que sa poitrine en soit embrasee & bruslee.

Celuy qui dit bien, & fait aussi, est semblable au charbon rouge, ardant & vif, aupres duquel si vous en mettez des froids & morts, soudain ils s'embraseront & viuifieront.

De ceste chaleur ie passe à la lumiere, & ensemble en l'interpretation de ceste similitude faite par nostre Seigneur à ses Apostres. a *Vos estis lux mundi, sic luceat lux vestra coram hominibus, vt videant opera vestra bona, & glorificent patrem vestrum qui in cælis est.* Il veut que ses disciples luisent en bonnes œuures, & que leurs belles actions, comme le Soleil, aillent illuminant le monde, veut qu'vn chacun les voye & cognoisse, afin que cela redonde à la gloire de Dieu; certes il est vray que d'ailleurs nous sommes conseillez de cacher nos bonnes œuures, iusques là que nostre main droite doit ignorer ce que donne nostre gauche, & chercher d'enfoüir ces thresors en lieux secrets & retirez, mais quand il y va de l'edification du prochain, il faut prier, faire l'aumosne, & autres semblables actions deuant vn chacun, non pour sa gloire propre, mais pour porter le flambeau de la pieté deuant le monde: Ceux qui sont engagez aux prelatures, ils ne sont plus à eux, ils appartiennent au pu-

a Matth. 6.

au public, corps, biens, vie, actions.

Debemur populo nos, nostraque.

Vn grand de Rome à quelque Architecte qui luy promettoit de bastir sa maison en sorte qu'elle ne seroit exposée à la veuë d'aucun de ses voisins: mais ie la veux bien autrement, luy respondit-il, car si tu me la peux faire ouuerte de toutes parts, en maniere que chacun voye iusques au plus creux, c'est ainsi que ie la demande: ce n'est point aux Pasteurs qu'appartient ce dicton; *Bene qui latuit, bene vixit*, Ils sont obligez de paroistre sur le theatre du monde à la veuë du peuple, & de reigler leur vie en sorte qu'elle serue de patron & exemplaire parfait à ceux qui sont desuoyez du droit sentier de la vertu, tous leurs deportemens doiuent tẽdre à l'edification. *Omnia ad ædificationem fiant*, dit sainct a Paul, & principalement les propos; le mesme Apostre. b *Omnis sermo malus ex ore vestro non prodeat, sed semper bonus ad ædificationem fidei, vt det gratiam audientibus.* Les sornettes, dit sainct Bernard, sont tolerables en la bouche d'vn seculier; ce sont les blasphemes en celle d'vn Ecclesiastique. *Nugæ in ore sæcularium, sunt nugæ: in ore clericorum, sunt blasphemia.* Vn mot salle sorti d'vn desbauché sera tourné en risée; comme ne venant qu'ordure d'vn sac qu'on sçait en estre plein: mais d'vne parole vn peu trop libre, venant d'vn Prestre qui doit estre remply de sainteté & pureté, chacun s'en estonne, s'en formalise, s'en scandalise.

a 1. Cor. 14.
b Eph. 4.

Pour cela sainct Paul exhorte sur tout les Prestres, de prendre bien garde en leurs actions, de ne donner aucune occasion d'offense & scandale, de peur que par eux le nom de Dieu soit blasphemé, & que le Sacerdoce ne soit rendu mesprisable & contemptible: *Nemini dantes vllam offensam, vt non vituperetur ministerium nostrum: sed in omnibus exhibeamus nosmetipsos sicut Dei ministros, in multa patientia, in tribulationibus, &c.* Il enfile vne grande suitte de vertus, qui peuuent rendre vne vie parfaictement exemplaire.

Certes i'aduouë bien qu'il est tres-difficile d'estre ieune, & exemplaire tout ensemble: la ieunesse & la sainteté de vie estans d'vn mal-aisé accord: l'adolescence a vn rare commerce auec la sagesse & la vertu, & cecy ie le dis à ma confusion, moy qui me voy saisi sans y

à tout le reste du corps des fidelles, & les remet en la iuste voye de la vertu, redressant leurs ames en bonne & legitime assiette: le leuain sousleue la paste, & le bon exemple des pasteurs releue les esprits des oüailles au ciel, les arrachant de la terre: le leuain donne quelque goust au pain, & la bonne vie des superieurs fait sauourer les douceurs de la vertu aux inferieurs & subiets: le leuain se fait auec des liqueurs aigres: celuy qui presche la penitence, & qui en veut assaisonner les fidelles, lesquels en l'Eglise ne font qu'vn corps de plusieurs indiuidus, comme vn pain est fait de plusieurs grains de bled meslez ensemble: il faut que premier il la pratique en soy-mesme, & puis il sera plustot veu en ce qu'il fera, qu'en ce qu'il pourroit dire.

Auparauant que le feu nous eschauffe pendant le froid, il faut que premier il soit & allumé & attaché à la matiere, & qu'il consume le bois: ainsi premier que le Predicateur enflamme les cœurs de ses auditeurs à la charité, il faut que sa poitrine en soit embrasee & bruslee.

Celuy qui dit bien, & fait aussi, est semblable au charbon rouge, ardant & vif, aupres duquel si vous en mettez des froids & morts, soudain ils s'embraseront & viuifieront.

De ceste chaleur ie passe à la lumiere, & ensemble en l'interpretation de ceste similitude faite par nostre Seigneur à ses Apostres. a *Vos estis lux mundi, sic luceat lux vestra coram hominibus, vt videant opera vestra bona, & glorificent patrem vestrum qui in cælis est.* Il veut que ses disciples luisent en bonnes œuures, & que leurs belles actions, comme le Soleil, aillent illuminant le monde, veut qu'vn chacun les voye & cognoisse, afin que cela redonde à la gloire de Dieu; certes il est vray que d'ailleurs nous sommes conseillez de cacher nos bonnes œuures, iusques là que nostre main droite doit ignorer ce que donne nostre gauche, & chercher d'enfouïr ces thresors en lieux secrets & retirez, mais quand il y va de l'edification du prochain, il faut prier, faire l'aumosne, & autres semblables actions deuant vn chacun, non pour sa gloire propre, mais pour porter le flambeau de la pieté deuant le monde: Ceux qui sont engagez aux prelatures, ils ne sont plus à eux, ils appartiennent au pu-

a Matth. 5.

en public, corps, biens, vie, actions.

Debemur populo nos, nostraque.

Vn grand de Rome à quelque Architecte qui luy promettoit de bastir sa maison en sorte qu'elle ne seroit exposée à la veuë d'aucun de ses voisins: mais ie la veux bien autrement, luy respondit-il, car si tu me la peux faire ouuerte de toutes parts, en maniere que chacun voye iusques au plus creux, c'est ainsi que ie la demande: ce n'est point aux Pasteurs qu'appartient ce diction; *Bene qui latuit, bene vixit,* Ils sont obligez de paroistre sur le theatre du monde à la veuë du peuple, & de reigler leur vie en sorte qu'elle serue de patron & exemplaire parfait à ceux qui sont desuoyez du droit sentier de la vertu, tous leurs deportemens doiuent tẽdre à l'edification. *Omnia ad ædificationem fiant,* dit sainct a Paul, & principalement les propos; le mesme Apostre. b *Omnis sermo malus ex ore vestro non prodeat, sed semper bonus ad ædificationem fidei, vt det gratiam audientibus.* Les sornettes, dit sainct Bernard, sont tolerables en la bouche d'vn seculier; ce sont les blasphemes en celle d'vn Ecclesiastique. *Nugæ in ore sæcularium, sunt nugæ: in ore clericorum, sunt blasphemiæ.* Vn mot salle sorti d'vn desbauché sera tourné en risée; comme ne venant qu'ordure d'vn sac qu'on sçait en estre plein: mais d'vne parole vn peu trop libre, venant d'vn Prestre qui doit estre remply de sainteté & pureté, chacun s'en estonne, s'en formalise, s'en scandalise.

a 1. Cor. 14.
b Eph. 4.

Pour cela sainct Paul exhorte sur tout les Prestres, de prendre bien garde en leurs actions, de ne donner aucune occasion d'offense & scandale, de peur que par eux le nom de Dieu soit blasphemé, & que le Sacerdoce ne soit rendu mesprisable & contemptible: *Nemini dantes vllam offensam, vt non vituperetur ministerium nostrum: sed in omnibus exhibeamus nosmetipsos sicut Dei ministros, in multa patientia, in tribulationibus, &c.* Il ensi vne grande suitte de vertus, qui peuuent rendre vne vie parfaictement exemplaire.

Certes i'aduouë bien qu'il est tres-difficile d'estre ieune, & exemplaire tout ensemble: la ieunesse & la sainteté de vie estans d'vn mal-aisé accord: l'adolescence a vn rare commerce auec la sagesse & la vertu, & cecy ie le dis à ma confusion, moy qui me voy saisi sans y penser, & engagé à la conduite d'vn Diocese, à peine ayant parfourny le vingtcinquiesme an de mon âge; moy qu'on veut que ie regisse les autres, à peine, miserable pecheur, capable de me conduire, & diriger moy-mesme au sentier de la vertu? ie me complaignois vn iour tendrement de cela au Doyen d'âge & de merite des Prelats de la France, personnage que les qualitez insignes & rares font assez cognoistre sans le nommer: ie m'en prenois à l'ambition des miens, qui plus desireux de mon aduancement temporel que spirituel, m'auoient procuré trop tost pour mon bien, vne si lourde & perilleuse charge: il me repliqua ce trait de sainct Paul à son Timothee (ainsi me fait-il l'honneur de m'appeller) & ie le tiens aussi pour vn autre sainct Paul, tant il a conioint vne grande pieté auec vne profonde doctrine, qualitez qui honorent sa vieillesse chenuë, & qui eterniseront son nom. *Nemo adolescentiam tuam contemnat, sed exemplum esto fidelium in verbo, in conuersatione, in charitate, in fide, in castitate: noli negligere gratiam quæ in te est, hæc meditare, in his esto, vt profectus tuus manifestus sit omnibus: attende tibi, & doctrinæ; insta in illis, hæc enim faciens, & teipsum saluum facies, & eos qui te audiunt.* Cet enseignement me consola tout, & souuent ie rumine apres.

Ie remarque encores vne autre similitude en l'escriture, par laquelle nostre Seigneur semble enseigner ses Apostres à estre exemplaires, les appellant sel de la terre, *Vos estis sal terræ.* Car comme le sel a vne vertu abstersiue de corruption, & empesche la putrefaction: de mesme les Prelats par leur bon exemple, empeschent de mal-faire les oüailles: *Sic peccatorum condiendis & extinguendis putoribus salem Apostolicum Dominus misit in mundum:* pour parler auec sainct Augustin. a *Quod si sal euanuerit aut infatuatum fuerit, cum quo salietur?* au rebours si les superieurs sont de mauuaise vie, tout ira à la desbandade, ce ne sera que deprauation: car s'ils pensent corriger & reprendre, on leur lancera ce brocard, *Medice cura teipsum.*

a L. 1. c. 10. de serm. Domini in monte.

Sainct Paul ce grand diseur, & encore plus grand faiseur, parlant de l'energie de sa parole, il dit qu'elle sent bon aux bons, mais mal aux meschans; lesquels se faschent de se voir picquez & repris aigrement de leurs

vices;

vices : *Christi bonus odor sumus Deo in ijs qui salui fiant, & in ijs qui pereũt: alijs quidem odor mortis in mortem, alijs odor vitæ in vitam.* S. Hierosme entẽd ainsi ce lieu, & le paraphrase de la sorte. *Prædicationis nostræ longè latéque spirat fragrantia.* Si vous mettez de bonnes odeurs dans vne boëtte puante, soudain elles se corrompront, & offenseront les nez des assistans, la parole de Dieu, quoy qu'on crie au peuple, si est-ce qu'elle perd de son energie quãd celuy qui la porte est reprehẽsible & de mauuais exemple, au contraire elle redouble sa force prononcee par vn homme de bien, c'est vne belle espee tiree d'vn beau fourreau.

Ils disent que les Atheniens ayans receu vn bon cõseil par vn meschant homme, ils le firent proposer par vn bon, pour l'accepter : ce n'est pas tout que de bien dire, il faut que celuy qui enseigne le bien, le mette aussi à execution : celuy qui fait autrement, au lieu de seruir de pierre solide pour l'edification de l'Eglise, il sert de pierre de scandale & d'achoppement.

En la loy ancienne il n'appartenoit qu'aux seuls Prestres de cõposer le Thimiama, qui estoit vn assemblage d'odeurs soüefues & odoriferantes que l'õ brusloit en sacrifice sur vn autel exprés, appellé pour cela *altare Thimiamatis*: & quand le feu consumoit ceste paste, le temple en estoit tout embaumé & parfumé, & les assistans recreez : d'où ie tire que quand les cœurs des Prestres bruslent leurs bonnes œuures au feu d'vne sainte charité, que leur sainteté & integrité de vie remplit d'odeur l'Eglise de Dieu, & edifie grandement tout le peuple. La renommee d'vn homme de bien espanduë peut attirer à la vertu mille ames deuoyees, tesmoin la conuersion de sainct a Augustin, qui aduint ainsi que luy-mesme confesse, par la curiosité qu'il eut de voir & entendre sainct Ambroise Euesque de Milan en ce temps tres-renommé en doctrine, & en sainteté de vie; & seruit ce bon pere de sel, pour preseruer de corruptiõ & retirer ce bel esprit depraué de quelques erreurs heretiques. Sainct b Gregoire, *Petra salis debet esse sacerdos in populo, vt quisquis sacerdoti iungitur, quasi è salis tactu vitæ æternæ sapore condiatur.*

a 5 confess. c. 13.

b Homil. 17. in Euang.

Le peuple est vn animal brute, qui va comme on le meine, mais sur tout on le conduit cõme l'õ veut par les

 yeux,

yeux, non pas tant bien par les oreilles: il ayme mieux voir faire à ses superieurs, que de leur ouïr dire. L'exéple a ie ne sçay quelle vertu latente & energie racourcie : les grands discours ne seruent que d'ambages & circonlocutions embarassées: ce mot est bien commun non moins beau pour cela, que le peuple va moulant ses mœurs sur celles de son Seigneur: n'est pas cet autre cy, *Principes cùm imperio sint magni, exemplo sunt maiores*.

Dieu commanda à Moyse de faire le tabernacle selon la forme qu'il luy auoit enseignée & montree en la montagne, *Fac tabernaculum secundum exemplar quod tibi in monte monstratum est*. Les montagnes sont les grands de la terre, *Dij fortes terræ vehementer eleuati sunt*: & ces montagnes sont les exemplaires, sur lesquels le peuple va edifiant ses mœurs: c'est vn singe qui contrefait tout ce qu'il voit & remarque en ses maistres.

On peut tirer vne belle allegorie à ce propos de ce qui se lit au Genese, de Iacob, lequel pour faire ses brebis taueleés mit des verges escorchees & pelees par endroits dans les auges où les meres venoient boire, afin que cet obiet de leurs yeux passant en leur imaginatiue, elles produisissent leurs petits agneaux ainsi marquetez & tauelez. Sainct a Gregoire, entend par là en
a 21.c.1. ses Morales les Docteurs & Pasteurs ; lesquels representans aux yeux du peuple les diuerses expositions de l'escriture, & les belles sentences des peres, luy font naistre des saincts & vertueux desirs. I'entendrois aussi par ces verges, celle que le Psalmiste appelle de direction, qui nous conduit au ciel, *Virga directionis, virga regni tui*, laquelle est presentee auec ses bigarreures aux oüailles par le Pasteur, quand ils voyent en luy vne grande varieté de beaux exemples, sur lesquels ils taschent de produire pareillement de bonnes œuures.

b 4. Reg. 13 Au liure des Roys b on lit qu'vn mort resuscita par l'attouchement des os d'Helisee; par les os en l'escriture sont entendues les bonnes œuures, comme remarque sainct c Gregoire en ses Morales, alleguant ce pas-
c 23.c.16. sage du Psalmiste, *Dominus custodit omnia ossa eorum, vnu ex his non conteretur*: I'apprends de là que les morts à la graçe de Dieu par leur vie, resuscitēt à icelle par la ver-

tu, à

tu, à l'ayde de la consideration des vertus des gens de bien.

Si te ignoras; est-il dit à l'Espouse aux Cantiques, *ô pulcherrima, egredere & abi post vestigia gregum.* Quand l'ame se desuoye du chemin des commandemens de son Dieu, faute de cognoissance, elle est conseillee, pour se remettre en ce sentier, de suiure la piste des exemples des personnes saintes & pieuses, qui vont alaigrement en ceste voye.

Les soldats dispersez se raillent tousiours à l'estandart, lequel demeurant debout, la victoire n'est iamais desesperee; tant que le Prelat est debout en bonne vie, il y a tousiours esperance de la conuersion du peuple: mais s'il tombe, tout va en décadence: c'est pourquoy, *Qui stat, videat ne cadat*, parce que, comme les colomnes qui soustiennent vn edifice venans à crouler, tout l'edifice menace ruine, & va infailliblement par terre; ainsi quād les pilliers des Eglises, qui sont les Pasteurs, viennent à faillir, le bastiment panche à vne lourde cheute.

Mais pour ceux-là qui donnent ces grands scandales, il y a de grands *væ* en l'escriture. a *Si dixerit seruus in corde suo, moram facit Dominus meus venire, & cœperit percutere seruos & ancillas, & edere, & bibere, & inebriari, veniet Dominus serui illius in die qua non sperat, & hora qua nescit, & diuidet eum, partemque eius cum infidelibus ponet.* Ces Pasteurs frappent les seruiteurs & seruantes, qui par leur luxe & mauuais deportemens scandalizent grands & petits, sous ombre qu'ils n'ont point si tost, ce leur semble, à rendre compte de leur troupeau: *Sed veniet Dominus, & non tardabit*, deuant qu'ils puissent dresser leurs memoires, voire auant que d'auoir pensé à faire valoir leurs talents, le maistre viendra soudain leur demander compte de leur mesnage, & s'il les trouue redeuables, il a des cachots tout prests pour les emprisonner, & des supplices pour les perdre, ayans ainsi abusé de sa bonté & de sa patience.

a Luc. 12.

Les cinq vierges sages furent introduittes aux nopces de l'Espoux, pource qu'elles auoyent attendu à la porte leurs lampes allumees en main, ie laisse faire le retour à sainct Gregoire, *Lucernas, dit-il, in manibus portamus, cum per bona opera proximis nostris lucis exempla monstramus:*

stramus: & ces Pasteurs qui sont ainsi de vie exemplaire, sont introduits en fin au celeste banquet.

Au liure des a Roys on remarque que le dedans du
a 3.Re. temple estoit tout orné de sculptures à demy relief: enseignement que la bonté interieure des Pasteurs se doit manifester par ses œuures exterieures, pour l'embellissement & agrandissement de la gloire de Dieu, & pour la consolation des fidelles qui sont en l'Eglise.

Puis que nous en sommes sur ce temple, encore vn
b 2.3. concept: On lit en b Esdras que quand il fut acheué de bastir, les Prestres y entroyent auec des trompettes esclatantes: outre l'enseignement que ie tire de là, que iamais aussi Prelat ne deuroit estre receu, qu'il ne peust trompetter l'Euangile (sçauoir capable de monter en chaire, & non seulement capable, mais y entrant actuellement & professant ceste fonction, contre ceux qui font les suffisans, quoy qu'ils ne sçachent rien, & qui veulent qu'on croye qu'ils laissent ceste œuure plus par mespris & negligence que par ignorance.) I'apprends encore de là que les Prescheurs ne doyuent point entreprendre de persuader la penitence, s'ils ne sont plus austeres en leur vie qu'en leur parole, comme la trompette est plus estroite du costé de l'emboucheure, que de l'autre par où elle va s'eslargissant: autrement leur pourra estre iustement retorqué ce reproche, qu'ils imposent des fardeaux insupportables au peuple, qu'eux mesmes ne voudroyent pas auoir touchez du bout du doigt; il a beau estre eloquent & grand Orateur, il ne persuadera iamais à l'autruy ce qu'il ne se sera pas persuadé à soy-mesme, & ne descrira iamais bien la penitence, s'il ne l'a experimentee; on ne sçauroit bien dire que ce que l'on sçait, on begaye tousiours en ce que l'on ignore: on dit [illegible] mieux quand on fait bien.

Il estoit defendu expressément en l'ancienne allian-
c Leuit. 19. ce aux c Israëlites, de semer la terre de deux graines, & de tistre leurs vestemens de deux matieres; & ceux-là ne sement-ils pas deux semences en l'Eglise, lesquels espandans le froment de la parole de Dieu, iettent parmy la zizanie de leur mauuais exemple, lequel est plus nuisible qu'aucune vaine action ne sçauroit profiter, ils se reuestent par leur beau langage des habits de la vertu de-

tu deuant le monde, & sont couuerts deuant Dieu du manteau du vice: hipocrites, & semblables à des hommes peints plustost qu'à des viuans: car qu'est-ce autre chose la parole comparee à l'action, qu'vne image vaine & morte aupres d'vn corps viuant? ils font de fer, & disent d'or, sans considerer que plus fait de mal vne action deshonneste, que de bien cent beaux & releuez discours: parce que les mauuais exemples se glissent biẽ plustost que les belles instructions. Il ne faut qu'vn brin d'Absinthe pour aigrir & rendre plein d'amertume beaucoup de miel; & faudroit beaucoup de succre pour oster le goust de fiel. *Caro sancta non sanctificat tangentem, & tamen immundus contaminat ex contactu carnem sanctam*; tãt les mauuais exemples peuuent à irriter nostre mauuaistié, & tant difficilement sommes nous flexibles au bien, pour la dépravation de nostre nature corrompue!

Accord discordant des Heretiques contre l'Eglise.

CHAP. III.

ONques l'hydre ne foisonna en tant de testes, que l'heresie va pullulant & multipliant les sectes: ce bel esprit de nostre âge qui en a voulu esplucher la naissance, ne peut quasi venir à bout de les nombrer: mille routes destournent, vne arriue au port; mille chemins déuoyent du blanc, vn l'atteint: la verité est vniforme, constante, arrestee, ferme, inesbranlable: le mensonge diuers, ondoyant, bigarré, inconstant, variable, & muablement changeant à guise d'vn Prothee: il n'y a qu'vn centre duquel on peut tirer des lignes infinies: vn petit erreur au commencement se va estendant à la fin: vne absurdité aduoüée, il s'en ensuit des millions; il n'y a qu'vne verité, de mensonges vn nombre indicible: ce qu'on peut remarquer facilement en la dissemblance de la vraye Eglise & des heretiques: celle-là tousiours vne & semblable à soy-mesme,

 les aules autres bandes débandees sont incertaines, flottantes, & vagabondes sans arrest. Au reste entre ces sectes diuerses ce n'est que haine, dissention, entremangerie les Caluinistes detestent les Lutheriens, ceux-cy les Caluinistes: les Anabaptistes sont rebuttez des vns & des autres: les Puritains mesprisent tous ceux-là: les Zuingliens sont des cantons à part, bref il y en a tant de branches, qu'elles sont innombrables, & toutes differentes: O heresie,

——Tibi nomina mille,
Mille nocendi artes.——

Mais d'où vient donc parmy leurs entremangeries & querelles, qu'ils semblent s'accorder & vnir ensemble pour d'vn consentement vnanime se bander contre la vraye Eglise vnique espouse de Dieu? Eglise qui cõme vn rocher inescroulable esleuant sa pointe au milieu de la mer, va dépitant les vents & les flots, brisant de sa dure fermeté les escueils & les vagues, dissipant les orages & les tempestes, voire ce semble s'affermissãt par les secousses mutines de la mer courroucee: ainsi va-elle méprisant les bourrasques de ces heretiques impies, les cœurs desquels forcenez de rage, *Cor impij tamquam mare feruens*, taschent de contrepointer & contrecarrer sa grandeur, ternir sa splendeur, & offusquer sa belle lumiere du clair Soleil de la verité, qui l'illumine & illustre.

D'où vient cet accord commun parmy leurs partisanes discordes: il y en a plusieurs raisons: La premiere est, que le diable, leur pere commun, pere de guerre & de querelle fait toutesfois conuenir ces siens nourrissons en ce point, qu'ils ayent à se bander & reuolter tous contre les fidelles legitimes enfans de Dieu ses plus mortels ennemis. Ils disent que a Vuiclef, vn des premiers heresiarques qui se retirerent du giron de l'Eglise, recommandoit sur tout aux siens qu'ils n'eussent en leurs presches à discourir d'autre chose que des cõtrouerses, laissans là les mœurs & la deuotion dont ils n'auoyent que faire: que cela n'estoit bon que pour des niais & badins, & pour le peuple simple & ignorant, qui se menoit par ces bigotteries: mais sur tout il aduisoit ses ministres d'allumer tousiours par médisances & inuectiues le feu de diuision & de discorde, & de se-

a *Thom. Vual. doct. fid. l. 2. c. 2.*

mer & enraciner bien auant dans les cœurs du peuple la haine & la rancune contre les Catholiques, laissans à crier contre les pechez, a *Vt dissoluant opera diaboli*, pour tascher de renuerser auec toutes leurs forces & mines l'Eglise de Dieu, corps sacré dont IESVS-Christ est le Chef, b *Vt soluant Iesum.*

a 1. Ioan. 3.

b 1. Ioan. 4.

Et en ceste Geneuoise Babel ma miserable voisine, c'est vn trait mysterieux de la caballe Reformee de laisser à part les discours contre les vices, & par malice & par ignorance, malice par ce qu'ils seroyent trop confus les ministres d'inuectiuer contre les crimes, dont la pluspart sont entachez. Et qui ne sçait que ce sont des apostats, & scelerats coulpables de mille gehennes & supplices? Comment donc oseroyent-ils ouurir la bouche pour reprendre l'autruy, puis que, selon cet ancien mot, pour redarguer il faut estre exẽpt de tache? Ignorance, parce que les bonnes gens trop embesoignez à leurs petites affaires priuees, domestiques, & du mesnage, n'ont pas loysir de visiter les bons liures pour apprendre vn peu à parler. On les instruit de bonne heure à la calomnie & médisance, choses dont l'apprentissage est fort aisé, ils ont des lieux communs de controuerses, battues, rebattues & prostituees, rechantees vn million de fois, le premier mot ordinairement qu'ils entonnent, Nos Papaux cecy, nos Papaux cela, & puis les voila en train: s'ils veulent reprendre les vices, ils drappent à tort ou à droit, il n'importe, sur le pauure clergé de ceste Eglise Romaine, & soudain aux chãps, au large dãs vn sujet esgalement spatieux que specieux & plausible à leur impieté. O bonnes gens que vous voyez aisément la petite paille dans les yeux d'autruy ne considerans pas la poutre grande & grosse qui creue & bouche les vostres! O que s'il estoit loisible au Chrestien de recriminer, comme i'esuenterois aisément vos detestables abominations.

Vestro supplicio non debuit vna parari
Simia, nec serpens vnus, nec culeus vnus.

Vne autre raison pourquoy ces meschans ennemis iurez les vns des autres, s'allient toutefois pour s'esleuer contre les bons: c'est parce que l'homme est vn animal tellement né à la societé, qu'hors d'icelle il ne peut viure non plus que le poisson hors de l'eau: c'est pourquoy

quoy la iustice & police est obseruee mesmes parmy les larrons & les pyrates: *Etiam iustitia inter latrones est*. On fait de terribles contes à Paris des rapports & intelligences des couppe-bources, qui foisonnent en ce grãd chaos, ie m'en rapporte, mais il est plus que certain, & se voit par experience en ces Ægyptiens contrefaits, qui courent çà & là par pays, viuans de charlaterie & de rapine, qu'ils ont vne telle liaison entr'eux, qu'il ne s'en remarque gueres de plus estroite és mieux reglees Republiques. Ie ne feray pas grand tort aux Heretiques si ie les compare à ces gens, ils ne vallent gueres mieux: que dis-je! à la mienne volonté qu'ils ne fussent point pires; quant à leurs menees & intelligences sourdes, rapports, espions, monopoles, assemblees illicites au preiudice de l'Estat, il n'y a que les aueugles qui ne les voyent point, & ce discours est vn peu chatouilleux: Ainsi les loups cessent de s'entremanger pour conspirer la ruine d'vn troupeau de brebis innocentes, & en faire vne grosse curee: ainsi ces loups rauissans & carnaciers: *Insurgent in vos lupi rapaces*, s'accordent pour vn temps, afin de tascher d'enuahir ce beau bien & domaine de l'Eglise, pour piller & rober de leurs sacrileges mains les vaisseaux sacrez & riches ornemens de nos temples. Voyla la curee où visent ces bestes enragees d'vne insatiable faim d'en auoir.

Quid non mortalia pectora cogis
Auri sacra fames?

Toutes les lignes tirees de la periferie ou circonference, pour diuerses qu'elles soyent, aboutyssent toutefois à vn mesme centre: & toutes les bigarrures des mensonges heretiques ne tendent à autre point qu'à destruire l'vnique verité Catholique, centre de la vraye foy.

La cholere, l'enuie, l'auarice, la paillardise, & autres vices sont communs entre tous ces sectaires; ils fraternisent en cet article du libertinage, leur dessein de secoüer le ioug de la puissance & auctorité Ecclesiastique, s'est trouué vniforme parmy leurs debandades.

Ainsi quoy qu'il y eust bien de la difference entre les humeurs des freres de Ioseph, les vns sanguinaires, les autres doux, si est-ce que l'enuie qui regnoit esgalement

ment dans leurs cœurs, les fit conspirer la perte de leur propre sang, & vendirent d'vn accord commun le bon & innocent Ioseph. Ainsi ces meschans penseroyent vendre l'Eglise & la ruiner, mais ce desbris leur coustera bien cher, voire i'ay peur que la seule temerité de ceste entreprise outrecuidee cause plustost leur ruine: ce sont des crapaux qui se veulent enfler comme des bœufs, mais leur peau en pourroit bien creuer.

Vne autre raison de cet accord discordant, est que pour la conseruation de leurs ligues & cantonnages, ils sont contraints par la necessité de mettre sous le pied leurs priuees inimitiez, pour subuenir au soustien public, *Priuata odia publicis vtilitatibus remittēda.* Si le Turc leuoit vne puissante armee pour enuahir la Chrestienté, est-il pas vray que tous les Princes, quoy qu'en mutinerie, & mauuaise intelligence les vns auec les autres, s'vniroyent toutefois ensemble pour repousser cestuy leur commun & mortel ennemy? Ainsi voyons-nous qu'encore qu'il y aye des zizanies seditieuses & castilles particulieres parmy des citoyens, si toutefois l'ennemy vient de dehors pour prendre ceste ville, chacun de sa part fait son pouuoir pour la defendre, & ne font point de difficulté les ennemis plus irreconciliables de combattre en vne mesme compagnie, sous semblable drappeau.

Apres ces raisons ie feray marcher quelque peu d'exēples: Contre le peuple de Dieu cheminant pour paruenir à la terre promise, dix peuples ou nations s'esleuerent toutes differentes en mœurs, langages, religiō, police. Le Prophete a Roy en parle excellemment bien. a *Psal.* 82.
Super populum tuum malignauerunt consilium, cogitauerunt aduersus sanctos tuos, dixerunt, Venite & disperdamus eos de gente, & non memoretur nomen Israel vltra: quoniam cogitauerunt vnanimiter simul aduersum te, testamentum disposuerunt tabernacula Idumeorum & Ismaelita, Moab, & Agareni, Gebal & Ammon, & Amalech, alienigenæ cum habitantibus Tyrum: Etenim Assur venit cum illis, facti sunt in adiutorium filijs Loth.

Peut-on descrire vne peinture plus naïfue de l'Eglise militāte trauersee en son acheminement à la terre promise, par tant de sectes diuerses des heresies modernes?

Herode & Pilate ennemis iurez se reconcilierēt pour faire

faire mourir nostre Seigneur : les Iuifs & les Gentils quoy que de religions tres-dissemblables, conuindrent en ceste mesme mort. Ainsi au rapport de Nicephore
a l. c. 16. [a] Calixte, iadis les Arriës & Meletiens heretiques, quoy que capitaux ennemis, coniurerent toutefois contre les
b *Idem* 12. Euesques Catholiques : les mesmes [b] Arriens s'accorderent aussi auec leurs aduersaires les Eunomiës, pour s'opposer à quelque decret de l'Empereur fait contre leurs sectes : que font donc les Heretiques de nostre temps, sinon de suiure en cela les vestiges de leurs peres?

Du mespris de l'Autruy.

CHAP. IV.

C'Est l'extreme poinct de dépravation où la superbe puisse guinder vn esprit enflé de vent & de presomption : cela vient d'vne opinion desesperee de sa propre valeur, qui fait estimer les autres comme rien à l'esgal de soy, vice si sot, & impertinent, qu'il est baffoüé & reietté de tout le monde, & qui acquiert le mespris par le mespris.

Il n'y a point de plus dangereuse peste ès religions plus austeres & reformees que de penser auoir acquis la perfection, tandis qu'on en est seulement en queste: celuy qui presume l'atteindre, il n'y viendra iamais: ceux qui se confient en leur propre iustice, ils sont condamnez: *Iam iudicati sunt*: l'orgueil n'est iamais tant enjoüé sur le vice (car qui est celuy qui se pare de sa turpitude?) comme il est en sa bien seance enté sur la vertu, sur laquelle se fondent les ordinaires vanteries : on ne se iacte pas d'estre yurogne & gourmand: ouy bien d'estre sobre & grand ieusneur: on ne se magnifie pas d'estre paillard & lubrique, ouy bien d'estre continent & chaste: on n'acquiert pas reputation par l'auarice & la rapine, mais par l'aumosne & liberalité; ainsi du reste.

Vne belle peinture & bien naïsue de cela se voit en la pala parabole du Pharisien, lequel apres s'estre vanté de ses veilles, oraisons, ieusnes, ausmones, & autres bienfaicts & vertus, adiouste pour couronner son entiere vanité, qu'il n'est pas semblable aux autres hommes iniustes, larrons, homicides, adulteres, meschans, comme s'il n'y auoit que luy de sainct : depuis qu'vn moyne, pour reformé qu'il soit, vient à ceste presomption de se vanter de ses austeritez, & mépriser tellement ceux qui viuent dans le monde, qu'il luy semble que tous ceux soyent damnez qui y demeurent, ceste humeur Pharisienne est bien dangereuse, & dis-je cecy, parce que ie sçay y en auoir quelques vns dans ces compagnies infectez de ceste contagieuse maladie.

La superbe est bien mieux en son lustre sous vn habit rapiecé, que sous vne mante royalle: par les troux & ruptures de nonchalance faictes par affectation de gueuserie, on voit bien mieux l'orgueil, qu'à trauers vn habit richement entier: ce vice est d'autant plus dangereux, qu'il est latét: ce n'est pas le moyen d'estre agreable à Dieu de s'estimer seul son mignon & fauory, & tous les autres disgraciez: nous ne sommes pas comme au siecle: les seculiers & mondains ont elle & telle liberté, ergo ils font mal, la consequence ne vaut rien: à l'aduenture le retour est-il plus naif.

Cui peccare licet, peccat minus, ipsa potestas
Semina nequitiæ languidiora facit.

Velut etiam hic Publicanus, disoit le Pharisien, & toutesfois ce pauure Publicain fut esleu, l'autre tant reformé & religieux reprouué.

Mais d'où vient ce mal de l'estime de nous-mesmes, de ceste espine de l'amour propre, qui nous picque sans cesse, & semble qu'en mesestimant l'autruy, & le mesprisant, nous accroissions nostre valeur, nous releuant par son rauallement : ceux qui veulent s'esleuer bien-haut, mettent plusieurs choses sous leurs pieds : il semble que pour paroistre, nous voulions marcher sur les testes de tout le monde, & terrasser vn chacun : il semble, tant nous sommes jaloux, que la renommee d'autruy offusque ou preiudicie à la nostre, sans considerer que le chemin qui conduit à la vertu, est spatieusement & indifferemment ouuert à vn chacun.

Le charpentier, dit Hesiode, en veut au charpentier, le pole potier au potier, ainsi chacun mesprise son compagnon: voyez vn Capitaine parlant de la valeur d'vn autre, Vrayement, sera-il, c'est vn galand homme. Vn Docteur discourant de quelque autre, Certes, dira-il, il est gentil personnage, & cela auec vne mine froide, vne parole dédaigneuse: quoy! comme si la doctrine ou la valeur d'vn autre les rendoit ou moins sçauans, ou moins vaillans: comme si nous ne pouuions estre habiles, & vn autre aussi: S'il y a quelque biẽ à l'autruy, nous n'en dirons mot: si du mal, ô nous le releuons: apres auoir dit quelque trait de loüange plat & maigre, il y aura vn long mais, mais s'il n'auoit point tel deffaut, mais s'il auoit telle grace: dites d'vne Dame qu'elle est belle, si elle a quelque petite tache ou defectuosité, sa compagne n'oubliera pas de vous en faire mention.

Remarquez que quand on loüe l'autruy, c'est ordinairement quelqu'vn d'autre vacation que la nostre, parce que l'on n'a point de pretension sur sa condition. Vn gẽdarme loüera vn Prelat, vn Prelat prisera vn grãd Capitaine, mais que ceux d'vn mesme mestier se loüẽt, rarement; l'enuie & la ialousie sont passiõs qui accompagnent les semblables; lesquelles troublent l'esprit, & empeschent de iuger sainement: *Ea est hominum natura, agris oculis aliorum fortunam introspicere, modumque fortunæ à nullis magis exigere, quàm quos in æquo videre.*

Raro arietant, dit Seneque, *nisi in eodem ambulantes.* Ceux qui conduisent leur fortune en mesme train, & qui cheminent en semblable sentier, il est force qu'ils se choquent & heurtent quelquefois; & n'est pas iusques aux cheuaux, lesquels allans de compagnie se faschent de se voir deuancez par les autres.

Les tailleurs ont cet artifice pour l'aioliuement des habits, de marier les couleurs voyantes aux brunes, afin que l'éclat de celles-là paroisse plus appolé à la sombre obscurité des autres. Si nous auons quelque petite vertu ou perfection en nous, il semble que nous vsions d'artifice semblable pour la surhasser, apposans aupres les vices & imperfections des autres. Pour nous mettre en quelque prix, nous faisons litiere de tout le monde, comme ces deuils affectez des Dames, qui leur seruent à releuer & surhausser la delicate blancheur de leur teint.

Sest-

Si est-ce vne belle chose, sinon de se mesestimer, aumoins de ne penser de soy rien de suthumain; *Humani à se nil alienum putare.*

D'autant tu es Dieu, comme
Tu te recognois homme.

Chante vn Poëte Grec ancien chez Plutarque: celuy qui pense estre plus que les autres, il sera raualé plus bas, parce que, *Deus superbis resistit, humilibus autem dat gratiam: & qui se exaltat, humiliabitur, qui se se humiliat, exaltabitur:* le moyen d'estre quelque chose, c'est de ne s'estimer rien, & pour estre plus que l'autruy, il faut à contrepoil du monde se priser moins que l'autruy.

Nabucadnezar pour auoir voulu se faire respecter comme Dieu, fut rendu brute comme vne beste; *Homo cum in honore esset, non intellexit, comparatus est iumentis insipientibus, & similis factus est illis:* & pour auoir mesprisé les autres, il fut reietté & mesprisé d'vn chacun comme vn animal.

Celuy qui se prise par la detraction qu'il fait de l'autruy, est semblable à la mer, laquelle pour estre claire, iette toute son escume & salleté au riuage, qu'elle sallit pour s'embellir: & à la terre laquelle pleine de vents en ses concauitez, est contrainte de s'entrouurir pour donner issue à ces flatuositez, & ensemble de crouler & renuerser tout. Ainsi pour manifester leurs merites, ces vanteurs enflez de vaine gloire renuersent toute la renommee de l'autruy, pour establir la leur, sans considerer que par ces iactãces ils perdent comme des boëttes d'odeurs ouuertes, la senteur de leurs bonnes œuures par l'euent, & se rendent aussi sacrileges, rauissans la gloire à Dieu, laquelle seule il s'est reseruee. Sainct a Bernard a dit bien cecy: *Cum te cæteris anteponis, deles quæ feceras opera: sed si quid præclarius egisti, debebas dicere, Seruus inutilis sum, quod debueram facere, feci: Audi quid dicat Deus: Gloriam meam alteri non dabo: si ergo solus cuncta fecit, quem socium habebit?* Sainct Paul, *Quid habes quod non accepisti? si accepisti, cur gloriaris?* a *Serm. 13. in Cant.*

Toute vanterie de soy est inepte & ridicule: parce que nous ne sommes rien. *Quid superbis terra & cinis?* Mais ie trouue que le mépris des autres est encores plus impertinent & inconsideré; Il ne faut pas mépriser vne piece informe, pource qu'il est en vn Sculpteur d'en d'en faire vne statuë riche & insigne : de mesmes il ne faut pas mépriser le prochain pour le voir peu vertueux, sçachans que Dieu le peut rendre, s'il luy plaist, le plus parfait du monde.

Et il y a aussi de la malignité & de l'aueuglement en ce mespris; malice en ce que ceux qui publient les defauts de leurs proches, sont des mousches, lesquelles s'attachent plustost aux parois inégales & raboteuses des vices, qu'à la glace pollie des miroirs des vertus de l'autruy.

Aueuglement en ce que ceux qui ne regardent que dans les deffauts d'autruy & dans leurs merites, n'ont garde de se corriger de leurs vices propres, desquels ils ne s'aduisent pas; à guise de ceux, lesquels se mirans dans des miroirs gras, n'ont garde d'y remarquer les taches ny la crasse de leurs visages pour les nettoyer, parce qu'ils ne s'y voient pas: Le superbe se nourrit dãs la consideration des ordures d'autruy, afin de se plaire dauantage en sa propre excellence.

Bien mieux le Prophete Roy, pour redresser ses imperfections se mesloit auec les vertueux, & se plaisoit en la meditation de leur innocence: *Lauabo inter innocentes manus meas*: c'est à dire ie tascheray de me conformer à leur exemple.

Ce vice est ordinairement attaché aux grands, lesquels esleuez par dessus les autres, dédaignent les petits, comme inégaux à leur grandeur: mais s'ils se mesuroient à l'aune de l'humanité & la mortalité, ie m'asseure qu'ils desenfleroient bien-tost ceste vaine & inutile presomption, qui va roulant dans leurs testes; ce sont des hommes, & souuent bien lourdement hommes, leur grandeur ne leur seruant bien souuent que pour allonger & estendre leurs fautes.

Il est bien vray qu'il faut distinguer de grands, car ceux qui sont nez tels, communement se trouuent moins insupportables, plus courtois & gracieux; mais ceux qui de neant sont venus à vn grand degré de fortune, aucun ne peut souffrir leur insolente arrogance, leur mépris d'vn chacun est si grand, leur dédain si barbare & farouche, qu'il semble que la terre soit indigne de les porter, mais bien souuent.

——— *Tolluntur in altum*

Vt lapsu

Vt lapsu grauiore ruant.
Vidi impium superexaltatum super Cedros Libani, &c.

On dit de Bucephal, cheual d'Alexandre, que quand il estoit nud, vn palefrenier pouuoit monter dessus; mais quand il auoit ses beaux harnois & caparassons, il deuenoit si fier & rogue, qu'il ne pouuoit souffrir d'autre cheuaucheur qu'Alexandre; il y en a de mesme plusieurs, lesquels sont fort soupples en la necessité, mais intolerables quand ils sont à leur ayse.

Si est-ce que Mecenas ce grand amy & creature de Cesar Auguste, a fait fausser ceste maxime; parce que pour sa fortune esleuée, il ne se mécogneut iamais; mais tousiours affable & courtois, il estouffa toute mal-veillance & enuie par ses mœurs douces & debonnaires, se ressouuenant tousiours de ce qu'il auoit esté, & ne méprisant aucun iusques aux plus petits. Horace[a] le loüe de cela.

[a] Sat. 6.

——Persuades hoc tibi verè,
Ante potestatem Tullj atque ignobile regnum,
Multos sæpe viros nullis maioribus ortos,
Euixisse probos, amplis & honoribus auctos,
Contra Lauinum Valerj genus, vnde superbus
Tarquinius regno pulsus fuit, vnius assis
Non vnquam pretio pluris licuisse.

Et pour nous montrer que les plus grands Princes ne doiuent pas dédaigner les petits, parce que c'est d'eux qu'ils tirent leur grandeur, & parce que c'est d'eux qu'ils reçoiuent toute obeïssance & seruice; au rebours qui leurs peuuent nuire, s'ils abusent tyranniquement de leur authorité en les gourmandant; la souris de Brasidas nous le peut enseigner: Ce grand Capitaine Lacedemonien foüillant en vn panier de viures à l'armee, fut mordu par ce petit animal: se retournant vers ses gens, Vous voyez, leur dit-il, comme il ne fait pas bon fascher les plus petits, & qu'il n'y a si chetif qui ne se mette en defense quand on l'exaspere: vn ver tourne la queuë quand on luy serre la teste.

L'aigle en la fable auoit vn iour pris les petits d'vne lieure pour faire repaistre les siens: ceste pauure mere la coniure de luy rendre, & d'auoir pitié de ces animalets: l'autre impitoyablement inexorable les deschire

& les donne pour curee à ses aiglons : l'autre courroucee fait tant qu'elle ronge en creusant & foüillant la racine de l'arbre où estoit le nid, lequel abbatu elle vengea la mort de ses petits en celle des aiglons qu'elle estrangla : Enseignement que les plus grands doiuent craindre de desesperer les petits : car celuy qui mesprise la vie, est maistre de celle d'autruy.

De ne negliger son salut.

CHAP. V.

NOus aurions à souhaitter, tant ce siecle est froid & lasche au bien, que la mesme peine, laquelle les mondains prennent pour les choses perissables, ils en employassent du moins la moitié pour l'acquisition des biens eternels & celestes ? Car qui est-ce, ie vous prie, qui considerant les extremes & infinies miseres qu'endurent les mondains en toutes sortes de vacations, n'aye compassion de les voir tant & tant se trauailler pour des biens qu'ils ne possederont pas long temps, à cause de la brieueté de leur âge, ils se tuent & esceruellent d'amasser, comme s'ils estoient immortels, sans penser à l'autre vie.

Ie vous prie remettez-vous deuant les yeux les fatigues d'vn courtisan, qui s'en va çà & là parmy les grands, mendians des bonnetades, & reuerences, aualant plus que tous les iours mille & mille frimats, se repaissant d'esperances, qui se dissipent cõme la fumee au premier vent & souffle, & qui se perdent au branle d'vne legere secousse ; pensez à ses longues veilles, à ses ennuyeuses iournees, à ses mesaises, à ses impatiences, quelles trauerses d'esprit il endure, beant apres des attentes friuoles, & de vaines pretensions ; combien fraisles sont les fondemens de sa fortune ; combien difficiles luy sont les aduenuës du credit & de la faueur ? combien de nuicts il passe sans dormir, se noye dans des chagrins, couche sur des espines de mille agonies & inquietudes ; est-il possible qu'il soit si aueuglé de s'affliger tant pour la terre, ne pensant à l'aduenture au ciel vne fois le mois.

Pensons aux trauaux indicibles des gens de guerre, aux risques innombrables qu'ils courent à chaque moment, aux trauerses qui les accompagnent, à leurs sueurs & à leurs miseres, pour gagner quelque miserable butin ; ou acquerir quelque honneur ; ô que le ciel est bien à meilleur conte !

Le marchand aueuglé d'vn desir effrené d'auoir, va courant çà & là par mer & par terre, subiet à mille & mille mesaises ; ô que l'acquisition de l'eternité n'est pas à si haut prix !

Ce iusticier qui va bourrelant son esprit sur les cas & altercas des supercheries processiues, trauaillant iour & nuict comme vn forçat à la cadene, le tout pour s'enrichir ; comment ayant la cognoissance des lettres, & l'esprit exercé en l'estude, peut-il estre si stupide & insensible de donner si peu de temps à son salut, tousiours attaché à ses procés, comme vn Promethée à son Caucase ? Il est possible que des courages soient si bas, & des ames si raualleеs dans la bourbe & fange de la terre, de se donner tant de tourment pour amasser des biens passagers, negligens & lasches en l'acquisition des eternels, permanés & stables à iamais !

O cæcas hominum mentes, ô pectora cæca!

C'est dequoy se plaint nostre Seigneur en a l'Euangile, que les enfans du siecle sont plus aduisez ou en leurs negoces, ou en leurs mauuais desseins, que ceux de lumiere : *Filij huius sæculi prudentiores sunt in generatione sua, quam filij lucis:* Quel est le marchand qui ne sçache la valeur de ses denrees ? Quel le Financier qui ne sçache calculer ? Quel le gendarme qui ne mette toute sa dexterité & industrie au maniemãt des armes ? Quel le Iurisconsulte qui ne remplisse sa teste de paragraphes & de loix ? iusques aux larrons & malfaicteurs, auec combien de subtilitez & artifices voilent-ils leurs forfaits ? soit dans l'épaisseur des forests plus sombres, soit dans les cauernes plus retirees, les lieux plus escartez ils empruntent le manteau de la nuict pour se rendre incognus.

a *Luc.* 16.

Vt iugulent homines surgunt de nocte latrones.

Insidiatur vt rapiat pauperem, rapere pauperem dum

attrahit eum. Seneque fait mention d'vn certain genre de voleurs qui égorgeoient les hommes en les baisant; bref il n'y a sorte d'incommoditez que les scelerats n'endurent pour mal-faire : Et pour faire du bien, il s'en voit peu qui daignent s'en leuer plustot du lict, qui veuillent se retrancher vn morceau, non pas vn bon mot de la bouche; la perseuerance au bien est vne chose qui se détend aussi-tost, & refroidit en nous, celle du mal est tousiours à l'erte.

Nostre Seigneur au iardin des Oliues pria & coniura ses Apostres de veiller vne petite heure auec luy iusques à sa prise, il n'est pas plustost retiré pour prier, que voila soudain qu'ils s'endorment, & resueillez ils se laissent par trois fois aller au sommeil, Iudas au contraire ce traistre & detestable qui le deuoit trahir, il est vigilant & actif au mal auec les Iuifs, il vient en diligence auec ceste trouppe pour surprendre & liurer son maistre; en quoy il semble que cet enfant de tenebres, engeance du diable, aye esté plus prompt en son mal, que les Apostres au bien.

Pour se garder des surprises du peché & des embusches de nos ennemis inuisibles, on nous crie; *Vigilate & orate*, mais pour cela peu se tiennent sur leurs gardes : mais s'il est question d'vn miserable procez de cinq sols, pour empescher les supercheries & destours chicaneux, il n'y a sorte de vigilance, & preuoyance qu'on n'apporte. Il ne faut point dire aux voleurs, *Vigilate*, ils ne le sçauent que trop. O qu'il est bien vray que le diable & le monde ont leurs martyrs aussi bien que Dieu, & d'vn martyre d'autant plus cruel, que le train du vice est bien plus mal-aisé à suiure que celuy de la vertu; comme ie monstre ailleurs.

Ie ne sçay si ce conseil d'estre prudens comme serpens, ne nous seroit point baillé afin que sur le modelle de la prudence des mondains en leur conduite, nous eussions à prendre patron pour dresser nos desseins & pretensions au ciel, auec autant de diligence, que nous les voyons s'empresser & embesongner apres les affaires temporelles.

Prudence est vne preuoyãce par laquelle nous portons le flambeau dans le futur, & c'est ceste prouidence qui fait si exactement penser les enfans du siecle à leurs

leurs affaires, qui les fait amasser des honneurs & des biens, tandis qu'ils ont la force de se pousser, afin en leur vieillesse de iouir à leur aise de leurs trauaux passez, la memoire desquels, selon vn ancien mot, ne leur sera que douce: & pourquoy est-ce que les enfans de lumiere nez pour l'eternité, laquelle rapportee à la fragilité & brieueté des biens de la terre, à vne tres-grande disconuenance; pourquoy est-ce, dis-ie, que les belles ames des bons ne seront autant picquees des biens non iamais perissables, que les terrestres mondains le sont des passagers? Pourquoy par vne sainte preuoyance ne mesnageront-ils icy bas par bonnes œuures des tresors d'vne immortelle duree, sur lesquels la tigne n'aura point de prise, exempts de la iurisdiction de fortune, nullement subiets aux attaintes de la roüille & de la vermoulure; point tributaires de la perte, & ne redoutans point les mains rauissantes des larrons? pourquoy ne se prepareront-ils point des montees pour se guinder en leur patrie bien-heureuse? pourquoy pendant leur âge vigoureux & fort; pourquoy pendant ceste vie qui est le temps acceptable & donné pour bien faire, ne semeront-ils pas en pleurs, ce qu'ils puissent vn iour moissonner en ioye? pourquoy durant le present n'enuoyeront-ils pas leurs esprits dans le futur sur les aisles d'vne belle & sainte preuoyance? Il n'y a que les mondains aueugles qui ne pensent pas à ces fins & à l'autre vie, tous enseuelis & embourbez dans la lie de la presente. *Gens absque consilio, & sine prudentia, vtinam saperent, intelligerent, & nouissima prouiderent!*

La vie de l'homme sur la terre, dit le bon Iob, c'est vn perpetuel combat, lequel parfourny, il est couronné selon qu'il aura legitimement bataillé; *Non coronabitur, nisi qui legitimè certauerit:* S. Paul, *Bonum certamen certaui, cursum consummaui: de reliquo restat mihi corona iustitiæ, quam reddet mihi in illa die iustus iudex.* Or tout le monde court & combat en ce monde, c'est vn stade Olimpique; mais, *Omnes quidem currunt, vnus autem accipit brauium:* les vns courent apres les biens de la terre, autres apres les celestes. *Omnis qui in agone est, abstinet se ab omnibus, & illi quidem vt corruptibilem coronam accipiant, nos autem incorruptam.* Il se lit des Athletes anciens, que pour endurcir leurs corps au trauail, & contenter d'auantage le peuple; ils s'exerçoient à des peines, fatigues, & exercices fort laborieux: hé! ie vous prie que doiuent faire les Chrestiens pour contenter Dieu, & acquerir le prix inestimable de l'immortalité?

Quelque Athlete aduerty que Venus & Bacchus debilitoient fort le corps,

Et Venus eneruiat vires, & copia Bacchi.

Il se resolut pour affermir le sien, & se rendre plus robuste, de se rendre sobre & continent; ie vous supplie que doiuent faire les Athletes Chrestiens pour des salaires que iamais œil n'a veu, oreille entendu, cœur pensé?

Or ces recompenses ne s'acquierent pas les bras croisez, & sans trauail, *Laborando, agendo, omnia fiunt:*

Les Dieux ont mis la sueur au-deuant de la vertu, & ne donnent, mais plustost vendent, que pour la monnoye du trauail. C'estoit vne coustume ancienne vsitee en quelque lieu de la Grece, que le Capitaine qui venoit de remporter vne grande & signalee victoire, pour vn plus celebre triomphe il n'entroit point dans la ville par les portes, mais par vne bresche des murailles que l'on rompoit expres: Si nous voulons entrer triomphamment dans les cieux, & emporter vne victoire signalee sur nos ennemis capitaux, il faut que nous rompions nos corps de mortifications, de trauaux & fatigues: la voye du Ciel n'est pas large & aisee comme vne porte, il se doit prendre par violence & comme par escalade. *Regnum cælorum vim patitur, &c.* Et n'y a que la bresche des tribulations par laquelle on s'y puisse introduire; *Per multas tribulationes oportet intrare in regnum cælorum.*

Mais pour reuenir à mon point, pensant à l'occasion qui aueugle tant les mondains, que de les rendre si negligens à la recherche de leur salut, veu qu'ils sont si experts & vifs en l'acquest des choses temporelles, ie trouue qu'il n'y a que le peu de foy cause de ce malheur: vous diriez de la pluspart des Chrestiens à les voir lasches, froids, & destendus à l'obseruance de la loy de Dieu, qu'ils ne le croyent que sous benefice d'inuentaire: il semble qu'ils soyent Chrestiens à mesme me tiltre qu'ils seroyent Turcs ou Payens si Dieu plus curieux de leur salut qu'eux mesmes ne les auoit fait naistre en la Chrestienté, mais si leur foy estoit viue & vraye, ie ne doute pas que croyans fermement les biens de l'autre vie, & voyant sensiblement l'inanité de ceux de la presente, qu'ils n'abandonnassent bien tost leurs soings temporels, pour embrasser la sollicitude spirituelle, qui les rendist iouyssans de l'eternelle felicité.

A vray dire, c'est vne chose qui nous semble honteuse, à nous dis-ie, qui sommes Prestres, quand venans pour entendre les confessions, nous voyons rester muets pour s'accuser, des personnes qui és compagnies estourdissent tout le monde de leur babil. Monsieur l'Aduocat,

Qui iuris nodos legumque ænigmata soluit.

Qui deueloppe les cas plus obscurs des affaires plus embrouillees, à peine sçaura-il démesler les fusees des dix commandemens de la Loy de Dieu, demandera à vn pauure Prestre de village, Mon pere, interrogez-moy, comme si nous estions deuins pour sçauoir leurs fautes : il aura l'esprit de cognoistre les plus intriquez destours, & la langue tellement enfilee, qu'il faut qu'vn President pour le faire taire luy die dix fois ; Cõcluez : & il restera muet où il est question de s'accuser ! Il donnera des mois entiers à reuisiter vn vieux procés moisi au croc, & pourry de vieillesse, à reuisiter des paperasses poudreuses, rances & demy-mangees de rats, pour en tirer quelque demy mot, qui serue à pallier & ombrager son fait : il feuillettera toutes les Ordonnances, tous les Arets, les Loix, les paragraphes des Pandectes & du Code : les Commentaires des Docteurs, les Histoires anciennes pour compiler vne rapsodie qui estourdisse les Iuges, & il ne voudra pas mettre vn moment à reuisiter & examiner sa conscience !

Vne Dame bien paree & attifee, qui employera les iours entiers à se farder & mignarder, qui cajollera à merueilles, comme ce sexe n'est que trop babillard de soy, quand ce viendra à ce point de declarer ses fautes, elle aura la langue liee, faute d'auoir à l'aduenture pensé vne petite heure à soy.

Le gentil-homme de mesme ira par espece d'acquit à l'Eglise, & celuy qui passe les iours & les nuicts à courtiser les grands, ne donnera à peine vn quart d'heure, que dis-ie! vn moment de temps à Dieu pour appaiser son courroux iustement excité par ses pechez enormes.

Ainsi les mondains à guise de hiboux voyent fort clair parmy les tenebres de la nuict sombre du siecle, & ne voyent goutte au beau iour de l'immortalité, esclaircie du grand & clair Soleil de Iustice.

De la Langue.

Chap. VI.

Celuy qui pour symbole de la pire & meilleure chose du monde, enuoya vne langue, me semble auoir naïfuement dépeint ceste piece, & recogneu fort pleinement sa nature: parce que tout ainsi cõme l'vsage bien conduit d'icelle est grandemẽt vtile & profitable, & n'est point de plus
a Eccl 40. douce harmonie, dit le a Sage, que cet outil bien reiglé & moderé. *Tibia & psalterium suauem faciunt melodiam, & super vtraque lingua suauis*: aussi au contraire l'abus d'icelle est tres-pernicieux & dommageable, &
b 3. tellement que sainct b Iacques vient iusques là de l'appeller arcenal de tous maux. *Vniuersalem iniquitatis*: de
c Prou. 18. sorte que, c *Vita & mors in manibus linguæ.*

Ie n'entre point icy à la recherche des biens & des maux qui en prouiennent, ie prends vne autre route, c'est dans vne consideration que je forme sur la constitution, en laquelle la nature ou plustost le Dieu de la nature, a mis ce membre: de laquelle nous pouuons tirer quelques salutaires instructions: la premiere, qu'il ne nous a donné qu'vne langue, & pour les autres fonctions il a quasi fait tout le reste double, deux yeux, deux oreilles, deux bras, deux mains, deux pieds, & ainsi des autres: d'où nous pouuons tirer que nous deuons plus voir & escouter, que non pas dire.

Vne

Vne autre consideration qui nous doit enseigner combien le silence nous doit plus estre recommandable, que non pas le parler, est que de toutes les fonctions aucune n'est si aisee & facile, sans contention d'esprit, sans agitation de corps, bref qui cōsiste toute, *In non faciendo:* il n'en est pas ainsi du parler, car il y a mille ressorts: premierement l'esprit est bandé à ce que l'on a à dire, car la parole n'a esté donné à l'homme que pour communiquer ses conceptions & pensees: dauantage, plusieurs pieces du corps sont mises en jeu, l'estomach pousse de son plus creux la voix; le battement de la langue forme les syllabes, les léures remuent, les dents s'entr'ouurent, il y a de l'agitation des machoires: bref il y a bien du remuemēt en l'homme quand il discourt.

Encores vn autre enseignement, c'est que la nature a resserré ce membre dans l'estroit cachot de la bouche, l'a cadenassé du rempart des dents, l'a couuert des léures & des ioües: comme pour nous apprendre que nous deuons restreindre nos discours le plus qu'il nous sera possible, estant la parole vne marchandise si vulgaire & si vile, que qui plus en a, n'en vaut à l'aduenture que moins.

On reprochoit à vn Lacedemonien que son haleine estoit puante: parce, dit-il, qu'il est pourry bien des paroles en ma bouche: enseignant par là le repreneur babillard à fermer la sienne.

Altissima quæque flumina, dit vn ancien, *minimo sono labuntur:* vn torrent momentanee, vne cheute d'eau font plus de tintamarre: les plus sages sont ceux qui se taisent le plus, les estourdis sont ceux qui ont trop de caquet, & qui rompent la teste à vn chacun du bruit de leur langue. Plutarque loüe de cela principalement Epaminondas, de ce que sçachant beaucoup, il parloit toutesfois bien peu.

De ceste closture que la nature a donnee à nostre langue, nous deuons aussi apprendre que nous la deuons refrener, comme vne beste furieuse & farouche, de peur qu'elle n'endommage ou l'autruy, ou son propre maistre: que si elle fait quelque escapade, la nature nous en a donné la correction prompte, ayant mis le trenchant des dents dures & fortes, tout ioignant la molla mollesse & delicatesse de ceste piece malicieuse pour la punir aussi tost qu'elle aura mal dit.

Ie remarque de plus, que la nature l'a posee entre le cerueau & le cœur, premierement afin qu'elle professast auec sincerité, sans feintise & dissimulation nos opinions. *Ex abundantia cordis, os loquitur.*

En second lieu, afin que deuant que de declarer les passions de nostre cœur par l'entremise de nostre langue, nous eussions à les passer par l'estamine de nostre raison & iugement: tenant son siege & Empire dans nostre teste.

Les léures & les dents deuoient nous seruir de portieres fidelles pour ne laisser rien sortir de chez nous sans le commandement du superieur, qui est la raison, de peur qu'vn mot dit soudainement & à la volee ne nous preiudicie.

——— *Nescit vox missa reuerti,*
Et semel emissum volat irreuocabile verbum.

Pour cela le Prophete-Roy, *Dixi custodiam vias meas, vt non delinquam in lingua mea: Posui ori meo custodiam, cùm consisteret peccator aduersum me,* Mais se deffiant de ses propres forces, il demande ce secours à Dieu, qu'il luy plaise de mettre vn obstacle à sa bouche, *Pone Domine custodiam ori meo, & ostium circunstantiæ labijs meis.*

Mais quoy! il y a des langues si desesperees qu'à guise de ces cheuaux testus & opiniastres, il n'y a mords ny brides qui les puissent retenir, ains prenans le frein aux dents, ils se precipitent indifferemment dans le discours de medisance & calomnie, qui causent en fin leur ruine.

Ces gens sont semblables aux chiens enragez, qui ont tousiours la gueule beante, baueuse, & plaine d'escume, prests de mordre & deschirer, & vont sans cesse deuigrans la renommee d'autruy, enuenimans & corrompans tous les esprits. Ce sont des pestes en vne ville que des langues calomnieuses: *Venenum aspidum sub labijs eorum.* Langues serpentines, qui tuent de leurs traits: & ie trouue que cet Ancien auoit raison de dire que les coups de langues estoyent pires que de lance, parce que celle-cy n'endomageoit que le corps: mais l'autre l'honneur, qui nous doit estre plus cher que la vie.

Vne

Vne des grandes & fascheuses playes que le Seigneur fit en l'Egypte, fut celle des grenoüilles jazardes & croassantes. C'est aussi vne grande affliction en vne cité, quand les habitans abusent de leurs langues, & les abandonnent à la médisance: ce ne sont que contentions, noises, discordes, seditions, querelles, tumultes, inimitiez.

Mais d'où viendroit ce mal là de trop parler, puis que la nature nous a rendu le silence bien plus facile? ie penserois que ceux qui sont entachez de ce vice, seroyent enuiron comme ces horologes détroyees ou démontees, lesquelles ne font que sonner les heures à chaque moment, aussi que ces gens pour auoir les ceruelles vn peu estropiees, & quelque roüage de la teste démanché, ne feroyent que gasoüiller & cajoler: Car ceux qui sont sages, sont retenus & posez en leurs paroles, lesquelles ils ne proferent que par compas & mesure.

L'Echo qui rend tant de voix pour vne, se forme (comme chacun sçait) dans des vieilles mazures, dans des roches hautaines, dans des lieux sauuages, ou dans des grottes & cauernes escartees: ces langues qui parlent, & qui pour vn mot en rendent vne centeine, il n'y a rien si vain que leurs discours, ce sont des crotesques bizarres, ce n'est que du vent non plus que l'Echo: leurs paroles sont sans suc, sans corps & sans raison. Rien ne fait tant cognoistre l'ineptie d'vn homme que le trop parler: vn fol paroist sage, quand il se taist, mais il descouure sa misere par sa langue: d'où nous pouuons tirer que le silence est bien plus conuenable à la sagesse que le langage: à voir vne lettre close, vous iugerez qu'il y a des affaires de grande importance dedans, ouurez-la, à l'aduenture n'y a-il que des contes friuolles & ridicules.

Socrates à vn ieune homme, Parle, luy fit-il, que ie te voye, sçachant que l'indice plus certain de l'esprit, & par le moyen duquel on vient plustost à la cognoissance d'vne personne, c'est le parler; parce que la langue c'est l'instrument, c'est l'outil auec lequel nous déployons ce qu'il y a de plus caché dans les creux replis de nos cogitations: il ne peut sortir d'vn cofre que ce qui est dedans. Diogenes à vn bel homme qui

disoit

disoit de salles paroles : A te voir, dit-il, on iugeroit quelque chose de meilleur de toy, qu'à t'entendre. En ce cas pour iuger d'vn homme, *Pluris esset auritus testis, quàm oculati decem.*

Le conseil plus propre qu'on puisse donner pour le maniement de ceste piece souple, glissante & mobile, est de la retenir & resserrer tant que faire se pourra, n'estant que trop prompte de soy-mesmes à se relascher & espandre en diuers propos : s'il y a quelque chose de mal en nous, il le faut estouper sans le manifester : si quelque chose de bon, il le faut conseruer, de peur que les paroles ne luy donnent l'essor, & le facent perdre : le bien est dans nous, comme les bonnes odeurs dans les boëttes, si on l'esuante, il s'esuanoüit & dissipe au neant.

Comme celuy qui reuomiroit aussi tost les bonnes viandes qu'il auroit mangees, n'en feroit iamais bon suc, & n'en retiendroit point de nourriture : de mesme le bienfaire ne sert de rien à celuy qui le respand aussitost par le babil.

Ils disent que les grues passant la montagne Taurus, où il y a quantité d'Aigles, prennent des pierres en leurs becs pour s'empescher de gazoüiller, de peur que ce bruit ne les fist descouurir à ces oyseaux carnaciers, ausquels elles seruiroyent de curees : pour esquiuer les atteintes des ennemis qui nous enuironnent en ce monde, & qui sont sans cesse en embusches pour nous détrousser, ie ne voy point de plus seur & propre moyen, que de refrener sa langue.

Que nostre Vie est vne Mort.

CHAP. VII.

RVminant apres ce mot que nostre Seigneur dit à ce ieune adolescent, qui retardoit de le suiure pour aller, disoit-il, enseuelir sõ pere qui estoit decedé, Laisse les mors enseuelir les mors : ie pensois bien selon le sens de la lettre, qu'il entendoit luy dire par là, par là, que ces inspirations & vocations sainctes haïssoyent les delays & remises: *Nescit tarda molimina, &c.* & qu'en matiere de suiure le chemin de la Croix il faut mettre bas toutes considerations mondaines, celuy estant incapable de se guinder au Ciel, lequel regarde en arriere: mais i'ay coniecturé aussi, ie ne sçay si auec raison, qu'il appelloit les viuans mors, pour nous enseigner que ceste vie que nous trainottons icy bas est plustost vne languissante mort, qu'vne veritable vie: *Nostra quæ dicitur vita, mors est: hi autem vivè viuunt, qui è corporis vinculis tanquam à carcere euolauere,* dit le pere de l'eloquence Romaine.

Ie ne m'arresteray point à prouuer ceste mort de nostre vie par la description des miseres qui l'accompagnent: la longueur de ceste pointe pourroit estre ennuieuse, & à mon aduis non assez viue: ie veux des preuues plus pressantes que ceste induction.

Est-il pas vray que l'enfant qui est au ventre de la mere, n'est pas mis au nombre des viuans? & que la vie qu'il a est appellee vegetatiue, & non pas animale ou sensitiue; & que le iour qui le produit & pousse hors des flancs est appellé le premier de sa vie & natal? Ie dis de mesme auec Seneque, que nostre ame est enueloppee dans la prison tenebreuse de ce corps, ainsi que ce corps estoit auparauant resserré dans les entrailles de la mere: de sorte qu'elle ne vit pas sa vie, mais ce semble la vie animale du corps.

Or il est aduoüé par tous les plus sages Philosophes que ceste escorce exterieure que l'on voit en nous n'est pas le vray homme, mais seulement le tombeau de l'ame, laquelle fait le vray homme: donques voyons si cet homme veritable vit vne vie entiere & parfaite, & là dessus nous iugerons si nous deuons appeller vie plustost que mort cet estre miserable que nous traînons en ce val de pleurs.

Il n'est rien plus asseuré, que l'ame tant qu'elle est resserree dans cet estuy, ne vit nullement la vraye vie, parce que ses plus nobles fonctions sont empeschees: elle ne conçoit rien que par l'entremise des sens, qui tous la trompent & deçoiuent, de sorte que la raison est bien souuent abusee par la reception des faux objects: Et comme vn prisonnier ne voit le iour que par des

treillis

treillis & barreaux, aussi nostre ame toute recluse & enfoncee dans le cachot du corps, ne peut iuger ny discerner les choses exterieures que par l'interposition des sens qui luy seruent de barrieres, & qui l'empeschent de considerer nuëment & sainement, comme celuy qui regarderoit à trauers vne jalousie.

Si donc l'ame ne vit point sa vie purement intellectuelle & vraye tant qu'elle est hostesse du corps, ne peut-on pas dire qu'elle est morte, priuee, ou du moins gesnee de ses plus entieres & saines fonctions, de mesme comme le corps resserré dans la matrice est estimé mort pour n'auoir point l'vsage libre de ses membres? & si l'ame est morte, qui est le vray homme en ceste vie, peut-on pas donc appeller ce passage vne vraye mort?

Voicy vne autre raison: Si nous ne mettons point entre le conte des iours de nostre vie ces neuf moys qui nous forment au ventre de nos meres, pour nous produire au iour, remettans cela comme au non estre: Si nostre vie mortelle n'est qu'vn acheminement à l'eternelle, qui est la veritable, à laquelle nous aspirons tous: pourquoy ne reduirons-nous pas au non estre ce pelerinage mortel? & le non estre est la mort, Concluez.

Le temps que nous mettons icy bas au dormir, il est sans doute qu'aucun de sain iugement ne le comptera entre les momens de sa vie, parce que celuy qui dort est priué de tout sentiment, comme s'il estoit trespassé: Ce qui a fait dire quelque ancien, que le sommeil estoit frere germain de la mort: Or toute ceste vie que nous viuons ça bas, est vn songe perpetuel, voire l'ombre d'vn songe, c'est vn sommeil lethargique qui nous meine à la mort à grand pas par vn assoupissemēt perpetuel: de maniere que nous la deuons plustost appeller mort que non pas vie. *Velut somnium surgentium Domine, imaginem ipsorum ad nihilum rediges. In imagine pertransit homo.*

Celuy qui dort est tellement enseuely & engourdy, qu'il ne pense aucunement à son profit: il n'a aucun soin de son mesnage, il abandonne tout: & ne peut-on pas appeller la vie des mondains pareille, lesquels mēprisent de thesauriser dans les Cieux, n'ont aucun mouue-

mouuement qui les esleue au Ciel, n'ont sollicitude quelconque des biens eternels, lesquels seuls sont conuenables à leur ame, comme semblables à sa nature, & proportionnez à sa qualité.

Ceux-là sont tenus pour morts, lesquels n'ont plus de chaleur naturelle, qui restent froids, sans sentiment & sans poulx: & combien y en a-il peu qui ayent quelque sentiment des choses celestes, qui soient animez du desir d'en iouyr? on ne voit que froideur d'indeuotion, nulle ferueur & ardeur de charité: d'où vient cela, sinon que nous sommes morts pour la pluspart spirituellement, destituez pour nos pechez de la grace de Dieu, grace ame de nostre ame, plus que nostre esprit n'est la viuifiante entelechie qui anime nostre corps.

Le mouuement, disent-ils, c'est le principe de vie, & la priuation de celuy c'est vne vraye mort; nostre ame destrapee des entraues de ce corps, se porte à Dieu, comme nous apprennent les maistres, comme à son centre, auec vne violence grande, & mesme comme les pierres tombent en bas pour y trouuer leur repos; estant donc forcee & violentee en ceste prison mortelle, & retenuë de ce sien mouuement, peut-on pas dire que ce vray homme est priué de sa vraye vie.

Que si nous voulons remonter à la cause par les effets, nous trouuerons que la pluspart de nos œuures estans plustost mortes que viues, il est de necessité que nous soyons plustost morts que vifs.

L'infelicité est vne mort; or est-il que eu égard aux malheurs qui nous accompagnent en ce seiour sublunaire, nous ne deuons iuger du bon-heur d'aucun, qu'apres que son ame a passé le rempart de ses dents: il s'ensuiura de là que ceste vie estant si malheureuse, il la faut plustost appeller mort.

——Scilicet vltima semper
Expectanda dies homini est, dicique beatus
Ante obitum nemo, supremaque funera debet.

On demandoit vn iour à vn Philosophe combien il pouuoit bien y auoir d'hommes viuans au monde: il demãda en quel rang on mettoit ceux qui voguoyent sur mer, à cause du branle incertain de cet element fantasque, où on ne peut auoir aucune asseurance.

I nunc

I nunc & ventis animam committe dolate
Confisus ligno, digitis à morte remotus
Quatuor aut septem si sit latissima theda.

Le Lyrique.

Illi robur & æs triplex
Circa pectus erat.
Qui fragilem truci
Commisit pelago ratem
Primus, &c.

Que si ce monde & ceste vie qui s'y traine, est vne mer perpetuellement orageuse, pleine de tempestes, de tourbillons & d'escueils : oserions-nous bien conter pour viuans ceux qui y nauigent, eu égard que le naufrage de la mort y est infailliblement arresté ?

Prima quæ vitam dedit hora carpsit.

Ce vers me fait souuenir d'vne autre demonstration: Est-il pas vray que celuy est dit mort, auquel la vie est ostee ? or est-il qu'à chaque heure, ains à chaque instant la vie nous est rauie : donc nous sommes morts. C'est le mot d'vn autre Poëte : *Viuentes morimur.* En viuant nous mourons, c'est à dire que ceste nostre vie que nous appellons, est vne mort.

Cet interualle du temps que nous sommes à nous asseoir estans debout, nous ne le nommons pas estre debout, car nous sommes couchez : non estre assis, nous ne le sommes pas encores : mais selon le dessein que nous auons de nous asseojr, il prend la denomination de seance : Ie dis mesme, que cet espace de temps qui du berceau pas à pas nous conduit à la tombe, participant de la vie & de la mort, doit plustost estre appellé du nom de mort, puis que de la vie nous tendons à nous asseoir dans la terre, de laquelle venans nous y retournerons.

Repetunt proprios quæque recursus, &c.

Mesmes en croissant, dit Seneque, la vie décroist, & puis estans incertains de ceste heure qui nous doit mettre au cercueil, nous en sommes tousiours plus pres que de la vie, car il ne faut que le moindre incident pour nous donner la mort.

Mille ad hanc aditus patent.

Ce mot, apres la mort, s'entend par les Iurisconsultes apres que l'ame est separée du corps ; mais ie subtilize

tilize dessus, & ie dis, si l'on appelle apres la mort le temps d'apres la disionction de l'ame & du corps, donc en leur conionction c'estoit la mort: ainsi ie trouue que ce que nous appellons vie, sçauoir quand l'ame informe le corps, est la vraye mort.

Si j'osois donner quelque interpretation subtile à ce lieu du Genese, où Dieu menaça Adam que dés l'heure & le iour mesme qu'il mangeroit du fruict probibé, il mourroit de mort, *Qua die manducaueris de ligno vitæ, morte morieris.* Ie dirois que dés ceste mesme heure son ame s'estant offusquee par le peché, le ciel & la terre s'estans bandez contre luy, & ayant esté exterminé du Paradis terrestre, il encourut ceste sentence de mort, par les miseres de ceste calamiteuse & fragile vie que nous appellons.

Pour ceste occasion il est escrit au liure des a Roys que nous mourons tous, *Omnes morimur,* où j'insiste sur ce mot present *morimur:* c'est à dire à mesure que nous parlons, non point *moriemur,* nous mourrons; d'où ie tire ceste vie estre vne mort. Et en la b sagesse, *Nos nati continuo desinimus esse*; c'est à dire, cet estre que nous trainõs icy, n'est point vn vray & essentiel estre, ce n'est qu'vne ombre, vn passage, vne idee.

a 2. Reg. 14.

b 5.

Mais pour preuue expresse de ma proposition, ie n'en trouue point de plus viue que ce trait de sainct Paul, où il appelle tout rondement mort ceste miserable vie. *Infelix ego, quis me liberabit de corpore mortis huius?*

De la Faineantise.

CHAP. VIII.

LE traistre qui donne le moyen aux ennemis de saisir vne ville; encores qu'il ne saccage ny pille, si est-ce qu'il en est tenu pour la seule & vnique cause, & est coulpable de toutes les fautes qui se commettent à ce sac: il est bien vray que ne rien faire n'est pas si grand mal, mais c'est la porte par où tous les vices se glissent en nos ames.

Voyez ces moulins, si vous ne leur donnez dequoy escraser, ils s'embraseröt; si vous n'entretenez les esprits de quelque occupation, ils se ruineront, & à l'aduenture embraseront des flammes des concupiscences. Es grands estats quand les Capitaines sont en paix c'est lors qu'ils brassent des menees; les faineans battent le paué, ne cherchent qu'à pescher en eau trouble parmy les seditions & les desordres. Les Roys d'Egypte furẽt tresb[illegible] aduisez, lesquels iouïssans d'vne longue paix, de peur que leurs peuples ne se mutinassent, & que faute d'occupations estrangeres, ils ne vinsent en des dissentions ciuiles, ils les employoient à trauailler à ces grandes & merueilleuses Pyramids que le mõde a admirees comme des miracles.

Tant que les enfans d'Israël furent exercez en l'Egypte sous la seruitude & cruel esclauage de Pharao qui les tyrannisoit nonpareillement, ils furent grandement deuots & bien morigerez : quand ils furent deliurez de ces peines, & oiseux dans les deserts, viuans de viandes delicieuses, ils se mirent à offenser Dieu iusques à l'idolatrie, le trauail les retiroit du vice qui rentra en eux par la faineantise.

a 18. a Ezechiel le Prophete entre les causes principales qui ont occasionné la ruine de Sodome, outre l'abondance de la richesse, met aussi la faineantise: *Ecce hæc fuit iniquitas Sodomæ, superbia, saturitas panis, & abundantia, & otium ipsius & filiarum eius.*

Tant que Salomon fut occupé au bastiment de son magnifique temple, on ne vit iamais rien de si sainct & sage, quand cet œuure fut acheué, & qu'il se vit dans le repos, les honneurs, les richesses, & les plaisirs, il se perdit miserablement, iusques à renoncer le vray Dieu.

Samson apres mille victorieux combats, mille triomphes & trophees, en fin s'estant noyé dans le sein d'vne paillarde, il y perdit la force, & luy en cousta la vie: d'où ie tire encore que rien n'abastardit tant le courage, & n'affoiblit tant le corps que la faineantise.

Les Poëtes feignent Diane la Deesse de la chasse vierge, & les Muses chastes, par où ils entendoyẽt que

les

les exercices & occupations du corps & de l'esprit cõseruoient la chasteté, & reiettoient bien loing les flammes de l'amour fol.

Les Ermites anciens, comme il se voit és conferences des Peres, pour chasser l'esprit de fornication, ne donnoient point de plus ordinaire conseil, que d'estre tousiours occupé: Sainct Hierosme au Moyne Rustic, Fay, luy escrit-il, en sorte que le diable te trouue tousjours occupé, c'est le mot du Poëte,

Otia si tollas, &c.

Ils auoient de coustume de faire succeder le trauail manuel à l'exercice de l'oraison, & viuoiẽt de leurs petits labeurs à l'imitation de sainct Paul, qui dit que ses mains luy donnoient à viure sans fouler personne.

Nostre Seigneur en la a parabole sous le nom du pere de famille, reprend seuerement ceux qu'il rencõtre en la place oysifs, *Quid hic statis tota die otiosi?* & en vne autre il enuoye pieds & poings liez és tenebres exterieures pour n'auoir pas fait profiter vn seul talent qu'il auoit, ce n'est pas assez de demeurer là, *Abstine à malo*; il faut passer outre, *& facere bonum.* a Matth. 20

Cestuy mesme nostre grand Maistre nous renuoye parmy nos faineantises à la fourmy, laquelle nous voyons de nos yeux faire honte aux hommes par son labeur assidu. Aristote ce genie de la nature en l'histoire des animaux s'arreste fort & en l'admiration, & en la description de ces petits animalets: il obserue leurs rangs & leurs ordres, leur industrie à s'ayder l'vne l'autre à porter de gros faix, ou à les rouler quand elles ne les peuuent esleuer: il s'estonne de la fabrique & composition de leurs cauernes & cellules, qu'il dit estre à plusieurs & diuers estages, au dernier elles iettent les mortes, au second elles habitent, au premier elles rangent leurs nourritures. Il s'estonne de leur agencement & preuoyance, de leur police & gouuernement bien reiglé, de leur contentement vnanime; à peine qu'il ne leur donne de la raison & quelque parole. Le Prince des Poëtes Latins b descrit aucunement ce trauail en quelque comparaison. b 4. Aeneid.

Ac veluti ingentem formicæ farris aceruum
Cum populant hyemis memores, tectoque reponunt;
It nigrum campis agmen, prædamque per herbas

Connectant calle angusto, pars grandia trudunt
Obnixè frumenta humeris, pars agmina cogunt,
Castigantque moras: opere omnis semita feruet.

Mais il est bié plus exact & curieux à descrire la Republique des petites abeilles, desquelles aussi bien que des fourmis nous pouuons tirer vne bel exemple de diligence & labeur, car soit que nous considerions la belle disposition de leurs petits coffins distribuez en petits logemens & chambrettes, où chacune s'efforce de sa part de composer son miel, soit que nous les contemplions pillottans & suçottans çà & là les fleurettes diuerses, pour en tirer le suc & la quintessence, & la cõuertir en vne doucereuse manne: soit que nous admirõs leur gouuernement Monarchique, incapable de la pluralité de seigneurs, nous n'en verrons aucune parmy elles qui ne soient occupees & amplement embesongnees; il y a bien quelquefois des freslons bruyans, qui pour leur similitude se pensent associer auec elles, mais parce qu'ils ne font que manger sans se donner aucune peine, elles les exterminent aussi-tost du corps de leur petit estat.

De l'Herbe dite Patience.

Chap. IX.

LEs Arboristes l'appellent *Hipolapathum:* mais ie ne sens pas bien pourquoy elle auroit eu ce nom du vulgaire, car ie ne voy pas qu'elle aye aucune conuenance auec la vertu de laquelle elle emprunte le nom. Ils disent qu'elle éguise l'appetit, & ie trouue que la patience s'exerce principalement és choses rudes & dures, *Gaudet patientia duris*: comme és ieusnes, & c'est ceste vertu quand nous pratiquons l'abstinence, qui nous rebouche la pointe du desir de manger, & qui gourmãde la gourmãdise. Mise dans du vinaigre on tient qu'elle excite de grandes tranchees en l'estomach: & quand le vinaigre des afflictions nous trauerse il n'y a point aucun remede plus lenitif & doux que de patienter. On dit

dit encores que quand on la fait boüillir auec les viandes plus dures, elles les attendrit grandement: & la vertu de patience nous endurcit au contraire à tous les boüillons des tribulations & angoisses plus chaudes: son vsage plus ordinaire chez les Pharmaciés est pour composer des medecines laxatiues, les plus simples l'appellent encores de ce nom de Rubarbe à moyne; & tant s'en faut que la patience nous rende lasches, qu'au contraire elle nous rendurcit & renforce. De ceste herbe parle le Lyrique a en l'Epode. a Ode.

——— Lecta de pinguissimis
Oliua ramis arborum,
Aut herba lapathi prata amantis, & graui
Malua salubres corpori.

Il est vray que si ceste herbe est salutaire au corps pour en faire euacuer toutes les humeurs corrompuës aussi ceste vertu est tres-necessaire à l'ame pour luy faire vomir l'impatience, de laquelle, comme prouue doctement Tertulien, fourmillent toutes sortes de maux, & sortent, comme les gensdarmes qui saccagerent Troye, du cheual de bois. A l'auenture auroit ce simple esté ainsi appellé parce que nous donnant dans l'estomach de fortes & violentes tranchees, elle nous feroit exercer ceste vertu, le nom de laquelle elle porte.

Le trait preueu fiert moins.

CHAP. X.

IE dirois quasi qu'il ne nous touche pas, parce que l'ō tasche de l'esquiuer; l'on tente toutes voyes pour se deliurer d'vn peril eminent.

Et dolor ingenium miseris dedit.

Celuy qui preuoit en nauigeant vn escueil, il peut aisément gauchir au coup, il n'en va pas ainsi lors que le roc estant caché dans la mer, le nauire brise sans y penser; les meilleurs pilotes y seroient pris; aucune humaine prudence ne peut destourner vn malheur inopiné ; il n'est si determiné qu'vn grãd bruit fait à l'impourueu à ses oreilles, n'estonne, voue qu'vn premier saisissement n'esbranle : la Philosophie Stoique toute masle & tenduë qu'elle est, permet aux yeux de son sage de tourner au regard d'vn precipice affreux, de pallir à vn danger subit, de rougir d'vne vergõgne priuee; parce, disent-ils, que ces premiers mouuemens ne sont pas en nostre puissance, pourueu que toute l'ame ne soit point teinte & abbreuee de lascheté ; ils dõnent ces p sse-droits à la nature & au corps, de joüer son roollet aux occurrences soudaines. Vn vaillant homme ne craint pas vn serpent, & toutefois s'il marche dessus inopinément en vn pré; il ne peut s'empescher de tressaillir de frayeur; laquelle peu à peu se rassit par la force de la viue raison.

2. Æneid. a *Improuisum aspris veluti qui sentibus anguem*
Pressit humi, nitens trepidusque repente refugit,
Attollentem iras & cærula colla tumentem,
Haud secus Androgeos visu tremefactus abibat.

Il y a certains esprits soudains & prõpts fort subiets à entrer en des souleurs & ombrages, lesquels quoy que prou courageux pour ne craindre aucuns hazards, toutefois par les obscuritez de la nuict tombent en des saisissemens inopinez pour des fantosmes imaginaires.

Ce qui porte souuent en des desespoirs des esprits souuentefois forts & genereux, ce sont des subites afflictions qui les abbattent tout à coup, sans pouuoir respirer, & sans leur dõner loisir de se recognoistre; les douleurs qui se peuuent sauourer, elles sont tolerables: & apres les premieres pointes de l'impatience, en fin on s'appaise.

Il n'est rien si plaintif & plein de querimonie qu'vn mal mediocre, les grandes aduersitez donnent ie ne sçay quel assoupissant estourdissement.

Curæ leues loquuntur, ingentes stupent.

Et ce qui se voit és grandes trauerses, se remarque aussi és inopinees, lesquelles nous transissent tellefois si à coup, que nous restons sans sentiment, voire pour les moindres choses.

Plutarque à ce propos me fournit d'vn fort notable exemple qu'il tire d'Homere : Vlysse apres vne absence de vingt annees, en fin apres beaucoup de destours ftours & d'erreurs,

Per varios casus multa & discrimina rerum.

retourné à son Itaque, il ne s'estonne point de la confusion de sa maison, des pleurs & tristesses de sa femme, des miseres de son pere Laërtes, de mille maux qu'il auoit preueus & ruminez long temps auparauant, mais à la mort inopinee de son chien, qui expira à l'abord de ses premieres caresses, il lascha la bonde de ses larmes, & s'abandonna à la tristesse, parce qu'il n'auoit pas muny son ame d'vne resolution ferme contre ce petit & leger accident.

Et de vray comme le cal qui vient aux mains des artisans par vn long exercice & maniement de leurs outils, les empesche d'y auoir mal, voire leur oste tout sẽtiment de douleur : aussi les maux ineuitables se rendẽt supportables & doux, quand par vne continuelle & determinee meditation & resolution anticipee, nous auõs formé comme vn cal de constance en nos ames : nulle trauerse lors ne les peut esbranler.

Iustum & tenacem propositi virum, &c.

Il n'est aucune misere a laquelle l'accoustumance ne nous conforme, & n'est point si farouche douleur, à laquelle vne assiduelle pensee ne nous appriuoise : Il s'en est veu qui craignant la mort se sont tellement bandez à songer apres, qu'ils se la sont renduë nõ seulement familiere, mais sont venus iusques à ce poinct de la mespriser, voire arriuez là de la desirer : tesmoin celuy qui lisant l'Axioche pour oster sa crainte, la leua si bien qu'il desira la mort, & la desira si bien, qu'il y courut volontairement, & auec allegresse, tant a de pouuoir pour metamorphoser nostre ame l'anticipation d'vne opiniastre pensee.

En l'ancienne loy tout animal ruminant & à pied fourchu, estoit reputé pour monde, & pouuoit estre offert en sacrifice agreable : d'où ie tire ailleurs cet enseignement, qui se pourra ioindre icy, que ceux qui ruminent & repensent souuent apres leur fin, comme le pied est l'extremité du corps, fin qui doit fendre & dis-joindre leur ame d'auec leur corps, seront des holocaustes mondes & acceptables deuant Dieu, parce que la memoire de la mort nous garde de pecher. *Memorare nouissima, &c.*

Ceux qui par vne resolution anticipee, se sont resolus au dernier point de l'aduersité pendant leur bonheur, ils peuuent décheoir de leurs biens sur lesquels la fortune tient son empire, non de leur vertu, sur laquelle le hazard n'estend aucunement sa iurisdiction. Ils ne peuuent tomber de haut s'estans ja mis au plus bas par vne forte pensée, & si bas que

Qui iacet in terra non habet vnde cadat.

Vous-vous plaignez de ce que vostre mary bien-aymé, ou vos chers enfans sont morts, vous n'auez pas bien pensé comme Anaxagore qu'ils estoyent mortels, si vous eussiez affermy par ceste pensee vostre cœur cõtre ce malheur, vous ne seriez pas à present plongee dans vn abysme de douleur & de desolation.

Vos biens se perdent, on les vous rauit, & ne pouuiez-vous pas penser que ce sont des joüets de fortune, laquelle en fait ce qu'elle veut? *Fingit areatque vt lubet.* Vostre corps est interessé par la maladie, hé ne sçauiez-vous pas qu'il n'y a rien si fraisle que ce vase d'argille? a *Habemus thesaurum in vasis fictilibus.*

a 2. Cor. 4.

La mort en fin vous saisit, & que faites-vous en viuant sinon vous acheminer à icelle? Si vous y auez bien pensé pendant vostre vie, elle ne vous saisira pas à l'impourueu, sinon il est sans doute qu'elle vous transira d'estõnement à son à bord, vous la trouuerés farousche quand il faudra partir, parce que auparauant vous ne l'auez pas appriuoisee.

Bien mieux faisoyent les b Ægyptiens, qui pour se rendre familier ce pas scabreux & perilleux, mesloyent des squelettes parmy leurs plus delicieux banquets, afin que l'accoustumance en leuast la crainte.

b Herod. l. 3

Le Seuere c Empereur parmy ses autres austeritez se fit faire viuant vn tombeau, afin de considerer à toutes heures la derniere laquelle borneroit dans ce peu d'espace de terre, ses vastes pretensions que l'vn & l'autre pole n'estoit pas capable de resserrer & restraindre.

c Dio. Nicaeus in eius vita.

Philippus pour ce sujet se faisoit tous les iours chanter ce resueille-matin par vn Page. Sire, vous estes hõme, en bon langage c'est à dire vous mourrés: il eust mieux fait, selon moy, d'escouter, Pensez à la mort, sans la fouëtter encores en periphrase, & la considerer masquee d'vn mot fardé & ambiguement destourné.

D'vn exemple plus Chrestien, sainct Iean Patriarche d'Alexandrie, dit l'Aumosnier, parce qu'il consumoit tout & plus que son bien à l'entretien des pauures pendant toute sa vie, fit faire son monument, & se faisoit dire tous les iours par vn Prestre au milieu des plus notables compagnies. Monsieur vostre tombeau n'est pas encores acheué, donnez-y vistement ordre.

Il est bien vray que la patience parmy les douleurs, & les afflictions soulage grandement: *Durum nam leuius fit patietia, quicquid corrigere est nefas*. Mais ce que les vns allegent par de longues souffrances, dit a Seneque, le sage le [illegible] par de longues pensees. *Quæ alij diu patiendo leuia faciunt, vir sapiens leuia facit diu cogitando*. b Que si nous ne pensons aux maux qui peuuent arriuer, mais que nous retirions nos cogitations de là, comme de pensees espineuses & rudes, nous-nous exposons à nud aux plus cruelles attaintes de l'aduersité, lesquelles nous pouuons reietter armez au prealable d'vne belle & determinee resolution. *Nisi quicquid fieri potest pro futuro habeas, das in te vires rebus aduersis, quas impegit quisquis prior vidit*. Car les malheurs, *Vt insultant ignauis, ita resistentibus cedunt*.

a *Nat. quæst. 6. q. 3.*

b *Sen. 1. de tranq. vitæ c. 11.*

On conte que le Basilic a ceste proprieté de tuer l'homme de sa veuë, s'il le voit le premier, & a le reciproque pouuoir l'œil de l'homme, si premier il apperçoit ce serpent: le malheur nous saisissant inopinémẽt, nous surmonte, mais si nous la preuoyons, nous en venons aisément à bout. Ie pourray aussi de passade rapporter cela aux tentations de nos trois capitaux ennemis, s'ils nous surprennent à l'impourueu, nous courõs risque d'estre vaincus, mais si nous sommes bien munis d'armes deffensiues, la victoire est à nous, parce qu'ils ressemblent les Crocodiles, qui suiuent ceux qui les fuyent lâchement, & fuyent ceux qui les suiuent auec resolution, hardiesse, & determination.

Mais comme il n'y a point de medaille, dit-on, qui n'aye son reuers, toutes choses, comme dit Epictete, ayans deux anses: aussi n'y a-il raison qui n'en aye vne contraire en croupe. Il me semble qu'en quelque sens le trait préueu fiert dauantage: la preuue de cela est

toute

toute notoire & fondee sur vne experience palpable. Vn trait de lancette au bras pour vne saignee fera plus de peine à vne humeur apprehensiue, que dix coups d'espee à la chaude & en la meslee d'vn combat: tel mãgera des choses sans y penser, que son goust auroit tellement en horreur, qu'il n'oseroit y songer sans vomir: tel rendra sa gorge pour l'opinion qu'il aura d'auoir aualé quelque chose de salle, quoy que tresbonne & saine: ainsi les choses entrent chez nous par composition telle que bon nous semble, nous les voyons au trauers du verre peint de nos passiõs, non en leur naturel: si la surprise saisit, si fait bien la préuoyance, & telle fois la peur est plus grande que le mal: d'vne picqueure d'espingle on en fait vne harquebuzade, d'vne mousche vn elephant: le préuoir afferinit quelques courages, & en desespere d'autres: chose ondoyante que l'esprit humain & d'vne posture bien muable & diuerse: de cela pourroit-on verifier ce dicton, que personne n'est lezé que de soy-mesmes.

Des Ambidextres.

CHAP. XI.

POur moy ie penserois que cet vsage esgal des deux mains, qui est en quelques hõmes, vient de l'accoustumãce: car ce que la pluspart ont ou la droite ou la gauche plus forte, cela ne prouiẽt que pour s'estre vsitez de ieunesse à manier plus vn bras que l'autre, & la nature a ceste proprieté souple, qu'elle enuoye plus de forces aux parties qui trauaillent le plus, & qui ont d'auantage de besoin: mais ie laisse ceste curiosité aux naturalistes, il me plaist de moralizer là dessus: & me reuiẽt fort à ce propos ce qui est escrit au liure des Iuges, que j'interpreteray par mesme moyen de passade. Comme les enfans d'Israël estoient grandement persecutez de toutes façons par leurs ennemis, Dieu leur suscita vn liberateur nommé Aod, qui vsoit de la main gauche cõme de la droite, & fit par fit par le moyen de ceste sienne dexterité de grands exploits & vaillances. *Deus suscitauit eis saluatorem vocabulo Aod, qui vtraque manu pro dextera vtebatur.*

Ie ne peux mieux cōparer l'homme sage qu'à ce Capitaine Ambidextre, lequel vse également de moderation en prosperité, que de patience en aduersité.

Et de vray il n'est pas nouueau de prendre la main dextre pour la fortune fauorable, & la gauche pour la contraire, & se doit ainsi entendre le lieu du Psalmiste: *Cadent à latere tuo mille, & decem millia à dextris tuis, ad te autem non appropinquabit.* Où ie remarque que plus de gens tombent a la droite que non pas à la gauche, & la raison est, que pēdant les atteintes du malheur on prēd patience bon gré malgré, on fait de necessité vertu: & peu de gens sont si miserables que de s'abandonner au desespoir: mais durant le bon-heur, il en est peu qui ne soyent pipez & enjolez de ces attraits & appas doucereux: & c'est vne verité toute apparente, qu'il est bien plus difficile de se bien & vertueusement gouuerner en prosperité, qu'en aduersité. Pour cela le Prophete-Roy dit qu'il n'en tombe que mille à gauche, & dix mille à droite: pendant la fortune contraire il faut souuēt estre bon par necessité, pource que les vices coustent gros à entretenir, *Vitia magno coluntur.* Mais quand on a le vēt en pouppe, on ne cingle que trop vers les plaisirs & les hōneurs, abismes où la pluspart du mōde fait naufrage.

Si nous voulons donner des doigts à ces deux mains si diuerses, il est bien aisé, si premier nous diuisons l'vne & l'autre fortune en temporelle & spirituelle: les cinq du bonheur temporel sont les dignitez, les richesses, la santé, la beauté, la noblesse: voyla ce qui met les mondains aux faistes de leurs contentemens. Ceux de la gauche sont les contraires, le deshonneur, la pauureté, la maladie, la deformité, & la bassesse de race: voyla ce qui comble les hommes de miseres, & qui des soulevemens de l'autre les rameine dans des raualemens biē fascheux, comme par vn flux & reflux inconstant & diuers. C'est là ceste rouë de fortune tant chantee, & les diuers degrez où elle constitue les hommes: & ne sçait ceste aueugle autre mestier que de la tourneviret sans cesse.

Les cinq doigts de la droite spirituelle sont la deuotion,

tion, la tendreur de cœur, la consolation, ioye & douceur interieure, l'épire sur la chair, le mespris des choses basses & transitoires : en cet estat l'homme peut estre appellé spirituellement bien-heureux : mais les cinq degrez du malheur spirituel, sont les tentations, l'aridité ou seicheresse sans aucun goust ou ressentiment en la priere, vn chagrin ou tristesse, vne amertume de cœur, & le dereiglement des passions: voyla les principales choses qui rendent l'homme spirituellement malheureux.

Or celuy-là peut veritablement estre appellé sage qui sçait manier l'vne & l'autre main, & qui sçait biaiser comme le Soleil en sa course, s'accommodant par soupplesse d'esprit aux saisons & aux temps. L'espoir & la crainte, dit vn Philosophe ancien, sont les deux aisles qui nous doyuent supporter en ceste vie pour bien voler esgalement entre les deux airs de la prosperité & aduersité : en celle-là nous deuons auoir la crainte qui nous face penser au desche : crainte qui des-enflera ceste, vaine presomption & asseurance que nous mettons en la felicité presente : a *Dixi in abundantia mea, non mouebor in æternum.* Puis quand la chance vient à tourner, nous restons tous esperdus d'vn chãgement si subit. *Auertisti faciem tuam à me, & factus sum conturbatus.* Que si parmy les trauerses du malheur nous ne perdons point le gouuernail de l'esperance, nous ne pouuons perir pendãt les orages plus grands, & les bourrasques plus tempestueuses, & ne pouuons faillir que ne surgissions à bon port.

a Psal. 29.

S. Paul aux b Philippiens monstre bien qu'il estoit Ambidextre, & qu'il sçauoit le moyen de se regir pendant la tempeste & le calme : *Ego enim didici in quibus sum, sufficiens esse: scio & humiliari, scio & abundare, in omnibus institutus sum, & satiari, & esurire, & abundare, & penuriam pati: Omnia possum in eo qui me confortat.* Vous le voyez patient és tribulations, hũble parmy les faueurs & grandeurs.

b 4.

Le bon Ioseph estoit aussi ambidextre, lequel pour les faueurs qu'il receuoit de son pere par dessus ses autres freres, n'en estoit pas plus esleué, mais se tenoit dãs les bornes de la charité & obeyssance: quand il fut enfoncé dans les aduersitez, vendu par ses freres, il eut la patien-

patience: tenté par sa salle maistresse, il demeura chaste & loyal à son maistre: mis en prison il oublia aussi-tost tout mal-talent: ce sont de grandes ames celles-là, qui sçauent ainsi raualler de leur force en bon-heur, & reprendre leur vigueur pendant la rigueur de la mauuaise fortune.

a Daniel en sa prosperité fut tousiours humble, & ne perdit iamais esperance dans ses plus desesperees infortunes & calamitez, aussi sa fermeté merita d'estre miraculeusement secouruë. a Dan. 6.

On peut aussi dire que Dieu en nostre endroit est ambidextre, parce qu'il nous enuoye le vent selon le voile, & tantost pour nostre bien il nous enuoye la tribulation: *Vt faciamus de tribulatione prouentum:* & puis la consolation, de peur de nous perdre, *Benedictus Deus & pater Domini nostri Iesu Christi, pater misericordiarũ, & Deus totius consolationis, qui consolatur nos in omni tribulatione nostra.* Et selon le nombre de nos miseres il multiplie ses consolations.

Il fait ainsi de nous qu'vn forgeron, lequel pour tourner le fer en tel vsage qu'il luy plaist, le met bien en la fournaise, & puis aussi tost pour temperer ceste ardeur trop vehemente le plonge dans l'eau: ainsi nous fait-il passer par le feu de l'amertume, & puis nous met dans le refrigere du soulagement.

Ces trois enfans qui furent iettez dans la fournaise ardante par Nabucadnezar, ils furent rafraischis par vn doux vent au milieu des flammes, la rigueur desquelles iamais ils ne sentirent: Ainsi quand Dieu nous foüette de la main gauche, il nous huille auec la droite, & n'a pas plustost donné le coup, qu'il oste & addoucit soudain tout sentiment de douleur.

Apres que les enfans d'Israël eurent esté beaucoup affligez sous le regne tyrannique de Pharao, est-il sorte de graces que Dieu n'aye desbordé sur eux? il les sort d'esclauage, les nourrit miraculeusement dans les deserts, tandis qu'ils s'acheminent à la terre promise, chastie seuerement ceux qui auoyent ainsi mal traité son peuple: *Immittam*, dit-il en l'Exode, *manum meam super Ægyptum, & educam exercitum meum, & populum meũ, & filios Israel de terra Ægypti per iudicia maxima, & scient Ægyptij quod ego sum Dominus.* Où si nous prenons garde à de à ces mots, *Exercitum meũ, populum meum, filios Israël*, nous y verrons reluire vne grande affection de ce bon pere enuers son cher peuple, lequel il desire auec ardeur deliurer de ses peines, & assister en ses afflictions, *Cum ipso sum in tribulatione.*

Le forgeron met de la gauche le fer au feu, & de la droite il fait dessus l'aspersion de l'eau pour temperer l'ardeur trop vehemente, & qui diminueroit le fer: ainsi c'est à contre-cœur que le pere Eternel nous enuoye des trauerses, mais c'est de bon cœur & auec la droite qu'il nous distribue les consolations, & qu'il modere d'vne douce temperature l'aspreté des tribulations. Aussi de peur que l'abõdãce des graces ne nous perde, il nous laisse tousiours parmy le doux quelque pointe d'aigreur. Sainct Paul estoit trauaillé de l'esguillõ de la chair, pour l'empescher de se bouffir de la multitude de ses reuelations. Pour remedier aux enfleures des membres de nostre corps qui prouiennent de fluxiõs humides, on a de coustume d'vser de cataplasmes desiccatifs: de mesme de peur que la prosperité ne nous boursoufle trop, Dieu nous enuoye souuent la seicheresse de l'aduersité, il mesle le peu de bien que l'on ressent icy bas de plusieurs maux, de peur que nous ne nous arrestiõs trop à la terre, abandonnant laschement le Ciel. *Vinum meũ sapientes infatuat*, dit le Sage: aussi n'y a-il aucun qui ne fust renuersé de la douceur de la prosperité, si elle n'estoit meslangee de plusieurs doses de l'eau des tribulatiõs. Vne rose est accõpagnee de mille poignãtes espines, & ne peut-on gouster du miel le moins du monde, qu'vne milliace d'abeilles ne nous picquent de toutes parts. Le iour est accõpagné de la nuict, le temps serain de la pluye, les plaisirs de mille dégousts, les contentemẽs de tristesses, les voluptez de repentirs: il n'y a aucũ bien parfait & entier icy bas sous le concaue de la lune, il n'y a qu'vne perfection, voire parmy les prosperitez plus pleines, il y a tousiours quelque manifeste defaut: plusieurs sont abondans en biens, qui se dépitent d'estre nez roturiers, & pour cela rebuttez auec tous leurs moyens des compagnies de la noblesse: autres sont nez d'illustre maison, mais par laps de temps tous leurs biẽs ayans esté consumez, ils sont d'autant plus malheureux pauures, qu'ils ont esté esleuez à la grandeur, & meurent

meurent de fascherie de ne pouuoir, destituez de facultez, seconder la splendeur de leurs ancestres : & si les precedens sont honteux faute d'extraction, ceux-cy le sont encores plus priuez d'argent : parmy les plus apparẽtes & splendides maisons, il y a tousiours beaucoup d'espines meslees, tel aura & de la noblesse & du bien, mais vne femme furieuse & desesperee qui le trauersera, ou bien par vne miserable auarice il restera tacquin.

Magnas inter opes inops.

Ainsi rien n'est çà bas de tout point accomply.

Nihil est ab omni
Parte beatum.

Ils disent qu'auparauant la tempeste la mer est si calme & vnie, qu'vn petit vent ne soufflette qu'à peine, & lors les nautonniers sont doublement en peine, & pour ne pouuoir aduãcer, & pour l'apprehension de la bourrasque prochaine: Aussi les plus experts pilotes en l'art de viure, n'ont iamais tant de peur que lors que la fortune semble tellement seconder leurs desseins, qu'ils ne sentent aucune trauerse contraire : car c'est signe d'vn grand & furieux orage qui les menace. Dauid ne trouuoit point plus d'inquietude ny d'amertume plus grãde qu'en vne pleniere & profonde paix. Ceux qui sont esleuez bien-haut, ont plus de crainte de choir que ceux qui marchent en platte campagne : parce que là on se peut perdre, icy non; plus de gens se perdent esleuez en la prosperité, que rauallez par l'aduersité: le singe plus il est haut monté, plus il descouure sa honte: plus l'homme est en honneur, & au plus haut de la rouë de fortune, plus il monstre ses imperfections. De là le mot, *Magistratus virum indicat;* parce que les passions sont au large secondees de la prosperité, elles ont moyen de s'esbattre & mettre en cãpagne, mais en malheur elles sont plus retenuës & resserrees, il y faut estre bon, mesmes par force. Comme la fumee plus elle monte en haut, plus elle se dissoult & esuanoüit: ainsi plus l'homme va auant en la prosperité, plus il aduance en sa ruine, plus il est voisin de sa dissipation, a *Sicut deficit fumus, deficiet.* a Psal. 67.

Mais qu'il y a peu de ces sages ambidextres au mõde, qui se sçachent bien esgalement gouuerner pendãt le bonle bonheur que durant le malheur! la pluspart des hõmes sont si maladuisez, que pendant qu'ils ont le vent de la prosperité en pouppe, il n'est rien si insolent & arrogant, *Prodijt quasi ex adipe iniquitas eorum:* quand ils sont à leur aise, ce n'est qu'iniquité: *Impinguatus est dilectus, &c.* Le limas pendant la rosée sort de sa cocque pour la suçotter, & s'expose ainsi nud à mille dangers: ainsi les imprudens pour gouster delicieusement la douceur de la bonne fortune qui espand sur eux sa fauorable rosee, sortent ineptement hors des gonds en prosperité, & ne preuoyẽt pas les dangers ausquels ils s'exposent: & comme il ne faut qu'vn mauuais heurt pour les perdre. D'autres aussi malheureux aux premieres attaintes de la tribulatiõ, se lancent dans des desespoirs, abandonnent tout pour se plonger dans la tristesse & le chagrin: ces gens ne sont pas experts ambidextres, voire ils se seruent tres-mal de l'vne & l'autre main: le sage confesse qu'il n'est pas assez fort pour se bien diriger en l'vne & en l'autre condition, parce que sans doute comme c'est vne vertu de difficile pratique que la patience en malheur, aussi l'est bien autant la moderation en bon-heur. C'est pourquoy il demande vne fortune ny trop basse ny trop haute, mais mediocre: *Neque diuitias, neque paupertatem,* parce qu'il y a bien des precipices en ces extremitez, & y est le chemin bien difficile à tenir.

On peut encores dire que le vray amy est ambidextre, c'est à dire qu'il affectionne son amy tant à droit qu'à gauche, c'est à dire pendant l'hyuer de l'aduersité, comme en l'esté de la prosperité.

Il y a d'autres ambidextres, c'est à dire également foibles de l'vne que de l'autre part; en quel rang ie mets les irresolus, qui pour la legereté de leurs cerueaux mal tymbrez, ne sçauent quel party prendre: Il y a en ce temps-cy des petits tiercelets, & principalement en France, où en matiere de Religion les loups sont pesle-meslez auec les brebis, lesquels pour ne sçauoir desquels ils sont, on peut appeller proprement & en bon langage Athees, ils ne sont ny Catholiques ny Huguenots, ce sont des petits cerueaux legers, qui font de la Religion comme des estriuieres, ils l'accourcissent & allõgent comme bon leur semble, ils en sont tousiours

logez

Iugez sur leur quant à moy ie trouue bon cecy, quant à moy i'improuue cela, quant à moy ie ne peux croire telle chose; pour cet autre ie la croirois facilement; pauure aueugle, disois-ie vn iour à vn de ces impertinents (& il n'y a gueres que des esprits plats de ceste farine) penses-tu que le culte veritable de la diuinité dépende de ta ceruelle estropiee? tu veux cela pour quelque passion qui te picque, tu reiettes cela pour vne autre, tu crois à ta poste selon que te dicte le caprice: mais que disois-ie, qu'il n'y a que les cerueaux plats qui s'abusent ainsi, & qui flottent dans les irresolutions! certes il s'en voit des beaux esprits, doctes & habiles, notamment de ceste robbe qui s'appelle de Iudicature, les barreaux s'en vont si on n'y prend garde, remplis de ces indifferens, & pourra-on dire,

Nulla fides pietasque viris qui castra sequuntur.

Ils taillent l'authorité du Pape comme il leur plaist, restreignent les Iurisdictions Ecclesiastiques, traittent indignement des mysteres plus saincts, méprisent les Prestres, tranchent des Theologiens, écorchent des controuerses, se fondent sur des raisons d'estat, auquel ils sousmettent la Religion comme vne pauure seruante: l'antiquité de l'Eglise retient seulement celuy-cy, du reste il s'en moque: l'autre n'approuue pas les Indulgences, il croit que les Heretiques ont quelque peu de raison: mais non pas assez toutesfois pour se ranger de leur party: mais i'ay bien dit, certes ce sont tous esprits plats, sots, ineptes, que ces irresolus scindiqueurs: En la region moyenne de l'air c'est où se forment les meteores, gresles, neiges, tonnerres, pluyes: aussi dans ces esprits doüez de quelque mediocre suffisance, il n'y a que remuëment & tintamarre, c'est l'ignorance qui les fait ainsi parler, ce n'est pas la science, tant s'en faut qu'ils ayent aucune teinture en Theologie, ils y sont plainement ignorans: Ie me suis trouué autresfois pendant que ie trainois ceste miserable robbe parmy de ces libertines compagnies, où entre autres ces impertinens qui n'auoient en leur vie, ce croy-ie, veu le sainct Thomas que par la couuerture, le deschiroient cruellement comme introducteur des heresies, comme vn sophiste, comme vn lourdaut: & que respondre à ces fats, sinon se mocquer de leur

 ineptie,

ineptie, & stupide aueuglement ? Au reste ils sçauront que ballottans ainsi entre l'vne & l'autre Religion, ils n'en ont nulle : qui habite par tout, n'habite en aucun lieu,

Quisquis vbique habitat Posthume nusquam.

Et pensans se tenir en equilibre, comme moderateurs de l'vne & l'autre opinion, ils sont rebuttez & baffoüez, tant des Catholiques que des Sectaires ; & qui est vn grand mal, ces Messieurs les indifferens peuplent fort en ceste nostre libertine France, indifference pire que l'heresie, & plus voisine de l'atheisme ; ces gens broüillent & confondent toute police, & le Magistrat les deuroit seuerement punir ; ce sont chameleons qui prennent toutes couleurs de mensonge, excepté la blanche de la verité ; des traistres qui soufflent le froid & le chaud d'vne mesme bouche, ce sont des pestes de Repub. des flambeaux de seditions ; mais certes pour les mieux dépeindre on aura plustost fait de dire, ou que ce sont des fols, ou des sots.

Le constant me semble encores pouuoir estre appellé ambidextre, lequel ainsi qu'vn cube son hieroglilphe, de quelque costé qu'on le couche, est tousiours sur son plan, & ne change iamais de face, posture ou assiette pour tous les branles & remuemens de fortune, mais s'aidant de l'vne & l'autre main que i'ay tantost dépeinte, il vient également à bout de l'insolence & presomption, que de la lascheté & du desespoir.

On pourroit encores à mon aduis dire que Pyrrho ce Philosophe Prince des Sceptiques ou indifferens, n'auoit pour autre but que de rendre ses sectateurs ambidextres, c'est à dire méprisans indifferemment toutes choses : mais bien mieux à mon gré peut-on dire cela d'Epictete, qui n'auoit pour sommaire de toute sa Philosophie que ce dessein, de rendre les hommes patiens en mal-heur, & temperans en bonheur : Voicy son precepte general, *sustine, & abstine.*

Vanité

Vanité des biens temporels.

Chap. XII.

EN suitte du discours precedent ie tascheray d'éclaircir certains passages du Psalmiste assez obscurs, touchant les mains droite & gauche, les voicy [a] *Dominus protectio tua super* [a] Ps. 120.
manum dexteram tuam : & ailleurs ; [b] *Quorum os locutum* [b] Ps. 143.
est vanitatem, & dextera eorum dextera iniquitatis ; adnoüé que par la main droite la prosperité est entenduë, & par la gauche l'aduersité, ce qui est assez commun chez les Allegoristes, il me semble que nous en pouuons fonder vne autre assez conforme, que par la droite peuuent estre dénotez les biens eternels & celestes, & par l'autre les biens temporels & terrestres : quoy premis, l'interpretation sera facile du premier verset, duquel nous pourrons apprendre que quand nos desirs visent à droit vers les biens du ciel, Dieu qui seconde ces bons desseins de son ayde fauorable, ne permet pas que les trauerses de nos ennemis les viennent trouuer : mais comme ils sont venus & éclos pour son amour, aussi il les couure des aisles de sa protection & sauuegarde, que si au rebours lasches & degenerés nous raualons nostre ame si bas, qu'oublieuse de son souuerain bien elle mette sa felicité aux biens passagers de ce monde inconstant & muable, tous nos desseins sont vains ; & parce que nous desirons ces biens pour en abuser, au second verset le Prophete dit que nostre dextre est lors vne dextre d'iniquité ; & faut que l'entendement soit grandement aueuglé, & la volonté beaucoup deprauee & peruertie, quand on en vient là de croire bien-heureux ceux qui possedent ces facultez transitoires : *Beatum dixerunt populum cui hæc sunt : beatus vir qui impleuit desiderium suum ex ipsis.*

Cela me conuie de desnoüer d'vn mesme train d'autres passages qui ont quelque affinité, *Læua eius*, dit l'espouse aux [c] Cantiques, *sub capite meo, & dextera* [c] 2.

illius amplexabitur me: l'espoux met le bras gauche sous la teste de son amante, c'est à dire eu égard à ses desirs eternels, il ne laisse de la gratifier des biens temporels, *Quærite primò regnum Dei, & hæc omnia adjicientur vobis.* Mais il la met de telle sorte, qu'elle ne peut voir ce bras qui est derriere son chef, parce que l'ame qui aspire au ciel ne doit auoir nul égard aux biens de la terre: *Diuitiæ si affluant, nolite cor apponere*, mais quant à la dextre il luy monstre, parce que sans cesse en ceste vie nous deuons auoir deuant les yeux vn sainct desir du ciel. *Sitiuit anima mea ad Deum fontem viuum, quando veniam & apparebo ante faciem Dei?* Pour ce les Poëtes dient que l'homme a les yeux esleuez en haut pour contempler tousiours sa patrie, à laquelle il doit tendre par continuelles aspirations.

a 3. Le sage aux a Prouerbes dit que la sagesse a la longueur des iours à sa droite, & les richesses, & l'hõneur à la gauche. *Longitudo dierum in dextera eius, in sinistra autem diuitiæ & gloria*: qu'entend-il, pensez-vous, par ceste longueur de iour, sinon l'eternité? *Cogitaui dies antiquos, & annos æternos in mente habui*: & par les richesses sinon les biens caduques & friuoles du monde trompeusement faux? *Quid nobis profuit superbia? & diuitiarum iactantia quid profuit nobis? transierunt illa omnia tanquam vmbra.*

b Mat. 6. Et ce trait de b l'Euangile, où il nous est deffendu de communiquer à la main gauche le bien que fera nostre main droite; n'est-ce pas vn enseignement que nous ne deuons point auoir pour but de nos aumosnes aucun desir de la terre, deuant faire cet œuure purement, & simplement pour l'amour de Dieu, sans meslange de nulle esperance terrestre: car d'estre ambidextres en ce fait, c'est vne chose totalement impossible, parce que nul peut seruir à deux maistres: *Nemo potest duobus dominis seruire.* Dieu, & l'inique mammone n'ont rien de commun ensemble: *Non potestis Deo seruire, & mammona.* La droite du ciel n'a aucun commerce auec la gauche de la terre: Dagon n'a aucune conuenance auec l'Arche, la lumiere auec les tenebres, Christ auec Belial: il n'est possible de faire compatir le bastard Ismaël auec le legitime Isaac, l'espouse chaste auec la paillarde concubine: c'est à dire

que

que les affections de la terre & celles du ciel ne peuuent faire demeure en vn mesme cœur, vn cloud chasse l'autre, dit-on, & l'vn amour son contraire: ils ont ensemble vne trop manifeste incompatibilité.

Sainct [a] Basile explique excellemment ce trait du Psalmographe: *Verumtamen vani filij hominum, mendaces in stateris.* Pourquoy pensez-vous qu'il appelle les hommes vains & mensongers? pource qu'ils embrassent laschement la vanité des biens presents, qui ne sont que des songes & mensonges: pour ceste occasiō ailleurs il les reprend auec aigreur d'auoir les cœurs si bas & rauallez, que de n'auoir aucune aspiratiō au ciel, beans contre la terre: *Filij hominum vsquequo graui corde? ut quid diligitis vanitatem, & quæritis mendacium?* Mais où est-ce principalement, poursuit ce grand Docteur, que se trouue ce mensonge en leurs balances? quoy! les hommes sont-ils tous marchands, vsans de poids & balances? nenny, mais ils en ont tous vne en leur interieur, qui leur a esté donnee de Dieu: c'est l'estimatrice & le iugement, le propre office duquel est de discerner les choses vrayes des fausses, l'ombre du corps, l'eternité de la temporalité, & doit peser & estimer la valeur des choses; de sorte qu'il faut que ce iugement soit merueilleusement peruerty & aueuglé en eux, quand ils en viennent à ce point de preferer les biens mortels & perissables aux immortels & celestes, la grandeur desquels surpasse selon S. Paul, l'apprehension de tous sens, & de tout intellect: & n'y a point d'excuse en ce mauuais choix, parce que nostre libre arbitre n'est iamais tant despraué, qu'il ne sçache auec la regle de quelque raisonnable discretion, separer le bien du mal, le pretieux du vil, le grand du petit, la solidité de l'idee: *Posui ante te ignem & aquam*, est-il dit à l'homme, c'est à dire, Tu peux eslire quels biens tu voudras, ou les eternels, ou les transitoires: regarde lequel tu aymes le mieux, ou iouïr d'vne volupté passagere, pour habiter à iamais, *Cum igne deuorante & ardoribus sempiternis*: ou patir vne affliction passagere & labile, pour estre couronné d'vne gloire d'immortalité: que si tu prends pour biens ceux de la terre, qui en verité ne le sont nullement, malheur t'en arriuera: *Væ vobis, qui dicitis tenebras lucem, & lucem*

[a] *Hom. 15. in Ps. 61.*

lucem tenebras, qui dicitis bonum malum, & malum bonum. Ceux qui estiment de la terre des biens, ils croyent la penitence vn mal, quoy que le contraire soit, parce que si sans passion nous voulons esplucher les maux qui reüssissent de ceux-là, & les biens qui prouiennent de celle-cy, nous serons contraints par les effets de confesser ceste cause bonne ou mauuaise, qui produit les bons ou mauuais.

Mais parce que nous ne parlons icy que de la vanité des biens de la terre, & de la verité de ceux du ciel; ie veux seulement monstrer comme ceux-là sont mensongers, & ceux-cy essentiels: ce qui se peut aisément faire par la consideration de la fragilité de ceux-là, & de la stabilité de ceux-cy. Sainct a Ambroise sur sainct Luc, exposant ce lieu où il est dit que le diable tentant nostre Seigneur au desert: *Ostendit illi omnia regna mundi in momento temporis*: Il fait vn agreable rencontre sur ce moment de temps: Il est aisé à voir, fait-il, combien c'est peu de chose que de la terre, & de tous les faux biens qu'elle contient, puisqu'il ne faut qu'vn clin d'œil pour en considerer tous les empires, & outre ceste petitesse, la ioüissance encore n'en peut estre que momentanee, eu esgard à la brieueté de nos iours qui se passent en vn tour de main. Que si nostre Seigneur a reietté ces offres de grandeurs & de possessions: ô pecheur! es-tu plus sage que ce grand Maistre, de les vouloir embrasser? luy qui eust peu en bien vser les reiette, toy qui ne peux qu'en abuser les recherches: luy à qui elles appartenoient de droit, comme les ayans faites & creees, les rebutte; & tu les desires auec ardeur, quoy qu'elles ne t'appartiennent pas: il te fraye le chemin du ciel par le mespris d'icelles, & tu te prepares vne voye aux enfers par l'estime que tu en fais: penses-tu que cela se doiue appeler bien, que Iesus a repoussé loing de soy? sçais-tu pas qu'vn pelerin n'acquiert rien en sa voye, de-peur de s'arrester, & perdre son voyage? pourquoy donc t'arrestes-tu icy bas ayant à tendre là-haut ta vraye & legitime patrie? O que bien plus heureux est celuy, dit Dauid, qui n'a autre esperance qu'au ciel, sans regarder à ces vanitez fausses & folles! *Beatus vir cuius nomen Domini spes eius, & non respexit*

a Lib. 4. in Luc.

spexit in vanitates & insanias falsas. Et il dit cecy apres auoir remercié son Createur de l'auoir retiré de la bourbe des passions terrestres : *Eduxit me de lacu miseriæ, & de luto fæcis.*

Sainct a Bernard exposant ce passage du mesme Prophete : *Cibat nos Dominus pane vitæ & intellectus, & potat aqua sapientiæ salutaris :* la cognoissance (dit ce bon Pere) des choses eternelles & inuisibles, acquise par la contemplation, c'est le pain solide qui affermit nostre ame : & ceux-là sont veritablement abreuuez de l'eau de sagesse, lesquels mesprisans les cisternes creuassees, pleines des eaux relantes des biens du monde, s'abreuuent des viues esperances de la source & fontaine de vie : *Sitiuit anima mea, ad Deum fontem viuum.* Mais dites cela à l'auare, l'ambitieux, ou le voluptueux mondain, il le reputera pour follie, & pour auoir le goust deprané, ne trouuera aucune suauité en la meditation saincte, parce que : *Aruit tanquam testa virtus eius, & oblitus est comedere panem suum.* Dites luy ceste verité indubitable, que, *Iugum Domini suaue est, & onus eius leue :* il croira le contraire, pour l'inaccoustumance qu'il a de le porter, & l'habitude qu'il a prise au vice, *Adhæret tibi sedes iniquitatis qui fingis laborem in præcepto :* Son ame est tellement embourbee & engouffree dans la chair & le sang, qu'elle est deuenue toute sensuelle & brute : elle ne respire plus que les choses basses, sans penser aux hautes : elle oublie son origine qui est du ciel, pour s'addonner à la terre : & comme les compagnons d'Vlysses charmez de la lotte des voluptez, il oublie son vray pays, pour sejourner en ceste terre des mourants, terre estrangere, vn brief pelerinage.

a *Ser. 2. An. B. M.*

Mais aussi qu'il entende ce renuoy rude & rigoureux de l'espoux à l'ame mescognoissante, il l'enuoye paistre aux Cantiques apres les vestiges de ses troupeaux : *Si te ignoras, ò pulcherrima, &c.* Ceste menasse est horrible, d'estre chassé de Dieu & forclos du ciel, pour aller apres les desirs de nostre cœur : *Dimisi eos secundum desideria cordis eorum :* apres nos voluptez brutalles & terrestres. Ceux aussi qui recognoissans la noblesse de leur ame, & qui ayans memoire de leur principe, desirent de se rejoindre à Dieu leur centre

 bien-

bien-heureux: ô qu'ils coulent legerement en ce monde! *In flumine pertransibunt pede:* ils passent villement & par mespris ce monde trompeur, qui est vn vray fleuue qui va coulant sans cesse à sa ruine, les biens d'iceluy n'ont qu'vn perpetuel flux & reflux, ce n'est qu'vn boute-hors, tout y va coulant & roulant continuellement à la mort: *Omnes morimur, & sicut aqua dilabimur super terram:* vn fleuue change sans cesse d'eau, & les biens de la terre de face, il n'est rien si labile & caduque: aussi les Cabalistes Hebrieux par l'eau entendent en leurs mysteres la descheance & fragile substance de toutes les choses qui sont soubs le concaue de la Lune.

C'est pourquoy cét auare comblé de biens terrestres, & y fondant son asseurance, disant à son ame qu'elle se donnast du bon temps, parce qu'elle auoit abondance de commoditez: est fort rudement repris en l'Euangile: *Stulte, hac nocte auferent animam tuam à te, & ea quæ parasti cuius erunt?* Car comme nuds nous sommes venus sur la terre, aussi tous nuds y retournerons-nous: de maniere que ce n'est point sur vn sable si mouuant qu'on peut faire vn fondement asseuré & solide. a Origene sur Hieremie tombant sur ce propos: C'estoit vn aueuglement d'esprit à ce riche, dit-il, d'appeller biens ceux de la terre, qui ne le sont nullement: & la raison qu'il en apporte est gentille, car comment est-ce qu'vne terre maudite pourroit produire quelque chose veritablement & essentiellement bonne.

a Hom. 12.

Tout est vanité, dit le plus sage des hommes, voire vanité des vanitez: mais comment cela; ratiocine Sainct b Hierosme, puisque, *Videns Deus cuncta quæ fecerat, inuenit valde bona?* cela estoit bon deuant le peché, mais aprés, ce monstre a tout corrompu & peruerty, & de bonnes a rendu toutes choses mauuaises & vaines. *Vniuersa vanitas omnis homo viuens.* Mais quand ainsi seroit qu'il fust resté quelque chose de bon en ce monde, il ne s'ensuit pas que les biens celestes ne soient meilleurs infiniment; Il se lit en l'Exode, c que la face de Moyse estoit, apres auoir parlé à Dieu, resplendissante de gloire, & ceste gloire à comparaison de l'eternelle. Sainct d Paul dit qu'elle ne l'est pas: ainsi

b in c. 1. Ec.
c Exod. 34.
d 1. Cor. 3.

ainsi quand il y auroit quelque vray bien en ce monde, on pourroit dire qu'il n'est pas bien à comparaison des indicibles & inimaginables que Dieu a preparez au Ciel à ses bien-aymez, estans moins accarrez à ceux-cy, que la lumiere d'vne petite bougie en plein Soleil.

Partant ceux qui embrassent ainsi ces ombres terrestres, laissans les vrays biens du Ciel, peuuent estre iustement comparez à cet Ixion fabuleux, qui empoigna vne creuse nuee au lieu d'vne celeste Iuno; parce que tous les biens de la terre ne sont que fumee, ombre & vent, & s'en volent de nous à la mort, comme vn songe leger; semblables à ce simulacre de Creüsa qu'Ænee ne peut iamais retenir pour l'emporter quant-& soy: car comme nous n'apportons, aussi n'emporterons nous rien.

Ter conatus ibi collo dare brachia circum,
Ter frustra comprensa manus effugit imago,
Par leuibus ventis volucrique simillima somno.

Les voyes de Dieu admirables.

CHAP. XIII.

Altitudo diuitiarum sapientiæ & scientiæ Dei, quàm incomprehensibilia sunt iudicia eius, & inuestigabiles viæ eius! Certes elles sont plus dignes d'admiration, que de loüange, car le loz presuppose vne enqueste, & cette curiosité est dangereuse, *Non est vestrum scire tempora neque momenta, &c. Iudicia tua abyssus multa: qui scrutatur maiestatem, opprimetur à gloria.* Car la seule prouidence en la conduitte de cet vniuers, est vn gouffre qui n'a ny fonds ny riue, & qui surpasse de bien loing toute portee d'entendement.

Mais certes en ce point trouue-ie de l'admiration grande, en ce que la plus-part du temps il contrepointe de telle sorte tout iugement humain, que par des moyens tous contraires il paruient à la fin: de là le prouerbe, que l'homme propose, & Dieu dispose; & en cela en cela fait-il reluire sa toute-puissance, quand franchissant les reigles communes, il veut qu'on le cognoisse à la trace, & que par l'action extraordinaire on remonte à l'ouurier, lequel estant maistre & facteur de la nature, se peut, quand il luy plaist, dispenser de ses loix, & c'est ce qu'on appelle communement miracles, desquels ce n'est pas mon desseing de parler icy, où ie veux seulement faire voir par quelques exemples la verité de ce mot de S. Augustin que Dieu est tellement bon, qu'il ne permettroit iamais le mal, s'il n'en tiroit vne quint-essence de bien en quelque façon.

a V. Orig. hom. 14. in c. 22. Num. Hieronym. Epist. ad Thilem. August. in Psal. 104.

Le premier sera en la personne du bon [a] Ioseph, les trauerses & afflictions duquel il a fait reüssir à son bien: car si nous ostons l'enuie de ses freres, leur machination contre sa vie, sa vente, sa seruitude en Egypte, sa prison, nous ostons le secours en la famine d'Egypte, nous ostons en luy la semence du peuple de Dieu, les miracles faits en l'Egypte, la mer rouge trauersee, la manne celeste donnee, l'introduction en la terre promise, mille biens se sont ensuiuis de ces maux.

b V. Chryso. hom. 56. in act. Apost.

Pharao commanda [b] qu'on noyast tous les masles des Egyptiens, de là vint le bon-heur de Moyse, lequel ayant esté soigneusement esleué, seruit de liberateur au peuple de Dieu, pour le leuer de son miserable esclauage.

c In c. 38.

Sainct Hierosme sur [c] Isaye, remarque ce Prophete auoir commandé que sur l'vlcere du Roy Ezechias on feist vn cataplasme de figues fraiches, & que pour ce mal il n'y auoit rien plus contraire, afin qu'en ceste actiō parust d'autant plus le doigt de Dieu, que moins elle estoit selon nature.

Afin que Ionas recogneust la main de Dieu, il le sauua au milieu de la desesperade, & par vn moyen tout contraire à nature.

d V. Augu. serm. 89. de temp.

Quand les enfans [d] d'Israël se furent sauuez de l'Egypte à la faueur des tenebres, en fin poursuiuis par vne telle multitude d'ennemis, qu'ils ne pouuoient esperer qu'vne infaillible deffaitte, & bloquez d'autre-part par la mer rouge, en l'extremité qu'ils n'attendoient que la mort, Dieu fit fendre les eaux qui leur seur firent passage, & pour comble de leurs souhaits ils virent deuant leurs yeux submerger leurs ennemis. *Sic operari*, dit S. Augustin, *Deus suis consueuit, vt vbi deficit humanum consilium, illic intercedat diuinum auxilium.*

Dieu auoit promis à a Abraham vne grandissime lignee par le moyen de son fils Isaac, & toutesfois pour esprouuer sa foy il luy commande l'immoler; le bon Patriarche sans songer à ceste contradiction qui semble manifeste, se fiant en la bonté & toute-puissance de son Createur, passe outre en l'obeïssance de ce rigoureux commandement, aussi Dieu par la voye extraordinaire de l'Ange qui luy arresta le bras, luy feit sçauoir combien ceste sienne volonté luy auoit esté agreable.

a *V. Chryso. l. 1. de prouid.*

Ostez, dit Origene, la trahison de Iudas, vous ostez la Croix; ostez la mort de nostre Seigneur, vous ostez sa resurrection; ostez sa resurrection, vous ostez nostre iustification; ainsi d'vn mal Dieu par des voyes totalement inscrutables, tire plusieurs biens.

Sainct Gregoire b fait merueille à ce propos sur ce trait de Iob, *Qui comprehendit sapientes in astutia illorum, & consilia prauorum dissipat.* Ceux, ratiocine-il, qui par destours & finesses pensent tromper ce grand œil qui voit tout, en fin ils se trouuent pris dans les pieges qu'ils ont dressez: *Incidunt in laqueos & foueas quas fecerunt; ideo à fratribus venditus fuerat Ioseph, vt non adoraretur, sed ideo est adoratus, quia venditus.* Ils pensoient l'empescher de paruenir, & ils luy ont fait tirer profit de son dommage, & le faisans petit, ils l'ont fait grand; de miserable, riche: Saül pensoit procurer la mort à Dauid de luy demander cent prepuces des Philistins, l'autre en apporte deux cent, & se rend digne du mariage de la fille du Roy: Ionas pense s'eschapper, mais il est attrapé en sa fuitte, & court risque de la vie, où il pensoit l'asseurer. Les Iuifs pensoient esteindre la memoire de nostre Seigneur le faisans mourir, mais sa mort a donné la vie à la foy, à la ferueur, & à la deuotion: Ainsi les Areopagites voulans supprimer le nom d'Erostratus, le rendirent remarquable par leur interdiction.

b *6. Moral. c. 11.*

Mais pour dire quelque chose de ceste mort de la Croix, Sainct c Paul dit excellemment que Dieu l'a esleüe

c *1. Cor. 1.*

esleüe encores qu'elle fut scandale aux Iuifs, & folie aux Gentils; afin de monstrer comme la sagesse du monde est vne pure folie deuant luy; *Prædicamus Iesum crucifixum, &c.* Et encores: *Quæ stulta sunt mundi, elegit Deus, vt confundat sapientes: quæ infirma sunt vt confundat fortia, & ea quæ non sunt, vt ea quæ sunt destrueret:* & semble qu'il se plaise sur tout à contre-pointer les iugemens des hommes, pour leur faire recognoistre l'ineptie mondaine, laquelle pensant auoir beaucoup de conduitte, se precipite en des absurditez: Ainsi il a mis les beatitudes Chrestiennes en ce que le monde estime misere & malheur, en la pauureté, aux pleurs, en la souffrance des persecutions, bref il veut que nous apprenions que les voyes qui conduisent au Ciel sont toutes diuerses & esloignees des routes du monde.

De la Nourriture.

Chap. XIV.

DEux chiens sortis de mesme ventree, formez diuersement deuiennent tous dissemblables; ce fut l'exemple que proposa Licurgus aux Lacedemoniens, pour les apprendre que nourrissans leurs enfans aux armes, ils deuiendroient belliqueux, comme le chien addonné à la chasse; que s'ils les retenoient dans la faineantise, ils deuiendroient casaniers comme celuy qui auoit tousiours esté esleué à la cuisine pres la marmitte; & de là pouuons nous apprendre que l'education est non seulement vne autre nature, mais qu'elle est plus puissante que toute nature: il se voit des Gentilshommes mal nourris qui sentent plainement à leur bouuier ou pastre, & des roturiers qui pour auoir esté en leur ieunesse bien esleuez, ont vn cœur totalement noble.

Socrate confessa au Phisionome qui l'auoit iugé vicieux, que tel à la verité il estoit né, mais que la bonne nourriture l'auoit reformé & ployé à la vertu. Themistocles

mistocles fut fort rebours & depraué en sa ieunesse, mais deuenu plus meur il modera ses fougues, quelqu'vn le voyant si changé, & admirant deuant luy ceste mutation subite, il luy repliqua qu'il ne se trouuoit point de si farouche & indomptable poulain, que par exercice on ne peust façonner & rendre maniable. A ce mesme Themistocles pour ce qu'il auoit le cœur grand & esleué dés son bas âge, son precepteur souloit dire qu'il seroit ou grandement meschant, ou merueilleusement bon, parce que les humeurs se forment selon la nourriture.

Il n'y a vigne de si bon plan qui ne se perde si on la laisse en friche, aussi n'est-il aucun esprit si bien formé qui ne deuienne sauuage & plein d'imperfections si on le laisse sans culture. Nul cheual est propre & commode tout neuf, si bien que quand il est façonné & dressé par exercice: il n'y a point d'esprit si bien faict qui puisse esclatter sans culture: Aussi comme il n'y a fere si sauuage qui ne puisse estre renduë traictable & appriuoisee, nul esprit de mesmes n'est si farouche & bizarre, qu'vne bonne & forte education ne rende poly & maniable: En vn champ duquel le fonds est gras & bon, s'il n'est point labouré mille ronces & brossailles s'y engendrent, & ces chardons & espines sont des signes de la bonté & fertilité du sol: ainsi en des ames genereuses & bien nées souuent naissent de grandes imperfections, faute de soing & nourriture, & ce n'est pas tant signe de mauuaistié que de bonté, parce que si elles estoient chargées de la bonne semence des saines instructions de la vertu, elles produiroient aussi tost le bien que le mal.

Mais ceste education se doit prendre au commencement de la vie en la ieunesse: car pour persister és precedentes comparaisons, comme il faut dresser l'arbre tandis qu'il est encores tendre, & l'enter dés le commencement: aussi doiuent estre les ieunes esprits des enfans imbus de bonne heure de bons preceptes, lesquels ils retiendront toute leur vie. Ces ames sont des sauuageons, qui de soy ne peuuent produire que des fruicts aigres, amers, & aspres: mais entees de bonnes & salutaires instructions, elles portent des fruicts doux & sauoureux.

La

La cire tandis qu'elle est molle, on y imprime tels caracteres que bon semble : nos ames, selon Aristote, sont des tables razes ; où l'on peut escrire tout bien ou tout mal ; pendant que l'argille est moitte, on forme tel vase qu'il vient en fantaisie : Ce mot d'Horace est commun, que le pot garde longuement l'odeur & le goust de la premiere liqueur qui luy est infuse. Et le dit sainct Hierosme à sa deuote Læta, à laquelle il donne des enseignemens pour gouuerner vne sienne petite fille ; *Tibi prouidendum est ne ineptis fœminarum blanditijs dimidiata dicere verba filia consuescat, & in auro atque purpura ludere, quorum alterum linguæ, alterum moribus officit : ne discat in tenero quod ei postea dediscendum sit : Gracchorum eloquẽtiæ multum ab infantia sermo matris contulisse dicitur : Hortensij oratio inter paternos sinus coaluit, difficulter eraditur quod rudes anni perbiberunt. Lanarum conchylia quis in pristinum candorem reuocet ? Recens testa diu & saporem retinet & odorem, quo primum imbuta est : Græca narrat historia Alexandrum potentissimum Regem orbisque domitorem, & in moribus & in incessu Leonidis pædagogi sui non potuisse carere vitijs, quibus adhuc paruulus fuit infectus.*

Des desirs Mondains.

CHAP. XV.

a 1. Ioan. 2.

ILs sont descrits par sainct a Iean en l'vne de ses Canoniques, & se terminent en trois chefs principaux, ou desir des richesses, ou des honneurs, ou des voluptez : ce sont là les trois plus impetueux vents qui boursoufflent & agitent la mer orageuse de ce monde peruers & trompeur : de m'estendre sur chaque branche de ceste vigne meschante & sauuage, portant des raisins de fiel, & des grappes ameres, *Cuius vuæ fellis & botri sunt amarissimi.* Ce seroit vn chapitre de trop grande estendue, s'il estoit bigarré de ce qu'on pourroit dire sur l'ambition, l'auarice, la volupté, mais ie me tiens à vne idee plus generale.

Puisque i'ay ja parlé de vigne, cela m'engage à vne alle-

allegorie que ie tire du Genese a sur le songe du sommelier de Pharao, lequel i'interpreteray pour mõ propos autrement que Ioseph. Cet homme en resvant pensa voir vne vigne qui iettoit trois grands pampres chargez de boutons, & puis aussi tost de fruits, & ayant pressé ces fruicts auec ses mains dans la couppe Royalle, en donnoit à boire à Pharao; Voicy les parolles; *Videbam coram me vitem, in qua erant tres propagines, crescere paulatim in gemmas, & post flores vuas maturescere, calicemque Pharaonis in manu mea tuli: tuli ergo vuas & expressi in calicem quem tenebam, & tradidi poculum Pharaoni.* Ceste vigne n'est autre chose que la conuoitise mondaine, laquelle va remplissant toute la terre, n'ayant point d'autres bornes que la vastitude de l'vniuers; si tant est que l'on puisse limiter les desirs qui n'ont que l'infinité pour borne; Car si vous demandez à l'ambitieux s'il est satisfait, il vous respondra comme Alexandre, que non pas de la possession de tout le monde; de mesme l'Auare, que tout tant d'or qui est sur & soubs la terre ne peut assouuir son insatiable faim: Ces desirs ont bien leurs racines en terre, mais ils poussent leurs branchages au delà: ils portent ombrage à la Verité & estouffent les eslancemens qui nous feroient tendre au Ciel: bref ils couurent de leurs pampres & pretensions l'vn & l'autre element: C'est ainsi que i'entends ce lieu du Psalmiste: a *Plantasti radices eius, & impleuit terram, operuit montes vmbra eius, & arbusta eius cedros Dei, extendit palmites suos vsque ad mare, & vsque ad flumen propagines suas.* Voyla la description de ceste vigne, & ses fleurs qui produisent des fruicts, que sont-ce autre chose que les mauuaises volontez reduittes en acte: & ces pechez effectuez n'est-ce pas vn vin delicieux que l'on espure dans le Calice du diable figuré par Pharao? Mais pour la derniere remarque ie voy que c'est vn songe, d'où ie tire que tous ces desirs mõdains sont autant de songes & de resueries: *Dormierunt somnum suum, & nihil inuenerunt omnes viri diuitiarum in manibus suis.* Et ce sommelier en prison qu'est-ce encores que la figure du pecheur engagé dans les rets & filets du diable par ses conuoitises desreiglees? *Qui volunt diuites fieri, incidunt in laqueos diaboli. Funes peccatorum circumplexi sunt me.*

a *Psal.79.*

On

a 1. On peut encores remarquer vne belle peinture de ces desirs en ce lieu du Deuteronome : a *Duxit te in solitudine vbi erat serpens flatu adurens, scorpio, & dypsas.* Le monde est ceste solitude effroyable, ce desert sterile en bonnes œuures, & si abondant en ronces & espines du peché & iniquité. *Vepres & spinæ sunt in vniuersa terra:* Desert plein de Lyons choleriques, de dragons auaricieux, de serpents venimeusement mesdisans, d'enuieuses viperes, de chimeres ambitieuses, mais où regnent principalement les serpens ardans, les Scorpions & les Dypsades : beau symbole des trois concupiscences du monde : celle de la chair est naïuement bien figuree par le serpent bruslant & vomissant le feu : car iamais l'Æthna ny le mont Gibel ne vomirent tant de flammes sulphurees, de leurs gueules beantes, que la fournaise de luxure va roulant de feux embrasez & consumans nos poitrines de chauds & furieux appetits ; & fort proprement à ce propos ces serpens sont dits bruslants de leur souffle, parce que les seules cogitations charnelles seruent de soufflets pour allumer en nous ce feu, lequel par apres excite en nous par les effects de merueilleux incendies, & ce mot de serpent vient fort bien pour denoter comme ces pensees se glissent insensiblement & imperceptiblement en nos ames. Pour le desir d'honneur il me semble que le scorpion le denote naïuement, scorpion qui porte par le deuant ie ne sçay quel port doux, blandissant & agreable, & porte en sa queuë vn poison pestilentieux & mortel : c'est ceste ambition paillarde, laquelle à l'abord promet du miel, mais en fin
b Prou. 5. ne donne que de l'Absynthe & de l'amertume, b *Fauus stillans labia meretricis. nouissima autem illius amara quasi absynthium, & acuta quasi gladius biceps.* Pour representer la conuoitise des yeux ou l'Auarice, les Dypsades viennent fort conuenablement : c'est vn genre de serpent duquel ceux qui sont mordus meurent d'vne soif inextinguible, peut-on mieux despeindre l'auaricieux, lequel picqué vne fois de ce miserable desir d'auoir, ne peut esteindre sa soif par aucune abondance, ains.

Quo plus sunt potæ, plus sitiuntur aquæ.

Mais le remede plus propre, ce croy-ie, contre ces serpens

serpentines morsures, & l'antidote plus souuerain contre ces vains desirs du monde, est de se remettre deuant les yeux celuy qui en sa vie a fait vn duel continuel cōtre le monde, le diable, & la chair, & lequel en fin pour accomplir la figure, a voulu estre comme vn serpent exalté sur le desert de Caluaire en vne Croix, afin que ceux qui le regarderoient auec ferme foy, esperance, & charité, fussent deliurez des attaintes de ces serpens des concupiscences. Et il a esté veritablement vn serpent d'airain, tant pour auoir esté exempt du venin du peché, que pour auoir supporté auec vne patience & force d'airain les opprobres & les douleurs indicibles de la croix. C'est pourquoy, [a] *Deponentes omne pondus, & circumstans nos peccatum, per patientiam curramus ad propositum nobis certamē, aspicientes in auctorem fidei & consummatorem Iesum, qui proposito sibi gaudio sustinuit crucem confusione contempta.* Vn autre remede bien plus prompt, est de confronter l'eternité auec la temporalité, les choses celestes auec les terrestres, & comme les Israelites ie m'asseure qu'apres auoir gousté la Manne du Ciel, que toute autre viande de la terre nous sera à contre-cœur.

a Hebr. 12.

Mais las! ces mondains sont semblables à ces mesmes enfans d'Israël, lesquels mesprisans la delitieuse Mâne, souspiroient encor indignement apres les aulx, les oignons & marmittes des cuisines d'Egypte: aussi ceux-cy au lieu de pointer les genereux eslancemens de leurs ames dans les cieux: ils rauallent miserablement leurs desirs aux choses fraisles, legeres & perissables de la terre. Et peuuent aussi estre comparez à ces pourceaux, esquels entrerent les demons, comme il se lit en l'Euangile, qui se precipiterent soudain en la mer: car, que sont les mondains enfoncez dans la terre, que des pourceaux brutes, possedez par les esprits malings & peruers de leurs passions desreglees, lesquelles en fin les precipitent & engouffrent dans des abysmes de maux, dans vn Ocean de miseres: le souhait de l'enfant prodigue apres auoir dissipé toute sa substance; estoit de se sustanter de la mangeaille des pourceaux, regrettant amerement sa follie & l'abandonnemēt de la maison paternelle. Ceux qui quittent les delices du ciel, pour beer apres les ordures mondaines, sont-ce pas veritablement des prodigues, qui pour les lentilles de la fraisle mortalité, quittent la primogeniture de l'eternité?

Caïn en Hebreu vaut autant à dire que regret, tristesse, larme: & Abel signifie pureté, netteté: or chacun sçait que pour l'enuie que conceut l'aisné contre ce sien cadet, parce que son sacrifice pur, net & monde, auoit esté plus agreable à Dieu que le sien, qui auoit esté fait auec regret, & sans sincerité, le mit miserablement à mort, & receut pour ce meschant acte ceste punition, qu'il seroit maudit & vagabond sur la terre, priué de son pays & de la conuersation des siens, & fut marqué de Dieu par vn tremblement vniuersel de ses membres, & principalement de la teste, comme tiennent les Interpretes: i'apprends de là que quand les pecheurs donnent tant de licence à leurs desirs charnels, que de leur permettre d'estouffer les spirituels & celestes, ils reçoiuent soudain ceste peine d'enhaut, d'estre vagabonds dans des perpetuelles inquietudes: *Dimisi eos secundum desideria cordis eorum, ibunt in adinuentionibus suis:* sans arrest, sans repos, sans contentement, auec vne grande instabilité & irresolution, la volonté sans cesse embarrassée de mille pensemens diuers.

a 17. Ceste paillarde de l'Apocalypse, [a] *Meretrix quæ sedet super aquas multas:* n'est-ce pas vne belle figure de la conuoitise mondaine, laquelle s'arreste sur l'instabilité & inconstance des biens labiles & passagers de ce monde perissable & trompeur, faisant adulterer meschamment nostre ame, laquelle au lieu de se ioindre par de sinceres affections à Dieu son cher & diuin espoux, s'associe des ruffiens & indignes desirs du monde.

b 9. En [b] l'Ecclesiastique nous sommes aduisez de renoncer à ceste paillarde, & de ne nous y arrester aucunement, de peur d'estre seduits & abusez: *Cum aliena muliere ne sedeas omnino, nec accumbas cum ea super cubitum, & non alterceris cum illa in vino, ne fortè declinet cor tuum in illam, & sanguine tuo labaris in perditionem.* Il ne faut ny s'approcher de pensee, ny s'asseoir de volonté, ny se coucher d'œuure auec la concupiscence du monde: parce qu'autrement nous serons surpris dans ses pieges,

ges, que le robuste Samson, le sage Salomon, le bon Dauid n'ont peu euiter: *Auerte oculos tuos à muliere compta: Auerte oculos tuos ne videant vanitatem. Beatus vir qui non abijt in consilio impiorum*, de pensee: *& in via peccatorum non stetit*, de volonté: *& in cathedra pestilentiæ non sedit*, par œuure & effect: *sed in lege Domini voluntas eius, & in lege eius meditabitur die ac nocte*. Bien-heureux celuy qui retirant ses desirs de la terre, les esleue au ciel pour y amasser des thresors eternels, & qui ne seront iamais perissables

Que la seule Vertu annoblit.

CHAP. XVI.

*Tota licet veteres exornent vndique ceræ
Atria, nobilitas sola est atque vnica virtus.*

a Iuuenal en ceste Satyre qui commẽce, *Stemmata quid faciunt, &c.* poursuit amplement cela, & le prouue autant elegamment que satyriquement, contre quelque fat de son temps, lequel imparfait en ses meurs & fort vicieux en sa vie, n'auoit point de plus ordinaire discours en la bouche que d'estourdir vn chacun des hautes faits de ses ancestres, pensant se signaler beaucoup par l'illustre splendeur de sa race: il seroit trop longuement importun de rappetasser icy ses vers, comme aussi ceux du bon b Horace en quelqu'vne de ses Satyres, où il monstre que son Mecene n'est pas tant loüable pour estre yssu d'vne maison tres-noble, que pour releuer par sa vertu l'antiquité de son extraction; & que c'est ce seul point qui fait l'homme noble, non point la rencontre fortuit d'vne naissance signalee. I'y renuoye le curieux.

a *Sat. 8.*

b *1. Serm. Sat. 6.*

Ce mesme Horace en quelqu'vn de ses discours à Pison grand Seigneur Romain, ne le loüe point tant pour estre sorty de parents celebres, tant du costé paternel, que de la part maternelle, comme pour ses perfections, & suit

Nam quid imaginibus, quid auitis fulta triumphis

Atria, quæ pleni numeroso Consule fasti
Possiderent, si vita labat? perit omnis in illo
Gentis honos, cuius laus est in origine sola.

Le plus ingenieux des Poetes en plusieurs endroits, est de ce mesme aduis, que la vertu est preferable à l'ancienneté de famille en matiere de noblesse.

Maxime qui tanti mensuram nominis imples,
Et geminas animi nobilitate genus.
O qui nominibus cùm sis generosus auorum,
Exuperas morum nobilitate genus!

Et encore:

Sed modo non census, nec clarum nomen auorum,
Sed probitas magnos ingeniumque facit.

[a] Stobee en quelqu'vn de ses discours, fait vn grand recueil de plusieurs sentences des autheurs Grecs, seruãts à pareille preuue, que ie ne iuge pas à propos de transcriuailler icy, on le pourra voir.

a *Serm 84. & seq. V. Ant. in Meliss. l. 2. cap. 29. & Max. Sent. cap. 63.*

Et de vray qui voudroit par la consideration remonter à l'origine de la vraye noblesse, il est sans doute qu'elle a commencé par la vertu, & que c'estoit par elle aux premiers siecles qu'on faisoit la difference entre les hommes: [b] *Ex virtute nobilitas cœpit*: & ceste vertu a semblé si loüable, que non seulement pendant leur vie elle a rendu ses possesseurs recommandables, mais mesmes apres leur mort: outre la memoire qu'on a gardé de leur merite, l'honneur y est passé iusques à leurs descendants, lesquels bien souuent secondans par leur merite ceux de leurs predecesseurs, qu'ils estoient excitez d'ensuiure par l'esguillon de la consanguinité, continuoient ceste reputation à leur posterité: mais comme il n'y a rien qui ne se corrompe auec le temps, & que la succession des annees ne depraue; aussi s'en trouue-il, lesquels degenerans pour leurs imperfectiõs des beaux faits de leurs deuanciers, estans vicieux, ou du moins casaniers, & gens de nulle valeur, veulent toutesfois se parer des plumes d'autruy, & se rendre remarquables par les qualitez de leurs ancestres, comme si nous pouuiõs estre sages & vertueux d'autre sagesse & vertu que de la nostre particuliere: ouy bien de vray pouuons nous estre riches du bien d'autruy, mais les perfections elles sont personnelles.

b *Salust. in Iugurth.*

Marius ce tant fameux & renommé Capitaine Romain, se plaint chez Saluste du reproche qui luy estoit fait par quelques ineptes, de la bassesse de sa race, comme s'il n'eust pas esté plus recommandable de sa propre valeur, que de celle de ses majeurs: *Nũc videte quàm iniqui sunt quod ex aliena virtute sibi arrogant, id mihi ex mea non concedunt, scilicet quia imagines non habeo, & quia mihi noua nobilitas est, quam certè peperisse melius est, quàm acceptam corrupisse.*

a Seneque le Rheteur en vne de ses controuerses, se dilate fort sur ce sujet, & insiste principalement sur ce point, que la noblesse de race est vne chose incertaine, hazardeuse, & hors de nostre pouuoir: car nous naissons comme il plaist à la nature, nobles ou roturiers: or c'est vne chose iniuste de mespriser vn homme pour vn accident de fortune, comme aussi de le priser pour des biens exterieurs, & qui ne le touchent que peu ou point, l'homme n'estant recommandable & loüable que pour les belles qualitez interieures & proprement siennes, d'estre riche & de parents illustres, cela despéd de la fortune: d'estre vertueux & homme de bien de nous: les fautes d'autruy ne nous doiuent estre imputees, suffit si nous respondons des nostres: *Quamdiu non sumus, natura nos regit, & in quemcumque vult casum nos mittit, hinc sumus æstimandi, cùm sumus nostri.* a 2. Contr. 6

Ie trouuay bonne vn iour la repartie d'vn gentilhomme de nouuelle impression, lequel à vn autre qui pour la pauureté auoit dérogé à sa noblesse pour gagner sa vie au trafic, & luy disoit qu'il aymoit mieux estre bon marchand, que pauure gentilhomme, & moy, luy fit-il, i'ayme mieux estre le premier noble de ma race, que le dernier: en cela ie fais hõneur à mes deuanciers, mais vous des-honorez les vostres: ie monstre que i'ay plus de courage que ceux desquels ie suis sorty: & vous degenerant du train de vos predecesseurs, vous vous monstrez auoir vn cœur bas & indigne de si belle extraction: ie me rendray recommandable à ma posterité, & vous blasmable: à moy commence la vertu de ma race, à vous elle finit:

Malo pater tibi sit Thersites, dummodo tu sis
Æacidæ similis, Vulcaniaque arma capessas:
Quàm te Thersitæ similem producat Achilles.

Que s'il est vray, comme il est, que c'est la vertu qui a autrefois ietté les premiers fondemens de la noblesse; pourquoy est ce que nous ne disons pas celuy là noble qui est remply de vertu? a quel propos prendrons nous l'ombre pour le corps, l'idee pour la solidité? ceste perfection qui annoblissoit autrefois, & qui dépendoit de nostre puissance, on l'est allé donner à l'autruy, à la fortune, & à la naissance: comme si on prisoit plus le cheual pour estre engendré d'vn bel estalon, que pour sa propre bonté & beauté:

Dic mihi Teucrorum proles, animalia muta,
Quis generosa probat, nisi fortia?

Non, non,

Virtute decet, non sanguine niti.

Si quelqu'vn se mocquoit de nostre laideur & difformité, aurions nous pas bonne grace de loüer la beauté & pollitesse de nostre grand pere? & si on se mocque de nous comme de lasches & casaniers, pourquoy faisons nous bouclier du merite & vertu de nos predecesseurs? Venez-çà, vn roturier touche delicatement vn luth, vn noble n'y entend rien, lequel aymeriez vous mieux entendre ioüer? il faut prendre les hommes par leur propre valeur: il n'y a que le vice ou la vertu qui nous doiue distinguer les vns des autres, car pour nostre origine nous sommes esgalement tous de terre, la nature nous fait tous pareils, l'opinion dissemblables.

a Boet. l. de consolat.

[a] *Omne hominum genus in terris*
Simili surgit ab ortu.
Vnus enim rerum pater est,
Vnus cuncta ministrat.
Mortales igitur cunctos
Edit nobile germen.
Quid genus & proauos strepitis
Si primordia vestra,
Auctoremque Deum spectes
Nullus degener extat,
Ni vitijs peiora fouens
Proprium deserat ortum.

Ce qu'Agesilaus disoit qu'il falloit prendre la mesure du grand au petit Roy, à la Iustice comme à l'aulne royalle: ie croy qu'on pourroit aussi dire des hommes qu'il qu'il ne faut discerner leur grandeur de leur bassesse qu'auec la regle de leur vertu.

Des Noctambules.

CHAP. XVII.

Il n'est rien plus vray, quoy que le cõtraire paroisse, que nostre ame a ses coudees plus franches & libres tandis que nous dormons, que pendant le resueil, encores que lors les sens soient bouchez, & les fenestres cõme closes: cela se iuge par les effets; il est sans doute que nous voyons en songeant des choses admirables, & que nostre ame lors fait des efforts merueilleux, & des estranges esquipees. C'est pourquoy quelques autheurs anciens, entre lesquels ce genie de nature Aristote, ont trouué que les songes n'estoiẽt point à mespriser, mais qu'en iceux on pouuoit faire de belles & notables remarques. Et en l'Escriture saincte mesmes les songes des Prophetes & leurs visions nocturnes sont choses toutes diuines, Dieu communiquant, ce semble, plus librement lors ses secrets à leurs esprits, qu'ils sont moins empressez & distraits apres les fonctiõs corporelles: le discours de cela seroit beau, mais long.

Or entre les transcendances plus estranges des resveurs, ie trouue que les Noctambules tiennent le premier rang: quand on consulte les Philosophes [a] & Medecins sur ce fait, ils nous renuoyent à la viuacité & prõptitude des esprits vitaux, à la force & vigueur des boüillons de sang, à la fougue & caprice de certaines humeurs remuãtes & brusques, aux violences des imaginations soudaines & tendues, & ie les croy: mais ie leur demanderois encores d'où vient qu'ils voyent si bien à se conduire les yeux fermez, qu'ils marchent les pieds liez du sommeil, qu'ils maniẽt les mains engourdies: c'est au rebours du Psalme, *Oculos habent, & non videbunt, &c.* Ils nous renuoyent encore à la viuacité de l'ame, à l'impression de l'imagination, qui a si bien

[a] *V. Arist. in li. de somn. & Vig. c. 2. & l. 5. de gener. anl. c. 1. Rhod. l. 16. c. 31.*

bien grauees en soy toutes les figures des choses, qu'ils font toutes leurs fonctios comme s'ils estoient esueillez, à minuit comme en plein midy. Ouy, mais i'ay encore plus de peine à conceuoir comment ils font en cet estat des petits miracles, on en fait de terribles contes, car pour moy ie n'en ay iamais veu; on m'a dit iusques là d'vn qui lisoit dans vn liure tout endormy la nuit, & rencontroit bien: car pour grimper & descendre sur des toicts, aller en des lieux du tout inaccessibles, s'aller baguer, s'habiller, ouurir des portes, ou rouler des fardeaux qui surpassent toute humaine force, bref faire des choses endormis, qu'ils n'oseroient auoir pensees esueillez; & qui est le bon, ne s'en souuenir nullement, chacun fait ces discours, ils sont en la bouche de tout le monde. Il faut bien dire que lors l'ame seule ioüe son rolle, enleue le corps par dessus la puissance ordinaire: Certes ce sont là des traits bien secrets & occultes.

Encores est-il plus commun d'en entendre aucuns qui parlent la nuit, & de beaux discours: il y en a qui se debattent, qui crient, qui pleurent, qui rient, qui tressaillent de frayeur, chacun selon la diuersité des images qui se forment en la fantasie: & ces songes sont ordinairement ou selon les fonctions que nous exerçons plus coustumierement, ou selon les passions qui nous agitent dauantage.

a Lucr. 4.

a In somnis eadem plerosque videmus obire,
Causidicos causas agere, & componere leges,
Induperatores pugnare, ac prælia obire,
Nautas contractum cum ventis degere bellum,
Et quo quisque fere studio deffunctus adhæret,
Aut quibus in rebus multum sumus ante morati,
Aut in qua ratione fuit contenta magis mens.

Et nous voyons que les animaux doüez des sens interieurs, comme l'imagination, sont aussi touchez de ces violentes resueries: les cheuaux qui ont de coustume ou de courir la bague, ou d'estre exercez pour le combat, vous les verrez sur leur littiere s'estendre, allonger leurs iambes comme s'ils estoient en la lice, ils hannissent, fremissent, ronflent, escument, dressent les oreilles comme s'ils entendoient les fanfares des trompettes: ils trepignent & tremoussent comme s'ils estoient à la meslee

meslee, tant sont fortes les secousses de l'imagination & fantaisie.

Quippe videbis equos fortes cùm membra iacebunt,
In somnis sudare tamen spirareque sæpe,
Et quasi de palma summas contendere vires.

Les chiens principalement de chasse sont aussi subjets à ces fougues & eslancemens: la nuit dans leur cheny vous les entendez quelquefois iapper, & dit-on que quelques-vns courent ainsi endormis; comme s'ils suiuoient la beste a la piste.

Venantumque canes in molli sæpe quiete
Iactant crura, tamen subito vocesque repente
Mittunt, & crebras reducunt naribus auras:
Vt vestigia si teneant inuenta ferarum,
Expergefactique sequuntur inania sæpe
Ceruorum simulachra, fugæ quasi dedita cernant,
Donec discussis redeant erroribus ad se.

Et dit-on aussi des chiens de garde, qu'on les voit tellesfois leuer tous endormis de dessus le paillier, & iapper à toute force comme contre des larrons.

——Consueta domi catulorum blanda propago
Degere sæpe leuem ex oculis volucremque soporem
Discutere, & corpus de terra corripere instant,
Proinde quasi ignotas facies atque ora tuantur.

Mais où ie ne cognois rien du tout en ces Noctambules, est qu'ils disent qu'il les faut laisser faire, parce que si on les esueille, ils meurent soudain. Ie m'en rapporte.

D'Antipheron.

Chap. XVIII.

Aristote a en quelque lieu de sa Meteorologie rapporte vne histoire estrãge d'vn certain qu'il nomme Antipheron, lequel pensoit continuellement voir deuant soy son image; Et en rend ceste raison naturelle, qu'à l'aduenture cet homme estoit de si foible veuë, que ses rayons visuels ne pouuans penetrer

a 3. Meteo. c. 4.

metret bien auant, luy renuoyoient par la densité de l'air comme par la glace d'vn miroir sa figure à sa veuë; d'autres ont pensé que c'estoit peut estre quelque petite tayette qui se seroit formee sur la premiere enueloppe de l'œil, laquelle luy reflechissoit dans la prunelle sa propre forme, comme il arriue quelquefois que pour de certains petits grains qui se forment és yeux, il y en a qui pensent voir de petites mousches ou nuages. Autres ont pensé que quelque humeur visqueuse sortist des yeux de cet homme, dans laquelle se pouuoit figurer ce simulachre fié; mais pour auoir plustost fait, ie croirois volontiers que cet homme auoit esté estroppié de ceruelle, ce qui le rendoit effarouché de son ombre.

Peut estre aussi que c'est plustost vne feinte poëtique qu'vne histoire veritable, par laquelle nous pouuons apprendre la nature de la Philautie, ou amour de soy-mesmes, lequel est tellement enté & enclaué en nostre nature, que nous auons sans cesse deuant les yeux nostre propre estime, & sont principalement les vanteurs de vrays Antipherons, dequoy qu'on parle tousiours leur excellence est en campagne: & ce bel esprit de nostre âge qui a fait des œuures si meures en s'essayant, n'auroit-il point eu vn peu de ceste humeur? car certes il traitte peu de propos où il ne se rencontre: vray est qu'à l'entree il se prend pour sujet expres.

Ceux qui sont picquez de quelque passion grande, comme de l'vn de ces trois fleaux, Ambition, Auarice, Volupté, ie trouue que ce sont autant d'Antipherons, ils voyent sans cesse le simulachre & idole de leur cupidité deuant soy; celuy-là l'or, cestuy l'honneur, l'autre le plaisir.

Encores les scelerats & forfaicteurs qui ont tousjours deuant les yeux leurs crimes & leurs meschancetez, bourrelez d'immortelles synderescs & remords de conscience, sont-ce pas autant d'Antipherons?

Nocte dieque suum gestant in pectore testem.

Ils voyent tousiours leur peché comme vn spectre & phantosme horrible accompagné de supplices, qui va rodant deuant eux.

——— hos diri conscientia facti
Mens habet attonitos, & surdo verbere cædit,

Occul-

Occultum quatiente animo tortore flagellum.

Ils ont beau estre cachez à l'autruy, ils sont nuds & à descouuert deuant eux-mesmes.

Exemplo quodcumque malo committitur, ipsi
Displicet auctori. Prima est hæc actio quod se
Iudice nemo nocens absoluitur, improba quamuis
Gratia fallacis Prætoris vicerit vrnam.

Soit qu'ils dormēt, soit qu'ils veillent, ils pensent tousjours voir vn bourreau à leurs costez pour vengeance de leur faute.

Nocte breuem si forte indulsit cura soporem,
Et toto versata thoro iam membra quiescunt,
Continuò templum & violati numinis aras,
Et quod præcipuis mentem sudoribus vrget,
Te videt in somnis tua sacra & maior imago
Humana turbat pauidum, cogitque fateri.

Mais d'vne similitude plus agreable, les dames qui cōsultent souuent leurs miroirs portatifs, pour y mirer & admirer sans cesse leur propre beauté, qu'elles cultiuent d'vn amour idolâtre, sont-ce pas autant d'Antipherons?

Des Ouurages trop laborieux.

CHAP. XIX.

ILs puënt à l'huile & à la lampe, comme disoit quelqu'vn de ceux de Demosthene, parce qu'il leichoit & regrattoit trop ses discours: & de vray il n'est rien si desagreable qu'vne chose trop estudiee, la trop grande lumiere est quelquefois autant & plus nuisible à la veuë par son esclat, que les tenebres plus sombres. Il est de certains esprits si delicats & flouëts, que tout les desgouste, ils ne se satisfont iamais à eux-mesmes, ils ne font escriuans qu'effacer & biffer, vous n'y voyez que raieures, ils se perdent dans leurs frases & circumlocutiōs pedantesques, & laissent eschapper de belles cōceptions pour se perdre dās l'air vague & vain de ie ne sçay quelles parolles curieusement

ment recherchees & tirees de loing par les cheueux, mais ces gens ne font iamais grande besoigne, ces discoureurs de haute lice & de grand appareil ne montēt pas volontiers en chaire les Aduens & les Caresmes entiers, ne plaident pas à tous les iours, on ne les voit qu'aux bonnes festes, s'ils font en dix ans quelque liure de dix feuilles, ils pensent auoir fait des miracles, & croient apres auoir bien regratté leurs periodes & clauses, qu'autant de leurs mots meritent d'estre enchassez dans l'or, comme sciences pretieuses, & ce pendant il n'est rien si plat & en leurs paroles & en leurs escrits. I'en cognois de ceste farine d'vne impertinēce nompareille; au reste il n'y a que pour eux à pinçotter ou les paroles ou les escrits de l'autruy, autant iniques censeurs, qu'incapables imitateurs: quand ils prennent vn autheur ils y cherchent tant de destours & finesses, pesent si fort & espluchent les mots, qu'en fin, *Faciunt minus intelligendo vt nihil intelligant:* Mais ie laisse ces esprits foiblets & minces, ils sont aisez à fesser.

Il y en a d'autres qui s'escervellent apres certains petits ouurages peineux & mal-aisez, qu'ō peut vrayement appeller des Croix & bourrelleries d'esprit, *Ne isti magno conatu magnas nugas dicunt,* & principallement en la Poësie: aucuns se plaisent à certains vers retrogrades, acrostiches, qui ont de certains biaisemens & rapportz aux cesures, bref pour ces inepties ils abandonnent la vraye & masle façon de faire en vers, & se perdent & escrement les ceruelles en ces friuolles subtilitez; & il n'est rien plus badin que des difficiles niaiseries, & qui est le bon, ces gens pour estre ces choses mal-aisees, les estiment belles, & quittās bien souuent la raison pour la rytme ils s'amusent apres des mots, abandonnans les choses.

Ie sçay prou quel est le conseil d'Horace de recuire & digerer par vne neufuaine d'annees l'ouurage qu'on veut enfanter au iour, comme font les femmes leur part par neuf mois auāt que le produire, mais il ne peut en vn si long temps qu'à force de repeigner on ne perde en fin tout, la rappetasserie paroist de tous costez: vn bastimēt fait à diuerses fois ne dure iamais tant que fait d'vne tire, les creuasses & bailleures y paroissent bien tost: il n'est que de suiure la conduitte de la nature, lare, laquelle si nous auons pour guide, iamais nous ne faudrons, *Naturam si sequamur ducem, nunquam aberrabimus*: si nous nous embarassons dans l'art il y a mille tortis & variables destours qui nous engagent en des labyrinthes inextricables, & qui ne sont iamais sans vne odieuse affectation; le plus grand art quoy qu'on die est de n'en auoir point, la simple naïueté & ingenuité non fardee de nature est plus belle que toute la lisseure & pollisseure d'vn laborieux trauail: la beauté de l'art est effeminee, celle de nature toute masle, tenduë & vigoureuse, d'vn teint à la verité bazanné, mais aussi elle a les muscles & nerfs robustes & forts, & est tellement aggreable aux esprits bien-faits, que mesmes les deffauts luy donnent quelque ornement, comme vn poreau en vne face bien formee; l'art au rebours a ie ne sçay quelle deffformité, desplaisante, & iusques là tellement blasmable; que le plus grand artifice, disent les maistres, consiste à cacher l'artifice, au contraire le plus notable en la nature est sa production simple & nuë.

Si j'osois sans soupçon de Philautie dire ce qui m'en semble, il n'est rien que i'aye tant apprehendé en ieunesse que l'art oratoire; aussi n'ay-je iamais sceu que c'est, & fay-je piaffe de l'ignorance de cet art, il n'est que de parler rondement & nettement, & se donner à entendre par des paroles claires & receuables au vulgaire; les mots plus communs sont les meilleurs: ceux qui s'estudient par trop à ceste escorce exterieure des mots, ils trafficquent d'vne pauure marchandise, & bien souuent ils n'y entendent rien à force de faire les entendus; i'ay veu des lettres affectees & estudiees qu'on ne pouuoit entendre, montrees à leurs autheurs ils ne les entendoient pas eux mesmes, à peine donc les autres: au reste des paroles, & c'est tout; au rebours les plus aduisez en font littiere, pourueu qu'ils soient bien fournis de choses. Il y en a qui faisans des vers, pourueu qu'ils soient doux, coulans, & tissus de mots enflez & ampoulez, ne se donnent aucune peine du sens ny de l'inuention, & il n'y a ouurage où les raisons viues & les rencontres aiguës paroissent plus qu'au poëtique. Ie sçay qu'Horace faict vne question, sçauoir si vn vers se faict mieux par nature que part art, & combat

bat par la voye moyenne.

——— Alterius sic

Altera poscit opem res, & coniurat amice.

Mais il est aduoüé par vn consentement plus vniuersel, que la Poesie doit rencontrer vn naturel disposé, autrement si nous ne naissons poëtes, nous ne serons iamais rien qui vaille: l'exercice que i'ay, ie diray ce mot, trop pris en mes ieunes ans en cet art, auquel i'auois assez de naturelle inclination, m'a bien laissé ceste cognoissance & iugement, qu'il n'est rien plus desagreable qu'vn vers contraint & forcé, vn est aisé de cognoistre entre cent: ceux qui pensent à force de limer & ronger leurs ongles venir à ceste veine fluide & coulante que preste la nature à ceux qui ont propension à ce bizarre mestier, ils s'abusent, ne cognoissans pas la pointe des transcendances de la manie Poëtique, ce sont des secousses fantasques qui portent l'ame à des saillies, que refroidie elle mescognoist presque ignorante de son ouurage, lequel en fin elle rencontre d'autant plus beau, que moins elle a esté rassise en le forgeant. Ces harangueurs publics qui parlent par liure, & selō mot pour mot qu'ils ont escrit, cōbien leur voyez-vous faire de beguayemens, combien de pas de clerc, combien sont ils esloignez auec toute l'affetterie de leur langage ruminé & fardé, de la naïue eloquence de ceux qui se portent à ces actions les testes pleines de belles choses, sans se soucier des mots qui leur viennent à souhait, & souuent plus heureusement selon qu'ils seront pleinement ou legerement imbus de ce qu'ils auront à dire?

Toute extremité est vicieuse, comme chacun sçait, & ie mets en pareil degré d'erreur ceux qui sont par trop negligens auec les par trop laborieux & exacts: le trop est tousiours blasmable, voire à l'aduenture plus en la sagesse, qu'en la folie?

Protogenes fut sept ans à faire le portraict de la ville de Ialysus, & n'auoit rien obmis en ce tableau, auquel il auoit soigneusement & curieusement obserué tous les preceptes de l'art: Appelles apres auoir admiré cet ouurage, n'y trouua rien à dire, sinon la trop peinible estude de l'ouurier: Il faut qu'és ouurages paroisse tousiours quelque petit deffaut, qui monstre vne negligengligence nonchalante de l'art & desdaignante l'affectation. *Nihil minus expedit*, disoit Pline, *quam agrum optime colere*. Il estoit deffendu en la loy ancienne de leuer tellement tout le bled du champ, qu'on n'y laissast tousiours quelques espics pour les glaneurs: à ceux qui sont si exacts & laborieux on peut faire ce reproche ancien, *Bene mehercule bene, sed quò tam bene?*

I'ayme des ouurages tous naturels & sans art, où s'il y a des deffectuositez on les voye plustost que de les pallier par destours oratoires, elles seruiront de couleurs sombres pour releuer l'esclat du reste qui sera bon: le parler bref est bon, si est le long és occurrences, sans s'attacher ou astreindre aux entraues de celuy-là, sans se perdre dans les trainantes clauses de celuy-cy, mais viue les belles & rares choses, c'est le principal, le dire n'est que l'accessoire, on dit prou bien quand l'inuētion, la raison, l'auctorité sont belles; il n'est que de parler simplement & naturellement, & escrire de mesmes, semblables à la bouche comme au papier, plus penser à ce que l'on dit, que comment on le dit; le diray-je, tels sont mes sermons, telles mes Diuersitez.

Du desir d'apprendre.

CHAP. XX.

IL n'est rien plus naturel, dit Aristote, & n'y a homme qui ne desire sçauoir; de là la curiosité si grande de ceux qui se repaissent de nouuelles, & ne font autre chose qu'enquester & demander, mais quant à la science quand vne fois on l'a goustee, il est sans doute que ceste faim insatiable nous dure, voire par de-là le tombeau, plus nous allons beuuans dans les viues sources d'vne belle doctrine, plus nous deuenons alterez, & croist ce semble nostre ignorance quand & nostre capacité: plus nous sçauons, plus nous voyons combien il nous reste à sçauoir, & de

& de fin à aucune science, non pas à vn simple art il n'y en a nulle. C'est pourquoy à nul aage est messeant d'apprendre. Solon se glorifioit principalement de cela, que vieillissant tousiours il apprenoit; à quelqu'vn qui se rioit de luy voit apprendre la musique estant fort aagé, Tout temps, luy fit-il, est propre à apprendre.
a *Epist. ad Hieronym.* S. Augustin a excellemment, *Ad discendum quod opus est nulla ætas sera videri potest: quod & si senes magis decet docere quàm discere, magis tamen decet discere quàm ignorare.*

Ces raisons sont bonnes contre ceux lesquels pensent que si on passe certain aage de dix-huit à vingt ans, il ne faut plus parler d'estude, de vray que l'aage tendre des enfans ne soit plus propre à apprendre ces grossiers & rudes elemens & fondemens des lettres, que ceux qui ont l'esprit plus dur & moins flexible, l'experience est trop forte pour dire du contraire: mais aussi quand ou par la negligence des parens, ou par le malheur du temps on a perdu ses annees sans les employer en l'apprentissage des bonnes lettres, de dire que par apres il ne soit plus saison de les rechercher, il
b *Stob. ser. de asiduit.* n'est pas vray: *Præstat serò*, disoit Socrates, *quàm nunquam discere*. Caton n'eut point de honte en son aage plus aduancé d'apprendre à lire le Grec.

Lucius Philosophe fort renommé, du temps de l'Empereur Aurelius, estant allé à Rome, interrogé pour quelle occasion par l'Empereur, pour apprendre, luy respondit-il, tout vieil que ie suis, du Philosophe Sextus ce que ie ne sçay pas; & de fait auec sa barbe chenuë il n'auoit point de honte d'aller à son eschole son petit liuret soubs le bras. Il ne faut iamais auoir honte d'apprẽdre, il en faut faire gloire plustost que de croupir laschement & orgueilleusement dans l'ignorance. *Quid est stultius*, dit c Seneque, *quàm quia diu non didiceris*
c *Epist. 76.* *non discere? omnis ætatis homines schola admittit, tamdiu discendum est, quamdiu nescias, si prouerbio credis quamdiu viuas, etiam seni discendum est.*

Ie trouue encore le desir d'apprendre bien plus fort à Diogenes, lequel chassé de l'eschole d'Antistenes à coups de baston, Frappez, luy fit-il, tant que vous voudrez pourueu que ie vous entende, & merita par ceste patience & grande humilité l'amitié de ce Philosophe, en telle en telle façon qu'il le cherit par-dessus tous ses autres disciples, & l'enseigna soigneusement & curieusement: ainsi le vase se doit incliner pour se remplir, ainsi doit l'humilité accompagner l'apprentissage, lequel demande vn esprit souple, obeïssant, maniable, non point vn refractaire, rogue, desdaigneux.

Des petits Compagnons deuenus grands Seigneurs.

CHAP. XXI.

SI la fortune veut, dit le Poëte, de Rheteur elle te fera Consul, & au rebours: en cela certes est estrange la reuolution des choses humaines, de ce que par des accroissemens ou raualemens soudains, les tres-grands se font tres-petits, & au contraire; cela se verifiera mieux par exemples que par ratiocinations.

Tarquinius Priscus, comme on remarque dans les histoires [a] Romaines, d'esclaue deuint Roy des Romains, & ses successeurs Seruius Tullius, [b] & Tullus Hostilius furent enfans d'esclaues, esleuez par hazard à ce grand & sublime grade de royauté. Horace:

Ante potestatem Tulli atque ignobile Regnum.

Iuuenal, [c]

——Quid Tullius, anne aliud quàm
Sidus & occulti miranda potentia fati
Seruis regna dabant?

Et encores,

[d] *Ancillâ natus trabeam & diadema Quirini,*
Et fasces meruit regum vltimus ille bonorum.

Et afin qu'on ne m'obiecte pas que c'estoit du temps de l'enfance de l'Empire Romain, qui n'estoit pour lors composé que de pastres & ne sçay quelle sorte de gens, depuis mesmes qu'il eut estendu ses limites de l'vn iusques à l'autre pol, & asseruy toute la machine de l'vniuers, Auguste Empereur qui succeda au grand Empire de Iules Cæsar son predecesseur, estoit né d'vn banequier & d'vne mere incogneuë, comme remarque Suetone [e] escriuain de sa vie.

a *Halic. 3. Val. Max. 3. c. 4.*
b *Senec. declam 3. Liuius 1. Senec. epi. 108. Halicar. 4. Trebel. Polli. 6. c. 72. Val. Max. vbi supra.*
c *1. ser. Sat. 177. 6.*
d *Sat. 8.*
e *c. 2. & 3.*

a Suet. in eius vita c. 2. idem in Vespas. Dio in eius vita.

Vitellius a successeur de ce mesme Empire estoit yssu d'vn pere tailleur d'habits, & Vespasien venoit d'vn pere esclaue. Trajan eut ce mesme sceptre par adoption de Nerua venant de bas lieu, quant à son extraction: Pertinax au recit de Capitolinus estoit yssu d'vn pere libertin: Pescennius Niger, Opilius Macrinus & plusieurs autres des Empereurs subsecutifs ont esté esleuez a ce faiste venans de fort bas lieu, comme on peut voir dans ces autheurs qui ont escrit les vies des Cesars.

b l. 11. Cur. 14.
c Isocr. ora. ad Philip.
d Senec. ep. 108.
e lib. 7. de varia. hist.
Plato in Gorgia.
f Iust. l. 1.
g Ælia. 12. var. hist.

Les Grecs en cela nous peuuent fournir de pareils exemples que les Latins: Abdolominus de iardinier fut creé Roy des Sidoniens par le grand Alexandre, au recit de b Iustin. Sardanapale comme i'apprends du traitté de Plutarque, de la fortune d'Alexandre, de teinturier deuint Roy: c Denis Tyran de Sicile estoit auparauant artisan. d Antipater successeur d'Alexandre au Royaume de Macedoine, estoit né d'vn basteleur. Archelaus son suiuant à ce mesme sceptre, estoit venu d'vn esclaue, comme remarque e Ælianus. f Cambyzes Roy des Perses estoit d'vne lignee incognuë pour sa bassesse: comme aussi g Darius, celuy qu'Alexandre mit en desroute. Il y a eu plusieurs autres Roys en la Grece pareillement yssus de bas lieu, comme Perseus, Eumenes, Artaxerxes, Alcynomus, Ptolomee, Sostenes: I'oubliois Agatocles Roy de Sicile, venu de la boutique d'vn potier.

Fama est fictilibus cœnasse Agatoclea regem,
Atque abacum Samio sæpe onerasse luto.
Fercula gemmatis cum poneret aurea vasis,
Et misceret opes pauperiemque simul:
Quærenti causam, respondit, Rex ego qui sum
Sicaniæ figulo sum genitore natus.
Fortunam reuerenter habe quicumque repente
Diues ab exili progrediere loco.

Ie laisse en l'histoire Ecclesiastique plusieurs de nos Papes esleuez à ce souuerain degré premier du monde, venans toutesfois de basse qualité, mais tres-releuez en vertus, & en insignes merites.

Et comme ceste fortune esleue inopinément, aussi rabbat-elle par des cheutes estranges les plus eminentes qualitez: Cresus d'vn grand Roy deuint esclaue.

Les

Les successeurs d'Alexandre subiuguez par les Romains, furent contraints de gagner leur vie par le trauail de leurs mains, & deuenir artisans. Pompee qui venoit de debattre la moitié de l'vniuers auec Cesar, deuint officier du Roy d'Egypte: vn Tyran de Sicile se fuit pedante à Corinthe.

Que c'est que la Prudence.

CHAP. XXII.

C'Est cela simplement que ie veux voir en ce chapitre: a Cicero la definit ainsi; *Prudentia est rerum bonarum & malarum, neutrarumque scientia.* D'où l'on peut apprendre que ceste vertu est celle qui porte le flambeau deuant l'homme, pour le conduire & introduire en son lieu: c'est le sel duquel si toutes nos bonnes actions ne sont assaisonnees, elles sont insipides & sans goust. Sainct b Gregoire va iusques là, de dire que toutes les autres vertus sans celle-cy ne sont point vertus. Platon l'appelle vne vertu comprenant generalement toutes les autres, la maistresse de la vie, sans laquelle toutes les autres vertus ne peuuent estre reduites en acte.

a *l. 2. de Inuent.*

b *2. in Ezec. hom. 22.*

Sainct c Augustin en donne ceste autre presque semblable description: *Prudentia est rerum appetendarum, & fugiendarum scientia.* Macrobe en fait cete description: *Prudentia est virtus dirigens ad rationis normā vniuersa quæ cogitat, quæq; agit, & nihil præter rectum vel laudabile facit.* d Aristote la dépeint aussi: *Prudentia est habitus agēdi vera cum ratione, circa ea quæ homini bona vel mala sunt:* & ceste descriptiō est la plus vniuersellement receüe en l'eschole; il l'appelle *habitum*, parce que c'est vne vertu, contre ce que quelques-vns pensoient que ce fust vne science qui cōsistast en certaines regles & preceptes artistes; & puis *agendi*, pour la discerner d'auec la sagesse, laquelle consiste en contéplation: mais ceste-cy est toute en l'action: *Vera cum ratione*, car l'outil principal & le maistre ressort de ceste

c *l. 1. de lib. ar. c. 13. & l. 83. qq. q. 31. V. Hier. ad c. 1. ep. ad Ephes.*

d *6. Ethi. 5.*

vertu est la raison clere & nette, nullement offusquee ny troublée des broüillards des passions & affections : *Circa bona & mala*, pour embrasser ceux-là, & euiter ceux-cy.

Sainct Thomas suit de pres l'Aristote : *Prudentia est recta ratio agilitium*. Autrement, *habitus verus agilitia, id est, vitæ humanæ actiones dirigens* : où ce mot d'agir marque fort proprement ceste distinction, qui separe la prudence de la sagesse. Plutarque de la vertu morale : La prudence, fait-il, est vne vertu toute actiue, diuerse en ce de la sagesse, qu'elle est toute meslee dans le reglement des passions troublees & agitees : mais celle-cy consiste en la contemplation des choses hautes, apres auoir acquis la paix & la tranquillité par l'assoupissement des affections desreglees & desordonnees.

Pour moy ie la definis vne habitude intellectuelle, par laquelle l'homme cognoissant clairement le bien & le mal, le vray & le faux, le vice & la vertu, est dirigé à vne bonne & salutaire conduite : c'est l'œil de l'ame, lequel estant bien clair, l'empesche de se fouruoyer

a Coll. 2. cap. 2. dans les destours & precipices du mal. a Cassian ; *Hæc est virtus quæ oculus & lucerna corporis in Euangelio nuncupatur ; secundum illam sententiam Saluatoris*, b *Lucerna cor-*

b Math. 6. *poris tui est oculus tuus, &c. eo quod ipsa cogitationes hominis vniuersas, actusque discernens, cuncta quæ agenda sunt*

c lib. 1. de morib. Ecclis. c. 24. *prouideat atque perlustret.* Sainct c Augustin dit que c'est la sentinelle qui veille soigneusement sur les remparts de nostre ame, de peur qu'elle ne soit surprise de quelque mauuaise ou fausse opinion. *Huius autem excubia, atque diligentissima vigilantia est, ne subrepente paulatim mala persuasione fallamur.* Et poursuit là mesme, que sans la prudence toutes les autres vertus sont nul-

d 6. Eth. 1. les. d Aristote : *Constat nullum propriè bonum sine pruden-*

e 2. Tusc. *tia esse.* e Cicero : *Sine prudentia ne intelligi quidem vlla virtus potest* : Au contraire si nous l'auons, toutes les autres vertus accourent :

f Iu. sa. 10. f *Nullum numen abest si sit prudentia.*

Or on remarque deux moyens principaux pour acquerir cete perfection, l'exemple & l'experience : celuy-là est tres-aduisé & d'vn esprit delié & subtil, lequel se fait prudent sur le malheur, ou les accidens de l'autruy :

Felix

Felix quem faciunt aliena pericula cautum.

Soubs ce moyen de l'exemple ie comprends aussi l'imitation des anciens & plus sages, & l'obeyssance à leurs conseils & aduis : parce que le long vsage de la vie leur ayant formé le iugement, ils ne peuuent faillir que sur les choses passées, ils ne soient bons directeurs des futures : *Peritorum hominum,* dit le a Philosophe, *& seniorum seu prudentum pronuntiationibus & opinionibus absque demonstratione non minus quàm cum demonstrationibus attendendum est, quia namque ex ipsa experientia visum habent, principia intuentur :* le monde va tousiours mesme branle & semblable train, il n'y entend autre finesse qu'à recommencer : il est ainsi és actions des hommes, de pareilles causes sortissent semblables effects, & ceux qui par diuers euenemens ont veu quelle maniere de viure est la meilleure, ils doiuent estre creus comme fondez en l'experience, qui surpasse toute ratiocination. Ceux marchent auec plus d'asseurance, qui sont les plus simples, dit le Sage, & ne faut qu'à demy qui erre par le conseil d'autruy : c'est pourquoy nous sommes tant admonnestez és Escritures de n'estre prudents par presomption de nous-mesmes : b *Ne sis sapiens apud temetipsum, ne innitaris prudentia tua :* mais de nous en rapporter aux plus sages pour nostre direction : c *Si dilexeris audire, sapiens eris : in multitudine presbyterorum prudentium sta, & sapientia illorum ex corde coniungere, vt omnem narrationem Dei possis audire, & prouerbia laudis non effugiant à te : & si videris sensatum, euigila ad eum, & gradus ostiorum illius exterat pes tuus.* Aux d Romains : *Nolite esse sapientes apud vosmetipsos :* e Cassian en ses Collations : *Vera discretio nonnisi vera humilitate acquiritur, cuius vtilitatis hæc erit summa probatio, si vniuersa non solum quæ agenda sunt, sed etiam quæ cogitantur seniorum reseruentur examini, vt nihil quis suo iudicio credens illorum per omnia definitionibus acquiescat, & quid bonum vel malum debeat iudicare eorum traditione cognoscat.* Quant à la conuersation des sages & prudents, il est sans doute qu'on y apprend à estre aduisé : *Cum bono bonus eris, &c.* Et ceste frequentation nous conuie à l'imitation. Sainct f Gregoire de Nazianzene, *Prudentis & cordati viri est magna mensura vitam suã metiri, atq; ad excellentium virorum imitationem sese comparare.*

a 6. Eth. 11.

b Prou. 3.

c Eccl. 6.

d 12.

e 2. c. 10.

f Orat. ad Nic.

Pour la voye de l'experience, c'est le chemin commun à la prudence, ie dis commun non seulement aux sages, mais aussi aux plus escerueles: *Experientia stultorum magistra:* vous ne pouuez faire conceuoir à vn badin par viues raisons que le feu est chaud, & qu'il prenne garde de se brusler; faites luy mettre les doigts, & ie m'asseure qu'il s'en retirera bien viste, & qu'il n'y touchera pas deux fois. Homere dépeignant son Vlysse pour le plus prudent homme qui fut iamais, il le fait fort expert en l'art de viure, & luy fait apprendre cét art par plusieurs peregrinations en l'eschole du monde:

Qui mores hominum multorum vidit & vrbes.

Vn comique ancien fait dire à la sagesse que l'vsage l'auoit engendré, & la memoire enfantee & produite:

Vsus me genuit, mater peperit memoria.

Cela, selon moy, se pouuoit mieux dire de la prudence, laquelle est plus actiue en tout que la sagesse: de là vient ceste question parmy les Maistres, si les ieunes peuuent estre prudents, & de vray ils ne sont pas totalement exclus & forclos de la prudence, mais ils concluent que malaisément peut ceste vertu habiter en vne ceruelle legere & inexperimentee. Le Philosophe en ses Ethiques: *Iuuenes licet Geometrici & Mathematici, atque in his rebus sapientes euadant, prudentes tamen euadere non videntur: causa autem ea est, quod particularium est prudentia, quæ experientia nobis innotescunt: iuuenis autem non est expertus: experientiam enim temporis affert longitudo.*

l. 6. c. 8.

Et ces deux moyens d'acquerir céte vertu restent inutiles, si on n'a en l'ame les parties & qualitez requises, que les Docteurs reduisent à huit: la premiere est la memoire, laquelle se resouuenant des euenemens passez, mariant les causes premieres aux secondes, & iugeant du futur sur des cas pareils escoulez, nous rend prudents aux affaires qui se presentent: la seconde est l'entendement sain, net & clair, nullement preoccupé d'aucune passion ou affection, qui nous empesche de iuger rondement de ce qui se presente à faire: la troisiesme la docilité, qui est vne assiete d'ame capable d'instruction, & qui reçoit facilement les impressions

pressions & des preceptes ou exemples, pour les coucher en soy, s'en teindre, abreuuer & informer: la quatriesme est la subtilité ou souplesse d'esprit, par laquelle nous-nous accommodons selon les circonstances des temps, des lieux, des personnes & autres, nous-nous couchons selon les biais qui sont requis en l'exigence de cas qui se proposent, vne cõstitution ployable, maniable, & contournable à tous ses sens sans contradiction: la cinquiesme est dite prouidence, de laquelle la prudence a pris son nom, comme de sa principale & plus essentielle piece; c'est vne industrie par laquelle nous pressentons de loing les euenemens & la fin des actions bonnes ou mauuaises: le sage voit au commencement ce que l'imprudent ne voit que quand il est pris: & celuy qui se sert proprement de ceste faculté, rarement tombe en des maux, parce que les voyant venir de loin comme celuy qui presagit vn orage tâche de gaigner le couuert, aussi il tasche d'esquiuer le malheur, ou s'il est ineuitable, il se munit tellement de constance contre les atteintes de la fortune contraire, que lors qu'il les faut supporter, elles paroissent bien plus legeres, la premeditation ayant rabbatu de leur griefueté: *Tela prauisa minus feriunt.* La sixiesme piece est la raison, outil souple, ondoyant & diuers, & lequel peut aussi bien seruir pour la fausse que pour la vraye prudence, s'il n'est conduit par l'entendement; c'est vne cognoissance qui naist en l'esprit par induction ou ratiocination, si tel effet est arriué de telle cause, donc de pareille occasion succedera tel euenement.

La septiesme faculté est dite circonspection, quand on prend bien garde, auant que faire aucune action aux tenans & aboutissans d'icelle, & à ce qui s'en peut ensuiure: car telle affaire sera bonne en son origine, qui s'empirera au progrez, & sera mauuaise à la fin: l'on sçait que les circonstances alterent totalement les actions, & leur font changer & de visage & de nature. La derniere est la caution, quand on n'entreprend de rien faire ny dire à la volee, car la precipitation est vne des principales marques de l'imprudence: les premieres & primsautiers desseins doiuent estre tousiours renuoyez à digerer au iugement, auant que de les mettre en œuure, & les produire par l'execution : a *Videte fratres, quomodo caute ambuletis, non quasi insipientes, sed vt prudentes.*

a Ephes. 5.

De ne Iuger temerairement.

Chap. XXIII.

Chacun sçait le conte du Cordonnier enuoyé pour auoir voulu d'vn temeraire iugement passer la pantoufle : cét autre n'est pas du tout si cōmun de Policlete, lequel fit en mesme temps deux statues, l'vne selon les preceptes de l'art, l'autre selon les iugemens du peuple : l'vne & l'autre enleuee, celle qu'il façonna seul, fut trouuee accomplie, l'autre formee par les opinions diuerses du vulgaire (car il admettoit chacun pour en dire sa ratelee, pour reprendre librement, & corrigeoit selon qu'on luy disoit) se rencontra non seulement imparfaite, mais ridicule: sur quoy il aduisa le vulgaire de n'estre plus si temeraire de iuger de ses ouurages, cōme n'y entendant rien. Apelles à Megabysus le plus grand courtisan de Perse, braue, bien suiuy, magnifique, lequel vouloit en sa boutique se mesler de discourir de peinture : si tu te fusses teu, ton apparat te rendoit admirable, mais tes paroles iettees à la volee, & dites en homme inexperimenté, te rendent mesprisable, voire à ces petits garçons qui broyent mes couleurs : il ne faut iamais parler, encores moins iuger de ce qu'on ne sçait pas.

Diogenes à quelque ignorant qui se vouloit ingerer de parler des astres, & n'y entendoit rien : Depuis quand, luy fit-il, amy, es-tu venu d'enhaut? Ptolomee disputant contre le musicien Stratonicus de son art : C'est autre chose, luy dit-il, ô Sire, vne harpe qu'vn sceptre : *Aliud plectrum, aliud sceptrum* : il y a plus de naïueté au Latin. Et au Roy Antigonus qui aduertissoit vn Musicien, pour accorder son instrument, de tirer la tierce à la quinte des chordes : Dieu vous garde, luy respondit l'autre, Sire, de ce mestier icy : c'estoit luy dire couuertement; vostre iugement est temeraire.

Or ceste humeur de iuger ainsi brusquement des actions d'autruy, soit en bien ou en mal: laquelle est tellement en vogue parmy nos hommes, que dés l'ongle ils iugent soudain du lyon: elle est seuerement reprise & condamnee és letres sainctes: a *Nolite iudicare, & non iudicabimini: in quo enim iudicio iudicaueritis, iudicabimini.* a Math. 7.

Et la raison principale de ceste deffense est, ce croyie, celle-cy, que l'homme ne pouuant voir que l'exterieur, non l'interieur, qui donne l'air & le branle, voire l'estre & la nature à l'action: *Intentio dat esse rei:* il est bien difficile en ceste ignorance de l'interieur de nostre prochain, que nous puissions sainement, vrayement, & sincerement iuger de la bonté ou mauuaistié de ses deportemens: *Non enim conscientiæ latebras,* dit vn b Pere de l'Eglise, *hominibus scire aut nudare permissum est, dicente Scriptura: Homo in facie videt, Deus autem in corde: Deus solus intima & secreta circumspicit.* b Hier. in epist.

C'est pourquoy les Grecs ont donné le nom de Cardiognoste à Dieu, parce que luy est, *Scrutans renes & corda:* Et il nous cognoit beaucoup mieux que nous-mesmes: *Ab occultis meis munda me Domine: Domine tu probasti me, & cognouisti me, tu cognouisti sessionem meam & resurrectionem meam: intellexisti cogitationes meas de longe, semitam meam & funiculum meum inuestigasti, & omnes vias meas prævidisti.*

Pour ceste raison sainct Paul mettant toute sa gloire au tesmoignage de sa conscience, qui ne luy reprochoit rien deuant Dieu, se mocquoit de toutes les fables du monde, & de tous les iugemens des hómes: *Mihi autem pro minimo est, si à vobis iudicer, aut ab humano die; sed neque meipsum iudico. Qui me iudicat, Dominus est: itaque nolite ante tempus iudicare, quoadusque veniet Dominus, qui illuminabit abscondita tenebrarum, & manifestabit consilia cordium, & tunc laus erit vnicuique à Deo.* c 1. Cor. 4.

Et non seulement il vse de mespris, mais d'aigre reprehension contre les Chrestiens qui se mesloient de iuger ainsi de l'autruy à la volee, & sans cognoissance de cause: d *Tu quis es qui iudicas alienum seruum? domino suo* d Rom. 14.

suo stat aut cadit. Et encores: *Tu autem qui iudicas seruum tuum, aut in qua respernis fratrem tuum? Omnes enim stabimus ante tribunal Christi.* Et derechef: *Non ergo amplius inuicem iudicemus, sed hoc iudicate magis, ne ponatis offendiculum vel scandalum fratri.*

Et se fasche encores plus le mesme Apostre, de ce que ces mesdisans iugeurs sont ordinairement coulpables des mesmes fautes qu'ils imposent à l'autruy, volontiers parce que les yurognes croyent malaisément qu'il y aye des abstemes, estimans que chacun à leur imitation se gaste & charge de vin: parce que les larrons pensent que tous desrobent: ainsi la pluspart chargent les autres de leurs propres imperfections: l'impudique pour appeller la premiere sa cõpagne paillarde, croit bien estre à couuert: *Propter quod inexcusabilis es, ô homo omnis qui iudicas?* Ce sont les termes de

a Rom. 2. sainct a Paul; *In quo enim iudicas alterum, teipsum condemnas, eadem enim agis qua iudicas. Existimas autem hoc, ô homo omnis qui iudicas, eos qui talia agunt, & facis ea, quia tu effugies iudicium Dei?*

I'ay veu des adulteres tout notoires s'aigrir à merueilles contre le soupçon de la simple fornicatiõ d'autruy, opinion toute fausse: que leur pourroit-on dire sinon qu'ils se couppent la gorge de leur propre cousteau, & se font leur procez à eux-mesmes.

Il n'est rien si dangereux que de iuger par la face:

b Ioan. 7. b *Nolite iudicare secundum faciem:* à ce conte les hyppocrites seroient gens de bien, & tel ne vaudroit rien pour quelque petit mal qu'il auroit fait non par malice, mais par ignorance ou inaduertance, quoy qu'il en aille du contraire. Sainct Iean Baptiste precurseur de nostre Sauueur vint auec grãde austerité, aussi tost les Prestres de la Loy l'appellent hyppocrite & demoniaque, Iesus-Christ vint apres beuuant, mangeant & conuersant auec les hommes, & ils le calomnient comme vn yurogne, vn infame, vn Publicain, vn meschant; s'il fait des miracles, c'est au nom de Beelzebuth, s'il n'en fait point, on le mesprise comme vn homme commun, & du vulgaire.

Voyla comme les iugemens temeraires aueugloient les Iuifs au bien, que s'ils eussent eu l'esprit de feuilletter les Propheties, ils eussent recogneu les marques

du

du Messie en nostre Seigneur : mais quoy ! la mesme rose que l'abeille suçotte pour en composer son miel, la mesme rose par la venimeuse araignee est conuertie en poison ; les gens de bien iugent en bien des actions de leurs prochains : les mauuais tournent les meilleures en mal.

a *Porcius hic viuit, &c.*

L'humble est appellé hyppocrite, le temperant goulu, le patient coüard, le simple sot, niais, badin ; le prudent malicieux, le retenu & posé melancholique, le gay dissolu, le deuotieux bigot, le solitaire superbe, insupportable ; le sociable mondain, le taciturne & paisible dissimulé, le doux repreneur, importun & presomptueux ; l'austere & ieusneur meurtrier de soy-mesmes & superstitieux, le lent paresseux : le Predicateur assidu, vn homme fastueux & cupide de gloire ; s'il desiste faineant, s'il acquiert la grace du peuple, c'est vn flatteur, vn cajolleur ; s'il est libre, c'est vn mutin, s'il reprend auec aigreur, il est arrogant : suiuez ainsi vous trouuerez que ces temeraires iugeurs deprauent & peruertissent tout, ils font le vice vertu, appellent le bien mal : à eux aussi s'addresse ceste malediction terrible en Isaye. b *Væ qui dicitis malum bonum, & bonum malum, ponentes lucem tenebras, & tenebras lucem, ponentes amarum in dulce, & dulce in amarum.*

a *V. pluries Horat. versus in Lang. Iud. temp.*

b *5.*

On reprenoit anciennement aux Carthaginois, qu'ils poissoient leurs bastimens & enduisoient de chaux leurs tonneaux, estant plus propre de faire le rebours, ainsi la plus grande partie de ces iugeurs temeraires disent, corrompans tout, autrement qu'il ne faut : mais sur tout comme nostre nature est peruertie, ils se plaisent à interpreter les actions & paroles en mal, comme les escargots qui se plaisent en la puanteur de la boüe fuyans les bonnes odeurs. Ils ressemblent aux mousches qui se prennent bien plustost aux murailles rabboteuses que sur les glaces polies des miroirs : s'ils se fait quelque action qui puisse receuoir couleur de vertu, on s'en taist, si aucune se peut tordre en mal, il n'importe de quel biais ce puisse estre, de bien ce semble s'attache malaisément en nous, comme en vne terre estrangere, mais le mal le mal y iette aussi tost de profondes racines, comme en son fonds & sol naturel & propre: les bonnes impressions s'escoulent soudain de nostre memoire, mais les mauuaises s'y attachent fermement, & à peine s'en effacent que par force: la memoire de ces belles Pyramides des Roys d'Egypte ne dura iamais tant, & ne fut pas si espanduë par le monde, que le renom de celle qui fut bastie par la courtisane Rhodope, de l'argent qu'elle auoit gaigné à la sueur de son corps.

Mais si quelque temeraire iuge le Soleil tenebreux, à qui s'en prend-on, ou à sa folie, ou à ce bel astre du iour pere & source de toute lumiere? ainsi ceux qui par des mesdisances interpretent en mal les actions de leurs prochains, ces calomnies comme des crachats vomis en l'air, retombent sur leurs visages à leur honte & vergogneuse confusion. Ce malheur vient de ce que, selon Momus, il n'y a point de fenestres en nos poitrines pour cognoistre les hommes, car autrement chacun estant cogneu, *& aperto viuens voto*, il n'y auroit plus de faux ny presomptifs iugemens: on cognoist l'or à la pierre de touche, mais nulle touche peut bien & sincerement faire cognoistre l'homme: à l'aduenture est-il vray que celuy-là ne vaut rien, mais peut-estre aussi dans vn iour se conuertira-il, & sera demain tresbon, à peine l'homme peut-il estre asseuré de sa perseuerance, & le mauuais peut s'amender; à quoy faire donc s'ingerer si temerairement à determiner de la bonté ou mauuaistié de celuy qui nous est incogneu? *Temerarijs iudicijs plena sunt omnia, de quo desperamus subito conuertitur, & fit optimus: de quo multum presumpseramus, defficit, & fit pessimus. Nec timor noster certus est, nec amor: quid est hodie quisquam homo vix nouit, ipse homo tamen vtrumque ipse nouit quid hodie: quid autem cras, nec ipse*, dit l'Aigle des Docteurs. Tant que nous aurons le bon larron deuant nous, il ne faut point desesperer; tant que nous verrons Salomon & Iudas, il ne faut pas presumer, *Nemo scit an odio vel amore dignus sit, sed omnia in futurum seruantur incerta.* A quoy donc fonder vn iugement asseuré sur vne chose & si incogneuë & si incertaine que l'homme, la plus propre qualité duquel est le changement & l'instabilité? Cet aduis seulement desirois-ie donner à celuy que sa temerité pousse à iuger trop souuent de la vie du prochain, qu'il s'accoustume plustost à s'estudier soy-mesme, qu'à s'espandre ainsi au dehors à scindiquer & esplucher les actions des autres : qu'il laisse ces saillies hors de soy, pour par vne salutaire introuersion chercher plustost sa cognoissance que celle d'autruy : Les Astres du grand monde esclairent tous au dedans, nul au dehors ; bel enseignement au Microcosme, que les lumieres de son entendement le doiuent esclairer interieurement, non tant en l'exterieur. Il ne faut estre seuere à nul tant qu'à soy-mesme : nous sommes aueugles en la conscience d'autruy, clairvoyans en la nostre, & toutefois par contrepointe, il semble que nous soyons des aigles en cela, taupes en cecy ; qui est vne folie & deprauation toute pure.

Stultus & imprudens amor est dignusque notari :
Cùm tua prouideas oculis mala lippus inunctis,
Cur in amicorum vitijs tam cernis acutum,
Quàm aut Aquila, aut serpens Epidaurius.

De la Charité enuers les Prisonniers.

CHAP. XXIV.

IL n'est point de belle prison, dit le mot vulgaire, & il est vray : parce que rien n'est si cher que la liberté en ce monde, & de cela les animaux nous font la leçon, de maniere que ceux qui retenus dans des cachots, outre mille incommoditez sont priuez de ceste faculté naturelle, ils sont grandement dignes de pitié & compassion, & à l'aduenture est-ce vn des plus grands actes de charité qu'on puisse faire enuers son prochain, que de le visiter & consoler en ceste affliction : affliction telle qu'il s'en voit lesquels endureroient patiemment toutes maladies & douleurs plustost que se voir resserrez & captifs : Il y en a qui s'en desesperent, lesquels enfermez souuent pour quelques petites debtes pourrissent dans mille miseres de corps & amertumes d'esprit si violentes qu'ils en perdent le sens. Aussi les gens de bien qui ont vn grand ressentiment de charité enuers le prochain pour l'Amour de Dieu, font tout leur pouuoir ou de racheter ceux qui sont és prisons, ou s'ils ne peuuent, de les remettre en quelque assiette d'esprit tranquille & reposée.

a 1. de Ciuit. c. 10. b 3. dial. 2. c 2. de vita contempl. c. 9.

S. a Augustin, S. Gregoire b le Grand en ses Dialogues, & c Prosper, m'apprennent vne extreme charité enuers les prisonniers en S. Paulin Euesque de Nole, lequel ayant vendu tous ses biens pour le rachapt des prisonniers que les VVandales auoient emmenez en Affrique de la deffaitte & desroute de la Campanie, vne pauure vefue venant à luy pour le prier de luy donner dequoy racheter vn sien fils, qui estoit parmy les autres esclaues, il permit d'estre vendu pour trouuer la somme qu'il falloit pour ceste rançon: en fin recogneu il fut honorablement deliuré de seruitude & restitué en ses premiers honneurs, auec plus de richesses qu'il n'en auoit iamais eu.

De vray c'est vne chose si grande que la deliurance d'vn captif, que pour ce subiet les canons permettent quelquefois de vendre non seulement les possessions immeubles de l'Eglise, mais mesmes iusques aux vaisseaux sacrez: estant plus raisonnable de pouruoir à la necessité des temples viuans, qu'à celle des inanimez: Cela se lit en l'histoire Ecclesiastique, auoir esté fait par Acacius d Euesque d'Aonide, & par l'Euesque de Carthage appellé e Deogratias.

d Niceph. calix. 14. c. 12. Hist. Trip. 11. c. 16. e Victor. Vtic. hist. VVandal. l. 1 1 3. c. 17.

Sainct f Gregoire en ses Dialogues fait métion d'vn Abbé qu'il nomme Sanctulus, lequel ayant esté visiter vn sien Religieux detenu prisonnier par les Lombards, & voyant qu'il se desesperoit, de peur de perdre ceste ame delibera de le faire sauuer & demeurer en prison pour luy: cela fait les autres faschez de ce tour le voulurent faire mourir, mais conduit au supplice pour estre décapité, Dieu ne permit iamais que le bourreau peut rauasller le bras pour luy trancher la teste, & fut deliuré par ce miracle. Cela me fait souuenir de ce mot de sainct Hierosme. *Numquam audiui mala morte mortuum, qui libenter opera charitatis exercuit.* Et de cet autre du Psalmographe. *Beatus vir qui intelligit super egenum & pauperem, in die mala liberabit eum Dominus.*

TABLE

TABLE DES MATIERES PRINCIPALES CONTENVES EN CE TROISIESME TOME DES DIVERSITEZ.

A

Alexan-

B

D

Demande

E

Estude

G

Gran-

I

M

Mathe-

N

O

Oeil

P

S

Soli-

www.ingramcontent.com/pod-product-compliance
Lightning Source LLC
LaVergne TN
LVHW010526100826
845148LV00001B/101

* 9 7 8 2 0 1 2 1 8 8 9 1 4 *